媒體事業經營

石永貴／著

為何《新生報》
能轉虧為盈，煥然一新？

為何臺視在七年之間，
成為「新聞王國」，
盈餘增加四十倍？

為何中視能在兩年內，
賺進三十六億元？

三民書局

國家圖書館出版品預行編目資料

媒體事業經營／石永貴著.－－初版一刷.－－臺北
市；三民，　　2003
　　面；　公分

ISBN 957－14－3682－8　（平裝）

1.大眾傳播業－管理

541.83　　　　　　　　　　　　　91020727

網路書店位址　http：// www. sanmin. com. tw

© 　媒體事業經營

著作人　石永貴
發行人　劉振強
著作財
產權人　三民書局股份有限公司
　　　　臺北市復興北路三八六號
發行所　三民書局股份有限公司
　　　　地址／臺北市復興北路三八六號
　　　　電話／二五〇〇六六〇〇
　　　　郵撥／〇〇〇九九九八──五號
印刷所　三民書局股份有限公司
門市部　復北店／臺北市復興北路三八六號
　　　　重南店／臺北市重慶南路一段六十一號
初版一刷　西元二〇〇三年一月
　編　號　S 89087
　基本定價　拾壹元陸角
行政院新聞局登記證局版臺業字第〇二〇〇號

ISBN　957－14－3682－8　（平裝）

謹以本書獻給
永遠活在我心中的雙親

事業躍升與下滑，道理在哪裡？

我不能說時來運轉，因為在傳播經營的道路上，我吃過不少苦，苦到正如松下幸之助所言，「連小便都會變色」，但確實是風雲際會，因為民國六十五年到八十五年，二十年間，我連續主持四個不同性質的大眾傳播媒體。那就是：

民國六十五年至七十年，《臺灣新生報》社長。

民國七十年至七十七年，臺灣電視公司總經理。

民國七十七年至八十三年，《中央日報》社長。

民國八十三年至八十五年，中國電視公司總經理。

有人就好奇地問，「你又沒有三頭六臂，你是怎樣做到的？」

同樣的問題，「你是怎樣把所經營的媒體，轉弱為強，轉虧為盈？」這就是晚近解釋新聞寫作中所強調的「為什麼」(Why) 以及「如何」(How)。

基於這二個答案的追求，《新聞鏡周刊》總編輯湯宜莊先生曾在民國八十七年八月八日，打電話給我，很具體地又誠懇地希望我能把從事新聞傳播工作歷程寫出來，以回憶錄方式發表。湯先生說：「你是國內外少有的新聞傳播教育出身，主持四個傳播媒體，不只是一般人所罕見的經驗，也創造了『反敗為勝』的紀錄，其心路歷程，值得提供出來，具有『現實價值的教科書』。」

湯先生並進一步提出具體寫作重點：「你有你的風格，更有別人所沒有的經驗，值得寫，應該寫。」他要求我把做事的精神，用真話寫出來，並注重整體性以及事業興衰的因果性，起伏的道理。

這個題目太大了，這個壓力也太大了，因為《新聞鏡周刊》

每週出版一次，湯先生又規定：每期標準交稿量為四千字，以便於版面的處理。

我一時不敢應命，因為千頭萬緒，不知如何下筆？

湯先生就提供一個方法：「把稿紙攤在桌子上，保證你會思潮不絕於筆。」

果然靈驗。這也是湯先生慣用的「催稿」方式，他用同樣的方式，至少「逼」出三個專欄：張慧元〈在美國寫社論的故事〉、龔選舞〈記者生涯點滴在心頭〉、薛心鎔〈編輯生涯半世紀〉。

當定下一個題目的時候，當年一起工作的伙伴，就一一出現在你面前，真是充滿「感恩的心」。因為必須完成四千字，所以在寫作的時候，就要往寬度與深度去發展，這樣產生意想不到的效果：能適合更多人閱讀，不侷限於文中的人與事，或能達成主編的苦心：「把寶貴的經驗和心得傳承下來」。

這也是責無旁貸，因為經驗累積，是人類獨享的文明成果。特別是，臺灣新聞與傳播教育之發達，已成為世界之奇觀，以密度分布而言，先進國家也望塵莫及，有多種不同名稱的七十餘科系所之多。而有關大眾傳播書籍中，不乏理論探討、探訪寫作甚至科技網路之書，但獨獨缺乏經驗實務之書，或可略補不足。

特別是：我從國內外新聞傳播教室中走出來，受過將近十年的專業新聞教育，究竟新聞教育有沒有用？究竟新聞教育與新聞事業有何關連？

我從新聞教室踏入新聞戰場，所憑藉的就是：理論化為原則，原則付諸實現。

有沒有用？靈不靈？四個傳播媒體實戰，就是證明。

事業之躍升與下滑，必有基本道理，按著道理全力去做，假以時日，必會顯示其成果，反之就會遭受挫折甚至淘汰。

　　所謂事業，就是一群人所組合，根據既定目標，透過產品或服務，完成經營之使命。簡言之，就是組織與人才之發揮也。

　　組織必須嚴密，人才必須具備專門的知識與才能，運作必須分工合作。

　　專才與專業尤其重要。

　　經營《臺灣新生報》，我運用簡單的原則，成為起死回生術：

　　把公家報當成民營報來經營。
　　把公家錢視同自己錢一樣珍惜。
　　把公家時間，當成自己時間一樣使用。
　　把公家事情，當成自己事情來辦。

　　經營《中央日報》，我運用二項簡單原則：

　　把它當成一份報紙來經營。
　　把它辦成一份有價值的報紙。

　　電視臺的除舊布新，我建立三個制度：製作人（節目）、新聞主播（新聞）、代理商（業務）；三者循環不息，使電視經營越滾越強。

　　無論報紙或電視，我重視人的重要與力量發揮、產品的品質。
　　對內重視員工，對外重視讀者與觀眾。
　　報紙重視內容，電視重視節目。
　　市場重視發行與廣告，業務行銷。

　　當員工受到重視、尊重，並賦予使命，而且知道一旦具有經營成果時，得以分享，他們不只是知道，並且至為珍惜。如臺視期間，就是一例。當時的兩位新聞與體育部門戰將，當他們自工

作崗位退休後，分別反映他們的心聲：

在臺視三十六年間，盛竹如說最令他難忘的是石永貴總經理，臺視的主播制度就是在他的任內建立，而石永貴也是使臺視轉虧為盈的功臣（陳惠妍，《中央日報》）。

他並感嘆昔日臺視在石永貴當家時代，曾創下一年領三十六個月薪水的極盛時期（粘嫦鈺，《聯合報》）。

臺視體育主播長青樹傅達仁在臺視四十大慶晚會秀了一段順口溜：「慶生回到老東家，見了同仁笑哈哈，金字招牌快擦亮，臺視四十一枝花。」傅達仁在〈頻道觀測站〉專欄中寫道：「四句當中，最重要的是金字招牌。」「過去臺視，曾經黯淡也曾經輝煌，黑暗時期，薪水發不出，我們用的桌椅板凳，都因負債而貼上了合庫的封條，後來憑著同仁的上下一心，團結奮鬥，終能創出新聞體育收視冠軍，節目戲劇也高掛頭牌的紀錄；業務更是轉虧為盈，分享利潤，年終獎金竟然發到十二個月，鈔票厚厚一捆，年年肥年，羨煞人也！」（傅達仁，《大成報》）

一個人成不了什麼事，但一個人的想法與作為，卻能帶動全軍，成為不但能打仗，而且能打勝仗的隊伍。

在中國現代史中，吾師王雲五先生由於苦學自修成功而成為「博士之父」。《王雲五傳》一書中有這樣的一句話：「本人半生為社會服務，時時視為誡律的話，便是義務不辭，權利不爭。」

很巧合的，這八個字也正是師徒血脈的源流。

在臺灣曾使不少艱困事業而發皇，一生因提倡圍棋揚名的企業家應昌期先生，在《應昌期傳》中有這樣一段話：「應昌期想把某件事辦好，他就會以獨到的眼光去找尋問題的癥結，然後對症

下藥地去各個擊破，務求將問題徹底解決，讓企業之舟端正航向，憑風借用，向著既定目標揚帆遠航。」

由於圍棋結緣，自《臺灣新生報》以來，就有機會追隨應先生，但無能與應先生對弈，引為終身憾事，但很驕傲地，我有資格在事業經營領域中追求應先生的精神。

二十年的艱辛閃亮歲月，要感謝的長官長輩工作伙伴太多太多，敬以這本書作為報答。本書自催稿至出版，歷經四載，能有機會完成，要感謝《新聞鏡周刊》湯宜莊總編輯以及上官美博女士，《中央日報》林黛嫚主編，以及她的「中副」團隊，公信會全婉霖小姐。內人張淑芬女士在稿件處理過程中，費心不少，手都寫酸了。三民書局創辦人劉振強先生，對我工作的關心與鼓勵，以及不斷催促本書出版，是我不敢怠慢的動力。

當然，如果由於本書的出版，能對在海內外傳播崗位上工作的朋友以及在新聞教室中的學子有一絲幫助，那是作者最大的期待也是在事業道路上，對於提攜、教導、鼓勵與協助的師長長輩工作伙伴以及友好，最好的報償。

石永貴　敬識

九十一年十月二十一日

媒體事業經營

第四篇：中央日報時期

《第一篇》
個性與環境使然

第一章

簡單、自然

　　我有幸學新聞又做新聞工作，這樣學做合一，應是現代新聞教育與新聞事業理想的實現。

　　民國六十四年加入新聞事業，六十五年六月正式主持《臺灣新生報》至八十五年六月離開新聞傳播界轉入出版事業。

　　我一路走下來，固然引人好奇；而突然從一個熱鬧事業轉入另一個靜寂事業，更令人不解。我的中學老師以及大學教授，都在不同場合提出這個不解的問題，我都不作解答，一切視為當然與自然。事實上非常簡單：

　　個性與環境使然。

　　我的一生，無論所受教育與所從事事業，可用兩個字概括一切：簡單。

　　第一個發掘我，並賦予我新聞事業經營重任的謝前副總統東閔先生就說：「工作對你來講，到哪裡都是一樣。」

　　一生所學所做，都和新聞事業有密不可分的關係，這可能就是西方所說的「專業」。

　　我是用我一時也是一生的力量，專心從事一個行業。

　　這是我的幸運。

　　新聞事業的夢想，透過新聞教育來完成，而且得到一些成果與肯定。如果不是個案，倒是值得肯定的新聞教育的成果，這也符合現代新聞教育之始，就是適應新聞事業的急切需要。記得我國現代新聞教育鼻祖馬星野先生民國二十三年自美國密蘇里學成歸來的時候，先總統　蔣公就問他的志趣。馬先生毫不猶疑地報告蔣先生，希望能學以致用，投入新

聞工作行列去辦報。

　　事與願違，蔣先生要他先辦新聞教育，培養更多的人才，才能有人才辦報。這固然是雞生蛋，蛋生雞的問題，但也是蔣先生的遠見，沒有足夠人才哪有事業！（馬星野，〈我在南京辦報的回憶〉，《馬星野先生紀念集》，臺北：中央日報，頁二七一）

　　當然，我的新聞事業歷程，要比馬先生幸運的多：

民國四十八年國立政治大學新聞學系畢業。

民國五十一年國立政治大學新聞研究所畢業。

民國五十六年美國明尼蘇達大學新聞與大眾傳播研究所畢業。

這是我的一生全部所學的學歷。

圖 1-1 筆者榮獲母校明尼蘇達大學「傑出校友成就獎」，右為時任校長的哈塞爾莫博士

　　民國六十五年至七十年，《臺灣新生報》社長。

　　民國七十年至七十七年，臺灣電視公司總經理。

　　民國七十七年至八十三年，《中央日報》社長。

　　民國八十三年至八十五年，中國電視公司總經理。

　　這是我所做的新聞傳播的經歷。

　　民國八十四年十月二十四日晚上，美國明尼蘇達大學校長尼爾斯・哈塞爾莫博士 (Nils Hasselmo) 所率領的明大訪問團一行十五人，在臺北市國際貿易中心所舉行的全體在臺校友晚宴中，頒發「傑出校友成就獎」

給我。

　　哈塞爾莫校長在宣讀的頒獎詞中，特別稱讚我為「受人敬重之國際領袖」、「模範經理人」、「傑出傳播人」：

　　受人敬重之國際領袖，曾任臺灣數家主要報紙發行人暨臺灣首家電視公司總經理。

　　模範經理人，其結合實務與理論之才華轉變了其國內之印刷及廣播媒介事業。

　　傑出傳播人，其在傳播業之工作，影響了臺灣民主之發展及臺灣人民之生活品質。

　　在評審過程中，來自美國以及海外相關人士之推介，亦在晚會中摘要發表。其中，較為具體且引為最大驕傲的，為美國著名新聞法權威，曾任明大新聞暨大眾傳播研究所所長的唐納德・吉摩爾教授指出：「稱石先生為報人其實尚嫌不足，他把電視新聞引入臺灣，我想不出本系還有其他的畢業生有誰成就高過石先生的。」（〈石永貴學以致用，成就非凡〉，《新聞鏡周刊》，三六六期，八十四年十一月十三日）

　　我引以為榮的，就是在頒獎詞中所指出的，「結合實務與理論之才華」，這是教育的實際功能也是教育的理想。我得此「成就」榮譽，不只是肯定我在離開明大新聞學院後所作所為，而且肯定新聞教育的價值。

　　至於「把電視新聞引入臺灣」，嚴格而言，應該是把電視新聞制度帶到臺灣。

　　這一榮譽，把我所受的新聞教育為因，而把我所從事的新聞事業為果，是我真正一生的驕傲。

職業生涯與事業道路奇蹟

　　人生真是奇妙，人生在事業轉折過程中，也很奇妙。這一奇妙的過程，都一一發生與驗證在我身上。

　　以《臺灣新生報》而言，民國四十八年就有機會進入《新生報》，從基層做起，但未能實踐，直至十七年後——民國六十五年才被任命為社長。

　　以臺灣電視公司而言，民國五十一年臺灣第一家商業電視臺開播，我承良師的鼓勵與介紹投考編導，因缺乏經驗未果，直到十九年後——民國七十年被聘為總經理。

　　以《中央日報》而言，民國五十八年該報負責人曹聖芬先生就希望我進入擔任國際新聞版主編，當時的總編輯趙廷俊先生誠懇轉達與邀請，我認真考慮，因為編輯工作非我所長，加以婉謝了，直到十九年後——民國七十七年出任社長。

　　以中國電視公司而言，民國六十四年就內定為副總經理，高層人事糾葛未成，直到十九年後——民國八十三年出任總經理。

　　真的，人生有許多事情不可解，不能解，我的事業峰迴路轉，應作如是解。

　　同時，容我借用周聯華先生朋友的一句話：「周聯華的才能不高，但是他很拼命。」

　　我也願借曾任美國國防部長麥克瑪拉一句話：「我寧可為認為對的事情去奮鬥而失敗，也不願完全不去嘗試。」

　　當然，我有我具備的條件，剛好，這些條件，適合當時的事業環境，但，更重要的，是要有伯樂，這是我的幸運，也是時時以感恩的心情，

感謝破格提攜我的長官，使我一點點淺薄之學，得以發揮，通過新聞傳播的道路上，為社會提出微薄貢獻。

我何德何能，在二十年間，主持四個不同傳播媒體，而且不負提攜者所期，能產生一些扭轉力量？

既然得天，有何「獨厚」的條件？

這是常常我會自問也會成為談論的話題。

我異於他人條件幾希？

新聞教育背景，是支持我最大力量。我也深信，任何理論、原理或原則，沒有實用價值，是毫無用處，反之，只要有用，就是好的道理。我使用新聞傳播最基本最簡單道理，支持我經營事業的信心與力量。

無論一件事情解決或是一個事業的轉變，有其基本道理，至少不能違反基本道理，這是我的基本信念。如報紙的機能，主要的命脈就是內容與讀者；電視的生命運轉，就要靠節目與觀眾。我靠這樣信念，完成了當時《臺灣新生報》以及臺視的「外科手術」，產生轉危為安的力量。

當然，一個事業的學術背景，有其基本道理與技術，也有一般事業的經營道理，這你必須靠自修外求了。

學術也好，學問也好，正如愛迪生所言，也正如他自己的見證，不能完全靠在教室中求得，事實上，天地萬物，皆是學問。萬物，特別是生物，靠自然取得生存的營養，均有求生甚至繁榮的本領，同樣的，人更是如此，人應從日月中吸取精華，充實自己，擴散其貢獻機能與力量。

記得我到美國留學，抵達明尼阿波里斯市不久，一個夜晚，我的政大同窗好友黃紹雄兄開汽車來接我，他就露了一手，讓我大開眼界，當夜興奮得許久沒睡，如果臺灣戰爭爆發，仿七七抗戰，人不分南北投入戰場，我立刻應召返國，也就值得這趟美國之行。這個經驗是這樣的：

紹雄很得意地駕駛他的 Rambler，並告訴我：「你看，只要保持一定的速度，前面不管有多少紅綠燈管制，都會是通行無阻的綠燈。」

果然如此，一直綠燈下去，開的人過癮，我這個土包子新到的學生，

也驚奇不已。

這就是美國。

還有一個駕駛習慣，我也暗暗稱奇。不管有人無人，有車無車，只要有停車的標誌，一定停下來，等等，看看，再開。

這就是美國。

一切按規矩來，就不會出錯。我從那一晚紹雄駕車的表演，悟出的道理，後來學成回國服務，在工作崗位上，處理大小事，面對疑難雜症，都是如此嚴正又堅決的態度。

一切按規矩來。

這是到美國的第一課，也是人生很重要的一課，循規蹈矩，終生奉行不渝，這是留學學來的，有人叫我「石頭」，我依然故我。

這也許就是自由民主社會的真理。不要警察監視你，你依然是你，才是真正的自由人，作自己的主人。用在服務公職上，就是蔣經國先生在行政院長時所提出的：「坐得正，站得穩，做得好。」能如此，不管你是高官巨賈或是販夫走卒，自然也就是心安理得，頂天立地之人。

做中國人，讀聖賢書，所學何事，必有所本，也必有所懼。

我很信服岳飛的「文官不愛錢，武官不怕死」的忠義精神，驗證中華民國在大陸慘敗的悲劇以及今日社會貪瀆橫行，岳武穆之言，確是千古真理。

與張季鸞、蕭同茲，被葉明勳先生譽為現代三大新聞事業家的成舍我先生，生平奉為經典的一句話：「富貴不能淫，貧賤不能移，威武不能屈，必如此，才能做一個現代獨立自由的標準報人。」很幸運的，我沒有遭逢「貧賤」的環境，很自豪的，我以「富貴」為懼，我可能做到的舍我師的明訓「威武不能屈」。

人之患在貪，在貪生怕死、貪財好利。

也許與生俱來的「硬骨頭」，身外之利，身外之名，即視為毒蛇猛獸，保持絕對的警戒，也保持絕對的距離，乃能在名利的電視大染缸，還能

保持一個「原我」。

我認為一個人能夠堂堂正正做一些事情，必須先要乾乾淨淨，清清白白。尤其中國的人情社會，關係路線，處處都是陷阱。

我有這樣的「防腐劑」，雖然身陷酒色財氣的電視環境，依然能保持金剛身，走過來的路，沒有染上富貴榮華習氣，難得過一個無憂無慮的生活。

凡事求實在，不求分外之名與利，也是我所追隨的長官謝前副總統求生先生的警惕語，唯有這樣才能保平安。

關於錢財方面，至少有三件事，在這裡先寫出來：

第一、我因為工作或長官需要，調轉不少工作崗位，在改變過程中，從未考慮到待遇問題，這是我的幸運。如從中央委員會第四組轉至艱困的《臺灣新生報》工作，待遇就差了一大截；從華視轉回中央文化工作會，待遇也差了一大半，我自己固然不計較，內人也從不過問，薪水袋永遠只有一個，準時原封不動繳到太太手中。記得我自臺視總經理改聘為《中央日報》社長的時候，李前總統登輝先生在總統府接見我，他就放心地說：「石太太不會計較你的待遇吧！」

第二、我接任工作，尤其是《新生報》與臺視，都是非常任務，只知全力全心投入工作，幾乎到了忘我的境界，足足有兩個月薪水還沒有核下來，連領薪水之事都忘記得乾乾淨淨。

這樣的事情，說出來沒有幾個人會相信，也不近人情，但事實就是這樣，憑著的就是一股忘我的傻勁。

我始終相信，一個人能忘我，可以成聖成賢，何況一點點事業上的作為呢？

第三、我在《臺灣新生報》工作期間，曾有機會出席在印尼雅加達舉行的第一屆世界伊斯蘭傳播會議，這是由在沙國的世界伊斯蘭聯盟主辦，我是唯一來自中華民國的代表，因為具有國際外交任務，所以獲政府核准並發給一些出席必要費用。我抵達雅加達報到後，大會也按規定

發放出席費。待會議結束返國，我立即向主管內政部報告，並辦理退回公費手續，當時內政部主任秘書莊惠鼎先生，也是我服務中央黨部秘書長辦公室長官，感到非常困擾與不解，因為政府國庫支出有一定程序，退回費用，在賬務處理上非常複雜。有一位先生並委婉建議，還是不要增加主辦單位作業負擔，好在世界伊斯蘭聯盟與我國政府並不屬於相關連會計體系，誰能知道，又誰能查得出來？我還是堅持，因為我自己知道。

我很嚮往有「臺灣商聖」之譽的何傳先生納稅精神：「寧可多繳一千萬元，不可漏報一千元。」我很不欣賞在稅方面打算盤的個人或公司。我的納稅標準：多賺多繳，少賺少繳，不賺不繳。否則國家社會何以維持，最後成為沉沒的「巴比倫」。

第三章
只問是非、不畏權勢

　　人生不知經過多少事情，任何一件事情做出來，不管再小的事情，不只是一時安，也要一生安。

　　也許受到北方人先天性格影響、宗教信仰以及新聞記者的習性，我養成一種天不怕地不怕，就怕不公正，打抱不平的性格，也因此，敢犯上，不忍欺下。這也許就是提攜我的長官吳俊才先生所指的：石永貴做起事來，不怕死，什麼人都不怕得罪。

　　我有時確有只見一義，不見生死的性格，也許就靠這種血性，雖千萬吾往矣的決心，不怕得罪權勢，才能做出一點成績。

　　事業經營，往往就如同作戰一樣，隨時準備戰死沙場。我每天在結束一天工作之前，總是檢查自己公事提箱，有沒有把公家的紙筆帶回家；每次出差回到辦公室，首要之事，就是把差旅費辦好，沒有單據以及沒有用完的費用，立刻退回，我始終保持不欠公家一元錢的良好習慣。

　　否則晚上就無法安眠。

　　隨時做好第二天離開工作單位的準備。古人云：「不為五斗米折腰」，我豈能為貪圖一時的享受，而捨棄原則霸佔之理！

　　我打抱不平的個性，一次就驗證在《臺灣新生報》任上。

　　那是《新生報》從舊工廠遷至延平南路一二七號編印大樓新廠，為了維持報紙正常出版，新工廠啟用當日，毛胚仍在舊廠完成檢排，再運送至新工廠，擔任此一毛胚運送的，竟是一位雜工，更糟的，毛胚在運送途中打翻了，險些影響第二天出報。

　　真是出師不利，成為報社鬧翻天的大事。

　　一層一層簽報上來，罪該萬死的竟是一個患眼疾的「雜工」，主張應

予重懲，輕者記過，重者開除了事。

事後我看到此一簽呈，簡直火冒三丈，怎能把這樣一個重大工作，交給一個小小的雜工來做？事情出來了，沒有人負起責任，反而找這名雜工頂罪，做替死鬼！

於是找來主管發了一頓脾氣，予以平反，並說：如果一個雜工能知道他所運送的毛胚，是攸關出報的大事，他就不做雜工了。

更知道，這個雜工身體不好，家庭負擔又重。

我看不負責任者的可憐，更可憐這名雜工待宰的處境，就免予追究了。

事隔將近一個月，這名雜工如獲大赦一般，民國六十五年六月二十五日晚上我正在辦公室處理公事，有人敲門進來，隨後向我叩三個頭，雙手遞上一張紙條離去，上面寫著：

石大德長官如意
　　雜工
　(一)至社而來三年有餘，自知食社一日之祿，忠人一日之事，工月前記過，近來受到長官的視而明、耳之聰，慎謀能斷，來排除工心中的煩病，感恩不盡，有齒不忘，賜工深信十里之中，必有芳草，十室之邑，必有忠臣，聖言無虛。
　(二)長官至社而來，便衣暗察，巧令聖法，近水知魚性，近山知鳥音，賜社內所有之人，反應良好，工作敏慎。專此
　祝長官慎重至遠，振興有期。
　　　　　　　　　　　　工高松梅頓首百拜

我看到這紙條，久久不能自己，除了字跡像「雜工」外，通情明理，真是「十室之邑，必有忠信」，不能以人的身分高低，論其人品與學識。

人真不可貌相。

人不可高估自己，更不能看輕他人。

他雖然深深鞠躬而掉頭就走，我還是向他離去的方向，致敬不已。

多少年來，我深深懷念這個雜工，也很關心他的處境。前《臺灣新生報》主任秘書徐仲毅先生出版他的大作《堅毅力行》一書時來訪，我還問及高先生的近況，仲毅說：「高先生本人以及家庭狀況還不錯。」

壓在心底二十年的「石頭」，總算放下來。

我的打抱不平性格，遠在投入報社之前，在中央文工會服務的時候就有施展的機會。較典型的例子，是為中興紙喊冤叫屈。

印行報紙的新聞紙，是一種特殊製成的紙張，它既不同於工業用紙也異於家庭用紙，適宜於高速輪轉機用的特殊製造圓筒紙。

民國三十八年，政府遷臺後，長期處於戒嚴戡亂時期，很多物資納入管制，以配合國防安全與社會安定的需要。

新聞紙更不例外。

政府主管官署，曾長期以新聞紙短缺為手段，用以管理現行報業。有兩種主要方法：一是限定現存發行的報紙紙張，一是限制新的報紙登記。

外匯受到管制，進口洋紙是一件大事。國產新聞紙只有省屬中興紙業公司供應，其機能，一方面維持現行報紙使用，再者，以備戰時不時之需。

中興紙業公司如果屬於民營，就會在商言商，至少講究成本，不幸它是屬於臺灣省政府所有，在政府政策下，報業現實下，真是百般無奈。

負責協調中興紙業公司與報業間供需關係的，是行政院新聞局。

為了新聞紙問題，新聞局常約請雙方負責人開會，主持會議的是負責國內新聞業務的副局長甘毓龍先生，參加者主要是當時三大報──《中央日報》、《聯合報》與《中國時報》總經理，有時亦有負責發行的副總經理參加。《中央日報》是易家駒，《聯合報》是應人，《中國時報》是馬嗣明，我則以中央文化工作會代表身分列席。中興紙業公司出席的也有很好的陣勢，強弱配檔。翟瑞林能言善道，副將陳先生委婉以對。

　　這一會議的關鍵點，在於洋紙難求的時候，就要大吃中興紙；洋紙降價的時候，就要痛貶中興紙。中興平價供應的新聞紙，其虧損差價，則由省政府報行政院專案補貼。

　　記得民國六十四年上半年，新聞紙供應發生危機，國際紙價飛漲，新聞局又召開緊急對策，如何採購洋紙與供應中興新聞紙。主要報紙提出庫存若干、進口若干、正在路上若干、需要若干，《中央日報》代表易家馭在會中插著腰發言：「奇怪，大家都到全世界搶購紙，《新生報》李白虹坐在家裡不動……。」

　　不要說外地報紙，臺北的報紙如《新生報》者，也無資格出席，李白虹社長自然不在場。

　　這種你搶我奪，弱肉強食的場面，作為和事佬的甘副局長真是為難。我講了幾句不中聽但很公道的話：「《臺灣新生報》與中興紙業同為省屬機構，理應有優先權，《新生報》一向用中興紙，屬老主顧，也該有優先權，同時，諸位所代表的報紙，早就四出買洋紙，現貨市場都有困難，現在要《新生報》到哪裡去買？就算買到，何時才能運回來？」

　　我這番話，在「列強」陣勢下，自然得不到認同。《聯合報》、《中國時報》出席負責人，還能保持風度，至少不會得了便宜還冷言熱諷。易總經理又發出一次「奇怪」之聲：「奇怪，不知中央黨部是什麼立場？」言下之意，中央黨部竟不站在《中央日報》一邊。

　　我那個時候，年輕氣盛，也不甘示弱，就作了回馬槍：「中央黨部什麼立場，公道立場！」

　　這是為中興紙的一場冷戰。

　　另外一場，是中興紙嚴重過剩，政府主管機構幫助中興紙推銷，以維持中興紙最低生存權，減輕庫存壓力，降低虧損。但，中興紙紙質差，不斷斷紙、價錢高（國際紙價下跌），誰還會用？在吵來吵去的會議最後，中興紙提出保證，已經調整好了，保證不會再斷紙，不信大家可以試試。

　　報紙發行競爭激烈，因為印刷斷紙脫班，報份會流失，責任誰都不

敢負。

這個時候，我已在《新生報》工作了。他們剛好就選定《新生報》印刷機作實驗，看看到底會不會斷紙？（報界對於中興紙的品質改善，始終無信心。）

選定某一天晚上，報業代表齊集《新生報》來看中興紙的試印表演。試印前，報業有關人員就拜託《新生報》印務人員，晚上試印時，把速度拼命加快，斷的機會就大了。

這件事被我這個「多事者」知道了，我就開導印務朋友，中興紙我們可以不買，但不能整人家冤枉；傷天害理的事，我們不能做。一切按規矩來，幾種速度都試，提出一份正確而公正的報告，這是我們受委託者的責任。

中興紙與報業糾纏數十年，本來是患難與共的伙伴，但是政府實施貿易與報業全面開放政策後，中興紙的處境就更艱困了。

當然，其中錯綜複雜，如果，「中興紙」在臺灣報業環境轉變過程中，產生脫困與解困的功能，也就值得了。

第四章

「全力以赴」與「路是無限寬廣」

任何事業，都是靠主持者的崇高理想、遠大目標與人的組織興盛起來。

新聞傳播事業也不例外。

我是五〇年代與六〇年代接受新聞教育的人，仍屬於傳統末梢，統計與電腦剛剛進來，因之，我被歸劃為新聞記者的訓練。

後來我有幸，風雲際會，一連主持新聞傳播事業，涉及層面甚廣，特別是，除了我所熟悉的新聞採訪外，還有業務、管理等多方面綜合而又複雜的知識。

有人不免會好奇地問：你是怎樣把大眾傳播事業經營起來？

把過去所學的用出來。

把古今聖賢之學搬上來。

學問之道，無它，多學、多看、多做、多思考而已。

為什麼這件事情做對了，

為什麼那件事情做錯了。

千變萬化，千轉萬轉，事業的主軸，不能有任何變動，否則不等颱風來吹，就會自倒。

我從事業經營經驗中，體會出事業的主軸有三個：

一個是道德力，

一個是意志力，

一個是實踐力。

這三種力量，通常，不是與生俱來的，而是從工作中考驗，百折不

撓而不回，千錘百鍊而來。

我國抗戰期間，凡是有重要司令臺的地方，就有一幅顯著的標語：「法古今完人，養天地正氣。」當時影響抗戰精神與全民士氣很大。

古今賢能之士，我特別敬佩與服膺兩位先生：

一位是我國的曾國藩。

一位是日本的松下幸之助。

曾國藩應是刻苦自勵成功的中華第一人，他也是以人才為本的大事業家。錢穆在《國史大綱》中稱讚，「曾胡知人善任，薦賢滿天下」，並稱：「曾胡之得自由薦擇人才，實為湘軍成功又一因。」（錢穆，《國史大綱》下冊，臺北：臺灣商務印書館，頁六七六）

我總是在人不注意的地方，發現問題；在沒有關心的角落，發掘人才。

曾國藩以身作則，苦其所苦，最苦最難的事情，都是從他自己做起。幾乎實現了中國人的理想：修身、齊家、治國、平天下。

曾國藩的精神，就是「紮硬寨，打死仗」，這對於一個死裡求生的環境，如當時《臺灣新生報》，最需要的無形精神力量。

不管一件事情或者一個事業，都會遇到難以想像、意料不到的困難，你必須咬緊牙關度過去，也必能度過，這也就是曾國藩挺得住，挺下去的意志力量。

日本問題專家陳昭成先生追隨陳重光先生進入臺視董事會，輔佐陳董事長，他與同事談起歷任總經理種種，昭成就說：「石總經理在臺視很喜歡提拔沒有背景的臺籍年輕人。」邱彰博士因為做有線電視節目關係，與電視圈也很熟，她說：「石總經理你不帶不用私人，最了不起。」

其實，這都沒有什麼了不起，為了一個事業振興，理應如此，這都是師法曾國藩用人唯才的精神，而湘軍能夠打勝仗，全靠能刻苦耐勞，樸實無華的農夫，打了勝仗才以湘軍為名。這些農夫能夠成為勁旅，必須經過精心挑選、嚴格訓練與善待如兄弟。我學習湘軍精神，也喜歡起

用無背景無經驗的質樸青年。

曾國藩的「不忮不求」，對於我在事業轉折過程中影響很大。

我曾閱讀《曾文正公集》，並完成《影響現代中國第一人——曾國藩的思想與言行》一書（石永貴，《影響現代中國第一人——曾國藩的思想與言行》，臺北：東大圖書公司），作為心得錄。並將曾文正公有關勤與廉、公與信語錄，請當代書法家陳奇祿先生書成，除自勵自惕外，並分送主管同仁互勉：

　　非勤而且廉，至誠惻怛，則不能使之親；
　　非勸善懲惡，一秉至公，則不能使之信。

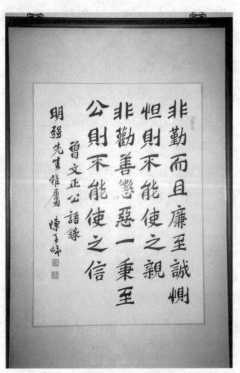

圖4-1　筆者主持中視期間，提出曾文正公「親信」以自勵勵人

因為你一旦身為主管，總有所謂「親信」，圍你左右；你也會找來「親信」密商大事。

實在，是對時下政治所謂「親信」最好的警惕。

現代工商企業，很喜歡也很重視目標管理，其實，清朝用了曾國藩，就是極佳的目標管理。當時的清朝，認定只有曾國藩能消滅太平天國，曾國藩不負所望，於一八五二年練鄉勇於家鄉，歷經十二載無數次血戰，終在一八六四年，由其弟曾國荃為首將，攻破南京，亡太平天國。

實踐力，影響我最大的就是有「日本經營之神」美譽的松下幸之助。

　　這要歸之於我的閱讀習慣與生活。

　　因為工作太重，工作時間又長，人又笨拙，而我又是「執輕若重」的人，所以工作的責任心很重，平時極少有時間關心或從事工作以外的事情。

　　閱讀是我從未停止的家庭作業。

　　受到時間所限，所以很少閱讀與身心無益或工作無幫助的讀物，小說幾乎是我生活中的奢侈品。

　　早期我從報紙雜誌中閱讀有關松下幸之助的經營理念，只要有他的作品，我很少錯過與放過，幾乎成為臺北少數的松下幸之助「知音」。

　　因之,當民國七十三年臺北名人出版公司主持人林獻章先生出版《松下幸之助經營管理全集》的時候，厚生徐風和先生、統一高清愿先生與我（當時服務於臺視），就成為特別推薦企業家，各寫了一篇序文。

　　《松下幸之助經營管理全集》共二十五集，印刷與內容並茂，是林獻章先生的大手筆，這一大部頭的巨著，在日本亦難見到，國內凡是董事長或總經理辦公室，幾乎都有乙部，對於松下幸之助先生理念之推廣，影響與貢獻很大。

　　一九九六年是第二次世界大戰後的五十年。五十年的亞洲，由戰爭廢墟到和平繁榮，美國《時代周刊》根據他們在亞洲實地採訪的經驗，出版了《繁榮的秘密》一書，寫出〈亞洲不可思議的五十年〉（*Time International Editors*，《繁榮的秘密》，臺北：經典傳訊）。

　　創造亞洲奇蹟的十一位最具影響力人物，其中日本有兩位：一位是裕仁天皇，一位就是松下幸之助。松下也是唯一具有商業背景入選的亞洲領袖人物。

　　松下幸之助逝世後九年，哈佛大學為他出版自傳:《廢墟中站起的巨人》，並譽為二十世紀最了不起的企業家（楊艾俐，〈二十世紀最了不起的企業家〉，《天下雜誌》，二○七期，八十七年八月一日，頁四十）。

　　松下幸之助是資本主義下的日本社會最大受益者，也是施惠最多人

的企業家。他的成功秘密:「資本主義的原點,可以說是勤勉、誠實與能力,這些要素,亞洲人都有。」從苦難到光明,伴隨松下一生的松下夫人,也有異曲同工的體會:「賺錢也是一種修行,需要節約、勤勉和努力。」

勤勉、誠實與能力,對於從艱苦環境走出來的我,可以作一個微小的見證人。松下夫人的「節約與努力」,是帶領艱苦事業的不二法門。我常常告誡同仁:當賺錢不容易的時候,如果花錢容易,只有加速事業的結束。

亞洲後五十年,將走向何處?

臺北《天下雜誌》編輯部由殷允芃發行人率領的海外學習之旅,訪問了日本古都鎌倉郊區的政經塾(《天下雜誌》,二○七期,八十七年八月一日)。

這是松下幸之助先生為日本培養二十一世紀政治經濟領袖人物大本營。歸後殷允芃以「素直的心」四字形容松下幸之助的一生精神。

事實上,「素直」是松下政經塾之立塾精神之基本精神:

以素直之心聚集眾智

自修自得探求事物之本質

追求日新月異的成長發展之道

在我經營新聞傳播事業歷程中,松下的「全力以赴」以及「路是無限的寬廣」,深深地注入我的腦中,並隨時可以湧出來。

現在,「全力以赴」常常出現政治領導人物的演講與講話中,用以宣誓其決心。其實,「全力以赴」較早的文獻,應出自這位「經營之神」。

松下先生說:任何工作,只要全力以赴,將產生一種自己安慰自己的心情,產生自己撫摸自己頭腦的態度。

「全力以赴」是一種忘我,只問耕耘的工作態度:「總而言之,成功與失敗固然重要,但是全力以赴的心志應該是比成敗更為重要的。」(松下幸之助,《路是無限的寬廣》,臺北:洪健全教育文化基金會)

　　我每到一個事業，因為環境艱苦，只有毫無保留地拼命幹，也拼出一些成績，朋友就歸之於「全力以赴」。因此，舊日《臺灣新生報》伙伴賴明佶、吳榮斌兩位先生為我出了一本《全力以赴》，以記錄我在《臺灣新生報》期間，事業經營的試煉（石永貴，《全力以赴》，臺北：文經社）。

　　其實，應該歸功於松下幸之助先生。

　　「路是無限的寬廣」，是我在經營臺視時，常常用得到的思考模式。

　　三臺競爭非常激烈，為了收視率、為了廣告業績，什麼花招都會使出來。有一次友臺為了逼退臺視黃金節目《楊麗花歌仔戲》，透過新聞局廣電處的協調會議，採取兒童節目、閩南語節目，三臺時段輪播花招，目的在使《楊麗花歌仔戲》讓位，無法長期固定在同一時段播出，參加協調會議的同事，回來苦惱不已，並說令人吐血，簡直就是國共和談的翻版，我見木已成舟，只有忍下來，吃下去。我胸有成竹，所依所靠的，就是路是無限的寬廣。

　　辦法是人想出來的。難不倒人，於是前有《強棒出擊》節目推出，後有《臺視新聞世界報導》企劃，後者是為了因應公視節目輪播。這兩個節目不只是為臺視賺下難以估計的廣告營收，也有很好的口碑，且不受時段、閩南語節目輪播、時段調整等影響，是常態與固定長青節目。

　　臺視文化公司開設演員、歌唱人才訓練班。由於臺視招牌的關係，時下青年男女又醉心電視，報名者眾，每次總有幾十位錄取。每次開學典禮，我總是自己主持，一方面給年輕人鼓勵，證實是臺視全力在支持，一方面看看有沒有可造之才。我特別以「路是無限的寬廣」介紹給他們，特別說明，電視工作，尤其表演人才，需要特殊條件，如果自己不適合這個行業，不要存有幻想，不要浪費時間，早點另選適合自己的路走，因為「路是無限的寬廣」。

　　我像父兄一樣叮嚀他們，尤其離家來自中南部的青年男女，不要陷於都市迷魂陣中。

　　每個人，我送他們一本《路是無限的寬廣》。

　　與我有過交往的節目製作朋友，也都知道我崇信「路是無限的寬廣」，春秋廣告公司鄭錦亭先生特別請名家寫下「路是無限的寬廣」，龍飛鳳舞的草書，益顯出它的精神，並燒成大筆筒，送我作紀念，如今仍留在書房，用以時時自我激勵。

　　中外古今的偉人，都有從小見大的背影，影響其一生，華盛頓的櫻桃樹的故事，不只是影響萬世法的華盛頓，也影響美國的立國精神，成為誠實教育的典範與根源。

　　同樣的，松下幸之助的卓然不群，他有一個童年往事，影響他一生，成就了他一生的事業。

　　松下家業中衰，從小就被送到大阪做學徒，連小學都沒有畢業，當他十四、五歲做學徒的時候，就有見義勇為的精神表現：

　　當時，店裡用六、七個人，我最小。大師兄工作很勤奮，可是手腳不乾淨；有一次給老闆逮著了，老闆認為他是第一次犯錯，平時又很賣力，考慮一番，決定只加以訓誡，而仍舊留用他。

　　我知道後，立刻跑到老闆那裡請求辭職。老闆愕了一下，問我原因，我就坦白告訴他：「您決心要留用犯錯的人，我就要辭職，我以跟他同事為恥，我不願意跟壞人一起工作。」老闆聽了好像很為難，可是也沒有理由辭掉我而留他，於是毅然決定開革犯錯的人。

　　沒想到店裡的風氣從此變換一新。大家在心理上不再有陰影，變得明朗多了；又因為是非分明，大家也更加警惕。雖然不是我有心安排，卻意外獲得了這樣的好結果，等於是一個小徒弟改革了店面的風氣（石永貴，《以成功者為師》，臺北：健行文化，頁十一）。

　　松下幸之助的精神，正是新聞記者威武不能屈的道德勇氣。

　　這也是新聞工作者所需要的精神，新聞只問真實與否，評論只問公正與否，去寫值得寫的新聞，去評論值得評論的新聞事件。

　　松下幸之助的精神，在洪建全教育文化基金會出版一本《知命之年》

一書中，我在序文中稱之為「英雄出少年」(邦光史郎著，王咏月譯，《小說松下幸之助，知命之年》，臺北：洪健全教育文化基金會，頁五—六)

這一真實故事，常在我心中激動。當然歷史不會重現，但會重演。歷史也沒有「如果」，但「如果」老闆不開除大師兄，「如果」松下閉著眼和稀泥，那日本恐怕就不會有松下了。

我還是很嚮往松下幸之助的精神。

《第二篇》
臺灣新生報時期

「我們並不認識你，所以請你主持《新生報》，
完全是基於你的才幹與你的文章。」

——謝東閔

第五章

捨不得的「出嫁女兒心」

人生有許多經驗，是無法理解與推斷的，但它不只是會發生，而且會重複的發生；不只是重複的發生，而且會發生在同一個人身上。

這豈不是人生的奇妙與絕妙。

我在中央第四組編審任內，應華視的邀請，跳出來加入華視籌備與開播的行列。

我在中央文化工作會總幹事工作期間，又應臺灣新生報社的力促，被拉回到新聞傳播行列，出任《臺灣新生報》副社長兼總編輯。

副社長是虛銜，實際的工作是總編輯，但是非常奇妙的，這個虛銜的「副社長」，卻發生了關鍵的力量，不到半年的時間，解開了我升上社長之「政治難題」。

種種又種種，還不夠玄麼！

你不得不相信，世界上再大的事件，再小的事情，都有一定發生與發展的軌道，有一種無形的力量，卻其大無比在操作，無論願與不願，誰也無法逃避，也許這就是人生的宿命。《西遊記》中的變來變去，跳來跳去，萬變不離其宗，就是難逃天地間一種無形力量的掌控。

人心、天心與地心，就代表宇宙萬物的三大力量。

民國六十四年八月，由於中日航線復航，我以顧問身分陪同中華民國黨政記者訪問團，搭乘首航華航〇〇二班機，自臺北飛往東京，參加首航典禮並採訪日本政治新聞。

返回臺北後不久，一天上午，《臺灣新生報》社長李白虹先生蒞臨文工會第一室辦公室，希望「借用一點時間」與我談談。

李白虹先生早期出身先總統　蔣公侍從室，謹慎小心，與俞國華、

周宏濤情誼頗深，清廉自持，曾擔任中六組副主任，因之，長期從事心理作戰研究，道德操守深受兩位蔣總統之信任與倚重。曾為中國國民黨黨營事業開拓不少江山的實業家李崇年先生，很推崇李白虹先生，公私場合，他常說：「白虹先生是中國國民黨的聖人。」

李先生突然造訪，以他的謹慎性格，必然有關重要文宣或《新生報》重大事情要談。

這個時候的文工會，是在臺北市林森北路七號，經過中四組時代三次搬遷，已較中央黨部辦公時代寬敞多了。雖然當時那座建築物，內有四個機構：青工會（一樓）、文工會（二樓）、陸工會及中央電臺（三樓以上），後來經過周應龍主任、宋楚瑜主任時代的業務擴充，以及在中央委員會的地位與分量，其他機構陸續遷離，而成為獨立的文工會大樓。

當時的第一室，比過去中四組，要寬敞多了，但是客人來訪，非但沒有會客室，連多一點坐下來談話空間，多兩把椅子讓坐都沒有。我知道李白虹先生的行事言談小心，就請他到會議室坐坐。

李先生的性格，不是開門見山的人，況且當時的《新生報》環境，也很難啟請人之口，繞了幾個文宣與報業環境圈子後，李先生就說出來訪的目的：《臺灣新生報》總編輯劉成幹先生，將要退休，需要一位總編輯來接替，想請石總幹事屈就。

雖然半年來不斷有我「外放」的傳聞與機會，包括半路被攔截的中視副總經理、改組後《臺灣日報》副社長、臺北市政府新聞處長、臺灣省政府新聞處長等等，但這是一次具體而實在的面談，機會就在眼前。

況且，不管《新生報》變成什麼樣子，《新生報》還是與我有深厚的感情。

李先生為報社艱困所苦以及對人事的期待，全在他期盼的眼神中。

我就向李先生建議，較我更適合的幾位，包括：葉建麗先生、謝天衢先生，他們都是政工幹校新聞系出身的才俊之士。後來，葉先生也做過《新生報》、《新聞報》社長，謝先生做過《臺灣日報》社長。

李社長就說：「不瞞石先生，你所提過的幾位，都找過了，他們都因有困難而婉謝。」

李先生的性格，是很耐磨的，我又沒有前幾位硬說 "NO" 的本領，面對這位慈祥又待援的長者，並非不能，而是不忍。

當李先生離開的時候，我只能說：「請李先生再找找其他更適合的人選，如果實在無法找到，如果在吳主任俊才先生同意下，願意追隨李先生。」

李先生滿意而去，並展開「人事布局」。

這個時候的《新生報》，確實到了「冰凍」期，誰也不會注意與關心這項人事，新聞界也不例外。

不過，當時的文工會秘書龔弘（偉岩），由於工作關係又是我敬佩的長輩，倒是非常關心，站在他調和鼎鼐的立場，更關心第一室總幹事的去留。

龔先生主動邀約與《新生報》頗有淵源的姚朋先生。他是《新生報》出來的，也可謂《新生報》之靈魂人物，曾擔任總編輯及副社長，後來應邀轉任《中央日報》總主筆。瞭解《新生報》者莫過於姚朋，他可以從頭談起。

龔先生與姚朋先生見面後，得到幾項「不樂觀」的結論，講得都很具體，重點是《新生報》舊習很深，積重難返。

龔先生把與姚朋先生見面經過，所談的內容，一項一項的轉告我。

龔先生的苦心，也很坦然。他說：吳主任的內心，是不願意放我走的，還是要多考慮。

過了幾天，姚朋先生打電話給我，他真是用心良苦。他談到與龔先生見面的經過，以及文工會高層的態度——傾向要我別去《新生報》。姚先生對我說：我反而希望你去。理由是：凡是一件困難的事，就值得去奮鬥。

我政大新聞系同班同學陳啟家，學校畢業後就加入《新生報》，擔任

採訪組記者，並升至採訪主任，是我們班上第一位開花的主管，大家羨慕不已，同學們蜂擁至《新生報》為他祝賀，真是「吾班之光」。我邀啟家在臺北市林森北路凱莎琳喝咖啡，並告訴此一訊息，徵詢他的意見。啟家鼓勵我來《新生報》，「吾道不孤」也。他還說：「你這個時候來，對於《新生報》，對於你，正是時候，因為《新生報》已到了谷底，不能再壞了。」

李白虹社長展開了日夜的電話攻勢，我則穩坐不動，因為吳主任尚未同意。李社長就露出底牌：「吳主任一定會同意的，我還可以告訴你：兄之事，是馬先生（星野）推薦的。」

馬先生是吳先生的尊親與尊師，一路提拔過來，吳先生對馬先生至為尊敬，這是大家共知的事。

馬星野先生正式表態是在中華民國國際關係研究所一次會議中。馬先生參加這次會議，並把家父拉到旁邊說：「《新生報》目前環境很艱苦，但將來會有發展，如果能有扭轉乾坤之力，將是很大的成功，是一個難得的機會。」

馬先生這一番話，是有根有據的。因為他是新聞教育家與新聞事業家，又愛護青年，他知道報紙，對於一個學新聞人的吸引力與影響力有多大。

我之去留，自始至終基於吳先生的同意，這是發自對吳先生內心的敬意。

吳先生在李白虹先生誠意感動之下，同意了，但是有一個條件：必須副社長兼總編輯。

這是吳先生的堅持與遠見。吳先生當面告訴我，也告訴李先生，只有這樣，他才能做應興應革之事。

但這一難題，真難為了李白虹先生。

因為《臺灣新生報》是公務體制，誰敢破壞？況且還有一個省議會，因為《臺灣新生報》「流行」黑函，這樣做，黑函會滿天飛；更重要的，

李白虹先生做事小心謹慎，任何逾規逾格的事，他都難以承受。

當時，《臺灣新生報》在編制上只有兩個副社長，一是主管編採言論並兼總主筆的汪民禎先生，又是一位飽學之士好好先生，長期追隨陳誠先生；一位是主管經理行政的邱則明先生，是從財政廳「借將」過來的鐵算盤，精明幹練，為解決《新生報》收支嚴重失衡情形，《新生報》就參加省府機構的統收統支專戶，解決了現金流量問題，更重要的，減輕沉重的利息負擔。

在這樣的嚴密結構與實際情形下，何能增加或取代一位副社長？

可憐的李白虹先生，就日夜奔波在中興新村與臺北的路上，充分發揮能磨、耐磨的精神。

好在李先生政通人和。當時省府主事者幾位先生，不只與李先生熟悉，而且敬重有加，如秘書長瞿韶華先生、人事處長余學海先生。省府主席謝東閔先生則授權秘書長處理，但目標只有一個：趕快把《新生報》救起。

李先生的馬拉松精神，省府有關首長，都非常感動，甚至不忍折磨他，像余學海先生常到臺北開會，李先生就會追到會場，余先生事先就有交代：「若有《新生報》李社長找我的電話，要告訴我！」

這樣的好人，可惜英年早逝，怎不令人感歎？

幫忙歸幫忙，要上級機關幫助下級機關扛違法責任，還是很難、很難。

於是李社長請示上級；上級就請白虹先生酌情處理。

白虹先生又發揮他一貫的耐磨精神，又不斷找吳主任商量，並舉出許多權宜措施，諸如名片上可以印上副社長名銜，對外可以排副社長位置，大家就叫他副社長，將來副社長退休出缺時就是副社長。

講得明白一點，是一個黑牌副社長。

吳先生堅持名正言順，而且恐口說無憑，必須對中央有正式公文，對石總幹事一定要有正式副社長聘書才行。有一、二次我站在旁邊，看

到李社長受苦受難的情形，幾乎忍不住向吳主任求饒。吳主任與李社長不只是比賽耐力，還在作心戰。最後一次，吳主任義正辭嚴地對李社長說：「我們這個『女兒』，本來就捨不得出嫁，你們硬來要娶，還要我們的女兒受委曲，這是無法也不能忍受的！」

至此，李社長始知副社長這個職位，是絕對無法模糊的，只有面對或者作罷。

圖 5-1　《新生報》改版成功，「伯樂」李白虹先生（左二）、吳俊才先生（右二）喜形於色。右一為「臺灣歐吉桑」陳重光先生，左一為筆者

民國六十四年九月一日，臺灣新生報業公司董事長黃啟瑞與《新生報》社長李白虹，以從業黨員身分，向中央文工會寫了一封正式函：

俊才先生道鑒：臺灣新生報社在編輯方針與業務發展上面，多承指導賜助，現更新機器設備與遷建新聞大樓均正限期完成中，今後工作重點，在於革新編輯內容，此事亟待從人事革新著手。

茲因原任總編輯劉成幹同志申請退休，查貴會總幹事石永貴同志，在政治大學新聞系及新聞研究所畢業後，曾赴美國密蘇里新聞學院研究

（按係明尼蘇達大學新聞暨大眾傳播學院之誤），不僅學有專長，且青年有為，勇於負責，富有創新精神。擬請貴會賜准調聘為新生報社副社長兼總編輯，俾便完成編採革新任務，如何之處，敬祈裁奪示復為禱！

　　這是難得的一封「官文書」，真是條理分明，又有內容，我的職務、任務，也清清楚楚，同時，又怕這個「副社長」，侵犯其他副社長的職權，甚至另一位副社長的範圍，特別申明：「在於革新編輯內容」，充分反映出李白虹先生用心與細心之處。

　　人生處處都是學問，這一「著墨」，是政治或是行政學中很大的學問。

　　從中四組到華視，從文工會到《臺灣新生報》，是我的一生中兩個重要的開始，但它的啟轉模式幾乎一樣，這是難得也是難有的人生經驗。

　　從李白虹社長初訪，到十一月一日往《臺灣新生報》報到上任，幾乎用了三個月的時間，這一方面是李社長鍥而不捨，慢工出細活的結果，另一方面，也和當時的政治環境有關。

第六章

香蕉、蓬萊米與《新生報》

　　人生就如運動場上的競爭，雖有多種致勝的方式，但無論是百米的衝刺與馬拉松的長跑，都可以達成目標。

　　無疑的，李白虹先生是屬於馬拉松式，靠耐力取勝。

　　經過長達三個月的奔走，特別在「副社長」的關卡上，幾乎在我到《新生報》的路上，被擋住了，最後都被李先生耐力與誠心所克服。

　　這真是很奇怪的境遇，過去曾有多次輕易可以進入《新生報》，卻未能如願，如今卻在重重難關之下而實現，大概就是緣分吧。

　　以省營事業制度的嚴格以及李白虹先生的謹慎，平添「副社長」，是如何克服內外的「障礙」，我不得而知，但卻是我加入《新生報》的四個半月後——民國六十五年二月十九日，接到臺灣省政府人事處覆函，准予增聘，並儘速補實。

　　「增聘」與「補實」，都是極大的行政學問的落點。非常奇妙的，這個「補實」公文接到一個月後，發生跳躍的力量，省府卻在悄悄地緊密作業，要這個尚待補實的副社長，升至「社長」。

　　這一方面的轉彎曲折以後再談。

　　我在十一月一日離開文工會向《新生報》報到。

　　何以急如星火，卻遲遲選在十一月一日報到？

　　非吉日良辰，而是避開十月。

　　十月是節目最多的月份，新聞傳播媒體最容易出錯，一錯就是大錯，所以每到十月，新聞單位就進入一年一度的緊急狀態，積極方面，要有所表現，諸如特刊之類編印；消極方面，注意配合，避免重大錯誤發生。

　　很奇怪的，一年中重大的日子，幾乎都集中在十月：十月十日中華

民國國慶，十月一日中國國慶，十月二十五日臺灣光復日，十月三十一日蔣公華誕。

中國是如此，外國也是一樣，重大政治事件的發生，也在十月。可以作為國際旅遊備忘錄，如：十月四日比利時國慶，十月五日葡萄牙國慶，十月十二日西班牙國慶，十月二十三日匈牙利國慶，十月二十九日土耳其國慶。

那個時代，新聞傳播界，一進入十月，就進入了「迎接光輝十月」的時刻，但必須先躲過「十月一日」。

「十月」要發揮的地方，固然很多，但更重要的，要避免一些事情發生。很令人不可思議的，越是小心越容易有意外事件發生，如中央變成「中共」、偉大變成「偉小」、萬壽無疆變成「萬壽無望」等等，真是不勝枚舉，有防不勝防之嘆。是不是有「匪諜」潛入，或是內部「惡作劇」，就不得而知了。

十月慶典中，特別重要的，還是十月十日國慶以及十月三十一日蔣公誕辰。這兩個日子的當天以及前後，從廣告到新聞，都要處處用心，新聞必須淨化，並避諱有關「死」新聞出現，因之，凶殺案甚至要人逝世死亡，都不能在這幾天的新聞中出現。

事實上，也不能掉以輕心，如關係臺灣安危的一場重要戰役，金門古寧頭之役，就在民國三十八年十月二十五日零時，臺灣光復節發生，中共集結重兵向金門進攻，造成國軍古寧頭大捷。

《臺灣新生報》的內部更較其他報紙複雜與敏感，所以愛護後輩的李白虹先生，苦心要我等到十一月一日就職。

十一月一日下午四時，李社長安排一個簡單的交接儀式，歡送劉成幹先生榮退，歡迎我加入《新生報》。

我在這個別開生面的場合中，指出：香蕉、蓬萊米與《新生報》，是臺灣的「三寶」，我們要珍惜它，並找回《新生報》的往日光輝。

關於香蕉、蓬萊米，這是大家都知道的，但把《新生報》當成臺灣

三寶，從他們面部表情中，可以感受到，對於許多老同事，真是感觸良多，因為那個時代《新生報》的歲月，似乎太遠太遠了。

香蕉是臺灣之寶，對臺灣貿易之貢獻，光耀史冊。民國三十八年前後，大陸局勢逆轉，來臺的難胞，除了極少數幸運坐飛機之外，都是搭乘輪船而來的。

一批一批的難胞，從基隆上岸，除了暈船外，就坐在碼頭不動，把香蕉吃個夠。

蓬萊米是「蓬萊仙島」的賽珍珠，由於每年可有二至三個收穫期，更使臺灣免受貧匱症。

《臺灣新生報》，經過戰後的貧窮衰弱，再加上長期日文教育，無論經濟（發行廣告）以及閱報人口，都成為報紙生存根本問題。所幸，民國三十八年五月，報人及新聞學者謝然之先生奉命來臺接辦《新生報》，此時，關心時事與時局的數百萬知識難民湧入臺灣，他們是上好的報紙讀者，難民成為臺灣發展史的資產。這一臺灣、香港難民創造世紀奇蹟的經驗，五十年後的今天，用在歐洲科索沃難民身上。

英國《衛報周刊》刊出一篇專論，對英國當局提出——透過歷史經驗觀察：「今日的難民，通常是明日發展的希望」，並希望英國政府珍惜這一經驗，「抱持寬大胸襟接納難民，將會為國家帶來更新的新血；這些難民兒童成長後，可能成為最富有者，為英國帶來新的活力。」（英國《衛報周刊》專論，朱駿剛摘譯，〈今日的難民，明日的資產〉，《中央日報》，八十八年四月二十二日，第九版）。

《新生報》一紙獨秀，風行臺灣，簡直就是《申報》在滬江的「再版」，家家戶戶所看的就是《新生報》，家家戶戶所送的都是《新生報》，《新生報》成為現代臺灣報紙的先河。有兩件事情，常為後人所樂道：

第一、送報生送的報紙，幾乎沿門挨戶送進，幾百份報紙很快就送完了。當時送報的人，不問訂哪一家報紙，只問是不是訂報紙，如果要訂報紙，就是《新生報》。

第二、當時的交通工具是三輪車，無論行程遠近，必須先講好價，才能上車，唯有到《新生報》例外，坐上車就走，因為到《新生報》的人，準是好客人。至於再重要的記者會，非要等到《新生報》記者到場才能開始，那就更不在話下。

《新生報》，在臺灣成長過程中，何其重大，真是不可缺少，這是作為新聞系畢業生，我有所感的原因。

真是彼一時，此一時也。

我接副社長時，《新生報》與其他報紙同樣是兩張半，但包燒餅、油條都不要用《新生報》，因為紙張太差，油墨弄得滿手是黑。

員工同仁的表情，更有嚴重的失落感，無奈與無助，全寫在臉上。

其實，就一個大學新聞系畢業生而言，政大新聞系與《新生報》的關係，比其他報紙密切，因為當時的政大新聞系主任就是《新生報》社長謝然之先生；我與《新生報》的關係，又較其他同學密切，因為我擔任政大新聞學會首任會長，常常有機會到《新生報》去見謝主任，無論編輯部或採訪組，都有不少政大新聞研究所的學長，所以出出進進非常頻繁，也非常熟悉，甚至不少人也預料，「這位同學」畢業之後會進《新生報》。

當時《新生報》編採部門兩個重要位子常令我肅然起敬。一位是總編輯王德馨先生，一位是採訪組主任張明女士。他們有一共同的特色，就是不講話，他們都知道每位編輯在做什麼，就是不瞪眼看也知道每位記者在做什麼！他們兩位代表不同風格的領導，一位不發一言就有威嚴，一位是說話帶著威儀。

是令人望而生畏，望而生敬的新聞界前輩，也代表著《新生報》編採部門的精神與氣勢。

王德馨先生與張明女士，都是來自上海《申報》。尤其張明女士是當年在南京採訪國大新聞的風雲人物，而與徐鍾珮、陳香梅，是現代中國活躍在新聞戰場上的三大先驅女記者。徐鍾珮代表《中央日報》在英國

倫敦採訪，〈多少英倫舊事〉，後來許多女生受到徐鍾珮的激勵嚮往新聞工作；陳香梅則代表中央社在戰時昆明採訪盟軍新聞，而結識陳納德將軍，譜成「一千個春天」；張明則代表《申報》在南京採訪國大新聞，風頭頗健。張明女士是臺灣早期活躍在新聞界與婦女界的女強人，又是國大代表。張明女士的言談、丰采與才華，可謂現代女性典範。

後來形成的新聞競爭——《新生報》的張明、《中央日報》的王洪鈞與《聯合報》的馬克仁，是三大採訪主任之爭。

我加入《新生報》，雖有副社長的頭銜，備而不用，我的任務，是「完成編採革新」，這是總編輯的職責。另外一位副社長汪民禎先生兼總主筆，他原本就是只負責言論部門，不問編採之事，正好讓我發揮，同時我也不過問言論。汪先生不只是謙謙君子，更是一位和藹的長輩，所以每晚他發稿之後，總會到我辦公桌前談談，同時看看有沒有更新的新聞出現與發展，關切與親切之情，都在汪先生的臉上，如今回憶起來，仍感到無限溫暖。

這也就是默契。

一個報社時時會有衝突問題的出現，這都是很正常的，問題是如何面對。常見的衝突，如：編輯與採訪的問題，編輯指責記者沒有把新聞寫好、沒有採訪到好的新聞，記者指責編輯沒有把新聞處理好，標題不夠生動、版面不夠活潑；編輯與經理部門的爭執，編輯部沒有好的新聞，所以報紙推銷不出去，更嚴重的是出遲報紙使出報脫班，中南部報紙送不出去，日報變成晚報，甚至二日報；廣告部門與編輯部互相指責，那更是司空見慣，業務部門指責編輯部，沒有把報紙編好，所以拉不到廣告。

因為我的定位是總編輯，所以對於報紙內容與編採同仁共勉，負該負的責任，是上游工作者應有的態度。

我也與編採同仁互勉，先把自己工作做好再說，也才有資格要求他人配合甚至支持。

基本上，我是站在編採這邊。

其實，這個時候，一個報紙編採的革新，所能著力的地方並不多，只是二、三個版面而已。

因為《新生報》是省政性質，所以二版就是省政新聞，而能發揮的就是「三版」。

同時，三版也是臺灣報紙的心臟地帶，是兵家必爭之地。

關於第二版的「省政新聞」，我只有一個標準：用心處理官式新聞，減少一些官味。不要把「訓話」官氣帶給讀者。

也由於《新生報》的性質特殊，非但不能像其他報紙，大搞特搞犯罪新聞，用來刺激發行，取得銷售數，進而取得報紙「量」的地位；由於不是站在平等線上，也不能參與政治新聞競爭，以提高報紙「質」的地位。雖然事倍功半，作為一份報紙，尤其在臺灣具有地位的報紙，還是要加倍努力政治新聞的採訪。

關於版面與人力，我採取集中與機動原則，就每日國內外新聞發展，機動調整版面與人力，並適時集中表現在一件重大事件上。

以第三版為例，自然以採訪組為主打，但有時也可以編譯組為核心，負責當天的主新聞。

那段期間，《新生報》的第三版，有醫藥新聞、有人情味新聞也有國際重大新聞。

我的著眼點，是讓《新生報》的編採動起來，進而使報紙版面活潑起來。簡單的做法，抓住每天所發生的國內外重大新聞予以表現。簡單的原則，內容必須可讀，照片必須可看。

我記得有一條很有人情味的新聞，那是臺北動物園園長蔡清枝先生，終年以照顧動物，終日與動物為伴，有一天，動物無法與園長定時見面，因為他病倒了，住進臺大醫院。也許小朋友並不知道蔡園長，但一般讀者熟悉他，我們動員採訪組的記者，來報導這條新聞，藉以表達動物「關懷」園長的心聲。

　　還有在美國政界所發生的大事，洛克斐勒宣布，不與福特搭配，選舉副總統。這本是國際版的新聞，我們配合新聞的發展，也搬到第三版，並以編譯組為新聞處理中心，刊出〈我與福特〉的特稿等等。漸漸地，浮出了以「臺北看世界」的國際新聞觀（《從臺北看天下》，是我在臺視時，所推出的新聞節目）。這樣的國際新聞，才有「本地」的意義，也才有新聞的意義。當時，一般人並不習慣，況且臺灣這樣渺小，還有什麼地位可言？我則持不同看法，臺灣也是一個中心，臺灣與世界的密切，勝過其他任何國家，因為它所處的地理與戰略環境，與世界有依存的關係。

　　當然，我這個編採推動的戰略，以採訪組為主軸，逐漸由內向外開始，我還部署在世界大都會邀請專家，撰寫特稿，建立：從東京看世界、從紐約看世界、從倫敦看世界的「世界網」，增加與增進《新生報》讀者的視野。

　　我還把新聞版面開放，讓國內外讀者提供稿件。就有一位從紐約寄來一系列有關醫藥新知的譯稿，專業與常識兼有，至具分量。

　　當然，這一切，必須從我開始：多一些關懷、多一些用心、多一些付出、多負一些責任。

　　更重要的，編採興革責任在身，因為《新生報》失血過多，一些興革的作為與措施，輸血為先。久病之身，不能用猛藥，而要用補藥，更不能用瀉藥。

　　我第一天踏入《新生報》的大門，也許心理有準備，並無沉重之感，卻激起全力以赴之心。

　　自我勉勵的是：人必須能在任何環境中生存，生命才有意義，也才是生活之道。

　　我正在這個充滿困難與挑戰的道路上前進。

第七章

不要爭名於朝

我加入《新生報》，我的職責與工作範圍，還是在編輯部。

不只是《新生報》，就是整個報業，因為我原在文工會服務，其主管業務與職權，則屬於「氣象站」的性質，所以對於各報的「氣候」，充分瞭解，不只是臺北市，就是臺灣省也是如此。職責所在，有時候閉目沉思，也都是林林總總的報業景象。

我正式踏入《新生報》，並承擔責任，與過去進出或是在大門外瞭望一番，心情與感受大不相同。

我發現，一個人也好，一個事業也好，一個社會也好，生存的強弱，在於環境與風氣。

處在長期低氣壓下，《新生報》的基本問題，就在環境與風氣。

我必須改善《新生報》的編採環境與改變《新生報》的編採風氣。

這個環境與風氣的改變，就是建立在「新聞」的價值上。

因為報紙的價值就是建立在新聞上。

沒有新聞就沒有報紙的靈魂，也就沒有報紙的存在價值。

《新生報》的根本問題就在此。

新聞與報紙的關係，就是基於新聞的處理：記者採訪新聞、編輯處理新聞、主筆評論新聞。

簡單或深奧的新聞道理，就是如此。

因此，一切編採的改革，必須自採訪組記者開始。

新聞記者的職責，先天上就是在跑新聞，也就是用腿「跑」新聞，不能用電話「打聽」新聞，更不能用手「抄」新聞。

《新生報》的新聞風氣與環境，就從此打開一條路。

尊重每位記者的地位，敬重每位記者的責任。

新聞界有一句不中聽的話：「記者在外是一條龍，回家（報社）是一條蟲。」

我要改變《新生報》的「新聞」命運，就要從改變《新生報》記者的地位啟始：「回家像一條龍」。但生龍活虎的前提：必須要有好的新聞拿回來。

我對於採訪組同仁的要求，具體有兩方面：

第一、任何新聞都要採訪，任何新聞都值得採訪，並且必須寫出來。不能以「官報」作護身符，以不會登、不能登或不敢登作藉口，放棄新聞的採訪與競爭。

我認為，只要用心寫，用心處理，任何新聞都能登出來。

我還特別指出，刊登與否，是編輯的責任；不放棄新聞的採訪，是記者的責任。

我甚至對編輯採訪同仁背書：新聞刊登出來的責任，總編輯負責。記過也好，砍頭也好，總編輯負責任。

第二、必須到現場採訪，不得抄公共關係單位發布的新聞稿。油印稿可以參考，但不可以貼稿或是照抄。

我對於編輯同仁的要求，也有兩方面：

第一、珍惜與重視自己記者的稿件。

第二、中央社稿件可以作參考或作綜合處理，但不可以以中央社稿代替自己記者稿。

那個時候，中央社稿的用稿量以及地位，《新生報》常跑第一。不久中央社前輩在公開場合見面對我抱怨說：自從你老兄跑到《新生報》後，中央社刊出獎金都泡湯了。

我只能說抱歉。

我當時用心研究，所以編輯這樣「鍾愛」中央社稿，也是有它的原因：

第一、字跡清楚。那個時候還是油印稿，但比採訪組記者龍飛鳳舞稿，要清楚得多。

第二、稿到的早。記者有一個職業習慣性，不拖到最後不肯交稿，甚至寫不出稿來，至於整天忙於外務或是應酬酒醉飯飽，遲遲「歸營」，才手慌腳亂，到處找「新聞」，那更不在話下。

第三、更重要的一點，用中央社稿安全，藉以保護自己。那個時候，第二天刊登出來新聞，常常會有問題發生，編輯也脫不了責任。如果用中央社稿，責任就可以推給中央社了，還可以堂堂正正力辯：中央社還會有錯！

用中央社稿更不要費腦筋，連標題都做好了。

我還請求編輯部同仁，早半個小時上班，晚半個小時下班。言外之意，不要匆匆忙忙地來發稿，匆匆忙忙地拼版，交差了事。

多花一點時間，多用一點心思，就會不同。這是我每天晚上對編輯同仁的請求。

當然，前提我願對於用心用力的編輯同仁，負一切後果責任。

要改變風氣與環境，就從這裡開始。

從放棄與躲避新聞到迎上去、衝上去。

新聞傳播，無論報紙、廣播或電視，你能做多少？你怎樣做？是不會掩美也不會遮醜的，每天都會攤在陽光面前。

讀者就是最好的裁判。

《新生報》版面與內容改變，漸漸受到內外的注意與重視。

這個報紙有點精神了。

「《新生報》確有不同了！」新聞教育與新聞事業界泰斗馬星野先生掩不住內心的喜悅。

採訪組元老記者余弼臣說，我們這樣幹很有勁。新進記者馮友寧在採訪日記寫道：「我們的報紙，似乎看到『新生』了，因為從沒有像現在那麼重視採訪組。」

作為一位總編輯，我要和記者與編輯站在一起！

新聞同業，也開始注意《新生報》的內容變化。

吳博全先生是我敬重的新聞界前輩，他曾擔任《經濟日報》總編輯，平素交往並不多，但我加入《新生報》，吳博全先生卻對我愛護鼓勵有加。那個時候，他因為健康的關係，退至第二線，吳先生新聞精神以及對《經濟日報》的貢獻，深受王惕吾先生倚重，擔任聯合報系每日新聞比較，直接向王惕老負責。吳先生不只是把《新生報》納入比較，並把比較結果，以私函限時專送寄給我，並加批加註，何者可圈，何者尚須加強，真是愛護備至。我每天接到吳先生的快函，就像一個小學生接到國文老師批下的作文一樣的期待與興奮。

當時，三大總編輯的《中央日報》薛心鎔先生，就在社內外場合，表達了對《新生報》改變的看法：「《新生報》的內容可有看了，我每天都看。」

作為總編輯，薛先生認為要能主動協調記者與編輯之間的事，而不是一個「官位」，更不能有官味或官架子。

這個，我懂。新聞事業最怕也最不吃這一套。

我剛到任不久，有一次，畫家陳子和先生在臺北市大使酒店宴請新聞界朋友，我剛好被安排坐在薛先生鄰座，就乘機向薛先生請教如何做總編輯。那個餐會，不要說現在，就是當時我也忘記吃些什麼，但薛先生所講的話，至今記憶猶新。薛先生特別指出：「人才要活用、要重用。以校對而言，經驗重於學問。」

薛先生以《中央日報》編輯部為例，當時校對只有十八位，但他們能夠熟讀大樣，可見責任與功力不凡。

校對是一個報紙編輯部門最基層，也是最重要的一環，因為他們是防止報紙內容錯誤的尖兵。通常，看大樣的責任，多落在主編、副總編輯或總編輯身上，而校對也能肩負重責，除了能力與經驗之外，授與重責也有關係。

　　我以總編輯新兵進入新聞界，擔任《新生報》「新生」的總編輯，由於過去的交誼，更重要的，《新生報》不是競爭對手，所以都樂於傳授總編輯實戰經驗，如《聯合報》的王繼樸先生以及《中國時報》的臧遠侯先生，他們各具性格。繼樸先生較嚴肅，遠侯先生則談笑用兵，我則受用如一，無論在文工會或在《新生報》，受益良多，如今回憶起來，備感親切。

　　社內外發掘人才，廣求良師益友，以有助於《新生報》脫離困境，邁向「再生」之途。記得我擔任總編輯四十餘天的一個晚上，李社長白虹先生假臺北市南昌街陸軍聯誼社宴請在《新生報》工作過的新聞界朋友，稱為「《新生報》之友」聚會，參加者有：沈宗琳、姚朋、王世正、李文中以及祝振華等先生。等於把我短短一個多月的成績單，展示出來，請他們批評指教。

　　因為李白虹先生為人誠懇，人緣亦好，真是虛心求教，他們不只是才學兼具，又曾在《新生報》工作很長的一段時間，可以說對《新生報》瞭如指掌。特別是姚朋先生，簡直就是「《新生報》先生」，韓戰新聞，姚先生主編第一版，新聲初啼，以整合四面八方的外電，作為「綜合報導」，而聲名大起，把《新生報》推至高峰。他們講出來的話，至為中肯而實用。如：

　　版面太黑，內容太硬。「太黑」有屬於編輯技巧方面，如標題太重，黑體字多；有屬於印刷本身方面，如油墨品質太差，是一大害。內容太硬，屬於新聞題材以及處理新聞方式，可讀性不夠高。

　　注重士氣，予以希望。士氣與希望，是在絕望環境中奮鬥，最大也是最低成本的本錢。

　　每人都要拿出解決辦法來。「再興」《新生報》的大任，不能單靠一、二人，必須大家同心協力，朝向一個目標邁進。換言之，不能把所有希望寄託在一個新進總編輯身上。

　　有一點，是沈宗琳先生所提出來的，就是要求《新生報》主其事者，

不要爭名於朝，而應加強地方新聞。

不只是至今印象深刻，而且對於我今後新聞觀念的強化，新聞專業的養成，有很深很大的影響。

沈宗琳先生是中央社總編輯，是「沒有花一文錢」而選上監察委員者。不幸的，政治與社會環境大變，也因為沒有花錢而失去連任，各方為之痛心不已。

沈先生也是我在政大新聞學系的老師，講授分類編輯，曾在課堂上，以「石永貴將來可做經理」，引起哄堂大笑，使我勇氣十足地走上新聞經營之路。

沈先生只是客串地主編《新生報》第一版，後來才把掌管門面的大權，交到姚朋先生手中。

作為一個省報，臺灣省的腹地既深又廣，不必在臺北市重要新聞一爭長短，既能產生事半功倍的效果，又能建立《新生報》自己新聞風格與報業路線，走自己的路，恢復臺灣第一大報的地位。

「不要爭名於朝」，這是作為新聞事業人的最高與最低的修養。既然以新聞為業，就要斷了官場名位的念頭，更不能以新聞或言論，去滿足或討好權勢。

報紙如餐廳，它的口味，不在一、兩位特殊人物喜惡，而是大眾的取捨。

報紙的真正老闆，就是讀者。

我以此信念，與編採同仁共勉，當你下筆寫新聞編新聞的時候，把心放下來，把筆放下來，不要問這條新聞的背景，只問這條新聞的價值如何。

沈先生這一諍言，不是沒有根據，因為報界曾流傳戲言，《新生報》的總編輯閉著眼都可以做：有總統新聞，以總統新聞作頭條；沒有總統新聞，以副總統新聞作頭條；沒有副總統新聞，以行政院長作頭條；沒有行政院長新聞，以省主席作頭條。

　　這是「風行一時」的省報「頭條論」。看似很蠢，其實是官報的「宿命」。

　　具有記者風骨的沈宗琳先生一語見真章，以新聞為職志的新聞系畢業生，我醉心於此，投身於此，心無雜念，一心獻身《新生報》，把新聞事業當成頂天立地的第一等事業。

　　唯有這樣，《新生報》的採訪同仁，走到外面，不只是生龍活虎，更可以頂天立地，無求於官場，也就無懼於官場。

　　這一切的一切，就從總編輯開始，作個「標兵」吧！

第八章

展現編採藍圖的壯志

　　無論新聞採訪或新聞編輯，嚴格而言，都是屬於技術的層面，必須經過經營的程序，才能形成一個事業，甚至一個時代的事業：新聞事業。

　　我常有一個心得，新聞是看不見、觸不到的「買空賣空」的事業；新聞又像自來水，每天所發生的事情，取之不盡，用之不竭，源源而來；新聞的處理，卻其妙無窮，這裡處處都是學問。

　　新聞編採雖然不是一個新聞事業單位的全部，但卻是最重要的部位，缺少新聞，就無新聞媒體可言。它的重要性在於兩方面：

　　一、新聞無影無踪，是看不見的，但經過處理，成形後的「新聞」，或是報紙、廣播或電視的內容，就是具體產品，也就所謂「牛肉」。

　　二、新聞處理的流程有上、中、下「三游」。新聞編採是屬於上游，也就是源流，其次才有印刷，最後是發行，從上到下，三游形成一個新聞成品。

　　作為總編輯，有使命的總編輯，當時《新生報》的總編輯，是「除舊布新」，且在舊有的基礎與架構下布新。我能做的是版面的更新與內容的堅實。當時，我的腦中浮現三個層面：

　　從分割到統一，
　　從紛亂到協和，
　　從貧乏到充實。

　　這就是我的「作戰」目標。我生活在《新生報》編輯部，每一分秒，每一個動作，都和這三個目標有關，不只是要實踐，而且要徹底實踐，要立即實踐，每天的報紙見真章。

如何來實現我的編採藍圖，展示作戰目標呢？

首先，我掌握四項新聞工作的特質，用英文來表達那就是三個 P 以及一個 T：

表現 (Performance)
個人 (Personal)
過程 (Process)
團隊 (Team)

這是我研習新聞以及從事新聞工作的心得濃縮。

我時時記在心裡，並且隨時隨地實踐。

而其中心點就是：「新聞」。

我加入這一行業，我必須瞭解這一行業的特質，並且予以發揮，不只是使每一動作，發揮至最大，甚至極致。

報紙的編採機能，雖然不像電視或電影表演事業，但還是重視表現，無論新聞採訪或是新聞編輯甚至版面組合，就是在「表現」，報紙就是新聞的表現。

無論從事採訪的記者或者從事稿件的編輯，都是個人才智的發揮，這就是當年黃少谷先生籌劃辦報時，首先要考慮的，就是找幾枝大筆（新聞言論寫作高手）。

沒有一個行業，像新聞事業的個人才華，得到量與質的發揮。甚至一個新聞記者一天的交稿量以及一條有價值新聞的採訪，其成就與價值，足可抵一般行業工作者幾個月的成績。

新聞幾乎是分分秒秒接受挑戰的事業。

個人表現的累積，就是一個新聞事業的整體表現。

如何來完成個人的表現呢？

我默察當時《新生報》的編採環境，採取了兩個方法：一個是過程，一個是團隊。

就現代行為科學而言，「過程」是達成「效果」的重要方法。

新聞的產品，就是新聞處理過程中的成果。

成果是看得見的，過程往往是看不見的，但有嚴密的過程，才會有準確的成果。

此正如臺灣縱貫線鐵路，終點站臺北或高雄，如果求準時進站，不能從最後一站起，必須從一站一站著手查驗起。

準時出報也是如此。通常報紙編輯部的截稿時間，是深夜編輯部的一件大事，從總編輯到跑稿工友都為此而緊張。有的以喊叫、有的以鬧鈴、有的以鐘聲示警：截稿時間到了。

往往最後的截稿時間到了，還是無法截稿，就是在形式上勉強截稿，還是要出遲報，問題就出在「各站」的過程。

我加入編輯部，從啟始的記者發稿至拼版資深師傅止，實地觀察，一個關卡一個關卡計算時間，一路追蹤下來，就知道慢在哪裡，遲在哪裡，而精確計算下來，認真地追蹤，控制所需時間，管制稿件到達時間，一路走來，就會通行無阻，準時出報，就易如反掌了。

我加入報社三個月後編輯部的緊急警報解除了。主管業務的副社長邱振明有一次就說：永貴兄來了，脫班問題解決了。

的確，那個時候，《新生報》為了兩件事，李社長白虹先生常常主持緊急會議，一件事就是報紙又脫班了，一件事是紙張採購。

李社長心細又周到，一次會議下來，誤了午餐一、二小時是家常便飯，與會者引為苦事。

我把脫班問題解決了，除了發行組稱快外，其他有關主管也解除「餓肚子」之苦。

其實，對於一位總編輯而言，準時出報是起碼要做到的事，更重要的，是如何提高報紙的可看性與內容可讀性，那才是真正總編輯的職責。

世界上少有一件事可以獨立而完成的，世界上人類社會也少有一個人可以獨存的，相互依存的關係，乃是生物的本領。

新聞工作更是如此。它一方面個人才能得到充分發揮，另一方面合作的關係，緊密而嚴格，這就是新聞傳播事業的特質。新聞團隊就如同棒球隊一樣，各有攻守崗位，必須均能發揮崗位的精神與力量，球隊才能獲勝。

我加入《新生報》編輯部，特別重視團隊精神的發揮，以彌補人力之不足與協調之疏離。

這一團隊精神之發揮，特別用在新聞採訪與新聞處理，如採訪組記者與記者之間、本市記者與外縣市記者、編輯與記者之間，為了一條新聞成功，為了《新生報》編採成功，都值得與需要緊密合作。

本來現代新聞事業自美國引進而來，但在組織架構方面，卻採取採訪與編輯平行制度，也就是採購與廚師分工，而非以編輯（或主編）為中心的編採合一制度。

事實上，面對一個報社編採的缺失，常常思考在制度上尋求改進與突破，《新生報》最為具體。

具有美國密蘇里新聞學院新聞實務與明尼蘇達傳播學院理論雙重新聞教育背景的謝然之社長時代，就試行編採合一的組合代替傳統的採訪組與編輯部。這一機能以主編為新聞中心，指揮與策劃當日的新聞，負責人是荊溪人先生。後來這一制度，無疾而終。這兩個制度，基本的問題，在於：我國報社的採訪主任與美國報社的新聞主編機能不同，並非同一個角色。

事實上美國報社並無採訪組，而是本市新聞組 (City Room)，負責本市新聞組的本市新聞主編，就是採訪主任，但新聞主編的角色編輯重於採訪，也就是具有處理新聞的職權，就是十足的編採合一的團隊機能。

市聞編輯 (City Editor) 的地位與機能，遠較我國報紙採訪主任重要，主導本市及市郊新聞的進行。美國除了少數全國性大報外，他們自己來源的新聞，就是「市聞」。市聞編輯是直接管轄編輯與記者的主腦，下有電訊編輯、財經編輯、體育編輯等等，配屬的「新聞團隊」，除了記者外，

還有一個很重要的「人手」，那就是「改寫編輯」(Mitcheu V. Charnley, *Reporting*, Holt, Rinchart and Winston, Inc., p. 52)。改寫編輯的職責，是從電訊中、電話中或稿件中的新聞資訊，改寫成適合利用的新聞。這一工作往往是妙筆生輝、點石成金的無名英雄工作，可惜我國的報紙，除了一兩家報紙，如《聯合報》重視外，都未能建立制度，實在可惜。

美國報紙的總編輯，是一個報社的第三號人物，僅次於發行人與編輯人，是新聞團隊總其成。

何以我國採取編採分制？何以採訪組有主任又有副主任？這可能與我國報紙新聞競爭有關，又與我國官報背景有關，報紙走向垂直指揮領導，把主任當成「官位」，而缺乏平行水平合作關係。

我國報社的總編輯與採訪組主任制度，自有其優點，但其缺點：總編輯因為常年大夜班工作，往往無力照顧採訪工作；採訪主任又無權涉足編輯臺，致編採無法發揮統合與團隊力量，或源於此。

我無意也無能改變《新生報》現存的編採體制，但朝著編採合作團隊邁進。

我以單一新聞作為編採合作的依據，甚至重大新聞發生，我還擴大編採的參與，把校對、廣告與發行，也拉在一起參與處理，預作準備。

重大新聞發生的時候，當天下午，就找到採訪組負責人、採訪記者以及編輯主任、主編等編採線上有關人員一起會商。這樣聚商，可以經過溝通而得到編採雙方甚至多方面的共識。同時，可使編輯方面早進入狀況，便於晚間新聞版面的布局。最重要的收穫，是供需一致，不會所供的新聞不是需者所要。這也是一種鍛鍊與考驗，編輯有機會表達對新聞的觀點，有助於新聞的瞭解，參與新聞的決定與決策，免淪為作標題的編輯匠。

這樣的功能措施，只有總編輯才有資格在組織內產生協調的地位；也只有副社長，才有能力在平行組織間產生一些溝通的力量。

新聞的預警信號與措施，是我在政大新聞系教室中學到的，但不是

在教科書中，而是得自教授的實務經驗。沈宗琳先生當時是中央通訊社總編輯，他在教授我們分類編輯的時候，就提供一個中央社的經驗：不管誰也不管哪個部門，採訪部或是編譯部，第一個發現重大新聞出現之時，要高聲大叫出來，以讓各部門有個準備，向新聞媒體發稿。這也是中央社的精神，是典型的團隊作為。無論哪個時期，中央社的地位，不是憑空得來，而是有道理的。就這個時期的道理：大家全神貫注，迎接突發新聞的到來，並提供最好的服務。當時，其他新聞媒體是很難做到的。

我的總編輯工作，除了全神貫注外，就是全線全面的走動，就是後來企業界所流行的走動式管理。

我所以走動，一方面瞭解問題，更重要的，是讓同事瞭解我，瞭解我的新聞觀念以及作法；我更要瞭解每個人，要瞭解他們的特長，特別尚未發揮出來的專長。因為接觸頻繁，也很用心，所以很快我就熟知他們的名字甚至背景。難免引人好奇，並稱讚我的記憶力好，其實，這是用心所致，我最怕背歷史大事中的年代與名字。

我發現平常以及一般人所不重視的地方，如新聞照片沖放的暗房，我更要發現角落中的人員，予以鼓勵，並給他們出頭的機會。

當時的《新生報》，怪人奇人特別的多。晚上還有人睡在新公園，由於適時的關注，不但解決住的問題，且成為《新生報》不可或缺的人才。

校對嚴星華先生，吃齋唸佛，平常走訪廟宇，結交紅衣黃袍高僧。我在閒談中發現他有這方面「潛能」，後來在新聞線索以及發行推廣方面，都有非凡的表現。

送報生榮在乾先生，是另一位「怪人」。他來自何方、住在何處，無人知道。兩岸開放後，始知他在大陸早就有妻室兒女。他有罕見憨厚吸引力與二十四小時的服務精神，與三重結緣，他全天候經營三重。三重朝野各界人物，都和榮在乾有密切關係。我看中榮在乾這一點，就讓他從送報開始，到練習寫稿，負起三重《新生報》的責任。由於他服務精

神感人，所以「老榮」的事情，沒有人不爽快點頭的，所以報份密度全省第一，廣告隨要隨有。因為那個時候，《新生報》屬於公家報紙關係，所以到了星期假日，新聞奇慘，廣告奇缺，廣告補版的責任，就落到老榮身上。簽名祝賀的廣告，老榮更是源源不絕。老榮的上下關係都好，三重幫的幾位大老闆，對老榮都很好，連房屋企劃小姐也對老榮特別敬重，所以工地新房屋推出前三個月，老榮就有內線情報，十段、二十段工地推出廣告，就得先保留給老榮。

我知道老榮一天到晚，到處都在為《新生報》服務，為《新生報》交朋友，所以每晚他忙了一天，揹一個照相機到編輯部來，我總是以老友身分迎接他，並為他解決非刊出不可的「獨家」。在榮在乾心中，所有發生在三重的新聞，都是非刊出不可的重要新聞。我受其誠意所感，不只是不以為苦，甚至每晚都期待他的到來，好像不見到老榮，就不能截稿似地。

老榮因為心臟病突發而猝逝。公祭之日，三重新莊各界人物，從政要財團大老到咖啡店小妹，都來行禮，大家都說「老榮好」。遺憾地，從此三重的大小場合，街頭巷尾，再也看不到胖胖的老榮身影。

小人物立大功，榮在乾可謂典型。我在《新生報》編輯部服務期間，結識幾位傳奇性人物，不只是後來增進我經營《新生報》的力量，也增加我在新聞傳播經營道路上的信心。類似的「怪傑」，如影隨形，都在我所服務的不同工作崗位上出現。

第九章

蔣院長:「很少人看《新生報》了!」

民國六十四年十一月一日,我加入《臺灣新生報》,負編採之責,但可以感受到的,《新生報》正面臨重大改變的壓力,甚至可以說,非改變不可。

我自幸我來對了,因為有大顯身手機會。

事實上,《新生報》已從革新編輯內容、更新機器設備與遷建新聞大樓三方面,或齊頭並進或循序而行,全力在推動。我的加入,則肩負編採革新之責。

為什麼《新生報》非改不成呢?

這是來自兩方面的壓力。

一是蔣院長經國先生的政治力。

一是謝主席東閔先生的情感力。

蔣中正先生與蔣經國先生父子,都很重視文宣,從文宣人才的培養與發掘,就可以看得出來,蔣經國先生更有實務的文宣經驗,一路走來,與臺灣新聞傳播界關係更為密切。

蔣經國先生早期在蘇俄留學與居留期間,就用心在宣傳方面。他曾擔任孫逸仙大學壁報《紅牆》編輯員並發表一篇〈革命必先革新〉之評論文章,可謂初啼新聲(漆高儒著,《蔣經國評傳》,臺北:正中書局,頁三十五)。

其後,經國先生在烏拉爾重機器製造廠擔任技術師以及副廠長的時候,兼任《重工業日報》主筆(《蔣經國評傳》,頁五十)。

來到臺灣後,蔣經國先生早期以低姿態與新聞界保持友好關係。因為《中央日報》是屬於老總統以及中國國民黨的,《臺灣新生報》則屬於

陳誠先生系統，基於政治關係，他較少涉入，只有在總政治部主任或國防部長任內，每到前線，常常拉著《中央日報》軍事記者劉毅夫同往。一方面基於《中央日報》的地位，另一方面是劉毅夫軍事新聞的地位。倒是他與《新生報》有些互動的關係，這是因為當時《新生報》的報業龍頭地位以及與主持人謝然之先生的「三青團」關係，甚至若干重要文件，在對外發表前，先送謝然之「指教」。這固然是對謝先生的敬重，更重要的是借重《新生報》的言論地位，予以配合。甚至蔣經國先生在總政治部主任任內，參與報業微妙競爭關係，承擔魯仲連角色。當時報紙廣告幾為《新生報》所獨占，其他報紙為求分食，乃聯手施行限張政策成功，於三十九年十二月一日起由三大張縮減為一大張半，是為政府戰時新聞紙節約之始，而《新生報》獨占之廣告大餅被瓜分，《新生報》損失太大，受盡委曲，經國先生親自參與協調，並以軍中報紙予以《新生報》補償，以平復紛擾。

經國先生在臺灣創辦政工幹校，延續中央幹校生命，但培養幹部，則在軍中，並委請謝然之先生成立新聞學系，同時，蔣先生並創辦《青年戰士報》，主導中華電視臺創立。《青年戰士報》實在就是經國先生眼中的《中央日報》（一度曾考慮由《青年戰士報》班底入主《中央日報》，未果），類似美軍《星條報》，但任務與機能與《星條報》迥異。蔣先生所重視的三大群眾力量：青年、戰士以及勞工，出自東方的政治謀略而非西方的思想。

經國先生深諳宣傳輿論甚至新聞運用。政工幹校成立初期，他每週都到校向學生講話。基於他蘇俄時期以及大陸軍事失敗經驗，他特別舉出在大陸時期，中共報紙可以把中央社新聞一字不改，但標題不同，就產生「對敵」作戰效果。

經國先生是中國歷史中少有的既知高層權力運作更知道下層民眾心理。他在行政院長期間，不遺餘力，探求民間疾苦與民隱。蔣院長所到之處，常常用心在發現一個問題，也關心一個問題：你家訂什麼報紙？

你看什麼報紙？你喜歡看哪一版？

　　事實上，蔣院長可謂看報紙的「專家」，他眼睛好的時候，從第一版到分類廣告，看個仔細，國計民生，民心民瘼，全在他的眼中。

　　他親身作報紙調查，發現一個不妙的問題：很少人家看《新生報》了！

　　他常常以自然的方式把他的感受告訴謝主席東閔先生，謝先生更是他下鄉的嚮導，是陪蔣院長下鄉的常客。

　　有一次從臺北至金門途中，蔣院長又問謝主席：「《新生報》是不是省府的報紙，好像不怎樣好，現在好像很少人看這份報紙！」

　　蔣院長講的很婉轉，其實他比誰都知道《新生報》的背景，聽在謝主席心裡很不是味道。

　　一方面謝主席受蔣院長知遇，要盡全力把省政做好，別說像《新生報》這樣重要的事情，就是再小的事情，他都要做到盡美盡善。

　　一方面謝主席與《新生報》的血脈之情，比誰感受都深，比誰都心痛。

　　《新生報》不只是謝主席催生的胎兒，謝主席青年時代為了不滿日本人不公平待遇，替家鄉人爭一口氣，離鄉背井，於一九二五年四月，正是唸完中學四年級的青年，帶著「只要日本統治臺灣，我就不回臺灣」，而到了人生地不熟的上海。直至二十年後——一九四五年如願得償，回到了臺灣。

　　謝先生從重慶帶回《臺灣新生報》！

　　半世紀以來，無論在大陸刻苦自勵求學做事或是衣錦榮歸故里為官，謝東閔先生的志趣、理念與理想，就在他所經歷的三個事業中：

　　第一個事業是《臺灣新生報》。

　　第二個事業是實踐家政專科學校（現為實踐大學）。

　　第三個事業是臺灣省政。

　　謝先生的性格是簡單自然，率真素樸，他所奉行的家訓：「傳家有道

惟存厚，處世無奇但率真」，就是他修身處世的準則。

他從離開臺灣故土到返回臺灣故國，他所養成的性格，是新聞人、文化人、教育人。無論為官從政，都離不開這三種性格。

他靠求生的意志與性格，在上海、廣州、香港、桂林、重慶奔走，所持的是活用的頭腦與勤動的筆。

他以向報社投稿維持半工半讀的生活，並非一般人的「盲投」，而是花過市場調查功夫的：「認真研究廣州三、四家較大報社的報紙，其中最大的《民國日報》，副刊是各報副刊當中最受歡迎的。『先攻這個園地吧!』心中有了目標以後，他開始想，要寫什麼樣的題材才能『出奇制勝』，引起主編的注意和錄用呢?」(嶺月著，《有骨氣的臺灣囡仔——阿喜》，臺北：健行文化，頁一四二)

最快出產也是謝先生最拿手的，是從日文雜誌中找題材翻譯，出奇制勝，第一篇譯自《文藝春秋》的〈接吻起源學說〉，不只是出奇制勝，立刻中獎，拿到稿費，還轟動中山大學校園。

謝先生走出投稿這條家庭工場之路，長短不拘，軟硬兼施，他心血來潮，花了三、四個月時間，翻譯了一本中國經濟地理的書，除了賺來一筆數目不小的稿費外，還得了一個後來為大家所熟悉的名字——謝東閔。這本書為當時中山大學法學院院長閱悉，非常滿意，出版時在書的封面上題了「謝東閔譯」四字。院長並親自解釋：「東閔」是來自「東方的閔子騫」(閔子騫為孔門弟子，德行與顏淵並稱)之意思(《有骨氣的臺灣囡仔——阿喜》，頁一四六)。

當年中山大學院長真是有先見之明。謝東閔在建設臺灣的歷史中，確確是一個很重要的人物。

謝先生的能耐，不止於日文翻譯。就在他逃難至廣西桂林的時候，為了生活在《廣西日報》新任社長力邀之下，出任電訊室主任。他發揮了一貫的用心用力的精神，靠著一架老舊的收音機，日夜守著收音機旁，抄收日本共同社所發出的日語新聞廣播，逮住了幾次重大國際新聞，以

特大號醒目刊出。《廣西日報》有權威的新聞來源，轟動桂林，銷數直線上升，成為當地風頭最健與銷數最好的報紙（《有骨氣的臺灣囝仔——阿喜》，頁一七五）。

抗戰還在最後艱苦階段，雖不會料到與想到抗戰就要勝利，謝先生這位臺灣有為與質樸青年，被當時的蔣委員長相中了。親自告訴這位臺灣青年：「臺灣光復的日子快到了。」他驚喜若狂，幾乎在蔣委員長面前喊出「故鄉萬歲，臺灣萬歲」。他奉蔣委員長親口託付，透過中央廣播電臺向遙遠的臺灣鄉親報喜，並規劃自己的未來。

有一天，幾位臺灣青年，包括李萬居、連震東等先生聚在一起，談論回到臺灣故鄉後，最想做的工作。李萬居先生就說：他想接辦《臺灣新報》。謝先生頭腦稍稍作了一個轉彎，就說：「《臺灣新報》是日本占據時期的報紙名稱。臺灣一旦光復，不再受異族欺凌，就像新生一樣，為什麼不叫《臺灣新生報》呢？」

「好，好耶！」大家異口同聲叫好。隨即說做就做，一起跑到大書法家于右任先生處，寫下「臺灣新生報」五個字，李萬居先生視為瑰寶，抱在懷裡，並說：「我要帶回臺灣做報頭！」（《有骨氣的臺灣囝仔——阿喜》，頁一八八）

《臺灣新生報》，是當年的臺灣熱血青年，從祖國大地帶回臺灣，與故鄉父老見面最珍貴的禮物！

民國三十四年十月二十三日，由二十六艘組成的臺灣接收登陸船隊，由福建馬尾啟航，浩浩蕩蕩向臺灣前進。謝東閔先生就是坐在最前面的一艘指揮艇中。

臺灣在光復熱潮中。李萬居先生的動作，比謝東閔先生快一步。就在十月二十五日光復日，李萬居手裡拿著《臺灣新生報》，就對謝先生說：「瞧，我的動作夠快吧！已經出版了，今天的報紙上面，也有你的大名呢！」（《有骨氣的臺灣囝仔——阿喜》，頁一九四）

果不出所願，跟著臺灣光復同日，《臺灣新生報》誕生了。

二十年的故鄉再見。謝先生由謝進喜到謝求生到謝東閔，當他從臺北搭火車前往高雄縣接收的時候，途經二水，家鄉父老以滿杯臺灣米酒，歡迎這位有骨氣的二水青年凱旋榮歸。

謝東閔先生以其一貫的語言：「多謝，多謝，多謝，多謝!」答謝故鄉父老的熱情。

新聞文化出版工作是謝先生最拿手、最喜愛的工作。

《臺灣新生報》從臺灣唯一報紙到第一份報紙，其誕生意義自不尋常。其後，謝先生亦曾擔任《新生報》發行人以及長達十二年董事長。

謝先生所結交的朋友中，他最珍貴的有二部分，一部分是他主持省政的僚屬，一部分是新聞界朋友。無論臺北報紙專欄作家以及採訪省政的中興新村記者，都是他無話不談的朋友。就是他離開省府、離開政治圈，每年都有不拘形式的定時的聚會。由《聯合報》前駐中興新村記者黃玉峰主持下，曾出版一本《媒體筆下的謝東閔先生》一書，足以說明謝先生與新聞界的深厚情感。

謝先生喜歡聊天喝茶，尤愛好港式飲茶，一面吃點心一面喝茶一面聊天，是他的人生樂事。他由中興新村改到總統府上班時，仍歡迎各方面朋友去看他，大家來喝茶。就有一位採訪中興新村記者朋友，有一天真的到副總統辦公室去看他。到了總統府就被第一道憲兵崗哨請住。問他有什麼事，找誰?

這位副總統新聞界朋友就說：「我來找謝東閔。」憲兵又問他：「找副總統有什麼貴幹? 事先有沒有約好?」

他就回答：「沒有約好，是事先講好的，來聊天。」

憲兵就擋駕了：「對不起，副總統不是給你聊天的!」

事實上，謝副總統活動慣了，總統府門禁規矩又嚴，很想在外面找個會客的地方，也找了一個很合適的地方，那就是離總統府不遠的菸酒公賣局。

這個想法很快就被蔣總統經國先生知道了。經國先生就對謝先生說：

「就請你的朋友到府裡來吧。」

　　《臺灣新生報》衰落到這樣地步，更勞蔣院長操心，無論就政治關係以及自己情感，謝東閔先生都要爭這一口氣：非把《新生報》辦好不可！

　　我絕沒有想到，這個《新生報》中興的重責大任，竟落在我的肩膀上？

　　我何德何能，竟在《新生報》這個待補實的副社長位子上，在短短半年內就升到了社長！

　　問題的發展，有意想不到的插曲發生！

第十章

《新生報》這個門，走對了！

　　無論一位政府負責人或是一個事業機構主持人，作為決策者，他所能掌握與影響者，重要者有三件事：一是經營政策、一是重大人事、一是財務收支。

　　當時，《臺灣新生報》是省營事業，主宰《新生報》的重要人事決定權，應是省主席了。同時，謝主席東閔先生，對於《新生報》真是瞭如指掌，對於《新生報》的興革，心急如焚。因為謝主席的性格就是這樣的一個人，平常溫文爾雅，做起事來，就非常急，更重要的，《新生報》的影響日衰，受到蔣院長經國先生的操心。

　　找到一位稱職的總編輯固然重要，但在謝主席心中，可能找到一位專才社長，對於《新生報》興革大任的推動，更為重要與急切。

　　一個政策形成，一個重大人事的決定，是需要時間也需要機會，才能水到渠成，甚至完美無缺，《新生報》社長更新，應作如是觀。因為謝主席與《新生報》關係，比誰都密切；對於《新生報》的瞭解，也比誰都清楚。一路走來，他始終如一，關心《新生報》的發展與動態。一個事業的起伏，無論興衰舉措，最重要的，就是主持人。作為決策者，最能掌握的，也是主持人。謝主席還有不少舊屬，仍在《新生報》董事會工作，有的並在他所創辦的實踐家專擔任教職，所以一路走來，《新生報》的動態與近況，他比誰都清楚。

　　論專業條件、論經歷資格、論與《新生報》淵源關係，沒有一個人比姚朋先生更有資格做《臺灣新生報》社長了。

　　姚朋重返《新生報》，出現在新聞媒體中。

　　姚朋是當代少有的新聞編輯人、作家、翻譯家、文學家、小說家，

他的作品真是等身。民國八十八年三月二十七日，由九歌文教基金會主辦的彭歌作品研討會中，李瑞騰教授提出的「彭歌研究資料」，姚朋的著譯書目就有八十二種之多，其中包括論述、散文、小說、翻譯四種。他的譯作如《改變歷史的書》、《改變美國的書》，對於知識青年界有深遠的影響。他的一些書，特別是《天地一沙鷗》，不只是受到當時的蔣院長深愛，並公開向國人推介《天地一沙鷗》精神，蔣院長的全家都是姚朋的讀者。姚朋的新聞及知識分子的性格，與謝主席的精神、興趣頗為契合。

姚朋一路走來，就是《新生報》由艱苦邁向繁榮的道路。他最初由助理編輯啟始、歷經主編、要聞組主任、副總編輯、總編輯，升到副社長兼總編輯的時候，為《中央日報》請去出任總主筆。

就在民國六十四年十月九日，當時我還未到《新生報》就任，素以新聞界人事靈通的《國語日報》〈文化圈〉，刊出一則新聞：「《新生報》社長李白虹申請退休，如果得到省政府核准，姚朋繼任可能性最大。」

我看到這則報導，半信半疑，感到納悶不解的是：李白虹先生費了這麼大的力量把我拉來，自己卻身退，不太相信；而可信的，是繼任的人選確實恰當，再也找不到比姚朋更適合了。

十月十日，舉行雙十國慶閱兵大典，在觀禮席中，剛好與臺灣省政府新聞處長周天固先生及《新生報》社長李白虹先生相遇。我們就談起昨天《國語日報》所刊登的《新生報》社長傳將易人新聞，大家都不避諱，李社長就對周處長說：如果真是這樣，如釋重負，我則求之不得。

周處長也很坦誠，他說，《新生報》雖然是新聞處主管，他未有所聞，且重大人事變動，公事並不一定經過新聞處，也許人事處承命直接處理。他還進一步分析：謝主席很欣賞姚朋，問題是姚朋的意願以及是否適宜作行政工作。他也不贊成此時陣前換將。

很少行政主管這樣坦誠，周處長平時也不是侃侃而談的首長，我與李社長都有些意外。

這個新聞，後來並未變成事實。雖然是傳聞，也不是完全沒有根據，

正所謂無風不起浪。一說是《新生報》與《中華日報》為了船期版業務，同業相爭交惡，《中華日報》是屬於國民黨中央，當時的《新生報》又居於弱勢，就把交惡責任落到李社長身上。對方難免有去之而後快之心，藉用謠言壓住他；一說當時的黨中央，有力人士積極爭取《新生報》社長的位置，放放人事煙幕。

此後，姚朋也升任《中央日報》社長位置，但少有機會當面請教這一傳聞的真實性，是姚先生意願不高而作罷？無意再返舊地？至於後來，他在專訪回憶中談到：「社長、副社長的職位，就帶點政治性了。」（李瑞騰，〈將自己一輩子的事都攤開來〉，《彭歌研究資料初編》，臺北：九歌文教基金會，頁七）那應該不是問題，至於《新生報》的基層，應會雙手歡迎他的榮歸。

《臺灣新生報》易長的傳聞，就此止住；但是上級長官對於更新《新生報》社長的意念，並未停步，這正是人事決策形成的正常過程。就在這個時候，我加入《新生報》，擔任總編輯工作，虛銜是副社長。

我不只是後知後覺，根本就是不知不覺，幾個月後，竟把這個《新生報》復興的大任，交到我的肩上。這個人事決策的形成，我無法得知更無從預知。多少年後，我經過《新生報》社長五年，臺視總經理八年，轉任至《中央日報》社長的時候，行政院人事行政局長陳庚金寫了一篇〈伯樂與千里馬，謝東閔先生「成才無算」〉文章中指出：「《中央日報》社長石永貴，原供職於華視，與謝求公素不相識，某日，《新生報》社長出缺，恰巧，求公在《中央日報》讀到石氏所撰有關〈當前報業發展〉之專文，覺其適任斯職，因而委予重任，使其不勝感激。」

陳庚金先生的文章，是有些根據，但並非完全正確。事實上，謝先生所看到我的文章，是民國六十三年九月二十一日刊登在《青年戰士報》：〈我在為政府做些什麼〉一文。

這不是一篇什麼了不起的文章，但對於我的事業一生卻是一篇重要的文章。因為就在文章刊出那一天，臺灣省政府新聞處舉行一年一度新

聞行政工作檢討會，在臺中新聞處會議室舉行。參加者有來自全省各縣市新聞行政主管，我以中央文工會總幹事身分列席參加。會議八時三十分開始由處長周天固主持，謝主席東閔先生於十一時蒞會講話。會議一開始，周處長介紹與會人員，等介紹到中央文化工作會總幹事石永貴時，謝主席就說：「石總幹事在今天《中央日報》有篇文章，寫得很好，我已拜讀。」我說：「報告主席，不是《中央日報》，是《青年戰士報》。」

等到謝主席講話的時候，他移開原先準備好的「官式」訓話稿（這是他備而不用的習慣），又提到我的文章，我真是受寵若驚，頭都不好意思抬起來，這也是我第一次在公開場合，正式與謝先生見面。謝主席說：「文化宣傳在寫文章時，避免八股，八股是沒有人看的，像石先生的文章，我是喜歡看的，希望大家看看今天的《青年戰士報》石先生的文章。他講話的內容，最了不起的地方，就是講真話，想到就說，毫無保留，這是一般做官的人做不到的。」

謝主席的一場講話，等於為《青年戰士報》作了一次免費宣傳。他講了不少話，真是英氣奮發，有警語也有勉勵。很顯然的，他的想法，是傳統公務人員的做法，無法跟上的。他說：不要天天喊沒有辦法，喊沒有辦法的人，才真沒有辦法。他又提到，做公務人員沒有別的選擇，只有認真努力地去做。事多人少錢少，只有做，別無選擇。他也說了一句很重的話：「我幹不下去，就辭職。」

那個時候，謝主席費了九牛二虎之力，把省交響樂團與省電影製片廠遷至霧峰，但遭遇不少阻力，都是來自內部。他說，交響樂團遷到臺中後，主辦人員提出一大堆反對的理由，憂慮搬到臺中後素質會低落。謝主席提出批評說：「不要緊，低落就讓他低落，以後我們會培養出更好的人才。」

謝主席的教育理念，溶入在他的藝術教育與生活教育理念中。早期當陳誠出任臺灣省政府主席，在一次招待文化界人士談話中，謝先生就提出「三專」想法：在臺中設體專、在臺北設藝專以及創設家專。前兩

者政府都實現，他自己就在民國四十七年創辦實踐家專。

當時的謝主席要把省立交響樂團搬到臺中，是有他的苦心。他要交響樂團更能接近省民，用以提高臺灣省音樂藝術風氣與水準，不要擠在臺北，也不要人才都集中在臺北。事實上，謝先生的遠見果真實現。這些年來，我們見到陳澄雄團長領導下的省交響樂團，各縣市文化中心的演奏場地排得滿滿的，並從事國際音樂藝術的交流活動。只是像藝術這樣團體，能不能以公務機構方式來管理，確實是一大問題。

那一席話，謝主席談了很多，很少直接談省政。他就像傳教士一樣，很想把一生的經驗心得，都傳給在場的省公務員，他談了不少人生的道理。他說：「健康、智慧與人緣最重要，為人生成功要件。」

他還提醒，上年紀的人，應防止思路硬化。言外之意，遇到困難，遇到問題，要動腦想辦法解決問題，抱怨發牢騷解決不了問題，只會增加煩惱與問題。

有沒有更多人閱讀《青年戰士報》無法得知，但有不少在場的人，事後好奇地問，到底石總幹事文中寫些什麼？

其實，也沒有什麼。那個時期，蔣經國先生主政的行政院，時時事事都在做、也在問，政府為民眾做些什麼？臺北市政府發了一本《政府在為你做什麼!》小冊子，臺北市居民都從信箱中收到一本，我基於雙向交流精神，寫出老百姓也應回饋政府，為政府做一些事情，因為政府是大家的政府，國家是大家的國家。我具體提出四點——克盡公民的責任、全力支持政府、關心自己的政府、為善為公不分彼此。

現在回想起來，真是鄙之無甚高論，況且我又不是官，自然不會也不應唱高調，打官腔。我思考再三，所以引起謝主席的興趣，是在文中引述一位「臺灣新娘」義救尼加拉瓜的真實故事。這位名叫李雲娥的小姐在報紙新聞中得知尼加拉瓜大地震，非常慘烈，她就把自己積存多年準備做嫁妝的五萬元，請外交部協助捐贈給尼國。

恰巧大地震過後一年，尼國總統蘇慕薩伉儷訪華。國賓訪華期間，

他指名此行最想見到的人，就是這位臺灣李小姐，因為她的仁心義舉，使得尼國感念不忘，這位國家元首要代表尼國人民，當面謝謝她，並且見見這位善心小姐的真貌。

我在文中稱讚李雲娥小姐是真正的「中國小姐」，做了一件有益兩國邦交的大事。她不是什麼大人物，也不是什麼有錢的千金，但卻做了一件另一個國家念念不忘感人的事，為國民外交寫下一個範例。

這是我第一次正式與謝主席見面，可謂印象深刻。謝主席給我的印象，是想到做到的人。第二次見面更得到印證。

那是民國六十五年三月二十四日，《臺灣新生報》社長李白虹先生率領我們三位副社長——汪民楨先生、邱振明先生與我，前往臺北市臺灣銀行主席辦公室晉見謝主席。主要目的，當然是謝先生很關心《新生報》現況以及革新案的推動情形，也是我加入《新生報》主持編採改革五個月來的績效驗證。

謝主席總是開門見山看問題談問題，不落俗套，更不會打官腔。他聽了三位副社長分別就編輯內容、言論方針以及財務業務報告後，針對內容提出他的看法與期待——內容方面有些進步，但仍應注意精簡，長篇大論最好不要，要有畫龍點睛的本領，並能注意綜合功夫。

這幾句話，使我這個學新聞的人，深深覺得是在面對一位新聞專家，而不是一位行政長官，我就更為踏實了，自己也慶幸，《新生報》這個門，我是走對了。

臨辭別時，謝主席親切地向我們拜託：「要趕快呀，要加油呀！」

這裡，我得到一個印象，不要凡事請示，想對了，就做！這也蘊藏著當時蔣院長所領導的行政革新精神，也就是謝主席所創辦的實踐家專的「實踐精神」。

歸途中，我向李社長報告，我們應該把握良機，搶救《新生報》！

第十一章

社長任命的曲折過程

是《臺灣新生報》改革的浪潮推進了我，或是我推動了浪潮；不知不覺中，高層決策方面卻在進行簽報我升任社長，承擔《新生報》改革行動列車的火車頭。

我只是夜以繼日，全心全力地做我的編採工作，並進行規劃革新計畫，準備推出一個全新面貌、全新內容的《臺灣新生報》。

我將在這個專案中，擔任軟體建築師的設計規劃工作，同時，也負起工程師執行的責任。

《新生報》的高層人事，雖無風吹草動跡象，卻急轉直下。就在謝主席約見我們社長、副社長等四人之後一個月，民國六十五年四月十五日下班前，李社長找我到他辦公室談談。官邸出身、一生謹慎小心的白虹先生談了一些做事做人的原則，尤其對於小人要有耐心對待，言下之意，不要在公開場合，言語動作得罪小人。臨別時，他以預先用毛筆宣紙寫好的格言聯璧送給我。上書：

永貴兄法政

大事難事看擔當，臨事喜怒看襟度。

大其心容天下之物，平其心論天下之事。

靜其心觀天下之理，定其心應天下之變。

事到手，且莫急，便要緩緩想；想到時，切莫緩，便要急急行。

我知道這是白老對於我來社以來，行事風格下了一帖藥，有厚望焉，但亦有誡語，尤其在緩急之間，更對我出口不能太快與出手不能太急，有所規勸。當晚我還悟不出其中道理；但我知道此舉並不尋常，心想是

不是因為我用心太急切、用力過猛，而引起編輯部風波，給他帶來不少麻煩。我心想，要準備滾蛋了！

白老不只是我的長官也是良師，真是用心良苦。

白老守口如瓶的精神，真令人敬佩。直至十天之後──四月二十七日，他找我至樓上社長室，忍不住興奮地告訴我，省府瞿秘書長韶華先生來電話，轉達謝主席的意旨，要我做社長。在這個電話中，瞿秘書長除了「轉達」之外，更重要的任務，是瞭解如升我為社長，在三位副社長中有無困難，也就是會不會有反彈的顧慮？李社長倒是明快的答覆：「沒有困難。」

當晚十一時正是編輯檯忙亂緊張之際，省政府秘書處馬專門委員兼組長錫珺先生來電話透露，省人事處與新聞處簽稿，臺視董事長林柏壽退休，華視董事長藍蔭鼎轉任臺視，黃啟瑞接華視董事長，李白虹升任《新生報》董事長、石永貴升任社長。

馬錫珺先生為清朝曾國藩大將兩江總督馬新貽後人，因為香港出品《刺馬》電影，根據民間傳聞而拍成，嚴重毀損馬新貽之聲譽，錫珺先生引據史料，奔走黨政主管機構，希望能有所補救。多年來公私均有所往來，至為敬佩他的守正敬祖的精神。

錫珺先生與李白虹先生一樣性格，謹慎小心，與當時秘書長瞿韶華先生私交甚篤，原在省新聞處服務，後為瞿秘書長借重，借調秘書處，負責新聞處等方面業務。馬先生突如其來的電話，聲音又小，我在電話中，不斷追問，並說：「您是不是弄錯了，我是石永貴。」他說：「沒有錯，就是老兄。」他在電話中，除了恭喜外，並要我好好準備準備，面對一場艱苦非常的任務。

當晚回到家裡，的確想了很多，不免矛盾猶疑，但我想到左宗棠的一句話：「天下事總要人幹，豈可避難而就易」，自然也就精神奮發起來。

這個涉及兩個電視臺以及一個報社高層人事案，過了兩天，馬錫珺先生在電話中作了一個補正，是黃啟瑞到臺視。以馬先生的小心謹慎，

且黃啟瑞與國防部與軍中也有淵源，曾擔任過軍友社理事長，不太可能弄錯，可能在協調上有些困難，就維持在省府所能掌管的兩個事業範圍內調整。

這也是人事決策與人事變易的奧秘。

當時《新生報》內有兩位好人，一位是董事長黃啟瑞先生、一位是社長李白虹先生。

黃啟瑞是本省著名的教育背景的好好先生，因為參政，在臺北市長任內受些折磨與委屈，也就在《新生報》董事長職位上養望。這一性格與背景，謝東閔主席是很敬重也很憐惜的。李白虹先生是出身黨政背景的好好先生，雖然求去心切，況且一生追隨兩位蔣總統，也不能因為《新生報》求新而使李社長有所委屈，剛好臺視董事長林柏壽先生要求退休，享受港臺間閒雲野鶴的神仙生活。

林柏壽先生以政通人和，受敬朝野，是一位真正的省籍大老。他在臺視董事長期間，分文不取，後來臺視大發利市，董事中間有人知道林先生獨鍾賓士汽車，乃千勸萬說，他不再反對臺視為董事長買一部賓士汽車代步，才安董事會與員工的心。有人就說：「林先生是本省望族，家大業大，還在乎臺視董事長那點收入？其實，錢還有人嫌多的，車子還會嫌少的嗎？」

黃啟瑞先生好人受損，養晦多年，臺視董事長消息傳出，各方稱慶不已。黃先生在家人勸說之下，赴臺視上任之前，把身體調理好，乃住進臺大醫院，後來又移至榮總，但因為手術問題終告不起，結束了他寂寞而難嚥下這口氣的一生。

人生真是難逃命運這一關，我們都為高大而正直的黃先生惋惜。

以李白虹先生的性格，對於《新生報》孜孜不倦的努力精神，出任董事長，是好人不寂寞的作為。賢者當政，《新生報》上下員工稱慶，間接的功能，是把我這個年資淺、火氣旺的副社長產生掩護上壘作用。

也是謝主席的用心良苦，把賢者擺在賢者的位置上。

處事的周密，真是一盤好棋。據說主持這一個人事調整計畫的是秘書長瞿韶華先生。瞿先生與三位調動人事以及兩個事業單位，都瞭如指掌，更與李白虹先生有數十年私誼，產生調和鼎鼐的幕僚長角色。

這個秘密人事作業，還產生意難以想像的意外插曲。

那個時期全國重大人事決定權還掌握在黨中央——中央委員會手中，新聞宣傳主管更是如此。

省政府重要人事案，經行政院核定前，必須先經過中央黨部。黨對重大人事決策，是非常奧妙的慣例，既無固定標準，更無會議程序，常用的方式是高層會商，至於必要的人事案件，需中常會或行政院院會通過，只是形式而已，就是討論案，也少有經過討論的程序，這可以說是黨總裁、主席建立的人事權威。

歸納而言，重大人事案，進入中央黨部，有三項考量：

第一、人事政策考量。他有沒有足夠背景與能力，執行與貫徹黨的政策。

第二、人事資格考量。包括黨與政府的相關資歷與資格。如當時救國團組長級轉入黨職，依慣例，相當於副主任的職位。

第三、安全資格考量。這一點最具體也最嚴格。當時的社會工作會就有一個室專門負責中央黨部以及全國人事安全資料。當然，社工會存不下這些資料，建檔資料都在情治機構如安全局或調查局。有一個心照不宣的規定，有安全紀錄者，不能出任機構主管，不能出國。這是在戒嚴時期，誰也不能也無法打破的戒律，因為安全問題後果責任太大了，誰也負不起，也扛不下來。

有關《新生報》高層人事調整案，送到中央黨部多日，遲遲未下來，省政府很急，行政院也在關注，後來有了訊息，問題出在新任社長的資格上。

中央黨部所持的理由是，石永貴在中央委員會文化工作會擔任總幹事，依照黨政人事慣例，總幹事出任新聞事業機構，只能擔任副社長，

不宜逾階出任社長。

又是出在副社長問題上。我從黨部出來到《新生報》擔任總編輯，文工會主任吳俊才先生為了我方便執行編採革新任務，爭個副社長位置，幾乎僵在那裡。

「副社長」真是好事多磨。

當球又踢回省政府中興新村，當時有關首長與幕僚束手無策，無法解開這個人事結。謝主席因為他本身喜歡活動又是崇尚自然不拘形式，所以除非特別重要公事，他少接觸公文，更不批一般公文，都交給瞿秘書長當家處理。謝主席喜歡為省政府動腦，陪蔣院長下鄉全省走動。他知道《新生報》人事公文遭遇「政策」問題，就把有關幕僚找過來，把公文拿出來推敲。他不需要腦筋急轉彎，稍稍看了一下，就找出問題所在。有了！石永貴「現在」不是中央黨部總幹事身分出任社長，而是《新生報》副社長升任社長，理所當然。自己就拿起大筆修改公文。

謝先生當過中央委員會副秘書長，深諳黨部文化，一方面要把「申復」公文辦好，一方面又派「大員」親往臺北中央黨部面報溝通。

這一棘手多時的人事案，迎刃而解，中央黨部也就沒有話說。至於副社長做多久，才能升任社長，那是省政府的事了。好在《新生報》是省屬事業單位，人事比照辦理，並無公務員資格與銓敘那一套。更幸運的，這個人事案並未曝光，否則就單單「副社長」，就可以大炒特炒了。

事後有人提到這個人事案的奇妙變化，就很佩服吳俊才的先見之明，早就把棋擺好了，發揮關鍵的「棋子」功能。

真正的背景，據當時省政府交通處長陳樹曦先生，也是謝主席得力首長，在一篇文章中透露，是中央黨部對《新生報》社長另有人選，急著要推出，下一步棋，就要提出適任代替人選。事實上，是你的，誰也搶不去，只是時機未到而已。五年之後，當民國七十年我轉任臺視總經理的時候，陳處長所說的那位人選，就是《新生報》新任社長了。他在黨部的資歷，確實比我高一級，就黨的資歷而言，確實比我有資格。

　　這件人事公文，由於謝主席的活用頭腦，絕處逢生，化解了「政策難題」。五月五日蔣院長批定，困擾多時的高層新聞事業人事案，塵埃落定，省府方面有關人事作業人員，鬆了一口氣。

　　是李白虹先生把我帶入新聞事業經營的道路，若不是他的鍥而不捨的精神與功夫，《新生報》副社長可能就半途而廢，非但無法進《新生報》，也不會產生對社長「臨門一腳」的功能。此後李白虹先生就是我一生尊敬的長官與長者。記得俞國華先生組閣的時候，他感於俞先生出身財經，而缺乏其他方面的人才，基於他數十年與俞先生相識的關係，特別把我與另外一位新聞界史學才子陳曉林先生，鄭重其事地正式推薦給俞國華先生。我生平一不做官二不做民意代表，有負李先生的一片苦心，但白虹先生的提攜之德，常存我心。

　　是謝東閔先生用盡苦心，硬把我拉上《新生報》社長的位置。而我與謝先生非親非故，當時，只是謝先生眼中一位學新聞出身的年輕人而已。我的心情，只能以「鞠躬盡瘁」報知遇之恩，並以同樣的態度，在我主持新聞傳播事業歷程中，發掘與培養肯上進而無背景的年輕朋友，不少人由從不相識而成為事業的伙伴，這都是出自謝求公的精神感召。

　　以謝先生崇高的地位，這樣厚愛與偏愛我，常常就會引起好奇者問，你是不是臺灣人？你會不會講閩南話？這樣想這樣問的人，都是世俗之見。

　　我行將交卸總編輯的位子，當時，難免會自問，你做了什麼？你為《新生報》編採做了些什麼？

　　第一、就產銷關係而言，雙方關係得到改善，當我做總編輯的時候，就有同事提醒我，不要接營業處的電話，他們會罵個不停。我則不理這一套，不但喜歡接他們的電話，並且站著聽他們「訓」。後來脫班問題得到改善，新聞內容有些起色，他們以笑聲代替罵聲。罵得最凶的幾位，不只是成為好朋友，更成為一生的朋友。如臺南市營業處主任童紹華、草屯營業處主任李金和就是典型例子。童紹華胃病痛得很厲害，情緒與

脾氣更壞，後來喝從阿里山抬下來的泉水，不藥而癒，就帶了一大瓶跑來臺北，要呈送給蔣院長喝，或可以治療他的糖尿病，他的一片忠心，真令人感動。李金和夫婦在草屯開了一家百貨商店，因故無法經營而舉家遷至新竹，改行做國外旅遊生意，每到一個新地方就寫給我一張明信片，讓我享受紙上觀光之樂。

第二、沒有裁一個人也沒有帶一個人進來，而靠原班人馬，適才適所，靈活調整，借重資深，啟用新進，而產生改變內容效果。此正如資深新聞主編鄒幼臣先生的感受。有一天，他與中央黨部副秘書長薛人仰先生聊起《新生報》情形，原想外面來了一位總編輯，起碼要帶一班人進來，才能收到一些效果，想不到單槍匹馬就有效用。

人生的精彩，不在結局，而在過程。

第十二章
謝主席的真言與實話

民國六十五年五月十八日中央通訊社自中興新村發出一則人事新聞稿：「臺灣省政府今天核定：新生報業公司董事長黃啟瑞另有任用，遺缺由社長李白虹接充，副社長石永貴升任社長。」正式通過任命，是五月二十九日的新生報業公司董事會。

一個星期後，五月二十五日下午二時三十分，謝主席東閔先生於臺灣銀行主席辦公室接見我，是我正式單獨與謝先生見面。

謝主席給我的印象，一如上兩次，沒有官場那一套，也不落俗套，沒有一句官話，句句是真言，句句是實話，令我無限感動，除了鞠躬盡瘁之外，還能做什麼！

謝主席一開始，就分析我的任命所遭遇的困難，並希望我能體會與瞭解處境，一方面勇往直前，一方面小心翼翼，是臨危授命，也是臨陣督戰。他說：「有人不服氣，有人嫉妒你，凡事要謙和、要協調，方能達成使命。」

這一背景，我當時年輕氣盛，還無法體會出來，後來從省府朋友言談中才知道，其中之奧妙與艱苦。壓力來自我的母體——中央黨部，一個才從中央黨部走出來的總幹事，竟能在短短半年內，搖身一變為最高社務負責人——社長，其不服氣，其無法平衡，固然無法想像，但以中央黨部那個深似海的衙門，也可以體會出來。要不是謝主席的堅持，以及他與蔣院長的信任關係，這一人事案，老早就胎死腹中。那個時代，誰敢與黨中央持不同意見？

幾乎就在那個時間，一位我在華視服務期間的長官，深諳黨政軍運作之道，他就提醒我，將來你要小心應對你原來服務的機關，他並給我

一個「外行」的建議：報紙是不是一定要有社論，能取消最好取消，因為社論會為你惹禍！

報紙沒有社論，哪還能稱之為報紙。不要說惹禍，就是闖禍，我還是要有社論！我當時在想，卻不好意思頂回去！

令人感動與感念的，謝主席與我之間，不只是沒有一點關係，根本就素不相識，他能把這樣重大任務交給我，就難免引起外界的嫉妒，甚至好奇。謝主席就說：「我們並不認識你，所以請你主持《新生報》，完全是基於你的才幹與你的文章。」

我非常敬佩謝主席的無私，不是他給我《新生報》社長這樣的「高位」，而是他並沒有把《新生報》社長當成官位，是做事的一個機會，一件任務的完成。我也不是官場中人，我的背景是新聞教育，腦中也就不存在官位，所以在這方面，我們的想法與觀念，倒是十分契合。

這是謝主席與我投緣的地方。

臨告別時，我雖然沒有感覺謝主席所承受的壓力，但我知道他對我寄予很大的厚望。我也知道，我不能讓愛護我的長官失望，我要加倍努力為謝主席、為《新生報》爭

圖 12-1　提攜備至的謝東閔先生

一口氣。也許，這就是我的性格。

謝主席為我打足了氣，並說：「有什麼問題隨時來看我。」當時，交際科長顧斌也在場，有點交代的性質：「石永貴隨時可以來見我。」

我當時的反應，出自我一貫的個性，我就說：「報告主席，有困難，

我不會來找主席，麻煩主席。您既然把《新生報》的責任交付給我，在任何的情況下，我都會拚命扛下去。遇到困難來麻煩您，那還要我做什麼！」

後來我才瞭解，我這一中國北方人不服輸的倔強性格，很合乎他的胃口，他最怕婆婆媽媽，他也最討厭遇事就找上面長官，也許他在心裡就想，找對人了！

「不過我有一個請求。面對一個老舊的環境，想改革，要創新，難免會得罪人，也就難免會招致黑函，這一方面，請主席相信我、支持我、我才放手好做事。」

我提出這樣一個不知深淺的「請求」，實在有失分寸。不太可能有明確的答案，我的目的也只是報備而已，也表明我義無反顧的決心。

那個時候，我被任命為社長的時候，已經過了四十歲，應該屬壯年，但所以把我歸之「青年才俊」類，主要是當時的政治社會，延續大陸時代而來，年齡偏高，我又突然冒出來，就被視為「青年才俊」來看待。

「青年才俊」未必正確，但血氣方剛，則是百分之百。所相信的，是天地良心，只要不做虧心事，天不怕、地不怕，更不怕得罪人。

我所以敢向謝主席提出那項請求，是感於公務機關的兩大陋習：八行書橫飛以及黑函橫行。

八行書來自高層長官，這一方面我自信還能頂得住，而且基於華視的經驗，非頂不可。

黑函則多來自機構內部。黑函的文化盛行，歷久不衰，主要是來自私心、私慾與疑心病所致，主管怕事也有關係，尤其怕惡人與小人，如有家醜，更怕外揚，就助長了小人的惡質文化氾濫，成為黑函文化的培養溫床，至今未衰。

黑函籠罩之下，往往一個機關不講是非，更不講善惡，只求平安無事，無風無浪保平安，也就保住官位，甚至高升，就成為黑函文化的副產品——鄉愿文化。

果然不幸而言中，黑函飛來了！

有一天報社接到省府來函，要求查明：石永貴到處兼差。因為接到反映，公文是寄給董事會，謹慎小心的李白虹董事長，明知是莫名其妙，還要查一番，又怕傷到正在銳意革新的我。李白老輕聲細語轉告我：「有人向省政府反映，我兼了相關的工作，最近又兼中國文化學院大眾傳播系主任，有違公務員一人一職的原則，要查報。」

其實，那個時期，我二十四小時幾乎都在報社工作。一天上三班，上午負責行政，下午負責業務，以及行政或編採會議，晚上在編輯部上夜班，除非三頭六臂，哪有時間，又哪來時間「到處兼差」？

那是加入報社工作之前，的確先後在一些大專院校新聞傳播科系授課，自政大新聞研究所到國立藝專，一方面是這一方面教師缺乏，而我剛自美國學成回來；另一方面，有些人情負擔，無法推辭。

這黑函，也不完全是空穴來風。

有一天突然我接到文化學院院長郭榮趙先生電話，他轉達張其昀先生的旨意，要我擔任夜間部大眾傳播系主任。

緊接著，夜間部主任蔡漢賢先生來訪，並專程送來聘書。

張其昀先生又在華岡文化學院宴請新聞暨大眾傳播學系的教授，我也在邀請之列。席間張先生並稱許我的新聞理論與實踐的精神。

報紙又有新聞，文化學院聘我為大眾傳播系主任。

我推辭不就，但來人一再表達：張夫子的決定，是無法改變，我陷於掙扎中的痛苦。起初，文化學院方面，還以為我嫌夜間部大眾傳播系沒有什麼地位，格局不夠所以不就，於是把山上、山下的三個新聞與大眾傳播系主任讓我任選一個。

郭榮趙急如旋風，親自跑到報社來，堅持要我接受大傳系主任聘書。有什麼政策困難，必要時，請張創辦人出面解決。

正當進退維谷的時候，省政府的查明兼職函到社，我一時無法適應，在李白虹董事長面前難免激動，但稍作鎮定後，倒解了我的圍。

　　我能體會文化學院張創辦人求才的苦心，我更能體會院方行政負責人難違夫子之命的處境，於是我找出一個解套的方式，推薦中央電影公司總經理梅長齡先生繼任。

　　我手持省政府查報函，向郭院長解說我的處境，並進一步推銷中影梅長齡。同時，梅先生的實幹苦幹精神與作風，為大家所共知，中影的製作設備，更便利以廣電為主體的大眾傳播系電影教學實習。他經營中影以及創辦中影文化城，更是創造了奇蹟。不久，張先生接受我的觀點與推薦，但要我負責安排好，方可脫身。

　　我就立刻前往臺北市成都路中影公司找到梅長齡先生，說明來意，轉達張創辦人曉峰先生的盛情，他有些驚喜，但也有些困難，於是就找來明驥先生在他的辦公室叫了簡餐，一面吃，一面研商。

　　梅先生難言之隱，是缺乏學歷背景，他是苦幹成功的。我就進一步向梅先生分析：張創辦人是「有教無類」也會「有教無歷」，不重視形式的條件，而重視的是實質，又有明驥先生協助一切，張創辦人那邊由我負責，他就很順利接受下來，以後轉至中視總經理，文化學院方面除了明驥外又有吳東權協助教務，張創辦人深慶得人。明驥先生有了這樣的緣分，與俄羅斯關係解凍後，他身藏數十年的俄語，再加上他誠懇篤實的為人，主持文化大學俄文系，使「文化」在俄文教育大放異彩，俄羅斯也成為明先生日夜思念的「第二故鄉」。

　　曉峰先生真是一位白手起家的大教育家。他連積蓄都沒有，更不要什麼本錢就把文化學院創辦起來，全靠他的頭腦想出來的點子以及各方面所培養的關係，全都用在文化學院身上，真是一位了不起學者從政的典型，沒有一點官腔官調。他的理想就是在教育，他的興趣就是在學術。

　　他創辦文化學院的經驗，最重要的啟示，不能等到一切條件形成才開始興業，否則幾乎沒有任何事業可以辦得起來。

　　他不捨細流的精神，也是他治學的真諦。我曾在一本雜誌中寫了一篇大學的任務——教學、研究與服務三項功能文章，張先生看到後，就

在一次對教職員學生講話的場合，引述我的觀點，除了認同外，並作為文化學院追求的目標。

張創辦人生活刻苦，辦學治學，沒有八行書那一套，他多自己親筆覆信，有信要覆，就以便條紙代替信紙，三言兩語、簡單明瞭。

我把兼職風波徹底處理好，回報李白虹先生，讓他安心與放心，這是做人的基本原則，更不能讓謝主席東閔先生看走了眼，做一個爭氣的《新生報》社長，李先生就據實回報省政府。

為了避免瓜田李下，為了不增加愛護我的長官的困擾，連每週兩小時課都婉謝了。

不久，這件事轟動報社，原來不是普通的「黑函」，而是確有真人具名檢舉。更妙的，省政府根據《新生報》董事會覆函，回覆原檢舉人，為同事看到，這位「檢舉人」接到省政府函跑來看我，並大喊莫名其妙，因為這位同事是我所尊敬的，他雖有個性，照理不會做出這樣的事，我直到今天還是不相信他寫的。據我推測，可能有心人冒他名寫的。好在由於這封信，替我解圍，解除人情上無法擺脫的困擾，使我全力以赴，心無二用，為《新生報》再興而拚命。

我正在拚命之時，招來這突如其來之擊，心情固然複雜，但得來一些經驗，未嘗不是一件好事。如果沒有這一「黑函」，我可能得意忘形，不知道自己，應付一些無意義的事情與場面，真的就有負謝主席的厚望與一片苦心。

有了這一兼職風波，我更有經驗與教訓，處理隨時會出現的困擾與風波；對於他人的傳聞與權益，更為小心謹慎面對，尤其避免假手他人，因為知識分子所要的是尊敬與尊重，但還是有漏失發生。但是得罪人的事，我寧可自己得罪，不願假手他人，更不願把責任推到他人身上。這不是我願意得罪人，而是天生的硬脾氣。況且，一件事情，連主管都不敢得罪，有誰還願意呢？

第十三章

展現「向讀者報告」的時代

一個人的生命有限，現代生活在臺灣的人，百齡之人滿街走，至二十一世紀中期，可望至一百二十至一百三十歲，但也只能如此而已；一個組織生命體，需要組織健全，人事更新，產品符合需要，才能產生經營細胞的力量，生生不息，否則就會失去生存的機會。

《臺灣新生報》到民國六十年代中期，就到了非改革無法生存的地步。

報紙是現代工業的高速化產品，所靠的是高速的輪轉；但一個報紙的功能，單靠印報機的轉動是無濟於事的，而必須是全面全能的轉動，才能產生事業經營的力量。

就現在的政治術語來說，就是「全方位推動」。

很幸運的，民國六十五年六月一日，當我接事為社長的時候，《新生報》的歷史巨輪，又一次有機會展開全方位的轉動。而我，更幸運的恰好是站在船長的位置上，有機會也有地位，操控全速進行。

不只是對於老舊不堪的舊報，就是對於一個新的報紙，中華民國六十五年六月一日都是截然不同的一個全新的日子。

這一天，一份完全不同於昨日的報紙出現在讀者的面前。

這一天，《新生報》新建的編印大樓落成啟用。

這一天，新平版高速機器使用。

這一天，一位由總編輯崗位跳到社長崗位的工作者就職。

這一天，新聞同業好奇交談，並且半信半疑，莫不是真的鹹魚能翻身，而且一躍成為飛燕。政論家、新聞學家毛樹清先生就這樣說。

是魔術師的手法或是報業神話？

這一天，為《新生報》愁眉不展多年的謝主席東閔先生，突然笑容滿面，報告推行新政的蔣經國先生：「請院長看六月一日的《新生報》。」

我，有幸的，《新生報》這一關鍵時刻，站在歷史的轉捩點上。

事實上，《新生報》這一陳舊機器的再轉動，是省府政策全力支持，報社上下內外，在李社長白虹先生「積弱為強」推動下，全心全力的一個成果。

座落於臺北市延平南路一二七號（實踐堂對面）的新建編印大樓，地下一層，地面四層，總建築面積達一千坪，遷入使用，原大樓廢除積極籌劃改建。

新的印報設備，美國高斯都市型平版彩色輪轉印報機三部及日本製照相製版設備全套，及時完成安裝啟用。

三大張彩色亮麗的《新生報》問世（徐仲毅，《堅毅力行》，頁一七四）。

《新生報》在一夜之間，由陳舊報紙變成全新報紙。這些變革以及成品，是多年多方奮力不懈的結晶。

就以編印大樓新址而言，它是《新生報》幾十年來罕有的增加土地與建築物紀錄。因為《臺灣新生報》是由日治時代《臺灣新報》演變而來，而《臺灣新報》是由分布全省的六家報紙合併而成。其中包括：臺北的《日日新報》和《興南新聞》、臺中的《臺灣新聞》、臺南的《臺灣日報》、高雄的《高雄新報》以及花蓮的《東臺灣日報》。

因此，《臺灣新生報》一如臺灣廣播電臺（中國廣播公司前身），遍布在臺灣各大城市都有為數不少的房地產，但因為報社本身經營以及政治環境因素，變賣的賣了、徵用的徵用、變相瓜分的瓜分了，所剩下的只有臺北市延平南路一二〇號現址。所以對《臺灣新生報》有認識與關心的長官，在言談中，常感嘆報社負責人為敗家子。如今，在省政府大力支持下，增加了這座編印大樓，是《新生報》有減無增的房地產難有的唯一增加紀錄。是由省府所屬唐榮公司議價承建，工程可維持一定水

準，省去公家機構一些不必要的審計麻煩與人情困擾，但失去競爭力與選擇性。

《新生報》編印大樓興建，雖然不是什麼大工程，也是報業界一件大事，但不只是外界知道很少，連《新生報》員工，除了少數直接參與外，也較少知道與關心。我在相關社務行政會議中有所聞，但所知還是有限。所以，有次基於關心與好奇心，總編輯任內，大夜班下班後，準備了手電筒，找到工地，順著水泥樓梯往上爬，瞭解一點工程進度，心裡踏實不少。

《新生報》平地蓋高樓，又是平地一聲雷，印出精美彩色報也就難怪同業界半信半疑，甚至猜疑是找一家民間彩色印刷廠代印充充場面，騙騙上級長官，頂多一個星期，就會原形畢露了。

由這一經驗，我深深覺得機構內，橫的聯繫太重要了。

有了錢，不一定就會有好的設備；有了設備，也不一定就會印出精美的報紙。那還要看看：

有沒有足夠的人才技術。

有沒有完美的內容規劃。

當時，就技術人才方面，不只是有準備，而且非常精銳。

那是出自總經理程耿堂先生的規劃與延攬。

程耿堂是半世紀以來臺灣報業中，難有與難得的經理人才，在發行、廣告與印刷三方面，他除了未驗證拉廣告的才華外，樣樣行、樣樣精、樣樣細。他能計算出成本與估價單，也可以徹夜不眠動手趕工設計廣告稿。

我在《新生報》期間，為了拓展生計，敢接下全省「殺頭」生意的選舉公報印刷，不是膽子特別大，而是有一位精密仔細的總經理程耿堂先生作「靠山」。果然，「選舉公報」這筆大生意一路走來，平安無事：準時印出，安全交貨。

是程耿堂先生明察暗訪，他的內兄是彩印專家，利用關係，自《中

國時報》請來一組彩色電腦分色，製版青年人才，由陳賢德先生負責，精細而謙虛，才能結束鉛版時代，而開創 PS 版彩色新時代。陳賢德先生可謂技術掛帥，一路走來，副廠長，而廠長，是一位只知一心把工作做好，不多言也不卸責的伙伴。

當時《新生報》新聞印刷廠，真是黃金組合。陳賢德負責電腦製版、周承勳負責檢排、洪其負責機器房、廠長宣其良先生也是一位難得的好人。

一份報紙要想印得好，就技術層面而言，需要多方面配合，油墨與紙張也是重要的考量因素。

《新生報》因為是公營機構，行政財務方面，防弊重於興利；採購開標，不問品質只問價錢，要找就要找到最便宜的。其他同業早就用上品洋油墨，《新生報》用下價土油墨，其成品不問可知。所以改善報紙品質，必須先改善油墨品質，這是報社必須支持新聞工廠的意見。

單就新聞紙也就決定《新生報》的宿運。那個時代，因為管制外匯關係，洋紙進口是很奢侈的一件事。平時，《新生報》因為經營困難，再加上同屬省營事業，非用中興國產新聞紙不可；等到國際紙價市場發生變化，特別是能源危機期間，《新生報》根本沒有能力也沒有時間，允許到國際市場去搶購新聞紙，這時國產中興紙又成大戶搶手貨，《新生報》又逼得走投無路，成為被修理對象：為什麼不買洋紙？

國際新聞紙來源，主要是加拿大以及北歐瑞典等地，這是世界報業用紙的大貨源。

《新生報》改版準備期間，運氣較好，國際新聞紙供求關係緩和，甚至有供過於求的短暫現象，於是世界新聞紙生產廠家，透過在臺代理商，向臺灣各報社競銷，還有日本、韓國的產品。

其中，日本王子的產品，不只是紙質特殊，同時，對於公家機構來說，更重要的是價錢便宜。因為試銷性質，還有一些優惠措施，我們就進口一批兩百噸日本王子新聞紙。這家王子廠，規模較小，又不著名，

但服務態度很好，我們就不妨一試。

想不到一試驚人，六月一日的「新報」，就是用日本新聞紙印出來的，色澤較白，有異於一般新聞紙，很能適合臺灣讀者的眼睛，看起來很舒服。

這家王子廠新聞紙在臺灣試銷成功，不只是我們《新生報》希望成為長期顧主，其他同業也紛紛打聽，哪裡弄來這樣的新聞紙，準備大量採購。只是這家紙廠規模小，生產量有限，原供應日本報紙量就感到吃力，無法外銷，實在可惜。

《新生報》改版過程中，還有一段插曲，值得寫出來。

《臺灣新生報》曾經風光一段時期，所使用的報頭：「臺灣新生報」，是當年臺灣青年志士，在重慶請求大書法家于右任先生寫成，由李萬居先生帶來臺灣創刊使用的。一路走來，大家每天早晨看《新生報》，很熟悉，也很親切，大家也沒有看出「臺灣新生報」有什麼不對。但是《新生報》地位日降以及業務衰落的時候，報社有關人士就怪到報頭來，並且振振有詞獻計，看看人家的報頭，多有福氣，難怪發起來。於是採取打腫臉充胖子的怪招，關起門來，把「臺灣新生報」用毛筆把它們描粗放大，看起來有點福氣，帶些運氣，經過呈閱核可程序後，《臺灣新生報》的報頭忽然看起來怪怪的，樣子未變，變了形，就是經過一場悄悄整形的結果。

六月一日的《臺灣新生報》，還回「臺灣新生報」原蹟真貌，當然在這個「還我招牌」措施中，更重要的，還希望能找回《臺灣新生報》的真精神。

一份報紙印得再漂亮，還無法成為真正的報紙。報紙存在的生命，在於內容。

我早半年加入《新生報》，主持編輯部，一面學，一面做；一面衝鋒，一面適應。這半年中間，《新生報》外貌依舊，但可以感受與觀察一些新的東西加進來，《新生報》在動了，在變了。

真正的改變，也就是全面攻擊戰的發動日是六月一日。

我的改版計畫書，歷經半載，修修補補，增增刪刪，五月間一次編採會議中通過，全力全面執行。

這個時候，我這軟體設計師成為總工程師，有機會從四面八方作考慮；更有機會動員報社整體力量，開發設計與生產一份全新的報紙。

新的《新生報》三大張的版面，是屬於戰略的規劃，新聞經營精神與內容企劃，有兩大精神骨幹：

一、建立以讀者為尊的報紙，降低官方味道與擺脫官方色彩。這一立場的表達，即在提供的內容，滿足讀者的需要與興趣，言論評論的公正與客觀，而不是單調的省政宣傳與單向的省政橋樑，而是雙向的溝通。一個新的報紙的誕生宣言，沒有長篇大論，改以「向讀者的報告」㈠㈡㈢代替，三五百字的短欄，分別刊於第一、第二、第三版。說明「本報從今天開始，以新的服務精神，新的印刷設備和新的編輯內容，與讀者相見」，以及具體版面安排與內容介紹，清清楚楚，明明白白，既是對讀者的保證又是對自己的要求。

二、把報紙分成三大部分，提供讀者多面的內容，以求深入家庭，進而滿足每個人的不同需要，藉以緩和與降低「官式內容」的負擔與轉向：

第一部分是新聞本體。這是任何報紙無法改變的責任，只是在內容選取與寫作技巧，尋求改變，自我轉變官報的宿命。

第二部分是彩色版面。規劃為現代生活版與新生副刊。現代生活的主旨是「知識的、趣味的與藝術的」，安排在第九版。其版面組合的特色，是增加生活知識與趣味的短文，有專欄也有譯著。開版之始，就有兩篇譯作安排，一篇是〈香港報業女傑胡仙〉，一篇是〈蓋博情史〉。更能發揮色彩的，是精挑細選的彩色照片與插圖。特從華視請來畫家楊濟賢（震夷）先生主持。「新生副刊」不只是新裝亮麗，內容更是全面翻新，都是彩色插圖，真是美不勝收，應是臺北報紙中第一家彩色副刊，是原副刊

主編林期文的大手筆。玄小佛的〈星星在我心〉(「星星」與我真有緣，我在臺視總經理期間，推出《星星知我心》連續劇，為電視倫理親情代表作，感動了無數臺灣與大陸觀眾)、鄧藹梅的〈第五季〉連載小說登場，還有東方玉的〈彩虹劍〉武俠小說以及翻譯小說〈檀島風雲〉，形成多彩多姿每日必看的「新生副刊」。非常難得並有決斷力的期文兄，把原有連載小說如東方玉的〈玉匕寒珠〉，也很有氣魄地作了結束，不拖泥帶水，東方玉先生的犧牲配合精神，令人感動；平時不拘言談的期文兄的魄力，令人肅然起敬。多月不放心的「新生副刊」，這一壯舉，令我大大驚奇，從此新生副刊成為新生獨立王國，任由期文經營。

第三部分是設計不同性質的周刊。從星期一到星期日，輪流刊出，並請專家主編與執筆，如〈醫藥與健康〉、〈財富周刊〉、〈國中生〉等等，都成為《新生報》代表性而權威的版面，在家庭與廣大社會也產生放射性的功能與影響。

無論版面設計或內容規劃，在我腦中在我心中，無雜念亦無奢想，只問：如何有利讀者有益讀者。上上下下，我扮演傳教士角色，宣揚我們為讀者而辦報，老闆易位，讀者就是我們的老闆，就是我們的衣食父母。

第十四章

人才，人才從哪裡來？

　　民國六十五年五月三十日，是我以副社長兼總編輯在編輯部的「最後一夜」。完成出報工作之後，正在準備收拾東西，迎接明天的挑戰時，一位編輯部同事走到我面前，很神秘地希望借我幾分鐘，到裡面會客室談談。

　　這位老同事充滿感情很善意地對我說：「首先恭喜社長，更上一層樓。半年相處，我們都知道社長是急性子的人，很希望把《新生報》在一夜之間辦好，但我奉勸社長，把報紙辦好，就是讓位子之時。」

　　這突如其來的「好意」，我只有心領，還能說些什麼。我的一句「氣話」在心裡打了幾個轉，還是忍下了：「我寧願一夜之間把報紙辦好，走路；也不願意在這裡不死不活賴著混一輩子的社長！」

　　因為以後還要見面，況且還是他一番「盛情」，我還是沒有說出來，但記在心裡，記在心裡一輩子，有人在你耳根前「說好話」，要當心呀！

　　我知道，從明天開始，《新生報》有了新的編印大樓，新的印報機器，頂重要的，還要有新的精神，才能振衰起蔽，才能氣象一新。

　　明天上任，今晚準備三項簡簡單單的原則：

公私分明，分秒必爭，全力以赴，
把公家報當民營報來辦，
把公家錢當自己錢珍惜。

　　這樣的原則，這樣的精神，幾乎是我服務公營新聞傳播媒體的基本信條。

　　從《紐約時報》到《華盛頓郵報》，世界報業史中把一個幾乎無人問

津的報紙，成為堂堂大報，起死回生之例，不勝枚舉，問題是在《新生報》這樣內外環境下如何把它扶起來，辦起來？

我衡量思考再三，不外三種方式：

第一、循序改革。

第二、重點突破。

第三、全面推動。

既然作一個臨危授命的社長，不容半點猶疑，也不容絲毫保留，就求全面推動，全線展開。

作為一個主管，首先面對的就是人事與人才問題。

所幸，我在報社編輯部半年，一方面用心工作，一方面用心觀察，對於報社上下左右的人事，有所瞭解，尤其對於編採部門，日夜相處，更是瞭如指掌，等於經過社長的實習階段。

這個時候，我確定人事更新、人才吸取三項原則：

第一、內部發掘。

第二、外部遴聘。

第三、公開招考。

很幸運的，這三方面作法，齊頭並進，都收到一些效果，形成《新生報》新的經營團隊。

特別值得一提的，有兩點：

公家機構，至少我所經歷而言，人事權完全掌握在首長手中。

凡事要動腦，再大的困難，只要動腦就能解決問題，克服困難。

先說第二點。

我在進行編採改革過程中，有的同仁就說：「談版面革新也好，談內容創新也好，再好的計畫，頂多紙上談兵，《新生報》如枯井一口，哪來這些人才！」

這時，我就會想到謝東閔先生的精神：勤動腦筋，不能為困難所擊敗。

就以版面規劃而言，有三個版面，是前所未有的，也需要專才來負責：一是〈醫藥與健康〉，一是〈財富周刊〉，一是〈國中生〉。都需要很好的主編來規劃來執行來貫徹。很幸運的，幾乎不費吹灰之力，找到了專才，更重要的非但沒有編制待遇問題，花費不多，只是象徵性的車馬費而已。

〈醫藥與健康〉主編賴基銘，當時是臺大醫學院高年級學生。這個版面主編條件，既要有醫學專業知識也要有寫作條件。我是在一次救國團所舉辦的大專院校刊物競賽擔任評審工作，發現《杏林》這樣有水準的專業刊物，是出自臺大醫學院學生社團之筆，我就找到編輯賴基銘。這位準醫生，他樂於《新生報》這項工作。每星期來報社一次發稿拼版等工作，大樣出來後，他就把聽診器拿出來，為編採印刷廠同仁作量血壓、聽心臟的醫藥健康服務，所以每到星期二晚上，大家不約而同，等著賴醫生的到來。

賴基銘臺大畢業後為長庚醫院所羅致，並到美國專研癌症，如今，不只是國內腫瘤科著名醫師，也在執行癌症基金會工作，全面推動認識與防止癌症運動，成為有益社會的公益活動。賴醫生因為有《新生報》的編輯經驗，所以與新聞界互動關係，至為密切與良好，可謂得心應手。可見一件事情的做成，不只是種瓜得瓜而已。

〈財富周刊〉主編吳榮斌先生，當時服務於大同公司。吳先生把一本小小開本的《大同雜誌》，編得真是花團錦簇，內容更是富有意義，乃商請吳先生來社負責〈財富周刊〉。剛好吳先生也是學大眾傳播的，寫作與對新聞認識，俱屬上乘。更由於大同的企業背景再加上《大同雜誌》，不只是把〈財富周刊〉辦活了，還產生不少副產品，出版了一些有關企管與企業人物的書，更有機會與企業與創業團體相結合，舉辦座談會等，是中國青年創業協會良友。當時的《新生報》，幾乎是創業協會的後援會，後來他們創業成功，也成為長期的朋友。吳榮斌先生自己走出大同，夫妻白手起家，創辦文經社，出版的書籍，嚴謹而有特色，並有建國北路

文經大樓之興建，為臺北市少有的文化出版巨廈。

〈國中生〉，是為適應九年國教時代而開闢的版面，用意在使《新生報》成為廣大國中生的朋友，找到他們的園地。自然，也就有助報份的拓展，是政府政策貫徹，也是報紙經營的推廣，主編找到了陳美儒老師。

那個時候，陳美儒在大直一所國中教書，並以「曉儒」之名在報紙寫專欄，寫有關青少年的文章，我們就找到了她。

陳美儒不只是國中教師，而且勤於寫作，非常關心國中生與瞭解國中生，實在，課堂之外，她是國中生的朋友。

〈國中生〉每週出版二至三次，所以陳美儒下了課後幾乎就生活在《新生報》編輯部。她雖然是「客座」，但由於她的熱心與活力，與編輯部上下同仁甚至工廠檢排人員，都成為很好的朋友。除了編〈國中生〉之外，還寫〈曉儒專欄〉，答覆在成長中的國中生，不敢對家長以及老師講的課業、家庭以及少年心事種種困擾問題。記得有一位國中生從高雄家中跑來臺北找曉儒老師，並聲言：不再回去了。曉儒發揮了愛心，買了車票，送他上火車。除了寫專欄之外，還出了一些有關國中生的書籍。

曉儒成為〈國中生〉代名詞，也成為國中生代言人，後來她升至建國中學，擔任國文教師並兼導師，帶領一些比國中生更大更高的「孩子」。從《新生報》〈國中生〉出來的曉儒，如今，無論寫作演講或上電視，都有成就，是大家所熟知的青少年心理專家。只是她有條件也有資格，成為民意代表，無論臺北市議員或立法委員，只是她守住教育專業，未能實現。

從〈醫藥與健康〉到〈國中生〉，很幸運地，在《新生報》那樣艱苦環境下，找到非常稱職而專業的主編，憑空設計而所費不多，收效很大的新版面新內容，不只是有百貨公司的架勢，也有專櫃的水準。就我們「製造」的立場，我們總要考慮到銷售者有貨可賣，值得賣，更值得買，這就是報紙編採工作者的責任。

當時《新生報》所選擇這三位社外的主編，他們都有兩個基本條件：

第一、具有專業知識與經驗，第二、具有寫作的水準與興趣。

第二個條件，尤其重要，並不是每位醫生都能寫好文章，也不是所有經濟學家願意寫通俗文章，國文教師的文章，並不一定適合報紙的文字內容。

易言之，我們所設定的取才標準，至少具備二項專長，才能在報紙天地中，大展其才。

在求才過程中，值得一提的，是楊濟賢先生。

我從事《新生報》版面內容革新的時候，心中就有「三塊論」，第一塊是新聞版面，第二塊是非新聞的周刊，第三塊是「生活」以及「新生副刊」。

總其成者，自然是總編輯，這個編輯權責是不容分割的，也不能分割。但在副總編輯群中，作一分工，以分總編輯之勞，同時，總編輯可以全副精神與全部時間，用在新聞規劃與新聞版面調配。

非新聞版面與內容，我就請到楊濟賢先生，以副總編輯的身分與地位，統轄所有非新聞版面，他自己並負責主編「現代生活」彩色版。就美國報紙分工來說，雖未盡相同，但屬於白天「總編輯」，只是他不接觸與處理新聞而已，屬於靜的內容一面。

這個副總編輯，就一個傳統報紙轉入一個現代報紙，幾乎是不可或缺，但原有陣容中卻難找到這樣專才，因為需要藝術眼光規劃版面，更要有彩色創造能力。

楊濟賢先生，出身軍中，苦學成為當代畫家，以震夷為名，開了不少次畫展，以人物與色彩取勝，擅長佛與濟公，因之，又名濟公。他做到《新生報》主任秘書退休，隱居桃園大溪山莊，與鴻禧為鄰。

楊濟賢先生是我服務華視期間在工作上認識的朋友。那段期間，他與總編輯張天福先生、採訪陳祖彥小姐（自《幼獅文藝》主編退休），合成為《華視周刊》「鐵三角」。

非常令我敬佩的，是楊先生能寫能編又能畫（插圖）的「三項全能」，

真是一腳踢；更非常令我印象深刻的，是楊先生的協調修養與忍耐功夫。那段期間，《華視周刊》每星期二召開編輯會議，由各單位派代表參加，提出需求與重點。每次會議開始前，楊先生分別至各單位辦公室，輕聲細語催促來開會。這樣的工作精神與修養，令我深深感動。

我到了《新生報》這樣艱困的環境，需要一批人才來打開局面，其他人才，都容易找，也都容易在原有工作崗位中作移動調整，就是這樣需要藝術美術編輯更要加上修養人難尋，這不只是編輯大才更是專才。同時，楊先生的刻苦耐勞，更保持當年軍中生活精神，以華視為家，就睡在華視旁一間簡陋床舖，最適合《新生報》的環境。我把這位「臥龍」先生從華視優厚待遇，舒服環境中請出來。果然不凡，對於統籌非新聞版面內容，有很大的貢獻。

事在人為，但人從哪裡來呢？人才又從哪裡找呢？

有了找人的條件，找到人，並不稀奇；有了錢請到人才，也沒有什麼困難。沒有錢、沒有條件，而能請到適當人才，且能夠發揮所長，就要格外花費功夫與頭腦了。

這也許就是可以提供參考的「《新生報》經驗」。

第十五章

事業軀幹與新葉並茂

　　無論人事的調動或是人才的發掘，有三方面的途徑：內部發掘、外部遴聘與公開招考。這三種方法，各有優點也各有缺點，只要認真去執行，都能發揮一定的效能，這要看環境與狀況。

　　以《新生報》所面對的「官方」環境，則非公開取才，無法擺脫來自四面八方，特別是上面的人情壓力。當時，一方面我無欲則剛，另一方面年輕氣盛，更重要的，承擔《新生報》再興的大任，也就無視於壓力，無畏於「巨室」。所以在這三種方法中，我以公開招考為主，尤其是採訪記者，幾無例外；內部發掘與外部遴聘為輔。如此才能在人才方面產生軀幹與新葉並茂，漸漸產生欣欣向榮的精神與力量。

　　行政首長有兩大資源握在手中，一是用人權，一是用錢權。修養再好的主管，也不肯輕易放手，而副首長或主管與行政首長的衝突或摩擦，多源於此。

　　民國六十五年四月，我將升任社長逐漸明朗後，穩健而又細心的李社長白虹先生，開始在作人事佈局，使產生除舊佈新的功能，讓我能有所發揮。

　　千變萬化的人事中，有陰錯陽差，也有塞翁失馬，真是無法想像。徐昶先生自南部《臺灣新聞報》北上接《新生報》總編輯，就是一著妙棋。

　　當時，負責《新生報》編輯部編譯組兼副總編輯周新先生，是來自上海的資深報人，是臺北報壇有數的翻譯高手，年齡關係到了退休的時候，於是就物色適當人選接替。李社長與我的心中都有適當且屬理想的人選。我心目中的理想人選是當時中央社編譯部主任黃三儀先生。黃先

生的英文才能與敬業精神，為中央社人所敬重，他也是中央社極少數有能力處理蔣夫人的文稿中譯，另一位是副社長王家楗先生。我心儀三儀先生久矣，如能請到，自然增加《新生報》外電與外文這方面的力量，可惜，中央社堅不放人，我只有放手。好人又有能力的人，在新聞這個行業中，是不會寂寞的。據說，後來姚朋接掌《中央日報》，第一位所想到的「翻譯高手」，也是黃三儀先生，可惜，中央社這個大家庭太有人情味了，就是拉不走黃三儀，直到退休為止。請不到臺北中央社的黃三儀，李白虹社長經過朋友的推介（據推測，可能出自歐陽醇先生），找到高雄《臺灣新聞報》徐昶先生。徐先生早期出身海軍，從事編譯工作，是一位難得的好好先生，曾在尹雪曼之後，到美國密蘇里新聞學院留學，得碩士學位，返回母報貢獻所學。這裡就有兩個巧合發生在徐昶先生身上：

　　一個是李社長應經濟部邀請，趁南下參觀工業建設時，與徐先生見了面，等於是一場面試。李社長返回報社，至為高興，深慶得人，為《新生報》相中一位主管編譯的理想副總編輯。正當準備走馬上任之時，與軍方關係密切的中華電視臺，積極爭取徐先生加入華視新聞部，以當時的條件，《新生報》自然無法與華視相比，但這個人事案到了華視高層的時候，意外地發生變化。據說：起因於徐先生與當時《新聞報》社長顏海秋先生相處得不融洽，華視就根據這一考量，婉謝了，其推理邏輯，只能從政治層面去考量。其實，徐昶是一個不折不扣的謙謙君子，與任何長官與任何同事，都會和融相處。

　　徐昶無法進入華視，自然，更不好意思轉頭進《新生報》就副總編輯。就在這個時候，我升任社長的新聞，成為事實，於是《新生報》又空出一個總編輯的缺額。李白虹先生鍥而不捨，再找徐昶，就請他高升總編輯。

　　徐先生真是一位好好先生，後來升至《新生報》副社長，直至退休。兩岸開放後，徐昶往大陸探親，他的一位弟弟，遠自新疆抱著哈蜜瓜作為與長兄的見面禮，徐昶深為感動，緊抱在手，暖在心中，準備與臺灣

親友分享，一時傳為佳話。徐昶回到臺北，同事朋友見面，第一句話，常常是：你吃到哈蜜瓜沒有？

一個事業，從消極面來看，節流當然重要，但從積極面來看，開源更為重要。現代報紙生命重要來源，就是廣告。廣告真是報紙的重要發明。

那個時期的《新生報》，廣告真是可憐，不要說廣告收入多少，就是一則冬季用的臺灣省政府全十「巨幅」公告，早就失去時效，可以在一年四季中看到這則同樣廣告，作為墊版用，其可憐程度，可想而知。真令人難過，隔幾天就會在第一版見到這樣一則「四季紅」的公告，就憑這則廣告，還能也還有資格稱作「新聞紙」麼？

廣告的來源，不外兩方面：一是廣告公司的發稿，一是自己業務去爭取廣告，至於其他廣告，則可遇不可求。

有發行為後盾的報紙，廣告不拉自來，這是現代新聞事業的經營制度。發行較弱甚至沒有發行支持的報紙，也要生存，就要靠人東奔西跑拉廣告，今天如此，明天如此，天天如此，真是苦不堪言。

《新生報》就是在這樣艱苦業務環境下度日，一般員工沒有經營責任，也就視而不見，作為報紙主持人，如何能看得下去，又如何能忍下去，雖然有省府這個大老闆。

李社長在苦思力撐之下，到了六十五年三、四月份，趁社長將要易人之際，他下定決心，破除情面，將廣告部門負責人加以調整。

廣告組主任兼副總經理請到劉興武先生擔任。劉先生為日本明治大學商學研究所商學碩士，曾先後活躍臺北民營報紙，採訪與業務兼具。因為主持中國革新企業顧問公司，與臺灣省政府有密切往來，作為經營顧問，為早期的企業改造播種工作，由省府農林廳長許文富先生介紹給李白虹先生，加入《新生報》革新行列。

劉先生廣告學術與經驗並重，就當時《新生報》艱苦環境來說，也是難得請到的人才。李先生至為珍惜，並將原廣告主任張建藩先生，以

同鄉之誼，情商調為主任秘書。劉先生曾將楊朝陽博士的《廣告的科學》日文版翻譯成中文，由《新生報》出版。

廣告成為學術是晚近之事，廣告博士那更是晚之又晚。楊朝陽博士可能是臺籍第一位拿到廣告博士的學者，並且活躍日本與美國廣告實務界。他以廣告學者身分應邀返臺發展，曾先後以顧問身分或創辦或主持多家廣告公司，楊博士在廣告學術界的貢獻，可能大於實務。這些年來，廣告界習以為常的商品策略、創意與營銷觀念等等，楊博士有領航的貢獻。

當時我們得知日本有一位臺灣廣告大師楊朝陽博士，真是肅然起敬，因為那個時候，從事廣告的人，雖然後來成為老闆，但絕大多數都是「學徒」出身，很少在學校接受正式廣告教育，廣告都是拉出來或做出來的，不是學來的。

有一位報界的老闆就說：「廣告有什麼學問，拿到廣告，就是學問；拿不到廣告，再大的學問，也沒有用。」

李白虹先生找到另一位「《新生報》怪傑」賴明佶為廣告組副主任。論其長相、談吐與服裝，賴明佶與劉興武恰恰相反，而二人相輔得以相成。

賴明佶出身世新，其實，他世新也沒有畢業，而是在世新實習印刷廠摸索學習的苦行僧。他四歲喪父，十歲喪母，少年就離家北上求生度日，而視世新老校長成舍我先生為一生的師傅與恩人，因為成校長收容他，給他學習工作機會，使他有口飯吃，成舍我就是賴明佶再生的父親。當他五十一歲的時候，出了一本《每分鐘都有收穫》的書（元氣齋出版），自稱活了五十一歲，做了三十五年的夥計。

以夥計自居，也以夥計自樂。賴明佶喜歡動腦，更喜歡動筆，是一位智慧型的夥計。當我民國六十五年十一月加入《新生報》之前，賴明佶在《新生報》擔任臨時校對，自然無升遷機會，更無接觸編採機會，就被當時的《經濟日報》總編輯應鎮國羅致，不但圓了編輯夢，還學了

一身編採、廣告與副刊三項全能功夫。據賴先生自述:「還同時兼編兩個版。」對於喜歡挑戰的年輕人來說,真是快活得不得了。

我出任《新生報》總編輯不久,就在編輯部同仁言談之間,聽到有一位校對「老賴」兼掃地「小賴」種種,可惜我來晚了一點,這位「老賴」已離職他就。但沒有多久,就接到「老賴」的一封萬言書,就一個臨時校對的經驗,提出《新生報》編採革新計畫,閱之至為動容,但是因為初到報社又無用人權,只有與「老賴」無緣而嘆。

但這位「老賴」鍥而不捨,轉向李社長投函,提出《新生報》經營業務振興之道。

修養到家、老神在在的李白虹先生是很難輕易動心的,但接到賴明佶信後,喜形於色,趕緊找我商量,很快就進入主題,如何把「老賴」找回來。

李社長與賴明佶有多次書信與面談,賴明佶深知《新生報》之病,又知《經濟日報》的作法,更增加李社長的信心。只是名義叫什麼與職位,無法達成,拖延時日。李社長就常常找我商量賴明佶的事情,最後賴明佶提出廣告業績保證為每個月五十萬元,比照《經濟日報》模式成立工商部,賴明佶以廣告組副主任兼工商部經理名義領軍,招訓一批年輕、專業而氣質良好的「新軍」,為《新生報》廣告創造新天地。

賴明佶果不負李社長所期,第三個月就達到五十萬元目標,最後交卸工商部時曾達到每月三百萬元的業績紀錄。

特別值得一提的,也值得我服務《新生報》期間特別懷念與感念的,就是這支廣告新軍,她們多是賴明佶精選的花木蘭,也是他的子弟兵,個個都是大專畢業,多來自文化與世新,能力品德應對與儀容,都是上選,足有資格與採訪組記者陣容相比,只是她們的職責不同,也委屈了她們。事實上,經過內部甄試,有好幾位後來也成為採訪組記者。這些工商部的女將,她們能寫能跑,更能與客戶打成一片,她們平常的生活,不只是與客戶或廣告公司業務企劃主管生活在一起,與總經理或董事長

都有很好的友誼。有這樣上下友好的關係，再加上當時房地產熱絡，《新生報》廣告不只是復甦，簡直就是復活了。

一個報社，有良好的記者，才有上選的新聞；同樣的，有優異的廣告人才，才會有業務的豐收。

這些當年為《新生報》廣告業績衝鋒陷陣的幹才，經驗使他們更成熟，歲月卻看不到在他們的臉上，仍活躍在國內外，由於養成不怕難不怕苦更不怕碰釘子，所以無論成家、無論立業，都有很好的成就。其中，較為特殊的，也值得一提的，去美發展的周素滿與黃韓玲，因為與出版界的淵源，黃韓玲結婚就在矽谷開了一家紅蘋果書店；林將是「球癡」，凡是圓的他都喜歡，曾是國內棒球界活躍人物，擔任中華職棒秘書長；張助馨產生上下內外滑潤功能。

曾活躍臺北廣告界的《新生報》金童玉女陣容，他們永遠記在我的心中：李仲秋、莊麗月、朱心應、邱兆衡、張助馨、王珍秋、林將、黃韓玲、周素滿、林麗珍、紀恆姬、李敏、黃喜貞、謝挹芬、王鳳翎等。

為了報紙的生存與發展，對於這支「域外」生力軍，我格外珍惜，我也有屬於我自己的精神與作為：

第一、全力支持這些年輕朋友。只要他們有需要，我都全力配合。客戶無論受邀與被邀，我都列為優先，因為他們是我們的衣食父母。這是受到上海報業經驗所影響。往昔大陸報業以上海最為發達，固然與商業環境有關，但更重要的是報人重視商業關係。這一道理，我是在一次演講中，聽到陶希聖先生講出來的。陶先生說：上海報老闆，大年初一找不到人，他們不是到大官府上拜年，又不是跑南京向高官拜年，而是向大商家拜年，因為這些商家提供廣告，是真正的衣食父母。

第二、保護這些年輕朋友。廣告主管或有關人員，不得以任何方式與理由，拿去他們的廣告。這是因為一則廣告得來不易，關係既需開拓又需培養，同時，廣告業務人員只有微薄的車馬費，靠廣告佣金維持生活，與正式職員不同、與主管更不同，況且協助所屬達成廣告的取得，

是廣告主管的責任。因之，有關廣告所引發的糾紛，我多支持並站在廣告外務同仁一邊。

第三、就以當時的《新生報》的廣告，廣告版面有限，有時候，也會為了碰上搶版面爭得面紅耳赤。我也有處理原則：以先到先上為優先次序，這是西方的民主排隊精神，屬於公平原則；還有一項原則，是我所堅持的：老顧客尤其是患難客戶，不只是優先，且享有永遠的優先權，就是價格優惠，也不例外。這一原則，常為同仁所不瞭解甚至不諒解：為什麼拿現金發稿又是十足付費，還無法搶到版面？卻坐等便宜優先？我就說：《新生報》沒有米下鍋的時候，是誰送米的？是誰長期照顧《新生報》廣告的？像聯邦建設與《新生報》就有這樣感情。

在商言商，固然重要，但做人的道理，可能更為重要，甚至為一切行為的根本。

第十六章

作省政府的無形報紙

一份新的《新生報》，編出來了，印出來了，最高興的，莫過於新聞教育與新聞事業泰斗馬星野先生以及臺灣省政府主席謝東閔先生。

他們兩位，不只是長輩長官，更是大行家。

「上林三月花如錦，多少功夫織得成。」馬星野先生喜不自禁地，寫下這首詩，來讚美新的《新生報》、也稱頌《新生報》絕地逢生所產生的成果。

馬星野先生是政大新聞教育的創始者，我是在臺復校政大新聞學系第一期畢業生，我更是他推薦到《新生報》而擔負《新生報》中興的大任。看到這樣一份漂亮又精美的報紙，他充滿與有榮焉的驕傲與對新聞教育的信心。

馬星野先生不吝讚美我，並視我為青年出頭之實證，他並鼓勵我多多培養年輕有為之士，他說：「如果能結合十位志同道合的年輕人，對於報社的發展，就會更有幫助。」

當時蔣經國先生所主持的行政院，已形成中華民國政治改革與行政革新的重心，省政府主席謝東閔先生，對於《新生報》的「沉痾」，讓日理萬機，求治心切的蔣院長操心費神，可謂寢食難安。

當時負責主席新聞連絡與新聞發布人葉子忠先生寫下這樣一段謝主席生活紀錄：「六月三日省議會省政總質詢，我一早在省府主席的休息室中整理報紙，謝求公一走進來就為我和每一位見面的廳處長和省議員，介紹《新生報》改版，面目一新的消息。」

新的報紙出來第五天晚上，謝主席陪同蔣院長夜宿溪頭，山林茶話中，謝主席很興奮地向蔣院長報告：《新生報》革新成功。在談話中，葉

子忠先生說：「謝主席充分顯露『事在人為』與『知人善用』的喜悅。」

此後，圍繞在謝主席家人以及一起工作的人員，《新生報》就成為熱門話題。其中包括謝先生的兄長敏初先生、兒媳婦林澄枝以及交際科長顧斌等，都視為中興新村以及謝府得意之事。

敏初先生說：「謝主席很欣賞你。」澄枝女士說：「我公公很感謝你。」

交際科長顧斌也說：「求公以你你為榮。」

我的政大新聞系恩師，也是教授我新聞學以及新聞採訪學的王洪鈞先生說：「謝主席以能用你為得意之事。」

東北耆宿，以守北大營而聞名的王鐵漢先生說：「這回謝先生找對人了，你是我們東北好樣的，真行！」

如今追念起來，當時的《新生報》，何以會有這樣改革的動力與革新的成果？

全來自決心與觀念。

也全歸功於《新生報》同仁的心血貢獻。

圖 16-1 時任臺灣省主席的謝東閔先生蒞臨《新生報》為改版成功道賀，並勉「作省政府的無形報紙」

這個決心與觀念，是出自謝主席。他對於報紙太懂了，他對於《新生報》太熟了，他對於新聞太在行了。

當時，謝先生所扮演的角色，絕不是一個高高在上，發號施令的最高行政長官，而是宣

傳與新聞的高手。

謝主席的開明的宣傳作法與新聞觀念，到了民國六十五年六月二十三日，也就是「新報」誕生後的二十二天，他到《新生報》視察參觀，與員工主管講話時，大家就感受得到。一位資深編輯同仁說：「謝主席與我們講一樣的話。」

言外之意，沒有一句官話。

謝主席帶著愉快的心情，來到臺北市延平南路一二七號《新生報》編印新廈，他說：「是專誠來道賀與致謝的。」

我在簡報中，提出「三比」的想法與作法：

第一、與自己相比。今天的《新生報》，要勝過昨天的《新生報》。

第二、與同類相比。而能進一步勝過同業，當時，競爭的對象，就是《中央日報》。

第三、與較高相比。學習的對象，就是《聯合報》與《中國時報》。最後並駕齊驅，甚至超越。

這一「學比趕超」的策略，是學自韓國的，是南韓向中華民國學習脫離貧窮的模式。是我在文工會時，陪同黨政記者赴韓國採訪，訪問農村時，所獲致的深刻印象。

當時的《新生報》，雖然起了很大的震撼，但我知道，只是有了起死回生的機會而已，基本的內外環境，也正是符合謝主席的「求生」而已，因此，不能自卑但也不能自大，更不會自滿。這是我當時面對謝主席以及眾多員工主管所表現的精神以及努力的方法。有此難得的機會，以得到謝主席的認同也與全體員工共勉，全力以赴。

一如在其他場合，謝主席免除官場文化那一套，而講了一些他心中的話，對新的《新生報》版面內容，革新的成果，很感滿意。他並報告蔣院長：「請院長看六月一日的《新生報》。」但要求我們不能自滿，進步要更進步。

謝主席在這個場合，提出《新生報》與省政府互動的默契與境界：

《新生報》應做到無形的省府報紙。對省政報導，講求技巧，不要有聞必錄，對省政亦可批評不要過分宣傳。

「無形的省府報紙」，謝主席這個進步而開明的辦報觀念，幾十年來，深深印在我的心版中，尤其最近幾年，報業開放，所謂黨公營報紙式微，我即想到謝主席這句話，實在是至理名言。

沒有進步的觀念，哪有進步的報紙呢？

謝主席的報業觀念以及對於《新生報》的要求與期望，都在這次談話中，就是使《新生報》成為「無形的省府報紙」。

謝主席與我見面的次數，也就越來越多了。

那個時期的省政府主席，特別是蔣院長主持行政院時，每週行程有它的固定性與習慣性，大約星期二下午離開中興新村返回臺北，參加星期三的中常會，以及星期四的行政院院會。所搭乘的交通工具，多以汽車往返，但謝主席喜歡思考，尤其喜歡與同事或好友忙裡偷閒聊天，所以謝主席比較喜歡選擇火車，從容來，又從容返，許多省政重大構想，謝主席是在火車中想出來的。

星期四的行政院院會後就準備返回中興新村，星期三中常會後往往就有一段在臺北時間，多在臺灣銀行省主席辦公室會見賓客。而在這段期間，交際科長顧斌就會打電話過來，非常客氣地問：「石社長有沒有空，主席請你過來談談。」

現在回想起來，非常有趣的一件事情，就是謝主席找我談話，他很少談省政的公事，而我也很少談及《新生報》的事情。這樣高度的默契，實在不容易，他未把《新生報》社長當成部屬，而是新聞文化人；我也沒有把謝主席視為長官，而是長者。

只有一次，他很愉快地主動地問我：石社長，「《新生報》有沒有什麼特別困難？」

我就順口回答：「沒有什麼特別困難，只是《新生報》歷史太久，員工年齡偏高，沒有退休準備基金，將來會難以應付！」

想不到，我隨便講一講，謝主席不只是用心聽，回到中興新村，我就接到省政府主計處劉副處長的電話：「主席自臺北回來後，很關心《新生報》人事費用的負擔，想幫幫忙，不知道需要多少？」

不久，省府就撥下一筆錢，當時是一筆大數目，指定用在人事退休方面。我除了感念不已之外，第一次覺得省府主席的權力是蠻大的。

謝主席約我談話，多是文化教育出版方面的事，這些他特別有興趣，也特別關心，希望《新生報》行有餘力，多出幾本對於婦女對於兒童對上年紀的人有用有益的書，也就是大同世界理想的追求，他在省府的小康計畫，就是大同社會的實踐。

謝主席對於書、對於出版的興趣，始終不減，這可能和他的一生追求知識與寫作生活有關。實在，謝先生就是一位知識人、文化人與教育人。他離鄉背井前往大陸「求生」，夢中最想念的，是當年少年時代，跟隨做生意的爸爸老遠來到臺北，走進一家最大的書店──新高堂，挑選一大堆書回家，其中影響他很深的一本書是《林肯傳》。新高堂就是現在重慶南路的東方出版社。

所以，我每次自臺灣銀行主席辦公室出來，沒有一點「聽訓」的感覺。而是增進如何把《新生報》的基礎加深與經營面加寬的思考，套一句西方的報業理論，就是實踐報業社會責任。

我在《新生報》社長期間，夜間也是照常工作的，在報館，編輯負責人，最怕清晨接到電話，怕有突發新聞發生或新聞出了大的差錯，社長的責任更大，更怕發報出報方面出了問題。

有一天清晨，我就接到謝主席打來的電話。

謝主席在電話中就問我：「今天報紙看了沒有？」

我就說：「除了《新生報》外，還沒有看過其他報紙。」

謝主席說：「你可以比較《新生報》二版與《聯合報》二版一條有關省政新聞的採訪寫作，並與同事多作研究。」

這是一條有關謝主席講話的新聞。《聯合報》記者是到現場採訪，根

據謝主席在現場講話而寫出來的新聞,而《新生報》記者是否到現場不得而知,但是內容完全是根據省新聞處所發布的新聞稿。

省新聞處所發布的是事先準備好的,四平八穩的宣傳稿,而謝主席當場講話,是有內容,不只是有內容,而且有可讀性。通常,謝主席對於主管所準備的講稿,為了尊重部屬,多備而不用,他要講他自己要講的話,他要講心中要講的話,常常是實話實說,至少不說「官話」,更不會說些空洞的話。

謝主席在電話中就對我說:「《聯合報》所寫的才是新聞。」他很客氣地說:「請編採同仁參考。」

他真是十足的新聞專家。

的確,真正的新聞,是跑出來的。那也是記者的職責與賦予的特權,在新聞現場觀看事情發生的實景,忠實地報導出來,那才是真正的新聞。不到現場或就是到現場,也是根據官方發布稿據以寫新聞;或更懶的,就在宣傳稿上,加上「本報訊」就交差了事。這樣的「新聞」編出來的報紙,真是了無生趣,不看也罷。當然,也有幸運的時候,不到現場,一樣也能捉到重大的新聞,但是勤快還是最可靠的「新聞保證」。

當然,更勤快更負責的記者,是匯集各方的資訊,而寫出一篇綜合稿。

這不涉及制度也不涉及人才,而是觀念。當官報的最高決策者觀念都有強烈的新聞感的時候,如果編採人員還緊抱「官報」不放,甚至作為護身符,那麼這個報紙已無藥可救了。

所以,我在《新生報》五年期間,能作出一些事情,應歸之於謝主席的正確新聞觀念。

他每到一個有「新聞」的地方,常常會問:「《新生報》記者在不在?」

就新聞方面,他要《新生報》做到的,是新聞,不是宣傳。

就評論方面,他要《新生報》做到的,是批評,不是捧場。

我很幸運,有這樣一位和善而開明的長官,不只放手讓我做事,而且還大力幫助我。

第十七章

《新生報》的人事結構

一個事業體的消長浮沉，主要還是在人事結構是否健全與變化，有無助於成長。

臺灣五十年，林林總總的變化，有的風光很久的事業，逐漸消失；有的卻平地一聲雷，不只是成為臺灣大事業，且成為縱橫天下的巨業。南統一與北味全是如此，官臺航與民長榮，也是如此。固然與時代與環境有關，更與事業主持人與事業體人的組成分子有關。

《臺灣新生報》可謂典型。

《臺灣新生報》的人事結構，約有四方面組成：

第一、原日治時代《臺灣新報》的人員。

第二、臺灣光復後從福建過海的接收人員。

第三、民國三十八年謝然之先生奉命來臺，重整《新生報》，帶來政大新聞專才。

第四、以上海為背景而加入的人員。

這就是《新生報》的人事組合，複雜而紛歧，再加上政治背景的因素，公務機關的架構，更嚴重的，是逐漸失去理念與目標。

當然，這四類人員，也各有特色與長處。

日治時代沿革下來的人員，國語雖不能講，但漢學程度不錯，有本省人守法安分，埋首工作的精神，當然，缺乏專業的訓練與專長，因為在他們那個時代，報紙尚無法成為事業。隨著時間的消逝，這些人逐漸凋謝，他們安分守己作他們份內工作，無所謂表現，但亦不會興風作浪。這些「老人」，如今回憶起來，無論社內外，實是個個都是值得懷念的好人。

　　臺灣光復，隨陳儀來臺，因為地理以及政治關係，多是就近從福建過來的。公務人員屬多，掌握全省大大小小機關的人事會計總務，形成「福建幫」，《新生報》亦不例外。從福建來臺加入《新生報》，除少數編採人員外，多是行政人員。

　　第三種人，是民國三十八年陳誠接任臺灣省政府主席，在風雨飄搖中，謝然之匆忙從香港趕往浙江奉化，晉見蔣總裁，就奉陳誠之邀，一起乘專機飛來臺灣，於五月一日接掌《新生報》。當時的情形，真是淒涼無比。謝先生回憶說：「交接典禮在報社資料室舉行，我從衡陽街大門，踏上危危欲墜的樓梯走到資料室，自羅總經理（克典）手中接受移交清冊與印章，從此就負起了重建《新生報》的艱苦任務。」（謝然之，〈序〉，徐仲毅，《堅毅力行》，臺北：達錩印刷，頁三）

　　當時的臺灣情勢，一如《臺灣新生報》，真是「危危欲墜」。

　　謝然之先生不只是在湖北為陳誠先生辦《新湖北日報》，還遠赴美國密蘇里新聞學院接受新聞專業教育，與馬星野、董顯光，可謂「現代新聞教育三傑」。謝先生在南京政大新聞系教授新聞學，這是《臺灣新生報》甚至臺灣報業發展的關鍵。隨著大陸局勢的惡化，這些政大新聞系學生有些較幸運的，陸續來到臺灣，就投靠謝老師。後來晚到一步，沒有機會，就打地舖，睡在謝老師家裡，等著上班，袁良就是其中之一。這些政大新聞系學生，以姚朋為代表，荊溪人、張邦良、袁良、葉宗夔等，成為《新生報》編採的骨幹，也成為臺灣報業生力軍。新聞教育，真正發生力量。

　　當然，政大新聞系的主力，還是在《中央日報》，那是政大新聞系的母報，馬星野先生的子弟兵，無論編經，全在那裡。在那個時代，政大新聞系與《中央日報》是不分的，新聞教育與新聞事業連成一體。這也是出自蔣總裁的構想，辦事業，先要有人才。政大新聞系的教育宗旨，就是為《中央日報》培養人才。

　　謝然之先生憑著一批「流亡學生」新聞專業生，把《新生報》不只

是救起來辦起來，而且成為堂堂自由中國第一大報，影響是很大的。王惕吾先生從艱困中把聯合報業辦成世界中文報業艦隊，所依所靠的，也是新聞系的學生，不過與馬星野的《中央日報》及謝然之的《新生報》不同，王惕吾的班底，是復旦大學新聞系，就是大家所熟知的：劉昌平、馬克任等幾位。復旦大學是在上海，政治大學是在南京，兩校背景不同，畢業生也就不同，乃能在同一個政治環境中，塑造成不同性格的《新生報》與《聯合報》。

《新生報》第四種人，是上海背景進來的人才，這是由於《新生報》所面對的特殊政治環境使然。那個時代與臺灣最有關係的，就是蔣總裁與陳誠先生；與《新生報》最有關係的，除了蔣、陳外，還有就是臺灣省主席。因為在體制上，《新生報》是屬於省政府的報紙。剛好，吳國楨擔任省政府主席，這位受過西方教育，對於輿論自有偏愛，又受寵於蔣總裁與夫人。所以謝然之先生的政治背景，無論陳誠或蔣經國，在應付起來，就格外困難，於是引進若干人士以作為與省政府決策方面交往橋樑。其中，具有代表性人物就是趙君豪先生。趙先生也帶了幾個人進來，如陸蔭初、趙景等等，都是會打算盤的經理人才。上海人頭腦靈活，擅用政治關係作生意，作為「官報」的《新生報》，確實需要這方面的人才。當時，《新生報》的廣告業務鼎盛，成為上海《申報》與《新聞報》的翻版，與趙君豪先生所帶領這批生意人，有密切關係。因為傳統的報人或新聞人，其興趣與專長，還是在新聞編採與言論方面，甚至不屑於業務，這也是早期我國報業，除了上海之外，包括天津或重慶的《大公報》在內，無法發展的原因。

《新生報》的微妙複雜，其基本根源，就是政治敏感性與埋伏安全危機性。

政治敏感性，來自省府主席。社長與省主席的關係，就影響這份省報的走向甚至命運。有報業觀念與遠見的《新生報》主持人，就想從制度面解決與改善《新生報》的地位。周至柔主席就告訴謝然之先生：「您

在主持，官辦與民營有何區別，反正省府不會干預的。」（徐仲毅著，《堅毅力行》，頁六）

其實，軍人出身的周至柔主席，已經對於《新生報》的高層人事如總編輯，有些意見了。他的省府幕僚班底，如李蔚榮、黃漢等，都來自《新生報》。《新生報》的高層與省府關係，就更為謹慎與微妙了。

傳統與正常省府與《新生報》間人事關係，僅止於社長的任命以及人事室、會計室的調派。

社長屬於政治與政策的考量範圍，幾十年來都未改變，作為省府新聞機構以及政治性較強的報紙，在政治未完全開放的時代，也無可厚非。

會計或人事主管，屬政府統一調派之權，《新生報》也不例外。當時的《新生報》，人事室主任調動較頻繁，無關任期，無論中央的人事行政局或省府人事處，在原機關有無法適任的人事主管，就會調來調去，機關首長無從參與和選擇，全憑運氣了。當時會計主管較安定，但因為個性以及本位主義，困擾較多，徒增不少苦惱，好在當時我求好心切，無視於阻力，就忍下去了，事情還是做了。

因此，副社長以下的人事，不但還能尊重社長的職權，且有十足的專業分工。例如，兩位副社長，一主管編採言論，一主管業務財務與行政，如同社長的兩翼，成為有助力的左右手，選擇適當，還能維持一個新聞事業的人事制度。至於副社長以下，如總編輯、總經理更是如此，鮮有省府派下，如真有上級派來，那倒成為新聞事業的笑話，就是戒嚴時期也是如此。或是內升或是外聘具有專業資格與經歷者，這是省政府尊重制度與專業。

省府與《新生報》的關係，最特別的地方，就是預決算必須經過省府通過，過程至為複雜與繁瑣。遇到預算的季節，來自全省各地的省府所屬林林總總機構首長、副首長以及會計主計人員，都困在臺中旅館裡，浪費不少時間與旅費。

當時有人就說：「所幸物價穩定，否則經過漫長的預算審查，預算就

不知道要浮動暴增多少，更改多少次。」

更不可思議的，是省府所屬機構與省議會的關係，是一大負擔與困擾。除了預算審查外，還要出列席省議會的質詢與總質詢，實在是民主制度大浪費。就《新生報》性質而言，那更是民意機關與民意媒體一大諷刺。有關《新生報》與省議會的關係，我當另章專述。

戒嚴時期，對於《新生報》一個沉重的負擔，那就是人事安全問題，嚴重影響報社的安定。那段時期，重大匪諜案件的偵破，出身新聞界部分，《新生報》或《公論報》的「中獎」機會較多。或以純公營的《新生報》與純民營的《公論報》，怎會有這樣的高度人事敏感關連性？這是因為《新生報》首任社長李萬居先生，經過兩年，離開《新生報》後，「則運用《新生報》若干器材，另創《公論報》」（徐仲毅，《堅毅力行》，頁二）。當然，兩報人事，也有多多少少的臍帶關係。

就是因為有這樣潛伏的「人事關係」，所以安全有關單位，對於《新生報》人事的安全，就特別關注。無論早期的安全室也好，後來改組為「人事室（二）」也好，主管也就威風無比，造成報社負責人極大困擾，員工同仁更承受極大的生活與工作的壓力，具有新聞性格的編採人員，尤其如此，動則得咎，人不知，鬼不覺，就會列入黑名單中，升遷無望，出國不得，甚至一舉一動，都受到監控，造成整個報社環境的不安，可以想像。

所幸的，政治環境漸漸在改變，尤其沈之岳先生接掌調查局，一方面作風開明，一方面用心經營新聞界關係，而李白虹社長無論早期服務侍從室以及後期擔任中央第六組（主管大陸工作）副主任，都與情治單位有密切關係。李社長的地位以及品德，更受到沈局長的敬重，對於《新生報》的安全主管，特別慎重人選，不容以維護報社安全為名，從事胡作非為為實的素行不良者，繼續操控。

很幸運的，無論我加入《新生報》主持編輯部或是擔任《新生報》社長，《新生報》抓潛伏匪諜的陰影，逐漸遠離。這要感謝李白虹先生的

苦心以及沈之岳局長的用心配合，為《新生報》先後選了一老一少人事室（二）安全單位負責人，作風與以前完全不同：一位是正直的王振泉將軍，一位是純正的金德溥先生。

王將軍原在蔣公官邸擔任武官，因為山東籍關係，與老總統浙江官話，言語產生嚴重問題，就借重到《新生報》負安全之責，幫了《新生報》很大的忙。

金德溥先生是世新畢業，投入調查局，成為展抱山莊的新銳，沈局長的門生。他為人很純正，又是學新聞出身，知道報紙工作的性質以及新聞工作者的性格，他是沈局長精選，送到《新生報》的，並叮嚀：德溥，發揮青年純潔的精神，多在工作崗位上幫助報社，不要為長官為報社同仁帶來困擾與負擔。

王將軍的正直與金先生的純正，深受《新生報》員工的敬重與信賴。

金德溥確為不可多得的青年才俊，離開《新生報》，曾榮升一些單位，也有不凡的表現，服務經建會時，為郭婉容主任委員所賞識，曾擔任經建會總務處長，其後，也深受歷任主任委員所借重至今，現仍在經建會承擔重責。

由於工作關係，我與沈之岳局長保持交往，並多次拜託他。一方面感謝他對於《新生報》的支持與信賴，一方面為若干尚有「紀錄」的員工同仁請命，尤其是有性格的資深編採先進，因為性格，而在言詞間說了不該說的話，得罪不該得罪的人（屬於報社安全單位或為安全單位所利用的人），而被刊入「紀錄」受到一些限制，更無法離開臺灣一步，實在冤枉。沈局長倒是開明人，經我的「力保」，再經過查證程序，就逐漸解凍鬆綁了，有一、兩位，還在兩岸未開放前，至香港與數十年未見的親人見面，真是功德無量。

沈之岳先生晚年，曾到大陸治病，這真是兩岸間難以想像的事。有一次我在一個場合，與沈先生談到他的觀感。他說：「真是感慨萬千，當年延安一些人，有不少變成元帥，但是，石先生，只能說說，不能寫

出來。」

　　我就進一步說：「您可以說說，等百年之後，有機會才寫出來。」

　　沈先生笑笑搖搖手，往事如雲煙，就讓它過去吧。

　　真的，無論大風大浪，無論富貴榮華，人的一生，甚至一個時代，除了空留回憶，還能留下什麼呢！

第十八章

新聞陸戰隊成軍

無論新聞事業的經營或是報紙的銷售，其機能其實與餐館並沒有什麼太大的不同：採購與菜單而已。

就以臺北市而論，大大小小的餐館，蔬菜肉類魚類的來源並無不同，都是可以數得出來的零售市場或批發市場而已，但做出來的菜，就各有不同，所賣的價錢，那就相差更大。

新聞也是如此。我常想，以臺北市各類媒體，林林總總各式各樣的麥克風，擠擺在記者會新聞人物之前，但處理出來的新聞，就各有不同，媒體的身價，無論報紙廣播或電視，各有千秋。

這都是因為人不同，而有不同的結果。

所以，我認為一個報社是無懈可擊的事業體，每個部門都很重要，每個人都不可缺少，但最重要的，是三個部門，那就是：採訪組、發行組與廣告組。

就編輯部而言，就是採訪、編輯、國外新聞以及地方新聞組，這都是處理與接收新聞來源的組織。

沒有新聞，就不會有報紙；沒有好的新聞，就不會有好的報紙。同樣的，沒有優秀而整齊的採訪隊伍，是無法打拚每天的新聞採訪戰。這是我對於新聞、採訪、記者與新聞的基本信念。

我以陸戰隊的精神與戰法，來規劃停滯不前的《新生報》採訪組，使它先有活力，再變成勇敢善戰的新聞突擊隊。

因為我知道，這個時候的《新生報》，穩健需要，但如畏縮不前，不只是無法作新聞競爭，根本就無法生存下去。

採訪組主任負領軍督軍之責，要有二十四小時的新聞警戒精神，並

有本領瞭解每位記者的特長、習性，並能發揮他們的特長，甚至要二十四小時生活在一起。

也就是打「死」戰。這樣精神，不只是過去的《新生報》無法適應，就是其他較《新生報》條件好、地位高的報紙，也難做到，因為他們已經生活在舒服的境遇中。

採訪環境作一百八十度大轉彎，原有採訪主任很難適應也很難要求其他記者做到，因為成習已久，因此，就從外面找來盧幹金先生擔任，那是民國六十五年八月的事。

我根本不認識盧先生，更談不上交情。在我請他擔任《新生報》採訪組主任之前，只見了一次面，瞭解他對新聞的認識，如何帶人，如何帶新聞記者以及家庭生活。

之前，也是見了一次面。是他有一天晚上帶領世界新專編採科學生來《新生報》參觀，我予以接待。凡是新聞科系來報社參觀訪問的，無論擔任總編輯或是社長，除非有特別事情，我大都自己主持接待、陪同參觀，因為這是一項難得的學習機會，也是認識新聞機構的機會。我希望能讓他們有所收穫，不虛此行，至少，對於所參觀的新聞機構，留下好的印象，將來對於他們就業選擇，有所幫助，對於新聞傳播事業有信心。對於新聞傳播機構本身來講，也是難得的公關機會。

當時的盧幹金，服務於救國團，擔任新聞發布以及記者聯繫工作，並在世新兼授新聞採訪寫作課程。他自己是世新畢業，新聞認識、新聞寫作以及文學修養，都是難得之才。他的字工整如刻，簡潔有力，無論改稿與寫稿，都會深受編輯檢排工廠所歡迎。他尤其善於帶人，把採訪組的眾多記者，視如兄弟，尤其徹底實踐工作時在一起，吃樂時在一起的精神。每晚發完稿，如果預料沒有重大新聞發生，就三五成群，去吃火鍋和喝高粱酒。這就是當時《新生報》採訪組的「幹老」精神。

盧幹金本人當然嚮往報社新聞採訪工作，尤其請他擔任採訪主任，他更感到意外。我還是不敢貿然挖角，於是往訪救國團宋時選先生。宋

先生有年輕人豪情與痛快，一句話，就定了。宋先生說：「難得《新生報》看中我們救國團的人，我一定要幹金好好去做，是難得的機會，擦亮救國團的招牌。」

我所以一眼看中盧幹金，是因為，他帶領學生的親切、世新的實幹苦幹、以及他的清苦家庭背景。

盧幹金在《新生報》工作五年半，受苦受難。離開《新生報》後，曾客串一段公務員生活，負責中央一部會新聞公關工作，過著讀書與寫作生活，可以說是靠煮字維生，今人過著古人的文人生活。

《新生報》是不折不扣的「官報」，但我接任社長開始，就下定決心，要當民營報紙來辦。我更沒有忘記馬星野先生耳提面命的話：「組成一支勇敢善戰的年輕隊伍，才能改善《新生報》的體質，也才能改變《新生報》的命運。」

的確，命運是掌握在自己手中。

我就從四方面來實踐馬先生的指導方針，四面八方求才，活絡《新生報》的體質：第一是採訪組的記者，第二是廣告組的業務人才，第三是外縣市記者，第四是辦發行業務的高手。

這就是《新生報》的經營網。

新聞的命脈，自然來自採訪組。

當時的採訪組，受到報社低迷環境影響，已顯出老態，人才還是有，只是沒有受到重視與鼓勵，自然就無士氣與鬥志可言。我加以強化，形成三方面的力量：

第一、持重的老將：如財經方面的周基斗、市政方面的張震、影劇方面的郭大經、攝影方面的張岳雲等，論敬業與經驗，都是了不得的新聞採訪人才。周基斗是臺大政治系畢業，他的同班同學，如張豐緒先生等，早就在政壇飛黃騰達，但「阿斗」不只是堅守新聞採訪崗位，還採訪財經到底，報社有任何升遷機會，都會想到他，但直至退休，不為所動；郭大經是臺北新聞界影劇記者中元老，居龍頭地位，堅守影劇路線

也堅守影劇記者精神，在他筆下，不知發掘與培養出多少明星演員，他是一位始終如一的影劇專業記者。張震在採訪中真是「老神在在」，負責採訪市政新聞，每天步行往返臺北市延平南路的《新生報》與長安西路的市政府。張岳雲就是「小張」，他是新聞攝影的後輩，是何漢章的「徒弟」。攝影記者多是玩照相機起家，而岳雲卻是在沖洗暗房中摸索出來的。

資深記者擔任各採訪小組召集人，負責防守與核稿功能。

第二、兼職客座記者：具有代表的有兩位，一位是王杏慶、一位是林森鴻。王杏慶當時是《民族晚報》記者，是臺大農學院畢業，卻是政治新聞能手，有特殊新聞來源，也能寫出一篇篇有分量的分析稿，後來跳至《中國時報》，如今成為著名的政治評論家南方朔；林森鴻白天代表《自立晚報》採訪政治新聞，晚上就來《新生報》發稿，是臺北新聞採訪界難得的君子，堅守《自立晚報》，至副社長兼總編輯崗位榮退。

第三、招考的生力軍：這是《新生報》的陸戰隊，正如盧幹金所說，是衝鋒陷陣的採訪新銳部隊，全是經過嚴格而公開對外招考而來的。這一制度，是我基於華視的經驗，中間經過《新生報》，而到臺視更為成熟與成功。

記者招考的精神，只有兩個字：絕對──絕對公開、絕對公正、絕對嚴格。不問背景，不問出身，但是為了適應《新生報》的艱苦環境以及便於訓練，塑造成《新生報》的記者，特別重視沒有經驗的。老油條固然敬謝，就是來自比《新生報》條件好的報社，也慎重考慮，因為怕他們無法適應《新生報》苦的環境。

招考條件公開，必須符合公開條件者才能報名，以取信於人；筆試與口試，都嚴密而認真進行。我們用盡一切方法，費盡一切力量，要把人才請進《新生報》來。有的時候，就是一位記者出缺（《新生報》受編制限制），也要舉行一場隆重而盛大的考試。人事以及有關作業單位常常抱怨，並感到不解。我就說：「能取得一位人才，也就值得，考試取才不要怕麻煩。」

考試過程中，特別是口試，會發現特別突出的人才，同仁間就難免會懷疑，這樣的人才《新生報》能用得住？就算用得住，又能用幾天？

我就安慰同仁不要洩氣，更要對自己有信心。我堅持二點：第一、既然考試，我們就要找到最好的人才。第二、我們寧願頂尖人才用了幾天走了，也不要無用之人，留在《新生報》一輩子。

還能記得起來的，那個時期為《新生報》中興在新聞採訪衝鋒陷陣的，如今，雖然絕大部分都先後離開《新生報》，但是曾活躍或仍在國內外新聞界，都有很大的成就，其中包括：吳克剛、鄭嘉濤、季國瑞、唐浣平、黃美惠、林義勇、徐立德、甘春煌、吳昭明、陳世昌、楊艾俐、李瑟、張麗君、張慧中、邱海嶽、鄭麗園、杜芝友、徐平國等。

幾乎，經過《新生報》採訪組這些年輕朋友們，正如當年曾國藩練湘軍：「廣收、慎用、勤教、嚴繩」一樣，百鍊成鋼，成為熱愛或堅強的新聞鬥士。

這一階段的《新生報》採訪組，無論老將或是新銳，都值得追憶與懷念。其中，有兩位，由於因緣際會，進入國家元首辦公室或第一家庭生活。

賴國洲先生，他在《新生報》從基層做起，讀者服務、發行、廣告、採訪，他不只是都做過，而且非常認真，他的謙謙有禮，在每個部門留下深刻的印象。

賴國洲與李安妮，是由於參加青年道德合唱團活動而相識而成為終身伴侶。他們最喜歡唱的歌是〈愛的真諦〉：

愛是恆久忍耐，又有恩慈；愛是不嫉妒；愛是不自誇，不張狂，不作害羞的事；凡事包容，凡事相信，凡事盼望，凡事忍耐，愛是永不止息。

也由於青年道德提倡的精神與實踐，而賴國洲榮獲中華民國十大傑出青年。

賴國洲參加《新生報》，是一位純潔而又肯幹的青年，我們根本不知道他的身分。有一天他說：「昨天到李委員家，李委員稱讚《新生報》近來很有顯著進步，內容豐富多了。」

我就進一步問，哪位李委員？原來是農業學者李登輝委員。當時，行政院蔣院長所推行的農業政策與農村措施，大都出自李登輝先生的主張。

我們就送了一份《新生報》，請李委員指教。

蘇志誠先生，在記者口試中，他給口試委員的印象相當深刻，他是文化學院畢業，但非新聞系所，所以我們就提出兩個問題：他是怎樣獲取新聞專業知識？他將來準備採訪哪方面新聞？

至今，蘇先生的回答，仍令我們印象深刻：第一、他在文化選歐陽醇先生課，他深受歐陽醇老師影響；第二、他希望的採訪範圍，是政治專題深度報導。

蘇志誠與李總統公子李憲文為至友。李憲文逝世後，蘇志誠將李憲文最後時日翻譯完成的日文書籍，原田鋼著《少數統治的原理——政治權力的結構》譯稿，「看完全稿」，並由黎明文化公司出版。這本書深受李總統重視，不只是出自愛子心血之作，若干觀點深具政治哲理，第二次世界大戰後日本政治社會演變，更值得我們注意。

楊艾俐與李瑟，成為天下事業的兩位能寫能跑能編的大將。如今回憶起來，套一句一位當年採訪組老同事的話，簡直小鴨變天鵝。

早期的臺灣新聞界，雖然財務很艱苦，但是還是很注意國外特派員的派遣，一方面，輸人不能輸陣，一方面也覺得國際新聞的重要，因之名將輩出，無論中央社或各大報來自國外特派員的專稿，真是可傳至名山。晚近以來，資訊過於發達，篇幅過多，就有些凋謝之感。其中，較為突出的一位，是《聯合報》國際採訪人才陳世昌來自東京的專電與專文，頗具分量。我就好奇地問《新生報》一位老同事，是不是我們採訪組那位陳世昌？他說：就是陳世昌。當年陳世昌坐在《新生報》採訪組

一角，沉默寡言，但往往能跑出很好的新聞，能寫出出色的特稿。

鄭麗園畢業於政大外交系，在口試時，對於這位才女，印象就特別深刻，但不是學新聞的，對於這一方面的潛力，口試委員有些不放心，所以事後我就打一個電話給他的老師政大外交系主任張京育教授。張主任就說：「沒有問題，是一位極優秀的學生。」

鄭小姐嫁了外交官，她的夫婿曾任外交部國際組織司司長，視為紐約辦事處處長。她的文筆很好，英文也好，又有敬業精神，遊歷豐富，所以常為《聯合報》副刊譯稿，是一位才氣縱橫的翻譯作家。

採訪組記者，可能是天下最難帶的隊伍，因為他們各有個性，生活習性不同，而新聞，尤其是突發性新聞，隨時都會發生。所以作為採訪組主管，必須知道記者現在在哪裡？當然，每個新聞單位，有不同與記者連絡的方式，下午定時會議，不定時電話連絡等等，但在那個時代，沒有大哥大也沒有 B.B.Call，每天及時與緊急記者連絡，全靠人了，尤其重大或突發新聞發生的時候。

採訪主任雖然權威無比，但要管的事情太多，工作時間又太長，新聞發生或缺乏新聞，都是二十四小時生活在緊張中。記者動態掌握，通常靠白天值班或行政的副主任，但，當時《新生報》採訪組有一位「靈魂人物」，她能掌握住全組數十位記者的行蹤。她是小妹駱瑞娟，是採訪組工友，是採訪組不可或缺的人物。她有一雙千里眼，隨時知道哪位記者哪個時間會在哪裡！而且一定能找得到，躲也躲不掉，逃也逃不了！

駱小妹盯人本領，《新生報》上上下下大大有名，就被廣告組發現挖角而去，採訪主任也樂於放人，記者鬆了一口氣，鞭炮齊鳴，倒不是「歡送」，而是慶賀駱小妹由工友升職員了。這是採訪組一件大喜事。

人生的遭遇，也正如戰場，境遇各有不同。當時，來自南部一位青年甘春煌，正如「勇士們」的一員，不求表現，但永遠任勞任怨，沒有不能達成的採訪任務，被認為最具潛力與攻擊力記者。為了照顧家庭方便，請調至南部，擔任獨當一面的採訪工作，在一次酒醉車禍「陣亡」。

他的夫人也是新聞同業，後來參選，就是曾任省議員與國大代表、現任立法委員的趙良燕女士。

我雖然沒有與春煌併肩作戰的經驗，但春煌一副純潔善良的面孔，卻常在我心中。

第十九章

新聞與行政管理

　　天地間，主宰一個人、一個家庭、一個機構、一個社會或是一個國家，有看得見的力量，更有看不見的力量。看得見的力量，是有限的，看不見的力量，是無窮的。看得見的力量固然重要，看不見的力量，更為重要。

　　一個新聞傳播媒體，就是如此。

　　一個新聞傳播機構，有二大重要力量，都是看不見的，都很重要。其重要性，是無所不在的，其重要性，是賴以為生的。一個就是新聞，一個就是行政管理。

　　沒有新聞，還能成為新聞媒體麼？還不只是牛肉在哪裡的問題，新聞就是新聞媒體的靈魂。

　　自第二次大戰後，美國政府兩度成立胡佛委員會 (1947–1949, 1953–1955) 從事政府組織行政改革工作；到我國的總統府王雲五先生主持的行政改革委員會，政府機能衰落，行政或政治的根本問題，就是行政作為問題。學者從政，書生論政的王作榮先生，曾於民國五十三年撰寫一篇很有價值的報告——〈臺灣經濟發展之路〉。據稱「自蔣中正總統以下，朝野反應均甚熱烈，對日後政策影響頗大」。王先生的「臺灣經濟發展之路」，就是「先從行政改革做起」（《王作榮自傳：壯志未酬》，臺北：天下文化，頁六○一及六一二）。

　　何以會如此呢？因為一個事業或行政機構的環境惡化，乃是效率與效果的問題。而行政改革，就是在增強效率與追求效果。

　　談到行政改革或革新，就會想到人與錢的問題，事實上，恰恰相反，行政革新，就是在精簡人力與減少支出。

小兵立大功，同樣的，沒有錢，不只是能辦事，而且也能成大事。

這就是我經營《新生報》的經驗。

談不上什麼行政革新，我只舉出幾件小事。

第一件，是改善門面。

第二件，是改善對外關係。

就改善門面而言，當時的《新生報》，就採取兩項措施：

第一、將門警換成便裝。

第二、將服務臺年輕化。

《臺灣新生報》是省屬公營單位，依照規定，配有保警駐守，以策安全，行之多年，直至如今，是一項很好的措施。

這些保警，和一般警察一樣，也穿警察制服，事實上，並不同於一般警察。機關首長，出出進進，門警行舉手禮，至為恭敬，甚至有些威嚴。這在一般公務機關，也許有此需要，但作為新聞傳播事業，就有些怪怪的。就一個受過正式新聞教育，特別是西方新聞教育來說，有些不可思議，好像蘇俄的《真理報》以及中共的《人民日報》的配備，很不習慣，也很不舒服。

因為新聞傳播媒體，是對社會服務，是對社會開放的，無論新聞採訪、報紙發行與廣告招攬乃至讀者服務，有人潮，才有興旺的事業。

事關報社的安全與政府整體制度，我也不敢貿然提出廢除警衛，萬一出了大的差錯，如何承擔得了。於是我想出一個折衷的辦法，既能顧及報社安全又能維持報社「門面」：換成便裝。

同樣的一個人，做同樣的事情，制服換了，與人的觀感就不一樣了。至少，就大門看來，《新生報》像個為社會服務的新聞機構，不再是機關衙門。

當時的警衛劉允彰先生，甚至《新生報》退休後，多少年來與我仍維持良好的關係。劉允彰先生每年春節都到我的辦公處所或以電話拜年。他是一位數十年來如一日的朋友，原為胡璉將軍的衛士，每提到胡璉將

軍或其家人，都會露出內心對老長官的尊敬與懷念，忠勤可愛。

　　謝東閔先生曾擔任新生報業公司董事長以及《新生報》發行人多年，出入《新生報》不知有多少次，心也有所感，但不負實際責任，就是心有戚戚焉，也就能過就過了，門警就是一例。當民國六十五年六月二十三日謝主席來到臺北市延平南路一二七號《新生報》編印大樓視察的時候，與員工相聚一堂，一進門口，就覺得不一樣，感受到警衛不見了，《新生報》氣象一新之感。

　　其實，警衛還是警衛，還是站在那裡，只是不穿制服而已。謝主席說：這就對了，早該如此！

　　我只是覺得，一個報社，起碼要做到像一個報社，而不是官衙，要令人望而生敬，不要望而生畏，如此而已。

　　嚴格而言，當時的《新生報》並無服務臺，只是在下午有一位老先生坐在那裡，等收送進來的廣告稿。這位先生年齡大了，身體發福，行動不便，耳朵有些背，約到下午五時後，正是分類稿陸續開始上門的時候，他老先生移駕至樓上處理收到的稿件，早處理好，早下班。

　　我就提出「修理門面」的要求。這個時候，問題一大堆，歸納而言，有二：哪有經費與預算請合適年輕人，又牽涉及編制問題，況且這位「老人」如何處理？歸納而言：不能動，以不動為上策。

　　當然，為了業務，為了《新生報》的「氣象」，不能說了就算了，於是我就想到，何不試試工讀生？花費不多，又不占編制，年輕人又有活力，這是老舊的《新生報》，最需要的「維他命」。

　　我就試著拜訪育達商職王廣亞先生。當時，我對育達工讀生並無印象，但對王先生辦學精神，有深刻的印象。我第一次見到這位臺灣教育界的奇人（由大陸來臺灣時一無所有的窮公務人員，如今在臺海兩岸擁有自商職至大學六所學府，真是奇蹟），是在民國六十五年七月三十一日，鈕撫民先生所主持的民和大廈破土典禮上，當時有劉玉章將軍、鈕方兩小姐以及王廣亞先生等。典禮之後，我就隨王先生到他所主持的志仁補

習班參觀，發現這位苦行辦學的王校長，不只是具有苦幹苦行的性格，更有講義氣重恩情的德行。他說，若不是當時的劉先雲先生救了他一下，讓他的學校參加聯招行列，育達老早就完蛋了。我當時就想，隨時幫助別人，只要不求回報，就是一種投資。

王廣亞校長很客氣，也很意外，他不只是滿口答應，全力配合，並要求到《新生報》工讀的學生，好好學習，是難得的實習機會。

他親自挑選工讀生，我也親自「面試」。

這一小小改變，成果就大大不同。當時送分類稿的外勤小弟，是用機車一家一家跑，過去不是懶得跑《新生報》，就是繞過《新生報》，如今，恰好相反，下幾個「站」，遲遲等不到稿，查問之下，被《新生報》服務臺吸住了。

育達的女同學，吃苦耐勞，服務態度也好，因為商校關係，珠算也是一級棒，所以年輕外勤小弟，都把《新生報》這一站視為一天希望所寄的歇腳處。

這一措施，不只是分類廣告稿增加了，對外觀感一新：無論訂報、買書、詢問，都得到親切而清新的服務。

由於這一緣分，我與王校長建立一生的友誼，我對育達同學，更是信任不已，我每到一個地方，無論臺視、《中央日報》、中視，首先想到的，就是育達的同學。

育達工讀生，成為就業市場的搶手者。王校長就碰我一個軟釘子：對不起，別個事情都可以商量幫忙，惟有工讀生用不上力量，因為她們每位同學，都有四、五個工讀機會。

《新生報》期間，如果有什麼成就，與育達合作，是值得回憶的「成就」。後來她們也參加《新生報》暑期發行推廣工作，全省「走透透」，也有可觀的報份拿回來。

暑期推廣隊開始出發前，例由王校長來社為同學們打氣勉勵，他也為《新生報》「推廣」：《新生報》就是《新生報》，石永貴就是石永貴，

請各位同學珍惜這次「學習之旅」。

育達有這樣吃苦的精神，學習的精神，自然滿載而歸。

至於原來的那位櫃臺「老者」呢？請到裡面換個工作單位，可以慢慢做。

改善對外關係，首先重視的，就是對外通訊，靈活迅速與確實，並且要有禮貌。這是新聞事業機構的命脈，因為任何突發新聞，往往靠熱心的讀者與「線民」，提供線索與狀況，如果通訊不靈，就會失去許多平白而來的新聞機會。據說蔣老總統中正先生，每到一個地方，最重視的就是對外通訊網的建立。軍情與情報是如此，新聞單位無時無刻都有最新資訊出現與發生，新聞事業與社會各方面，都有緊密相連的互動關係，如果通訊不好，就斷了與社會的脈動。

當時的《新生報》，還是停留在自動電話的舊時代，既不合經濟效益，也不合企業效能，更無法兼顧禮貌。同時，更重要的，一般社會，並不知道報社內部分工，致一件事情發生或事情的接洽，無法確知打哪一個電話，也就懶得打了，致電話成為私人談話的工具。總機就不一樣了，只要記住事業機構一個號碼，總機服務就可以找到事業機構任何一個單位甚至個人。

於是我就提出增設總機，代替自動電話。

這是一個革新的措施，就出現幾個問題，擺在前面：

第一、總機有什麼好處？

第二、就算總機確實有好處，總機預算如何解決？總機小姐從哪裡來？

總機採購，如能以廣告全額交換最好，不能全額，能交換幾成就幾成。不足之額，設法籌措，這和預算無關，因為是新增添改善功能措施，專案報省府核備。

總機小姐，容易解決，在報社內物色，只要會說：「新生報，您好」、「謝謝您」、「對不起」，就是《新生報》所需的總機小姐，必能悅耳。近

悅遠來，就是《新生報》最動聽的聲音。

只要我認為對的事情，就會堅持貫徹下去。當時的總務主任徐仲毅先生，很能支持我的想法與做法，不怕困難，予以實現。最好的，兩位總機小姐，都是《新生報》的工友，卻很稱職，只要人在報社內，總機就有辦法把你找到，服務精神令社內外人敬佩。

有人就問我：《新生報》哪裡請到態度這麼好的總機小姐？

好人有好報。他們因為態度優異，不只是脫離「工友」行列，升為職員，並且由於「職員」的榮銜，而締結良緣，得到美滿幸福家庭生活。當時的總務主任徐仲毅先生在他的《堅毅力行》一書中，有這樣的敘述：

遷入編印大樓時，規劃裝設了電話總機，我調梁錦英小姐擔任總機小姐，人們習慣拿起話筒第一個字必「喂」，我建議梁小姐改為「新生報，您好」，這句招牌話立刻被打響。又總機小姐一個人一天工作十餘小時，苦不堪言，梁小姐要不幹，石社長亦促立即增加人員，於是又調莊雪卿小姐加入。梁莊兩位負責盡職，服務周到，電話鈴響絕不超過二聲，「新生報，您好」口齒清晰甜美的應答聲立刻在耳際傳來，當時《新生報》的總機美譽四播，有口皆碑，亦是《新生報》革新的第一個成果。（徐仲毅，《堅毅力行》，頁八十一）

仲毅為報社發掘與培訓的「總機小姐」，尚不止於此：「在假期找總機小姐代為值班，使梁、莊兩位有輪休機會。我費盡苦心，情請高秀霞、李淑芬、劉華英、朱臨陳及工讀生等義務幫忙，功不可沒。為獎勵梁、莊兩位優異表現，我簽請調升辦事員，為人事室所拒，但經我五次簽呈，石社長的支持，終於獲准。」（《堅毅力行》，頁八十一至八十二）

實情的確如此。事情不是經過，不知其難，但一件難題的克服，就是一大工作享受。梁、莊兩位總機小姐，由工友變成辦事員，在一個公務機關中，比什麼都難，除非有特殊人事背景與關係，工友就是工友，很難有「翻身」的機運。而徐主任五度上書，懇請對梁、莊兩位，予以

改變身分機會，全從公平著眼，論功行賞而已。

在這個人事案，我之所以支持徐主任，並予以強力溝通，說服人事單位，也全憑公平正義的熱忱。我告訴人事主管：在這段期間，對於《新生報》形象改觀，工作效果，總機小姐的表現，內部同仁外界讀者，甚至同業，真是有口皆碑，我們不能無動於衷，否則好不容易打足了《新生報》的氣，還是會消下去。

一個機構環境的改變，不可能合意，但任何一點的突破，就會產生全面的影響，《新生報》「總機小姐」聲音出現以及身分的提升，可作如是觀。

沒有公平的精神，就不會有公平制度的出現。

由於良好的行政管理奏效，《新生報》的精神環境得到全面的改革，正如一位主管所回憶的：「他以這樣領導《新生報》全體同仁，把士氣提振到沸點，恢復了《新生報》傳統文化，重振《新生報》的榮耀，把已經墜落了的這塊《新生報》金字招牌，又重新高高掛起，每個人臉上重掛無限光彩。」（徐仲毅，《堅毅力行》，頁一一八）

第二十章

省議會現象（上）

走過臺灣報業經營道路的人，甘苦不已，各有心得，但似乎有一個共同的結論：黨公營報難為，公婆太多。

以我的經驗與心得，確有道理。

因為一般事業，只有一個老闆，那就是董事會；辦報的人，都知道一個道理，那就是奉讀者為大老闆，如此而已。

黨公營報紙就不然了。當然，黨公營報紙，雖為屬性統稱，但仍有很大的不同。以我親身體驗，公營報尤較黨營報難辦，因為公婆更多，預算程序更為繁瑣與複雜。

《臺灣新生報》，就是典型的臺灣省營報紙。

《新生報》就以民國三十八年始，走過很長的一段興衰之路。最盛的時候，省政府還要讓他三分，省新聞處長的人選，還要考慮能不能與《新生報》配合呢！更輪不到省議會來質詢了。

《新生報》的社長甘苦不已，但有一個共同的經驗，那就是費掉不少的時間與心血，用在省政府與省議會上，尤其是省議會所在地霧峰，那正是《新生報》社長的窄門，不要說新聞事業機構的首長，就是人的尊嚴，也要賠上。

臺灣省政府所在地中興新村以及臺灣省議會的會址霧峰，漸漸成為歷史名詞：尤其是霧峰，是多少臺灣政壇英雄好漢，在那裡「比武練功」之地，但對於數以百計的省營事業負責人來說，卻是不堪回首話當年。真的，往事只能回味。

省議會開會期間，整群整群的省營事業首長及財會有關主管，從全省各地四面八方來到這裡，態度真是畢恭畢敬，唯恐有失，其心情之複

雜，真是難以筆墨來形容。

臺灣省政府並不是從中興新村始，臺灣省議會也非自霧峰始；而省營事業主管何時開始必須列席省議會，那不可考；至於同為民意「代表」的《新生報》社長，何時開始列席省議會，亦難以查證，但，可以斷言的，必是《新生報》衰落，「民權」高漲以及省府權力低頭的時候。

臺灣省政府原在臺北市，現在的行政院就是省政府的所在地；省議會原在臺北市南海路美國在臺協會林肯中心的現址。民國四十五年十二月，以戰時疏散為名，將臺灣省政府遷往中部的南投現址。當時的臺灣省政府主席是嚴家淦先生，負責察勘這塊地方及建築物興建的是秘書長謝東閔先生。很巧合的，民國六十一年六月謝先生成為省政府主席，改變了前人種樹，後人乘涼的說法。

臺北市南海路的「省議會時代」，是叫做臺灣臨時省議會，至民國四十八年始方有臺灣省議會正式成立。

臺灣臨時省議會期間，至今對於許多人來說，都是記憶模糊，但有一個重大新聞事件，卻發生在這裡，那就是當時的國立臺灣大學校長傅斯年先生，在答詢時，受到大砲議員郭國基的言詞刺激，血壓過高而猝死在省議會。這在臺灣教育與政治史上，都是一件大事，影響深遠。郭國基「一砲」成名，從此，宜蘭就成為「黨外的故鄉」。

臺灣省議會，不只是與省營事業關係，就是與省政府互動關係，也隨著環境的改變以及主席的性格，而有所不同。省府資深人員，白頭宮女，常常津津樂道的一件事情，就是當年軍人出身的周至柔當主席的時候，威風八面，「蒞臨」省議會議場，全體議員還要「起立恭迎」呢！

當然，那不是民主的常態，但是後來省議會與省府，尤其對省營事業高高在上的關係，那亦非常態。

《新生報》最好的時代，不會把省議會放在眼裡，更不要說列席備詢；最壞的時代，《新生報》社長在省議員眼中不如芻狗，呼來喚去，任憑宰割。我幸運沒有趕上，但是我擔任社長時期（民國六十五年至七十

年），正是大軍壓境的「風雨之聲」，《新生報》就頻傳警報聲來自霧峰。

《新生報》的公公婆婆，真是一大堆，最直接影響亦最大的，有兩個：一個是臺灣省政府，一個是臺灣省議會。

臺灣省政府與《新生報》關係，還有規則可循，較密切的業務，一是人事，一是預算。有關係的廳處有：新聞處、人事處、財政廳、主計處等。

馬拉松式的預算審查，從董事會提出，中間經過種種關卡，耗時費力，過程長達一年多，等到省議會大會通過，就如同重犯獲得特赦一樣，心情之由沉重而輕鬆可想而知。這項預算，通常在兩年前就要編定，經過八項程序：董事會→董監事會→新聞處→財政廳→主計處→省府審查小組→省府委員會→省議會（林朝復，《往事》，自印本，頁七十六）。

這一條漫長的預算審查的道路，不要說對於分秒必爭的新聞事業來說，是不可思議的事，就是對於一般事業，也鐵定落伍，況且《新生報》進入省議會的軌道，還要背負政治標籤。記得，當臺北長庚醫學院成立的時候，一位臺大醫學院退休資深院長，在致賀詞中就指出，可以保證若干年後，長庚一定會壓過臺大醫學院，他的論點就是「預算」。他說，長庚要增添教學設備，頂多只要六個月，而臺大醫學院要三年，這樣的時間與手續差距，如何競爭？

議會本身運作，議會與省府的府會關係，議會、省府、省黨部的三角關係以及議會與省營事業間關係，都是非常微妙，有一種原始甚至特殊的文化關係。

記得謝東閔先生擔任議長、許金德先生擔任副議長的時候，就是絕佳的搭配，也是公開的秘密。重大議案無法在議場得到解決，爭持不下的時候，就會在晚間，另找地點「開會」，所以許金德先生就說：「謝東閔是白天議長，我是晚間議長。」非常奇怪，也很靈，通常在議場爭得面紅耳赤，打死也不肯相讓，經過一個晚上的「柔情」，第二天再開會的時候，悍將另有「要事」，無法趕過來開會，就無異議通過了。

　　這真是絕妙的「議會藝術」。

　　也很奇妙的，早期的省議會議長，都擁有自己的豪華飯店。在臺北，黃朝琴與許金德有國賓大飯店；在臺中，蔡鴻文有臺中大飯店。

　　選舉文化，不可缺少的「酒的文化」。省議員多是能征慣戰的酒國戰將，更是千杯不醉，就是醉而不醒，也要「乾杯」下去。當你邀請或受邀的餐會場合，有省議員在場，就要有非喝不可的準備。有一位新竹出身的省議員，就以灌酒著名，不乾杯就是不給他面子，如不幸的碰上一位真不會喝酒的省營事業主管，這位主管就遭到強灌的命運，幾乎胃腸都翻出來了，就如同菜市場雞販強灌食待宰雞隻一樣的場面。

　　誰要你是省營事業的主管？

　　省營事業與省議員之間關係，真是有點黏又不能太黏，一旦關係太密切，好得像兄弟般的感情，就要準備「大禍臨頭」。

　　有兩位省金融機構的負責人，與省議會的關係，真是出神入化，曾被形容，上至議長下至工友，進出議會，都能呼名道姓，橫著走，關係真是「做」到家了。

　　這樣海海的銀行大掌櫃，關係好到省主席要想請省議員吃飯，都要透過他們，而且，更重要的，要在場作陪，主客才會做足了面子。

　　很不幸的，他們的前程，為「關係」所害，險些招來牢獄之災。

　　省議員來自各地的英雄好漢，都有一手，他們的作風，與黨派有關，也有濃濃的地方色彩，省議會會場，就是一個政治秀場，政治標誌與戲法，巧妙各有不同。

　　有一點很重要的，誰能掌握新聞媒體，誰就能掌握聲勢，擴散知名度，臺灣省議會成為後來立法院「打架」的先河。

　　作為省營事業的《臺灣新生報》，它與省議會的關係，除了每年預算必須經過省議會通過外，董事長以及社長還必須列席省政總質詢，社長隨同省新聞處長還必須列席教育質詢（以教育廳與新聞處為主體的分組質詢）。無論預算決算以及議會質詢，費時甚久，且有許多不合情不合理

的地方，必須加以忍受，真是耐功的試煉場。《新生報》的社長以及有關的正副主管，每年約有三分之一至四分之一的時間，耗費在省議會裡。

那些省議員耳朵真靈，眼睛真尖，在一大堆列席人員中，如果偶然有要事不能列席，就會被點名，冷言熱語一番，重者還會弄出風波。

我任職《新生報》，既然制度如此，只有配合與面對，作為一個省營事業，雖然有新聞的帽子，還能與省府或者省議會對抗麼！

當時，《新生報》與省議會間互動關係，我也有幾項原則，作為進退的根據：

第一、尊重省議會的職權；尊敬省議員的職責。

第二、對省議員一視同仁，不分黨內外，都把他視為代表省民行使職權的省議員。儘管省議員有大小眼，但我們則不會刻意巴結「黨外」省議員，也不會忽視黨內省議員。相反的，他人對你愛護有加，你也必須加倍敬之。當時的省議會，就有一個奇特現象，官員，包括省營事業主管，對黨外省議員畏懼七分，而對黨內省議員卻缺少三分敬意。省議員，尤其黨外省議員，為集中使用時間及議題集中發揮，喜歡排在一起集中質詢，所以當黨外省議員質詢完成的時候，眾多的列席人員，就會一哄而散，如同警報解除，紛紛離去，因為黨內省議員沒有什麼好怕的，也沒有什麼好聽的。真是欺善怕惡，莫此為甚，無形助長了惡性循環之風。我就請《新生報》主管以及附近能影響的列席事業首長，請他們稍安勿躁，自己人更應該捧場，豈能拆自己人的臺。

第三、省議員可以刪《新生報》的預算，可以對於報紙內容提供建議，但不可以干預《新生報》的編採言論，否則《新生報》就失去新聞輿論的立場與地位。

那個時候的《新生報》，經過全體員工力振之後，顯示出「中興」之象，再加上《新生報》與各方面關係，都還不錯，還能力挺《新生報》這塊招牌，我們進出議場都還能維持起碼的尊嚴。還有一份力量，就是《新生報》有能幹而堅強的各縣市特派記者，而省議員也來自各縣市，

無論感情與利害關係，省議員很重視該縣市的特派記者。

《新生報》的特派記者，真是精挑細選，他們採訪能力優異、品德良好，與當地各方面首長和新聞同業，都有良好的關係。有的還被選為縣（市）記者公會理事長，也就是記者龍頭地位。

這些特派記者對於報社向心力極強，不要報社交代，他們就分別拜託該縣市的省議員，在省議會要多多照顧《新生報》，言外之意，絕不能亂找麻煩。

他們的身分與地位，真是一言九鼎，實在說，比社長有分量多了。所以在議場敏感時刻，遇到省議員，往往頭一句話就說：你們的記者某某兄，已經交代過了，自己人，請放心。

這些特派記者朋友，多在崗位上退休，功在桑梓，就地生根，子孫成群，有的還在崗位上奉獻最後的歲月。記憶所及，有：彰化俞昌琮、南投李臨如、雲林于學儒、桃園王俊夫等，真是不勝枚舉。

我們在省議會的處境，與他們在地方上的關係成正比。

《臺灣新生報》，就我所經歷的時期而言，真是非黨非私、非公非民。面對轉型中的省議會，環境之複雜，處境之艱難，是世界上其他任何報業社會少有的經驗。還能不失其骨氣，全憑新聞事業的理想與精神，作為指針，仍能不移其志。偶有省議員有非分之求的時候，我就拿出擋箭牌：如果只有您一位省議員，再困難也要配合，七十多位省議員，個個都是「老闆」，我們又敢得罪誰，對不起，請原諒。

說也奇怪，這一擋箭牌發生奇效，使《新生報》平安度過風雨中歲月。

第二十一章

省議會現象（中）

臺灣政治運動史中，臺灣省議會，是一個很重要的政治表現舞臺，也是很重要的政治轉進站。

孫中山先生曾說：「世界一舞臺。」議會就是一個舞臺。議會的舞臺，較政治舞臺更有發揮性與效果性，因為以省議員為例，他是獨立而主動的表演。每位省議員都享有自己的質詢權，況且，透過大眾傳播的傳播，不只是自己選區的選民們，可以知道他們的民意代表們在議會講些什麼，做些什麼，全國都知道了。

背負選民的壓力，透過新聞媒體，省議員幾乎每個人不只是主角，而且是超級主角，只要他懂得媒體關係與運作得好。

參與政治、影響政治甚至改變政治現實，就民主國家來說，只有組黨一途，臺灣的政治運動史也不例外。但是組黨是最後的目標，組黨之前，還有若干手段與步驟，藉以達成目標。

對於現代中國政治影響極大的，那就是北大知識分子。來臺後，傅斯年先生一次就對胡適先生說：「我們自己要有辦法，一入仕即全無辦法，與其入政府，不如組黨；與其組黨，不如辦報。」（〈知識分子對比〉，《聯合報》社論，民國八十八年九月十一日，第二版）

從政、辦報與組黨，是完成政治理想的核心考量。

可惜，胡適等當代中國精英分子，未能辦報，只辦了一個《自由中國雜誌》。

臺灣知識分子，也受到相同及其他國內外政治力的啟示。他們在民國七十五年九月在臺北市宣布並正式成立民進黨的時候，中間經過辦雜誌與進入議會。

　　黨外時代辦的雜誌很多，其中較有代表性的，應是《大學雜誌》與《美麗島雜誌》。今日的民進黨大老，幾乎直接或間接都出自這兩個雜誌。

　　經過各縣市選舉，大批湧入省議會，形成黨外時代，對於臺灣省政府乃至各級政府，形成了極大的壓力。

　　《臺灣新生報》就在這個時候，成為黨外議員的眼中釘與清除目標。我五年任期（民國六十五年至七十年），周旋其間，學習不少，也結交不少朋友，包括黨外議員在內，甚至成為一生的朋友。

　　人各有性格，同樣的，議員也各有性格。他們的性格，來自家鄉更來自黨派，黨外省議員自成一格，不論友情有多深，立場是不容易改變的；黨內與黨外的界限，也是不容易妥協與打破的。這是我們身處「府外」的邊緣事業人員的痛苦。

　　另外一方面，雖然政治立場不同，某些方面，他們同為議員同仁，是無法改變的。

　　七十幾位省議員，就有七十幾種風格與性格，無論行止與問政，各有千秋。

　　我們坐在有如針氈的列席位置上，如果是漫畫家把他們多彩多姿，如風似雨的問政實景，畫出來，那真是可傳之千古。

　　當然，動作與變化最多的，以當時來說，還是黨外議員。他們無論問政內容與衣著打扮，都花了一番功夫的。

　　臺灣各縣市，因為自然環境與生活條件，各有不同，所以代表的省議員，也各有不同。

　　就以草根性極強的雲林來說，令我印象較深刻的有兩位：一位是中國國民黨的陳錫章，一位是黨外的張賢東，他們兩位幾乎是省議會典型人物。

　　陳錫章的質詢，就好像黃俊雄布袋戲搬到會場，聲音粗獷而有磁性，真有男子漢的味道，聽他的質詢，就是一種享受。陳錫章的為人，一如質詢的聲音，豪邁無比，後來由省議會進入監察院，為雲林林派掌門人。

　　張賢東原是黨外的核心人物，因為他很性格，生活嚴肅，說一不二的人物。我在《新生報》時代，就碰上這位省議員，雖槓上幾次（為了預算），但成為心照不宣的朋友。他以黨外之身，被聘為省府委員，改變身分，直至省政府終結，有始有終。每次省政總質詢，他都與其他省府委員，端坐在官員位子前，聽省府首長與議員之間舌戰不已，又是一番心情。張賢東的性格是嚴肅的，但多少年後，有一次我們在臺北市敦化南路相遇，他卻出乎意料之外的親切，我們兩人差點沒抱起來，可見人與人間感情，還是要能主動地表現出來，向前上去。

　　我們那個時代，女議員不多，有趙綉娃、呂秀惠、蘇洪月嬌與黃玉嬌，她們雖然是來自不同縣份，卻代表省議會的一個時代，尤其是「二嬌」，雖不是金庸筆下「絕代雙驕」，但絕對有資格是「議會雙驕」。

　　趙綉娃來自高雄選舉世家（後嫁給另一省議員傅文正）、呂秀惠來自彰化、蘇洪月嬌來自雲林、黃玉嬌來自桃園。由於性格與黨派不同，表現問政風格，也就不同。

　　趙綉娃當時很年輕，甚至貌美，更是有青春活力，是記者筆下的「蝴蝶」，無論質詢或審查預算，滿場飛，議長讓她三分，其他省議員也有志願軍，助陣一番，一旦預算落在她身上，難逃全屍而回。把趙綉娃當成「省議會之花」，不會有人舉手反對。

　　呂秀惠，是實踐家專出身，丈夫是醫生，曾當選為實踐家專校友會會長，家庭環境不錯，為人溫和，因為謝東閔主席校長的關係，愛屋及烏，她對於《新生報》特別關心與愛護，常常主動問：「《新生報》有沒有什麼困難需要幫忙的?」其情可感。

　　蘇洪月嬌是「政治受難」家庭，所以她的問政，多是屬於政治層面，問起來窮追猛打不捨，和《新生報》尚能維持正常關係。

　　黃玉嬌這位議會大姐，她一進會場，一定吸引眾人目光，因為她的帽子「先進來」，她是省議會的鳳飛飛，無論形式與顏色，她的帽子變化無窮。她的問政，可謂文武全能，任何官員都會怕她三分，她的「機密」

資料來源真多，往往語驚四座，第二天報紙儘是頭條。這樣凶悍的黨外鐵娘子，據說臺灣光復初期，還是忠貞愛國之士，蔣夫人第一次訪問臺灣時，她還代表臺灣婦女同胞參加歡迎茶會。

黨外議員中周滄淵的問政與為人，可謂獨成一格。他進入會場第一個動作，是先到右角的記者採訪席報到問安，並且交換一些特別的質詢「情報」，滿面春風，全在周滄淵與記者之間的交流上，當然要有《聯合》、《中時》或《自立》在場。記者席「報到」之後，才觀察會場的環境動向狀況，以便如何出擊，是單獨的或是協助支援作戰。

省議會期間，周滄淵是成功的。如果作議員民意調查，他應是前三名，他是一位面面俱到的議員。問起政來，雖然一陣風一陣雨，但還是有一定格調與風度。省議會雖然打烊了，周滄淵應該是令人懷念的省議員。他真是急流勇退的議員，民進黨成立後，他淡出反對政治圈，而且告老還鄉，在基隆市開辦一個圖書中心，每日坐鎮那裡，陪著學子讀書，真是不失為聰明之人。

就體型與精算，洪木村是另外一位典型的省議員，他是謝東閔先生、邱創煥先生的鄉親議員。他的體型與動作，就像一位柔道高手。無論省府或事業機構負責人及會計主管，省議會中，最怕的就是洪木村議員了，因為他是預算專家，他幾乎二十四小時就睡在預算書中。通常，他坐在議場最後一排，在審查預算的時候，只要洪木村在場，只要洪議員舉手，就涼了半截，因為無論鉅細，他都會一一抓出來，甚至讓你無地自容。洪木村議員不能說是省議會的靈魂，但至少他是省議員的典型，堅扣住預算這一關，為民眾看緊荷包，是議員的天職。

無論為了採訪或是為了業務，每次到各縣市走動的時候，我總是拜訪五種人。第一、縣市政府，第二、執政黨黨部，第三、省議員家裡，第四、記者或營業處辦公處或他們的家裡，第五、地方有道德或有影響力的士紳。一方面瞭解地方採訪業務情形，一方面延伸《新生報》的地方基礎與範圍。

當我第一次在彰化洪木村府上，拜訪洪議員的時候，真的有些意外。他全身只穿著背心與短褲，坐在長凳椅子上，一個接著一個為民眾解答問題，選民有各式各樣疑難，都需要洪議員解答或奔走的。我坐在那裡，等了很久，真是感佩不已，這才是名副其實的為民服務呀！

最後輪到「接見」我了。他開門見山的說：「我洪木村有今天，全是謝主席求公所賜，所以《新生報》沒有問題；就是有問題，我洪木村也不會袖手旁觀的。請放心，也請大家多多愛護我洪木村，請多花點時間在預算方面。」

就是這樣痛快，這也是鄉野人士的好處，其實，我們是純拜訪、請教的，並沒有什麼特殊目的與請求，單純是培養平素的感情，但是，很難得的，也是意外的，他把我們當成一家人了。

我可能是第一個《新生報》社長全省「走透透」的拜訪省議員。其後於民國七十八年，我的老同事林朝復先生，以《新生報》總經理身分陪同社長蘇玉珍女士，為了十二億轉投資案在省議會通過，跑遍了全省各縣市七十七位省議員（林朝復，《往事》，頁七十四）。不要說辛苦，其壓力是可以想像的。

洪木村先生真是性情中人，據我們在彰化的記者告訴我：「洪議員真是忠義之士，只要謝東閔主席的電話，他是畢恭畢敬，立正在聽。」

邱連輝先生是另一位典型的省議員，出身屏東，他溫文爾雅。就外表來看，不像黨外悍將，他確實是一位有為有守的人物。反對人物從黨外轉至民進黨，不知什麼緣故，有出自長期積壓，有出自偶發，邱連輝先生如今成為在野的大老，半退休狀態，不再問政治是非恩怨，特別是困擾的事，像他那樣方正之士，實在罕見。

近百年的政黨身分，本來就是變來變去，我們所經歷的政治人物亦復如此。國民黨與民進黨並無明顯的界限，多少民進黨的大老，都是當年的國民黨青年才俊，邱連輝先生就是其中之一。

邱先生原為國民黨的「忠貞」省議員，有為有守，中規中矩，當省

議員任期屆滿之前，往見省黨部主任委員王唯農博士，表達有意進軍屏東縣長，服務桑梓。山東籍又為科學家的王唯農博士，也許缺乏應對的技巧，或者當時實在太忙，邱議員枯坐太久，心中自然不快，轉身之間，就下定決心，告別省議會也告別國民黨，邁向百里侯之路。

我在《新生報》期間，一方面做人堅守分寸，另外《新生報》，當時在本省人中尚有一些分量與地位，所以結交了一些省議員朋友，不分黨內外，邱連輝先生就是其中之一。

民國七十年，包括宜蘭的陳定南先生，屏東的邱連輝先生，一榜及第，連連當選了縣長。

再加上黨外省議員，對於執政如山的中國國民黨來說，也是一個不小的大地震。

民國七十年後，我轉至臺視服務，出任總經理。感受到山河有點變色的新選出臺灣縣市長，為了讓全國同胞有一個認識，同時，也要瞭解施政方針與政策，臺視新聞部於七十年十一月就舉辦一個大型的政治性很強的新聞座談會，題目為「雙肩承大任」。邀請新當選縣市長之前，作業的時候，主辦同仁就問我：「黨外要不要邀請？」我說：「只要合法當選的縣市長，不分黨內外，都在邀請之列。」於是同事又問：「他們拒絕不來怎麼辦？」我說：「我們不發，是我們的錯；他們不來，是他們的失禮。」

果然，都來了，美中不足的是宜蘭縣長陳定南先生因事未能來，難免遺憾。邱連輝老遠自屏東趕來，我在攝影棚迎上去歡迎，如同老友重逢一樣。

也許，臺視能邀請「他們」有些意外；也許，我趕上去擁抱他，更有些意外。

多少辛酸與委屈，盡在其中！

這就是人生，人生何處不相逢！

第二十二章

省議會現象（下）

政府對新聞界及議會，是很重視關係的。現代公關事業大行其道，除了商業關係、政府關係，就是新聞界與議會關係了。

新聞界與議會關係的成敗，就是政府施政的成敗。這是民主政治的特質與精神。

有人說：埋頭苦幹的時代已成為過去，就是如此。不只是會做能做，而且會做秀，秀出來經過媒體、特別是電子媒體的照顧，才有機會打動民眾的心，至少，讓民眾知道，才算成績。

作為民意、作為新聞媒體的《臺灣新生報》，命運就完全不同了。既然省議會操生殺大權，如何做省議會公關呢？我們很幸運的，當時與省黨部關係良好，他們與省議會，尤其執政黨的議員，透過黨團的協調，又有良好的互動關係。記得，當時的省黨部主任委員梁永章、總幹事王陶與編審王克讓，是一組極佳的省黨部團隊，他們除了忠心耿耿外，還有一股拚命的精神，無役不與，沒有事情不能解決的。

值得我們尊敬的省議員，無論黨內黨外，還是有不少。特別是教育委員會，他們多有校長或教員背景，對於同是文化教育崗位，就有一份說不出的感情。如基隆的柯水源、桃園的張貴木、新竹的陳昌瑞等先生。

謝主席東閔先生，可以說是由省議會起家。當民國四十六年，應執政黨之建議，在家鄉彰化出馬第三屆臨時省議會議員選舉，以全省第一高票，當選省議員。以他悠閒的性格，平凡的精神，是很適合的角色。六年後，成為省議會的議長，從此，他就是省議會的大家長。以母雞帶小雞的機能，在省議會裡，謝先生不只是政通人和，而且在那裡，無論坐在主席臺上，或者在議場中，聚會場合，他都留心人才的培養與發掘，

以備將來蔚為國用。

果然，機會來了。老議長變成省主席，那是民國六十一年，蔣經國出組內閣，邀請他出任臺灣省政府主席。

遠在民國三十四年對日抗戰勝利前，當蔣中正先生注視並細察這位臺灣青年時，蔣經國先生就陪侍在座，並留心父親觀人的神態。這其間，蔣經國先生與謝東閔先生之間，有些交往，但當他思考任命謝先生為省政府主席的時候，還是輕車簡從，到謝先生臺北市中山南路的住處拜訪。一座簡單的日式房屋，陳設更是樸素典雅，生活簡單，經實地觀察，印證了他心中的謝東閔先生。

當時，蔣院長與謝主席，是極佳的政治搭配。他們兩位，無論在體能、智慧與思考，都是政治事業的頂峰期，為國家帶來大步的建設，真是一日千里。

省議會雖然有些變了，尤其到了後期，謝主席的權威就無法與謝議長「一言九鼎」時代相比。

不過，我們《新生報》的處境，還是受到謝主席的關懷。

張貴木原是國民黨發掘與培養的省議員，小學教員出身，面貌清秀，衣著簡單，後來成為黨外的省議員，就與我們較少往來。陳昌瑞先生，三句話不離本行，總是關心與質詢教育事，不會往熱門或敏感委員會鑽，這樣本分問政，最合謝東閔主席的胃口了。所以當民國六十八年新生報業公司董事長李白虹先生退休的時候，謝主席就想到這位堅守教育崗位的陳省議員，接任董事長。這樣的人事安排，固然有酬庸的意義，但還有一層作用，就是當時省議會風雲開始變化，以我的直來直往的性格，應付不只是困難，而且還會吃虧，所以謝主席請來一位識途老馬，作為《新生報》與省議會的溝通橋樑。一方面陳昌瑞熟悉省議會運作，在省議會人緣佳，關係良好，可以為《新生報》擋住來自省議會的困擾與風暴。這是謝主席的用心良苦。

只是省議會政治生態嚴重改變，把資深前輩，早就置之腦後，議會

倫理開始式微，腦中所想的，只知鋒頭；心中所想的，只有政治上的利害。往往也就苦了「好人陳昌瑞」。

省議會的問政走樣，審查預算無章法，在我擔任社長時，還未到走火入魔之境，但是已經到了黨內與黨外的對抗階段，政治鬥爭已表面化了，不只是嗅到火藥味，簡直就是待發的「火藥庫」，乃有後來的中壢事件以及高雄美麗島事件。記憶所及，我在省議會期間，唯一的一次口角衝突，是黨外英雄好漢，都會集在省議會準備發動一次總攻擊與殲滅戰，除了整體作戰外，利用總預算表決的時候，選擇特定的目標與事業下手。《新生報》既是屬於省政府的公營報紙、又是與執政黨關係不可分的報紙，列入殺無赦的「黑名單」。

無論站在《新生報》的崗位立場，守土有責；或是新聞人的立場，我不只是不作絲毫讓步，而且，堅不妥協。

《新生報》的預算排上總預算作表決的時候，其淒慘就像廉價拍賣場一樣，有的「議員」要減一成，有的要減二成，有的高喊幹掉一半。

這個時候，非常奇怪的，為了會場的和諧與議員同仁的感情，很少有黨內同志仗義執言。

作為大會主席蔡鴻文先生，是一位好好先生，與《新生報》關係不錯，甚至有非常利害的關係。無論站在黨的立場或是公的立場，他都會也應該幫助《新生報》的，但是削減太大，他的決議槌，敲不下去。

蔡議長心急如焚，因為相持不下，同時，下面還有不少預算待決。

幾乎出自請求，一再問：「《新生報》方面，石社長，可以不可以就這樣定了？」

我身負報社重任，心中自有盤算，更重要的，是不甘心，作為堂堂的新聞單位，沒有理由也沒有必要，受到省議會的折磨，實在，有損新聞人的尊嚴。

「一分錢不通過，《新生報》照樣出報！」

坐在臺上蔡議長，在出列席眾目睽睽之下，我冒出這樣的一句話，

真是意外，意外！

「石社長，請你尊重，在議會不能講這種話！」

言下之意，不能藐視議會！

事實也確確如此。省政府不撥一毛錢到《新生報》，又無增減資、資本額變動問題，而《新生報》是自給自助的事業，自負盈虧，何勞省議會審查？

鬧僵了，對於《新生報》總是不好；對於我這個《新生報》社長，也不是什麼有面子的事，更重要的，以後交往就更困難了。於是在好心議員協調打圓場之下，議員讓一些，《新生報》讓一些，就在中間，《新生報》預算通過了。

真是江河日下，我的以後幾位社長，就受盡委屈，吃盡苦頭。所以有人就說：「《新生報》流年不利，《新生報》的社長，真不是人幹的！」

民國八十一年，正是二屆國大集會，國民、民進兩黨為了修憲展開激烈拉鋸戰之時，《新生報》編輯部忽然得到一則來自民進黨的「獨家新聞」，說是民進黨內部已有指令「要藉總統直選之名，以達臺獨目的」的機密文件。這樣的新聞或傳聞也好，在今天根本是司空見慣，談不上什麼新聞價值，但是當時之政治環境，非同小可，又是機密又是獨家，所以《新生報》就據以為實，刊於四月二十一日頭版頭條處理。

事實上，類似的新聞早於四月九日《中華日報》以及四月二十一日《聯合晚報》亦先後刊出，但版面與地位，均不顯著，並沒有重大反響。《新生報》刊出就不同了，第一、它是省府機關報，第二、它以頭版頭條顯著地位處理，非同小可，至少，被若干人士指為有心的利用，甚至被指為《新生報》那批人食古不化，頑固不冥。更巧的，省議會恰值舉行省教育質詢，新聞處長依例出席作工作報告並備詢，《臺灣新生》、《新聞》兩報社長都要列席。

省議員抓住機會，除社長依例列席外，還特別指定總編輯以及撰寫這條獨家新聞記者亦要列席。

這實在是大開民主倒車。受到的制裁與處分，至少包括以下幾項：

——反對黨議員當場責辱《新生報》人員。

——反對黨議員用手中的《新生報》，揮打社長以及撰稿記者，並以茶杯擲向社長。

——反對黨省議員糾正該一記者「坐姿不莊重」，臭罵一番，驅出會場。

——省議會還要求新聞處，應處分《新生報》相關失職人員（周光斗著，《從夾縫中走過》，臺北：宏翰文化事業，頁三三三至三三四）。

蘇玉珍社長，曾以女籃國手與外交記者，活躍臺灣。《香港時報》結束後，自民國八十二年至八十七年，亦曾擔任《臺灣新生報》社長，直至退休。五年期間，是省議會民進黨「掛帥」，再加上《新生報》走上衰微之途，社長所受的委屈就更大了。蘇女士在《破冰》一書中，娓娓寫出她的報緣與球緣（蘇玉珍，《破冰》，臺北：商智文化），足為現代女性奮鬥的代表。有關她主持《新生報》一章，幾乎用血淚寫成「議會諷世錄」，我讀之，熱淚自眼眶中奪出，就如同當年入伍訓練的折磨，有理沒理，就要立正受罰。班長對待入伍生，不只是可以，而且絕對必要，因為是磨練。議員對待新聞事業負責人或新聞工作人員，就不只是用「霸道」二字所能掩蓋的。蘇社長舉六個「磨難」的例證，就像紀錄電影一樣：「一位省議員把我和呂副社長請到議會會堂前面，像小學生被老師叫到課堂前罰站一樣，面對著她，聽她質詢，那樣場合，那樣情形，實在是一點尊嚴也沒有。」（《破冰》，頁二二六）

有一位省議員竟問：「平時有沒有和人握手的習慣？」這是因為蘇社長以微笑彎腰點頭，代替握手，竟遭致冷諷，真是霸道。

還有一位省議員，竟罵「妳眼睛瞎了啊！」……

可憐的《新生報》社長！不忍再寫下去了！

我在《新生報》期間，風雲際會，幾位反對勢力的健兒，紛向省議會或縣市長進軍。

許信良、張俊宏與林義雄三位可謂「三劍客」，同時進入省議會，他們三位，除了林義雄外，與我都有一些舊誼，但政治歸政治，交情擺在一邊。

許信良、張俊宏與我，都是中央黨部同事。張俊宏與我幾乎在民國五十七年同時進入中央第四組。我是新聞界前輩、當時《中央日報》社長曹聖芬先生，張俊宏則是陶希聖先生向旅美學者政論家陳裕清主任推介的。我擔任第一室編審，負責新聞聯繫、新聞發布與國際新聞關係；張俊宏是第二室幹事，負責地方文宣，並擔任盧啟華為小組長的副主管級小組幹事。當民國六十二年我自華視回到改組後的文工會擔任總幹事的時候，張俊宏轉調至青年工作會幹事，也在林森北路七號一樓辦公，文工會在二樓。

那個時候，我們在中央黨部算是「青年才俊」，包括第一組的許信良、包奕洪，第四組的張俊宏與我等等，很活躍，也很受重視。

當張俊宏與中央關係漸行漸遠的時候，有一天我接到張俊宏的限時函，說是：剛剛晉見孝公（副秘書長秦孝儀先生），向孝公辭別，相談很久，最後決定，還是離開。他在黨證寄回中央後，寫出這封信，彼此珍重，信中對我亦有所期待。

其後，我們曾在臺北市公車上碰過面，還很珍惜在中四組的同志感情，其後境遇就各不相同了。

當張俊宏當選，進入省議會，我在議會大門口相遇，政治立場迥異，比路人還陌生，我為之難過不已。政治就是這樣麼？

民國六十五年那場地方縣市長選舉，是傳統政治與變動地方政治，嚴重的分水嶺。桃園縣的許信良脫下國民黨省議員外衣，競選桃園縣長，以二十二萬票對十三萬票，擊敗了國民黨籍的歐憲瑜。

競選期間，我正在約集桃園縣縣市鄉鎮記者營業處主任聚會中壢，研商業務推廣。國民黨候選人也是中壢市公所代市長歐憲瑜來了，我自然為同仁們介紹，言下之意，多多支持。歐憲瑜穿了一套不合身的西裝，

看起來單薄些。同事對我說：「歐市長生活嚴謹，徹底實踐蔣院長的生活十誡，不請客，亦不赴宴。」我心想：這樣怎能選舉？據說，負責選舉督陣的組工會主任李煥先生亦接到類似情報與反應，並向蔣主席經國先生報告。經國先生沉思一下就說：「吳伯雄贊不贊成這個人選，只要吳伯雄贊成，我們就提名他。」（林蔭庭著，《追隨半世紀》，臺北：天下文化，頁一八七）

可見當時蔣先生對於吳伯雄的信賴與吳在桃園的實力。現在回想起來，這樣考量，並不符合選舉致勝的條件。

最不可思議的，許信良也來了。並說：「學長（政大校友）來到我們桃園，特別是我的家鄉中壢，要來歡迎。」

這一段插曲，數十年來難忘。我也得到一個經驗：要搞選舉，膽子要大，臉皮不能太薄，主動出擊，腳要走得快，手要伸得長。

林義雄與我倒真是非親非故，他又是臺大的，但在省議會政黨鬥爭期間，林議員，至少我們的感覺，是手中留情的，對於《新生報》沒有偏見，對於我，也沒有敵意。

在那樣氣氛，那樣場合，林義雄那樣身分，實在不容易。

林宅滅門血案發生後，林義雄在監獄裡出來，但是還是無法作善後工作。有一天我在辦公室接到一個電話：「我是林義雄，在醫院打出來，可否拜託石社長，利用你的關係，請政策會協助我一下。」

突如其來的電話，當時，我真的呆住了。我真沒有想到，以省議會的萍水之緣，竟能托命於我，可見彼此間已建立生死與共的互信關係。我毫不猶豫的，就立刻把林義雄的請求，轉達給政策會了。

以後林宅善後的發展，是否符合林義雄的要求，我不得而知，但我盡到我的責任。在那個時候的政治環境，也只能如此而已。

電話打過後，我心安平靜如水。

多少年來，林義雄在我的心中，始終是一位有理想有原則，清廉自持的政治君子。

　　無論黨內或黨外，由於《新生報》的關係，使我有機會認識不少省議員朋友，甚至成為一生的朋友，患難尤見真情。他們的幹練風範與安分，都是我學習的對象。如：陳根塗、黃鎮岳、柯明謀、謝崑山、許新枝、李詩益等先生，都令我尊敬與懷念。

第二十三章

報紙生命的延續

古往今來，最無情的行業，可能就是報業了。

因為它所生產的報紙，只有幾個小時，頂多一天的壽命，就變成不值一顧的廢紙了。

如何把廢紙作加工處理，在廢紙堆裡提煉成黃金，那就是無情報紙的有情價值。

報紙中自有黃金，那就是出版成書。

報紙的內容，可以有成書價值的，除了有特殊地位的報紙，如《紐約時報》等，新聞、專欄精選往往也有價值連城，印成書傳至百代外，通常的報紙，能夠印成書的，以《新生報》為例，就是副刊以及一些專刊。

當時的《新生報》，也確實出版了一些書，除了服務讀者外，也有創造一些利潤出來。

規劃出版書籍的時候，除了考慮市場因素外，還要考慮它的出版價值以及新聞專業的責任。

除了各類周刊出版不少屬於專業的專書外，如〈醫藥與健康〉的「小運動治大病」等，值得追憶與懷念的幾件事情，在這裡寫出來。

作為儒家代表的《論語》，雖然是中國文化的主流，但亦經過「打倒孔家店」與「批孔」的悲劇。但過洋飄海，都得到很高的評價與發揚。如日本不只是成為《論語》研究之國，也是《論語》實踐之地。為日本工商界視為經營聖經的《論語與算盤》（蔡哲茂、吳璧雍譯，臺北：允晨文化）就是一例。該書為明治時代，日本企業之父澀澤榮一著，他倡導：「一手持《論語》，一手拿算盤」，成為商魂。

　　臺灣的謝東閔先生、林挺生先生等，也一生崇尚《論語》。《論語》與《國富論》為大同工學院必讀之書，數十年來，都是林先生親自講授。臺北講義堂主人林獻章先生也緊追不捨地在把孔子引至現代人面前。

　　《臺灣新生報》出版《論語白話》，並推展至全省各地，這完全受到謝主席東閔先生的感召。

　　東閔先生主持省政期間，平時所談的，就是《論語》，施政的精神與理想，就是〈禮運大同篇〉。甚至在他退休之後，很想把〈禮運大同篇〉的文字，變成為陽明山國家公園景觀，「文化大國」的精神標竿，供全國中小學學生旅行教學之用，並讓國外觀光旅客，國際賓客，參觀國立故宮博物院之後，更上一層樓，飽覽中國政治之理想，真是嘆為觀止。在國家公園興建期間，東閔先生，至少由師大美術系教授羅慧明與我陪同，親往現場查看兩次，謝先生自己去了不少次，並作初步規劃。而當時的內政部長是吳伯雄先生，文建會主委是郭為藩先生。伯雄先生是謝先生的舊屬，對求公至為尊敬，為藩先生是有教育文化理想的學者。此事可惜受到莫名其妙的政治雜音，怕煩的謝先生，就搖手停住，未能實現，實在可惜。

　　東閔先生對於《論語》的推行，是有理想的。他的理想是：「間間置《論語》，家家有《論語》，人人念《論語》。」間間有《論語》，這是源自他出國旅行住旅館的經驗，大旅館房間床頭櫃下均備有《聖經》，供旅客查經閱讀之用。我國觀光旅館為應國際旅客之需要，也有《聖經》提供，先是英文後來也有改中文配置。謝先生認為，《聖經》是為教徒而備的，我們中國非教徒也有他們需要的「床頭經典」，那就莫過於《論語》。

　　謝先生在一次閒話中，就鼓勵《新生報》來做這一件事。不但要做，而且要徹底，使臺灣省境內，旅館房間內間間有《論語》，家家有《論語》。

　　《論語》不是一般人所能讀得懂的，為了《論語》的推廣，我們決定《論語》譯成白話，使人人不要讀，就能看得懂。

　　翻譯教授，經各方推介，明察暗訪，我們決定邀請臺大中文系吳宏

一教授擔任。一方面因為吳教授當時在「新生副刊」撰稿，彼此都很瞭解，一方面吳教授平易近人、年輕，瞭解現代人的想法與程度。

　　我們在與吳教授研商過程中，雙方達成一個共識，我們是在提供一本《白話論語》，而不是翻譯或是註解，最好是用白話直譯。我們說的也很「白」，越淺顯越好，因為我們提供鄉下人看的。吳教授在〈孔子與論語〉序文中也說得很清楚：

　　《論語》是語錄體，對古人來說，雖然明白如話，但對現代人來說，畢竟已是兩千年前的古語，並非人人所能閱讀。即使有前人的注解，但同樣是文言，對一般讀者不一定有多少幫助。所以用白話把它譯注出來，這種工作是很有意義的。（吳宏一譯注，《白話論語》，臺灣新生報出版部印行，頁四）

　　《白話論語》內容編輯的次序，略異於往昔的作法。先是白話譯文，次為「原文」，最後為注釋。

　　《白話論語》是在民國六十九年十一月出版。為了大量發行，我就率領發行組同仁到全省各縣市作地毯式推行。有的縣市長或議長，也知道這是謝主席的主張，也都樂於全力配合。有的縣市由於舊預算已定，新預算已編，尚未完成審查，有難色。令我們印象深刻的是苗栗縣議會議長林火順先生就把縣長、主計主管找來，明言：如果《白話論語》預算不能納入，其他預算免談。準備擱置。

　　這位議長義正詞嚴問縣長：「別個縣在實施《論語》之治，里仁為美，我們還有更好的書，提供縣民麼？」

　　吳宏一教授聲名遠播，《論語》權威與國學新師，兼而有之。除了臺大、中央研究院外，並遠赴香港及新加坡講學。是《論語》外銷出力最多的學者。

　　經過新聞傳播教育的教室，無論中外，總是感覺有關社論寫作書籍的缺乏，而以中國報紙的經驗，奉為典範的作品，莫過於《大公報》的

社論了。

如果世界報人有夢想，就是以《紐約時報》為標竿。

如果中國報人有理想，就是以《大公報》為圭臬。

現代中國報人，成敗與否，無不睡在《大公報》夢想中，也無不希望有朝一日能寫出《大公報》的社論，影響朝野，傳頌百世。

《大公報》社論的影響，不只是對於新聞經營者以及工作者，甚至也是中國知識分子文字報國醒世的典範。如王作榮先生於民國六十七年十二月，當《工商時報》創刊的時候，他就自動請纓，願擔任《工商時報》的總主筆，就是基於以下的宏願：

> 我要做到對日作戰以前及作戰期間的《大公報》社論的權威地位。在那一段期間，國內每發生重大事件，一般社會人士，特別是高級知識分子與政府決策階層官員，第一個要問的便是《大公報》的社論怎麼說。我也要使《工商時報》的社論達到這種標準，要使讀者群，特別是具有影響力的讀者，遇有國家重大問題難以解決時，先看《工商時報》的社論怎麼說（王作榮著，《壯志未酬》，臺北：天下文化，頁二四〇）。

時報系是如此，聯合報系也是如此。王惕吾也非「王惕吾」：王惕吾也無一天報業教育背景。「王惕吾本名王瑞鍾，進了軍校以後，與其他年輕人一樣，他給自己起了『惕吾』為字。……以惕吾為字，有自我惕勵之意。進入報業這天，他覺得自己的一生到此是一個重大轉折，必須加倍自省惕勵，便決定以字為名，從此使用『王惕吾』之名。」（王麗美著，《報人王惕吾》，臺北：天下文化，頁二十一）

王惕吾由軍人成就世界報業王國相當自豪：「我不知道世界各國有沒有一位職業軍人改行從事新聞事業，而在『新聞戰線』打了四十多年的『仗』；而我，則是由完完全全的一個職業軍人，轉而到新聞界；走上『輿論報國』之途的。」（王惕吾著，《我與新聞事業》，臺北：聯經出版公司，頁一）

　　王惕吾的「新聞養成教育」也與《大公報》有關：「由一位職業軍人，轉變為一位報人，是一種很不尋常的轉變，但對我個人來說，則又可說是必然的轉變。我讀中央軍校時便喜歡讀報，對報紙刊載國內外大勢的演變，知識思潮的發展，科技的進步，以及世界新奇怪異，莫不深感興趣。當時的『黨報』、《大公報》、《上海時事新報》、《國聞週報》《東方雜誌》等報刊，都是我的『精神食糧』。」（《我與新聞事業》，頁二至三）

　　大學新聞學系或新聞研究所開設有關社論寫作或社論寫作研究的課程，以我自己學習的經驗，不只沒有一本權威的教科書，甚至一本教科書也沒有，至今的情況，也沒有太大的改變。以我國而言，社論寫作教授，第一堂課，開宗明義，就搬出幾本國學之書，供學生研讀，甚至模仿，特別是《東萊博議》，幾乎是社論教授一致公推的中國社論寫作鼻祖的書。要想寫好論說文，沒有竅門也沒有良法，只有熟讀《東萊博議》，能夠學到《東萊博議》的一點技巧，一生在社論寫作方面，就用不完了。

　　除了《東萊博議》之外，就是一致推崇《大公報》的社論了。

　　事實上，到了臺灣，再也沒有機會看《大公報》的社論了，連讀的機會也沒有，實在，失去範本與取法乎上的機會。

　　於是《新生報》就在民國六十八年出版一本《季鸞文存》。當時，出版的用意有二：一方面提供新聞系學生或有志於社論寫作者一本社論教本；一方面作為自己報社每晚社論寫作的範本，就後者來說，正如書法臨帖一樣，具有「為新一代主筆催生」的意義：

　　　　江山代有人才出，長江後浪推前浪，我們不相信我們這個時代，就創造不出一個張季鸞時代的時代，我們亦不相信，我們這個時代產生不了像張季鸞先生那樣偉大的主筆。（張季鸞著，《季鸞文存》，臺灣新生報出版部印行，頁八）

　　《季鸞文存》是在「中國當代社論經典之作」之下出版的。本來，我們在規劃的時候，想出版一系列的「社論經典」代表作，如程滄波先

生等，提供比較的機會，成為社論寫作叢書，有師可以據以學習，無師亦可自通，惜未能如願。但《季鸞文存》在民國七十六年得到再版的機會，聊可告慰。

《新生報》出版叢書過程中，最富傳奇與影響較大的，莫過於高拜石的《古春風樓瑣記》了。

高拜石為大陸時代的新聞工作者，來臺後，集史學文學與新聞於一身的拜石先生，以輕鬆筆調，寫清末民國歷史時代人物之逸事，是民國四十年代的主流讀者們所熟悉的人物與題材，寫來傳神之至，正是報紙副刊連載的好題材。所以〈古春風樓瑣記〉在《新生報》副刊刊載期間，雖然不能說洛陽紙貴，但卻有不少讀者，每天等著《新生報》的送來，看完〈古春風樓瑣記〉才能進行早上的一些活動，一如後來的武俠小說一樣的閱讀效果。

〈古春風樓瑣記〉早在民國四十七年九月一日就開始在《新生報》副刊連載，到民國五十八年三月，累積成三百萬字，至次年，就止不住讀者的要求陸續開始出單行本了。富有傳奇的，至民國六十七年出至第十九集的時候，以為無一字遺漏了，也只能遺憾地止於「九」了。殊不知就在這個時候，忽然接到讀者，不只是〈古春風樓瑣記〉忠實迷，實在有資格成為「拜石專家」的梁國藩先生來函表示，以其剪存之〈古春風樓瑣記〉逐篇一一核對，發現猶遺二十二篇而未納入，特貼寄本報編輯部，並建議增印一集。我們接到梁先生之函，不只是如獲至寶，對於讀者之痴與專，均留下極深刻的印象，實在是為大眾傳播學上了極為珍貴的一課，報紙之讀者，上至學者專家，下至三教九流，臥虎藏龍，無奇不有，無專不具。從事大眾傳播工作的人，真是要敬謹以從，既要精又要廣，小心翼翼，稍有不慎，就難逃讀者的法眼。我們做滿足足二十集，沒有剪裁，更不會灌水，使此一佳構完整無缺。

《古春風樓瑣記》單行本，自民國四十九年出版，至五十一年暫告一段落。直至民國六十七年，我自《新生報》同仁閒談與讀者來信中，

還懷念高拜石先生，還不忘《古春風樓瑣記》，娓娓而談，如數家珍。乃與同仁研商，如能出版全集，不只是滿足懷舊讀者，也創造不少新的讀者，而有二十集的《古春風樓瑣記》出土的傳奇。

《古春風樓瑣記》能夠出到二十集，這是出乎《新生報》編輯同仁意料之外，因為當初出單行本，是高拜石先生在世，自己精選，只有七集，我們覺得可惜，為滿足讀者，也增加銷路價值，封塵舊書，竟能出了二十集，真是奇蹟。

二十全集，有三百多萬字，近七百單獨成立的題目，為了便於讀者閱讀的方便，全集完成之時，並編印了目錄索引，奉贈讀者，為讀者所喜愛，稱便不已，可見讀者服務是無止境的。當時我們編印這部全集的心得，正如挖礦一樣，越挖越深，越挖越多，如獲至寶，也充分享受一點經營者的樂趣與信心。

中國現代歷史人物，遠者如嚴復，近者如林語堂等，都是屬於福建才子型，高拜石也是屬於這一類型，文史哲如泉湧，源源不絕，想像力之豐富，創作力之神奇，閱讀之深廣，令人為之傾倒。

我在《新生報》期間，遇見另一位文史大家，則是屬於粵型，就是林藜先生。林先生也是一位飽學之士，但他特別喜歡旅行，可以說，臺灣以及中國大陸，無處沒有他的足跡，所到之處，就留下不少他的詩情畫意，千山萬水，盡在他的筆中。

林先生可謂著作等身，但他的治學與寫作有三個中心：一是歷史、一是地理、一是文字，可謂港臺兩地一大家。由於「新生副刊」的連載關係，我們就為林先生出版了一系列的書，除了《寶島英烈豪傑錄》與《寶島風情錄》（上、下）外，都是五本一套，包括：《寶島蒐古錄》、《無限江山萬里情》，以及《縱情山水遍神州》。

精於字辭研究的林藜先生，曾為香港《讀者文摘》撰寫專欄以及華視的《每日一字》以及《每日一辭》的作者，都留下讀者與觀眾很深刻的印象，獲益真是良多。

據林先生自己的敘述：「有關旅遊文字之著作，前後達三百餘萬言，四十四種。」多產不足為奇，而專於某一範圍，且有專精，實非易事。而兩岸開放後，林先生享受雲遊四海之樂，所到之處，絕句不絕，出了一本印刷精美，插圖別緻的書：《旅塵絕句》，自印非賣品，更能代表林先生的精神與亦忠亦孝的家庭成就。

林先生寫了不少懷鄉「絕句」，而最能代表原鄉或異鄉心情，莫過於他的〈垂老返里呈諸老〉：

故里風情總是詩

年年佛穗夢歸期

滿頭霜雪猶忘老

今日言從未算遲

《旅塵絕句》一書，可以說是林先生亦詩亦畫家庭的集體創作。旅居美國林家四女兒林綠荔敘述這本《絕句》的分工：大姊綠茵親主繪事，精心繪成空谷幽蘭一幀作封面，以傳父母德徽於萬代；二姊綠芊配合攝影，山鮮水膩，頗使無邊生意，盡到眼前；三姊綠蕉發揮長才，編輯全書及設計，並將藝術融注於篇什之中；而小妹綠蘅則精心校刊，以達虔誠之情；而四妹雖自謙「愧無一技之長，唯獻素心一瓣，撰成後記一篇，以紀本書剞劂之經緯」。

這一林家五姊妹，其才固令人羨慕，但其德更令人敬佩，真是現代罕見的「神仙家庭」。

女兒眼中的「國學真儒」，卻是旅塵遊俠，生活的意義，盡在旅途中。《新生報》期間，有幸結識這位奇才大儒，並出版具有他的代表性著作，也是經營道路上意外的收穫。

這時，我才體會到，新聞出版物的二大生命力的來源：一是記者，一是作家。而兩種截然不同的身分，卻各有天地，各有無限的領空。

一支筆在手，瀟灑無盡，海闊天空，任你遊，這就是林藜先生的世

界，現代人恐難懷有這樣的「絕技」。

我們不能不為奇才大師級從我們的社會逐漸消失而感嘆。

也許是我們走向平庸民主大眾社會所付出的代價。

那個時期的《新生報》，似乎運氣特別好，力道特別足，做什麼事情，都能得心應手，這是大家同心協力，向一個目標努力的結果。

每天，都知道，今天自己該做、應做什麼事情。

每人，都知道，自己的崗位在哪裡，如何善盡自己的責任。

出版部的同仁就是如此。

他們把兩隻眼睛盯住報紙，每天報紙所刊出的內容，從第一版要聞到「新生副刊」，有沒有值得以另一個出版形式為讀者留下一些東西，而不是隨著今天的消失，而盡付東流！

報紙出版部門，至少以《新生報》出版的經驗，它不只是報紙的副產品，而是報紙以另一種方式再現，報紙以另一種形式生命力的創造。

這是報紙的經營心得，也是超乎報紙範圍的經營領域拓展。

人生處處有機會，事業的生機，那更是機會無限。有的埋在地下，有的等著你去播種。

處處都是良田。

第二十四章

新聞與權力之間

民國七十年，這一年，無論對於我個人，對於新聞事業，乃至於對於中國國民黨，都是具有關鍵的一年。

這一年的三月二十九日，中國國民黨十二全代表大會在陽明山中山樓召開。

五年的《新生報》，可謂粗具規模，不能說對於若干「大報」有所謂威脅，但它站起來、站得住了，符合決策者的期待與讀者的願望。

至少，是一份有作為有生氣的報紙。

就在全會集會兩個月前，謝副總統東閔先生辦公室主任吳文曉先生，於一月二十八日來社，這一天恰好是謝先生的華誕，別具意義。文曉先生是謝先生國立中山大學同學，數十年相交相識很深的好友，他的到來，在官場習慣而言，傳達特殊的訊息。

果然不錯。吳主任除了轉達謝先生對於我五年來主持《新生報》辛勞經營外，並傳達謝先生的意旨：

副總統求公推薦兄及他的公子孟雄競選中央委員，諒無問題。謝先生已函中央委員會蔣秘書長彥士先生，盼兄即刻開始部署，爭取代表，作競選中央委員的準備。

對於一般人來說，這確實是一件大好消息，但是對於我卻是沉重的壓力，工作外的負擔。一方面我深受我的老長官中央委員會第四組主任陳裕清先生的影響，對於身外之虛名與虛位，非屬榮譽，而是一種負擔。另一方面，我深受新聞教育的影響，新聞事業是獨立政治與政黨之外的專業，我深信不疑，以此為榮。

更重要的，《新生報》雖然站得住了，但距離最後的目標——堂堂的報紙，與同業並駕齊驅，尚有一大段距離，所以分秒必爭的、與同仁們信守努力的，是報紙的新聞、報紙的發行與報紙的廣告。

晚上連做夢也會夢到廣告，連做夢也是甜的。

我身上口袋裡總是保有三件東西，隨身攜帶：新聞記事簿、訂報單以及廣告托刊單，隨時備用。

新聞記事簿，遇有新聞場合，就可以派上用場，但重大事件或敏感人事新聞，還是記在心裡。通常，重大新聞發生，我總是與線上記者保持密切連繫，注意發展，並相互印證與對照。凡是成熟而有把握的新聞，特別是人事新聞，我就鼓勵記者寫出來。這個時候，把新聞訊息交給採訪主任，而不是記者，一方面尊重體制，一方面培養採訪主任權威性。稿子寫就，我會看一看，查考是否真實，有時候，線索提供後，經過記者查證，比原先還要充實甚至精彩，有的還會推翻。這個時候，你就不得不佩服這位記者路線與關係權威了，足堪寄予重任。我提供的線索新聞，我總是簽個名，表示負責。如果第二天出了狀況，最該負責的是社長，而不是記者或採訪主任。我雖是記者出身，但自己不動手寫新聞，以免增加記者的依賴性，甚至反感。

記者性格，各有不同。有的穩紮穩打，有的捉風捕影，最不敢領教的記者，是打高空。打高空的記者，不管把新聞吹得多重要，新聞多大，寫得如何，但可惜的，幾乎沒有一個字接近事實，接近新聞。

那個時期，我們就有一位記者朋友，常常神秘地來告訴社長：「陳桂華局長（人事行政局長，在總統府對面上班），又抱著卷宗到府裡去了。」言外之意，總統又有重大人事發布。但再問一下：「變動什麼？」不只是沒有新聞，永遠沒有下文。

訂報單用處最大。我遇見親朋好友或拜訪公私民營機構，就用心觀察他們在看什麼報？如果還沒有《新生報》，就訂一份；如果已有《新生報》，就加訂幾份。好在他們常常客套話：「《新生報》不錯了。」我就乘

勢而上：「《新生報》沒有人看的時候，你們減少訂報，是很合理；現在，有人看了，就請恢復幾份，應該是合理的措施。」

廣告托刊單，只能用在拜訪大客戶身上。如有一次去拜訪聲寶陳茂榜先生，他的廣告經理還未進來的時候，我就把托刊單放在陳先生面前了。

托刊單在身上，遇到學生證、身分證遺失之類服務廣告，最有用處。那個時候，這類廣告通常都登在《青年戰士報》，因為學校以及價格便宜關係。但學生較單純，根本不知道到哪裡登？如何計算廣告費？我就隨手撿了幾則廣告，順便做了讀者服務。

為了參加黨的代表選舉，我就不得不做自己不願意的事情，違背公私分明的原則，就一個新聞人而言，實在痛苦。

坐公家車子去拉票。

選票在我的心中，遠不如訂報單在我手中重要。

要拜託不願打交道的人士。

更傷神的是，為了拉票，還要請客。

我是公務員出身的家庭，《新生報》雖然有經營轉機，財務好轉，但畢竟是公家的錢。

「哪個機關首長不請客。」有一天總經理程耿堂先生講話了，替我打氣壯膽。

「那要看為什麼請客！」我就回應。

選舉真是一項文化，尤其在臺灣，其間真是巧妙無窮。

就以當時正在進行的中央委員選舉來說。

先在服務單位根據黨員人數多寡選出代表人數，再參加事業黨部代表選舉。我們是屬於特種的專業黨部——新聞黨部。經過新聞黨部代表大會選出的代表，就是第十二全代表大會的黨代表，由黨代表選出中央委員，由中央委員在中央委員會中選出中央常務委員。

中央委員選舉也好，中常委選舉也好，選舉的奧妙，在提名，在拉

票，更在配票。主持選舉的單位（組織工作會負作業統籌之責），掌握大量的鐵票，當時，包括軍中、黃復興（退除役官兵組成）、「敵後」代表……，當選與票數分布，全掌握在配票單位手中。

參與選舉的人，心理更為微妙，不只是當選，而且要高票當選。當然，得票數越多越好，尤其是，票選要壓過同行。如工商界、新聞界、銀行界競爭對手。

於是拜託、請託還不算，請客不絕、送禮不斷。

作為新聞工作者，如何能夠忍受；作為新聞事業單位，又如何能承受。

我幾乎在好心的同仁強拉半推上路。

第一關就是從新聞黨部代表大會中產生代表，就是十二全代表。

選舉前，真是高潮迭起，各路英雄好漢，各顯神通，也各擁其主。因為在位的中央委員如曹聖芬、王惕吾、余紀忠等先生，是當然代表，不必參與競爭，參與競選的，或為第二代，或為代表親信的主管。一下子密商，一下子飯局，好不熱鬧，如無得失之心，看在眼裡，政治也怪有趣的。

競選策略不外是合縱連橫，而手段真是爾虞我詐。最慣用的手法，是換票，自己團體手中擁有的票數與其他團體交換。有多少實力，換回多少票，這才是「公平之爭」。但「善戰者」並不如此，一張票可以換上二張、三張更多的票，也就是一位姑娘允諾幾位青年。此中高手，選票曝光後，被斥為「選舉騙子」，以後就會成為拒絕往來戶。

這次選舉，是我第一次參與競選，與自己興趣不符，始終提不起精神拜票，好在社內若干同仁為我加油。

同時，《新生報》外縣市記者陣容堅強，不少當選代表，不只是鐵票，還會「體制外」為我拉了一些票，所以票開出來，剛好適中。當時新聞黨部的選舉結果是這樣的：

蔣孝武（七十三票，中央電臺）、吳寶華（七十二，華視）、劉侃如

（五十三，臺視）、沈岳（五十二，《臺灣新聞報》）、梅長齡（五十一，中視）、石永貴（四十九，《臺灣新生報》）、潘霜（四十七，《大華晚報》）、金曄（四十六，《中時》）、潘煥昆（四十三，《中央日報》）、顏海秋（四十二，《中華》）、陳霖生（四十二，中央電臺）、馬維楓（十，臺廣，婦女保障名額）、王必成（四十，《聯合》）。

圖24-1　與有同窗之誼的蔣孝武先生（右）晤談（攝於民國六十九年韓國國慶酒會）

這樣選舉的結果，選務單位新聞黨部有得有失，如日東升的蔣孝武拿了冠軍，是意料中事，建立新聞界，至少，廣播界龍頭的地位。但《聯合報》的第二代王必成票數過低，引起不算小的風波，最意外的，是中央社林徵祁先生卻落選，受到打擊最大。

愛護我的同事都為我捏了一把汗，甚至認為我的直來直往的性格，會吃虧，甚至遭受「暗算」，知道我當選了，採訪主任盧幹金以「知名不具」寫了一張紙條：「天還是有眼，人還有良心！」

中國國民黨的全會，我在文工會服務的時候參加了幾次，都是在大會新聞組服務。我的工作地點，就是新聞組辦公室或大會會場。會場雖然很熟悉，但這次有了出席座位，還有競選中央委員的壓力，所以有些坐立不安，度日如年，希望全會早日過去，好過正常的生活。

當時當選代表，真是一件大事。新聞黨部主任委員馬星野先生打電話來，除了恭喜外，並預祝更上層樓，就是暗示積極部署中央委員。以馬先生地位與謹慎，他的電話，等於已經提名了。

　　大會於三月二十九日正式揭幕，這段期間，已鬧得滿城風雨，為了選舉中央委員，臺北幾乎成為「瘋人城」，送禮、請客、謠言……無所不用其極。十二全大會自然有它的嚴肅性與使命性，但是大家像熱鍋上螞蟻一樣，所想所念所夢的就是中央委員。

　　有的大吹大擂，某某公已經咬過耳朵，提名絕無問題，喜形於色；轉瞬間，知道提名無望，就在中山樓走廊，國罵紛紛出籠，真是變臉比翻書還快。

　　鬧得太不成話，所以蔣彥士秘書長約集各黨部負責人，轉達蔣主席經國先生的約法三章。馬星野先生就在會議開幕前夕，約集新聞黨部所選出的代表，作緊急會議，很嚴肅地宣示三點：

　　一、不得請客與送禮。

　　二、不得以個人力量拉票，使自己的票增高，這樣會得不償失。

　　三、紀律與民主同樣重要。組織配票，視為絕對機密。

　　馬星野先生講的是浙江「官話」，怕聽不懂誤了大事，又特別請王士祥書記長一字一字代為宣讀一遍，可見星野先生的細心謹慎。

　　士祥兄並補充了一句：「其他黨部責怪新聞黨部把風氣弄壞了。」

　　蔣主席的訓示，等於告訴大家，中國國民黨還是一個革命的政黨。黨要你當選，你才能當選。黨給你多少票，你就是多少票，不能夠越位。

　　這樣的排名傳統，當時視為當然，權威與倫理俱在其中。到了第十三全就被打亂了，真是跌破眼鏡，若干大老如沈昌煥、俞國華，被擠到後面。等到第一次全體委員會議，自己位子都找不到了，現在看來倒也沒有什麼。也許這就是中國國民黨的進步。

　　十二全大會，還能玩這套遊戲，雖然不是金科玉律，但黨、特別是蔣主席，還有這樣威望，作這樣要求。

　　中央委員選出來了。三百位中央委員提名人，我列在二百六十七位。有選舉經驗的人，就告訴我：你陪榜而已，配票不多，就是配票，也不是鐵票。

　　我早已將得失置之度外。開票出來，不只是候補中央委員，而且是最後一名。

　　我一點也不意外。當晚是蔣彥士秘書長唱名，唱到我的時候，就結束了。所以有人安慰我：其實，大家都不記得誰當選、誰不當選，只有第一名及最後一名印象深刻。

　　如果你相信，才是不折不扣的阿 Q 精神。

　　道賀也好，道喜也好，都是安慰話。倒是歐陽醇先生適時來了一封賀函，感到非常的溫暖：

　　今晚電視新聞報導聞悉，兄當選中央候補委員，特別興奮，深感黨中央處事待同志公正認真。兄多年來對報業推展之努力為親友及千萬讀者們公認，此次榮任，尤為證明。

　　就我服務大會的歷程而言，算是向前邁進了一大步：

　　第十全大會側身新聞組，為來自國內外新聞採訪同業服務，根本沒有位子。

　　第十一全大會，我以《新生報》社長身分列席，只是一位旁聽生而已。

　　我始終認為新聞人自有自己的標尺，不能與黨的地位與身分混為一談，這也是東西方新聞觀念最大的不同。我深信不疑。

　　會場中，我遇見一位來自歐洲的新聞特派員。他一見面就很緊張哀求：「老師，您那張票，一定要投給我們社長，否則我就無法回任。」

　　我真為我那位純淨的學生叫屈，我也為新聞教育悲哀。事實的發展，恰恰相反。

　　人生的不可測，也就在此，得失之間，小心在「得」呀！

　　這是一場悲劇。

　　是政治與黨的官僚，「謀殺」了一位難得的國際採訪記者。這位才德兼備的優秀國際新聞人才，未戰死在聯合國採訪戰場，而受折於這樣的

場合，實在不值與不智。

　　大會結束，還彌漫在十二全你爭我奪的浪潮中，因為最後的決戰，還未結束。有的好心同事，為自己的社長叫屈，如果新聞版面稍微配合一下，就正式上榜了。我回到報社會議桌上告訴編採主管們：

　　一、不能以新聞去作交際應酬。

　　二、不能以版面去作人情應付。

　　這是一位學習與從事新聞的人基本信念。

第二十五章

未實踐的藍圖

　　作為臺灣歷史最悠久的《臺灣新生報》，歷經創刊的艱辛、中興的繁盛、以及禁不起時勢與環境的考驗，而漸漸與讀者的需要脫節，生存的空間，遭遇極大的困難。

　　由於臺灣省政府的變易，民國八十八年六月三十日《臺灣新生報》就在社論中指出：「在這波劃時代鉅變的浪潮裡，原屬省營文化事業的新生報業公司，亦將從七月一日起改隸行政院新聞局，換言之，也就是從原本的省營事業單位向上移撥中央直轄。」（〈面對新變局，誓為永恆的橋樑〉，《臺灣新生報》社論，民國八十八年六月三十日，頁二）

　　就在這篇社論中，令人感慨萬千的，就是提到《新生報》的創刊之始：「民國三十四年十月二十五日，中央政府接收日據時代《臺灣新報》的機器設備，創立本報。當時是每日出刊對開一大張，初期且維持日文版；至次年元月四日，全面改為中文版，屬於臺省民眾的《臺灣新生報》，至此正式誕生。」

　　從此，《臺灣新生報》也走過令報紙發行人員最感到權威的「黃金歲月」，那就是民國三十四年到四十年間。一位曾從最基層的發行稽核員做到總經理的同仁這樣回憶：「民國三十四年到四十年間，剛光復經濟不穩定，紙張原料有限，《新生報》獨家，報紙發行量限制，讀者要看報紙必須先預繳三個月報費，再看報社是否有配額，發行人員根本不必去推銷招攬訂戶或催收報費。」（林朝復，《往事》，自印本，頁七十七）

　　這個時期的《臺灣新生報》，不能說「洛陽紙貴」，但要想擁有一份《新生報》，除了「報社是否有配額」排隊等候外，還要看關係是否夠，那真是報紙的無限風光。

物換星移，等到民國六十五年，我奉派接掌《新生報》的時候，又是另一波高潮待起。當民國七十年，我離開《新生報》轉往臺視的時候，這個時期，一位也是從基層做起，至主任秘書退休的同事，這樣回憶：「他以這樣領導《新生報》全體同仁，把士氣提振到沸點，恢復了《新生報》傳統文化，重振《新生報》的榮耀，把已經墜落了的這塊《新生報》金字招牌，又重新高高掛起，每個人臉上重掛無限光彩。」（徐仲毅，《堅毅力行》，自印本，頁十一）

如果這是《新生報》的驕傲，應屬於《新生報》全體同仁，在省政府長官支持下，一起奮鬥的成績；也是全體同仁，用汗水把這塊失落的金字招牌擦亮的。

當我離開《新生報》之時刻，腦中所想的，都是為《新生報》這塊招牌，不捨晝夜，一起努力的伙伴；心中所念的，是未完成的使命。

具體而言，不能以《新生報》邁入小康而滿足，也不以超越大報而設限，而是建立屬於《新生報》自己的報團——臺灣新生報團。

這一報業發展藍圖，在我的腦中，不斷地構思與激盪，當時認為是一時的夢想，永遠無法實現的夢，但等到報業開放，衛星等傳版技術的發達與普遍，實在是輕而易舉之事了。

當時的構想，《臺灣新生報》成為母報，也就是旗艦，各縣市分別成為獨立經營自主的地方報紙，如《基隆新生報》，《宜蘭新生報》，《桃園新生報》，《新竹新生報》，或以當地特色為報名……。

成為網狀的《臺灣新生報》發展的藍圖，也就正如四通八達的高速公路一樣。

這樣藍圖設計，是源於兩方面的推展，一是在高雄的《臺灣新聞報》，一是各地的地方版，這都是構成臺灣報紙的特色。

我之所以有這項構想，也是配合《臺灣新生報》的經營使命以及經營版圖。

《臺灣新生報》的經營領域，就是臺灣省境內，如何加深，如何產

生分裂的功能，就是全案的精神所在。

這也是我全省走遍採訪、營業處同仁以及拜訪當地人物的心得。

因為無論採訪或營業處經辦人員，他們的素質，相當良好，真是一時之選，地方關係以及人脈相當深厚。

地方《新生報》的組織架構，以特派記者為地方報總編輯或採訪主任，營業處主任為總經理，另邀地方有才德有實力人士入股，共同來經營屬於自己地方報紙。

《新生報》各縣市特派記者之幹練，我深以為傲，至於全省營業處，也是植根深厚，無論老根或新枝，都是具有發行實力，全力經營。

當時的發行組主任林朝復，就有所分析：

《新生報》全省共有三百九十多個分銷單位，發行網遍布全省各鄉鎮。承辦人條件：一、操守好，信用佳。二、社會地位與聲望高。三、學歷高有寫稿能力。四、對辦報有興趣，推銷能力強（林朝復，《往事》，頁七十八）。

這樣的條件，他們都具備了獨立辦報的能力，可以在地方上一展抱負。

至於股權的分配，分為四方面：一、《新生報》，二、地方採訪同仁，三、營業處人員，四、地方工商文化人士。但《新生報》本身之持股，不要超過百分之四十九，以展現民營的活力。

一份報紙，最重要的就是內容。我曾在美國讀書期間，考察過美國典型的地方報紙，印象深刻，心嚮往之。

地方報紙，其基調就是服務地方。地方上的小事，就是地方報紙的大事。國際新聞乃至國家大事，反而無關宏旨，那就是全國報紙的事了。

內容架構，也很簡單，成本較單獨辦一個報紙，要減輕很多。

全省各縣市的地方報紙內容，有通版，這是由臺北母報所提供，幾乎無成本可言，需要換版的，是第一版，換成當地的「要聞」，以及另外

開闢屬於地方事或服務的三個版面，就好了。

　　廣告，是報紙的命脈。地方報的廣告，完全異於全國報紙的廣告，才有生存的機會，也才有服務的價值。在我的規劃中，除了第一版用全國性廣告外，全是自行開發的地方廣告，尤其著重在聚少成多的服務廣告，價格低，有實用功能。廣告價格，比一家商店印一張傳單海報，都便宜，但效果價值，就不可相提並論。

　　無論內容與廣告，檢排都要在母報完成，在當地所要做的，只要印刷就好了。

　　這在當時，幾乎是不可能的事，但今天衛星傳版的發達，可以說易如反掌。一九七九年，在美國休士頓所創刊的華文《美南新聞》，如今已在亞特蘭大、達拉斯、芝加哥、華盛頓等美國許多城市辦起衛星自辦或加盟報紙，計有十七家，就是一個成功的模式。這樣的報紙，視城市的人口規劃與商業環境，往往都是由周報開始，甚至只能維持周報，這完全要看經營環境而定。

　　事業經營策略，有集中與分散原則。這一新生報團，既符合集中原則，又符合分散精神，同謀其利。

　　這是一個未完成的夢。

　　另外一個夢想，是創立新生萬有書城。

　　我之有機緣參與《新生報》再興之業，乃因為該報大力推動與執行五年革新方案，「更新機器設備與遷建新聞大樓」，均是必要之過程，也是大事。

　　《新生報》原址「新聞大樓」，臺北市延平南路一二〇號，當時，不只是臺灣報業之標誌，亦是青年男女社交約會嚮往地，變成舊樓待建。《新生報》乃在省政府大力支持下，先在延平南路一二七號興建編印大樓，增添印刷設備，改變檢排方式，均是重要之舉措，再在舊址改建。而我無論在副社長任內以及社長期間，所承擔之角色，是新聞編採內容規劃及執行，人才之延攬，乃使得新機器與設備，發揮了它的更新功能。

舊大樓改建，真是巨大而艱苦之工程，正如謝東閔主席在新生報業廣場落成紀念碑文中所指出的，真是「備歷艱困」。所幸，在上級強力支持下，李董事長白虹先生小心翼翼精神，慢工出細活的毅力，得以完成。

新生報業廣場興建過程中，我基於《新生報》的使命感與新聞專業理念，始終有所堅持的二點：

一、這塊代表臺灣報業精神基地，不能有所更易；因此，打消了上級單位有意興建省政大樓之規劃；新聞專業機構不能與公務單位混合在一起；因此，也婉謝了上級單位有意報業廣場落成後成為省府在臺北聯合辦公大樓之想法，只是為了大樓面積有效使用，設有臺灣手工藝中心展示與推廣樓層。

二、大樓名稱，在籌建會議中，我始終堅持的是「新生報業廣場」，與會者並不全具有報業背景，不以為然，甚至引起激辯，認為既無「報業」又無「廣場」，何來「新生報業廣場」，我即懷抱與嚮往「時報廣場」為目標，終能接受並完成興建之願望。當時我單純的想法，臺灣報業，在此大起又大落，今後則成為臺灣報業之精神指標與堡壘也。

只是當時的報紙，只有三大張，報紙本身所能拓展之範圍，還是有限；新生報業廣場之成，也無法使《新生報》本身有所增進。新生報業廣場興建完成後如何作有效地經營使用，則成為《新生報》長遠規劃，更具有挑戰性的前瞻功能。

「新生報業廣場」經營規劃之藍圖，著眼於臺灣新生文化中心之建立。

因此，有新生藝廊等之創設，更具有意義的籌劃，是設立新生萬有書城。

新生萬有書城的主體「結構」，是由書、植物與陽光構成。希望來這裡的讀者，能夠在植物與陽光中，充分享受閱讀之樂趣。

書城場地有別於一般書店與圖書館，做到：

一、面積要大。二、視野要廣寬。三、結構要有線條美。

　　當然，更重要的，服務人員要有圖書專業、愛心與微笑。文化紮根與推廣，就要從這裡啟始。我立志成為臺灣省政府的文化園丁。

　　新生萬有書城的經營理念，是基於一個理想：不管你在哪裡，也不管你是誰，只要你能叫出一本中文書的名字，我們就有方法為你買到，把書送到家中，而且不計成本。

　　這樣的理念，已經超過讀者服務的範圍，但是我心嚮往之。因為我始終認為，不管書店開了多少，也不管臺灣交通有多發達，買書對於鄉鎮讀者來說，也不是那麼方便之事。

　　同時，我有這樣構想，除了讀者服務之外，也想改變臺灣報紙廣告之重心，把大量的書籍出版廣告，一如日本的報紙，在臺灣報紙興旺起來，無論質與量，代替商業及房地產廣告。日本報紙有一優良的傳統，即在第一版的第十三、十四、十五共為三欄的版面，固定的必須刊載新出版的專著或期刊廣告，絕不容許其他任何商業性的廣告「侵入」，這已成為一個全國同業共同遵守的格式（章陸著，《日本的政治、金錢、文化》，臺北：正中書局，頁七十八至七十九）。這樣，雖不能代表什麼「文化大國」的面貌，但可以活絡我們全面的文化出版事業，應無問題。

　　那是民國六十八、九年之事。

　　新生萬有書城之志，雖未得實現（新生報業廣場落成後，曾有新生萬有書城之設，可惜未能成功），但很幸運地，書的廣場與超級連鎖店，在此後的二、三年中，就陸續出現了，展現臺灣經濟與物質生活的另一面。啟始的，是民國七十二年元月在臺北汀州路開設的第一家複式型廣場——金石堂文化廣場。

　　金石堂文化廣場的背景，是紡織業，創業地點又是較偏僻的汀州路，但由於理念符合社會需要，經營得法，陸續在臺北市繁華地帶如臺北市衡陽路、忠孝東路，臺灣省小鎮以及海外加拿大設立連鎖分店八十家。計有臺灣地區直營門市七十四家，加盟門市四家，加拿大兩家。同時，還有新學友書店（四十六家門市）、何嘉仁書店（二十一家門市）、敦煌

書店（十三家門市）、古今集成、展書堂（八家門市）、以及光統圖書公司（七家門市）。更有重視品質的誠品書店的出現，臺灣已有四十八家誠品書店，真是蔚為臺灣文化出版奇觀。影響所及，連日本甚至法國的書店，也已進軍臺灣出版市場了。

　　現在，臺灣書籍出版的視野，不只是不再局限於臺灣市場；書的內容更無政治與思想的設限，那是海闊天空華文出版世紀的來臨。

　　這個時代，不要說想法，連夢想也沒有人能預料得到。

《第三篇》
臺視時期

石永貴一年多全力以赴之後，
臺視盈餘一蹦五倍數字，像是重
振雄風的宣告。
——《天下雜誌》

第二十六章

新聞界人事起浪花

蔣經國先生在臺灣所形成的「蔣經國時代」，以在行政院長期間（民國六十一年至六十七年）最具有代表性，尤其表現在思維、作為與人事方面，最為徹底，而能得心應手。

人事不只是彰顯政治布局，亦在展現政治作為。

除舊布新的人事更新。蔣經國先生深知，要想在臺灣生存紮根，必須重視本土人才的發掘與起用；中華民國對外求發展，必須具有國際條件的人才。

人事有條件，亦有背景存在。當時的救國團，就是一個重要的背景，許多人才，是從救國團的管道而出。

人事亦有其根源，就蔣經國所熟悉的軌道，如國防部、退輔會等。

蔣先生的作為，在國防部得到驗證；那裡的能幹苦幹而又清廉的人才，也通過蔣先生的考驗，受到信任。經國先生最欣賞軍人出身服從又負責的領導幹部，如人事行政局長陳桂華，政府財政主計以及執政黨財務主管的鍾時益和曾任執政黨幹管處處長、臺北市黨部主任委員、華視董事長易勁秋等先生，均出身國防部，可謂典型。據前國安局局長宋心濂多次私下向我透露，經國先生有意讓軍人負責黨務訓練機構，甚至主導黨的推動工作。

行政院退除役官兵輔導委員會自有其積極功能，但消極功能，上至上將下至士兵，自軍中崗位退下，必須在政府或社會組織中得到安排，以酬其對國家的貢獻，以安其業，社會亦得到安定。

當時，蔣經國先生的人事布局苦心亦在此。所以有人就說，你要小心應對，連機關一位工友，都是蔣經國安排的，源於此。

行政院人事行政局長王正誼以及臺灣省政府鐵路局長陳舜耕，持有特殊的人事背景，而疏於這方面的認識與配合，均遭受嚴重的挫折，亦源於此。

這也可以說，是蔣經國先生的苦心。

舊有的組織，亦應在人事更新之下，而有新的作為，經國先生素所重視的新聞傳播媒體，更是如此，更要展現新的活力與幹勁。

民國七十年春季，《中央日報》的高層人事，就不斷傳出變動之說：

元月七日，具有軍方背景的李廉與救國團出身的顏海秋，傳出將分別出任《中央日報》董事長及社長。

《中央日報》內部產生嚴重危機感，在一項主筆會議中，具有政大背景的資深主筆就感嘆地說，我們政校新聞系最後的地盤快沒有了。

接近權力方面人士可能有此想法，並未成熟，亦未成為事實，但此一徹底改造《中央日報》的念頭，亦出現第二波、第三波。

二月二十八日，出現一種新的說法，新聞界一位資深記者分析《中央日報》的高層人事變動，將在三者之中擇其一：秦孝儀、顏海秋與石永貴。

當然，也未成為事實，但還是有軌跡可循。

四月五日，第十二全代表大會結束，舉行閉會餐會。中央委員會陳水逢先生剛好與我同桌。他說：「老闆（我們兩者間戲稱）將有遠行，準備準備。」他嚴肅地透露：秘書長曾邀集三位副秘書長，商研舊金山《少年中國晨報》強化案，並談到如徹底整頓，國內人選如何？其中，有一位副秘書長就提到，如果黨要徹底整頓，就要石永貴去了。首席副秘書長吳俊才亦在場。陳先生就說：「你的吳先生表示贊成。」

《少年中國晨報》是孫中山先生在革命期間，「無中生有」創辦的海外革命報刊之一。因為海外環境的變化以及國內政治的改變，生存發生困難。曾先後由《中央日報》代為經營、海工會主管、文工會接管，再送回海工會，最後還是難逃關門的命運。

　　《少年中國晨報》社長一職，由當時的《中華日報》社長顏海秋走馬赴任。

　　四月六日舉行十二全中央委員第一次會議，我以中央候補委員身分列席。

　　這次會議，在一片恭喜聲中進行，因為許多新面孔高票當選中央委員，其中包括文工會主任周應龍以及新聞局長宋楚瑜；也在緊張聲中進行拜票，因為主要任務，也是全會最高點，進行中常委的改選。

　　這次改選的結果，就政治與報業而言，有兩項意義：

　　第一、二十七位中常委中，新任的有：沈昌煥、閻振興、辜振甫與曹聖芬先生。代表報業的中常委，多年來是王惕吾與余紀忠先生，而且無論中央委員或中常委選舉，競爭相當激烈，雙方人馬，非常在乎「老闆」的排名。曹聖芬先生曾擔任蔣公新聞秘書，特別是民國三十八年風雨飄搖危急存亡之際，與蔣經國、沈昌煥等先生，少數與蔣公朝夕在一起的生死患難同志，其忠誠品德，向為經國先生所敬重。此次曹先生膺選中常委，不只是對於曹先生在黨國地位有所肯定，亦在平衡報業政治力量，而形成所謂「三大報」。對於傳聞不斷的《中央日報》人事是一種及時雨，足以沖散與沖淡外界的種種謠傳，亦等於向蔣經國先生附近的人一種事實的宣告：《中央日報》高層人事，不要輕舉妄動。

　　第二、省籍政治人物中，李登輝先生居於領導的地位。當時一位政治觀察家就說：這是一個很大的變化。

　　蔣主席經國先生無論從報告中或者目擊，看到黨內為了爭奪中央委員名位，無所不用其極，語重心長地要黨國負責的同志：除私、除偽、除名，真是一語道破千古及眼前的人心。

　　我以最後一名候補中央委員身分，隨俗跟著大家一起，向高票當選的，新當選的中央委員道賀。

　　當我走到銳氣煥發的文工會主任周應龍以及新聞局長宋楚瑜桌前的時候，他們低聲告訴我：「黨政高層方面，已經交換意見，並且達成共識，

將來重要人事安排機會，希望能考慮到你，因為你能把《臺灣新生報》起死回生，確實不易。」

當時我的直覺，大概是給我這個中央委員看榜的人，一個精神安慰獎吧！

趕回報社上夜班，走出熱烘烘的陽明山中山樓，搭便車回家的途中，想到元月間報社一位「鐵口」年輕同事的良言：一月是關口，二月還有一些風浪，三月會有貴人相助，五月會有遠行。

這位年輕同事，後來才知道，他不只是在報社有「半仙」之名，且為不少黨國要人看過相，還受到重視。他與我沒有利害關係，也是出自一片善心，他推門進來，我不好意思謝拒，因為宗教信仰關係，這也是我生平第一次可能也是唯一的一次有這樣的經驗。他並且建議我，這段期間，凡事三思而緩行，以待貴人出現。

「三思而緩行」，他指點的才是重點。勸告我，謹言慎行，不要過於急切，以免誤信小人或中小人暗箭。他是有感而發的，也看到我為了報社改革，在百箭中穿過，難免驚險。在這個關鍵時刻，小心為尚，小心為宜，應是忠言。

「三月會有貴人相助，五月會有遠行」，從陳水逢先生透露到周、宋兩先生的會場之言，莫不是真的又要遠離年邁雙親、妻小，遠赴舊金山，承擔《少年中國晨報》的「革命」重任了？

四月最後一日——四月三十日晚，我接奉決策方面面告：層峰已經決定，因為臺視現任總經理任期已滿，借重我《新生報》經驗，接長臺視，已面報總統，隨後將向行政院孫運璿院長以及黨部蔣彥士秘書長徵求同意，並循法定程序，由臺灣省政府完成聘任程序。要我心理上有準備，但涉及人事高敏感度，對外萬勿透露。

在這「告知」之前，因為已經感受到職位變動的壓力，我就拜訪老長官中委會副秘書長吳俊才先生。他給我幾點十分中肯的建議：

一、如有選擇，仍要留在《新生報》。因為已有百分之九十五成功，

再堅持二、三年，就會得到百分之百真正的成功。

二、《新生報》最後的成功，才是自己真正的成功。到時候，正如同一個運動員轉換跑道，是理所當然的事。

三、電視是坑人的事業，任何人去主持，都是跳火坑，跳進去，就出不來。電視主持者，幾無好下場。以臺視的環境，積重難返，恐亦難有成。

我得到決策者的當面告知，可以保守秘密，甚至包括家人在內，但有兩位長官，必須立刻報告，因為他們在事業道路上，一路扶持我走過來，而且非常關心我的現狀以及未來發展。一位是副總統謝東閔先生，一位是吳俊才先生。他們也立刻分別在官邸及辦公室接見我。

謝先生明白告訴我：這項人事，不是出自他的推薦，總統並未徵求他的意見，如果總統有所垂詢，他會照他瞭解，將我的狀況，真實地向總統報告。

吳先生亦無驚喜之情，並作進一步人事分析：「《中央日報》社長將要易人，但還不會輪到你，應該是副社長姚朋升任。」言外之意，要我在《新生報》崗位上，再堅持幾年，就會輪到了。

吳先生坦誠告訴我：「雖然我不贊成你到電視界去，但主席如有所決定，自然要貫徹，你心裡也要有赴難的準備。」

後來，吳先生告訴我，蔣秘書長曾當面質問他：「是不是你向主席保舉石永貴為臺視總經理？」吳先生也坦然當面告訴秘書長：「根本不知道也不贊成這項人事安排，更不會繞過秘書長作這項人事推薦，請秘書長放心。」

可見人事決策之複雜與敏感。

當時是一次三項重大新聞機構的人事易動：《新生報》社長石永貴內定臺視總經理，《新生報》社長由《新聞報》社長沈岳調任，《新聞報》社長由中央文工會第一室總幹事嚴重則出任。三者都是省政府重大投資或省營事業，就由省政府新聞處長鍾振宏手持簽報公文，面報林洋港

主席。

林主席對突如其來的人事案，心裡自然有配合中央的準備，但還是問了一些問題：「我們要留住石社長。」並說：「石社長為我們增加不少光彩。」問鍾處長：「這樣是不是升了？」鍾處長說：「《新生報》與臺視都是新聞傳播事業，論規模，臺視比《新生報》大。」鍾處長說：「主席就批了。」

這個人事案，由於《聯合報》的「獨家」，而掀起巨大波浪，差點胎死腹中。

五月六日晚上，我正在《新生報》處理編採稿件，忽然接到《聯合報》採訪電視記者黃北朗小姐電話，直接就說我要到臺視，請問社長將要怎樣經營臺視？她轉了幾個圈子，均無法得到答案。緊跟著採訪主任陳祖華親自「上陣」：「學長，恭喜你。」祖華說：自黨部得來千真萬確的消息（事實上，可能是在徵求省府同意的過程中漏出來的）。我還是否認。他說：「明天恐怕要見報了，你還是講一個『假如』到臺視如何做？以便新聞配合。」我說：「學長，『假如』的事，怎能說，我今晚在《新生報》，只能說《新生報》的話。」祖華是採訪黨政要聞，非常有經驗的資深記者，同出自政大新聞系，仍然無法從我口中得到「證實」。因為我當時態度：一切聽其自然。因為得之不足喜，失之不足憂。還是把現在的工作做好重要。

第二天——五月七日，《聯合報》果然把這條重要新聞傳播事業人事調整案，當成重大獨家新聞處理，以顯著的地位跳出影劇版，而放在第二版。

果然，引起極震撼的反應。臺視董事長許金德，早晨看了報紙，極為光火，分別以電話向總統府秘書長馬紀壯以及省府林主席提出「抗議」。許董事長是草根性格人物，黨政軍商關係一級棒，人住陽明山別墅，以「草民」自居。臺視這項人事大地震，引起他極大的「震怒」。

許金德連連質問：臺視總經理人事變動，連董事長事先都不知道；

臺視是私人民營事業，總經理何需官方決定或派遣？

更嚴重的，他在電話中提出要求：乾脆把董事長一起撤換了！

馬秘書長與林主席，都不是這項人事的決策人，而受到無妄之災，自然心有不平。馬秘書長把許董事長的電話，報告總統。經國先生的立即反應：為什麼不事先協調好？有點責怪的意思。林主席則針對新聞的出現，有些不滿。

為了「息怒」，這項未實現先轟動的新聞事業人事案，黨政有關方面決定，暫停協調。

就如同五年前的《新生報》社長升任案，臺視總經理任命出了狀況，又發生在我身上，真是命運在捉弄人。所幸我未跳入「假如」的圈圈裡，否則我就要身負未上任，就張揚，新聞曝光死的責任。

第二十七章

人轉山不動的臺視人事

人事問題，真是變化難測。

民國七十年五月間，由於臺視總經理職務的調整，引起新聞界的人事變動，《新生》、《新聞》兩報負責人易人。

也由於臺視董事長許金德先生的強烈反彈，而使得這一轟動一時的重大新聞界人事調整案，陷於膠著狀態。

不要說政治重大變動，就是新聞界這一人事變動，也引起了一些猜測。

《聯合報》獨家新聞傳至《新生報》採訪組後，若干政治敏感記者私下就作分析：石社長所以從《新生報》調至臺視，完全是省籍考量，因為董事長許金德是本省籍，所以要配上一位外省籍總經理。又因為我一路走過來受到謝主席東閔先生的賞識與提拔，所以把我又歸類至謝系人馬。而許金德當上臺視董事長，也是謝先生提名的，所以合作起來，不會有困難。

這都是想當然耳。我之所以被點名至臺視，完全是因為在《新生報》艱困崗位上做出一點成績，把外界認為無藥可救的這家臺灣老字號報紙又活起來了。所以一位決策人士就說：「世界上還是有公道的，若不是你自己苦幹，在《新生報》位子上做出成績，哪會有那麼多人支持。」

接替《新生報》社長的沈岳，當時是《新聞報》社長。沈先生自大陸來臺，從中央黨部基層做起，深受政府與執政黨兩位重量級人士的提攜，那就是沈昌煥先生與秦孝儀先生。此番從《高雄新聞報》調至臺北的《新生報》，雖同屬一家公司兩個報紙，但就報紙地位，還是屬於調升。

準備接《新聞報》社長的嚴重則，是金門砲戰期間怒海餘生的新聞

記者，當時是文工會第一室總幹事，深受周應龍主任所倚重。

人事變動之奇妙，也許就在此。是一個位子一個位子推上去的。

剛好，臺灣電視公司總經理變動新聞曝光，我被卡住，我固然動彈不得，後面兩個位子，也無法跟著移動。

我感到由於這一變動，使得許多長官受累、傷神、甚至火氣很大；同時，這樣硬擠進去，將來所能發揮的力量，也有限，實在不智與不值。有一次，我就向決策人士在電話中表白：「是不是可以把我的名字拿掉，免得增加這麼多人困擾，內心至感不安。」

所得到的答覆：「這不是你願意不願意的問題，也不是你的問題。」

以我的經驗與體驗，也多少反映當時的政治環境：人事決策權，是掌握在一個人腦中。他不動如山，別人再怎麼動，都無法產生絲毫的力量。

事實上，臺視總經理人事案，並未過去，雙方還在各自較勁。

臺視方面，總經理易人新聞曝光，感受到急迫的危機感，看樣子，總經理非換人不可了。

臺視，以現在術語來考量，是準備以經營團隊的更替，副總經理以上的人事補強與更新，用以替代外來總經理的進駐。

所用的方法，一方面動員政治資源，向權力機構保舉；一方面利用新聞，造成事實，並進行排列組合的遊戲。

有一次報紙出現的名單，是總經理：李蔚榮，副總經理：王曉祥、李文中、李聖文。

這一名單，深具政治含義，因為三位副總經理，全是新任。王曉祥並非臺視人，是中視新聞部經理，而且是電視慧星，政治新銳；李文中是臺視駐舊金山的記者，長駐美國，與林洋港主席，由於臺大關係，據說：私交甚好。

有一次，一個星期日，連《英文中國日報》也刊出一則新聞，臺視總經理確定由李蔚榮升任。

　　另一方面，決策階層，並未放棄原先規劃的努力，原因是蔣總統經國先生並未收回成命，所以還要尋求貫徹。國民黨中常會後，有關主管就進行會商，但並無突破之策。

　　政府行政最高首長卻感受到臺視高層人事變動的空前壓力與困擾，因為保舉內升的動作，一波一波而來，最具有壓力的一次，是為數不少的監察委員聯名向行政首長提出內升人選。

　　本來沉寂的臺視人事，受到這樣的壓力，就到了非解決不可的時候。否則，就會得罪更多人士。

　　事有湊巧，一位深受當局敬重，而任職多年的臺視常董，在一次閒談中，就被問到困擾不堪的臺視人事問題如何解決？

　　這位心直口快，就很直接提出他埋在心中很久的答案：臺視的問題，是在內部；所以誰來做總經理都可以，但這位總經理必須來自外面，才能負起改革的責任。

　　這位黨國大老真言，無意中卻產生意想不到的力量，把外面一波一波地內升的人情浪潮，全擋在防波堤外。

　　七十年六月三日，我正在省議會列席教育質詢，忽然議會工友來通知我，說是臺北長途電話，等著我去接。以當時的交通工具使用來說，並非尋常。是《中國時報》儲京之先生打來的。

　　儲先生在電話中告訴我：余先生（紀忠）特別要他打電話給我，有關臺視總經理事，總統已作出決定，仍然是老兄，是千真萬確的事。是中常會開始前，蔣秘書長主動請示臺視總經理人選，總統就告訴蔣秘書長還是原來人選不變，並請他負起協調責任。

　　可以說折騰幾個月的人事案，到這個時候，偶然的狀況下出現轉機，由蔣總統親口劃下了句點。

　　這一決策背景，後來蔣彥士先生因為明尼蘇達大學校友會的關係，往來密切，告訴我一些「內幕」。

　　當日，說做就做的蔣彥士先生，得到蔣主席的口諭，下午就往國賓

飯店拜訪許金德董事長，親自完成協調的使命。蔣秘書長地位崇高，熱情又親切，說明來意後，許金德先生的態度就有了明顯的轉變：「總統的決定，當然要服從。過去這一段期間，這個來說是總統的意見，那個又來說是主席的指示，我們怎麼知道是真的。今天勞秘書長親自駕臨，是錯不了的事，請秘書長放心。」

許金德董事長已經同意了，很快就傳遍黨政有關決策人士，大家都為這一人事拔河賽，鬆了一口氣。

省府林洋港主席也有配合的指示，交代新聞處長鍾振宏，趕快陪我去見許董事長。林主席在電話中特別叮嚀鍾處長：越快越好，以免再生變化。

這樣的人事案，許董事長的反彈，一方面基於他阿莎力的性格；一方面他在臺視也承受一些面子與人情壓力。所以他特別要求蔣秘書長，暫時還不要公開，給他一點時間，處理內部問題。

人事之複雜，可以想見。

許金德先生是性情中人，他與我第一次見面的時候，特別解釋，這些日子的紛擾，主要是制度的考量，因為臺視不只是民間企業，還有日本電器、東芝、日立、富士四大商社投資的國際事業，外界並不瞭解，誤以為是省府投資，其實省府並未直接投資，而是透過省屬銀行間接投資的。

六月二十六日下午四時臺視董事會通過聘我為總經理，五時，董事會秘書舒維遠先生就把聘書送到《新生報》我的辦公室，我第一次感受到臺視的行政效率「奇高」。

當日，下午三時剛好中央通訊社舉行股東常會。我所敬佩的新聞界大老曹聖芬先生走到我面前，鼓勵我：「就憑你辦《新生報》的精神是會成功的。」

我深感曹先生鼓勵後進的精神，接下臺視聘書，我深深體會到這張聘書的取得，代表多少人的心血與厚望，我在心中寫下八個大字：

過河卒子，勇往直前。

臺視總經理人事塵埃落定，一如第一次的訊息出現，我立即分赴吳俊才先生與謝東閔先生官邸報告並有所請示。

吳先生為中央委員會首席副秘書長，雖不贊成我往電視發展，但知道是層峰決策，他還是花了不少心血，協調與溝通，乃使這次眼見胎死腹中的人事，終於成為事實，他心情之複雜，可以想見。經過這次人事風波，吳先生更感到臺視內部，尤其高層人事之複雜，他特別建議我，應有義無反顧的精神，壯士斷腕的魄力，面對可能來自內部橫逆與阻力。他要我在心理上要有所準備：這是一場不好打的硬仗，除了自己的決心外，還要有足夠的幫手，才能產生劍及履及的效果。

謝副總統東閔先生經過《新生報》的經驗，以能用我為榮，此項臺視經驗，心中之愉快，可以想見；但深知我的性格，歷經這次臺視總經理變動的風波，他更知道臺視內部的複雜性。謝先生與許董事長是省議會時代的「老同事」，更知道許先生的性格。他也知道，未來臺視的環境，不是昨天的《新生報》的單純，特別叮嚀我；要多看，多聽，多問，多做，也就是先弄清楚環境再定舉措，真是語重心長。這「四多」，正是我上任時的宣誓，也就是在就職後三個月內，幾乎都以學習的精神，來摸索臺視應走的道路，來調適臺視的經營路線，真要感謝謝先生的指點。

就任之前，除了拜訪臺視董事長許金德先生之外，還向臺視大老、當時的主任秘書葉明勳先生請益。

葉先生可謂臺灣新聞界的「元勳」，以政通人和著稱，是幾十年來在野的長青樹，是難得的臺灣政治與商界的調和鼎鼐的人物，是臺灣政治發展的活字典。葉先生與臺灣新聞界關係密切，長期擔任《臺灣新生報》常務董事，對我一直很鼓勵。

許、葉兩先生，都建議我在就任前，先拜訪臺視執行副總經理李蔚榮先生，並多多向李先生請益；到任後，也要多多借重李先生。從言談

中，可以感受到他們在這次總經理變動中欠了李先生的一份人情。

事實上，李蔚榮先生是《新生報》的前輩，臺視從無到有，他協助周天翔先生最多，李先生亦是我政大學長，雖然他不是學新聞的，但採訪政治新聞很出色；他的性格，亦有政治新聞記者的個性；不向權位低頭，是他一手、而且數十年如一日，把臺視新聞部帶大的。

我遵照許、葉兩先生的囑咐，到職前夕，專程赴李蔚榮先生府上，向他致意與請益。我並且說：「誰做總經理並不重要，重要的是大家攜手合作，把臺視精神恢復起來，重振雄風，我當以後輩尊敬前輩的精神，隨時向他請教。」

同時，遠在美國的好友袁良兄知道我的新任命，也來函祝福，特別在函中要我儘快到醫院去探視臥病的李蔚榮夫人。

李夫人住在宏恩醫院，中風失覺多年，李先生伉儷情深，每天早晨上班前以及晚上下班後，都定時赴醫院向他夫人問候，不知感動了多少親友，這樣的夫妻情深，世間真是少有。

我偕內人赴宏恩醫院探視李蔚榮夫人，從她的表情中，可以感覺出來，對她的先生未能取得臺視總經理的位子失落之情。

這是人間少有的夫妻連心之情，我們深受感動。

第二十八章
決心與徹底

民國七十年七月一日十時，臺視舉行新舊總經理交接典禮。

民國七十年六月三十日晚上，我在《新生報》社長室，如同往常一樣，忙完了編輯言論一些工作。至十時許，內人到我的辦公室，幫我收拾東西打包回家。過了午夜十二時，住在報社社長室的工友老陸，醒了幾次，推開門看看，關心地問：「社長還沒走啊！」

當晚，還接待幾位訪客，其中包括立人小學校長鄭惠芝女士，我好奇地問：「這麼晚了，你們怎會到這裡來？」

有兩位就很坦誠地說：「我們打賭你老兄一定還會在這裡！」

當《新生報》司機小林當晚送我們回家的時候，就問我：「明天社長還用不用車子？」

雖然《新生報》我還未交卸，雖然新社長也未到職，但是《新生報》社長的職位以及工作，到六月三十日午夜十二時就結束了，所以我就對林司機說：「謝謝你，明天不到《新生報》上班，不用來了。」

事實上，臺視雖然還未到職，董事會秘書舒維遠先生，事先就有連絡，並問：「幾點鐘到府上接石先生來公司就職？」

我說：「我還未正式上任，我還是自己前往臺視，準時參加交接典禮，謝謝你。」

七月一日上午，我就叫了一部計程車，到臺視報到。

想不到，在計程車中就上了一課，也真是當頭棒喝。我與計程車司機那一段對話，久久不能忘記：

「先生，到哪裡？」

「去臺視。」

「去臺視做什麼，看樣子先生不會去演戲吧?」

「去看朋友。」

「唉，那個滿清政府!」想不到這位司機竟發出感嘆之聲!

是不是清朝宮廷戲播多了，這位「臺視迷」送了臺視一個封號。後來在一些有關雜誌中才知道，觀眾對當時的「三臺」的作風與處境，都分別加以封號。

臺視就是「滿清政府」，中視是「國民黨」，華視是「紅衛兵」之類。

「滿清政府」自然是積弱作風、老大不可救了。那個時候，的確，臺視在其他二臺夾攻之下，招架無力，大牌的歌星、主持人與演員，被挖走很多，臺視成了強弩之末。

不要等到選舉，一些政治的耳語，紛紛出籠，連一個電視臺，也遭受譏諷。

耳語實在可惡與可怕。

我還未到職，就上了一課，重重地打到我的後腦。

更加重我徹底重整臺視的決心。

事實上，臺視總經理變動競爭過程中，最後「非我莫屬」，加重了我的責任，也加深了我的信念。

決心與徹底，用以實踐我的責任與貫徹我的信念。

我一無所有，而能受到這樣大的付託，全憑赴難的勇氣與樸實的作為，也全憑與《新生報》同仁一起奮鬥的成績單，也憑上級長官的毫無保留地支持。

決心與徹底，就從第一天上任啟始。

交接典禮完成之後，一位臺視節目部舊識來到總經理室，「請示」總經理交接典禮錄影帶如何配音製作?

「謝謝您的好意與費心，那不重要，重要的是我們大家一起把節目做好。」我這樣回應，言外之意，把那個丟在一旁就好了!

中午過後，送走各方道賀的客人，下樓回家的時候，門口準備好一

部豪華萬千的總經理進口座車 Mercury，停在那裡。

當時，坐進口車是一件大事，一般首長是坐裕隆或福特的國產車。

我不知道從哪裡來的勇氣，我看到那部座車，就直覺認為不適合當時的臺視艱困環境，也不適合我的身分，當場，我就婉謝上車。

有關主管都在那裡，也都僵在那裡。

於是一位高級副主管就出來打圓場：

「是不是石總經理暫時坐一下，再安排新的車子。」

我還是堅定但態度委婉地謝絕。

「現在，實在調不出車子。」行政主管說。

我就看到附近停了一部福特千里馬。

「那部車子已經報廢了，是供出差用的。」

「那很好，就暫時用它吧。」我說。

這部福特千里馬，性能不錯，是當時較好的「國產車」，但因為當公務車用，所以缺乏保養，就常出狀況。當了總經理座車後，有幾次就拋錨在路上。七、八月時節，臺北天氣燠熱，事情又多，停在馬路邊，等發動，真是心急如焚，實在等不及了，就改坐計程車。

我當時心理上已有準備，實在找不出車子，就坐計程車上下班，也沒有什麼了不起。

這部嬌貴的 Mercury 就入庫待命。

後來高價售出，名車配名人，為張大千先生買去了。

如今這部當年臺視總經理名車，還停留在外雙溪張大千先生紀念館的車庫中。

參觀張大千紀念館的人，看到這部名車，也就想到當年張大千先生起居派頭，但不會知道這部 Mercury 後面還有這段鮮為人知的故事。

我堅不坐進這部座車，對於當時在場的有關主管，實在不好意思，也有些難為情，但是，如果我不這樣堅持，一坐上去，就不容易下來了。

因為由奢入儉，難呀！這是人之常情。

　　我所以被當局視為臺視總經理「不二人選」，就是要我徹底力行由奢入儉。因為相對之下，《新生報》的環境，就樸實多了，甚至「土」多了；這一方面，我改變了《新生報》的環境，也受惠於《新生報》。

　　可能，這就是我的本錢；我一開始就很清楚，而且，時時、事事，都要保持清楚的頭腦。

　　我不只是臺視總經理，我是在臺視總經理崗位上，改變臺視環境的一名標兵。

　　只是這名標兵，由總經理擔任，就特別突出與起眼，引起公司內外的好奇。

　　為了瞭解與熟悉臺視環境，我經常一個人離開辦公室，到處走走、看看，就是當時的走動管理。

　　我到任沒有好久，就到工程部所屬主控室、錄影室與副控室看看。我雖然是學大眾傳播的，但工程這些地方，是我較弱的一環，我加緊學習，以彌補我往日學習的不足。

　　這些機器，相當昂貴，所以非常用心保養與維護，最怕灰塵入侵，所以在管制森嚴的門外，都擺著不少雙拖鞋，供工作人員以及來賓換穿用。

　　當我第一次進入參觀的時候，就被工程主管看到，連忙接待我進去，我即換穿拖鞋，工程主管很緊張，並說：「總經理請進，總經理不必脫鞋子。」

　　「為什麼總經理不要脫鞋子？」我堅持非脫不可。

　　我不只是「非脫不可」，並且認為，任何公司所訂規則，總經理不但非要遵守不可，而且首先要遵守，以身作則，才有意義，也才能貫徹。

　　「總經理脫鞋」，本來是小事一樁，但卻成為報紙影劇版的斗大標題花邊新聞，成為石總經理脫鞋新聞，引起社會各界對於這位總經理的好奇，也可見當時電視公司總經理的權威。

　　報導石總經理脫鞋事件，是《民族晚報》影劇記者張光斗先生。

　　當時的三家晚報：《大華》、《民族》與《自立》，各有特色，而《民族晚報》彩色影視版特別突出，也培養出一些傑出的記者。

　　我很好奇，當時又沒有記者在場，為什麼《民族晚報》報導這樣詳細呢？原來張光斗先生原在臺視節目部擔任節目助理，後來因故離開，他在臺視「埋伏」一些「眼線」，常常提供新聞線索與內幕新聞給他。光斗兄後來為《民生報》所借重，並前往日本苦讀，因為電視節目實務以及電視記者的經驗，所以在日本很快就吸收不少日本電視製作的作為，返回國內，投入電視製作，在華視製作了一個很有意義的《點燈》節目，具有宗教與社教價值。

　　我一直懷念與感謝光斗兄當年為我一些微不足道的小事，加以宣揚，使外界瞭解蛻變中的臺視。所以他從日本學成歸來，製作《點燈》的時候，我就對他說：在我心中，你就是點燈的人，一枝見義勇為的筆，逐漸點亮臺視的明燈。

　　民國七十二年六月一日出版的《天下雜誌》，在它的二周年特大號中，以「石永貴重振臺視」封面主題，作專題採訪報導。

　　很有趣的，採訪記者呂錦珍小姐，在往日我所服務的《臺灣新生報》以及當時工作的臺視，上上下下員工，明察暗訪，作了這篇調查報導，並替我在臺視一年多的作風，寫下一個註腳：「掌舵又搖槳」。言外之意，大大小小事情都管，不像一個總經理只管大事的作為。看了這篇報導的長官與長輩，就好心地勸我：你只要全心「掌舵」就好，又何必全力去「搖槳」呢！

　　我自然感謝他們關愛的盛情，但我也有我自己的解釋：

　　第一、大眾傳播的小地方做不好，後面就不好，所以小事和大事一樣重要。

　　第二、無論新聞或節目，是一個過程的完成，起頭做不好，過程就不易掌握，結果就不會圓滿。

　　「我的小事和大事一樣重要觀點」，列入《天下雜誌》編著的《臺灣

奇蹟創造者群像》一書中。我有附驥之幸，因為《天下》所選出的臺灣奇蹟創造者，都是政府、企業或社會的傑出之士，如：孫運璿、李國鼎、王永慶、張榮發、張忠謀、吳舜文、高清愿、王作榮、吳大猷、徐佳士等等。

《天下》的「掌舵又搖槳」的專題報導中，肯定我主持臺視一年多的成果：

開播二十年的臺灣電視公司經營狀況落在深深的谷底時，石永貴又帶著改革《新生報》的

圖 28-1　《臺灣奇蹟創造者群像》（臺北：天下雜誌）中的筆者照片（何曉東攝）

經驗和「長官、長者、師友的勗勉鼓勵」，負起臺視總經理的決策大任。

經過他六年的努力經營，《新生報》的廣告從三千多萬突飛猛進五倍，發行量也跳增一倍，而虧損的赤字變成振奮人心的盈餘黑字。

民國五十一年率先開播的臺視，業績表現卻常常赧然落在兩位後進——中視、華視之後。石永貴一年多全力以赴之後，臺視去年的稅前盈餘突然從一千多萬臺幣跳升到將近六千萬，一蹦五倍數字像是重振雄風的宣告。（呂錦珍，〈石永貴重振臺視〉，《天下雜誌》，民國七十二年六月一日，頁三十四）

《天下雜誌》，是國內極具權威的專業雜誌，這一「重振雄風的宣告」，不只是具有可讀性，更具有神秘性。

不免會引起好奇者問：從《臺灣新生報》到臺視，石永貴何以會有如此喚風使雨之功？

其實是苦功而已：

一切從自我做起。
一切從勤儉做起。
一切從根本做起。
一切從上面做起。

這都是起家興業復國的中興不二法門。

實在，是一個笨人的逆勢操作。

我進臺視不久，在一次經營月會中，就公開在全體同仁面前宣誓：

不敢濫用權，
不敢濫用錢，
不敢濫用人。

有這「三不敢」，你的精神與勇氣，就越來越大，環境就會隨之而改
變。

第二十九章

轉換電視的環境

影響現代中國第一人的曾國藩，他的功業固在消滅太平天國，挽救既倒的清朝，成就歷史的「中興之業」；但影響更大的，是他的思想與言行。曾文正公嘗言風俗之厚薄、美惡，全在三、二人而已。這三、二人，以縣治而言，「風俗之美惡，主持在縣官，轉移則在紳士。」（石永貴，《影響現代中國第一人——曾國藩的思想與言行》，臺北：東大圖書公司，滄海叢刊，頁五○二）

「獎借人才變易風俗」、「欲厚風俗，不得不培養人才」，曾文正公用心之苦，用力之勤，乃史所罕見。

在當局心目中，電視臺之重要，不在收視與營收，而在影響社會風氣太大。換言之，電視風氣之良否，不只是影響電視臺本身之存廢，而是關係社會風氣，這也是當局對電視臺所憂心者。

我記得，就在我就任臺視總經理不久，國泰事業掌門人蔡辰男先生，在他的「旗艦」來來大飯店請客。客人真是極一時之盛，有：邱創煥、陸潤康、錢純、陳敏卿、中央銀行賈局長、臺灣省警務處何處長、臺北市警察局胡局長、境管局馬局長，還有一位特別人物就是蔣孝武先生，陪客是國泰機構主任秘書余正雄，蔡辰男的貼身謀士。談笑風生的孝武先生，就戲稱這不是「稅警團」之宴麼！

我因為剛上任未久，又是惹人注目的臺視，我與孝武先生，是陽明山國建班同學，所以就把我們座位安排在一起。

孝武就為我分析三臺態勢，就政策表現來看，似乎梅長齡先生主持的中視，最令當局滿意，可作為三臺的標竿。他就說：希望學長加把勁，把節目好好弄好，不要讓主席操心，發脾氣。華視則不知道哪根筋不對。

言下之意，要我多多向中視看齊。

豈止「加把勁」而已，我在千爭萬奪中，最後獲得這個機會，我的心情，真是死而後已。當時，真不知道讓多少人紅壞了眼睛，有一位女士在一份寫給臺視節目企劃書中，附了一封千言萬書，最後說：「你是老虎或是獅子，否則何能成為人中之王呢？」

中視確實令當局者刮目相看。記得中視總經理梅長齡先生，曾在中常會提出報告，其中，包括在黃金時段安排《國劇大展》，視為文化再興之快事，贏得蔣主席經國先生之稱讚。當時的臺視常務董事曹聖芬先生，也是中常委，曾把梅總經理的常會書面報告送給我，希望見賢思齊。

可見當時商業電視呈現的面貌與惡性競爭，確確令當局傷神，孝武先生之言不虛。

曾文正公真是千古一先知，臺視的根本問題，不在節目、不在業務、也不在新聞，而在風氣。當局也用曾文正公的藥方子，把我這個從苦中出來的人，推到相對的場所，希望能收到轉風易俗破冰之功。

轉移環境，自然要從我這個不知享樂為何滋味的總經理身上開始。

座落在臺北市八德路的臺視大廈，共有三座，中間開播時的建築物，已廢棄，而有東西兩翼大廈。西翼就是行政大樓，除了有一個設有固定座位的攝影棚外（國劇在此錄製），還有一個錄製戲劇的攝影棚，全是行政部門，包括總經理、副總經理辦公室在內。

我剛到任的時候，就嗅到電梯內有濃濃的香水味，感到很奇怪，沒有明星歌星上下，何來這樣怪味的香水？有一次，剛好遇見一位資深司機，他滔滔不絕地為新任總經理作「簡報」：「我們臺視總經理很有派頭，混身都是香水，我們都擦香水，我也擦。」他就差一點沒有湊過來，讓我聞聞。我只有笑笑，因為一切都在學習中。

過了一陣子，又擠在電梯中，恰好碰到那位司機前輩，他滔滔不絕地為電梯內其他人作「簡報」：「男人擦香水，丟死人了，我們都不再擦了，你不要擦，也可以省下不少錢，家裡黃臉婆，既放心又開心。」

這就是風氣所產生的力量吧。

我從大學新聞學系出來後，曾擔任過報社外勤記者，採訪的是黨政要聞、國會新聞，也跑過元首來訪，瞭解一點什麼叫外交禮遇、外交特權。

但是，我進入臺視，才真正知道什麼是「特權」。

我到任不久，一位平常就熟悉的新聞部攝影記者朋友，跑進來與我打招呼、敘舊。

他就告訴電視公司總經理的特權與禮遇：

總經理如果出國，不需要通關檢查，可以直接禮遇，在飛機起飛前五分鐘登機。

我心想，這多不好意思，況且，大家都接受通關檢查，為什麼我例外，對其他旅客不僅不公平，如果他們提出抗議，又如何面對！

一個商業電視臺總經理有什麼了不起，從我內心發出的反感。

還有離譜的，就是買華航三等機票，享受頭等艙升等待遇，頭等報銷。

當時具有公務人員身分或類似公務機關，按規定出國必須坐華航，也只有華航機票才能核銷。那個時候，臺視經營艱苦，華航也有營運的負擔，可以說是難兄難弟。

我就說，為什麼會這樣，不太公平與合理吧。我並作進一步說明：如果臺視經濟條件許可，臺視總經理出國非坐頭等艙不可，那就買頭等票，照顧一下華航也好；如果臺視財務狀況差，那就買三等經濟艙，也很心安理得，坐得也蠻安穩。

至於報銷之事，那問題更大，違反以身作則與誠信原則，豈能身為一公司總經理作出與事實不符的行為。要花要省，都要落實到公司身上。

好在那個時期，我很少出國，也就較少有機會勞動那位仁兄。可見電視公司總經理在社會的身價，也可見電視公司在社會關係上無往而不利。

　　我在上任前，並沒有太多長官的指示，也許知道我這個吃喝玩樂都不通的中古怪人，到了花花世界，刀槍不入的。倒是決策方面，間接轉達兩點，希望新上任的總經理能夠注意：一是多看自己製作與播出的節目，一是少出國，全神貫注在公司崗位工作。

　　這兩點提醒，不只是不會難倒我，而且最合乎我「全力以赴」的胃口，我就是一個不折不扣的工作狂的人。

　　這就是風氣吧。

　　我上任後，抱著學習與瞭解的態度，有時候穿球鞋，公司上下不停地走動，尤其平常去不到的角落，不太接觸的基層員工，我都深入其間，穿插在他們工作中。

　　有一次我到道具間去參觀，剛好碰上拆搭景的時間，看到搭景工人，把價值十幾萬的沙發，重重地摔到地上，我看在眼裡，痛在心裡，這樣摔下去，三、兩次一套昂貴的沙發，就報銷了。

　　我實在看不下去，就違背了主管同仁好心事先對我的叮嚀：不管看到什麼，現場最好不要發言，更不能糾正。

　　這是怕我當場出洋相，來了一個外行總經理，還要充內行；怕我與下面人起衝突，下不了臺，因為在電視公司裡面的人，上上下下，哪一個沒有來頭，沒有人事背景，能進得了臺視大門？

　　我怒火實在忍不住，就說：「能不能輕輕地放下來？」

　　不說還好，總經理一開口，摔得更厲害，摔得更重，最後竟開口說話了：「這有什麼了不起，還頂不上公司少請一次客，總經理少喝兩瓶XO！」我懂了，原來問題是出在 XO 身上。

　　這不但不責怪他們，還很感謝他們愛護公司之心，指出公司之病根所在，所以，此後公司總務人員問我：今晚準備什麼酒時，我就說：「紹興」，因為我只知道「紹興」。這或許就是後來另一家電視臺《XO、賓士與滿天星》節目，產生的背景。

　　這還不夠，不久連「紹興」都不需要準備了，因為公司不再請客了。

所以改革從上面開始，反應卻在下面，落實也在基層。

這些怒目而視總經理的工人，一反常態，卻在期待總經理來臨。有的時候，因為公忙，無法到攝影場，他們就問美工組長：是不是總經理生病了，昨天怎麼沒有看到他？

我漸漸發現，他們才是真正的「專家」。一些電視製作問題，在他們談話中得到答案，特別是節目成本問題。道具就是一個大問題。

製作人，無論戲劇與綜藝，都希望有新布景，豪華、貴重而新的道具，這樣才會顯示出製作人的權威與眾不同。

這樣無意義的「比」，倒霉的是公司。

而越貴重，折損率越高，因為笨重的關係，抬不動，就拖；放不下，就摔。

我因為有布景現場觀察與布景工討論的經驗，就常常與製作人情商，請他們手下留情，不要這樣無意義爭新、爭好、爭貴重。我的理由是：

電視是經過攝影機給觀眾看的影像，不是給觀眾現場觸摸的實體，真假觀眾根本感受不出來的，除非是真正的電視專家。

除非過新年，除非新人新房，哪一個家庭，天天用新家具，穿新衣服，演戲尤其是時裝戲，不能與現實生活脫節。

布景與道具，真是電視臺主管傷神的地方。無分晝夜，拆搭景，令人看來心酸，真實的生命，也是如此麼？所以電視臺最苦也是最神奇的地方，就是美術設計師以及搭景工人，他們可以在一念之間，就把高樓大廈造起來了，又在分秒間，拆卸不見了。

布景與道具，成本出入太大，所以先進國家電視臺如日本，大都外包給獨立或電視臺關係布景公司去做了，因為沒有那樣大的地方，用來堆積布景與道具，電視臺攝影場空間有限，戲劇製作無限，布景道具間是一嚴重問題；只有讓獨立公司去精打細算傷腦筋了。

後來發展的電腦繪圖以及虛擬現場，都可以改善傳統布景更換與壅塞的問題。

現場，真是一個有價值又實在的學習的地方，只有在現場，你才會發現問題以及如何解決問題。我常想，如果牛頓不在蘋果樹下，可能他甚至人類永遠無法發現地心吸引力。其實科學的種種實驗，也是在提供可以控制的現場。

我在攝影場現場，真的學習不少，相對之下，權威的教科書，倒成了百無一用的紙上談兵。

乾冰的開銷就是一例。如果使用乾冰製造效果，無論用在戲劇或綜藝，一天下來，是一筆可觀的開銷，你不禁懷疑：難道吃乾冰麼？

的確如此。因為乾冰一早送來，節目不知道什麼時候用到乾冰，所以溶化了，就繼續送，一直送到節目用到為止。如果用點心思，節目錄到需要用乾冰時適時送來，不知省了幾倍乾冰的錢？

如果公司內每位員工，都能用同樣心情，同樣用心，就會造就健全的公司，塑造一個健康的經營環境。

第三十章

單槍匹馬上任

就在蔣彥士秘書長奉蔣總統經國先生之命，走訪臺視董事長許金德先生之後半個月，六月十九日晨許先生在他的國賓大飯店辦公室約見我，是由當時臺灣省政府新聞處長，也是臺視常務董事鍾振宏先生陪同前往的。許董事長與我談臺視事，談了很多。他特別告訴我：臺視老化很厲害，但是，他希望在安定中求改善。

所謂安定，包括很多意義，但以當時臺視情形，特別經過總經理保衛戰，頂重要的，恐怕還是在人事方面。

一個外來的總經理，進入老化的機構，無論從傳統的公司改革或是現在的企業改造，都需要面對幾個重要問題：

他能帶多少人？

他能裁掉多少人？

他能減多少薪？

自然，臺視也面臨這些問題。事實上，在我就任之前，無論行政最高首長、中央委員會副秘書長吳俊才先生以及公司常董方面，都很關心這些問題，並強力支持我的改革措施。甚至還具體地提出，要想臺視除舊布新，石總經理要帶幾個得力的人進去才行！

臺視內外，也睜大眼睛，看看這位總經理怎樣做？

像臺視這樣情形，國內外也可以找出一些例子，美國柯達公司就是一個典型。

執世界軟片，特別是彩色軟片牛耳的柯達公司，是二十世紀美國的代表，East Man 彩色代表美國的驕傲，風行全世界。但，不幸的，到了一九九三年夏天，經過兩年市場的變化，市場占有率萎縮、官僚膨脹、

利潤下滑，完全暴露出來。特別明顯的，東方的富士在底片市場上領先，柯達卻無力遏止人事膨脹，無能削減成本（大衛·葛雷森著，楊美齡譯，《可樂教父》，臺北：天下文化，第二七四至二七五）。

　　為了挽救柯達的危機，就在柯達董事，也是可口可樂董事長古茲維塔領導下物色新董事長人選。他們鑑於柯達的現存問題，確定需要注入新血，並且確認「這家公司一直是同系繁殖，使缺點一再加強，連優點也因過於強化而變成缺點，我們需要第三者來檢查問題」（《可樂教父》，頁二七五）。

　　這個小組在美國各地布下天網，透過人才仲介公司高層的協助，負責尋找「能刪成本，懂外銷，具國際經驗，衝勁十足的領導者」。

　　古茲維塔很快就發現一個極佳的目標人選，這個人選在他們確定、並經當事人最後確定後，認為：「我們的第一人選是上帝，從那兒向下尋找」，就找到費雪（George M. C. Fisher）（《可樂教父》，頁二七六）。

　　費雪何許人？他當時是擔任摩托羅拉董事長，他先以建立摩托羅拉行動電話業務，及成功打進困難重重的日本市場而揚名，其後，並在一九九三年婉謝出任 IBM 董事長而轟動美國企業界。

　　就以費雪與日本打交道的成功經驗，就足以成為吸引柯達董事們見獵心喜的目標人物，因為柯達的死敵，正是來自日本的富士軟片，柯達被日本打得死去活來，急需要翻身。

　　費雪被排名為上帝之下的首位，自然身價不凡，多次交手，費雪均不動心，最後古茲維塔請出幾位重量級人物，並為費雪好友，關室密談，並搬出愛國者大道理：「柯達公司數代以來就管理不善，需要有人來使它恢復活力，我們認為你是最佳人選。」「某些公司是美國的財產，可口可樂是，柯達也是。」費雪最後才心動（《可樂教父》，頁二七六）。

　　費雪在高帽子和極高的底薪與獎金下，就任柯達公司董事長職務。

　　費雪就如同「愛國者飛彈」一樣，擔負挽救柯達的重任。但他開出幾帖治標的藥方，均未能奏效，未能封殺住富士的攻勢，降低成本亦未

見效。於是救星變成殺手，在一九九七年十一月，費雪宣布流血的大舉措，包括組織重組，裁減一萬名員工……。

這是美國柯達公司換血的經驗，當然論規模與地位，臺視沒有辦法與柯達相比，但論企業所面臨的環境，所面對的問題，則相類似。

我也是以第三者身分，來到臺視，也負有「恢復活力」的使命。

當時，為關心臺視與關心我的長官心急的，我竟單槍匹馬來到臺視，其後，也沒有裁掉任何一個人；除了一個人之外，也沒有減任何一分錢的薪金。

受減薪的，就是新任總經理我本人，這一段插曲，留在後面再談。

我這一大膽作為，被人認為雷聲大雨點小，就連臺視創臺大股東、日本富士產經最高負責人鹿內信隆先生也不認同。我接事後幾個月，他來到臺灣，很關心臺視，也知道我到臺視的經過以及作法。他就對我說：人老了，必須要換，單靠鼓勵加油，是不夠的，也是沒有用的。他並且以富士電視臺變法為例，「全換新血」，露出「四冠王」得意的笑容。

事實上，臺視董事會也支持我一些變革的措施。追隨陳誠先生左右、為臺灣經濟建設深具貢獻的常董徐鼐先生就發言指出：如果臺視經營沒有起色，還要準備降薪。

臺視，當時的臺視，在內外低氣壓下，我如同戰爭中，隻身被降落在孤寂無人的地帶，不但自己要生存，也要拿出一些辦法，立即使環境有所改變。

在壓力與無助下，我在九樓總經理辦公室，走到洗手間常常向下看，看見廣場一位洗車老人，在全力全心為員工作洗車服務，我心想：如果我的總經理位置與他換換，人生該多好。

多少年後，我離開臺視有機會到臺視開會或錄影，第一個打招呼，第一個向我致意的，就是這位「洗車工人」，我很欣賞他的數十年如一日的洗車敬業精神；但，當年我羨慕他的「位子」，並未有機會向他透露心聲。

當時的總經理，我的處境，常常對朋友說：就如同我站在特製的透明玻璃窗中，外面看我，清清楚楚；我卻無法看到外面。

很長的一段時間，我患了水土不服症，甚至我異想天開：公司內任何的位置，除了總經理外，我都樂於調換。

這個時候，真是驗證了「過河卒子」的誓言。

別無選擇，更不能讓長官看走了眼，只有硬著頭皮做下去。

電視臺的總經理，遠比任何行政崗位首長或其他事業上主管複雜。他需要面對的：

一、政策的執行與貫徹。

二、社會的責任。

三、觀眾需要的提供與興趣的滿足。

四、董事會的決議與職責。

五、三臺的競爭。

任何企業機構經營人都需要面對董事會，臺視亦然。董事會所重視的，一是政策，更實際的是財務目標。

我很幸運的，從《臺灣新生報》到臺視一路走來，董監事們都很體諒我的性格與支持我的決心。儘管無論《新生報》或臺視董事會，組成分子都具有多面的代表性，並不完全從財務、業務去考量經理人的得失。

就以當時《新生報》董事會而言，就有吳三連先生、葉明勳先生、李煥先生、黃得時先生等等。

臺視董事會，李煥與葉明勳先生均是重量級人物，還有代表日本商社以及民股的董監事。

無論《新生報》或臺視，李煥先生均全力支持與愛護我。臺視第一次董監事會議後，就對我說：「我們對你有信心，以後董監事會議議事資料，希望事先提供給我，我會全力支持。」

《新生報》董事會黃得時教授，是本省新聞界與國學「大老」，他在董事會中，常作不客氣的批評，因為恨鐵不成鋼。後來《新生報》經營

狀況有了改善，報社內外，黃教授也是最支持我的董監事之一。

臺視董監事會也是一樣，有兩位先生是常在董監事會中作不客氣地指正。一位是常董曹聖芬先生，一位是常駐監察人王雲龍先生。曹先生所關心的，是政策面以及節目與新聞的品質。

王雲龍先生是本省財經人物，當年，新臺幣發行委員會定時公告發行數額的時候，就有王雲龍先生在上面，作為見證人。

我剛到臺視，就有同事提醒我，王常駐監察人是全天候在公司走動，有的時候，就直接到財務部瞭解財務與業務狀況，脾氣也大，要小心應對。

果然如此，除了董監事會議外，王常駐監察人常常到我辦公室問我：「這項開支總經理知不知道？」以及節目製作支出細節，有的時候，一天數起。

後來，財務有了顯著的改變，他平素不見的笑容，不只是見到總經理笑得很可愛，也是笑容常開。許多同事說：王常駐監察人簡直變了一個人，石總經理真幸運。

日本董監事，無論在臺北的代表或專程自東京企業總部來臺開會的人士，他們在會議中，卻能謹守分寸，在我將近八年的任期中，未發一言。他們所關心的是業務與財務，如果業務不好或需要增資，這些日本股東的老闆，不只是臉色難看而已，據說，開臺初期，周前總經理天翔先生就吃了不少苦頭。

我就任時期，未帶一兵一卒，全在學習與瞭解，探求臺視衰弱所在以及如何改善。

企業診斷與治療，遠較醫生面對病人要複雜得多，因為醫生看病，只是面對單一的病人，無論診斷與治療，只要要求病人合作就好，而企業內如臺視卻要面對幾百人，各有各的想法，還有許許多多外在因素，真是難上加難。

我踏入臺視大門前，心理就有準備，用下列方法，以求全面與徹底

瞭解環境，特別是組織機能與人的素質：

第一、參加各種會議。原有會議照常開，該總經理參加的，我一定參加；不該總經理參加的，有的時候，我也旁聽。如各部室定期與不定期會報。

第二、公司內上上下下到處走動。也就是實踐「走動管理」，以便發現問題。如你不到攝影場，你就很難知道準時錄影的重要性與嚴重性；你不到排演場，你就很難知道節目是如何沒有經過準備進棚的。

第三、儘量找機會與同事們交談，以求彼此瞭解，就是在電梯內見到，也不例外。三兩句話也好，三、五分鐘也好，把公司同事當朋友看待，更當人才期待。

第四、公司內部舉辦人才願望調查。重點在：瞭解自我以及瞭解同仁。填表人對自己工作是否滿意？如果有所選擇，做什麼工作與職位，對自己對公司會有更大的幫助與貢獻？附近同事中，有無人才未得到機會發揮，向公司推薦，單位內或跨部室舉才。

當時的心情，真是「求才若渴」，因為這是從來沒有做過的事情，同仁們難免半信半疑，甚至以「來這一套？」漠視之，但是，還是有不錯的成績，也有很大的發現與收穫。如那個時候，就有人推薦原在新聞部主播盛竹如是節目部經理人才，還有人推薦新聞部導播桂公義為節目部大才。我們將調查結果，付諸實現，如桂公義從新聞部調至節目部，以其聰明才智，果然發揮「奇才」，如《天龍特攻隊》以及《百戰天龍》風靡的外國影集，就是桂公義與製作群的傑作，可惜英年早逝，令我神傷不已。

第三十一章

診斷、處方與行動

提著「尚方寶劍」來的人，原被認為在興革方面會有些激烈的動作，卻出奇地平穩，出乎臺內以及社會意料之外。我卻在體制內求改革，公司內廣求人才，以尋求改變經營環境。

臺視民國五十一年創立，由於社會經濟條件未形成，電視機成為奢侈品，令人羨慕的嫁妝，電視廣告難求。經過一段艱困歲月，其後由於經濟起飛，「臺視」成為人人羨慕的象徵，不只是「一臺獨大」，簡直就是「現代皇宮」。

臺視由榮華回到艱苦，全是由於第二臺、第三臺——中視、華視相繼出現，無法應付業者競爭的結果。

我的加入，就在恢復活力，面對競爭。經過我多月的親身檢視，明察暗訪，臺視主要問題在於：

節目資源嚴重流失。

制度執行出現偏差。

這是根本的問題所在，而如何求得根治，於是我從下面幾方面尋找靈方：

第一、從我所學過的教科書理論中找答案。

第二、從傳播媒體，特別是先進國家電視經驗中找印證。

第三、從其他的企業成就中找良方。

那個時候，剛好「日本第一」正是在世界興起的前奏，臺視又有日本建臺的背景，與日本投資股東時有往來，我開始注意日本企業讀物，尤其是成功企業家，他們是如何從戰敗的日本，脫困而走向復興的大道。其中令我感到引人入勝的，是松下幸之助的精神，他的生活之道，也最

合我的性格。於是凡是有關松下幸之助的書籍文章，幾乎很少有所遺漏。民國七十三年講義堂創辦人林獻章先生（當時主持名人出版公司）規劃出版《松下幸之助經營管理全集》的時候，就把臺塑王永慶先生、厚生徐風和先生以及我，列入國內研究實踐松下幸之助的三位企業家。

這位被認為亞洲繁榮提供與貢獻者松下幸之助，《天下雜誌》總編輯殷允芃小姐經實地訪問他的事業與教育機構，而以「素直的心」敬之，實在是恰當之至。

松下幸之助之思想與作為，一開始就貫徹在我的經營改革臺視的理念中，除了本著「素直」之外，這是一切行為的基本動力，就有以下二項原則：

　　路是無限的寬廣，
　　精打細算，追根究柢。

當然，中國聖賢基本理念，還是在於「以身作則」，這是一切行為與改革的前提。主持人做不到的事情，再好的想法，都會被視為「高調」，或淪為「口號」。

「路是無限的寬廣」，是從事業苦行中提煉出來的精神修養，一如中國的「天無絕人之路」，這也是「荒漠甘泉」式的宗教修養。

「精打細算」，是用在錢財甚至人事支出有關方面。

「追根究柢」，是對問題產生的求真求實精神。

精打細算與追根究柢，也是王永慶事業的基本精神。

我充分而又徹底瞭解臺視問題所在後，確定經營策略：

第一、開源節流並重，現階段節流重於開源。

第二、新聞、節目、業務，為商業電視公司三大支柱，為經營重心，全力以赴。

第三、節目、業務、財務，環環相扣，節目影響業務，業務決定財務。現階段經營問題在財務，而財務問題之緩和，不在財務（如一般用

增資補強），而在節目。

第四、節目成敗，即是電視公司榮辱所在。

第五、節目流失，大牌被挖，往者已矣，今後新節目重於舊節目，新人重於大牌。

第六、內外分制分工。節目製作全力發掘與培養新人。無論製作人、主持人、歌星、演員，有潛力的新人，重於紅遍天的大牌。

第七、嚴格採取合約製作人制度，以求節目常新，便於淘汰換新；嚴屬禁止編制內導播、企劃等節目部人員自作兼作或人頭在公司內製作節目。或在節目中取得不當利益，如代寫劇本、修改劇本，跟隨出外景，收取製作人車馬費。

第八、開誠布公，公司上下內外，採取四大公開：公開取才，公開錢財，公開獎賞，公開招標。

新聞傳播事業本來就極其複雜，無論就機能與流程，都是十分龐大與精細的事業。而具有政治味極濃的臺視，更具有十分神秘的「宮廷色彩」。我單槍赴任，無法掌握全面，也不可能有成效，於是我貫注在幾個層面：

第一、全面開放，從廣大的社會中吸取資源，特別是節目與新聞方面。

第二、建立制度，遵從制度，公司本身制度固然健全與合理，尤其在節目製作、新聞播報、業務招攬以及財務運作，都要建立公開公正而又靈活，以製作人、廣告主、代理商、觀眾顧客為上的良好制度。

第三、視公司員工都是人才，以員工為親，而破除所謂親信與幕僚的神秘色彩。

第四、掌握重點，我自己全力關注在節目、新聞與業務運作與績效方面；例如，有這三方面事情或員工訪客，我都列為極優先處理，因為無論節目、新聞或業務，都要掌握機先，都有時效性的。

由於決策方面的信任與支持，員工從上到下全力推動，很幸運地，

我這套作法，很快就產生效果，甚至脫胎換骨。很明顯的改變，有四方面：

第一、節目、業務、財務，從上游到中游到下游，產生連鎖的正面反應，經營績效直線上升。

第二、節目、新聞、業務，齊頭並進，所產生的效果，不只是相加，而是相乘。

第三、節目內包括戲劇、綜藝、社教各類節目，也都迅速開花結果，無論收視，業績與口碑，都有滿意的績效。

第四、節目資源，飛往友臺的大牌製作人、主持人、歌星、演員，不只是不去挖角，也不招手，而新銳節目人才，從四面八方，海外，甚至地下，湧向臺視，蔚為奇觀。

用政治術語來說，「打天下」而成就了以廣招徠的境界。李煥先生在一次董監事會議後就說：如果石總經理不走公家的路，而自己創辦經營新聞事業，也一定大有收穫。

這樣做，這樣成果，說來容易，也不容易，其關鍵，全在：破除情面，戒私、戒得。

就以變動最大的臺視新聞而言，我接事之後，不是頂重要的優先，也不需要優先處理，但還是有第一轉至第二的壓力。立法委員、也是教育委員會資深委員王大任先生曾多次在公開場合中作評斷：臺視新聞原是長期佔據第一多年，自從曉祥（大任先生公子）接任中視新聞部後，中視變成第一，等石永貴到臺視，臺視又奪回第一。

中視新聞能夠第一，除了新聞外，另一重要因素，就是馮鵬年先生的氣象報告了，這是其他兩臺所沒有的。

我著手強化臺視新聞的時候，有兩項很重要的措施：

一是記者公開考試。

一是採取新聞主播制。

這兩項措施，影響都很大，不只是使臺視成為「新聞王國」，同時，

今天電視新聞界，無論無線與有線新聞的王牌主播，幾乎都是從這兩項措施下培養出來的：先考取成為優秀記者，再成為權威主播，可以說是受惠於制度。有關這一方面，在以後幾章中，會有機會詳談。

現在我要先說的，是臺視新聞部改革的「心理建設」，因為我進入臺視之前，臺視新聞部從經理到記者，都是新聞界好朋友，或是我敬重與久仰的朋友，採取改革的措施，實在不容易。於是我花了一段時間，與他們見面，宣揚理智與感情之道。我所強調的：做朋友，是講感情；處理事情，則要靠理智的支持。言外之意，我這個「外來」的總經理，如果採取不近人情的措施，多請老朋友原諒。為了臺視新聞部這張金字招牌，為了服務更多電視新聞觀眾，這是不得已的事情。

在「公開」、「開放」與「新人」強力推動之下，臺視節目與節目人才，真是雨後春筍，美不勝收。他們所創造的成果，不只是奇妙的一章，都可以寫成一部專書。記憶所及，我現在寫出來，以後再作敘述：

連續劇製作人方面：林福地、楊佩佩、林柏川、李鵬等。

綜藝節目製作人：江吉雄、吳健強、彭達、李南生等。

社教節目製作人：陳光陸、洪理夫等。

節目主持人：盛竹如、沈春華、凌峰等。

曾經紅極一時的臺視綜藝節目主持人或歌星，如：白嘉莉、崔苔菁、鳳飛飛、張小燕、劉文正等，都集中在臺視，也都是臺視創造出來的。不只是如此，那個時候如晉見總經理周天翔先生，還是極大的榮寵，其後，時代變了，幾乎都被其他兩臺高價挖走或隱退。

等到我接事後，最簡單與直接的辦法，就是再挖回來，以雪當年之仇，再展往日雄風。經與有關主管多次研商，我則另有考量：第一、付出代價太大太高，第二、他們多已超過或接近高峰期，不值得挖，第三、挖來挖去，形成惡性循環，影響電視生態甚至社會風氣太大，不值得。

種種考慮之下，我採取改弦更張的方式，培養與發掘新製作人、新主持人，以全新面貌出擊，創造新形象，迎接電視新生力。

這樣，就經營成本而言，最大的好處，是降低節目成本，減輕大牌負擔，自然就有機會創造利潤。

這些製作人或主持人中，大多數萍水相逢，根本不認識，有的根本沒有製作或主持電視經驗，但肯做、認真負責，就有條件，遇有機會，就會創造出一片天。

就以曾遊走四臺製作人李鵬而言，他原是一位名不見經傳的閩南語電視劇演員，但是會說故事，又能帶人，一心求好。他毛遂自薦，我一眼看出，像他這樣的人，有主見而又有定見，又有統御能力的人，正是統合錯綜複雜的電視製作的人選，於是節目部就接受他的企劃案，從閩南語連續劇開始，而走上電視製作之路。

人具備條件，遇有機會，就會脫穎而出，電視製作是如此，各行各業也都是如此。以我在臺視的經驗，李鵬是如此，還有許多人也是如此。

我在臺視以及其他事業機構，都是如此，在提供公平而公開的機會環境，各展其才、各競其業。

曾成為節目與業務雙雄的綜藝節目的老闆彭達，我剛到臺視的時候，他只開了一個屬於政令宣導類似《今日農村》的節目，是受臺灣省政府委託製作，他本人並不露面，每次就有一位製作助理來臺視交節目播出帶，這位助理小姐人很能幹，很有處理事情的能力，節目、業務兩部對她印象都很深刻。後來臺視星期六晚間黃金時段，出現空檔，彭達就提出《大家樂》節目，經節目、業務兩部評估後定案，並由經驗老練，體育名記者傅達仁與反應快、口才好、形象清新的沈春華聯合主持，成為週末晚間期待的《大家樂》。從此彭達成為電視界走紅的幕後製作人，與握有大量業務在手的電視廣告大亨。

一個大眾傳播媒體，以臺視經驗而言，它代表什麼？它代表眾人智慧的提供，而產生成品，貢獻社會。而我的崗位，則是竭盡所能，提供他們發揮智慧的機會與環境。

這是我的幸運。

第三十二章

溪釣者的好釣場

如何經營電視公司，特別是，如何經營由弱轉強的臺視？這是電視經營領空開放後，常常提出來的問題。

我抓住了在大眾傳播學常常讀到以及企管書籍中熟悉的兩個字，那就是 Team Work：經營工作體，也就是現在為大家所熟知的經營團隊。

經營工作體，有很多層級，整個臺視，就是一個經營工作體，下來就是部室，再下來就是組。這是行政體系。

還有一個體系，是機動的，也是很靈活的，那就是依工作性質作分工，而分組。如節目部製作一個節目或是戲劇，新聞部製作一個專題節目，或從事一項採訪，都是工作體。

我在從事經營工作體的時候，特別注意著力以下幾方面：

第一、我掌握骨幹體。作為一個主管，不可能事事管，事事問，只能掌握關鍵處。我在從事臺視機能與組織整合的時候，我所關心與掌握的，有三個部門，那就是：節目部、新聞部、業務部，其他有非我專長，如工程部。而每天所思考、所關心、所追求的，就是這三個部門的人與事，甚至每天不只一次，到這三個部門，以求實地瞭解，發現問題或急待解決問題，立刻解決，縮短管理上的瓶頸——距離。

第二、以組為單位的經營管理。組是作戰的核心組織，它本身就可以獨立作戰，如同軍隊的連排，甚至建立奇功。作為事業主持者，你不只是關注，而且全力支持。電視公司依組而言，不只是重要單位，而且各有核心單位，如節目部的企劃組，新聞部的採訪組或業務部的營業組都是。他們所承擔的責任與任務，非同於一般組。因此，無論人員的質與量，配備以及經費等方面，均不同於一般組。

　　第三、經營工作體成功的前提，不只是主持人，組織內每位成員，都要稱職，才有能力成為健全的經營工作體。我的責任，就是選擇適當的主持人，如部室經理、主任、組長、節目製作人。工作體每位成員都很重要，如你選對了主持人，就成功了一大半，反之，則絕無成功的可能。因此，我對主持人不只精挑細選，而且絕無妥協的餘地。

　　第四、在組合工作體的過程中，我不只是關心，而且參與並且解決問題，直到順利與成功運作，得到績效，還不能為止，因為它還會產生循環怠倦症。如一個戲劇的製作，無論連續劇與單元劇，最重要的崗位組合，除了製作人為成敗之首外，有：編劇、導演、導播、美指、演員等。除「人」之外，連節目名稱或題材，都是致勝的關鍵。只有你事先參與，才能發揮戲劇製作的力量，否則一大堆事後檢討，都是為失敗找藉口，都成了官樣文章，無補於事，電視產品市場，冷酷無情，是過時不候的產品，今晚賣不成節目，明晚就無法再賣了。

　　幾乎每個新節目製作之前，我都全程參與。這樣做，最重要的一個功能，就當時我這個總經理職位而言，是排除人情關係與壓力，這也是有能力，特別有性格的製作人，最不能忍受的事。我常常就開宗明義拜託製作人：「你只管把節目做好，其他都不要考慮與顧慮。如果節目做不好，任何理由都不是理由，成功就是最好的理由。」這是我給他們最大的背書與支持。

　　因此，我在臺視期間，名義是總經理，還有許多「封號」，其中之一，就是「總企劃」，我非但不以為意，我認為蠻好的，至少，我有企劃的專長與效果。事實上，我在選人與題材方面，確有些堅持，甚至有頑固不妥協的一面。

　　第五、適當的人，站在適當崗位上，這是經營管理所面對的最大的課題與目標，也是球隊，特別是棒球隊發揮得分的要領所在，這不只是「人盡其才」而已，還要人才適宜。

　　這是我到臺視後日夜思考的重心所在。如何把人才找出來？甚至請

出來？如何把人才放在最適當或適當位置上？這是古今無論政治或企業者面臨最大的智慧與胸襟考驗，此所以劉備「三顧茅廬」請出諸葛亮孔明，才「如魚得水」，受到歷史讚賞之原因。

懷才不遇，幾乎是常見的現象。

有才未使，是當事人以及公司雙重損失。

這樣一個想法，不只是變成公司的人事政策，而且要真心誠意，用盡苦心，才能收到一些效果。

我的「人無一人閒」的人才作為，產生意想不到的效果。當時，臺視新聞部就有兩個高級閒置人才：一位是盧治楚先生、一位是盛竹如先生。

盧治楚先生出身臺視新聞部編譯組，是一位書生型人士，我到臺視的時候，他成為臺視新聞部遊走之士，悶得發慌。我常常在晚上挑燈在公司加班，治楚值班，他就打電話給我，因為政大的關係，他就以「學長」稱呼，更為親切。那個時候，似乎外邊也有機會等他，如中央社，我就安慰他，並請他多忍耐，多幫忙，有適當機會會借重的。

其間，行政部有一秘書組長機會，就想到治楚中英文俱佳，為人也很隨和，就請他出任，但經徵詢，他志不在此，還不想離開新聞部，只有等機會了。就請當時任職節目部的黃秋男先生出任。

後來，果然機會來了，治楚不只是升為新聞部副理、經理，甚至為國民黨中央所借重，轉任中視副總經理，真是電視臺間難有的高升。治楚在中視負責督導新聞部等部門，雖然楚才晉用，我還是為治楚高興，也是臺視的光榮，並為他破了一個例：未符合退休條件，亦可以申請退休，弄得軒然大波，黑函漫天飛舞。勞動董事長當眾公開宣稱：「任何人想提前退休，都可以比照盧經理例子辦理。」這一「逼退」之舉，才平和一場紛爭。人事部門根據董事長的指示，也訂定提早退休辦法，實在就是「盧治楚條款」，但少有人申請提前退休。

事實上，鼓勵治楚辦理在臺視退休，是出自我的提議。我建議治楚：

辦理退休。因為除非治楚再回到臺視，年資已無用處，回到臺視機會，只有做總經理，機會不能說絕對沒有，但可能性極微。

事後，我曾好奇地問國民黨文宣決策當局：為什麼要從臺視挖一個經理，去到中視做副總經理？答案簡單而明白：借重臺視新聞經驗，提升中視新聞的地位。

盛竹如先生，無疑地，是中華民國電視史中一名將才，幾乎無可取代的全才。

我到臺視的時候，竹如從新聞播報崗位下來，正在「坐新聞監」的日子，一個關鍵的棋子，變成一個死棋，我心情之沉重，豈止感嘆而已。

而每次到新聞部辦公室，看到竹如無所事事，寂寞心情，走出來，久久不能心安。

這一沉重的負擔，化成臺視新聞的巨大力量，那就是盛竹如成為中華民國電視新聞史中第一位新聞主播，推動的泉源。有關竹如的大起大落以及與我結緣，容後再專章道述。

耕耘是辛苦的，但收穫卻是甜美的。

臺視組織工作網與人才的關係，最理想的境界，是網上的人，適才適所。這個理想的追求，我在臺視期間，雖然不是完美，也不是百分之百，但我做到了，而把一個電視公司資源發揮到極致。這一境界，臺視一位工作伙伴，以「溪釣者的好釣場」來形容，真是奇妙無比，相信善釣者必能體會其境界。

這位臺視工作伙伴，就是前臺視樂團團長謝荔生先生。

日夜與爵士樂為伍的團長，想不到他的最大嗜好是釣魚，北部的魚場，他都很熟悉，也都跑遍了。

我在臺視服務期間，與謝團長結為好友，那要感謝「走動管理」。每次當我走到臺視樂團辦公室的時候，都看到謝團長埋首在整理樂譜，或為錄製節目作準備工作。

謝團長告訴我，除了上臺指揮，就是在辦公室或在家裡作音樂自修，

研究電子樂器或電腦作譜。除了音樂外，他唯一的嗜好，就是走到郊外，尤其深山綠谷中，享受垂釣之樂。

有一個星期日，他約我與小兒一起到烏來作一日溪釣遊。

這樣的緣分，彼此更加瞭解，對謝團長更加敬重，當有節目錄製，我走到攝影場樂團前，向樂團朋友致意的時候，他就微笑露出一排整齊的牙齒，歡迎我。

民國七十七年我離開臺視，轉往《中央日報》服務的時候，每逢新年，都有賀年卡往來，八十年的新年賀卡，他特別選了一張溪景畫面，更珍貴的，他還寫了七行字：

賀卡的景緻是每一位溪釣者的好釣場。
記得
石社長在臺視掌舵期間，
把臺視環境整理得
宛如一座好釣場，使每一位
員工均能發揮所長。
令人無限懷念！

荔生敬上　八十年二月十日

（石永貴，〈講義的人生真誠篇〉，臺北：講義堂，頁一五八至一五九）

可惜又可憐的，謝團長不只是離開電視觀眾，也永遠向人生告別。繼任他的楊金水團長，也是一個好人，專業而又負責，他幾乎擁有所有歌曲的套譜。一位好的樂團團長，不只運用純熟的指揮棒，兩隻眼睛，還要專注團員、歌手甚至電視觀眾，真是難得。所以任何成功的領導者，都需要異於常人的條件。

謝荔生團長與楊金水團長，他們都有資格稱為成功的指揮者，尤其領導流行樂團比交響樂團應該更難，但臺視樂團在他們指揮管理下，宛

如一家人。

源源不絕的人才，得心應手之時，隨處都是人才，甚至假以時日，會成為大才。如現今成為有線電視東森新聞臺當家主播盧秀芳小姐，從臺視來，記憶所及，就是從備檔登記或報考資料中發掘出來的，先主持如午餐時間或氣象播報分量較輕的節目，一步一步成為主播人才。一個人只要有條件，經過歷練，勤奮好學，用心工作，照顧同仁，體念上司，遇有機會，就會脫穎而出。

大眾傳播事業，尤其與傳播對象直接接觸的媒體工作者，是人才，不會埋沒的；不是人才，也難掩蓋得住，面對千萬觀眾眼睛的電視主播尤其如此。傳統的新聞記者，一篇出色的報導，也許經過不少「關口」的潤飾，但電視主播，沒有這樣的機會與幸運，這是我從事大眾傳播事業的體驗。

當時的臺視，無論體制內外，所以人才輩出，最大的動力，要感謝蔣故總統經國先生的「開大門，走大路」的大公無私精神；謝前副總統東閔先生，也是本著「人才無私」的精神，為國家發掘出不少政治菁英人才，我既是一位信徒，也是一個實踐者。

我幾乎以心無雜念，身無雜事的精神，全身投入工作，而追求臺視「止於至善」的境界。

我的生活奉行「三不」：

一省宴集，謝應酬。除非與公務或業務有關者，亦儘量避免參加應酬。

一不打牌，戒嬉戲。忙於工作，禁絕習俗的應酬，以免傷身傷神，浪費時間，避免增加任何無謂的負擔。

一不打高爾夫，慎交友。早期沒有這項身分，後期沒有時間，此生就與高爾夫絕緣。如果照吳舜文女士的經驗，可能是一項遺憾。

有這「三不」，等於護身符，因為交際應酬而發生很多是非，人情困擾，就不會發生在我身上。無形之中，人生就多了一些時間，少了一些

紛擾，日子久了，不入寺廟，也會培養出金剛之身。

　　社會是一個大染缸，電視生活更是多彩多姿，可以說，酒色財氣，俱在其中。我所以始終保有滿身「土氣」，與家庭有關，與信仰有關，與長官的期待，也有關係。

　　人生的意義，只是盡責而已。

第三十三章

總經理沒有薪水的日子

臺視經過尖銳而又漫長的「總經理保衛戰」，最後，還是無法抵制最高當局的堅持，把我送上了臺視總經理的位子。說實在的，臺視高層，尤其董事長許金德先生，以其性格與黨政軍的豐沛人脈，是心不甘情不願的，但還是俯首接受了。

有人就不免擔心與好奇，未來的總經理如何能與董事長相處？到底是董事長制還是總經理制？

我一方面要克服萬難，大步向前，從事臺視的改革，這是我的任務；一方面也要適應臺視，特別是高層的環境，也就是要能與董事長和好相處，才會有利於公司，也才會完成上級交付的使命。

我深知我的處境，我也知道我的使命，問題是如何達成？第一、我是遵從制度的，既然董事會聘我為總經理，我自然要對董事會負責；第二、我是中國北方舊社會農村家庭生長的子弟，既知尊奉長輩又知服從長官。

很奇怪的，也很奇妙的，也讓公司內外跌破眼鏡的，我與董事長相處卻頗為融洽。

公務之間，我自有分寸，兩件事，我不直接經手：

第一、房屋建築興建，董事長很在行，舊樓改建與新建築物興建，都極為複雜與敏感，完全由董事長決定與作主，行政經理部門作配合；不過，中央新廈改建，我還是產生臨門一腳的功夫，其間錯綜複雜，容後再寫。

第二、機器設備採購，我不直接經手，尤不與廠商接觸，而是尊重使用與主辦單位，如工程部與行政部器材組。這一方面，我得到一個一

時無法解答，但後來恍然大悟的經驗。我剛到臺視幾天內，批准採購器材合約，一件跟著一件，不要仔細看內容，算價格，就連簽字手都發酸。我當時就想，每天就簽這些合約，就不要辦公了。後來才知道，是我天真的想法，都是趕進貨，那段青黃不接的交替階段，有用無用，趕著進貨就對了，留下不少後遺症，等後面幾章有機會再談。

許金德董事長的事業很多，他很能尊重專業經理人，他只負責看報表，報表沒有問題，就大筆一揮，簽字 OK；報表異常，特別是營業額與盈餘，他就會緊急地找總經理或財務經理詢問會商。企業集團負責人多有這性格，如以提倡圍棋著名的應昌期先生也是如此。應先生幾乎把時間與錢用在圍棋上，而用在事業上，卻極少，但所主持與投資的事業，無往而不利。

許董事長與我有很好的默契，有關節目與新聞，他很少插手與過問，頂多把外界的反映，轉告給我們，更不會干涉或交代新聞。他自己的事業也有些活動，特別是他擔任高爾夫理事長期間，舉辦不少比賽，只是照會我們一下而已，做多少，如何做，他並不追問。

許董事長集團旗下有不少事業，也有些會議或運動會之類，我與主管也有約定，凡聯誼活動，如得到邀請儘量參加，但不能造成印象或錯覺：臺視是許董事長旗下事業，如南港輪胎、士林電機、新竹貨運等等都是許先生的關係企業，許先生與臺視關係只是單純的董事長，而非關係事業。

人與人之間真有不可思議的緣分，許董事長與我卻非常投緣，他一個星期有一、二次來公司，有關公事往往只有三、兩句話就完全解決。人前人後，對我備加肯定，頗有「相見恨晚」之感。

第一次常務董事會議中，許董事長就說：「石總經理非常想把公司做好。」他並正式介紹我給常務董事們：「新總經理，三個月中，已經完全熟悉業務，進入狀況。」

我很幸運，無論《新生報》或臺視都能遇到全力支持我的董事會，

而包容我的急切個性。臺視董事會令我懷念，《新生報》董事會也是如此。

曹常務董事聖芬先生就順勢說：「一切多聽總經理，我們授權給總經理去做。」

就在那次董事會中，我把偌大一個公司，只有一個奉命簽報發布的人事管理員，改組擴大為人事室，是組織現代化、人事公開化的第一步。

另一次在國防研究院結業研究員活動中，許董事長遇見吳俊才先生，許先生就對吳先生說：「石總經理是一位非常不錯的人才。」

吳先生就說：「本來他就不錯嘛！」吳先生是一位謙謙君子，壓在心裡的話，還是吐出來。

許董事長與我，在公務上真是水乳交融，但還是有三次「鴻門宴」，都是在國賓大飯店董事長辦公室，有一次還被請到總統套房「密談」，也算是讓我開了眼界。

第一次有關總經理待遇問題。

我就任臺視總經理「寶座」，任何人連家人在內都不相信，有兩、三個月未領到薪水，分文未拿回家裡。買菜錢、兒女上幼稚園點心費，全交給內人自行想辦法。問題之一，我工作太忙，無時間想到薪水，也沒有時間領薪水；問題之二，薪水還未被核下來。問題好像是笑話，總經理的薪水，還要人核嗎？當然：是董事會。財務部也很關心新總經理的薪水，張經理家驊先生幾次來問：「要不要先借支一些用用？」我說：「不要了。借多了，還要補繳回去；借少了，還要追加。都會增加會計出納的負擔，以及公司員工不必要的困擾。」

有一天清晨，我接到通知，董事長約我至國賓他的辦公室吃早餐，應邀作陪的，為我所尊敬的，臺視董事會主任秘書葉明勳先生。

早餐的主題，是總經理的核薪。董事長手上握有財務部提供的資料，許先生一反過去的豪爽，不好意思談及公司低迷現況、財務負荷、人事費用負擔，引出新總經理薪水問題，並加上一個但書：如果未來業務、財務狀況好轉時如何如何。

　　我當然知道公司財務的困難，我難過的是由於我的核薪問題，困擾董事長這麼長的日子。

　　臺視不是政府機構或公務機構，並沒有敘級的問題，正常而合理的作法，新任是比照原任總經理待遇辦理。

　　當時臺視總經理的待遇已經超過十萬，是一個相當令人羨慕的數字。

　　許董事長一再表明臺視的財務，總經理待遇太高，並有所抱怨，葉明勳先生亦在旁加強，我未發一語，待他們兩位指示完畢，輪到我講話，我才開口：

　　一、我知道臺視艱苦，如果不是臺視這樣苦，不會輪到我來。

　　二、臺視環境優渥，待遇令人羨慕，但，如為待遇而來，排隊一長線，恐怕輪不到我，上面也不會找我來。

　　三、劉總經理侃如先生在臺視是資深總經理，有七年之久，而我只是一位最資淺總經理，我的待遇，何以能與劉前總經理相比？

　　四、公司現處在艱困階段，我加入臺視，任務是脫離難關，而不是享受成果，我願從我開始減薪，以示決心與以身作則，至於減少幅度，請董事長、葉明公裁決。至於員工同仁，我不希望公司換來一位新總經理，使他們收入受到影響！

　　想不到，放在心中這麼大的問題，竟這樣容易解決，也真是一塊石頭落地！

　　至於我的薪水降為多少？至今已不復記憶，大約在七萬元左右，也就是減少三萬元上下。我雖然率先降薪，但其他同仁未作任何割捨處理。

　　不過，我這樣一個開始，許多興革的事情，就好辦了。同事們也竊竊私語：這位「石頭」總經理是玩真的！

　　此後，為使公司待遇合理化與脫離「周轉不靈」的險境，在調薪發薪方面，我採取兩項措施：

　　第一、倒金字塔式調薪方式。也就是薪水越高調整幅度越低；薪水越低，調整越多。我的目的，在使得基層待遇偏低的員工，得到改善的

機會，這也是源於我的打抱不平的性格。這樣做，基層反映如何，我不得而知，但高層卻有閒言甚至憤怒，但我不予理會，因為我自己非但無調薪，反而大幅降薪，奈我何？不止一次，幾次都是一樣。有人說：基層翻身了，其實，只是表現一點公平而已。

第二、改變發薪日期，解除周轉不靈的恐懼。臺視在財務吃緊、資金不足的日子，非但有「三點半」的日子，且生活在周轉不靈的恐懼中，而且，更嚴重的，正如週期的心臟病，每個月要發一次，真是可憐的財務部主管。

問題出在：臺視龐大的員工薪水，要在每個月一日發放，如果庫存現金充裕還沒有什麼關係，但因為財務業務吃力，每月一日的發薪，幾乎成為「蒙難日」。更不可思議的，廣告費，是廣告公司也就是代理商，開六十五天遠期支票，偏偏兌現日，是逢月五日左右，恰好是五天的空檔。於是財務部與業務部就利用尚未到期的票子，到票據公司去貼現，自然要付出利息，對於公司的緊張，自不在話下，而對代理商的票子也造成困擾，因為商場上把自己未到期的票子在外面跑，是很大的禁忌。

另外一方面，公司編制外以及臨時員工，卻在每月二十日發薪水。換言之，編制內員工待遇高，卻享有先拿錢再工作；而編制外人員，卻先工作後付工資。

天下哪有這樣不合理的事情！我就問人事部門，何以會如此！他們支吾其詞，答覆很妙：怕他們拿錢跑人。真是荒謬！

這一先付錢後工作，先工作後付錢，名副其實是一公司兩制，卻引發我解除周轉不靈的靈感。

我的腹案是不分編制內外，統一在同一天發放薪水。訂在每月十六日，剛好是月中間線，不早也不晚，員工與公司都不吃虧。

這樣措施，編制內要遲十五日發薪，編制外卻早四天發薪。

我私下與有關主管研商，提出我的天真而大膽的想法。有的好心同事，要我小心，不要引起風潮，因為還債、分期付款、打會，早就在一

日把手伸出很長了，說不定會鬧出家庭糾紛。

好在工程出身，總工程師畢家湘先生身兼人事室主任，他支持我的做法，因為每月就緊張痛一次，不如一次解決，就如同割盲腸一樣，長痛不如短痛。

我們商定，就決定發動了。為了讓員工在心理上有所準備，同時，為求適應，變動期不宜拉得太長，以免周轉不濟，一日至十六日，分四梯次調整完成，亦即，實施基準月，第一個月為四日發放，第二個月為八日發放，第三個月為十二日發放，第四個月為十六日發放，分四期四個月完成，使員工在感覺上只差四天而已，無論心理與實際還能適應。

至於編制外臨時人員，他們就像發大獎一樣興奮，木工廠傳出一陣陣歡呼聲：嘴都樂歪了。

其實，延後，只是在解除「周轉不靈」危機而已；提前，在求得一點公平而已。

為了順利進行，事先我還以總經理名義，給員工以及眷屬一封公開信，請員工支持與瞭解。這項簡單的改變，只有一個：公司安全與員工公平。

當然，雜音不可能沒有。提出抗議人中有一位就說：公務員都是一日發薪；還有要求補足半個月的利息。

這樣其目光如豆的員工，我把他們看「扁」了，我就反問：「為什麼你不去做公務員？公務員拿多少薪水？」他們就無言以對。

電視公司把他們寵壞了。

很幸運的，也很感謝的，一言九鼎的葉明勳先生聽取我的簡報後，全力支持我。並說：「石總經理做的對，儘管放心與全力去做。」

言下之意，葉明公為我這項作為背書。

有的事情，比想像要難；有的事情，沒有想像的難。

沒有做，你就不會知道有多難；同樣的道理，沒有做，你也不會知道有多容易。

　　天下事，並不完全「知難行易」，也不一定「知易行難」，而是事在
人為。

第三十四章

董事長的「鴻門宴」

為了如何「核減」新總經理的薪水問題，使臺視董事長許金德先生傷神不已，不知如何下筆更不知如何開口，於是在臺北市國賓飯店董事長辦公室擺下早餐宴。卻想不到，這樣重大的問題，總經理卻先開口，主動要求董事長把總經理待遇削減，以身作則，以求度過臺視所面臨的經營以及財務的難關。

許董事長以及陪同的葉明勳先生大大地鬆了一口氣，也深深知道，這個總經理的確「與眾」不同，難怪蔣總統經國先生對於這項人事案的堅持。

這是我在臺視總經理期間，許董事長第一次在國賓飯店招待的早餐宴。

第二次是為了臺視中和一所龐大的攝影棚。

這個攝影棚是在臺北縣中和秀朗路，約有六百多坪，原主是一家銷售日本電視機的廠商，因為積欠臺視巨額廣告債務，無法償還，就把這個廠房轉讓給臺視抵償債務。

臺視就把這個建築物改建成攝影棚，兼具內景與外景功能，連續拍戲使用，免受換棚搭拆建景之苦，連場連戲至為方便。但是因為距離公司太遠，一些必要的配合，還是不便，所以一般製作人使用意願不高，成為半廢狀態。我到了公司，因為財務吃緊，提前結束了與光啟社合作關係，連續劇製作增加，乃發現了這座「新大陸」，拍武俠劇尤其再理想不過，於是荒廢多年的中和攝影棚，成為熱門搶手戲，製作人如林福地、陳明華等爭先恐後要在這裡拍，無形中成為一個獨立的製作天地。

民國七十七年臺灣政治大開大放，實施數十年的報禁開放了，原有

報紙要擴充，新報要開辦，報業真是如雨後春筍般，景象萬千。許金德董事長旗下，也有報紙，於是計畫早晚報一起出版，晚報之外，也要創刊日報，主持人雄心萬丈，與二大民營報，一決長短，以便形成臺灣新報團。

報業拓展，除了人才外，首先考慮與面對的是印刷設備的擴充，配合印刷機的增購，廠房就要先作規劃準備。

他們在籌建的過程中，就想到臺視有這麼一塊地方，如能改建為報紙印刷廠，無論從哪一方面考量，再好也沒有了。這是不錯的算盤，剛好當家作主的，都是同一個董事長許金德先生。

許董事長就在他的國賓總部，又是一頓早餐，情商臺視中和攝影棚轉讓給報社作為印刷廠。

這真是突如其來的難題，我一時不知所措，實在，比我自己減薪的難度，要高多了。因為，就公司組織而言，我只是行政主管，財產處理，則屬於董事會之權，董事長鄭重其事，找我商量，出於尊重；況且，這家報社，在當時政策要求下，臺視還是大股東呢！

我知道我的身分，無權拒絕；我也知道我的地位，無權接受。因為接受的結果，必然會無法兼顧公司的權益，會造成總經理嚴重失職。

我稍加整理思緒後，就把公司節目製作情形，攝影棚嚴重不足，日夜趕工都無法應付，中和攝影棚無論播出或備檔連續劇，都承擔無法取代的地位，實在不可缺少。這也是實情。

所幸，許董事長是經營大事業的人，經過我的說明，與他事先所瞭解的，有很大的出入，廢棄多年，那是陳年往事，於是中和攝影棚事，就沒有人再提了。

這是第二頓「鴻門宴」。

第三次，是在下午，更為隆重，也更為嚴重，是在國賓總統套房內進行。這也是我生平第一次見識五星級總統套房的派頭。

事情是臺視在海外一項投資，受到當地法律的限制，臺視不能占股

份也不能派出人員，只能委託他人經營管理，臺視唯一能做的事情，是出資，除了出資外，什麼都不能過問。這件投資案，是我加入臺視前早就在進行，而且經過相當長的時間。當時的臺視財務吃緊，必須採取一些節流的措施，以度過難關。這個「投資專案」數額很大，而且還要繼續下去，甚至永遠繼續下去。財務人員就抱怨，實在是一個無底的洞，幾次會議研商，難有善策，更無兩全之策，只能採取斷然措施──止血，不再作輸出供應，以保全母體的體質。

天下事就有這麼湊巧，這個令臺視燙手的山芋，突然成為搶手貨，就在這個時候，出現兩家有興趣、有資格也有能力接辦下去的接手者。

這自然是求之不得的事情，因為可以把吊在半空的臺視救下來。

問題是這兩家接手者，均有所求，才能完成合法的轉移程序。

一時之間，這 A、B 兩家針鋒相對，爭相取得經營權。

A、B 均要求臺視予以配合，A 要求臺視出具證明，證明臺視沒有任何資金投入；B 要求剛剛相反，請求臺視出具有資金在內之證明。均為我所婉拒。

許董事長希望我能配合 A 方要求，以總經理身分出具證明，以解燃眉之困。許董事長是長官又是長者，幾乎以哀求口吻，請我幫這個大忙。無論言詞與態度，我均是一致的：歉難配合。因為既與事實不符，又嚴重違反公司利益。我還進一步向許董事長分析：如果這樣，將來如果不幸面對法律問題，無論在臺北或在海外當地國，我們將處於極為不利地位，因為我們已經簽下一紙「賣身契」。

至於 B 方，可以說是善意受害第三者。很抱歉，我也無法同意配合，雖然部分符合事實，但臺視權益無法落實保障。

許董事長對於我的「歉難配合」的堅決態度，當時，他是極為難過的，雖然未到憤怒的程度，但以他的性格、地位與對我無微不至的愛護，是難以忍受的。就私而言，這是我對許董事長極大的愧疚。事隔多年，每想起這件事，一種「不敬」的情緒，就從心中來。

　　但是，對於一個服務公職的人，面對公私交戰，這就是我的性格，根本就無選擇的權利，也許，這就是義無反顧吧！

　　這件「臺視懸案」，歷經多位董事長與總經理，都沉在那裡，直到簡明景董事長任內，那方面要作根本的變易，才浮現出來。經過調卷，查明原委，才瞭解真相。簡明景曾擔任臺灣省議會議長，是本省一位難得的「阿莎力」人物，豪爽著稱，可惜英年早逝。對臺視、對社會，都是極大的損失。他是臺大出身，很有法律素養，處理事情，更有一種追根究柢的精神，他發現由於我當年的「抗旨」，使臺視得到一筆意外的收入，保住公司的權益，簡董事長特別交代主管同仁打電話給我，謝謝我當年的堅持，使臺視得到一份意外的收入。

　　這也是妙事一樁。一位離開公司多年的主管，還會因為一件公事的處理，而使公司受益，值得安慰。

　　這是經驗，也是教訓。

　　我常想，一位公務人員，不管官位再高，也不管職位再低，只要「奉公守法」，去面對公事，就不會出錯，更不會惹禍上身。

　　我很幸運，我雖然是新聞記者出身，根本不會也不懂辦公文那一套，但很幸運地，遇到的長官，都能開誠布公，很尊重我的專業與良知，鮮有告訴你或命令你如何簽報公文，這是我的幸運。

　　這樣習慣的養成，對我日後做主管幫助很大。當我做他人部屬時，沒有長官命令我照他的意旨簽辦公文；同樣的，當我做主管時，我也不會告訴部屬同仁如何簽辦公文。

　　都能養成認真為公的習慣。

　　公文的流程中，無分官位大小，都有他的地位與職責，如能憑智慧責任與法令處事辦事，行政效率自然提高，公文的品質也會提升。

　　也很幸運的，因為師傅教得好、管得嚴，自然而然地養成認真負責的習慣，所以公文處理鮮有差錯，甚至經過若干年後還能受到時間的考驗。

　　我的公事處理，往往留給繼任者或者往日同事的思考空間，這是我服務公職生活中，值得驕傲，也是留給曾服務過的機構一些無形的資產。

　　也許，這就是走過的路，必留有痕跡的意義吧。

　　當我把中視總經理交給江奉琪先生的時候，中視同事告訴我，有一段時間，江總經理在公事上遇到難題的時候，常交代同事，看看石總經理怎樣批的，怎麼決定的。

　　臺視同事也說：當他們參加主管會報的時候，常常在想，如果石總經理在場，不知道怎樣想，怎樣處理這樣「大事」。

　　我離開華視公共關係組長五年多，民國六十五年四月十六日，我已在《新生報》工作，忽然接到華視董事會秘書郭篤周先生電話：「奉董事長交代，轉請石先生為華視推薦一位新的公關組長。」我就推請中央通訊社記者徐維中前往，徐先生中英文俱佳，風度好，亦有新聞經驗，可惜因另有高就未成。事實上，維中對於蔣孝武先生的欣欣傳播公司以及「和信」的開疆闢土，都有貢獻。

　　這都是性格使然。

　　一個人必有一個人的長處；一個地位，必有一個地位的重要性。就正如棒球場的球隊贏球道理一樣，不管你在哪個位置上，只要堅守崗位，善盡職責，都是贏球的力量。

　　就大眾傳播事業崗位而言，我已經歷經四個事業：《臺灣新生報》、臺視、《中央日報》以及中視，並在出版事業崗位上，承擔董事長職責。再困擾的事情，難不到我；再複雜的事情，輪不到我。經過無數大風大浪，而幸未滅頂，檢討起來，全憑一顆公忠之心，忘我而已。

　　我自己有一個百試不爽的信念：再複雜的環境，你自己不要複雜；我自己也有一個信條：再複雜的人，你自己不要複雜，就不會惹火上身。

　　至今令我印象深刻的一件事，是我服務中央文工會總幹事任內，有一件報紙發行權的移轉，依據戒嚴時期的有關法令以及政治運作體制，執政黨中央點頭，才是政策的決定，而主管這項業務的，正是中央文化

工作會，也是我主管的業務。

這位報紙發行人的新東家，正是長袖善舞的典型，他曾發下豪語：中華民國管轄範圍內，男的除了經國先生外，都可以請到；女的都可以叫到，真是包山包海的口氣。常常到我的辦公室誇下海口，時而作揖，時而口出惡言，就是要你就範。每到國民黨中常會開會結束之時，他就來文工會「示威」一番，中常委中，出口是某某公，閉口是某某兄，都打過招呼了，百分之二百支持他出來。言下之意：問題就出在你這個小小的黨工！勉我識時務為俊傑，將來有的是「機會」！

我不動如山！我說：「我是承命辦事，我的同事以及我的意見，全在簽稿中，核定之權，在長官！」

這位先生竟在辦公室咆哮如雷，並說：「某某中常委，中常委某某……還不夠大麼?!」

我對這位先生說：「中常委負本黨決策之責，當然夠大，除了主席之外，依本黨閉會期間體制，沒有比中常委再大了，但是，對不起，我奉長官批示的事，我的長官層次，還上不到中常會，是中央文工會主管副主任（因為副主任有幾位，各有分工）、主任。」

能夠吵，能夠唬，能夠騙，在某種社會環境下，還是會達到目的，這家報紙的命運，可想而知，但是社會國家付出的成本太大。但是留存在中央文工會檔案室（如果還保存），那件「公文」，就會發現「關口的重要性」。

負點責任的人，總要小心二頂帽子：一頂是高帽子，讓你昏昏沉沉；一頂是大帽子，讓你非辦不可。這兩頂帽子，可能都是禍源。

日以繼夜的新聞處理工作，就是守門功能，新聞編譯新聞編輯……，就是把關的功能。它的職責，就是如何把有價值的新聞放進來，沒有價值的材料攔住淘汰出去。事實上，豈止新聞工作如此，各式各樣的工作，也是如此。

第三十五章

事業無它──加減而已

　　玄妙的人生，有時沒有道理；實際的生活，有時卻也有些道理。

　　學歷是一項本錢，這應該是不移的道理；但是為什麼小學畢業生，可以創辦天下的大事業，這似乎是無法解答的道理。由於小學未畢業的松下幸之助，經營事業成功，成為「經營之神」，打破「帝大」神話，創造「學歷無用論」。

　　其實，不只是有道理，而且道理很簡單。

　　我們太重視甚至迷信學校教學，這是學歷與文憑歷久不衰的原因。但嚴格檢討而言，教育體系中的內容，缺乏由淺而深的安排，卻充滿重複與單調，尤其我們所熟知的史地、三民主義等科。

　　數理自然科學亦復如此。就以諾貝爾獎金得主為例，自楊振寧、李政道「開山闢地」以來，中國人獲得諾貝爾獎幾乎不再是驚人的新聞，每年出現一、二位，也是意料中事。

　　但以國人而言，諾貝爾獎得主，多是屬於物理化學之類，楊振寧博士就得物理之福。楊博士的父親楊克純先生是我國著名的數學家、教育家，先後畢業美國史丹福大學與芝加哥大學，並得芝大數學博士。楊振寧博士數學天分很高，本來也有意向數學發展，但他的父親認為，數學只是一門學問而已，還無法實際瞭解與解決自然科學問題（石永貴，〈知識的奇妙〉，《講義雜誌》，一九九八年六月號，頁一二八）。

　　實際的生活世界，也的確如此。我們接受現代教育的人，至少經過三個「數學」階段：小學的算術，中學的代數，大學的微積分。但除了作高深的研究，我們實際生活，真正用到數學者幾希？

　　恐怕還未超過算術。因為算術的加減乘除，只要用到加減，小者可

以治家，中者可以興業，大者可以治國。我們所經過的歲月，就有數不清的例子。

在臺灣靠雙手創建太平洋王國的孫法民先生，他就憑著早期以十七歲之年，先後在河北一家土布棉花莊及綏遠「鴻業號」百貨店做學徒，民國二十六年在表哥王開鑫的鼓勵下，在綏遠臨河縣開設「天然百貨商店」做小買賣敲打算盤，「貨真價實，童叟無欺，言不二價，保管來回」，而得到做生意的經驗，養成克勤克儉的生活；前瞻的頭腦，白手起家，而成為臺灣電線電纜之父（廖慶洲編著，《孫法民，首創中國電線工業六十年》，臺北：卓越文化，頁九）。

今日臺灣的生活，從住屋到大哥大，很少沒有與孫先生創辦的太平洋事業有關連。我和孫先生，一老一少，成為莫逆之交，他喜歡書法，每當寫癮來的時候，就打電話給我，把寫好的，得意的字與書法，攤在地上，並問我：「再寫些什麼？」他說：「不值錢，喜歡就拿去。」我就收藏一幅：「要有生氣，不要生氣。」孫先生過世後，其公子道存兄，忠孝傳家，為紀念孫先生的書法長存的精神，特成立孫法民先生文教基金會，邀請各界人士，並與孫法民先生生前深交的：武士嵩、余範英、鄭深池等為董事，並推我為董事長。

我國對日抗戰期間，民窮財盡，前方將士浴血，後方難民如潮，無論支持軍事作戰的軍火物資以及民生必需品，均極端缺乏，人民不只是要生活下去，還要在強敵之下，更要打下去，才能免於國家滅亡，人民死亡。而國庫調節損益，全靠孔祥熙張羅。而孔先生很重要理財致富的背景，是他山西票號。票號主人的本領，就是不斷在撥弄加減算盤珠子，以求減虛增實。這打小算盤，最基本也是最大的本領，就是精打細算，這也是今天臺灣的王永慶精神。

事業的經營管理也是如此，只用到加減法而已，這也是會計學中的ABC 基本原理，加進減去，就是盈餘。

我初到臺視，就面臨經營管理最無法避免的問題：虛虧。

當然，長期以及根本問題，還是要有本領增加收入，才能增加盈餘，但是經營事業，尤其是製作節目，播出新聞，不是一夜之間，就可以達成增加收入的成果。

但減少支出，卻操之在我，一個措施，甚至筆動一下，就能達成減少支出的結果。會計學有一絕妙的效果運用：增加收入，固可以降低支出，但，反之，降低支出，亦可以達成增加收入的目的，就是正加正得正，負減負亦可得正。

因此，儘管開源與節流並重，但我逆向操作，採取一項節流重於開源的臨時措施。

在《臺灣奇蹟創造者群像》中，我所指的大事和小事一樣重要，「小事」也是基於節流的原理。

我請財務部門將收入項目與支出項目，毫無保留地，分成左右排，越細越好，以便瞭解哪些收入還可以增加，哪些項目還可以減低。這就是後來美國政府所採取的零基預算道理一部分。但結果很失望：增加的無法增加，減少的能減少者微乎其微。

我於是就像編輯坐上編輯檯，面對一大堆要刪要併的稿件，以紅筆加以砍殺，就連一捲衛生紙，也不放過。

臺視是有規模的現代化公司，自然不會有「黑賬」，但提到若干敏感處，財務主管還是有點吞吞吐吐，很怕惹禍上身。全世界的財會人員幾乎都有一個本性：收入越多越好，支出越少越好，最好有收無支。這是他們的鐵算盤，但有時做得過火，且流於私心，就難免影響事業的發展，甚至阻塞活路。因此，我這一節流措施，財會人員是支持的，暗地裡也在笑，並說：早該如此了。

重大的節流，就有三項：

一、撤回海外投資。

二、醫療設施改變。

三、顧問群緊縮。

第一項我在上章中，其間曲折甚至戲劇性變化，曾有述及。

第二、臺視在全盛黃金時代，待遇福利全國皆知。有人戲言：將來若有兒有女，拼老命，擠破頭也要弄進臺視，就是倒茶送水也好，可見令人羨慕與嫉妒。臺視醫務室就是一個例子，是與臺北市第一家開放私人醫院合作，由這家醫院派出醫生、護士、護理藥劑人員進駐臺視。可以想像的，簽約醫院本身以及醫生醫療人員，都受臺視經營之惠，這也是常情。臺視員工及眷屬，得到良好的醫療照顧，這也是應該的。事實上，世界上一流企業公司也都有類似措施。但是，後來臺北市醫療環境有大幅度改善，臺視對面就是臺安醫院，再不遠就是長庚醫院。除了保險制度外，公司本身在福利制度下，還另有住院輔助等種種措施，更重要的，公司經營狀況今非昔比，財務薄弱；同時，根據逐日逐週的醫務室門診紀錄統計，得到一項重大發現，看病成本實在太高。於是經過不斷地檢討、磋商，作了一些緊縮的措施。因為畢竟合作多年，主治醫師，也就是醫務室主任，無論醫德、專業以及服務精神，均受同仁敬重，只是因為社會環境以及公司環境變了，不得不作了一些改變，合約作了修正。等到簡明景先生出任臺視董事長，這時候，又有了健康保險，簡董事長對於臺視醫務室作了更大幅度的調整。據同仁形容，石總經理只是一項改革，而簡董事長則是革命，可見其魄力。

第三、顧問群的改變。像臺視這樣政治背景很強，又是賺錢的公司，聘請一些顧問，實在沒有什麼驚奇之處，甚至理所當然。

但是，環境變了。當員工開始節衣縮食的時候，在不裁員不減薪水的前提下，就不能不「優先」考慮無功受厚祿的「天子故舊」了。

我知道這是臺視敏感地帶，也有好心又愛護我的資深同仁，好心提醒我：「總經理，這是蜂窩，還是少碰為妙。」

我是在鄉村長大的孩子，與群蜂捉迷藏是常事。

再看這個名單，就知道這是一份具有高度政治性的顧問名冊，待遇並不一致，高的相當高，其中多數從未公開露過面，車馬費就用銀行帳

戶直接撥進去。

我自己惹麻煩沒有關係，不能為董事長破壞關係，於是我持名單向董事長報告這件事，並說明我準備怎樣做。

董事長因是政治人物，但這些年來本身經營企業，而且有成，是不會反對為健全財務而作改革措施。他只是說：某某、某某……是某某公的關係，某某、某某……是某某先生交代的。

言外之意，能保留還是要保留。

我心想：不去掉這些，還能去掉誰呢？既無意義又不公平。

遇到非堅持不可的事情，我很少妥協的。所以知我甚深的吳俊才先生，當我告別中視的時候就說：「石總經理這樣人，做起事來，就有一種不怕死的精神。」

一個人怕死，什麼事都不能做了，又怎麼可能做出一點成績。我也常常告訴在軍中的年輕朋友；你只要不怕死，將來就會有機會升上上將：如果怕死，就不要當兵。岳武穆的「文官不貪財，武官不怕死」，是置之千古而不變的真理。

一直到我離開臺視後，還有幾位顧問，對於臺視很有貢獻，甚至他人無法代替的，這幾位不只是不能「婉謝」，還要加倍借重。

董守豪先生，他原是省府官員（周至柔先生時代），以臺視顧問身分，往來臺北與中興新村與霧峰關係，因為臺視是省府透過省銀行投資的，但不到百分之五十，並不是省營事業，不需到省議會列席，但還有一些業務與關係要做，所以董先生駕輕就熟，就勤跑三地一府一會一臺的關係，尤其省議會開會期間，他均能掌握重要訊息，或把問題化為烏有，或提供公司參考，我們在霧峰有「董公」關係，放心不少。

王大空先生，他是新聞廣播界知名的才子，以中廣記者「笨鳥慢飛」而活躍臺灣半世紀。王先生中廣退休後，每天上午固定在節目部上班當顧問，在臺視走廊遊走，事實上，確為臺視，特別是節目部做了不少事情。

　　我早就景仰王先生，因此，我加入臺視，他指教不少，怕為難我，主動請辭，我也主動要求他的顧問不但要做下去，分量還要加重。據我所知，王先生為臺視，至少作了以下的幾件事情：

　　第一、發掘人才。王先生的女士緣特別好，尤其是女作家，桃李更是滿天下。需要作家開座談會，或節目、新聞急需臨時人員，無論應急或是動員，只要小姐女士的事，他只有一句話：沒有問題，要多少都行。像王韻儀小姐主持臺視《午餐時間》，就是王先生推薦的。還有不少，包括現在在無線、有線成名人物，很多出自王先生的發掘或推薦，經過臺視這個「中央站」而轉至各方。我很相信他的廣沛人脈與新聞記者無私精神。

　　第二、節目劇本或節目名稱的修正或提供意見，以王先生的才華與負責精神，畫龍點睛，都是最拿手的。

　　總之，王大空的才華與口才，是臺灣廣播界之代表。王大空先生在臺視期間，我們相處愉快，他具有星探與人才發掘的雙重身分。但他是很有分寸，更知道保護自己自尊心的知識分子，王先生很少主動推介人才給我，免增加我的困擾。但我有所請託，他總是推薦一位甚至多位候選人的名單。

　　外界不只是較少知道，甚至造出一些無知的傳言。曾任臺視人事室主任徐圓圓，也是經王大空先生的推薦。徐小姐中英文俱佳，是知名的才女，由中廣轉至臺視，擔任公共關係組組長，並無政治因素。

　　毛樹清先生也是一位極有用與極有貢獻的「臺視顧問」。毛先生是新聞記者出身，也是美國以及國際問題專家，臺北退休後定居舊金山，受聘為史丹福大學訪問學者，這是極高的榮譽。

　　當時我們的國際環境頗為艱困，由於中共的阻撓，有關的廣播電視國際會議無法參加，臺視負責的橄欖球的國際會議以及比賽，遭遇極大的困難。所幸毛先生早期旅居美國多年，持有美國護照，形式上具有美國身分。毛先生又能言善辯，所以毛先生突然從天而降，中共束手無策，

「毛公」所率領的球隊，也會順利通關。「毛公」與橄欖球年輕朋友們在一起，又恢復新聞記者的活力，相處真是水乳交融，快樂無比。

毛先生在臺視期間是愉快的，對於臺視也有相當大的貢獻。國際間尤其橄欖球界朋友都知道，北京有一個 Mao，臺北也有一個 Mao，此位亨利・毛，雖非彼毛，但犀利無比。像這樣活躍在第二次大戰戰場的記者，有他們的活力與性格，無論中外，如今多歸之「歷史檔案」，實在可惜。像毛樹清、徐鍾珮、樂恕人等，是少數中國記者代表中國到歐洲採訪第二次大戰的戰地記者。

當戰爭結束，毛樹清先生以中國記者身分，採訪華府新聞，當第一次進入國務院記者會會場的時候，全場響起一片掌聲，主持人還以來自四強之一的中國記者亨利・毛，加入採訪表示歡迎。

那時，無論個人或國家，是何等風光之事。

歲月不居，令人敬佩而懷念的長者如毛樹清先生、魏景蒙先生、鄭南渭先生、曾恩波先生等等，他們無論在國家強盛的時候或是衰落的時候，都有奮鬥不懈的精神，記者是他們的職責，而新聞就是他們的生命。

如果你會畫像，每個人都有一幅與眾不同的輪廓。毛樹清先生的精神，就是旺盛的生命力與旺盛的企圖心，國事、中美事、天下事，都有他的看法與主張，但與眾不同的，他手上握有資料與背景資訊，講起話來，乃能鏗鏘有力。

第三十六章
令人神傷的「七七」

民國二十六年七月七日晚上十一時四十分，日軍假演習一名士兵失蹤為名，強行入城搜索，砲擊我國河北省宛平縣，名震中外的盧溝橋事變爆發。

領導全民抗戰的蔣委員長，於事變發生後十日——七月十七日在盧山召開國難會議並發表談話：「所以盧溝橋事變的推演，是關係整個中國國家的問題。此事能否結束，就是最後關頭的境界。……萬一真到了無可避免的最後關頭，我們當然只有犧牲，只有抗戰！」（黎東方著，《蔣公介石序傳》，臺北：聯經出版公司，頁三五三）

「七七」之前雖有民國二十年的瀋陽「九一八」事變，但「七七」是中國對日全面抗戰之始，是國難日。

凡是參加中日戰爭的同胞，永遠不會忘記「七七」。

想不到，這個令全中國難忘的日子，竟在四十四年後，連續兩個「七七」，令我無資格參加八年抗戰的人，竟飽受「七七」之苦。

這真是意外，真正的意外。

民國七十年七月七日，我接掌臺視總經理尚不滿一週，臺視新聞部一位資深記者，在新聞中專訪旅美經濟學者高希均教授。

那個時候，因為我國與中東阿拉伯國家，特別與沙烏地阿拉伯有特殊友好關係，而以色列與阿拉伯是世仇敵對國家，持有中華民國護照的國民是禁止前往以色列。高希均博士執教美國威斯康辛州立大學河濱校區，旅居美國多年，領有美國護照，所以不受限制。

高教授抵達臺北後，也許對於以色列的立國精神，全國動員印象深刻，所以在接受臺視記者訪問時就說：「以色列與我們中華民國處境相同，

卻能以寡擊眾，以團結的以色列面對眾多的阿拉伯國家，屹立不搖。」言外之意，值得我們借鏡與學習。

事實也確實如此，但是我們國家的處境，特別是面對阿拉伯友好關係，有其特殊微妙處，不能公開說出來，更不能被點破。

臺視新聞播出這段訪問後就引起當局的困擾。蔣總統經國先生在七海官邸以電話詢問行政院長孫運璿，表示關切。

當晚，我正在家中一面吃晚飯一面看臺視新聞，看到這條新聞，我就直覺感到情況不妙。

蔣總統放下電話未久，當時的行政院新聞局長宋楚瑜，就到七海官邸，向總統報告重要政務。未等宋楚瑜開口，蔣總統就質問宋局長：臺視新總經理到任了沒有？怎會播出這樣一條新聞？當然，要宋局長查清楚，因為新聞局正是主管三臺的業務。

孫院長與宋局長都為這條新聞之播出，而引起最高當局的責備而難過。

孫院長尤其感同身受。因為正如蔣總統念記在心的，孫院長更親自體會出沙烏地阿拉伯對於中華民國道義之友，已超出風雨見真情。

那是一九七三年十月以色列與阿拉伯的大戰，阿拉伯國家迭次在戰場上的失敗，改以石油作武器，在沙烏地阿拉伯——也是最大石油輸出國國王費瑟號召與執行下，實施阿拉伯國家或禁止或限運石油出口，三個月間，石油價格上漲四倍，甚至在現貨市場，根本無法以現金搶到石油。不只是搶購石油，連日用品也不例外，像日本家庭主婦就瘋狂搶買衛生紙，一如電影中世界末日的到來。而我國原油當時幾乎百分之九十八仰賴進口，主要來源國就是沙烏地阿拉伯。

以色列自然首當其衝，西方尤其是美國與英國，屬於頭號支持與親以色列國家，也遭波及，我國因與沙烏地阿拉伯有友好關係，但立場是屬於西方的，更以親美為傳統。當局很擔心被列入「黑名單」，那真是死路一條，於是當時的經濟部長孫運璿先生，奉蔣院長之親囑，於一九七

三年十月底，遠赴沙烏地阿拉伯，以求保住油源。

當時的孫部長固然勇氣可嘉，但是，萬一失敗，真是要提「頭」來見，不是無顏見江東父老或是火燒眉毛，所能形容其任務之艱鉅與心情之沉重。但北方豪邁性格與責任心驅使的孫部長，不能不去，不能往上推，亦無法向下推，只有義無反顧踏上征途。

孫部長抵達沙國後，很快的就連絡到沙國政府中幾位友好，經特殊安排見到費瑟國王。

費瑟國王何其精明，知道孫部長為油千里而來，是求救命的，沒有幾句話交談，費瑟的「金口」就開了：「我們是兄弟之邦，這個不必談。」慨然應允照常供應我國石油，我國不在禁運或限運之列，因為中華民國是沙烏地的好朋友（楊艾俐，《孫運璿傳》，臺北：天下文化，頁一二三）。

第二天，國王對中華民國的友好行動與措施，立刻就傳達指示至政府有關部門，也立刻執行。

費瑟國王的豪情義舉，豈止患難見真情而已。而費瑟國王的遠見與義助，尚不止此：

當年費瑟國王訪問臺北，登機前與送別的蔣總統中正先生道別的時候，向蔣公保證：就是美國與貴國斷交，沙烏地還是與中華民國站在一起的！

民國六十年沙烏地阿拉伯國王費瑟訪問中華民國。在他四天完成訪華行程，登機時刻，我國資深外交官、擔任傳譯的定中明公使曾作傳神的回憶：沙王費瑟陛下在舉步登上扶梯前一剎那，突然折轉身來緊握老總統的右手而激動地說道：「總統閣下，請放心，不管國際情勢如何變化，縱使美國都承認了中共政權，我沙烏地阿拉伯王國仍將繼續站在中華民國的一邊！」定中明回憶：「這一出自肺腑的真心話，當時直使老總統感動得幾乎落淚！」（定中明，〈沙王訪華記盛〉，《中外雜誌》，頁一一〇）中美關係不幸為費瑟國王所料中：民國六十八年美國承認中共，同屬不幸的，費瑟國王遇刺早已故去。

當財政部需要外資借款，除了美國外，沙烏地更慷慨：需要多少，借多少，但不要分文利息！

孫運璿先生以其北國豪邁的個性，坦誠的胸懷，也最適合阿拉伯人的精神。事實上，「臺灣奇蹟創造者」孫先生當之無愧，全憑汗水累積而成。孫先生可以說，除了蔣中正先生外，與沙國關係最深的我國高層首長。

民國六十八年九月中旬，孫先生以行政院長之尊，率領包括外交、國防、經濟龐大代表團訪問沙國。舊地重遊，回憶往事，孫院長真是意氣風發。沙國國王法德多次與我國代表團會談。中沙兩國並發表聯合公報，對於以色列與中共，均有共識：「雙方強調，反對以武力奪取土地之原則，認為以色列必須自一九六七年以來所佔領之阿拉伯領土撤離。」「雙方亦曾檢討東亞情勢，認為中華民國為恢復其領土內所有中國人民之自由與人權而所作之奮鬥，將對東亞及全世界和平與安全，有重要之貢獻。」（《聯合報》，民國六十八年九月十九日，第一版）

也許，這就是為什麼蔣總統會為這條電視專訪打電話給孫院長的原因。

這些，都是孫院長親身體驗的，真是記憶猶新，而無以為報，只有珍貴這段難得的友情。而蔣故總統經國先生，更是人家賜我一尺，我要以一丈相報重義的政治家。

記得馬來西亞國父前首相東姑拉曼，因為在擔任亞洲足球聯盟主席，強烈支持我國會籍，經國先生始終銘記在心。東姑退休後隱居鄉野多年，除主持宗教事業，已不問政事，每逢我國代表赴馬履新，晉見總統的時候，總統總是不忘叮嚀赴任的代表：我們那裡有位老朋友，一定要去探望並表示敬忱。

所以這則突如其來的「臺視專訪」，以心比心，阿拉伯人看在心裡，是不會好受的。況且，在廣大的阿拉伯朋友心中，臺灣是亞洲的反共堡壘，臺灣處境也許與以色列相似，但臺灣不是以色列，沙烏地阿拉伯就

因為共產主義崇尚無神論,而堅決反共!

難怪經國先生的不安與不解,臺視何以突如其來播出這則專訪?

當然,高希均教授很快知道這件事情,但他並不知道嚴重性。第三天,希均打電話來:「孫院長那邊沒有事啦!」我知道,希均這通電話,目的是在衛護作訪問的那位「資深記者」。

以孫院長的北方性格和對學者的客氣,當然沒有關係。

我,一位剛剛上任的總經理,卻受到「留校察看」的紀錄。

從中往返調和的是宋楚瑜局長。

我也從這件「新聞事件」吸取經驗與教訓。

從「以色列專訪」事件後,我每天下班前,都要到新聞部去看看,瞭解當天新聞狀況,有無重大新聞,慰問忙了一天「回家」的採訪記者,有時,並與記者簡短交換心得,提供他們在剪輯與配音參考。臺視新聞部配音剪輯都在樓上,有的時候,我一一致意。

新聞部主編與我配合很好、默契很高。我到的時候,主編就將當晚播出的新聞,順序、秒數,都整理好。有時候,我就根據新聞輕重,價值與否,作了次序的調整與內容增刪。這樣我常常會作得罪內外友好與同仁的事情:把記者分配稿和內外「長官」所交的人情稿,以稿擠為由,統統取下,或作有技巧的合併,以增強新聞的力量,成為十足的新聞,沒有摻離任何水分。這是「臺視新聞」能夠受到很高的評價與賣出很高的價錢原因之一。

總統官邸的新聞與節目收看,在天線方面可以作些調整,就能固定收看某一臺,其他兩臺畫面就模糊。那個時候,還沒有遙控器的裝置,所以選臺不是很方便。等鍾湖濱出任中視總經理之時,湖濱是官邸出身,知道總統的生活習慣,就請中視工程部到官邸作些強化措施,所以總統官邸就定位在中視頻道,我們臺視的「警報」得以解除。

蔣總統眼睛好的時候,戲劇還是喜歡看三臺,因為他很關心戲劇對於社會教育的影響,不只是看,而且看得很仔細。

有一年光復節，我們工程製作小組到總統府錄製光復節談話。

在機器調節時間，總統喜歡與工程製作同仁聊天。那時期，臺視製作林福地導演的幾檔連續劇，很受歡迎，更有一些社會正面的影響力，其中就有《不要說再見》，陳震雷主演的「阿郎」角色。蔣總統對於這個黑道老大積極向上，打抱不平的角色，頗為好奇與好感，就問：「阿郎是什麼人？」意思是演阿郎的那個角色是誰演？

諸如此類的問題，他問得很仔細，可見，蔣故總統經國先生是很用心看電視的。

蔣故總統夫人方良女士，深居簡出，喜歡觀賞錄影帶，但她很不願意麻煩別人，很少主動要帶子。鍾湖濱無論在新聞局廣電處長或是中視總經理任內，在這方面，都為「三臺」作些服務。

我接掌第二年，又碰上另一個「七七」大麻煩。

民國七十一年「七七」晚上，下班後我剛到家未久，家中電話開始響起，緊跟著響個不停……

像這樣的電話一定有什麼重大新聞發生，或發生與臺視有關的重大事件，或上級長官緊急找總經理。

我有這個經驗，也最怕接聽這樣電話。

事隔多年，來電話者至今仍好奇不知道是何許人？與臺視與我有什麼不結之怨？

在電話中，有一段「不尋常」的對話：

「你是石永貴嗎？」

「我是！有什麼指教？」

「你知道今天是什麼日子？」

「不知道！」

「你是不是中國人？」

「我是！」

「你是中國人，你不知道今天是什麼日子？」

「是什麼日子，請你指教。」

「是七七。」

「是七七抗戰紀念日。」

「你既然知道七七，為什麼今天臺視新聞沒有七七新聞。」

的確沒有。我就把新聞處理原則，向他說明，電視公司不能製造新聞，有什麼重大事情發生，才能考慮，有無採訪報導價值。

我並且說：「謝謝你的提醒，以後七七，甚至重大國定紀念日，一定會特別注意。」

但是對方還是不肯罷休，其態度與言詞，已超過「國罵」程度，很顯然，也已超過質問新聞處理的範圍。

我只有把電話掛上了。

於是響個不停，只有不接應。

這個時候，我怕有其他事情發生，影響公司安全，於是向公司報告，公司安全室憲兵出身的警衛隊韓隊長也趕來了。

電話不能接，不敢接情況下，只有把電話筒拿下來，免受鈴聲干擾，因為家裡還有兩老兩小，從來沒有這樣的「恐怖」的經驗。

電話拿下後更令人不可思議的發生了。

緊急按門鈴，我還以為當事人找上門來了，原來是派出所兩位管區警察來了。

警察說：「接到報案，說是貴府門口有緊急社會事件發生，所以我們趕來處理。」

這一「七七」鬧劇，非常巧合的，直鬧到十一點三十分，也就是抗戰盧溝橋事件爆發，接近午夜時分，始平靜下來。

直到今天，我還是感到不解與遺憾，如果基於愛國情緒，我只有致敬；只是電視成了出氣筒，任何人受氣，夫妻兒女，伙計老闆之間，有

任何不愉快之事，氣沒有地方出，就會出在電視臺身上。通常，罵電視節目太爛、廣告太多，不準時播出，劇情處理該死的不死，不該死的死了……都會大罵電視臺。電視臺成為觀眾的出氣筒。

想不到這一氣，竟出在「七七」身上。

如果為愛國心所驅使，這一觀眾實在太偉大了，值得致敬，受一些責難、折騰，也是值得。這些困擾甚至驚駭，無法與為國捐軀的軍民同胞相比，只是作法太怪異了。

「難忘的七七」。對於我這個從事電視經營的人來說，豈止難忘而已。

我只是好奇與不解的，這位「七七志士」，為什麼不現身！

第三十七章

《巴黎機場》誕生序曲

中國人喜歡用成語，往往傳之千古而發揚光大，也就成為至理名言。但，很有趣的，在用成語的時候，不知不覺地，只用了一半，另外一半，就無影無蹤了。這樣的例子，真是史不絕書，中國成語有，連外國人的名言，也不例外。

我們都知道，宋有名相趙普者，以「半部《論語》治天下」，傳為美談，成為《論語》治國之最佳證言，其實，是「一部」《論語》：

臣有《論語》一部，以半部佐太祖定天下，以半部佐陛下致天下。

引用外國名人名言，也有相同的情形。全世界政治人物，都喜歡引用美國總統甘迺迪在就職演說中一句「金句」：「同胞們，不要問美國能為你們做些什麼，而要問你們能為自己國家做什麼。」

其實還有一句話，對於世界而言，較第一句話更重要的，那就是：

全世界的公民們，不要問美國將為你們做些什麼，而要問我們共同能為人類的自由做些什麼。（淡大美國研究所翻譯，李本京博士審訂，《美國歷任總統就職演說集》，臺北：黎明文化事業公司，頁四十四）

第二句話，尤其道出一位年輕美國總統對於世界責任的雄心壯志。

言歸正傳，與本文有關的，還有一句成語，不只為我們所熟知，也為我們常用，那就是：「塞翁失馬，焉知非福。」

其實，這只是半句。全句應是：「塞翁失馬，焉知非福；塞翁得馬，焉知非禍。」

這句成語的寓言，漸漸失傳了，恐怕少有能說出全部故事。倒是美

國一位著名傳教士，卻常以這個故事來佈道，告訴信徒們如何面對大得
與大失：

　　一個聰明的老翁，有一個兒子和一匹駿馬。一天，那匹駿馬衝欄逃
走了。他的鄰居聽到這個消息，紛紛前來安慰他：「太不幸了。」
　　但這個老翁卻說：「你們怎麼知道這是不幸呢?」
　　過兩天，馬兒回來了，不單是自己回來，還領了十二匹野馬回來。
　　鄰居又趕來向他道賀：「太幸運了。」
　　於是他又問：「你們怎麼知道這是幸運呢?」
　　第二天，他的兒子為著訓練馴服那些野馬，不幸從馬背上摔下來，
跌斷了一條腿。
　　鄰居第三次來，嘆息著：「太不幸了。」
　　這位老翁又說：「你們怎麼知道這是不幸?」
　　過了幾天，當地的一位軍閥，拉夫當兵，家家的壯丁統統都給抓去
了，而且一去不復返。只有這位老翁的兒子因為斷了一條腿，不能打仗，
才沒給抓去。（蕭律柏著，王一平譯，《可能》，香港亞洲歸主協會香港分
會，頁一九五）

　　故事本身，要比結晶體的成語，傳神而又精彩多了。
　　我在臺視期間，第一部成功而具有多面意義的八點檔連續劇《巴黎
機場》，就是典型的「塞翁失馬」的故事。
　　這個故事是真實的，而創造這個故事的主角，也是真實的。
　　《巴黎機場》首映是民國七十一年春天——三月二日晚上。
　　而我第一次在臺北見到《巴黎機場》主角——姜友陸先生，是在民
國七十年八月八日。
　　這是中共工程師利用出國開會期間，在巴黎經我方人員協助，投奔
自由。
　　而其歷程，驚險萬分，真是千鈞一髮。

這個故事的發生，是我在《臺灣新生報》擔任社長的時候。

有一天清晨，突然接獲好友鍾榮銓的夫人張培士女士的電話：

榮銓已經搭機離開臺北，前往歐洲，如果平安歸來，就會為你帶來一條獨家新聞；如果無法回來，就當成當年在政大讀書時，代表全國青年，三、二九前往大陸空投失敗，無法返回。

我當時的心情既興奮又緊張，我的好友大有壯士一去不復返的英雄氣概。我為榮銓祝福。

好在他們倆都是虔誠的基督徒，早已把死生置於度外了。

這一故事所以緊張而又刺激，是姜友陸投奔事為中共駐巴黎使館所偵悉，而準備以非常手段與方法——裝入行李箱內，偷運至中國大陸。於是在巴黎，我方在巴黎人員、自臺北前往的專案人員以及巴黎警方，展開了一場姜友陸爭奪戰。

我方所以勢在必得，一方面基於人命關天，不能因為姜友陸投奔自由而喪失自由甚至犧牲生命；另一方面，這一專案，經國民黨海工會呈報，蔣主席親批，照案執行。

如果，得而復失，豈不是犯有「欺君」之罪，以當時蔣主席之隆重地位與威望，無人敢面對這一個後果。

臺北執行單位有關首長之緊張，可以想見。

本來，我的那位同學，專案執行人趕赴巴黎，是要把當事人經秘密管道接回臺北，這也是呈報蔣主席的重點所在。但事情發生意外的變化，不只是無法接回來，人可能也「丟」了。

所幸，在巴黎警方以及友人協助下，姜友陸又搶救回來。

發生地點，就在巴黎機場。

但，姜友陸事件成為法國一件大事，一時還無法離開巴黎。

這個事件，是成功了，值得慶幸。但《新生報》並沒有得到獨家，而為另外一家臺北民營報紙，搶先獨家刊出這條新聞。

只要安全回來，義士營救成功就好。

但應驗了「塞翁失馬」之言。我雖失去《新生報》獨家新聞的機會，但卻成就了臺視《巴黎機場》的連續劇。

電視《巴黎機場》的成就與影響，遠較報紙一條獨家新聞為大。

《巴黎機場》的真人真事，我不只是深信不疑，而且深深在我心中，直至《假如我是真的》電影出現，才在我心中發酵。

《假如我是真的》是臺灣獨立製片人江日昇拍攝的電影，是一部難得的反共諷刺影片。劇情簡單，可以說只有男主角譚詠麟貫穿全片。譚根本是無名之輩，窮極無聊，乃冒充高幹子弟，所到之處，風光之至，大吃大玩，奉為上賓接待，唯恐有失，是一部「假鳳虛凰」的政治翻版。但最後假冒高幹子弟被揭穿，俯首就逮，心有不甘，大聲喊出：「假如我是真的呢」而落幕，留給觀眾想像之空間；換之，如果真的高幹子弟，就可以橫行無阻了，真是對共產社會之現實與理想，極盡諷刺之能事。

導演是中影美術指導出身的新銳導演王童先生，手法不凡，尤能擺脫反共八股，令人印象深刻。但可惜的，卻得不到票房的回應。

剛好，為了公司一件「小事」，去拜訪《中央日報》董事長，也是臺視常務董事曹聖芬先生。

所謂「小事」，是臺視文化出版的《電視周刊》按期寄贈曹聖芬先生，不料在最近幾期，把寄址貼籤的曹聖芬「先生」寫成曹聖芬「小姐」。曹先生接到後啼笑皆非，因為我在接掌臺視總經理，經過一陣大風大浪，愛護我的曹先生，發生這樣怪事，難免懷疑，莫不是有人在暗中破壞新總經理的對外關係？

經我查明後，確證是一場誤會。這樣的小事，是由工讀生處理。有一位工讀生，發現曹先生的大名「聖芬」，孤陋寡聞，直覺認為，是小姐之誤，負責心切，主動改為「小姐」。要怪，我們只能怪現代青年，太缺乏常識。記得一位諾貝爾獎華人得主搭機訪問瀋陽，當他出現在停機坪的時候，看到不少熱情青年，歡聲雷動，出現一剎那間，原來是一位諾

貝爾獎得主，而不是他們期待中的歌星，就冷了下來。

曹先生知道造成錯誤的原因，一笑置之。還和我談了兩件事情：

一件希望我能轉達許董事長，對於副董事長孫治平先生，希望臺視予以適當的禮遇，安排一個辦公室。曹先生說：孫先生是國父孫子，是總裁親自交辦到臺視，還要為孫先生安排至總統府擔任國策顧問。

一件是他最近看了《假如我是真的》電影，非常有意義，但看的人很少，這裡就有些怪怪的，希望我能用心研究，製作一些有益人心的電視節目。

《假如我是真的》在正式上映之前，我就有機會在試片室先睹為快，在場的，除了製片江日昇、導演王童外，還有臺視同事盛竹如以及《新生報》老同事郭大經等先生。

曹先生這一提醒，增加我在這方面的責任與思索，但《假如我是真的》這樣好的電影，卻不賣座，更值得我思考，並尋求答案，才能如魚得水。

我在電視工作的歷程中，很快就發現臺灣觀眾的兩個奇特的「反胃」現象：

一、大陸來臺觀眾，對於中共統治下的殘破景象，似乎有往事不忍回顧之感。

二、臺灣本土觀眾，對於日本統治臺灣的種種，似乎也有逃避的現象。

我們電視工作者，尤其是商業電視，可謂現實越過理想，也必須在現實環境下，有方法、有階段、有技巧地追求理想，理想才能實現。這二大觀眾心理障礙，我們自然不能越過，但必須面對它，否則在自動選擇之下，必然會失去選擇，甚至失去觀眾與失去市場。

因此，我接掌之後的臺視，在政策方面，既不能製作腐化主子與不長進奴才之清宮戲，又不能製作不利現實面的打殺社會犯罪題材。反共題材，在當時而言，是國策，不只是不能違背，而且必須發揚，但觀眾

心理不能不顧，因為忙了一整天，誰會願意在電視機前面接受「反共說教」，況且自從一九五〇年韓戰爆發，美第七艦隊協防後，臺灣海峽風平浪靜，臺灣享受和平的繁榮歲月。

這樣反共國策與社會環境，我們如何製作出電視劇，既符合國策，又能滿足觀眾口味，自然是一大挑戰。

以我這個「掌舵者」的性格而言，我們既不能掛羊頭賣狗肉，也不能掛狗頭賣羊肉，換言之，既要表裡如一，又要實事求是。

這就是《巴黎機場》製作與成功的背景。

《巴黎機場》製作之錯綜複雜，國內外之險惡情勢，幕後不會下於幕前精彩。事隔超過二十年，如今思之，雖仍有心驚肉跳之感，但經過種種難關與堅忍奮鬥而獲致之成果，仍感到個人的生命與事業生命之光輝。

的確，凡是一件值得做的事情，而經千辛萬苦做出來，才有價值。

一個人的一生，能做出幾件有意義的事，就不虛此生。

第三十八章

《巴黎機場》主角現身

真人演真事，又是巴黎出外景而製作成功的《巴黎機場》，無論在當時以及其後的電視戲劇的製作中，都是空前的創舉，其後，也少有類似的戲劇。

有人就會問：怎會想到製作《巴黎機場》，又怎會想到真人現身？

這固然有偶然與奇遇的因素，但還是有勝算的「基因」。

轟動巴黎，震驚歐洲的中共工程師姜友陸在巴黎投奔自由，當時由於情勢的變化，姜友陸受到法國政府的嚴密保護，未能及時離開巴黎，直到民國七十年八月才秘密經特殊的安排，安全地回到臺灣。當時的用意，無非一方面讓決策當局知道，確有其人，因為當時的謠言很多；另一方面，也讓姜友陸看看臺灣真貌，親身體會一下臺灣真實的生活。

就這樣湊巧，在中國國民黨中央海工會辦公室竟奇蹟地遇上了姜友陸。

我因為到中央委員會前樓開會，會議結束後，照例到後樓去問候一下老朋友。

「這位是管智明，管先生」。就像偵探小說中的人物一樣，鍾榮銓總幹事為我介紹。

榮銓緊跟著低聲對我說：管先生就是那位姜先生，這下子你碰上了只有為你介紹。

姜友陸真是久仰了。但基於安全理由，在臺北期間，除了經安排會見特殊黨政軍有關首長外，對外絕對保密。這也是姜友陸答應來到臺灣的條件，因為他的太太與兒子還留在大陸。他希望有朝一日，妻兒能出來在巴黎相會。

也許是緣分，沒有多久，我們似乎就很熟了。這一天剛好是星期五，臺視例有國劇錄影，姜友陸一聽到電視公司又有京劇可看，就答應出來，到電視公司玩玩。但還是一個條件：絕對保密。

我的朋友就半開玩笑地給他「上課」：請放心，國民黨不會害你的，國民黨人的話，是算數的。

他如約到了臺視，也是鍾先生和他的同事陪同，當晚的戲碼，是：《一戰成功》。京劇看完後並在南京東路嘉年華飯店（今之力霸飯店），吃了一頓很可口的北方晚餐。

就在這一頓的晚餐中，作了一次深談，發現姜友陸固然不像西方水準的工程師，但也不像共產社會培養的工程師：

一、他所以不願公開露面，是為了留在中國大陸的太太及兒子。他給共黨一個階梯，好下臺。

二、他很早就反對共產黨，因為他對於國民黨的生活，有很深刻的印象，他還會唱歌，背孫總理遺囑，唱青天白日滿地紅。

三、他一直未加入共產黨。他太太勸他加入，他說：「我要加入，就要加入國民黨。」

四、大陸上像他這樣的人，約占十分之一。

他念念不忘地是大陸上的妻兒，他對於鄧小平改革開放存有希望，深信只要不讓中共難堪，有一天他們一家會團聚，所以他現在的心思，是全力救出他太太與兒子。在臺北，他見到的政府首長中，王昇先生就勉他以國父蒙難為榜樣，忘記兒女私情，挺身而出。

在短短交談中，大家建立彼此的信心，同時，《他的故事》逐漸成形中。

何以會激發出姜友陸自己來演姜友陸的靈感呢？

這是出自偶然的發現，證實他有表演方面的才華。

就在他在臺視攝影棚觀看京戲錄影中間休息時間，我從辦公室回到攝影場，看到姜友陸站在走道旁，就劇情的呈現，他也作了一些表演，

無論表情與身段，既自然而傳神，身段尤其美好。

這時，我就發現一個在電影與電視中從未出現的超級主角：姜友陸。由他來演他自己，更具有真實的價值。

當晚，大家的心情特別愉快，彼此互信心強，就決定《他的故事》，姜友陸興趣大增，並且要自己演，也要自己編劇。但前提，必須先把他妻兒平安接出來。

姜友陸秘密訪問臺灣期間，看過臺視京戲錄影之後的第四天晚上——八月十一日，我們又在臺北市財神大酒店相聚，參加的：除了海工會原班人馬外，還有臺視節目部經理李聖文，還有一對神秘客人，海工會駐巴黎代表滕永康夫婦。這一次會面，有更一步討論與決定：明年三月二十九日《他的故事》在臺視播出。至於演出的條件，並未如外傳的高，但確是一個數目。

姜友陸秘密地來，又秘密地回到巴黎。

《他的故事》在緊鑼密鼓地進行中。

十月八日，姜友陸又回到臺灣，他念念不忘地到臺視看一場京戲。

十月十三日下午三時，姜友陸在臺視舉行一場記者會，《巴黎機場》的真實主角姜友陸現身，這是一部現實性、神秘性與政治性的大戲，以現在的語言來說：驚爆各方。

從與姜友陸見面那刻起，我們臺視由總經理以下有關主管同仁，都全力準備，投入這場前所未有的神秘連續劇中。

當然，誰也沒有把握會拍成什麼樣子，但我們有把握全力來製作一部好戲！各種安排，務求盡善盡美；準備工作，全力投入。

其中有驚險，也有不少意外。

戲劇製作三位主要負責者，導演、導播與企劃。導播由趙石堯擔任，企劃由徐斌揚負責，導演則費了一番功夫。統籌全劇進行的是當時節目部副理葉超先生。事實上，製作重心，是落在導演身上。

導演，我們看中了《假如我是真的》新銳導演王童，經接洽後他因

為中影有戲在身，無法分身，只有再回到電視方面。

　　第一人選，幾乎也是唯一人選，是林福地。這一決定，不只是決定《巴黎機場》的命運，也為臺視帶來一連串的八點檔長紅紀錄，包括《星星知我心》。有人說：這是知人善用。其實，我與林導演素不相識，但他在臺視期間，廢寢忘食，投入戲劇製作，令我印象深刻。

　　林導演有美術背景，又有長足的臺港國臺語電影導演經驗，一拍起戲來，拚命三郎，六親不認。就在他導演《江山萬里晴》的時候，我每到攝影棚的時候，幾乎都看到他一面打點滴，一面修改劇本，一面又在指揮演員。一方面受其精神感動，一方面心有所不忍。

　　《江山萬里晴》是十月政策大戲，贏得了口碑，並受到中央文工會的獎勵。但因為這個戲，是在臺視演藝工會集體參與下的製作，難免人多意見多，演員與戲分就很難擺平。所以《江山萬里晴》完成時，雖然政策成功，林導演幾乎一秒鐘都不願意停留，就與臺視再見，並且聲言：永遠再不會回到臺視攝影棚！

　　林導演工作精神，令我真是刻骨銘心，所以我就請節目部找林導演來導這部戲。

　　節目部非常為難，因為林導演不但與臺視「拜拜」，而且人在哪裡，無法得知。

　　這個時候，我就有非找到林導演不可的心理，除非他親自拒絕，否則不甘心，更不會輕易放棄。不久知道林導演習慣，當他情緒不好的時候，兩個地方也許能找到：一個回到南部家鄉，一個是躲在棋社下棋。

　　只有一個人也許會知道他的「下落」，那就是林太太。

　　我們就千託萬拜林太太，務必把林導演找到，只要知道他在哪裡，親往拜託，請林導演出山。

　　林導演是早期臺南師範美術科畢業，有性格更有個性，他在臺南師範念書時，就是著名的「火爆浪子」，為了畢業考察「參觀報告」與導師發生嚴重衝突，憤而將厚厚幾十頁稿紙心血報告撕毀，遭受開除之命運

（〈林福地的南師事件〉，《中國時報》，八十八年二月六日）。但，誠能感人，不只是與我溝通良好，而且充分授權，林導演很有面子與尊嚴回到臺視，負起《巴黎機場》製作大任。

導演選對了，不只是成功了一半，實在就是成就了《巴黎機場》。

編劇方面，在我們與姜友陸商談過程中，他自告奮勇，不只是答應親自主演，還可以自編。後來我們與他討論，連續劇劇本需要量太大，非一個人人力所能承擔，所以他知難而退，放棄了自編自演的念頭，並且答應我們的要求，回到巴黎利用錄音帶把他的故事真實地全部地原貌地錄下來，交給編劇小組整理，據以編成《他的故事》，以求真實。

編劇各有所長也各有所專，更各有性格。編劇小組就在網羅各方面的編劇人才，以求集體智慧以及個別發揮。

編劇，一如其他行業，無全能之士。就以美國為例，早期百老匯最有名氣的兩位劇作家為田納西威廉士與亞瑟米勒（即瑪麗蓮夢露前夫）。威廉士當時已寫了《慾望街車》等劇本，他的文體在五〇年代獨樹一幟，渾然天成，饒有大家之風，幾可與海明威小說相比。亞瑟米勒的作品偏向柔情，寫作的技巧雖繁複老練，但缺乏如莎士比亞的磅礴氣勢，無法成就偉大的作品（諾曼梅勒著，羽臺譯，《夢露秘史》，臺北：世界綜合出版社，頁七十九）。

所以編劇小組的組成，無法請到最好的，因為最好的只有一位，只能找到適當的：吳桓、何曉鐘、林霖、董炎良與張龍光。而以導演林福地為中心，如何分工？如何合作？如何寫？全由林導演負責。

林導演有在事前說故事的本事，也有在現場改劇本的能耐。

編劇的性格與特長，全在這個小組表現出來，如何曉鐘擅長故事，張龍光對白言詞清新細膩，而董炎良配合度高。

令人感動與敬佩的，電影電視與舞臺劇一把手的趙琦彬先生，當時身負中影製作重責，知道有這麼一齣戲製作，因為琦彬與我為華視籌備與開播期間患難同事，待我也厚，乃自告奮勇義助，願寫頭三集，以作

為我到臺視的賀禮。但他所走的路線，是當時頗為風行的反共傷痕文學，與我們製作的原則與風格不符，只有忍痛婉謝。

編劇的背景，因為屬於寫實，所以以姜友陸所提供的錄音帶為主體，但為求戲劇效果，也有些創作，至於人物與寫作技巧的運用，那更不在話下。原因很簡單，這是戲劇，而不是紀錄片。這一點，在製作過程中，姜友陸有時會提出異議，經說明後，他是明理之人，也能接受。

編劇、導演與演員們的意見與動作衝突，中外皆會發生，尤其在大牌明星方面。就以演劉羅鍋而聞名的李保田就有「罷演」的紀錄。拍完了二十集，李保田曾有過罷演的紀錄，原因是李保田後面的劇本寫不出前面的精神，而這種主觀的認定，果然惹毛了編劇，撂下話來：「演員說要改，我就得改嗎?」僵在那裡，李保田索性就說他要罷演了（林愷，〈掀起李保田的「羅鍋來」〉（上），《中國時報》，八十五年十一月二日，第二十二版）。

戲劇製作無論是兩方或三方也好，衝突難免，就看如何調和。監製葉超，就承擔前線現場的協調責任，而我就負起最後的責任。甚至在凌晨一、二點，接到緊急電話，攝影棚出現了狀況，我就從家裡趕到攝影場，向姜友陸解說，並告訴他：戲劇製作是一個制度在運轉，而導演是這一制度的中心，不只是演員要聽導演的，連總經理也不能干擾。

《巴黎機場》的編劇小組，嚴格而言，每一位都不是鑽石，所以談不上鑽石陣容，但合起來，卻是堅強的編劇陣容。可惜這一合作模式，就戲劇特質以及中國人性格，適合獨立作戰，而較難合作；所以，《巴黎機場》林福地「一戰成功」，以後也製作了不少轟動的連續劇，屬於林福地獨創的社會寫實劇，特別以《星星知我心》與《不要說再見》，但原來的編劇班底，卻越來越少，後期只剩下董炎良與張龍光，最後只剩下董炎良了，不能不說是重大損失與遺憾。

原因無他，編劇是屬於獨立創作的「資產」，既無法與人合作，也無法與人分享，更無法聽命於他人，有性格的編劇，更是如此。而能成為編劇，多屬於有性格的人，才有創作的天分與成就。

第三十九章

向《巴黎機場》挺進

開我國傳記文學先河，而幾乎後無來者的《傳記文學》創辦人劉紹唐先生，有一次對我談到編輯《傳記文學》的苦樂。言談間，簡直就是揮舞千軍萬馬的大將軍，他說：每編一期雜誌，就如同行政院組一次新閣一樣。言下之意，過癮與權威之至！

豈止編一本雜誌如此。凡是從事一件有意義的工作，其過程與成品，就是一次政治工程的完成。

我在臺視期間的《巴黎機場》連續劇的製作，就是如此，也能體會出「劉傳記」的心情與成就感。而一本有分量的雜誌，編出來，一方面四平八穩，一方面又要有非凡不錯的成績，實在是心血之作。

《巴黎機場》的導演林福地先生請出來，就是主帥確定，以後就以主帥馬首是瞻。我，這位總經理，也是「總企劃」，就退居幕後，隨時聽候差遣，做些排難解紛，調和鼎鼐的火急工作。

大軍未啟程前，經過多次協商與會商，確定若干製作原則，以作為共守共信，若干是開風氣之先，還要有「殺頭」之準備，把它歸納成「六條」，所以由我背書：

第一、不以反共而達成反共目的。亦即全劇不得出現反共口號、對白與影像。如有自然必要場合，如中共大使館（法國）毛澤東照片，中共中國民航五星標誌亦可出現。

第二、不走反共傷痕文學路線，而以《○○七情報員》與《玻璃絲襪》兩部電影為標榜。前者為動作間諜路線，後者為不標榜反共之成功反共電影。詹姆斯・龐德的○○七，我是看過的，姜友陸在機場被「搶運」，就有○○七的情景，所產生靈感。至於《玻璃絲襪》電影，我根本

沒看過，但在影評中得知，被評為成功的反共電影。

第三、真人真事，並以真人演真事。

第四、全劇以巴黎為中心，大陸以回憶代替現實社會。

第五、遠赴法國巴黎出外景。

第六、演員由導演全權決定。主要演員男主角由姜友陸自己出任，飾姜友陸太太者公開徵求。為了寫實求真，公開徵求無演出經驗之新人演出。

民國七十年十月八日，我接到通知：姜友陸回來了！也就是要真刀真槍上陣了，同時決定安排十月十四日，姜友陸在臺北公開第一次與國人見面，宣布演出臺視八點檔連續劇。

這個時候，準備工作固然緊鑼密鼓，在臺北與巴黎分頭積極進行，但，要命的，劇名還未確定。節目部初步擬定報上來的名字，如：《姜友陸的故事》、《姜友陸投奔自由》、《一位反共義士真人真事》……都在「反共」上打轉，是不折不扣的「反共八股」，在我的辦公桌前，每天翻看幾次，均讓我無法接受。因為我知道，只要有「反共」兩個字，就會註定票房失敗，也許叫好不叫座。但當時的政治環境，節目部同仁的思考模式，無法擺脫「反共」，因為已經定型，況且，「反共」最安全。

剛巧，到了非決定不可的當晚，我與節目部經理李聖文兄，前往中正國際機場去迎接一位自美國返國的臺視同仁；也剛好，飛機誤點，較預定時間晚一小時抵達，我們就在機場咖啡座閒談，我就問聖文：連續劇的名稱想好了沒有？

由於身歷其境，就正如牛頓在蘋果樹下的地心吸引力發現一樣，增加我們的靈感，《巴黎機場》就在這樣場合出現與產生了。我們興奮地幾乎同時叫出來。

我在整個思考過程中，始終未離開巴黎機場姜友陸千鈞一髮那一幕，但不到機場，就不會想到與冒出《巴黎機場》。

巴黎機場，如果我們是發明家，我們就是《巴黎機場》的發明人。

　　因為不只是《巴黎機場》擺脫了反共八股，同時，更重要的，整個劇情的重心與發展，定位在「巴黎機場」。

　　對於當時絕大多數未出過國門的觀眾來說，這是多麼大的吸引力。

　　這個劇的成功因素很多，但主要的是：

　　我們千辛萬苦，說服了林福地，請到了最稱職、最有才華、最負責的導演。

　　我們日夜用盡腦筋，想出了《巴黎機場》的命名。

　　十月十四日，姜友陸以《巴黎機場》男主角的身分，在臺視公開第一次露面。為慎重起見，事先我分別向有關單位首長報備，因為當時姜友陸仍然是高度敏感人物。在安全與責任歸屬方面，都有此必要。

　　因為姜友陸有其神秘性，也有新聞性，《巴黎機場》更是創中國電視史中的真人真事，又要到巴黎——發生地出外景，更增加好奇心與懸疑性，第二天報紙，可以用「滿堂彩」三個字來形容記者會盛況。

　　惟仍屬於神秘性，外界不免半信半疑。我承受雙重負荷，因為當時的臺視業務壓力很大，所以有的同仁懷疑我為了升官作「反共宣傳戲」，甚至以黑函或半夜電話騷擾；友臺以及新聞界不免視為笑話一椿或空包彈。我均默默承受，但信心滿滿：

　　第一、我是不是在作反共宣傳戲，我自己最知道，最後謎底總會公開。我甚至在公司公開會議中保證，我把我的頭，壓在業務部，如果這部戲無助於業務，我會走路，以示決心並作為責任的宣示。

　　第二、我對於整個故事有信心。從發生到結束，整個過程，高潮迭起，豈止驚險而已。其間的人物，無論事件主事者、主角以及導演，我都深具信心。林福地的美術修養、電影電視的導演經驗以及拚命三郎的精神，均是成功的保證。所以不瞭解的局外人，也許視為製作噱頭，雷聲大雨點小，甚至友臺也沒有放在眼裡，犯了輕敵之病。

　　無論劇本的撰寫與演員的挑選，都落在林福地導演身上。我對他的才華與負責精神，深信不疑。除了支持外，還是支持。他遭遇不順心不

如意之事，無論何時何地，我總是為他打氣與安慰。

　　一位有性格的導演，求好心切，遭遇的困難與阻礙真多。諸如：與演員間的問題、布景問題、編劇問題與製作工作人員問題等等。因為成敗全在他一人身上，壓力可想而知，情緒之無法控制，亦能想像。導演實在是個性的發揮與藝術天分結合，缺一不可。如果是好好先生以及普通人，何能做導演？

　　為了這齣戲的成功，我們全力配合，作最好的組合，如音效以及美工，都是如此。真是苦了美工。又要有創意，又要脾氣好，又要在有限時間內拆搭景完成。當時的藍榮賢與林格，都是個中不錯的高手。榮賢曾為臺視節目部副理。

　　演員的問題更多，找到適當角色適當演員不易。戲分也是大問題，演員與演員間又有搶戲等問題，都要導演來掌握與調和。

　　林導演以嚴厲出名，導起戲來六親不認，被他罵哭罵跑，常有的事。他對於新人，尤其有特殊的眼力與耐心教戲，只要有天分又肯學，多能成大才，如楊貴媚就是一例。楊貴媚在《小巡按》一劇中獨挑大樑，而成為影視紅星。

　　《巴黎機場》不只是一部戲劇，而且有真實成分在內，所以在演員分布與分配上，必須有別於一般戲劇。有硬裡子職業演員，也有稍有經驗新人，更有從未演戲的客串演員。印象深刻的，如中共駐法大使館的「幹部」魏甦的嘴臉就演活了那緊張而又刺激的第一場戲，就有〇〇七情報員的身影。

　　公開召考新人的重要的部分，全戲根據劇情發展的需要不斷需要新人，都採公開甄選，或由林導演發掘。

　　其中較為轟動的，是徵求劇中姜友陸的太太。我們根據姜友陸所提供的照片，公開徵求，經過篩選，最後送至巴黎，再由姜友陸親自選定。大家開玩笑，像皇帝選秀女一樣。這項選拔並不理想，因為姜友陸的標準，是外型要像他太太，性情也要像他太太，而導演則注重演技，結果

兩者都有距離。姜友陸與他太太感情甚篤，思念日甚，常常在私下半開玩笑抱怨：這哪像我太太！我們也開玩笑解嘲：本來就不是你太太嘛！

姜友陸一切都是為了遠在大陸的妻兒，有朝一日，能得到鄧小平的「開恩」，放他們母子出來，能在巴黎團聚。後來，據巴黎友人告稱，姜友陸如願得償，多年未見的妻兒終於來到巴黎相會。但是也許因為分離過久，也許實際中的巴黎生活與想像中巴黎生活，有一段距離，他們母子又返回中國大陸。妻子有所抱怨，長大的兒子亦表不滿，認為所受的苦痛不值得。這是亂世兒女悲歡離合，但願不管在巴黎或是在中國大陸，他們這一家，能有再相會一日。人生真是難以捉摸，不見，痛苦；相見，苦痛。也許，這就是人生。還是要珍惜相聚的日子。

圖 39-1　《巴黎機場》部份幕前幕後人員合影，中為男主角姜友陸

《巴黎機場》的機緣，培養了不少演員，在海內外寫作有成的裴在美，就是一例。

《巴黎機場》的首映，是在民國七十一年三月二日。這距第一次見到姜友陸——七十年八月八日，足足有七個月時間。

在這期間，我們臺內外有關主管同仁，幾乎廢寢忘食，都投入《巴

黎機場》一劇中。

　　每一次進展，固然接近成功一大步，但險阻重重，幾乎有卻步的念頭。但是，只要走出來，我們不但要走下去，而且要大步向前，這是我的信念。

　　我敢說，至少這部戲，幕後比幕前更緊張，幕後也比幕前更精彩。

　　也許初生之犢不畏虎，因為我踏入電視經營界，也是第一次主持戲劇節目製作，我只一心求好，我也一心追求成功，其他的毀譽全不在我的心中，得失全不在我的心中，乃能化險為夷。

　　其中，富有戲劇性的，有：

　　主題曲的製作；

　　巴黎外景隊的來回。

　　有關《巴黎機場》主題曲，也構成《巴黎機場》成功的一部分。

　　巴黎外景，先是半信半疑，後來真的出發了。那不只是開電視戲劇外景之先，幾乎沒有人相信那是可能的事。戒嚴以及出國旅行尚未開放年代，法國是那麼遙遠，巴黎又是那麼繁華吸引人，誰會相信？

　　無論去巴黎、回臺北，拍攝期間以及返回臺北，我的心像吊在半空中，矛盾與不安，俱在其中。想像不到的困擾與糾葛，都一一出現。其中最令人心痛的，是政府派在巴黎人員的內鬥，《巴黎機場》險些成為犧牲品。外景演員對於導演的杯葛與抗爭，真令人痛心。

　　如果再拍一次《巴黎機場》，我相信林福地真的要他的命他也不會再幹了。

　　事過境遷，我也不知道從哪裡來的勇氣，都能化險為夷，幸能平安度過，成功播出。現在想起來，所以能膽大心細，全歸之於四個字：心安理得。該怎麼辦，就怎麼辦，不計後果。

　　憑良心辦事，按道理斷事，如此而已。

　　真的，事情不經過，不知道其艱苦。

第四十章

〈感恩的心〉與〈讓他們都知道〉

中華民國八十九年三月二十四日，當李登輝先生在上午交下歷史的棒子——中國國民黨主席，下午黃昆輝秘書長率一級黨務主管、各地方黨部、專業黨部主委及黨工約二百多人，赴官邸為李總統舉行歡送茶會。綿綿細雨中，李登輝伉儷在草坪上與每一位合照，空中飄送著〈感恩的心〉樂曲，李登輝夫婦始終面帶笑容，神情輕鬆愉快（《聯合報》，八十九年三月二十五日，第四版）。

四月二日，籌備了一年多的三峽國小百年校慶音樂會，在依依不捨中結束；臺上臺下共唱一遍又一遍〈感恩的心〉，鮮花、淚水、交織在參加音樂會老老小小校友的擁抱中（〈感謝有你，百年樹人〉，《中央日報》，八十九年四月三日，第十版）。

〈感恩的心〉，是我擔任中國電視公司總經理期間所播出日劇《阿信》的主題曲。當時的《阿信》，是在臺灣最受到好評與歡迎的日劇，曾經創造出十一點七的收視高峰（〈交流與回響〉，《自由時報》，八十四年元月六日）。而〈感恩的心〉自播出以來，更是深入人心，無論政治場合、公司行號尾牙餐聚或家庭聚會，常常以〈感恩的心〉為匯聚心靈共同感情。

〈感恩的心〉也是我從事電視事業歷程中，最驕傲的電視劇兩大主題曲之一。

另一個主題曲是《巴黎機場》的〈讓他們都知道〉。

〈讓他們都知道〉，是《巴黎機場》追求卓越完美製作中完成的美好的組合，其經過既傳奇又感人。

當《巴黎機場》緊鑼密鼓在國內外全力進行之時，有一天，我檢查一下主題曲進行情形。

節目部主管同仁非常有效率地回答，都準備好了，隨即拿來一捲錄音帶，讓我先聽為快。

這首主題曲，是由王海玲主唱的〈我心似清泉〉，由新格出唱片。王小姐是校園民歌歌手，清新而脫俗，單以歌曲而言，確確是一首好歌。經過我聽了之後，有兩點意見提出：第一、曲調太高，流行較難，第二、與《巴黎機場》主題還算符合，但並不完全融合。於是我就與有關同仁商量，能否製作出更切題的主題曲，我並提出我的組合看法。那就是：歌詞梁光明，譜曲駱明道與主唱王芷蕾。

當我提出這個構想的時候，在場的同仁有些意外，一時不知所措，表示一些意見：

第一、〈我心似清泉〉已與唱片公司簽約，並有十萬元收入，平白損失實在可惜，上檔時間迫在眼前，重新製作亦是一大困難。

第二、駱明道確實是港臺間流行歌曲的高手，但不容易請得到，就是請到，代價亦高，非臺視所能承擔。

我所以提出這項組合，是基於《巴黎機場》製作原則時的主張實踐：盡最大的力量，作最佳的組合。

無論電影與電視，港臺間的主題曲作曲，駱明道幾乎不作第二人想。他與孫儀合作，譜出不少格調高雅流行可口的主題曲。梁光明，是詩詞才子，他又是臺視同仁，當時負責《電視周刊》編務。光明在臺視先前播出的單元劇中，所寫的主題曲，已顯示出他在這方面的才華。王芷蕾，是當時的臺視當家歌星，無論歌唱與人品，都受到社會所肯定。她所主唱的歌曲如〈臺北的天空〉，已跳出流行歌曲的領空。

第三、與會者更意外地，新總經理竟涉入這一行這麼深，瞭解這樣多，真令他們有些措手不及。

當場，同事就提出一個難題：總經理構想好是好，但只是理想，不易實現，因為駱大師身段高，酬勞亦非臺視所能負擔。在場的同仁一定會奇怪：有收入的主題曲不要，而花大錢費大力去製作，難免令人不可

思議。

我就對同事說：「你們先去連絡駱先生，我請光明準備，除非遭遇無法克服的困難，我們不放棄這一組合。」

很幸運地，駱大師回話了。反應卻出奇地意外：義不容辭，分文不取，就算是送給石先生上任的賀禮吧。這是因為明道與我是華視籌備與開播期間的同事，他擔任音樂組長，我先負責公共關係，後出任節目行政組長，與駱先生多有工作往來與配合，彼此合作愉快。

駱先生亦認為他譜曲、梁填詞、王主唱，是一難得的夢幻組合。他深具信心。

光明在創作過程中，常常與我連絡，我只是告訴他一個原則，不要反共八股，而要以另一種方式，來表達大陸同胞的心聲。

無論文學或音樂，創作的歷程，不只是艱苦而且有時是痛苦的。

我不時與光明通電話，有時，一天數起。有一天光明像發現新大陸一樣，告訴我：「總經理，這下可成了。」

眼高碰上手高，其結果不是零就是滿分。明道亦欣賞光明的詞，認為神來之筆，經王芷蕾的演唱，當時，他倆就認為是完滿之作。

更奇妙的事情，還在後面；駱先生就告訴節目部同仁：「我不只是奉送臺視免費譜曲，還自掏腰包，為臺視錄成這首歌，提供最好的錄製設備。」據估算，費用也需要幾十萬元。

駱先生說：「臺視不會出，也負擔不了，我奉送到底！」

這個時候我就奇怪，臺視不是有錄音室麼，何必假手他人？駱先生就說：「臺視那套設備，拿不出去！」

我就奇怪，楊麗花可以用，錄成大家喜愛的歌仔戲，而不能錄主題曲？

駱先生就說：「設備不能相比。」言下之意，你們臺視那套錄音設備太陳舊了。

這就奇怪了。臺視不是增添更新設備麼？何以堂堂電視公司的錄音

室，卻不如一個私人錄音間？

我於是約請有關主管到錄音室一查究竟，到底「落後」在哪裡？

原來確實進口了昂貴而新式的錄音設備，還在那裡「睡覺」。但為何遲遲不裝呢？各說各話，原因不一，但一個可以接受的理由，是錄音室地方不對，隔音設備不夠，來往人吵雜，而無法維持品質，這是理由，但得不到解決的答案，都不是理由。

我就請求同仁，既然新的設備到了很久，必須裝配起來使用，否則不只是節目製作的損失，也是財務折舊的損失，至於什麼原因，我不是專家，無法提出答案。但，必然會有正確答案，也必然會解決，所以，我只能要求，在一個月內完成裝置。

真的不到一個月，就裝置起來，負責錄音室的管理員，興奮不已，跑到我的辦公室，告訴我這個好消息，並說：「效果好的不得了。」至於什麼原因以及如何克服原因，就不是答案了。

原因很簡單，根本沒有這些障礙因素，都是想出來的。正如一個人沒有病，而說有病，並強求醫生開「特效藥」一樣。

也許，這就是管理。也就是松下幸之助與王永慶所提倡的走動管理與追根究柢。

一個《巴黎機場》製作，有些附加產品出來，臺視錄音室設備得以更新，只是其中之一。

〈讓他們都知道〉，從組合搭配到錄音完成，真是快樂的不得了，尤其參與其事的人，特別是駱明道、梁光明與王芷蕾，都有很大的成就感，享受創作的成果與樂趣。他們的精神，也真是了不起，不只是全心全力投入，而且不眠不休。

主題曲的風波，還未結束，因為原來的〈我心似清泉〉已經灌唱好了，約也簽了，豈能毀約？

不只是不能毀約，因為我們要珍惜藝術創作的成果，況且唱片公司與臺視與駱明道，彼此雙方還有很好的合作關係。於是想出一個兩全其

美的辦法，把〈我心似清泉〉當作片尾曲，也有同樣的意義，片尾就是高潮，就在〈我心似清泉〉中結束，也不失為一項巧妙的安排，以求得一個圓滿。

這就是駱明道作曲，梁光明作詞，王芷蕾主唱的〈讓他們都知道〉，臺視連續劇《巴黎機場》主題曲的歌詞：

讓他們都知道，讓他們都知道，為什麼燕子要飛向南方，為什麼蝴蝶要湧向春郊；讓他們都知道，讓他們都知道，為什麼雪地裡看不到綠柳條，為什麼冬夜裡看不到流螢繞。南方的風是多麼溫柔的飄，北方的雪是多麼淒厲的掃，那春天的信息，那燕子的故事，那流螢的幸福，那蝴蝶的自在，讓他們都知道，讓他們都知道，讓他們都知道，讓他們都知道。

這就是〈讓他們都知道〉的巧妙安排，不只是沒有反共的吶喊之聲，更沒有打殺之氣，而以燕子、流螢與蝴蝶反映出四季的改變，風向水流都蘊藏著政治的氣象。

也許，這就是宣傳八股與藝術創作的最大不同。光明在這個主題曲表露出他的不凡才華與創作的智慧，我衷心敬佩。當我一眼看到這個歌詞時，我就知道，《巴黎機場》要起飛了，到時候，每到晚上八點，一定家家戶戶都在唱〈讓他們都知道〉，可惜大陸同胞不能輕易聽到。

《阿信》的〈感恩的心〉，可以說得自偶然，事前，我未作任何參與，甚至我與一般觀眾一樣，在電視播出時，才聽到這樣一支感動人心的主題曲。

〈感恩的心〉是陳樂融作詞，陳志遠作曲，歐陽菲菲主唱，飛碟出唱片。

陳樂融不只是把《阿信》的一生寫活了，而他從另外一個角度，來詮釋無怨無悔的人生，這是出自極高的哲理與心靈修養。劇中，「阿信」一路走來，坎坷辛苦，嚐遍人生辛酸，但她均視為生命成長中的甘露：

「感恩的心，感謝有你，伴我一生，讓我有勇氣做我自己。感恩的心，感謝命運，花開花落，我一樣會珍惜。」

「花開花落」，都是人生，但一般人總是在花開時，笑容燦爛，而在花落時，卻愁容滿面，怨天尤人，但「阿信」不一樣。

〈感恩的心〉，並不是《阿信》原版的主題曲。這樣美好而又意義深遠的主題曲，日本人聽了都讚賞不已，而由我國旅日歌星歐陽菲菲主唱，尤屬難能，因為菲菲以動感著名，唱起歌來，如「烈火」般的熱情。這應該是菲菲生命中值得驕傲的代表作。

〈感恩的心〉有不少善心之士，包括吳伯雄先生擔任總統府秘書長時，印在寄贈親友的賀年卡片中，尤有意義。它歌詞是這樣的：

我來自偶然，像一顆塵土，有誰看出我的脆弱；我來自何方，我情歸何處，誰在下一刻呼喚我。天地雖寬，這條路卻難走，我看遍這人間坎坷辛苦；我還有多少愛，我還有多少淚，要蒼天知道，我不認輸。感恩的心，感謝有你，伴我一生，讓我有勇氣做我自己；感恩的心，感謝命運，花開花落，我一樣會珍惜

第四十一章

《巴黎機場》風暴

　　臺視八點檔《巴黎機場》連續劇，場景有三個地方：一是巴黎實景拍攝，二是臺視攝影場所搭內景，三是在臺灣所選擇的外景。當然以巴黎外景為重心，亦是成敗關鍵。所以到巴黎出外景，不只是一件大事，而且是轟動臺灣內外，也不只是高難度，危險度更高。

　　內部評估，亦有不同的意見，甚至是否值得冒險，聲音至為強烈；外面，尤其是友臺，視為一場噱頭，並不看好，甚至等著看「好戲」呢。

　　《巴黎機場》外景隊，升火待發，只有以信心全力以赴。

　　當然，這是一件高難度的製作，但是，只要值得，就值得冒險，甚至為冒險付出代價。

　　果不出所料，內外都充滿危機重重。

　　外景隊的靈魂人物，自然是導演林福地，代表公司節目部執行的是策劃徐斌揚、美工以及主要演員。ENG 小組由翁明電掌機，產生了作戰的功能，它就是機動的現代化武器，靈活無比，如果換成電影攝影機或是電視攝影機，根本不可能完成。真是工欲善其事，必先利其器。

　　所謂阻力與危險，來自三方面：一是我方駐巴黎的人員，一是中共，一是外景隊內部紛爭。

　　公司出發前的一個原則，在安全下，全力與全速，完成外景的任務。一切以導演馬首是瞻，有任何困難，企劃代表公司予以協助解決。

　　未出發前，就有情報指出：此番若敢大搖大擺地來拍姜友陸的故事，就讓他們好看，來的容易，去就沒有那樣簡單。這樣杯葛與對付的態度，還在事先投稿到香港某家雜誌，雖未刊出，但臺視方面知道有這方面在較勁。

　　另一方面，投奔事件爭奪戰失利，中共駐巴黎方面自然灰頭土臉，心裡不會好過，如今大隊人馬而來，對他們來說，不是示威也是示威，危險性可想而知。

　　這些「情報」，公司都已瞭解，但事先未讓外景隊演職員知道，免增加心理負擔，只是叮嚀他們與人為善，廣結善緣，才能完成這一不可能的任務。

　　送外景隊上飛機後，心裡就一直無法安定，甚至晚上都會做惡夢，滿身冷汗而醒。

　　巴黎不只是報來平安，而且很幸運的也很巧合的，最重要的一場外景，「中國民航」停在巴黎機場，正在加油裝行李上旅客，一一都攝入鏡頭。當時，在那個年代，不要說拍「中國民航」，就是看到也是犯忌的事。

　　我們能拍到這場關鍵外景，巴黎此行，值得了，可謂成功了一半。

　　外景隊原定民國七十一年一月十一日下午五時返抵臺北，但未見蹤影，亦無消息。更令人擔心的，班機出發前有連絡，確實準時自巴黎開出，何以未能按時抵達，且無消息？令人焦急萬分。

　　莫不是真的為中共「接」走了，或掉包送上「中國民航」……。

　　越想越可怕。不得已，請求海工會打電話至巴黎駐在人員，才知道，因為瑞士大雪，飛機原定瑞士班機，改為巴基斯坦班機至德國法蘭克福，再由法蘭克福換機到香港。

　　繞了一個圈子，虛驚一場，延至第二天中午始抵達臺北，總算平安圓滿完成任務。

　　領隊徐斌揚說，此行太辛苦，也太危險，好在均能化險為夷。

　　外景隊回來了，正在日夜作剪輯工作，並在棚內搭景補戲，以積極準備三月一日與國人見面。

　　無論連戲補景或是搭新景，美工配合度極高也極快，因為隨外景隊到巴黎的美工，已用照相機在當地一一拍入鏡頭，搭出的景幾可亂真，真是巧奪天工。另外，對於臺灣外景極為熟悉的林福地導演，竟在臺中

往南投途中，發現一排排紅磚家屋，酷似巴黎郊外，鏡頭之下，亦可當真。

戲日以繼夜，緊鑼密鼓在進行。

場外，有一場真實的戲也在火辣辣地進行。

那就是《巴黎機場》外景演員們，要對林導演採取強烈的杯葛行動，以報復在巴黎外景時的不快與怨氣。

暴風雨要來時，總會有些徵候，同時，風雨要來，擋也擋不住，只有勇敢面對了。

有一天晚上，我正在辦公室，接到原來服務報社的一位老同事電話：「社長，最近要小心，可能有臺視演員集體跳槽出走。」

這位老朋友，是影視界採訪龍頭，突然的電話，一定有所根據，我再問他細節，他說：「最近，料到還不會見報，與社長無關，但與《巴黎機場》有關。」

原來預料的《巴黎機場》「三大風暴」，第一、第二平安度過，而爆竹卻在家中引爆起來。

果然，第三天晚上有三位「演員代表」要與總經理談談。我開門以迎，也真是來者不善，善者不來。

開門見山就說：「請石總經理不要見怪，最近會有一些臺視朋友要換換環境，先來報備一下打個招呼。」

我就問：「多少人？」

他們就伸出四個指頭。

我說：「是四位，好商量。」

「那是，是將近四十人」。

這擺明了要拆臺視的臺了。

「大家都是好朋友，老朋友，有事好商量，何必離家出走呢？」

問題出在《巴黎機場》，結怨在巴黎機場的外景。他們責怪林福地導演，不近人情，每天在巴黎時間，不事先發通告，整隊人在走，走到哪

裡，拍到哪裡，把大家綑在一起了。不要說逛街買東西的時間沒有，連看看巴黎是什麼樣子都不行，實在不近人情。

他們越說越激動，林導演成為眾矢之的。

我就問：那麼林導演自己呢？

「他和我們一樣……」他們說。

這就好了，大家都是為了戲。原來巴黎外景，時間短促，而巴黎晝短夜長，不得不搶拍戲，惱火了他們，白去了一次巴黎，不要說想像中的巴黎，連鬼影子也沒有見到。

進一步他們提出要求：不與公司為難，但公司必須在林導演與他們之間作一選擇。

大概這就是歷史或政治中的「逼宮」吧。

豈能臨陣換將之理，又豈有林導演「同甘共苦」而有罪之說？

我請他們消消氣，並能體諒林導演「求好心切」的性格，我甚至開出支票：如果《巴黎機場》播出成功，由公司請客，大家再凱旋巴黎，玩一個夠。

但仍不為所動。

最後，只有攤牌了，我就說：

站在老朋友立場，請求你們留下來。

站在公司立場，你們能留下來，非常歡迎；但你們一定要走，也只有說聲抱歉。

在這緊要關頭，可能《巴黎機場》全功盡棄，我變成臺灣電視史中最大的笑話總經理，但我作這項決定的時候，我的立場：必須支持對的一方。

所幸，第二天、第三天……風平浪靜，一個也沒有走。這，一方面是公司的堅定；另外一方面，所謂「友臺」也一次吃不下將近四十位演員，如果說賭，這也是我算準了敢賭的原因。

《巴黎機場》三月一日，首映成功，緊跟著就是收視率節節高升，

佳評如湧。大家都在談《巴黎機場》，大家都在看《巴黎機場》。負責政治作戰的軍方，尤其興奮。在一公開場合，國防部總戰部執行官廖祖述與副主任劉戈崙將軍，幾乎同時豎起大拇指說：《巴黎機場》很成功。

《巴黎機場》得獎無數，其中包括國防部的公開頒獎。

圖41-1　《巴黎機場》播出成功，國防部特予頒獎。中為時任參謀總長的郝柏村先生，右四為時任臺視董事長的許金德先生。

正式播出前，我們作了一些暖身活動與推廣措施：

一、邀請電視戲劇界觀賞指導：對於這部耳目一新的反共連續劇，處理這樣明快，外景清新，讚賞之餘，有些意外。當時，紅極一時的製作人顧英德就說，巴黎外景太好太美，應該多用；人在其中，身歷其境的姜友陸，經過棚內大機器與小機器錄製，他非常用心。他主張多用ENG，小機器效果好，讚揚林福地的製作小組。

二、嚴前總統、謝副總統、馬星野、吳延環等先生，也提前看了《巴黎機場》。謝東閔先生為巴黎景色所迷，他平素就反對食古不化的八股宣傳，以含蓄手法，表達反共內容，他至為稱讚林導演的功力。幾十年來，「早泳健將」吳延環委員，天大的事情，他晚上一到八點就寢，謝絕外

界所有的公私應酬。為了《巴黎機場》晚上試映，吳委員延遲了晚寢的時間，但是他頻頻地說：值得，值得。

三、業務部先看了《巴黎機場》播出帶，興奮不已，不只是一掃他們對於「反共宣傳」的疑慮，而且信心大增，是值得賣的產品。於是他們決定，由老將裴君箸親自率領子弟兵，分別到中南部舉行試映會，向廣告客戶推介臺視這部從未有過的好戲。

《巴黎機場》未公開前，無論在會議中或在走廊上，都聽到對於業務的悲嘆聲，實在，因為節目低迷，讓他們透不過氣來，在客戶面前更抬不起頭來。

新產品擦亮了新招牌。中南部廣告顧客看到了久聞其名的《巴黎機場》，開心極了，當場就收回大量廣告單。一方面，他們覺得很有面子，比一般觀眾早看到節目；一方面這個節目，的確讓他們觀感一新，真人演真事，巴黎機場的外景，反共戲居然沒有看到「共匪」，更增加他們的好奇心與對節目播出的信心。

各報影劇版，都有大量篇幅報導《巴黎機場》播出盛況，「收視節節高升」，乃是常見的標題。

《巴黎機場》的轟動，出乎兩家友臺意料之外，囊括了收視率，固然影響廣告，但更重要的，還是節目政策的成功。

真是十年河東，十年河西。沉寂多年的臺視節目，突然熱起來了。

一家友臺不服氣，展開反擊，一檔換一檔，所謂常勝高手，八點常勝軍，紛紛應令上陣，但，一檔接一檔不支而倒。

《巴黎機場》成為無敵的旋風。

另外一家友臺則按兵不動，避開鋒芒，以避免作無謂的犧牲。

他們都在等待，等待巴黎外景消耗完了，就原形畢露，成為反共說教戲。這一點，我們在製前會議中，有所討論。一派主張巴黎外景全部用在頭三集或五集，以造成先聲奪人，使觀眾先入為主，無法轉臺，這也是後來電視製作常用的「灑狗血」的作法；另一派則主張細水長流，

珍惜得來不易的巴黎外景，越拉到最後，把握住觀眾越有利。

我們根據播出前預演時的反應，在剪輯時把巴黎外景儘量往後拉，但不是往後拖。

實在，這個製作小組真的太可愛了，不能說天衣無縫，但將材料運用得恰到好處。再加上臺灣輔助外景及攝影棚內景，很幸運地直到「中國民航」最後出現關頭，《巴黎機場》始終沒有脫離巴黎的軌道。

劇情觀眾看得緊張；但美景飽覽巴黎風光，又過癮之至。

第四十二章

林福地——八點檔紅不讓

《巴黎機場》連續劇，在播出期間，是看得見的，看不見還有許多東西，既驚險又刺激，還有趣味。一齣《巴黎機場》製作下來，附加價值更高，附產品也更多，真是數不勝數。臺視就從《巴黎機場》，好戲連連，美不勝收，連帶的，帶來全線告捷，全面豐收。

真是應了中國一句老話：一順百順。

很有趣的，《巴黎機場》正式上映前，我透過友好的轉達，希望能在螢光幕上打上幾行字，感謝中央海工會的支持與協助，因為，事實上他們海內外工作人員費心與費力，提供材料並協助聯繫臺北與巴黎間的主角以及製作事宜，飲水思源，應該以適當方式表達感謝才是。但得到的回應，是萬萬不可。但這部戲演了幾天，朝野轟動，海工會方面長官傳來訊息，臺視所指那件事情，是不是現在可以辦，不僅可以辦，而且希望能多打上幾天。

節目部主管就把這項訊息轉達給我，因為他們很難處理，不知如何「接招」。我說：「很抱歉，現在不行了，打上去，無論對於海工會、臺視以及戲，均無好處，予人覺得有些怪怪的。」我就說：「適當機會再予表達。至少，在片尾可以作這件事。」

那個時候的官場心態，還是很保守的。

電視繼廣播之後，由於電視器材的突飛猛進，而成為龐大的電視事業。

其中，有二件器材影響很大，一是 ENG 電子電視攝影機，一是 SNG 電視衛星轉播車。前者用在戲劇製作方面，後者則用在現場新聞採訪傳送。兩者都是犀利無比，是電視事業的恩物。

　　林福地在拍《巴黎機場》的時候，ENG 已經開始在使用，特別用在外景方面，如黃以功、蕭芳芳的《秋水長天》，就是 ENG 的傑作。電視節目製作，先是現製現播，其後為錄影，經過剪接處理再播出，都必須在電視攝影場進行，由電視導播在副控室內藉著耳機與螢光幕，發號施令，技術指導、現場指導與助理導播，負責轉達執行導播的命令，而一個攝影場通常有多架電視攝影機選取鏡頭在進行。

　　林福地是電影出身而不是電視，所以 ENG 的出現，電影導演進入電視攝影場，如無人之境，所謂單機作業，靈活無比，導演就可以在現場掌控一切。

　　這樣導播與導演就無分工的界限了。因為一部電視劇的製作，通常導演負責排戲，屬於棚外的工作，一進攝影棚，就是導播的範圍，導播在棚內負責錄製。

　　由於機器的改變，導播與導演界限權責模糊，甚至產生衝突。《巴黎機場》雖然不是第一個，但是很嚴重的一個。其結果導致導播趙石堯先生掛冠求去，所以《巴黎機場》等於沒有導播。石堯為此至為不快，這也是人之常情，因為導播代表公司製作戲劇，如今大權旁落，落在外人手中，心中自有不平與不甘，所以石堯拒絕也不承認他是《巴黎機場》的導播，難免遺憾。而棚內必須配合的工作，則有助理導播處理，如今成為權威導播的余敏慧小姐，當時就是極為能幹的戲劇助理導播。

　　林福地為臺視培養了一批極為堅強的 ENG 小組，以陳幸男負責行政管理機器維護，翁明電為攝影師第一把，吃苦耐勞之外，選擇畫面，慧眼獨具，不一樣就是不一樣。這一個小組，如同軍隊的機械化部隊，跟隨林福地南征北討，林福地的招牌戲，就是他們得意之作。

　　林福地不只是把 ENG 帶入攝影場，取代了笨重的電視攝影機，還在臺視大樓到處拍，連總經理辦公室也不能倖免，貴賓接待室成為演員休息的地方。

　　當時電視臺如「皇宮」，入侵「禁地」，這還了得。我知道了，非但

沒有責怪，而且認為是精打細算，合乎成本與效率原則。因為，第一、攝影棚內無法搭出像臺視總經理那樣派頭的辦公室，第二、合乎經濟效益。白天上班，晚上無用，拿來拍戲，可以發揮二十四小時使用效果，都是公家的財產，不能算是總經理私有，頂多只能歸總經理使用而已。

這都是 ENG「惹的禍」。

林福地還為臺視平添了一座攝影棚。

臺視開播期間，最顯眼也是具有代表性的建築物就是中央大廈。辦公、新聞、戲劇製作，都在這一棟大廈內，代表臺灣電視時代的權威。其後乃有西東兩翼大樓的完成使用，而廢掉了中央大廈，變成道具以及廢棄物的堆置間，不只是可惜，而且危險。

林福地拍起戲來，真是驚天動地，所使用的空間，就是不夠用，有的時候，幾乎所有攝影棚放空，以備他緊急使用。電視製作非常複雜，搭景拆景都不是難事，最怕的，是保留景以及為了連戲，多景多棚同時在用。這個時候，就必須有專屬攝影棚不可，否則就可能造成為了一人行駛，而全線大塞車。窮則變，變則通，林福地就在中央大廈挖出一座廢棚，像發現新大陸一樣，找我「求助」。臺視增加了一個棚，我當然樂於配合，林福地有了一個不折不扣的「專屬棚」，減輕不少他自己以及其他製作人用棚的壓力。

這裡有一個插曲，是關於男主角姜友陸的。

姜先生由於《巴黎機場》演出成功，故事感人，成為家喻戶曉的明星人物。每天來臺視看姜友陸者絡繹不絕，有的遠自中南部而來。

姜先生人緣很好，有不少朋友，尤其臺視演藝人是他的朋友更多。

《巴黎機場》演出完畢後，他向公司提出請求，希望能夠到中、南部走走看看。這當然是好事一椿，一方面舒展一下他錄戲期間疲勞的身心，一方面也可以多瞭解一些臺灣。

陪同姜友陸到南部的，有他的多位臺視演藝好友，並替他安排一些秀場演出，以滿足觀眾好奇心，多一些收入，對他未來返回巴黎，無論

自己生活或是把妻兒自大陸接出，會更寬裕一些。

想不到，有一天我接到一通電話，是當時國家安全局局長汪敬煦先生打來的。

以汪先生的地位與身分，此通電話非比尋常。

「石兄，我們那位朋友戲作完了沒有?」汪先生問。

「已經錄完了，為了散散心，姜先生正在南部旅遊。」我答。

「如果沒有什麼事情，是否暫時結束臺灣之行?」汪先生真是談笑用兵，實在是儒將風範，事隔十幾年，我記憶猶新，對汪先生和藹精神，欽佩不已。

原來問題出在鄧小平身上。

鄧小平是在中共「十一屆三中全會」官復原職，鄧小平剛剛復出未久(一九八一年)，即有跡象顯示與毛澤東不同時代的來臨，但還未到「改革開放」，且臺灣還處在戒嚴時期。

姜友陸也許是知識分子，較一般人判斷與領悟較高，且人在巴黎，資訊發達，而基於感情因素，希望鄧能「開恩」，網開一面，把他的妻兒放出來，這都是人之常情。所以所到之處，興之所至，就多談一些鄧小平，言下之意，是大陸希望所寄。

事實上後來的發展，與姜的推斷，頗為符合，但處在戒嚴時期的臺灣，只能講大陸不好的地方，否則就難免有「為匪」宣傳之嫌。

所以，姜先生依申請規定，戲拍完後就要離境，但臺灣觀眾太熱情，由於臺視的招牌，又多留些時日，中間發生這段插曲，又提前離開臺灣，不能不算遺憾。但以當時的臺灣政治環境，對於姜先生客氣多了，也可以說「禮遇」。這事不為外人所知，包括姜先生在內，《巴黎機場》戲外的一段插曲。今天社會、政治開放了，只能付之一笑。

《巴黎機場》播出成功，實在是天時地利人和的結果。有一項因素，是適時的出現，那就是收視率調查公司。

臺視於民國五十一年開播的時候，根本不需要收視率，到了中視的

出現，則處在打濫仗局面，三臺初期也是如此。正式重視收視率調查公司是一九九四年 AC 尼爾森 (SRT) 行銷研究顧問公司的出現，以個人收視記錄器，作收視率調查報告，成為媒體或廣告代理商作為安排廣告的參考依據。SRT 未出現前，有一段很長的時間，處於收視廣告節目惡戰狀態，先後出現的電視節目收視調查公司有益利、潤利、紅木。

　　就在我們推出《巴黎機場》前一段時期，有一天，業務部業務組長李光輝陪同一位年輕人來看我，他要創辦電視收視率調查，著眼在市場調查，他就是潤利公司創辦人汪志隆先生。汪先生剛剛自輔仁大學畢業，在教授顏伯勤擔任指導顧問下創業。顏先生是臺灣廣告界「君子」，為人方正，我一聽到顏教授大名，又是年輕人創業，我就一口答應下來，臺視全力支持，但有一個先決條件：公正。臺視除了要求公正外，沒有其他。我特別拜託汪先生如果臺視節目部同仁不論內製外製，為了收視而有「小動作」，請通知公司或不要理會，否則查出就拒絕往來。我也告訴同仁：在收視率低的時候，更要相信收視率公司，那才是真正的「公正」。

　　潤利的出現與表現，才有《巴黎機場》出頭天的機會。恰巧，那個時候影視龍頭報是《民生報》，我的政大同班好友楊北海兄（已故），主持《民生報》影視版版政，常常在午夜向我傳送《巴黎機場》收視捷報，並一連幾天發表三臺八點檔連續劇收視數字，《巴黎機場》風光極了，而其他兩家黯然無光，這都是過去所未有的作為，真是開收視調查風氣之先。之後，並有其他報紙影視版跟進，由於臺視的滿堂紅，招致來自政治權力的干預：不可再登了。

　　由於《巴黎機場》的一鳴驚人，建立與林福地導演的長期合作關係。林導演不只是臺視八點檔的長勝軍，也是電視八點戲劇的紅不讓。

　　真是風光極了。

　　林福地由戲劇導演，成為製作人，因為他求好心切，幾乎一手包辦，他自有班底，連節目助理，都唯命是從。林福地也是戲劇中唯一沒有導播的電視劇，為了符合新聞局規定以及報名金鐘獎的需要，只有以助理

導播權充之。

一路走來，我也始終如一。全力支持與信任林導演，並在一頭一尾為他把關，其他的集數，也只有在電視放映時看到。

有個性有脾氣的中外電影電視導演，都有無法接受或妥協的一面，林導演也不例外。令人印象深刻的，當戲拍好，放映前，他是不願接受試看的，格於公司品管以及收視與廣告評估，他很勉強接受。有一次，與會主管提了一些善意的修改建議，他氣得奪門拂袖而去。這時就辛苦與為難林太太，氣消了才能勸他回來，試著並作必要的修改。

也難怪，從一位忠於藝術的導演，他把每一個鏡頭都當成血肉，怎能不心痛。但是沒有辦法，基於政策法令或市場的需求，站在公司立場，也不能不如此。這就要協調，協調的地位與功夫。

以後林福地的戲，都含有濃濃地社會教育的功能，但能賣錢，就是叫好又叫座，真是難能。如：《星星知我心》、《不要說再見》、《又見阿郎》、《我心深處》等等。

林福地的戲劇靈感，有的得自偶然，有的得自意外。如《星星知我心》，就是得自《讀者文摘》閱讀的啟發，《不要說再見》更具傳奇性。林導演原到臺東去找一位朋友，在經營事業有傳奇的故事，但到了臺東，那位朋友已移至他處，偶然就聽到「岩灣」這個地方，裡面關的特別犯人，

圖42-1　轟動海內外及兩岸的《星星知我心》

當他們放出，只能一直走，不能回頭，更不能說「再見」。於是林導演就捉住這「不要說再見」一剎那間，而拍改過自新的黑社會老大的故事。最難得的，也許是《巴黎機場》創下的招牌，當時的臺灣警備總司令陳守山將軍親自下令全力配合拍攝，在那時的政治環境，實在難能可貴。

《我心深處》也是如此。全部學校外景在嘉義東石中學內拍攝，校長羅力恆先生，是教育界怪傑，他不只是下令全面配合，而且權作現場指導，甚至臨時演員他都樂於嘗試。他以學校為家，他所有的心思，都用在校園內的花草樹木，並喜歡寫毛筆字，是一位傻幹型的學校經營者。

從《星星知我心》到《我心深處》，我花了不少功夫，用在劇名的取捨上。所有的名字，都不是我取的，而是我堅持的結果。

如《星星知我心》，最初出現的名字，是《孝》、《只要我長大》；《我心深處》，是：《三年丙班》、《李老師》、《勇者的奮鬥》、《萬世師表》，都讓我否決了，因為說教味道太重，當助理王成立在電話中求救：「總經理再不決定，新聞局廣電處那邊就來不及了。」我不為所動，並建議他們在電影或流行歌曲中找找靈感，或許會發現動聽悅耳而感人的名字。

堅持，往往會產生意想不到的力量！

第四十三章

《君在前哨》與《十億個掌聲》

就當時三臺競爭環境而言，實際就是無休止的戰爭，所打的是條帶狀與方塊戰。

條帶狀，就是星期一至星期五，自晚上六時三十分開始，至午夜十二時止。分成三十分鐘或一小時的節目，其中有半小時的閩南語劇，半小時的晚間新聞（後延至一小時），八點檔一小時的國語連續劇，中間隔著休戰區的九時至九時三十分的公視聯播節目，九時半後的戲劇以及十一時三十分的夜間新聞。

塊狀，就是星期六以及星期日晚間地帶。

事實上，就正如一條牛一樣，「好肉」能賣錢的時段並不多，所以後來就形成搭配廣告，如同臺北二家報紙 ABC 版一樣。

很幸運的，我從《巴黎機場》開出紅盤後，就好運連連，由於「開大門」成功，廣告幾乎全天候滿檔，一年三百六十五天都是好日子。這在電視日子裡，並不多見。日本富士臺有所謂「三冠王」，後來此風也傳至臺北，但有一段很長的臺視節目業務與財務風光的日子裡，已超過「三冠王」所能形容與涵蓋，因為那個時候，臺視幾乎擁有所有的王牌，其中包括：楊麗花歌仔戲、黃俊雄布袋戲、臺視新聞、八點黃金檔、以及九點半的單元劇，甚至九點的公視時段（《映象之旅》），社教節目《強棒出擊》、《我愛紅娘》等等。

無論戲劇或綜藝，不管再好或再紅，三臺都無法維持長紅的紀錄，只有二種節目例外，那就是臺視楊麗花歌仔戲及臺視晚間新聞，具有長年無休的強勢搭配廣告力量。

楊麗花歌仔戲是電視巨無霸，但受到製作檔次的影響，一年所能製

播的集數，還是有限。臺視新聞就不同了，不管再淡的廣告季節，再長的年假，臺視新聞始終維持強勢搭配的力量，使臺視業務維持長勝不墜的主導力量。

商業電視臺，靠三大骨幹：新聞、戲劇與綜藝。

我接事沒有多久，幸運之神就轉向臺視，其神奇，就如同阿拉神燈；其奧妙，就如同芝麻開門一樣。

更不可思議的，產生「善的循環」的力量。

一個節目製作成功，還會產生更多的節目。

一個節目的製作，會出現或培養更多的人才。

真是不可思議。

我接臺視總經理的時候，臺視開臺的大牌歌星主持人，被挖的挖，走的走，真是煙消雲散，「綜藝王國」成為泡影。

此時，卻出現一位巨星，幾乎不費吹灰之力，飛進臺視頻道。

那就是鄧麗君。

鄧麗君在泰國突然去世，留給國人以及歌迷，無限的追思與永遠的懷念。

我第一次與鄧麗君見面，是民國七十年八月十二日在臺視節目部辦公室，她正在與節目部同仁研究節目製作事宜。她給我的第一印象，是清秀與負責，正如吳舜文女士指出鄧麗君的成功，歸之於認真與努力。

鄧麗君二個代表性且深具意義的節目，都在臺視，也很幸運地，都在我在臺視總經理任內：

一個是《君在前哨》。

一個是《十億個掌聲》。

《君在前哨》顧名思義，是勞軍，也是鼓舞三軍的電視節目，不用說，幕後支持與贊助的是國防部總政治作戰部。非常難得與難能的，國防部動員了三軍，從後方到前線，全力配合與支援，但國防部充分授權，信任鄧麗君與臺視。

　　臺視也抱持相同的意念，全力支持鄧麗君，把這個「招牌節目」做好。

　　鄧麗君對於自我要求很嚴，配合她的合作人選，要求也很嚴。我們全力支持鄧麗君，並相信她的專業能力與眼光。

　　臺視節目部企劃是資深導播盧履誠，執行製作是鄧麗君外聘的兩位年輕人：陳光陸與朱煜。

　　這兩位年輕人，後來在唱片以及電視製作方面都有很大的發展與成就。

　　朱煜曾加入寶麗金唱片，現移居加拿大。

　　陳光陸由於《君在前哨》的製作表現，我鼓勵他在臺視製作《大學城》青年歌唱節目，培養出不少有實力與氣質的歌手。其中包括張清芳以及因為「新娘是吳小莉」而出名的周秉鈞。周與楊海薇是當時《大學城》的夢幻情侶，卻不料時光停留這樣久，而把深藏不露的愛，深印在吳小莉心中。

　　人生實在不可思議。

　　當吳小莉與周秉鈞的婚紗照片出現在報紙影視版的時候，相信許多當年《大學城》的觀眾，一定會奇怪，怎麼新娘不是「她」──楊海薇呢？

　　鄧麗君真是「慧眼獨具」，她的另一位表演搭配，是後來成為電視怪傑、紅遍兩岸的主持人凌峰。

　　當鄧麗君左選右挑，最後選上凌峰的時候，節目部同仁頗不以為然，因為知名度不夠，人更不出眾。

　　我倒對凌峰略有印象，因為他曾在張帝、張魁兄弟在華視製作的《神仙老虎狗》，夾在當中的那隻「老虎」，據說受了一些委屈。

　　節目部為鄧麗君「搭配」傷神之時，就簽報總經理，我就同意了凌峰，原因是相信與支持鄧麗君的眼光。

　　我第一次看見凌峰的表演，是民國七十年八月二十八日晚上，鄧麗

君的《君在前哨》，在左營軍區作了一次節目錄影的勞軍演出。我與工程部經理黃洪鎮，從北部經中部到南部，沿途訪問慰問轉播站同仁，當晚剛好到了高雄，就參加了左營那場晚會。

鄧麗君是超級巨星，有「軍中情人」之譽，晚會是由沈司令主持，當晚真是風靡了左營；但出乎意料之外的，「光頭凌峰」以一支〈船歌〉出場，他的人從頭到腳，都能發揮動感的力量，真使在場的「水手們」，笑歪了嘴。

這是笑匠鮑伯霍伯型的喜劇演員，只有在第二次大戰或在韓國戰場，有這樣喜鬧的場面。

散場時，我到後臺致謝，我迎面碰上凌峰，臨別時，我就對他說，我們臺北見，臺視見。當時《聯合報》記者黃北朗小姐亦專程南下採訪，她也聽見。凌峰以為隨便說說場面話，哪有這樣的總經理。

事實上，當晚我投宿在高雄市華園飯店，為了節省出差費，與工程部經理黃洪鎮同住，否則真想邀凌峰來室好好聊聊。

天下就有這樣湊巧的事情，我回到臺北沒有幾天，綜藝節目製作人江吉雄來看我，他製作而由張小燕主持的《綜藝一百》，是華視節目，也是臺灣電視史中具有代表性的綜藝節目，令我印象深刻，此時已經結束。剛好臺視綜藝節目正逢真空期，苦無節目。江吉雄帶來一個企劃案：《電視街》，正是久旱甘霖。

我當場不只是答應下來，而且安排在星期六晚上黃金時段播出。

由於《巴黎機場》的成功經驗，我就要江吉雄作「綜藝的林福地」，組成一個黃金班底，製作群由江吉雄負責組成，主持人我就推薦凌峰。

江吉雄面有難色。

因為他是極具性格的製作人，自主性很強，吉雄就提出了凌峰的困難：

第一、主持人不是美女就是俊男，凌峰的條件恰恰相反，不知道這位新總經理標準何在？

第二、凌峰的脾氣也是有名的，合作度與配合度均有極大的困難。

第三、凌峰是屬於「綜一」簽約歌星，必須得到「綜一」的同意。

我就與吉雄分析當前的臺視節目政策，超級大牌已成過去，不只是不會花大錢去挖，亦不會碰，凌峰以才取勝，就給醜人一次機會，也相信一次我的第一印象與直覺判斷。同時，鄧麗君的選擇，是不會錯的。我就把左營勞軍那一幕，講給江吉雄聽。有一句話我沒有講出來：幾乎搶了鄧麗君的風頭。可見他的吸引力。

關於《電視街》我只堅持三點：

第一、製作人江吉雄。

第二、主持人凌峰。

第三、內容必須創新，是過去三臺所沒有的，最好具有新聞性。

吉雄無法推翻我的堅持，就把主持人洽商丟給臺視。

事有湊巧，沒有兩天，「綜一」老闆呂義雄叩門來訪。當時黑道橫行娛樂圈，義雄心灰意冷，有移民打算，他就到有關人士包括蔣緯國將軍那兒走走轉轉。我就勸他不要灰心，臺灣不只是值得留下去，而且值得拚下去。同時，我一直深信，只要自己不黑，就不容易染上黑。「綜一」旗下歌星，為大家所熟知的，除了凌峰外，還有一位「雁在林梢」的沈雁，以及後來呂義雄偶然發掘的楊林。我就提到凌峰與江吉雄合作的事。義雄倒很爽快：臺視有需要，「綜一」配合；老師（文化師生緣）有交代，義雄照辦。

就這樣設定了凌峰，凌峰也喜出望外，這位老總是玩真的。我對凌峰說，你要感謝三個人：一是鄧麗君、一是江吉雄、一是呂義雄。

江吉雄也頗有「綜藝王牌製作人」氣魄，排出的製作群至今仍燃燒臺灣：製作人江吉雄、游國謙；製作助理王偉忠、林宣娟與張麗華。

游國謙有臺灣歌唱界百寶箱之稱，人緣與人際關係尤好。

三位製作助理，各有所專，各有所長。林宣娟專在音樂，尤其國內外流行樂壇，真是一把罩；張麗華掌握歌星與演員，是發通告與提調演

員能手；王偉忠當時剛從文化畢業，即在〈新聞後遺症〉單元中發揮其才華，如今橫跨電視與廣播，成為「點子王」。

《電視街》在節目部會議室試片，大家的心情，只能用「除夕夜」來形容，很想找幾串鞭炮放放，真是太豐富，凌峰表現之絕，也出乎意料之外。〈新聞後遺症〉單元，既是新聞戲劇化，又是新聞綜藝化，真材實料的組合，既風趣又詼諧，忙了一個星期的電視觀眾，終可以看到從電視機中傳出不絕的歡笑。

《電視街》也許天才與高手如雲，凌峰的性格與投入，更是與《電視街》不可分。好景不常，不斷有人求去。最後，連凌峰也要與《電視街》揮手而去。

凌峰與《電視街》成為生命共同體。凌峰一去，就有張魁與胡冠珍先後上陣，他們也有條件也用心投入，就是不對，因為沒有凌峰，《電視街》就沒有靈魂了，就不成為《電視街》了。最後，連製作人江吉雄也掛冠求去。

除了與觀眾再見，《電視街》別無它法。

電視觀眾很熱情，也很絕情。

鄧麗君的《十億個掌聲》，她節目原來的名稱是《鄧麗君十五週年亞洲巡迴演唱會》，臺北的一站，就選擇與臺視合作，演出地點是臺北市立體育館。

這個時候，鄧麗君真是如日中天的國際巨星，除了日本、東南亞、臺灣、香港外，對於中國大陸更是具有莫大的吸引力與神秘性。

這個演唱會鄧麗君所選擇的搭配是田文仲。不同的場合，而有不同的搭配，鄧麗君的選擇，是絕對正確而成功的。田文仲在嚴肅中有輕鬆，因而創造了《十億個掌聲》。

鄧麗君演唱會中，田文仲有以下的實況介紹：

今天我聽到《紐約時報》記者給我說了一句話，他說：在大陸上白

天是鄧小平的天下，晚上是鄧麗君的天下。這是《紐約時報》曾經駐過北平主任所講的話。

你願不願意以夜間部主任主席，給我們全中國同胞講幾句話，因為今天中央電臺透過一百多個頻道，把你今天現場轉播送至大陸每個角落。

鄧麗君：「在大陸各位親愛的聽眾朋友，我是鄧麗君，這次非常高興能在復興基地中國臺灣，為您開演唱會，因為我的歌，受到每位大陸同胞的喜愛，是我一生中的驕傲。作為中華民國國民，我們都應該為國家做些義務，今晚我會唱更多更好聽的歌，健康的歌，給大家聽。」

圖 43-1　筆者與鄧麗君小姐合影，當時鄧麗君甫當選十大傑出女青年

這就是《十億個掌聲》產生的背景，實在得自田文仲的靈感，臺視文化公司準備把鄧麗君的這場演唱會，以現場原音母帶拷貝向全世界發行卡帶的時候，大家齊動腦筋，就激發出《十億個掌聲》，要比《鄧麗君十五週年亞洲巡迴演唱會》專輯響亮與氣勢多了。

這裡有一個插曲，雖然事隔多年，可謂事過境遷，但必須作一澄清：那就是美國江南案發生之時，臺北一家晚報（《自立》）在第二版刊出一則「獨家」新聞，說是案發前陳啟禮曾與蔣緯國秘密見過面，是在臺北市自由之家，在場的，還有臺視總經理石永貴等，至為神秘。

的確有這樣場面，是蔣緯國將軍出面邀請的，出自來自香港一位蔣姓商人的要求。這位商人很愛國，就有一個想法，把鄧麗君的歌聲送到大陸，就可以造成轟動，他負責製作一百萬捲錄音帶，完全免費，不需

政府或有關單位出一分錢，但要有人從廣東運上去。蔣姓商人是豪邁之士，就像抗戰時期戴笠在敵後所埋下的「火種」，只有一個條件：將來政府回到大陸，主管部門要記下一筆：當年蔣某作了這樣一件大事。為什麼找陳啟禮呢？是劉家昌推薦的。劉說：「敵後」這種事情，陳行，他差遠了。鄧麗君雖與臺視無約，但二個節目作下來，就把她定位在臺視了。好在那個時候，也沒有嚴格的版權問題，所以我就一口答應下來，拷貝多少都可以，無條件提供母帶。

可惜後來就無下文，卻沾上江南案一點腥味，實在是記者的鼻子敏感得離譜。

第四十四章

臺灣電視新聞第一主播盛竹如

　　電影明星成龍一次婚外情曝光後，造成「龍種」風波。成龍在記者會中公開說出「有種」的話：我犯了天下男人會犯的錯。

　　季辛吉在秘錄中曾公開毛澤東對於西方新聞界大惑不解的一句話：「例如詹姆士・雷斯頓 (James Reston)、喬斯夫・阿索浦 (Joseph Alsop)，現在都站出來反對尼克森總統，這個我無法理解。」

　　如日中天的成龍，無法掩蓋自己惹出的社會新聞；唯我獨尊，以人民革命起家的毛澤東，卻不知道一個自由民主社會，權威的新聞記者與專欄作家，並不把權力放在眼裡。這個毛澤東當然「無法理解」。

　　走過臺灣半個世紀，從新聞記者的遭遇處境來看，變化實在太快、太大。

　　臺灣新聞傳播社會，代表性媒體，每個階段都有無法取代的代表性人物，無疑的，在三臺或無線電視時代，新聞播報與新聞主播盛竹如，他的才氣與性格，就是代表性人物。

　　盛竹如曾是臺灣電視新聞第一主播，也因為長時期播報臺視新聞，而成為家喻戶曉的人物。

　　盛竹如之所以被詮釋為「臺灣電視新聞第一主播」，有二種意義：一是他是中華民國歷史中電視新聞採取主播制的第一位主播，一是他在主播位置上處理新聞紀錄極為成功，幾無人能打破，所以他是名副其實的「第一主播」。

　　因為播報與主播電視新聞，盛竹如聲名大噪，他也因為電視新聞而創「三上三下」的紀錄，這又是少有的紀錄。

　　盛竹如的「三下」，在他的《螢光幕前，電視生涯回憶錄》一書中提

到二項。就我記憶所及，應該是以下的三項：

一是政治新聞：臺北軍事法庭開庭審判一項極具敏感的政治案件，治安當局考慮法庭安全以及審判安全，曾要求新聞界配合，事先不得透露審判地點，但在盛竹如所播出的臺視新聞中竟透露出來。

一是社會新聞：民國六十八年四月十五日星期日晚間新聞中，播出的頭條新聞，是訪問當時頗為知名的一位私立大學外文系教授，是一位女記者主跑。訪問教授及女學生本人，他們雙方對這件轟動社會的師生緋聞案怎樣說的，真相如何？這位教授一時心血來潮，壓不住自己的情緒，竟說出：是男人都會這樣的。不只是承認緋聞，而且有公開散布「黃色」之嫌，真是驚動朝野，師道何在？當時，盛竹如的職務是新聞部副理兼採訪組長（盛竹如，《螢光幕前》，新聞文化事業出版公司，頁二十六）。

一是軍事新聞：那是民國七十三年四月間事，金門起飛一架軍機，失事掉落在海中，生死不明。盛竹如得知後，立刻以快報方式在螢光幕上一再重複顯現出來（《螢光幕前》，頁三一四）。

第三次新聞「出事」，是在我的任內，自然該我負責。當時是在戒嚴時期，軍事新聞格外謹慎，而此項「快報」處理方式通常是用在米格投誠振奮人心新聞，用在這個地方，確欠考慮。國防部以及新聞主管機構，紛紛開會研商，如何處分臺視。

有一天我突然接到電話通知，要到新聞局會商「軍事新聞」。我就知道情況不妙。

等我進入新聞局二樓轉角處，還未到達局長接待室，就有一位新聞局官員把我攔住，悄悄地對我說：「局長要我面報石總經理，等下開會，不管與會人士講什麼，請石總經理忍耐一下。」

我進入局長接待室，出席的首長都到齊了。會議是由宋楚瑜局長主持，與會者有文工會主任周應龍、國防部總政戰部執行官廖祖述等。

他們似乎已有共識與結論，只等「被告」到場宣判了。輪到我講話

的時候，因為心裡已經有了底，所以只有低姿態，確有疏失，內部已作檢討……。這樣原來緊張的氣氛緩和下來，國防部代表廖將軍是一位好好先生，不會與臺視與我為難。主席就作了兩點結論：一、軍機失事新聞事件，由臺視自行處理。二、今後由國防部廖執行官與臺視方面密切保持聯繫。類似事件不能再發生。

「盛竹如事件」，先寫到這裡。

當時的臺視總經理，裡裡外外，擠破了頭，都要擠上去，但臺視的景況並不好，總經理的位子，有度日如年之感。正如盛竹如所紀錄的：「這年，經濟不景氣，百業俱衰，石永貴到臺視來的時候，也是臺視慘兮兮的時候，似乎，電視的好景已經不再了，臺視甚至於有過借債發薪水的時候。」（《螢光幕前》，頁二八二）

雖然同在新聞界，但我在《新生報》那個時期已經走完黃金歲月，況且我埋頭苦幹，外面活動較少，所以，傳出我去接臺視的時候，難免錯愕與陌生，甚至到處打聽「石永貴這個人」，盛竹如的想法與觀感，可以作為代表：

到了六月二十日這一天，已經確定《新生報》社長石永貴，將接任臺視總經理，我不認識此人，大家到處打聽石永貴的種種，但不管怎麼樣，他是個新聞人。

這天晚上，在岳陽家聊天吃宵夜，《新生報》的郭大經大談石永貴，他說：「你們慘了，以後做事可沒那麼輕鬆了，不過，他為人很正直，是個苦行僧一樣的人，做事認真極了，你只要有才幹，他就會真的欣賞你。」

事實上，還真不一樣，石永貴是新聞人畢竟是新聞人。（《螢光幕前》，頁二〇一—二〇二）

另一位與竹如性格不同的新聞部經理熊湘泉，對《天下雜誌》採訪編輯說：「石先生與我們說相同的語言。」

我民國七十年七月一日走馬上任，當時臺視的情形，確實如盛竹如

所形容「很慘」，有些攝影器材都貼上銀行擔保抵押品了，這是攝影記者外出的時候，最怕為同業所見到的疤痕。

但是「石永貴並非三頭六臂」，當時臺視員工的情形，恐怕恐懼大於期望。

天下事往往有意想不到的事發生，真是驗證了「天公疼好人」那句話，我經過觀察瞭解階段後，即抓住病情，而對症下藥，結果《巴黎機場》打開了臺視八點檔的封鎖線，《電視街》又帶來綜藝節目新氣象。

商業電視臺的三大支柱：戲劇、綜藝以及新聞，我已經完成了戲劇與綜藝的再生力量，現在，再看看臺視新聞了。

臺視新聞，不只是臺視的招牌，甚至是一張難得的王牌。因為在那個時期，就算出現中視與華視的競爭，但由於嚴謹，還是有它的地位，新聞尺度，也較其他兩臺為鬆。

但是到了民國六十八年元月開始，中視新聞在播報以及內容，都有很大的改變。特別外加「一道小菜」及「一道招牌菜」，而產生前後夾擊的力量。所謂一道小菜，是在晚間新聞正式推出前，先播出每天五分鐘的《歷史上的今天》；所謂一道招牌菜是馮鵬年的《中視氣象》。因此，從民國六十八年「下半年開始，中視新聞的收視情形已經直逼臺視新聞，到了十月以後，中視新聞收視率超越臺視，這以後，連續有九個月之久，在電視新聞史上，中視新聞的收視率是三臺第一的」(《螢光幕前》，頁二六六)。

我到臺視的時候，臺視新聞處於不穩定狀態，尤其令人難以忍受的是：盛竹如還在坐「新聞監」，臺視新聞由多位資深記者輪流播報，變成強棒無法上場發揮力量，名副其實的假平等，大家輪流亮相，實在違背三民主義的真諦。

我從國內新聞教室到新聞採訪崗位，國外新聞研究教室到新聞現場，可以說最有學習經驗與工作經驗，莫過於新聞了。

新聞應是我熟悉與拿手工作。

豈能每天面對臺視新聞，束手無策；還能忍受外來的指責與嘲笑幾時？

我從事新聞事業的改革工作，總是先有理念，產生原則，再由原則，產生行動。

臺視新聞王牌奪回，也不例外。

制度化、專業化、公開化，是我徹底改造臺視新聞的三項原則。很幸運地，得到臺視上下同仁的支持，有關臺視新聞所有的作為，離不開這三項原則。

這三項原則，不只是打造「臺視新聞王國」，其所產生延續的力量直至今天有線無線電視新聞。

這三項原則的開花結果，看得見是「主播制」的建立，看不見的全面的啟動與人才的大量吸入，成為臺視新聞長城。

首先，我把當時的三節新聞——早、中、晚，根據播出時的對象，確定不同的對象，而有不同的內容提供。這就是《臺視新聞，早安，您好》、《臺視新聞，鄉親您好》以及《臺視晚間新聞》產生的背景。

我以公開化與專業化，打破外界對於臺視新聞迷宮神話的種種傳說，好像只有具有特殊背景的「皇親國戚」者，才有資格進入臺視。種種傳說，好像是真的，如盛竹如先說是盛世才的兒子，又說是嚴家淦的女婿，連盛竹如自己都說：「我不知道嚴家淦有幾個兒子幾個女兒？」（《螢光幕前》，頁一六三）以外語見長的臺視記者沈依婷，就成為沈劍虹的女兒（其實是名記者沈杉的女兒），臺視口齒伶俐、「人見人愛」的明星播音員黃麗珍則是「蔣夫人乾女兒」（其實，據盛竹如在書中透露，是當時（臺視）工程部副理的女兒），都會成為電視觀眾茶餘飯後的新聞談話資料。

我的目標，不只是消極地打開這些荒誕不經的「黑盒子」，而是為了引入更多的臺視新聞的源頭活水。因為，我始終認為，社會是取之不盡的人才金礦，尤其在中國人情社會，少有人才是靠推薦而來。

公開取才是我一貫的信念，也是落實公平社會起步。我得自華視與

《臺灣新生報》的人才經驗，而大成於臺視，影響更為深遠。

臺視新聞記者公開招考，無論對於公司內外都是一件大事，必須誠實以昭大信，謹慎以取人才。

我還記得當時臺視記者公開招考的幾項重大原則的堅持與實踐：

一、招考訊息必須廣為發布傳播，讓每位投考者家長、教師、親友都能知道與看到。包括：重要報紙廣告，臺視新聞發布，招考簡章服務臺索取，甚至發函至有新聞傳播科系大專院校，歡迎推薦與張貼簡章。

二、報考資格從寬、考試從嚴。臺視是民營機構，不受一般政府機關資格約束，更不怕黑函。如把資格放寬到三專甚至五專，如應屆畢業生，也有報考資格。這在當時，都是開風氣之先。

三、報名一律採通信，特別禁止由公司內部親友代為報名，而造成人情壓力。

四、考試分試鏡、筆試與口試。當時真是過五關斬六將，凡是參加考試，而通過這三項考試的記者，印象必至為深刻。口試是由總經理、主管新聞部副總經理、新聞部經理、主管採訪副理、採訪組長以及人事室主任所組成，而由總經理主持。這一口試，等於為新聞部選女婿或媳婦一樣慎重，所以新聞部經理及採訪組長多有極大發言權。口試完畢，經過熱烈討論，提出錄取名單，凡全票贊成，就必須錄取，總經理及採訪組長均有否決權或發言空間。甚至當場不做決定，還需要作進一步查證。如當時大家對於張雅琴的表現，印象深刻，但未得一致的結論，有所顧慮之點，就推我向政大方面她的師長查證。當時新聞系副教授彭芸博士在電話中說：「石總經理請放心，雅琴有她的條件，可以成為臺視好記者。」我就據實轉告人事室。（至於外傳張雅琴是石總經理的甥女，是笑話一樁。）

五、記者對外公開招考，每年舉辦一次。而時間多選在五月間，應屆畢業生畢業考之前，以方便他們報考。每次選取人數，一方面視需要，更要看成績而定，而不設備取。不預設立場與框框，如新聞部急切需要

男性記者，且希望有採訪經驗者。我則期待受過專業教育全新之人才，以便於訓練與培養。性別則不敢設限，但很奇怪的，我那段期間，每年招考，女生表現奇佳且奇多，男性往往只有一位可喜之人才，如：李四端、眭澔平、彭文正等。至今我仍不得解，是男性智能衰退或是考試技術不如女生？

這樣「門戶開放」的結果，社會對臺視新聞恢復信心，考生以親身體驗，證明臺視是在「開大門」，期待人才之降臨。令人感動的，有的連考三次，每次都是筆試第二名，第三次才如願錄取，因為口試委員們不忍心再拒了，是為有志竟成平添一範例。

制度化、專業化與公開化的推動，而建立真正的「主播制」，成為電視新聞王國，盛竹如成為我國電視新聞史中第一位電視新聞主播，也享有「臺灣的瓦特·克朗凱特」之美譽。

我決心以主播制代替輪播制。

隨著電視新聞的時代到來，美國字典中出現一個新的名詞，那就是 "anchorman"，電視新聞主播。根據三民書局出版，莊信正、楊榮華主編的《美國日常語辭典》對於 "anchorman" 的解釋：「在播音室中整理並播報新聞的電視或電臺新聞節目主持人。」更重要的，是下面一段話的機能：「他們往往有選擇新聞題材，決定各項新聞的播報順序等權利，有時還親自撰寫、修改新聞稿。」

當然，電視新聞主播，以美國而言，可以舉出幾位甚至更多，但最具有代表性，甚至成為電視新聞主播鼻祖的，無疑的，是瓦特·克朗凱特，其地位如同廣播新聞時代的 Edward Murrow（愛德華·馬龍）以及有線電視時代的 Larry King（賴利·金）。

臺視新聞也是一樣。是在當時的三臺中，率先於民國七十年十一月三日開始實施。其他兩臺，盛竹如在《螢光幕前》寫道：「這年（民國七十三年）四月份，中視與華視新聞，不堪長期在臺視新聞壓制下難以翻身，也相繼採行新聞主播制度，只是名為主播制，實際上與過去的情況

大同小異。」

臺視正式採行主播制的三節新聞主播陣容：中午由顧安生主持、晚間（七時三十分）由盛竹如主持，夜間（十一時）由張繼正主持。

當然主軸戲還是在晚間新聞的盛竹如。

這一制度的延伸，是《臺視新聞夜線》主播張雅琴，與脫胎於 CNN 的《臺視新聞與世界報導》雙主播李四端與陳藹玲。

盛竹如還在坐「新聞監」，沒有人知道何時解套。為了「主播制」的成功，我決心向困難挑戰，也為了竹如，我走了一趟有關首長，好在我瞭解這方面的文化與語言，他們都能一一指出竹如的缺點：態度傲慢、涉入電影經營業，所幸關鍵首長卻肯定竹如的才華，況且並沒有「思想」與操守方面的問題，實在無關宏旨。如果說是一位新聞從業者的傲慢，無視權勢，還不如說是權位者的傲慢。

竹如不只是重回播報臺的意義，而是真正的電視新聞主播時代的啟始。

如果主播需要條件，竹如具備所有主播條件，且肯努力、聰明、懂得新聞。他所表現出來的，遠較預先所估的還有潛力，他幾乎是一位全能的主播：挑稿、改寫、改編、重新剪輯，把一天的新聞，可以一氣貫穿，緊湊無比。更難能可貴的，他有一種處理新聞不計後果的新聞人員的果敢精神。

竹如進入臺視之前，也有一段報紙編譯經驗。

盛竹如對於臺視新聞的一項重大貢獻，是創造了「重大新聞必看臺視」的紀錄。這不是宣傳口號，而是有實戰成績。這個時候的臺視新聞，真是福至心靈，凡重大新聞發生，臺視新聞不只是搶先，而且處理完整，不只是完整，而且精彩無比。如今回憶起來，只有盛竹如有這樣大的勇氣與魄力。就以轟動一時的社會新聞李師科搶土銀事件以及反共義士駕機投誠為例吧。

民國七十一年四月十四日，臺北市土地銀行發生驚人搶案，臺視新

聞主跑社會部門記者張繼正勇敢無比，一連打出二個全壘打：一個是他經過特殊的管道，得到搶嫌犯案過程的錄影帶，是一位戴口罩與戴帽子的「搶匪」，臺視新聞就在晚間新聞播出，以配合治安當局破案，呼籲觀眾協助警方辨認；一個是五月七日破案，嫌犯李師科在押解路程中，又被張繼正「抓到」，獨家訪問到李師科。

當晚（七時三十分）盛竹如主播的臺視晚間新聞，連片頭以及氣象都去掉了，除了廣告，全部三十分鐘新聞，都用在李案偵破的特別報導。

這個搶案的偵破，臺北市警察局鬆了一口氣，也把臺視新聞送上頂峰。當晚的開機率是百分之九十三點九，臺視新聞收視率為百分之五十八點一，中視為百分之十八點九，華視為百分之十六點九。

這一天盛竹如縱橫公司內外，中午得到顏世錫局長緊急獨家電話：「土銀搶案偵破了！嫌犯抓到了！」下午趕到臺北市警察局破案記者會現場，實地瞭解破案的經過。

土銀搶案破了，李師科成了悲劇的新聞人物，臺視新聞出了大風頭，難免招忌，就引起有關方面的不滿，並認為臺視太過分，我就在電話中「頂」回去：破案應是振奮人心的好消息，連行政院孫院長都發表了談話，對破案表示欣慰。臺視在配合政策，鼓勵民心士氣。

自從民國六十六年七月七日發生中共空軍駕機來歸後，米格機投誠就不間斷發生。

最奇怪的，這類重大突發新聞，多發生在星期假日，多起發生在南韓。因為韓國距離大陸內陸機場較近。而更不可思議的，臺視新聞好像與投奔自由駕駛員事先有默契，都為臺視新聞帶來獨家號外，尤其來自韓國的中共機事件。所以觀眾養成習慣，只要注意臺視新聞，就知道有沒有「號外」新聞。

為什麼臺視新聞在這方面新聞這樣靈光，幾乎「十投十中」？這是得力臺視駐漢城記者王秉章。王的新聞條件幾乎與竹如恰恰相反，但是他有拿獨家新聞本領。他原在中視新聞服務，山東脾氣，與新聞部相處不

是很融洽，我到臺視後，中視新聞部史家聲先生就打電話給我：「需不需要這樣的一個人？」我徵詢新聞部意見後，決定聘請王先生為漢城記者，以備不時之需。

秉章家中開一家華僑飯館，為了培養新聞獨家，常邀韓國方面朋友餐聚，其中就有韓國軍方情報機構人士，所以秉章消息如此靈通與權威。那個時候，衛星傳送不像現在方便，但對於電視新聞來說，影像最為重要，所以在千鈞一髮

圖44–1　筆者夫婦應 MBC 電視臺之邀訪問韓國，與常有獨家新聞的駐韓記者王秉章先生(右)合影

時刻，我就請秉章：拿到現場錄影帶最好，拿不到，照片也好，黑白照片也可以，因為報紙媒體也在等臺視新聞最新報導出來，予以翻照，才能截稿。

王秉章沒有什麼本領，但他有天大的本領拿獨家，這是我常常應付我們國內情治機構的一句話，因為臺視新聞對他們威脅太大，幾乎在這方面無「情報可言」。

臺視新聞主播制的實現，是我學以致用的結果，得到母校美國明尼蘇達大學的肯定，而獲得一九九五年傑出校友獎。獎詞中有下面一段：「傑出傳播人，其在傳播之工作，影響了臺灣民主之發展及臺灣人民之生活品質。」並具體指出：「他把電視新聞引入臺灣。」感謝盛竹如主播的勇敢以及臺視新聞部全體同仁的心血，為我打造這項光榮的紀錄。

第四十五章

錢復義救杜可風

「老杜，可風光了！」這是臺北一家報紙娛樂版的標題。

老杜，就是杜可風，很「中國化」的名字，他一路走來，也正驗證了他的名字「可風光了」，但他卻是不折不扣的「老外」。

杜可風的老家是世外桃源澳洲，但好動的他，卻喜歡過吉普賽式生活，到世界各地走走，因為「跑船」更適合他的性格與興趣，可以免費跑世界的大城巨埠。

臺北卻與杜可風有緣，也就是在臺北他認識電影導演楊德昌、陳坤厚，結束了「老外」的生活。有很長的一段時間，有人叫他「老外」，他會抗議說：我不是老外，我是「老中」，我是「老臺」。

不管他自稱是「老中」或是「老臺」，他住在臺北期間，明明是外國人，卻不受外國人管理，有一次，「老杜」溜到香港，散散心，卻無法再進來，因為他逾期居留，違反外國人管理法。

所幸，他遇到貴人，當時的外交部次長錢復，把他救回來，才得以入境，安全回到臺灣，他鬆了一口氣，從此見人就報身分，「我是老臺」。不是錢復的義救，杜可風的命運，又是另番境遇了。有關這一段「驚險」，先寫到這裡。

杜可風可真是當今世界電影的紅人、全才，他的「母國」澳洲電視臺 SBS 拍攝《一位澳洲人》的紀錄片，每次都全程跟隨他，一次就要拍七天到十天。老杜的一舉一動，以及他身邊的朋友，都成了「名人」，上了鏡頭（祁玲，〈杜可風的腦袋〉，《聯合報》影視天地，八十八年五月二十六日）。

杜可風的世界，從攝影師開始，做過演員更做過導演，他像是好奇

而又天真的孩子，攝影鏡頭下的東西，什麼都喜歡。

杜可風第一次當導演，是在香港製作的《三條人》，事實上《三條人》是編劇、導演與攝影全集中在「老杜」一個人身上。

他還在日片《網路鬼美眉》電影，飾演一個大魔頭。

杜可風的「大魔頭」，令片中日本美少女驚魂的，不是他的飛機頭、他的臉，而是一雙腿。

據報導，開拍第一天，參加演出的日本美少女，一見杜可風就掩面尖叫。原來他那天穿了短褲，露出兩條毛毛腿，那些美少女沒看過那麼多毛的腿，嚇得花容失色（葛大維，〈杜可風演日本大魔頭〉，《聯合報》影視天地，八十九年三月三十一日）。

「進軍好萊塢」那才是真正的揚眉吐氣。所謂「老杜，可風光了！」就是他的電影夢在電影王國裡，得到實現，大顯身手。

一部是以《心靈捕手》而著名的導演葛斯范桑重拍《驚魂記》，就找「老杜」掌鏡。

一部是女導演夏普製作的《孝順的女兒》，也請杜可風拍攝，而且相當禮遇，完全享有好萊塢一級攝影師待遇，可帶一位攝影助理和一位燈光師到現場一起工作。《孝順的女兒》雖然根據美國暢銷小說改編，但卻是發生在 1935 年上海的故事（葛大維，〈杜可風晉身好萊塢紅牌〉，《聯合報》影視天地，八十八年六月六日）。

臺北一家新聞周刊曾專訪杜可風，寫出他的事跡與傳奇：

從澳洲、臺灣、香港到好萊塢，這位自認「外白內黃」的攝影師已經成為一則傳奇。

我是澳洲人，但這並不表示我適合澳洲的生活，那是一個很安靜的地方，可是我是一個喜歡「熱鬧」的人。

所以我喜歡臺灣，就留了下來，而且在這裡學會了對我一生影響重大的事情「攝影」。（陳德愉，〈專訪杜可風〉，《新新聞周刊》，八十八

年二月二十五日）

　　杜可風真正攝影事業的開始，是《映象之旅》，是臺視文化公司所製作的三臺聯播的臺視時段的節目。

　　《映象之旅》是臺灣電視史中可評為品質極佳的電視節目，放在世界任何公視頻道，都足可以代表臺灣。

　　這一個節目的構想，是出自梁光明之手。最難能可貴的，他所組成一個最佳的製作小組，各人個性不同，帶領他們上山下海，完成極佳的作品。人的組合，高低不平，也許容易帶；但都是強手，最後這一點，梁光明做到了。

　　《映象之旅》之成功，可以說拜 ENG 所賜。這個電視攝影的利器，不只是攜帶方便、充電方便，更重要的，畫面品質極好，是傳統的電影攝影機以及電視攝影機無法辦到的。

　　梁光明就抓住了這個電視利器。攝影製作小組，就坐上一部七人座的廂型車，全省走透透，深入臺灣城鄉。它所表現與呈現的，不只是臺灣風貌之美，而是人情趣味的深入報導，再加上優美的音樂，簡直就是帶給觀眾一次一次的臺灣旅遊之美宴。

　　製作的理念，由製作群來完成。雖然有感情豐富的配音旁白，但電視機的責任，在找尋或呈現一種新穎而精緻的影像風格。梁光明說：讓風格去訴說一切。當時，不要說外國人，就是本地人也是難得一見的「發現之旅」。有的觀眾，在自己家鄉住了幾十年，並不覺得有什麼特別之處，但看了《映象之旅》他所熟悉的小鎮後，迫不及待地跑回去重溫家鄉的美夢，找回自己失去的童年歲月。

　　《映象之旅》製作群，真是鑽石陣容：

　　製作人：梁光明。

　　編導：雷驤。

　　攝影：張照堂、杜可風。

剪接：張照堂、杜可風、阮義忠。

配樂：張照堂、杜可風、阮義忠。

撰稿：雷驤。

執行製作：阮義忠。

這應是好萊塢所流行的「夢工廠」的夢幻組合吧。

無論影像與文字作者，如今，都成為重量級人物。

像張照堂先生，現在為國立臺南藝術學院音像紀錄研究所教授，是國內把文字、劇場、詩性等概念注入攝影並賦予現代面貌的先驅攝影家，因而與鍾肇政、馬水龍等獲一九九九年國家文化藝術獎。其實，張先生所學並非攝影藝術，而是臺大土木系畢業，可見一個人的成功，與興趣、努力、才分及執著的重要。

當時，工作人員的組合，全是製作人請來的。梁光明回憶指出：由於工作成員都是少年時的藝文同好，彼此早有瞭解與欣賞，工作協調容易，觀念也相當一致。

比較吃重的，梁光明說：製作人必須肩負起，外部意見與製作群間的溝通。困難之處在於，製作群並非全然樂於去做一般的電視社教節目，他們只想用自己的感知和方法，在被高度尊重下，去做好一個節目。

可見尊重意願與自由空間，是創作的原動力。

何以會發掘杜可風呢？梁光明有以下的紀錄：杜可風是張照堂的關係而入伙的。澳洲人，從小就希望離開家鄉，閱歷四海。很年輕時就當了船員，在臺灣先是跟陳坤厚當攝影助理，一心想在電影藝術方面求發展，他加入節目的原因是，希望磨練自己使用 ENG 的能力與體魄，當然，製作群成員的影像呈現觀念與其相投，也是原因。

梁光明替杜可風作了一個評語：他是一個不掛念任何一般人所重視的俗事，只知道追逐夢想與趣味的人。典型的感性主義者。

「典型的感性主義者」，它是光明對於可風一個頗具學術意味的詮釋。

《映象之旅》每星期二晚上九時至九時三十分在臺視頻道播出，三

臺聯播，一共整整播了一年五十二集，真是叫好又叫座。廣告也是出奇
地好，在三臺商業頻道中能夠看到這樣一個高品質的賞心悅目的節目，
有臺灣大地生輝之感。

杜可風像一個快樂的孩子，在《映象之旅》中發現他的無限樂趣，
他與攝影機為伴，或生活在剪輯室中。

真是醉在其中。

杜可風的製作群大將雲集，個個都是高手，剛進來的時候，他自己
以及製作群，或許認為加上一個外國大孩子，跟前跟後而已。

但不久，杜可風就發揮了他的奇才，成為《映象之旅》的棟樑，不
可或缺的影像捕手，他不只是機器扛得穩，鏡頭也抓得快。

也許是靜極思動，《映象之旅》拍到中途，杜可風突然又要動了，要
到香港走走透透風。

工作實在太起勁，也太辛苦，製作人只好放幾天假讓這個「外國人」
出去透透風。

杜可風這一走不要緊，幾乎使得《映象之旅》有斷炊之慮。

有一天，臺視文化公司製作同仁梁光明，突然一大早就到我的辦公
室來，「報告一件大事！」杜可風人到了香港，無法再進臺灣。他們急於
星火，要臺視想想辦法弄進來。

原來杜可風以外國人的身分，在臺灣住了很多年，正如梁光明後來
所描述的，「他不掛念任何一般人所重視的俗事」，根本不知道外國人在
臺灣有些居留的限制與規定，他老兄在臺期間，早已逾期，待他出境，
剛好被發現，就註銷再入境臺灣的資格了。

法規事大，臺視很難幫上忙，找了新聞部主管商量，也無能為力。
製作小組捨不得杜可風，臺視也捨不得《映象之旅》，同時，這樣好的節
目突然夭折，無法向觀眾交代。所以我們只好向電視事業主管——行政
院新聞局發出 SOS 的求救信號。

新聞局也從來沒有處理類似事情的經驗，同時，在臺外籍人士的主

管是在警務處，於是就轉請外交部次長錢復先生幫忙。

錢先生是勇於行事與承擔的人，立刻找來警務處外事主管問個究竟。當時也費了一番口舌。據說，場面也相當難堪，因為外事主管向錢次長報告：依法只能這樣做。

錢先生嚴正告訴這位主管：杜某在臺灣逾期居留這麼多年，他固然要負責任，但我們主管單位沒有發現，難道沒有責任麼？

就這樣，杜可風案急轉直下，重返臺灣，他手上拿了一本香港導遊小冊子送給我，作為「蒙難」紀念，並說：「我是臺灣人，我是老臺了。」言下之意，以後這方面的問題，一定不會再有，居住滿了就可以辦入籍，或者要弄個臺灣女婿之類身分。

杜可風是一位糊塗又可愛的青年。

我請他趕緊去謝謝新聞局宋局長以及外交部錢次長，他真的遇到「貴人」，否則就要和臺灣拜拜了。杜可風的命運之船，開到何方，就無法測知。

《映象之旅》真是一件藝術精品，是完美的組合，不只是畫面而已。就以音樂來講，也開風氣之先，除了使用大量試驗性現代音樂之外，喜多郎的電子音樂，也隨著《映象之旅》，進入臺灣每個家庭的客廳了，一時成為喜多郎的音樂洗禮，聽起來既優美又輕鬆，但不浮淺，古典音樂中賦予現代感，恰到好處，音節輕扣在臺灣的土地中。

旁白也是如此的優美，不徐不急，是出自中廣音樂節目主持人李蝶菲之口，恰到好處。

《映象之旅》隨著錄影帶的發行，進入學校視聽教室、社區文康中心以及廣大的海外華人地區。

多少年來，《映象之旅》成為臺灣的「特產」，連著名高格調的大廈推出，也用了《映象之旅》之名，象徵它的與眾不同的不俗與高雅的心影，永留人們心中。

是《映象之旅》把臺灣大地活躍起來了，注入新生命，一點一滴都

是這樣清新美好，值得人們追尋與嚮往。

它也是我走過的電視經營的道路，一群有理想的朋友，所開拓出最美好的一塊沃土。

第四十六章

苦煉成金的《大陸尋奇》

　　陳水扁所組成的新政府，不要說中華民國，就是中華民族史中也是罕見之事。從民國八十九年三月十八日投票揭曉，到五月二十日新政府宣告成立，最為國人甚至世人關心的，是誰將加入新內閣？

　　陳水扁以一介平民，成為一國之主，這在中國五千年「平民政府」似未有之事，榮耀是外在的，也是大家看得見的；但看不見的，是內在沉重的壓力。

　　陳水扁雙肩所承受的壓力，不是「國事如麻」所能概括的。其中，陳水扁挑選了三位女性，分擔他的壓力。那就是內政部長的張博雅、交通部長的葉菊蘭以及陸委會主任委員的蔡英文。

　　無疑地，蔡英文是熱門人選中的冷門人物，因為蔡英文出自學術界，其專精是貿易談判。面對風雨之勢的兩岸關係，陳水扁所打出的牌是以「柔弱勝剛強」，她的眼神以及雙手，就如同陳靜的乒乓球左右逢源見神技。

　　蔡英文的名字出現在新聞媒體後，她坦誠告訴新聞界，她對於中國大陸的瞭解，是來自電視節目《大陸尋奇》，這也是她少看但經常看的電視節目。

　　《大陸尋奇》一時由影視版移升至政治版，成為熱門的話題。就有人向製作人周志敏開玩笑地說：周製作人將成為蔡主任委員遴選的「首席顧問」了。

　　一個電視節目，如能對於這樣重大的「兩岸關係」政策有所貢獻與影響，那真是始料所未及，周志敏所領導的工作小組，付出再多的心血，也是值得的。

　　《大陸尋奇》於民國七十九年開播，至今十餘年，因緣際會，而開花結果。

　　兩岸關係看似對立，事實上，也有奇妙的巧合，那就是此岸的蔣經國打開探親開放時代；彼岸的鄧小平則是掀起改革開放時代，而形成兩岸往來如石破天驚的關係。

　　臺灣對大陸解凍前後，也就是三臺時代，不約而同的，各有一個代表性有關大陸的節目，在規劃在推動，以便政策一聲令下而在三臺推出，他們的眼光一如臺商，是有先見之明的。

　　這三個節目分別是：臺視的《八千里路雲和月》，華視的《海棠春情》以及中視的《大陸尋奇》。

　　如今《海棠春情》以及《八千里路雲和月》，都走入歷史，只有《大陸尋奇》十餘年來始終艱苦如一，而能開出長勝之花，成為中華民國電視史中品質好、也受知識分子喜愛的節目，蔡英文教授只是具有適時新聞性的代表而已。

　　《八千里路雲和月》是電視怪傑「凌峰」的代表作。凌峰在臺視的節目，都有十足的個性。這三個節目是：《電視街》、《香格里拉》和《八千里路雲和月》。

　　記得我還在臺視服務的時候，那個時日，大陸開放是遙不可及的夢想。有一天，凌峰由副總經理李聖文陪同來看我，請求臺視為他的節目背書。凌峰說：他已與沈慶京主持的京華傳播公司談好，要製作一個有關中國大陸山河的節目，但沈慶京有一個條件，必須要有電視臺同意書，將來可以播出。這是突如其來的「請求」，是出自凌峰的幻想，當時，我想，何年何月何日才能播出？

　　我感於凌峰一片熱忱以及他對於臺視綜藝節目的貢獻，無以為報，現在臺視風光了，正好可以回報，不只是一口答應與他簽約，而且還預支一筆製作費給他，以加倍力量用以取信與他合作的京華傳播公司。

　　這就是凌峰與《八千里路雲和月》的產生背景。事實證明，凌峰不

只是有遠見，他也是繼鄧麗君之後第二位在大陸響噹噹的主持人。他在兩岸臺北、青島、北京、上海，都有房產，比當年「少帥」還闊。

民國七十六年十一月十一日，凌峰率外景隊抵北京機場。

民國七十七年二月，《八千》自大陸拍回的「毛片」，被新聞局扣留於機場。

民國七十八年六月二日，正式在臺視播出，轟動朝野，我雖然已交卸臺視總經理職務，轉往《中央日報》服務，但與有榮焉。

凌峰他為了《八千里路雲和月》花了將近三年的時間，但足以顯示出他的遠見與天才。

《八千里路雲和月》就是凌峰的化身。他最大的貢獻是，把臺灣的語言，帶到大陸；也把大陸的順口溜，帶到臺灣。他有他自己的政治語言，他對大陸觀眾講了一句發人深省的話：當年國民黨拿著公事包跑出去，如今卻挾著錢包回來。這就是臺胞的速寫。

大陸觀眾見到凌峰的「長相」，也很好奇地問：臺胞到底是不是咱們中國人，怎會長得那個樣子？

凌峰紅遍大陸，帶回來「順順」，也同樣造成臺胞錯覺：大陸遍地都「出產」美女麼？

人生真是有緣，一生緣一世緣，尤其珍貴與不可思議。我先後遊走三臺，都和《大陸尋奇》製作人周志敏結下不解之緣。

我在華視服務的時候，周志敏就從廣播轉回電視發展，當時她手中握有很強的廣告客戶，記憶所及，如蘋果西打、川貝枇杷膏等等，所以有一天當時的華視副總經理蕭政之先生，就陪著周女士來到我的辦公室，並與同仁見面，蕭先生特別交代：周女士非常了不起，是一位女強人，要多多學習。

周女士字正腔圓的國語，留給我們很深刻的印象。

等到民國七十年，我從華視轉至《臺灣新生報》，又從《新生報》轉至臺視的時候，周志敏的事業，因為廣告業務的波及，受到很大的損傷。

周女士的心情則轉入另一境界，製作愛心為善節目，並投入佛光山星雲門下，成立長樂公司，取意「為善常樂」。由於周女士的緣分，星雲大師就在臺視開播宗教節目：《星雲禪話》。是宗教進入電視之始。這個袖珍的節目，幾乎是周志敏一手操勞，很得星雲大師信任。在這個節目中，星雲大師很少直接宣傳佛教，而從禪話中闡釋人生得失進退之道，如果當成宗教節目，不如說成社教節目更為恰當。

就這樣，星雲大師不只是與臺視關係密切，更與傳播界成為一家人。不只是有佛光衛視（已更名為人間電視），更有《人間福報》的日報了。周志敏有奔走之功。

有一年，就在「美斯樂」聲中，周志敏陪同星雲大師進入泰北地區，真是艱困備嘗。星雲大師騎在馬背上穿越不毛之境。在那裡，星雲捐獻了一個診所，並立碑紀念，臺視之名也刻在上面。後來有人從泰北回來，就說：臺視真有氣魄，在泰北捐蓋了一所醫院。其實，都是星雲與周志敏賜愛所得來的浮名。

民國八十二年，我加入中視的時候，周志敏的《大陸尋奇》，已成為熱門節目，難免就有友臺爭取轉臺，我就對周志敏說：「大姐，我來投奔您了，《大陸尋奇》哪裡都不能去了。」

周志敏很爽快：「當然，當然！」《大陸尋奇》的產生背景，也是周志敏所得到的「福報」。那是民國七十八年，星雲大師率領「弘法探親團」，自從離開家鄉以來，首次回到大陸訪問探親，周志敏也應邀隨團前往。她在遍遊名山大川、名勝古蹟之餘，她就興起一個製作大陸節目，讓還沒有機會到大陸的臺灣同胞，能從有系統的電視節目中，瞭解與認識中華山川人文景物。

就正如寫文章一樣，開始時，不知如何落筆，但一經啟動之後，就有了心得，而規模出一系列的報導，深具地理或歷史價值，這是最生動的教科書，也是最真實的教材。如我們所熟知的，長江、黃河、松花江、長城、絲路等，充滿傳奇的慈禧西行路、表現中華我武威揚精神的滇緬

公路等等。

中國對日抗戰期間有「一寸山河一寸血」，而《大陸尋奇》的製作艱辛，寸寸都是心血之作。

製作小組的靈魂人物，自然是周志敏女士。她自謙，「限於能力，不是一個龐大的組織，主要成員，不超過十人。」其實，是三、五人而已。她的組合與精神，正如《勇士們》影集的無危不克的精神與毅力，周志敏就是那位身先士卒的班長，她跑了大陸三十多趟，哪裡有「狀況」，她就在哪裡。

《聯合報》電視記者粘嫦鈺在〈流行星聞〉專版中，特別推崇周志敏、劉建良與王麗寬是《大陸尋奇》十年來的「鐵三角」，的確如此。患難在一起易，成功在一起難，周志敏都做到了。

編劇與主持人是《大陸尋奇》另一展現功力之處。

讓看過的專家學者及無數知識分子無懈可擊，實在需要夠廣夠深的學問，更要有表達的傳播技巧，所以編劇真是一將難求，不知換了多少編劇，最後只有周志敏自己上陣客串編劇了，才會流雲無阻與畫面相得益彰。

主持人熊旅揚小姐，出自中視新聞播報臺。熊小姐播報新聞的臺風與口詞，與當時的胡雪珠小姐，可謂中視新聞二塊寶玉，家喻戶曉新聞播報人。熊小姐與《大陸尋奇》也正是珠聯璧合，牡丹與綠葉之美。熊小姐與《大陸尋奇》，渾為一體，海外一位年輕帥哥就說：「簡直就是一幅動人國畫：美極了。」看過《大陸尋奇》的觀眾，不會認為誇張，甚至必有同感。熊小姐主持《大陸尋奇》成功，也不斷有無線甚至有線電視臺邀其主持節目，看起來就沒有主持《大陸尋奇》那樣自然與契合了。這也就是人能幫節目，節目也能幫人的道理。

《大陸尋奇》製作小組在大陸拍攝工作，不只是艱苦而已，更是艱險，他們投身其中，固然無怨無悔，但所憑藉的還是工作熱忱與製作節目的勇氣。工作小組的成員，幾乎每一位都有度過艱險的紀錄：

　　劉建良所率領的「水系工作小組」，就曾經在黃河之源遇上暴風雪，幾乎葬身雪域。長江的經驗，亦復如此。長江源頭的高山反應，使工作人員幾乎下不了山而凍死他鄉。

　　攝影師柯金源，在拍攝絲路時，車輛因速度過快，而在公路上翻滾，剛爬出受損車廂，他不顧自己滿身是傷，卻立即抓緊攝影機拍攝這場車禍的「獨家」現場。

　　執行製作李芝及攝影師賴宗正，在拍攝長城系列時，幾乎被強風吹下山來。

　　在黑龍江被當地公安誤認為是路霸，而連開數槍，所幸未傷到工作人員。

　　在青海工作時，因遭遇暴風雪，無線電中斷，受困無人荒山中，與臺灣及當地陪同單位失去連絡達三天之久，所幸化險為夷，不只是平安歸來，而且達成任務，拍攝到價值連城的珍貴鏡頭。

　　周志敏是不折不扣的電視製作的「鐵娘子」，大陸艱鉅拍攝任務中，她總是作開路前鋒，並作善後的工作。為了能看到「現場」，她常常一起工作，但總是躲在攝影機後面，有時權作導演，以取得她要的景；有時必須作紀錄，以便於編撰，她是一位無所不能與無所不在的大陸尋奇狂。

　　《大陸尋奇》拍攝初期，因為臺灣與大陸飲食習慣有很大的差異，周志敏很不能適應，她就憑幾個煮熟的雞蛋掛在身上，就可以完成一項拍攝工作。至於其他工作人員，生力麵就是他們行軍的主食，開水一泡，就可以解決。所以他們感念不忘的是生力麵的發明：這個玩藝，真是功德無量。

　　周志敏是善體人意的女士，總是不忘東家，當《大陸尋奇》的攝影小組完成長江源頭之旅時，他們把中視的巨幅旗幟插在那裡，宣示臺灣的中視，來到中國人所熟悉與嚮往的地方。

　　一個人只要迷上一件事，就會有異於常人的成就。《大陸尋奇》在臺灣電視史中的卓越品質的成就，就是源於周志敏迷上《大陸尋奇》，日夜為它苦思，不斷地努力與突破而創造出的成果。

第四十七章

臺灣之寶──楊麗花與黃俊雄

　　電視頻道的競爭，一如運動場上的競賽，有主要的項目。就商業電視頻道而言，我們看過也走過的三臺時代，主要的節目，自然是戲劇、綜藝與新聞了。

　　除了三大骨幹之外，當時有相當特色與賣點的節目也有三個，那就是：歌仔戲、布袋戲與閩南語連續劇。因為廣告好，所以成為三臺爭奪的另一戰場。

　　先說布袋戲。臺灣布袋戲的家鄉是雲林虎尾，黃俊雄正代表臺灣布袋戲家族，是操作布袋木偶的幕後英雄人物。

　　黃俊雄成名之作：《雲州大儒俠》，至今已滿三十年，不只是重現江湖，而且口操廣東語，遠征香港，預計製作一百五十集在亞視播出。《雲州大儒俠》此番征港，能否成功，端賴題材是否適合港人胃口，但黃俊雄勇氣可嘉，如果一鳴驚人，定可一雪當年港劇《楚留香》橫掃臺灣之恥。

　　《雲州大儒俠》曾締造臺灣史重要紀錄。它曾在民國五十九年三月二日起，在臺視連播了五百八十三集，創下高達百分之九十七的驚人收視率。

　　「史艷文」成為家喻戶曉人物，真是如癡如狂。每到中午，幾乎百業停頓，期待史艷文的出現，致造成社會與教育問題，因為學生不上課、工人不上工、農人不下田，沉醉在《雲州大儒俠》中。當時就有人說：除非史艷文開口下令，否則任誰也勸不動離開電視機。

　　這也就是為什麼布袋戲一度絕跡於電視的原因。

　　民國七十年我進入臺視，那個時候，已經沒有布袋戲製作，自然觀

眾也就沒有布袋戲可看了。

是誰使黃俊雄布袋戲「復活」呢？

那個人是邱復生先生，是民國七十一年的事。

邱復生眼光獨到，而且政商關係靈活，正所謂有「通天」的本領。

西方有云：財富是權力與尊敬的唯一來源。而媒體則是居於微妙的地位，邱復生掌握媒體，深得其中奧秘。

那個時候，邱復生開始知道電視與商業與政治密不可分的關係，而迷上電視。

有一天，邱復生來看我，問我對布袋戲有沒有印象，對黃俊雄如何？

我雖然較少看布袋戲，但知道它在電視中的威力，於是邱復生就說，他有辦法把布袋戲搬出來，臺視敢不敢接？

我說：你能弄出來，臺視有什麼不敢接之理。

邱復生就陪同黃俊雄來到臺視，展開製作研討工作，重出的戲碼是《大唐五虎傳》。

以當時的政治環境言，與布袋戲政策有關的，至少有三個機構，但強力單位是行政院新聞局。邱復生運用立法委員對於新聞局的影響力，而打開這個關節。

邱復生與黃俊雄聯名擔任製作人，但真正負責製作的男主角還是黃俊雄。

黃俊雄布袋戲在臺視復出後，並未引起三臺間的震盪緊張關係，因為黃俊雄只此一家，別無分號。

倒是黃俊雄做久了，就有些意見傳至公司，甚至出現在報紙影視版中。以經驗判斷，這些風吹草動，並非空穴來風，還是有脈絡可循的。

有一天，一個星期六中午，比較空閒，我就拉著節目部經理李聖文，一起南下到虎尾，慰問黃俊雄的製作辛勞，並一探究竟。

這是第一次見到布袋戲製作工廠真面貌，蔚為奇觀：也見到黃俊雄大家族，個個都有十八般武藝，見識到黃俊雄的超人經營管理能力。

言談之下，黃俊雄希望能獨立作業，一家人的辛苦「作戲」，憑白為他人所分，心有不甘，我們就知道問題所在。

我們就為他分析，邱復生有「復出」之功，把「飲水思源」這套道理搬出來，黃俊雄還能聽得進去，也就相安無事。

歸途中，我與聖文說：「我們不虛此行，把「情緒」所在找出來了。」後來婉告邱復生，邱是明理的人，作一些讓步，臺視再配合一些，就更無問題了。

黃俊雄與邱復生都是臺灣電視史中的傳奇人物。

邱復生剛踏入臺視製作單元劇，他自己不常露面，就委託執行製作夏璐華（名編劇夏美華姐姐）代為處理一切。有事情開會的時候，邱復生不只是很少講話而且常常在半睡狀態。

沒有人知道邱復生的背景，所以有一次一位好心的前輩長官問我：「你知道不知道邱復生的背景？」

「我不知道，我不需要知道，只要把戲作好就行！」我這樣答覆，不太禮貌，但事實確實如此。

邱復生正如世界其他各國的媒體大亨一樣，他有冒險個性、多彩的男女關係、事業遠見以及非比尋常的政商關係。

邱復生的政治視覺最為敏感，他察覺政治環境變了，就製作出一部《悲情城市》電影，不只是打入電影行業，而且占了新政治的「碼頭」。

也許臺灣只有一個邱復生，但邱復生是世界許多類似人物的化身：他是臺灣的邵逸夫、他是臺灣的泰德‧透納。他甚至是臺灣的墨西哥媒體大王 E-milo Azcaiaga Milmo。

邱復生的神秘與冒險性格，與泰德‧透納神似。

他有辦法開別人打不開的門，不管用什麼辦法，這就是在現代冒險社會中的特殊手法。

布袋戲復出，是一例。

港劇的介入以及錄影帶市場開創，又是一例。

TVBS 電視衛星事業的引入，更是一例。

民國七十一年，中視趁金鐘獎觀摩節目機會，把香港無線電視臺製作的《楚留香》，放在中視頻道出現，從此，臺灣三臺戲劇節目，面對「港劇」黯然失色。

中視固然食髓知味，其他兩臺也運用各種節目關係到處找「港劇」。

我被關在一間密不透風的萬華試片室中，一連看了一大堆「港劇」，看得昏昏欲睡。

沒有一個鏡頭看上眼的。

這個時候邱復生出現了。

原來他已找上「港劇」的源頭——TVB。當時的 TVB 經營主力是一批年輕人，而「港劇」全靠電影導演為班底，而由王天林領軍，演員如趙雅芝、翁美玲、黃日華等全是出自 TVB 訓練班培養出的新人。王天林的總導演之下分成幾個戲組，再由分組導演分拍，只要劇本調配好，無論幾齣不同的戲或是一部戲，都可以同時進行，所以有別於電影拍攝，效率出奇地高，乃能應付電視大量播出的需要。這是很強的 Team Work，無法適用在臺灣以個人為中心的製作人制。

TVB 的大老闆是邵逸夫，而總經理是陳慶祥，每年金鐘獎都會率團來臺北，所以與三家電視臺相處都很好，而 TVB 之外另成立 TVB 國際公司，專負責節目外銷，經理人是陳總經理的弟弟。

邱復生先聲奪人，由於與陳氏兄弟關係，就拿下「港劇」在臺灣銷售權。所以邱復生就對我說：「不要再傷腦筋了，由我負責供應臺視的需要。」

這樣，臺視才解圍，而有《天龍八部》與《英雄出少年》等劇的播出。雖未搶得機先，但亦造成轟動，陣勢未落人後。

「港劇」對於三臺的生態來說，一如一顆深水炸彈，可謂節目被炸得血肉橫飛，陷於「港劇」爭奪戰中。

三臺節目競爭總是如此，這也是商場的慣性。一臺得利，緊跟著一

窩蜂，瘋狂地上港劇。所幸，有仲裁機構，行政院新聞局出面協調，採輪播制度，一個星期在指定時間內，只能有一臺播「港劇」，否則臺灣電視市場真會淪為港劇的殖民地了。

輪播之後，就產生覺醒力量，大家在協商之下，放棄「港劇」之播出，爭一口氣，發展自己節目的風格。

「港劇」跑到哪裡去了？

錄影帶店。

於是臺灣的大城小鎮，錄影帶店成為雨後春筍，幾乎三天一家，五天一間，街頭巷尾成為搶手的新興行業。

邱復生又往前跑了一步，他幾乎以天價簽下 TVB「港劇」的臺灣錄影帶市場。那個時候，電視節目外來資源還很貧乏，日劇被禁，洋片還不合一般電視觀眾口味，「港劇」幾乎就是錄影帶的代名詞。

電視市場脫離「三臺」，由第四臺幾乎跳躍式登上有線衛星電視，不只是與「三臺」分庭抗禮，幾乎要壓蓋三臺了。

邱復生又抓住新政治環境的商機。

這個時候的「邱老闆」，段數更高了，一方面與香港邵逸夫拉上關係，與 TVB 合作，先在香港發射，後來索性移至臺灣，更重要的，有良好的頂層政商關係，就加速有線衛星電視的來臨。有邵逸夫的後臺與 TVB 的節目資源，TVBS 就成為有線衛星的龍頭。

邱復生的事業，固然與環境有關，但他的膽識與魄力，更是異於常人，乃能平步興起頂天的事業。

臺灣另一位「開國」人物，那就是楊麗花。

楊麗花與歌仔戲不可分。

電視拜楊麗花所賜，楊麗花又得電視之助，乃能名氣如日中天。

每到春節的時候，電視記者就會消遣臺視一番：臺視員工今年的年終獎金，就要看楊麗花的心情了。

這固然有些誇張，但也不無道理，因為只要楊麗花歌仔戲一出來，

日以斗進的廣告，就湧入臺視，其他兩臺只好自嘆不如，休兵避戰。

楊麗花是宜蘭人，所以就有人說：宜蘭是歌仔戲的家鄉。其實，楊麗花出身寒門，跟著野臺戲的演出，四處為家。之後，拜廣播電臺之賜，她是由正聲廣播電臺躍入臺視成為臺灣家喻戶曉人物。

王永慶母親健在的時候，就是楊麗花的戲迷，以能見到楊麗花，為津津樂道之事。

圖 47-1　筆者與「臺視之寶」楊麗花小姐合影

洪文棟與楊麗花在臺北市圓山飯店結婚的時候，真是轟動朝野。「國賓」新加坡李光耀剛好住在圓山飯店，在重重警衛中，李總理發現這樣一個場面，才知道臺灣民間的奇特力量。

為了提高歌仔戲的地位與水準，我在臺視期間，特別安排幾場「大學生會見楊麗花」。確實收到了一些效果，就有不少學歷不錯的女孩子，開始投入楊麗花門下，且有很好的表現。

三臺激烈節目與業務競爭中，留住「搖錢樹」也不是簡單的事，被挖傳聞，連晚上做夢都能聽得到。有一天接到存證函，有風雨滿樓之勢，我迫不得已，只好偕同副總經理晚上直奔她的別墅，久叩門不應，後來門開了，說是楊小姐出去了，什麼時候回來，不知道；到哪裡去了，不知道。我們先在門口守候，後來被請到客廳坐。於是接二連三有人探頭進來看看，並說：「阿姨還沒回來。」

這一夜，我們打定主意，未見到人，是不會離開的。

就像戲中一樣，像在迷霧中，楊麗花出現了，大概凌晨一、二時。

也許受到我們誠意所感，此後就少有楊麗花「跳槽」新聞了。

楊麗花如今半退休狀態，夏威夷平添「名花」，凡臺灣旅客到夏威夷的，都想一探張學良住在哪裡，楊麗花的別墅是什麼樣子。

「張少帥」真的隱名埋姓，只供遊人閒談往事，直到歷史那一刻的到來；導遊還會如數家珍般細說楊麗花，並遙指楊麗花住的地方。

楊麗花出身艱困，其成功亦非偶然。得自天分、努力與會帶人。無論楊的家人以及楊麗花劇團，上上下下，為數可觀，但楊麗花能成為重心與中心，是要有「二把刷子」。

「三臺時代」無論午或晚，閩南語連續劇，每天只有一小時，而且各半小時。

閩南語連續劇，以我自己的體驗，有它的精神與特色。

令我印象深刻也令我佩服的，就是閩南語連續劇製作的朋友們，他們很認真負責且能吃苦，有很好的團隊精神。

三臺都有不少排演間，但十間九空，如果有戲在排練，那一定是閩南語劇。

因此，無論製作、編劇以及演員，閩南語劇組都出了不少人才，甚至成為八點檔的主力。據我的經驗，這和他們認真苦幹守分的工作精神有關。

但也有少數，一如商場，染上「海派」之風，其舉止與言談，就走了樣，什麼大吹什麼，其結果可想而知。

風氣，不只是影響社會，也影響任何一個小團體，我如此觀察與體會電視戲劇圈。

第四十八章

日本大導演為三臺節目把脈

「內行人看門道，外行人看熱鬧。」

這句話，再沒有比用在製作電視與電視觀眾身上更恰當的了。

民國七十四年，金馬獎在臺北舉行，那個時候，我還在臺視，國際知名日本大導演、以《樽山節考》而聞名的今村昌平，就在行政院新聞局安排下拜訪三臺，來臺視訪問。

我們真是一見如故，也一見傾心，談了不少中日電視的事。我問今村導演在臺灣期間有沒有看電視？可否給我們一點指教。

今村先生見我態度誠懇，虛心求教，就說了一段話：貴國電視根本問題在編劇！

他講這句話的時候，態度也非常沉重。

今村導演具體指出三大「缺點」：一、臺詞太多，演員忙於乾講話，而疏於表演。二、劇本的編撰，僅側重臺詞部分，對氣氛的運用和動作的設計，明顯過於忽視。三、影像語言的自覺不足。

我及臺視文化與今村昌平的交誼，就從這句話建立起來。

當然，這一切都要感謝我國電影導演也是臺視同事陳純真先生，他有一股日本人的執著精神。

有關今村與臺視文化結緣，以及為我國電視界培養出不少人才，稍後當慢慢細說。

三臺成立有先後，但都有志一同的，成立了分別屬於三臺的文化公司：臺視文化公司、中視文化公司與華視文化公司。

似乎有些別苗頭的意味，你有什麼我就要有什麼，輸人也不能輸陣，就好像二家民營報紙一樣。

很幸運的，我都參與和主持三家文化公司，所以心得特別多。

當三家電視臺很風光的時候，都被以「三臺」冷嘲熱語，好像特權多多。其實他們也經過艱困的歲月。特別是第一臺的臺視與第三臺的華視，更是吃盡苦頭。因為臺視剛創辦的時候，根本沒有什麼電視廣告，商業環境極端落後。華視出來，電視廣告變成粥少僧多，根本沒有足夠三臺的廣告量，所以形成惡性競爭，非常慘烈。

我參加華視籌備與開播前後，各方面來加入的人馬，在主持人強烈使命感之下，用心用力，不分晝夜，為華視的生存而打拚。

節目會議，往往夜間十時半才開始，直至凌晨結束，第二天照常工作。就是吃飯睡覺也會想到節目有關的事情，甚至為惡夢所驚醒。

每一次午飯都是午餐會議。有一次，記得企管部經理曾文偉先生就與我們幾位組長，其中包括業管組長林登飛，談談未來的華視發展。

那真是有夢的日子，雖然環境很艱苦，何時能出頭天，亦未可知，但有夢就有希望，而人活在希望中。

「華視的世界，世界的華視」。我隨口講出這樣一句話，相信這句話，華視人不只是有印象，而且為「它」奮鬥過。它的意義是：我們要把優良的節目播至世界各地，成為「華視的世界」；另一方面，我們也要把世界有價值的節目，引至華視頻道，為國人開啟一扇窗戶，成為「世界的華視」。

民國七十年，我自《臺灣新生報》轉入臺視，艱困備嘗。臺視文化公司則在臺視大樓前端的三傑大樓內，雖然有經營特色，但失去精神，備感費力。

臺視文化較另外二家文化公司具有特色的，是出版物，當時有：《電視周刊》與《家庭月刊》。

《電視周刊》走過風光路，但這個時候，受到民營《電視綜合》或《你我他》同類周刊的競爭，至為吃力，財務吃緊。

有一天下午我去臺視文化公司走走。冷冷清清，只有一位來自臺視

的財務部人員緊握錢包，坐在那裡發呆！

我才知道他是臺視財務部副理，來臺視文化「坐鎮」發薪水的。

我就請那位先生以後不要再來了。要發錢，請他們自己發，但要算清楚。

這個時候，我身為臺視總經理、臺視文化董事長，卻腹背受敵，每三個月一次福委會，我身兼主任委員，忍受福利委員砲轟，因為臺視福委會每週要花大筆錢買上千本《電視周刊》送給員工看。他們火從心中來。

於是有的主管同仁就讓我避之，找人代理，不要再出席福委會了。我偏不信邪，豈有官自己做，罪別人受之理，照出席不誤，也照受轟不誤。

有一次我就對員工保證：三個月至六個月內福委會將停止津貼，與《電視周刊》斷絕往來。

福委會委員們半信半疑，這位總經理莫不是在變戲法，亂開支票。

我以改變內容，加強推廣。

改變內容只有短短二條：

第一、自即期起，停止刊登有關臺視官樣文章，包括總經理照片在內；

第二、開放登載三臺的節目內容以及非屬臺視的電視影歌星。但是，對於自己的宣傳，必須真實；對於友臺的刊登，避免流於「宣傳」。

這個時候，配合全省發行網的建立，《電視周刊》的發行網路連起來，逐漸轉虧為盈。

另外還有一項措施，臺視補助款逐期降低，最後歸零。

原來的《家庭月刊》，無論印刷與內容以及經營成績，都還不錯。

我趁此機會，開始實踐「魯斯」的念頭，要把「雜誌王國」在臺視建立起來。當時先後辦了五本雜誌：《電視周刊》、《家庭月刊》、《常春月刊》、《智慧月刊》以及《電視與科技》季刊。

《電視》與《家庭》，原先就有的，後三本是我開辦的。

這五本雜誌，各由源流與落點，作一整合，以配合臺視的整體發展。

《智慧月刊》是針對兒童，提供書本以外的知識與智慧，以從升學惡補中解救出來的。《電視與科技》季刊，實際是臺視工程部同仁內部研發的刊物，我加以規劃，對外發行。當時我的想法，臺視既然是我國電視界先進，科技研究與發展出來的成果，就應與同業共享。

《常春月刊》最具經營實力，是後來臺視文化所出版的刊物中，發行廣告以及績效最好的刊物。我當時定位在健康長壽，邀請醫學界各科一流名醫如連文彬教授、江萬煊教授、陳楷模等作為顧問。《常春》出版後，並未如想像中的順利，因為編輯們把它當成「老人」退伍退休後看的雜誌，我發現偏離航道後立刻導正，使成為全民健康諮詢與資訊的專業刊物。

臺視美中不足的，是占地太小，發展有限，且被前面的「三傑大廈」擋住。這個時候臺視文化，尤其在裴君箸先生擔任總經理主持下，財務健全、業務興旺，我就要他們盈餘不要繳臺視公司，而走老祖宗的路線，把前後左右上下的樓層買下來，我並且希望把三傑大樓底層作為臺視業務部，他們也確實買了一些，但可惜未把樓下買下。

我在臺視文化用心最多的，是舉辦人才講習班，以使有志電視工作者，無論表演歌唱主持以及其他幕後人員，得有正常而專業的訓練管道，為電視公司發掘與吸取人才，也為社會彌補升學考試的缺失。

就是這個情形，臺視文化才有緣分與今村昌平一起辦婦女編劇研究班。

各類講習班每次開班，我幾乎都親自參加主持，所用的教科書，是日本松下幸之助的《路是無限的寬廣》（洪健全教育文化基金會出版）。

意思是勸告做明星夢的少年少女們，如果沒有這方面的天才與天分，不要硬往裡擠，浪費時間，虛度人生，「路是無限的寬廣」，天生我材必有用，你適合走哪條路，要勇敢地往前走，不慕虛榮，更不要羨慕他人，

你就是你，做一個真正的自己。

我們招考講習班的學生，至少要做到一點，要讓不管在臺北或在中南部的父母放心。

今村昌平與臺視文化合辦的婦女編劇班，有今村自己的方法，至少，是日本的方法：認真、負責與嚴格。學生們受益良多，其中受累最多的是今村的朋友、當時的臺視導播陳純真先生，他幾乎忘我與瘋狂式的，潛入編劇生活中：把學生的中文翻譯成日文，再將日本教師改過

圖48-1　日本大導演今村昌平為臺視舉辦婦女編劇研究班

的稿件，譯成中文，是多浩大的軟體工程。

這個婦女編劇班是從民國七十四年三月十一日開始上課至九月七日結業，共上課一百五十六小時，課程安排不只是緊湊而且適用，除了今村昌平親自教授外，他還遠自日本調來適當師資支援。

課程的安排，完全根據我國學員的程度與需要，由今村導演與有關同仁所訂，分初、中、後三期，共六個月。除了編劇講師外，今村還特別陪同日本名劇作家富田義郎來臺作兩週特別講座。還有不少國內著名導演與編劇，應邀加入，成為中日大會合。今村昌平在臺北期間，也充分發揮分秒效果，除不停止地上課、講解、批改作業外，並抽空對三臺有關人員作一次演講會，時間是民國七十四年三月十六日在臺視攝影棚舉行，有三臺企劃、製作、導播等近百人參加，由他的好友也是臺視導播陳純真擔任傳譯。

日本人認真的精神，幾乎到了忘我與狂熱的地步。記得今村請幾位

教師來臺作短期講課，臺視文化工作同仁如約至機場接機，久候幾個小時也不見人影，以為改搭其他班機或其他原因未上飛機，再連絡之下，他早已住進訂好的旅館開始準備功課了。因為只有幾天講程，所以他什麼行李都沒有帶，只有一條藍色布包，講義、換洗衣褲、盥洗用具都在裡面。因為第一次來臺，同仁想陪他在臺北走走，也都婉謝了。他講得很好：這一次是專程來講課的，下次有機會再擾吧。

他這種專心一志、一絲不苟的精神，也是一種生活教育。

至於婦女編劇班的戰果至為豐富，無論單元劇或是連續劇，無論是臺視、中視、華視，也不論是商業臺或是公視，她們都成為搶手的快手：張光啟、劉凡禎、劉桂英、張儀貞、林淑珍、李筑媛、李寧兒、徐慧琴、蘇月美等，真是名滿電視。今村昌平與陳純真所費的心血與功夫，都得到加倍的收穫。特別難得的，她們原來都不是職業作家，而是學生、家庭主婦或職業婦女等，卻在寫作這條路上，走出一條大路來，這也許和她們所寫出的戲劇一樣，非始料所及。

戲一如人生。

戲劇編者與真實人生不一樣，他可以把想像中的人生，在戲劇世界或領域中展現出來，那不是一般人所能有的經驗。

民國八十二年我由《中央日報》意外地轉入中視，變成名副其實遊走三臺、主持二臺的總經理。

當時的中視董事長吳俊才先生對於我在臺視文化種種，卻有深刻的印象。吳先生就說：「臺視文化經營得不錯。」也就是鼓勵我加入中視，中視文化也要有大顯身手的機會。

果然，時機到了。

當時的中視文化公司總經理張勤兄奉調至美國舊金山擔任三臺的國際視聽公司總經理。

裴恩偉就被點名接任中視文化公司總經理。

裴恩偉也很爽快，一口答應接受挑戰，但只有一個條件：他要在中

視選一位有國際觀的副總經理。那就是電影組副組長曹湘梅。

依例我身兼中視文化公司董事長，也提出一個條件：除了關心與支持外，董事長不過問中視文化的事，你們放手去做。

果然中視文化在他們兩位經營之下，國際、大陸以及臺灣，馬不停蹄，分頭出擊，而開出經營的成果。年終獎金，連一位工友，都拿了三十個月，他們樂不可支。這一下被遺忘的前娘的孩子，也有揚眉吐氣之日了。

其實，他們拿他們該拿的。這一句話，我們彼此互開的支票，都兌現了。

有一張支票到現在似乎還未兌現，那是我在臺視與中視所開的：未來電視文化公司的道路，要比母公司電視公司寬廣的多。

第四十九章
是誰發現沈春華與馬景濤?

　　人才是靠公開嚴格的制度，招考而來，但也會有例外出現，不過，偶然的事情，是可遇而不可求的。

　　在我從事新聞傳播的歷程中，對於人才的吸收，我很「迷信」考試制度。

　　但，也有得來不費功夫的例外。

　　那就是沈春華與馬景濤。

　　沈春華在電視不同領域中，奪得十座金鐘獎，是空前也可能絕後的電視界「十項全能」。

　　馬景濤是當今紅遍臺灣、大陸、香港以及新加坡華人地區，無人不知的「電視紅人」。

　　沈春華是誰發現的?

　　馬景濤又是如何踏入電視圈?

　　都是得自偶然。

　　我在臺視的時候，有一天晚上約十時許，接到于衡教授的「緊急」電話。他要我趕快看電視節目。我說:「我正在看電視。」

　　于教授所指的節目，是光啟社製作的一個「公共電視節目」，主持人是一男一女搭配。

　　「那個女主持人她叫沈春華，是我的學生，好的不得了，石總經理你要特別注意人才。」

　　于先生的電話一來，就很難停下來，但講來講去的重點，還是在「我的學生」，于教授與歐陽醇教授一樣，視學生如命，精神令人可敬可佩。

　　于先生「推銷學生」與採訪新聞的精神一樣，緊追不捨，令人敬佩。

　　沒有幾天，沈春華就來到臺視看我，她剛從輔大大眾傳播系畢業，當時給我的印象，是一位聰明伶俐、反應快的女孩。

　　于教授要把他的學生推到臺視新聞部。我就很明白的告訴于教授：新聞部絕對採取公開招考的取才制度，有本領就要參加考試。這是沒有辦法開放與例外的。

　　就這樣，沈春華就從臺視節目部、主持節目開始。

　　在我的印象中，從兒童節目到大型綜藝，各類節目她都主持過，而且無論收視業績口碑都達到理想之境。一個主持人紅了之後，製作人就爭相邀請，所以沈春華就有主持不完的節目。

　　招牌性的節目，是洪理夫製作的《我愛紅娘》，是她與田文仲把這個節目主持紅了，還有彭達製作，週末的大型節目《大家樂》。

　　沈春華的聰明，表現在急流勇退上。

　　就在主持節目當紅的時候，沈春華提出出國深造的計畫，她所選擇的學校是南加大，所念的是傳播管理。臺視雖然百般捨不得，但對於求上進肯上進的青年，只有鼓勵與協助，並祝福她，早去早歸。

　　沈春華的新聞理想實現，是她自美國學成歸來之時。當然，以她的條件以及她對於臺視節目主持的貢獻，臺視還是期待她重返工作崗位，無論主持節目或是節目企劃、行政工作，她都能勝任愉快。

　　這個時候，中視新聞急待突破，就想到沈春華是一個自我突破與中視新聞突破的機會。

　　沈春華就在中視當局求才若渴的情形下，成為中視新聞主播，而且仿美國之例，打破國內傳統、打破公司制度，簽訂主播合約。這在戲劇演員以及綜藝節目主持人，是一項制度，但在新聞部卻是國內一項創舉，難免引起公司內部，特別是新聞部同仁的反彈，認為獨厚沈春華。此正如一位資深新聞人在沈春華抱得第十座金鐘獎的時候的感言：「當中視新聞部同仁因她受到特殊待遇而屢屢出現雜音的時候，我也曾以媒體觀察者的身分，在不同場合為她辯護和聲援，認為她有這個身價。」

的確，沈春華每次得獎，都是得來不易，尤其第十座「新聞節目主持人獎」，那更是老將新秀有線無線再加上公視，個個都是強手，如當時華視的崔慈芬、民視的廖筱君、中天頻道的陳若華和公視的方念華，她確實身手不凡，而能衝破重圍，壓過群芳。

沈春華進入中視的時候，我已離開臺視轉往《中央日報》服務，等我民國八十年再度返回電視，沈春華已是「中視先進」；朱宗軻總經理承受的壓力，也隨之「移交」，轉至我的肩上。

實在話，公司內外，特別與中視新聞有關的人士，都在看新總經理如何處理沈春華的特殊案件。其中，最大困擾與壓力來自三方面：

新聞部內部反彈聲音未斷，並責問：公司何以獨厚沈春華？為什麼他們永遠只能望「晚間新聞」興嘆。其中，很遺憾地，也有幾位等不及，離開中視新聞，轉往他臺發展；我除了作道德勸說外，無法創造更有利的條件、更好的辦法，只能任他們飛了。

新聞部外也有壓力。最具體的一個例證，就是友臺一位資深新聞播報工作者，由政壇一位新秀出面，請我在「凱悅」喝咖啡，主題是：何以沈春華如此幸運？為什麼不讓他人一試？

中視高層，也有來自沈春華本身調整簽約待遇的壓力。

這三種壓力，我在中視三年的時間，一直在頂著。我也一直以理智態度，面對這項重大的人事困擾，無論公司內外，我也一直在尋找有沒有條件更好的主播，足以代替現在？就公司內部而言，也許有，但尚須時間的磨練，才能成大氣候。就當時而言，沈春華的主播地位確實無人能取代。

面對「主播」，你就會體會出「一將難求」的滋味。

電視新聞，從新聞播報到新聞主播，是逐漸形成的制度。我國從臺視的盛竹如始，到中視的沈春華、華視的李四端，如今隨著有線電視的發展，電視主播真是滿天下。

主播的地位，越來越重要，形成電視新聞主宰的力量，正如聯廣公

司在一項調查報告中所顯示，新聞內容詳盡、編排有條理、角度公正客觀，再加上好的主播，是新聞節目成功的關鍵。

再加上「好的主播」，實在是關鍵所在。

「好的主播」自然距離權威的主播，如美國哥倫比亞克朗凱特，還有一段遠不可及的距離。凱特曾被詹森總統視為「國之重寶」：「如果我失去凱特，就等於失去美國。」事實上，他的影響，不只是美國，而是全世界，甚至是世紀性的，如他一手促成埃及沙達特總統訪問以色列，完成不可能的任務。

臺灣電視新聞主播，可謂女性天下，這與新聞王國美國相比，恰恰相反。美國電視新聞屬於剛性，多由具有新聞採訪經驗的男性掛帥，而且越老越成熟也越吃香，我們的社會卻是有別於美國社會之奇景。美國女性主播寥寥可數，成為將才者有三位，那就是：ABC 的戴安娜・索耶，CBS 的宗毓華以及 ABC 的芭芭拉・華特絲，三位各有所長，而宗毓華則屬於「華族之光」，也具有東方女性之美，事親至孝。她當紅的時候，曾到過中國大陸採訪，事先有關中國人的禮數，曾請教她的父親。宗老先生為此，與我通過一些信；宗毓華確實是天之驕女，中國青少年在美研讀新聞傳播，特別準備在電視天地中一顯身手，多受宗毓華成就影響。可惜大意失去王座，漸漸消失在螢光幕中，實在可惜。

以凱特對於電視新聞的定義，所反映的我們現實社會，要不就是凱特「太古老」，或者是我們距離「新聞」越來越遠。他說：「報告翔實，具有說服力，並且要見諸當天早上的《紐約時報》。」

不妨以凱特的定義，驗證一下我們自己的電視新聞，距離國際標準還有多少？

就在我服務臺視期間，有一個下午參加臺北市一座公益建築物落成典禮，將近禮成的時候，一位文質彬彬的男士走在我跟前，並作自我介紹。他是從中部來的，服務警界，一位地方警察主管，他說：他的兒子自世新畢業，參加電影演出，並有一部電影成績，希望有機會往電視發

展，請臺視栽培。

第二天，他的兒子照片等資料，就送到我的辦公室。

我端看之下，他的眼睛與鼻子，與眾不同，就把資料，依照往例，送給節目部主管戲劇的副理葉超先生參辦。他就是馬景濤先生。

葉超先生雖然行動不便，但動作很快，不久就拿著馬景濤的資料到我辦公室來，並作了直覺的「判讀」：這位馬先生眼睛有戲，是反派演員的好材料。

的確，挑演員靠「讀眼術」，如當今走紅的影視玉女，「梁詠琪最聰明，范文芳夠圓滑」，就是如是觀。

於是我就建議葉超：節目部可約馬景濤談談，並作一些試鏡等措施。

馬景濤得其父親的推薦，就很順利的在臺視登上螢光幕，但成就卻在臺視頻道之外。

初期的馬景濤，在臺視並沒有太多的演出機會，更不要說代表作了。就記憶所及，黃以功籌拍的《楊貴妃》，節目部就安排馬景濤演出一角，但是也許由於馬景濤的個性或電視適應問題，不告而別，中途辭演。

臺視節目部感受如何不得而知，但我不能理解與諒解，並以其父的苦心與做人的道理與其溝通。其後馬景濤就不斷有書信往來，好像有志難伸。他的信，不只是文情並茂，而且很長。

馬景濤可謂天才型演員，他演起戲來，真是拚命三郎，可以忘我而發揮排山倒海之功。他的天才，也表現在其他方面，如繪畫他也潛研過一段時間。興之所至，還跑到歐洲著名學府如牛津寫生。

真正發掘與表現他的才華，是獨立製作人如楊佩佩等。金庸的武俠戲以及《天長地久》的民初戲，楊製作人可謂讓馬景濤過足了戲癮，但也傷透了腦筋。

獨立製作人與馬景濤合作，吃足了苦頭，甚至對簿公堂。他的合約糾紛與男女紛爭不斷，這也許就是一個天才型演員無法妥善處理戲劇外生活的原因。

　　馬景濤應是一位孝順的兒子，尤其是疼愛他的母親（他的父親已過世）。

　　為了馬景濤的「官司」或兒女私情，馬母放心不下自己的兒子，常常在電話中拜託我關照一番。雖然我已離開臺視，甚至離開電視，就是後來主持中視，與馬景濤也無合約戲劇關係。馬母還是再三地拜託我，慈母之心，也就是天下父母心，令人感動。

　　有一次，田麗來中視看我，情海起波浪，要我主持公道，田麗至感委屈，我因為受馬母之託，所以就以長輩身分，說了一頓馬景濤的不是，田麗知道有人為她主持公道，就展現歡顏，由葛製作人陪同高高興興地離開我的辦公室。

　　這些年來，馬景濤的事業移至海外，他也在製作方面大顯身手，尤其與新加坡製作合作，最引人注目，可謂華人地區最搶眼的電視演員。

　　他的合作對象是新加坡電視臺，有《笑傲江湖》以及《三少爺的劍》。

　　《笑傲江湖》完成之時，新加坡總理吳作棟，特親自以「多才多藝」獎頒給馬景濤，可見所受到的待遇，不只是重視，而是禮遇。馬景濤受寵若驚地表示：這是新加坡之行最大的光榮。

　　是誰發現了沈春華不凡的才華？是她的老師于衡教授。

　　是誰發掘了馬景濤的戲劇天才？是他知子莫若父的父親。

　　人生的奇妙與奇遇，也許就在此。

第五十章

險遭滑鐵盧的新聞界訪沙團

我在臺視服務期間，真是驗證了中國一句古話：樹大招風。

由於臺視這塊招牌，使我在電視工作崗位工作之外，平添許多虛名，使我不勝負荷。因為我是一個笨人，同樣的時間，我使盡了全力，也只能做一件事，無法分心，也無能為力，這是我的「自知之明」。

記得，有一次有一個全國風雨不斷的體育團體，有關決策方面，屬意臺視負責。主管的中央社會工作會，用各種方法遊說，希我勉力接下來，我均不為所動。最後搬出王牌蔣彥士秘書長，打電話給我，希我能配合中央決策，我就說明臺視現況自救不暇，無法顧及其他，更不要說挽救人了。蔣秘書長只好說：「永貴兄，你再考慮考慮。」

最後我無奈，只好對主辦單位主管說：「如果臺視總經理非兼掌這個體育項目不可，我就先辭掉總經理好了！免使你們為難。」

中央黨部還是有人情味的，就沒有再追究下去，放我一馬。

不過，隨著臺視業務好轉，全面得到復甦的改善，就無推辭的理由了，我還是在專任臺視總經理名下，做了一些「義工」，其中包括：

一、中華民國橄欖球協會理事長。

二、北一女中家長會會長。

三、師大附中校友會會長。

四、中華民國新聞界赴沙訪問團團長。

其中，最值得回憶的，就是規模空前絕後的中華民國新聞界訪沙團，頗多波折與傳奇。以及師大附中校友會理事長任內，籌劃歡迎我國第一位太空人王贛駿博士凱旋返國。

先說說橄欖球。橄欖球是本土的運動，與棒球結為連理，只是前者

較野蠻，後者較文明。臺灣橄欖球在東亞饒有地位，與日本、韓國同為東北亞勁強，自然以日本為東洋盟主。

橄欖球運動，通常分成三方面：

一、國內舉辦比賽。

二、國際會議。

三、國際比賽。

運動雖講求公平競賽的體育精神，但各種運動彷彿都有內鬥不懈、糾纏不清，橄欖球亦是如此。有南北之爭、有社會與軍中之爭、有淡水與基隆之爭，運動場上固然爭，會議桌上，派系分明，亦爭個不休。而我國橄欖球歷史悠久，源自日本，將帥雲集，有當年日本全國代表隊隊長，有綠島歸來的「政治人物」，我們本服務精神，小心應對。

我告訴協會同仁，尤其臺視派去的同事：我們只是出錢出力的義工，其地位如同助產士，生男生女都一樣。我們只要做到：誰該贏球就贏球，我們既不介入派系，也不參與輸贏，站穩立場，就不會惹到是非。

國際會議及國際比賽，確確艱苦。早期球隊不夠看，國力不夠強，處處遭到中共封殺，後來就通行無阻了。特別是當時的臺視顧問毛樹清教授，對橄協貢獻最大，他持有美國護照，所以海關封殺不了他，正當中共沾沾自喜之時，亨利·毛已談笑風生坐在會議桌中。一聽代表臺灣的「毛叔叔」來了，其實，此毛非彼毛，但外國人搞不清楚，還真以為「毛的叔叔」。對臺灣代表團就更不敢惹與碰了。

這是從事體育外交的一段插曲。

民國七十三年元月九日至十九日，一支包括中華民國新聞界各階層的各種媒體六十三位組成的中華民國新聞界赴沙訪問團，在「天外之國」的沙烏地阿拉伯作十天訪問。

這樣龐大的新聞界訪問團，不只是開沙國建國以來的一個特例，也是空前絕後的。出名邀請單位是沙國新聞部，事實上，是沙王的賓客。因為像這樣敏感的職業、這樣龐大的人數，其中還包括女性，非國王的

特准，是無人敢作這項決定的。

　　據我們所知道的，使這項不可能任務成為可能，有幾位肯做事又有強力背景的人士，其中包括：我國政府新聞局長宋楚瑜先生，我國駐沙國特命全權大使蔡維屏先生以及沙國駐華特命全權大使舒海爾將軍。

　　舒海爾大使原為沙國空軍總司令，雖不是皇族身分，卻是沙國極具分量的政治人物，與我國關係素好，駐華期間，並擔任外交使節團團長，與我國朝野各界、回教界，相處極為融洽。當沙國與我國斷交之夜，他們夫婦在程建人次長公館神傷不已，內人與我互相安慰，相對無語，度過「最長的一夜」，其後舒海爾轉任駐加拿大與巴基斯坦大使。

　　行前會議在臺北市圓山大飯店舉行，由宋局長與舒海爾大使共同主持。當時，由於我與沙國的關係，就推舉我為團長。

　　這一訪問團值得紀念，就記憶所及，全團如下：團長石永貴（臺灣電視公司總經理）、顧問朱宗軻（行政院新聞局國內新聞處處長）、團員冷若水（中央通訊社總編輯）、林熙治（《中央日報》副總編輯）、徐昶（《臺灣新生報》副社長兼總編輯）、黃肇珩（《中華日報》發行人兼社長）、杜元靖（《自立晚報》主筆）、王大空（《國語日報》副總編輯）、朱良箴（《英文中國日報》總編輯）、段守愚（《大華晚報》總編輯）、范武雄（《中國時報》副總編輯）、黃庭柱（仰山）（《民族晚報》副社長）、趙玉明（《聯合報》總編輯）、顧毓瑞（《英文中國郵報》主筆）、李元平（《青年戰士報》總編輯）、應鎮國（《經濟日報》總編輯）、石敏（《民生報》副社長）、彭垂銘（《工商時報》副總編輯兼採訪主任）、葉燕翼（《臺灣新聞報》總編輯）、李瑞標（《民眾日報》發行人）、莊勝雄（《臺灣時報》副總編輯）、張祖安（《臺灣日報》副社長兼總編輯）、曾瑞欽（《自由日報》副社長兼總編輯）、鄭麒麟（《中華日報》南部版總編輯）、陳行（《更生日報》總編輯）、唐盼盼（中國廣播公司副總經理）、鍾湖濱（中國電視公司總經理）、胡雪珠（中國電視公司記者）、吳洛平（中國電視公司攝影記者）、金永祥（中華電視臺新聞部經理）、王振臺（新聞局國際新聞處科長）、

攝影人員陳銘政（新聞局視聽資料處科員）。

這真是一個代表全國、代表各種媒體、各種階層中華民國新聞界精英，作業以及設想的周到，非比尋常，亦可見沙國雖然是封閉君主社會，但還是有「新聞眼」的。

訪問團出發前以及抵達後，發生二項插曲，一是飛機票發生問題，一是女團員抵沙後「失蹤」。

臨出發前，由臺北至沙國（吉達）的全程費用包括來往機票，組團前的宣布，全程全部由沙國負責招待，但臺北至吉達往返這段航程，是華航航線，沙國政府主辦單位認為，既然是中華民國自己的飛機，豈能再由主人出錢之理。臺北與利雅德往返多次，均無結果，甚至被迫面臨流產，我國臺北與駐沙單位主辦人員急如熱鍋上的螞蟻。

因為這個專案，是沙王在御前國務會議批准的，有關執行細節，誰也不敢再簽，更不用說再問了，所以就卡在中沙流程道上。

臺北方面，宋局長也是有性格的首長，既然事先已作承諾並作充分溝通，全程接待，如今發生「真空地帶」，沙國固然不敢往上報，臺北新聞局作業，也不敢讓上面知道，免前功盡棄，有損對新聞界的承諾，更有損中沙兩國邦交。

既然指定我為團長，新聞局方面就找我商量，我基於責任感、新聞界聲譽維護以及中沙兩國關係，就與臺視財務部商量，先由臺視財務部墊出機票款，將來雙方火氣消了後，再尋求償還之道。

我有自己的「底牌」，萬一都不認帳，至少首長級的人物沒有問題，經濟狀況好的單位也沒有問題，剩下的只有從我的薪水，慢慢按月扣除了。所幸，此行訪問至為成功，新聞局很快就把這筆墊款償還。

這件事，當時怕影響團員的情緒，所以守口如瓶，至今恐怕除了新聞局少數作業官員外，還是一項秘密。

事先，新聞局就為我們準備周詳的備忘錄，以便入境隨俗，其中一項：沙國之社交宴會男女分開。

　　果然到了沙國沒有好久，《中華日報》社長黃肇珩女士及以《新聞眼》主持人身分往訪的中視記者胡雪珠小姐，就「失蹤了」，被禮貌地分開，等到餐會結束後才相聚。

　　新聞局有關處室準備的資料，充分而適用，其中尤其是朱正明科長，日夜辛勞，從行李到名牌，真是充分而周到，不只是發給行李專用名牌，而且個人名字與代表單位亦印在上面，可見周到與用心。

　　除了「男女有別」外，有關沙國禮儀還有以下幾方面：

　　一、沙國婦女不許駕車，外交團婦女亦不例外。

　　二、沙人認為所說的話有如契約，也希望別人同樣規矩，故買賣的法規非常明確嚴密。

　　三、與沙國人士接觸時，應使用右手，使用左手表示輕視和侮辱。

　　四、嚴禁對沙國婦女拍照或亂瞄。

　　沙國亦百分之百兌現其承諾，一入沙國國境，華航吉達機場降落後的航程，就換上沙國特別準備的沙國空軍專機，以貴賓接待，參觀、訪問、遊覽，從皇宮到碉堡，全部完全開放，以顯示毫無保留的中沙傳統友誼。

　　那個時候，中沙關係真是風光。除了正式外交大使館及總領事館外，還有許多工程醫療等援沙機構，甚至情報交換與鈔票印製，均委由我方代勞，可見其信任。

　　榮民工程處在沙國開疆闢土，凡是重大甚至險要或皇家工程，均放心交榮民工程施工，中華工程則後來企圖趕上。榮工處陳豫副處長是識途老馬；中華工程則由副總經理何祖授坐鎮，以蘇武牧羊精神，沙漠建綠洲。陳豫一度成為我國交通部長熱門人選，而兩家工程不只是工程競賽合作，亦重視公共關係。國內新聞界來訪，自是一件大事，所以中華工程黃總經理特派幹將陸炳文先生隨機服務，更為周到與親切。炳文後來在波斯灣戰爭中，因為處理中華工程撤退得宜，轉危為安，榮獲公關危機處理獎。蕭萬長先生主持行政院期間，陸先生為得力左右手。

　　中華民國新聞界訪問團在沙國期間，沙國如同開放的國家，表示對於來自反共友邦新聞界的重視與信任。他們也承認，是試辦性質，如果效果良好，再推展至歐美國家，但規模不會如此之龐大，女性團員更難開放。一切的例外，都是為了中華民國友邦的敬重，他們對於歐美的開放精神，還是放心不下的，尤其對於他們的國民，會有不良的示範影響。

　　我們訪沙期間，正是沙國石油大戰後所獲致的巨大財富，舉國上下都在作硬體建設，全世界都竭盡所能，湧進這沙漠王國。到沙國淘金去，成為世界最瘋狂的風尚潮流。

　　我們所到之處，沙國善盡待客之道，無論場面與餐食住宿，都展現出沙國好客之風。但，令人奇怪的景物，是歐美專家顧問人士站在旁邊，如同「僕役」一般，恭迎「來自中華民國的新聞界貴賓」。我們不好意思，提醒主人，可否一道吃。主人說：「不要管他們，他們是來賺美金的！」

　　我們的國策就不一樣，蔣經國先生一再告訴我國赴沙的工作人員，無論醫生、護士、工程師、農業專家、技術人員等，謹記：我們去是贏得友誼，不是去賺美金。

　　此種誠心誠意的精神，確確實實感動沙國上下。最具體的一個例證，就是拜訪王宮訪問國王。當時國王正在歐洲出席一項高層會議，就由王儲，也是沙國實力派人物，統帥國民兵的阿不都拉代為接見。當時，王宮如同開放，任我們參觀與攝影，連女性也不在禁內，可見真誠畢露。阿不都拉王儲本有先天性口吃，但那次在交談中，卻對答如流，賓主至為稱奇。阿不都拉深知中國人待客之道，他說：「如同遠方親戚，回到自己家一樣。」

　　沙國政府在京城利雅德興建外交特區，亦即所有駐沙外交使館均遷入此區，亦如當年我國北京的東交民巷。我們訪問期間，也參觀了正由榮民工程處興建的中華民國大使館，由蔡維屏大使親自督工。蔡大使也是我國臺北外交部大樓興建主持者與完成者。蔡大使說：「命該如此。」

　　好友中國廣播公司副總經理唐盼盼就指著工程對我說：「你要好好看

一看，這座大樓，將來可能為你而建。」

盼盼之言，差點實現。因為連戰先生主持外交部時，就對我說：「沙國大使難產時，我就向當局推薦你老兄去，最適合。」其後，就有高層半開玩笑地說：「老兄差點做斷交大使。」

中沙斷交後，曾令訪問團印象深刻的中華民國駐沙大使館大廈，安然無恙。因為沙烏地是伊斯蘭建國立國並奉伊斯蘭為國教的國家，根據古蘭經：甲方財產，未得甲方同意，不得移轉或為乙方所有。中沙談判期間，我們就抓住這點，保住了這座在外交特區深具特色與精神的中華民國外交大廈。

中華民國新聞界訪沙團，至今已近二十載，團員間每逢相遇相會，總會問：什麼時候再去一次？大家已經改變「一片沙漠」的印象，相反的，處處有綠洲，處處也都有大廈。尤其令人印象深刻的，到處都有來自中華民國工作人員的智慧之作以及辛勤播出的種子，所散發出現代的精神與力量。尤其難得的，有濃濃的友誼與深厚的道德精神。

無論對於沙烏地阿拉伯主人或是中華民國客人，中華民國新聞界訪沙團都令人印象深刻，得到空前的成功。不只是寫在中沙新聞交往史中，也深印沙國朝野心中。

第五十一章

合理標擺脫了工程招標的糾葛

每個人心中都有一把尺，知道自己該做什麼，不該做什麼，做事是如此，做人更是如此。

我在臺視七年的時期，能夠在大風大浪中，承擔艱危，一方面循序前進，一方面發揮了衝力，乃能柳暗花明，邁入順境，乃靠這一把尺。

這一把尺外界甚至與你一起的工作伙伴，都不知道，但你自己知道。

有二件事情，我是較少主動碰的：

一是機器設備的採購。

一是房屋營建的更新。

因為，機器設備，屬於主管部門的職責，在臺視，使用部門是工程部；採購單位，是行政部器材組。房屋改建案更為重大，屬於董事會的職權。

但是不主動過問，並不是沒有意見。這二方面，也是我對於臺視有過貢獻。

機器設備方面，我有「固執」的一面：

第一、不要因為新而追求採購。

第二、不要因為友臺採購而盲目跟進。

而問，是不是值得採購，是不是需要採購，這是冷靜務實的一面。

新的不一定是好的；友臺有這個需要，我們不見得有需要。我們常常見到推銷商人的一刀二面：推銷新器材，就說新的如何好；推銷中古者，就說這樣稀世之寶，是現今產品無法能比的。我也常常提醒同仁，能夠用步槍就能達成「作戰」的任務，就不要用飛彈。

原因無他，成本而已。殺雞都不需要用牛刀，何況更大的差異。

我這樣精打細算笨的方法，卻引起長輩們的注意，而問道於盲。

吳俊才先生擔任中視董事長期間，有一次為了新聞部攝影機的更新採購，而在電話中幾乎考問了一個小時。那個時候，我已離開臺視，而服務《中央日報》。

陳重光先生，這位我尊敬的前輩，真是不打不相識，他接任臺視董事長的時候，正碰上 SNG 新聞衛星轉播車瘋狂大採購，他也撥電話來問問我這位「前總經理」。

臺視是我國第一家商業電視臺，無論制度與設備，都有指標的作用。但就 SNG 採購上，卻無法忍受同業的大手筆，有點亂了陣腳。

臺視已有二部電視轉播車，又新增添六部衛星轉播車。

為什麼有了二部，還要採購六部？

為什麼採購六部，真有這樣大的需要麼？

這是這位「商場大老」追根究柢的原因。

當然，就方便與效率而言，龐然大物的電視轉播車，就有些落伍了，除非是定點重大的現場錄影轉播，是值得的，因為微波架設通常就需要三十分鐘至一個小時。

SNG 就不同了，除了衛星費用因素外，就輕快方便無比。但是 SNG 最大的功能與價值，就在新聞現場播報，尤其用在突發新聞。如果不是現場播報，要等一小時、二小時，甚至晚間七時的定時播報，SNG 的出動，就成本而言，顯然要比一般新聞攝影機要高的很多。

當時臺視的六部 SNG 的安排，兩部分別安放在中、南部，四部留在臺北。

六部 SNG 如能充分發揮新聞採訪以及新聞播報（現場）的功能，就不嫌少，這是我當時答覆陳重光先生的答案。

至於房屋建築，我的「臨門一腳」突破決策的困境，從此也消除因為改建大樓，而讓員工竊竊私語。

臺視大樓的興建，共有四座，由中央大廈啟始，中間經過西、東兩

翼大廈,而重回到新的中央大廈。

我國電視籌建,雖然醞釀已久,但卻是匆促決定由省府接手,才打破僵局,展開行動。所以臺視中央大廈,也是中華民國歷史中第一座商業電視臺的興建,只用了六個月。那是民國五十一年四月九日動土興工,六個月後十月十日中午十二時,就由蔣夫人按動遙控電鈕,播出電視信號。而正式宣示中華民國進入電視的時代。

六個月的工程,可見其神速。事實上,在那個克難的時代,誰敢大重土木?膽敢這樣,就會招來一頂帽子:不想反攻大陸啦!此事體大,誰也不敢碰的國策。所以這座電視大廈,雖然萬方矚目,實在是一座因陋就簡的建築物,這也代表那個時代的社會儉樸為尚的精神。

九年以後,民國六十年七月七日,費時一年又十個月,工程費八千萬元,臺視新建十一層西廈完工啟用。

又九年,距離開播十八年,民國六十九年八月十八日,地上十一層,地下二層的臺視東翼大廈,費二年完成。

這個時候,雖然有附帶工程:中央舊廈美化,但事實上,已完成遷建,行政部門及攝影場,集中在西廈,節目新聞工程設施以及攝影場,則在東廈,中央大廈成為歷史建築物。

事實上,民國七十年,我就任臺視總經理的時候,臺視中央大廈,已廢棄不用了,成為凌亂不堪的道具堆集場,所以林福地在製作《巴黎機場》連續劇,受到攝影棚使用連戲的壓力,就在中央大廈廢堆中挖出一座攝影場。

臺視由克難的中央大廈到西翼大廈到東翼大廈,由於缺乏電視建築及工程的經驗,並不理想,因為忽略電視攝影棚以及周邊配合措施進出的重要性,而把攝影棚建築在樓中,而非底層平面。後來的中視、華視,就進步多了。尤其是華視,建臺初期,它的主要建築物,就是一個巨型攝影場,配屬節目、新聞、工程等單位,行政辦公大樓單獨興建,中視的南港新廈,無論外觀、攝影場以及設備,那更是美輪美奐。

　　所以，我在中視服務期間，籌建中視科技第二大樓，雖然興建過程中，受到各種干擾與困擾，但我還是建議丁達民建築師和公司有關主管，先到世界先進國家，參觀他們的攝影場，特別是 CNN 的亞特蘭大總部以及日本一家規模很大、設備很新的電視臺攝影場，以求取法乎上。這座大樓現在由中視科技公司經營與管理，而由大愛電視臺承租使用。

　　電視臺的生命，尤其早期及傳統的電視臺，是在攝影場，用以製作各種節目，其長其寬其高，用一句近似吹牛的話：可以進出火車，大象可以成群結伴而行。

　　有好長的一段時間，臺視員工的心病：是在東西兩廈工程招標種種，雖然當時有物價波動等因素，但論工程品質以及招標流程、得標結果，確實有令員工議論的空間；另外就是，無論就景觀及空間有效使用，中央舊廈棄而未用，成為廢墟了，實在不雅，而每個人每天上班第一件事，就是面對這樣一座建築物，不免令有心人傷感。

　　到了民國七十三年下半年，臺北市政府醞釀修改建蔽率，也就是建築基地可建的面積減少了，如果真要實施，就平白遭遇一些損失。

　　因為政治關係良好，而嫻熟此道的許金德董事長，基於公司權益的維護，就下令積極推展中央大廈改建案，也鑑於東西兩廈興建過程及結果之種種傳聞，更不能不特別重視中央新廈的招標事宜。

　　凡是有成就的企業家，他必定具有與眾不同的「領袖」特質，在處事與斷事的態度與習慣上約可分成以下幾類：

　　第一、只管大事不問小事。

　　第二、只注意小事而忽略大事。

　　第三、大小事均同樣不放過。

　　顯然的，許董事長是屬於第一類。他主持眾多的企業，他可以說只問經營結果，通常只看績效報表。

　　成功的政治人物或企業家幾乎有一個共同的性格，那就是在同一時期內，緊迫一件事不放，直到成功或有一個結果為止。

許董事長的旗艦是國賓大飯店，而在我到任臺視初期，每週來兩次，後來往往只來一次，找總經理或有關主管談話，問問有沒有什麼事情，臺視因為性質特殊，所以也常常與我們交換黨政大事與重要人事情報。

自從下令快馬加鞭興建中央新廈後，許董事長每次來公司就專談新廈興建的進度。臺視是民營公司，對外招標，不像公營機構的繁文縟節，但也要有些辦法訂出來，才能公開。

許董事長平時談笑風生，這個時期，卻壓得千斤重，常常低頭沉思不語，而對來自四面八方的有力人士推薦或直接參與廠商，志在奪標，難以應對。

這樣的經驗，我也才領略到所謂黑白兩道。

臺視這個招牌，是不怕黑道的，黑道也不敢上門。

倒是有權有勢之士作為靠山，來勢洶洶，勢在必得。他們通常歸之兩類：

第一、完全代為打通關節，所謂「關說」。

第二、是「人頭」。

他們不擇手段，搶到標後，通常是最低標，就原形畢露，提出一些要求：

第一、要求提供周轉金。

第二、要求追加預算。

第三、置工程標準要求於不顧。

第四、偷工減料。

臺視公共工程品質低落，問題百出，大多源於此。

我一上任，就有「免戰牌」：不問工程、不問機器採購，我多以此作為護身符，但中央新廈興建，因為工程太顯眼，還是有人找上門來。其中最顯著的一個例子，就是開標之前，我過去服務的一位長官，突然打電話來，說要陪一個朋友來臺視看我。

我就知道「大事」要來了，我就移樽就教，到他辦公室。我到達時，

他那位朋友已經在座。

自然為「工程」而來，我就表明，我在臺視責任所在，確確管不少事，負不少責，報章雜誌也繪影繪聲，但工程建築招標在外。

這位先生，原來是一位將軍，赫赫有名，正在負責一家著名企業機構關係事業的營建公司。

他開頭就說：「我們的實力，臺灣無出其右，昨天還向母企業金融機構，調來了三、四十億。臺視這個工程，如交我們來做，可以保一萬個險。」

不幸的，沒有多久，這家著名的營建公司，就受到母企業體金融風暴的影響，而在臺灣土地上失去蹤影。它也在投標廠商的名單上，如果得標，不知何以善後！

就在開標公告前一週，許董事長為了開標事，仍然愁眉不展，我知道：黨政軍的朋友，他都不能也不願得罪，唯一辦法，也是一舉兩得，才能保證工程品質，我提出建議採取「合理標」，捨棄傳統的最低價得標，以最接近底價者得標，許董事長開朗起來，連說：「就這樣辦！」

民國七十四年一月二十一日，臺視新建中央大廈土木工程開標會議，由許董事長主持。開標之前，許董事長會同財務部等單位連同建築師，當場決定底價。開標結果由華熊營造股份有限公司，以最接近底價工程費一億三千九百八十萬元得標。令人不可思議的，有「背景」的廠商，都在最低價的層面浮動。

我們以合理標，得到有實力的廠商，工程品質得到保證。

華熊就是日本熊谷的臺灣公司。施工期間認真負責，也為臺視員工上了一課。每天工作結束前，工地都清理得一乾二淨，自開工日至完工，完完全全照合約執行。

開標結果，許董事長鬆了一口氣，在場的主管皆大歡喜，因為臺視依嚴謹而公開的過程，找到了理想的營造廠。但問題還沒有完，不久省府方面就收到「黑函」，對臺視中央新廈開標結果，提出二點質疑：一、

何以捨棄更低的底價而取較高者，「令人不可思議」，二、據聞得標廠商華熊有許金德董事長投資。

本來，以臺視民營立場，對這樣的黑函，可以置之不理，但我有義務，挺身而出，向省府主管方面作兩點陳明：一、合理價得標，乃為保障工程品質之必要措施，二、許董事長直接間接投資事業很多，有無投資華熊，與華熊得標與否，並無關連。

民國七十四年五月一日，許董事長主持中央新廈開工典禮，七十六年十月十日正式啟用。一座四層樓之建築，承受二十三年的臺視艱辛繁榮歲月的臺視大樓，走入歷史，代之而起的是一座十五層新廈，並整理門面，完成臺視廣場的規劃，在這裡懸掛國旗、臺視以及臺視文化關係企業的旗幟。

中央新廈興建完成，憑添我服務臺視七年紀錄的硬體光彩。

第五十二章

臺視總經理易人經緯

行憲後的中華民國至今，共有五位總統，那就是：蔣總統中正先生、嚴總統家淦先生、蔣總統經國先生、李總統登輝先生以及陳總統水扁先生。

其中，最為傳神與微妙的是嚴總統家淦先生。嚴先生是以副總統的身分，當蔣中正總統逝世，於民國六十四年四月六日宣誓繼任中華民國總統。

嚴先生是現代中國政治棋盤上一顆極為奇妙的棋子，當民國五十五年蔣中正先生提名他為副總統的時候，蔣先生就公開表示：嚴家淦所具備的條件是他所缺少的。

嚴家淦是一匹真正的政治黑馬，尤其性格微弱，但卻產生極大的功能，那就是民國五十四年美國宣布停止經援，是嚴先生主持的財經政府，使我國走向自立自強的道路；更重要的，是民國六十七年，嚴先生將總統的大位讓賢與能於當時的中國國民黨主席、行政院長蔣經國先生，這個極為微妙的政治移轉，只有無政治野心的嚴家淦先生才能做得出來。另外一層意義，蔣經國先生的出任，不是從他父親手中直接傳接下來。

事實上，蔣經國先生的平民作風，上山下海，就在行政院長任內打下基礎，國際媒體也就少有「蔣家政權」出現了。是他自己的苦心與苦行，改變了國際媒體對「蔣氏王朝」的偏見。

總統的易位，不像帝王時代的改朝換代，作風尤其有很大的不同與人事的易位。

來臺後的蔣總統中正先生，痛定思痛，凡在大陸失敗投降被俘的將領，一律不用；政治人物也是如此，甚至於拒於臺灣大門之外。

蔣經國總統由於出身與背景迥異，他可以說最瞭解「朝廷」惡習與民間想法的一位政治領袖，以清廉、勤政愛民，創造了「蔣經國時代」，所以他用他自己培養的人才，特別重視操守廉潔，而與舊有官僚體系保持相當的距離，甚至逐漸換血，以行其新政。

蔣經國總統是中華民國七十七年一月十三日逝世，李總統登輝先生繼承黨政大位，所謂本土化時代的到來。

蔣總統經國先生健康狀況，不只為國人所關心，亦為國際所注意。凡是到過國外的人，往往隨手買一份報紙，就有蔣經國「死亡」報導傳聞；這是政治強人普遍的現象。而國人真正感到蔣總統健康出現大問題，是民國七十六年十月十日，以輪椅代步主持國慶大典。同年十二月二十五日出席行憲四十年，國民大會代表年會，只能發表簡短致詞，而改由大會秘書長何宜武代為宣讀書面講詞，黨外代表拉起白布條鬧場以及後來老榮民走上街頭，加速蔣氏健康惡化。

對於蔣總統個人而言，這是極為痛苦的一年，但對國家而言，卻有許多突破之舉，如宣布解嚴，如當著十二位地方父老面宣示：「我在臺灣居住、工作四十年，我是臺灣人，我也是中國人。」是極具政治智慧的宣告。

由於糖尿病所引發的視力不良和腳底潰爛，因此，蔣總統經國先生的健康狀況，雖不如外國媒體報導之早與嚴重，但亦是距離其逝世，二、三年內之事。

這段期間，黨政運作雖然正常，但缺乏強人主導，在位者還是能感受出來。「宮中府中」就有幾位年輕人奉侍左右，跑裡跑外，其中包括：宋楚瑜、蔣孝勇、王家驊、李祖貽（貼身安全）三、五人而已。

等到民國七十七年一月十三日李登輝先生以副總統身分依憲法擔任總統，首先面對的就是左右人等的搬風移位。

王家驊先生的身分是總統府機要室主任，實在也就是外界所瞭解的辦公室主任，晚年幾乎二十四小時就和經國先生在一起。

　　家驊先生的身分與地位，勢須離開現有的位置，以便新人安排就位。結果很快地就經過蔣孝勇傳遞訊息：王家驊第一志願是在電視，唯一的志願是臺視總經理。

　　這個時候，我在臺視總經理的位子已經超過七年，要做、該做的事情，都做完了，新聞、節目、業務、財務，到了理想的境界。

　　臺視總經理的位置，某些方面，就是政治任命，任期雖為三年，得連任一次，我在林洋港主席（臺灣省政府）任內進去，邱創煥主席時連任一次。事實上，因為政治任命，可長可短，完全根據政治需要而定。

　　約在我離任前半年，新聞媒體就不斷有消息放出，臺視總經理將易人，某某某將就任，並連到職時間都定出來。

　　這些傳聞，就是現在流行的「八卦新聞」，真是錯得離譜，因為連提報中常會通過都寫出來，實在可笑。因為臺視雖然以省銀行為大股東，省府舉足輕重，但確是民營事業，根本不需要中常會通過，這些年來，連黨營新聞文化事業主管，也不需要提報中常會，而是以簽報方式處理，主席核可就算拍板定案。

　　所以這些「新聞」，都是當事人的一廂情願，利用記者別有用心在造勢，表示還有我這一號人物存在。

　　直到民國七十七年二月二十四日晚上，我才接奉決策方面正式告知：轉達與徵詢我的意見，由於新政府的需要，希望我能在《中央日報》社長與中央社社長之間作一選擇。

　　我好奇的問繼任人選，就說出「你也認識的王家驊先生」。

　　事實上，我並不認識王先生，也未與他直接有新聞方面的往來，直到經國先生逝世，遺囑出現他的名字，以及最後向蔣總統行禮的兩位之一。

　　兩位蔣總統身邊人員對外直接處理新聞很少，大多透過文工會主管，所以就很少交往。周主任應龍先生新年期間，曾有月曆相贈，盧主任當埃及沙達特被刺時，曾透過新聞界朋友葉建麗關係，請臺視提供現場新

聞錄影帶。

這個時候，我覺得臺視的經營使命已經完成，也直覺認為，沒有多少自主的空間，只是《中央日報》或中央社之間而已。因為皮球不在我手中，而是在對方。據告稱，其他職位包括新聞局副局長在內，都考慮過，但臺視總經理是王先生唯一的選擇。

這個時候，這確是一張「王牌」。

三月十二日，當時的執政黨主席李登輝先生，由秘書長李煥先生陪同到陽明山的革命實踐研究院聽取簡報。休息時間，李主席與李秘書長又再談起臺視總經理之事。

剛好我在《臺灣新生報》及臺視服務期間，李煥先生均長期擔任常務董事，對於兩事業機構興衰起伏知之甚詳。李煥先生就將我所經營的《臺灣新生報》、臺視向李主席提出報告：石總經理在《新生報》、在臺視，都有很好的表現，尤其臺視，從根本上改革，花了不少心血，也得到不少成效。

李主席說：「這些我都知道，只是臺視他做得太久了。」

新政府剛剛成立，萬事待理，我以不為「黨國增加負擔」自勉。

就在這個時候，《中時晚報》刊出一篇：〈謝東閔決定把棒子交出去〉的專題。謝先生說：

怎麼交都可以，但是社會一定要安定。

你看我當了一屆副總統，我同誰爭過？

沒有哪一個職位是我去爭取的，都是到前一刻才由別人告訴我。

謝前副總統東閔先生是我敬佩的長者長官，也是不遺餘力提攜我的恩人。他的來去自如，不為己謀，正是前輩的風範；是真正的臺灣資產。

天下沒有真正的秘密，就要看是否是真正的秘密，新聞界的人事尤其如此。臺視總經理易職是七十七年三月十六日，經過中常會後有關「高層」被告知後正式公開。其中包括臺視部分的臺灣省政府邱創煥以及《中

央日報》部分的文工會主任戴瑞明。戴主任也兼負「信差」之責，把臺視總經理易人之事，在新聞公開前，先知會臺視董事長許金德先生。

許董事長在電話中告訴我：戴主任去看他，轉達臺視總經理人事變動案，許先生就對戴主任說：石總經理對臺視有貢獻，《中央日報》需要他，臺視也需要他。

許董事長雖然心平氣和，但顯然捨不得我的離任，並對我說：可否擔任臺視董事，一方面繼續提供貢獻，一方面可以常常見面，保持交往。

我則謝謝許董事長的盛情厚意。我說：這不合體制，《中央日報》已有常務董事席位，《中央日報》的股份不像臺銀，無法持有兩席董事。

我加入《中央日報》後二年，民國七十九年耶誕節過後，曹聖芬先生正式向中央提出辭去臺視常務董事，並基於「天公地道」精神，推薦我代替他的職位。此事並未成為事實。其後，對於《中央日報》在臺視一席董事，我力主建立制度，在內部作成決定：臺視董事會席位改由《中央日報》董事長代表，並正式書面照會臺視，以避免為了臺視董事，董事長與社長相爭，對內傷及和氣對臺視造成困擾。這就是多年來，《中央日報》董事長代表《中央日報》出任臺視董事的由來。

三月十八日王家驊出任臺視總經理見報後，臺視員工都有反應，因為平時建立的水乳交融的感情，全力奮鬥建立的績效，可以說成為生命共同體，製作不分內外，一時在感情上均無法接受這一事實。執行副總經理李蔚榮先生在我臺視期間，照顧最多，也能包容我的個性。他對同仁抱怨說：石先生對臺視的貢獻，把一個人經營成果，而調到艱苦的地方，這是很不公平的。

當晚下班前，文工會主任戴瑞明就約我見面，特別表明：這是中央的決定。

其後，當時的臺灣省政府主席邱創煥先生也約見我。邱主席說：「此次人事變動，是中央的意見，我只關心你的出路。」

秦孝儀先生對我說：「平生無大志，只想辦《中央日報》。」

隨著三月二十七日臺視董事會，我在臺視的艱困而化成黃金歲月結束。許董事長在董事會臨時動議中有感而發地說：「石總經理在臺視七年中，收入增加一倍，盈餘增加四十倍。」這也許是天下董事會都所樂見的成果。

天下沒有不散的筵席，更不能留戀富貴榮華，貪圖眼前的享受，我在心理上，就有化苦為樂的精神，接受新工作崗位的挑戰。

我揮揮手離開臺視的時候，留給同仁的，除了紀念外，一切待遇與福利，都是全體員工共同奮

圖 52-1　筆者交卸臺視總經理時，全體節目製作人舉行歡送茶會

鬥的成果，我沒有為臺視留下什麼。當時《中國時報》以及《民生報》都刊出了一則新聞：〈石永貴贈十誡，勉臺視同事〉這十誡是出自美國開國先賢傑佛遜仿效：摩西「十誡」，寫下他心中的「十誡」，用以警惕自己：

勿拖延　勿依賴　勿心煩　勿奢侈　勿貪吃　勿浪費　勿作孽　勿自滿　勿驚慌　勿發怒

這時，我正在讀《紐約時報的故事》一書。其中，在一九〇〇年當奧克士 (Adolph S. Ochs) 把《紐約時報》辦成功的時候講了一句話：世事循環，永恆不息；三十年河東，三十年河西。

我就把這句話記在心中，提神準備上路。

《第四篇》
中央日報時期

「《中央日報》無敵，
飄然卓不群，堅貞石永
貴，松柏壽千里，早回新街
口,同泛秣陵舟。」
　　　　　　——馬星野

第五十三章

《中央日報》的經營藍圖

民國七十七年四月五日，我正式加入《中央日報》，成為《中央日報》的一員；四月二日交卸臺視總經理的職務。

《中央日報》的上任，是隨著臺視交卸而來，都不是我所選定的日期。王家驊先生就任臺視總經理的「黃道吉日」，是經「高人」指點，據說是出自蔣孝勇先生的推算，我則百無禁忌，怎樣都好，天天都是好日子。

我就職之日，臺視往日的製作人，特別在《中央日報》的第一版，刊出巨幅的廣告，表達祝福的心意：「祝全體員工同心協力，海內外讀者熱誠期待，迎接更燦爛的未來。」其心可感，其誠可敬。

的確，無論在大陸以及在臺灣，《中央日報》均有過輝煌的成績。

當年在中國大陸，它是全中國唯一的報團，幾乎全國各地都有《中央日報》，其中包括南京《中央日報》、上海《中央日報》、重慶《中央日報》、成都《中央日報》、昆明《中央日報》、貴陽《中央日報》、桂林《中央日報》及南寧版、海口《中央日報》、湖南《中央日報》、福建《中央日報》及廈門版、瀋陽《中央日報》以及長春《中央日報》等十三家（徐評平，《革命報人別記》，臺北：正中書局，頁三三八至三三九）。

《中央日報》遷到臺灣，為自己也為臺灣創造了極好的生存環境，可以說從血路中走出來的。由於環境特殊，《中央日報》就代表權威，背後就代表蔣總統或蔣總裁的神威，這當然要拜政治特殊所賜。但《中央日報》權威的建立，並不完全靠權威，也有報人的心血與精神。其中最大的泉源，就是馬星野先生的新聞專業理念的貫徹，一如蕭同茲先生與中央通訊社生命的貫注。

　　就與知識分子最有關係的「中副」而言，應該與政治關連較少，但創造了中國報業史中難得的副刊黃金時代。極盛的「中副」，如果稿件在中副刊出，稿費單幾乎就會成為傳家之寶，不捨得領出，其價值也超出「票面」十倍百倍；「中副」自創辦元宵作者聯歡會以來，這是一年一度「中副」作家的大聯歡，也是身分的加冠。駐守在前線的官兵，如幸為中副作者，就成為天之驕子，憑邀請函返臺完全公假，部隊長視為全隊官兵的榮耀，列隊、鼓掌、歡送，視為征戰之英雄。

　　我是長期《中央日報》讀者，自然是「中副」的愛好者，我與《中央日報》的關係，就從「中副」開始，投稿十次，退稿九次，但由於退稿的苦痛，就會享受刊出的喜悅。那個時候的「中副」，每天來稿如山，並無電腦之類處理，但「舵手」孫如陵先生的處理卻奇效無比，往往稿子投出，二、三天內就會知道刊出或退稿，這是世界最奇妙也是最有效率的編輯室，是屬於孫如陵式稿件處理法。

　　我還未入《中央日報》前，就有一個奇想，如果《中央日報》每個部門，都像孫如陵的「中副」一樣的權威、效率與嚴謹，那這個報社就爽快無比了。

　　由於投稿之緣，我有機會被網羅加入《中央日報》，驚喜得幾夜難眠，最後衡量自己的才能與興趣，怕辜負提攜者的好意，而打了退堂鼓。

　　此番進入《中央日報》，可謂志業得償。這個時候的《中央日報》，建築物美輪美奐，比南京、比臺北任何時期的《中央日報》都壯觀，可惜報社環境、報業環境、社會環境變了。

　　隨著民國七十七年元旦起，臺灣地區解除戒嚴，政黨開放，報紙登記開放，加速《中央日報》時代的結束。

　　遷臺初期的《中央日報》房舍，真是艱困非常。薛心鎔先生這樣描述：「那時《中央日報》的行政單位在漢口街一座二層樓的小房子裡，社長室不過三坪大，堆滿物品，幾無轉身的空間，全社到處都有擠迫之感。印刷廠與營業部在臺北火車站前，一座右邊二層、左邊三層的建築，原

來住戶還未完全騰讓出來，樓下白天作營業部，晚上作編輯部。」（薛心鎔，〈編輯生涯半世紀〉，《新聞鏡周刊》，民國八十七年十二月二十八日，頁五十四）

但，《中央日報》就這樣在臺灣辦起來的，成為代表自由中國的權威報紙。

自始至終，《中央日報》並沒有絕對的優勢，但如今優勢沒有了。

報業開放，對於現有報紙而言，可怕的，不是新報紙創辦，而是現有的報紙擴張，使得張數與內容、民營報與黨公報差距越來越大，特別是新聞觀念，無法隨著開放，而進入開放的時代，這是根本問題所在。

事實上，「解除報禁」的新報紙，雖然等了幾十年的機會，幾乎更沒有生存呼吸的空間，因為報份與廣告比什麼都現實。

民國七十七年元旦啟始，幾乎就是民國史上，特別是臺灣時期一個新的紀元。為了應付與迎接新的報業時代來臨，各報都有應對之策，臺北市報業公會也開會研商，希望在張數上能有一個君子協定，以免衝得太快，亂了章法，而形成惡性競爭。但是民營報如脫韁之馬，各打各的算盤，相互摸底之後，也會自然形成一個新的報紙張數。

民營的兩家報紙，一開跑就擺明了由三大張擴充為六大張的氣勢，是原來的一倍。作為「三大報」之一的《中央日報》就頗費周章，報紙負責人為求周延，廣徵內外意見。社內方面，基於廣告業務的考量，傾向仍維持三大張量，以觀其變。而黨內具有發言地位的大老，基於愛護《中央日報》的地位，勇氣百倍，堅決主張跟進：別人六大張，我們也不能少於六大張，因為輸人不能輸陣，以維持《中央日報》的堂堂報業陣容。

報業開放後的三個月我加入《中央日報》，有人說，我又要去救火；有人說，我生不逢辰；也有長輩鼓勵我說，正可大顯身手。

陣勢擺在這裡，我正面對天時地利人和的交戰與考驗。

一份報紙張數增一倍，也就是版面增加一倍，隨著而來的，就要有

足夠的廣告，才合乎經濟效益，以及開創性的內容，因為時代環境不同了。

廣告何其難也，現有的版面，都有些鬆，哪來加倍的廣告，內容增加更需要大批的編採人員以及檢排人員。

於是《中央日報》的員工一夜間上升至一千二百三十人，更失去《中央日報》原有的嚴格用人精神，因為需要上陣「打仗」，就顧不得條件，更無法挑選了，於是作過記者就拉進來了；檢排更亂，因為急著找人，往往把自己的親友就拉進來「充數」，反正大家工作的時候，擠在一起，可以相互掩護與照顧，不只是影響《中央日報》品質，更成為後來工運問題的導火線。

廣告更是慘不忍睹，處處都是天天見報的墊版「廣告」。

報業開放後的這一仗，打得很辛苦，真是元氣大傷。檢討結果，犯了兵法大忌：既不知己又不知彼。

資深同仁回憶說：那個時期的《中央日報》就像臺北高架橋下的人工市場，人來人往，擁擠不堪，同仁見面，先要問問尊姓大名。

同時，上級求好心切，不瞭解《中央日報》文化，過於「迷信」民營報紙，挖來的人，就作三級跳，顧不得《中央日報》的人事制度，於是未見其利先受其害，無法形成「《中央日報》團隊」。

人的品質發生問題，工作成品自然也就成為問題。

我加入《中央日報》承擔成敗之責，既無高調也無低調，但心中所嚮往的是《紐約時報》，因為總要取法乎上呀，我有二個自我要求：

第一、使《中央日報》成為一份報紙。

第二、使《中央日報》成為一份好的報紙。

不用說，這都是針對臺海開放以及報業競爭而提出的問題，作為自我要求，與追求的目標。

市場林林總總，各種產品與行業，都有它的基本功能與機能，才有生存與發展之道。就以麵包而論，市場有數十種麵包，你的麵包能賣出

去的，它必須是一種麵包，否則就很難讓人當麵包來買，報紙更是如此。報紙的零售報，能為人所看所取所買，它必定是一份報紙。

就自由民主社會而言，傳統的《中央日報》，似乎缺少現代社會的報紙機能與條件，這在開放後的報業市場，它必須面對，也是一項嚴屬挑戰，無此共識與警覺，就很難在激烈競爭中的報業社會立足。此一情形，正如我國一位在美國密蘇里大學新聞學院研究生所提出的分析補充：「《中央日報》讀者對象為各級政府官員、知識分子與學生。雖然是一個現代報紙，似乎走的是邸報老路線。」(張慧元，〈在美國寫社論的故事，中央日報與明報的社論比較〉，《新聞鏡周刊》，八十七年八月二十四日，頁五十四)

張慧元先生的比較研究，確有道理，在香港發行的《明報》，是知識分子給知識分子辦的報紙，確在香港甚至兩岸產生新聞輿論的影響力，甚至創造無遠弗屆的金庸小說的魅力，是影響現代中國人最深最大最廣的作家。

《中央日報》要想在新時代中還有生存的空間，它必須還原到原有的地位。

其實，一路走來的《中央日報》，其幕後老闆——兩位蔣總統，也有開明的報業思想與觀念，如蔣經國先生當行政院長時，每到鄉間必問：府上訂什麼報紙，你常看什麼報紙，為什麼不看《中央日報》？也將此項警訊傳達給《中央日報》負責同志，以作為警惕，並改弦更張。環境變了，不能再故步自封。

《中央日報》精神發源地的馬星野先生，也是把密蘇里新聞學院新聞觀念帶到《中央日報》，得到實踐。馬先生主持《中央日報》常常到採訪組與記者同仁聊天，談談發生或將要發生的新聞。逢到星期日，政府機關放假，是新聞淡的日子，作為政治報紙的《中央日報》，記者悶得發慌，馬先生就建議：不妨到動物園走走，看看有沒有新聞。

這就是新聞學中所重視的人情味新聞，而不是設法捧大官的場，這

就是馬星野先生的專業辦報精神。可惜馬先生的精神，非但無法發揚光大，成為《中央日報》的精神，卻越來越遠了；《中央日報》就隨環境的改變，距離讀者越來越遠了。

「使《中央日報》成為好的報紙」，因為報業市場開放後，必然會形成一場競爭風暴，這在美國報業史中，真是史不絕書，其競爭結果，會劣勝優敗，但更會優勝劣敗，都會為後來者留下絕不相同的「示範」，如從事黃色新聞的鬥爭，如《紐約時報》的成功，都是活生生的例證。

《中央日報》何去何從？

它必須是眾多報紙中一份報紙，一份好的報紙。才能鶴立雞群，為人所欣賞，為人所選擇。

就量與質而言，它是一份新聞純淨、言論公正、發行恰到好處、廣告嚴於選擇的重質的報紙。

這也是身負國家社會甚至民族重責的中國國民黨必須擁有的一份報紙，也就是以知識分子或準知識分子為對象。

如果需要定位，應該定位在：「報業精品」。

那個時候臺北街頭的名牌，還沒有今天氾濫，我怕曲高和寡，就徵詢一些意見，其中得到銀行界朋友的支持。他說：以他們對保的經驗，家中所訂《中央日報》，比較穩定可靠，搬家頻率甚低，呆帳倒帳機率極微，被認為是銀行的「好客戶」。

對於我而言，《中央日報》大門深似海，一如當年的臺視，不如《臺灣新生報》的熟悉。各種問題卻從四面八方而來，夜以繼日，都有新問題出現。如何把《中央日報》辦好，來自內外的建議書，蜂湧而入，真是應接不暇，社事如麻，無從以對。有一天晚上，一如神助，我夜讀曾國藩書，找到他的中興之策，正好是治理《中央日報》的良方：

一、時勢雖極艱難，謀劃必須決斷。

二、冗員少而能事者多，入款多而坐支者少。

三、力除官氣，嚴裁浮費。

第五十四章

加入《中央日報》的幾個插曲

怪現象之一，若干黨政單位，常以方便為理由，要求《中央日報》以國外採訪身分相配合，以方便辦理駐在國手續或從事「採訪」工作。

我先以委婉謝絕，再以斷然拒絕，因為《中央日報》不能作出出賣《中央日報》的事情。駐在記者也好，駐外記者也好，何其重要與神聖，何允許「借牌」他用？如果在國外被揭穿，記者不是在做記者的事情，無人能承擔其後果，也無人敢負起責任。這無異向世人宣告：《中央日報》不是新聞事業了。

我這一堅持的結果，使《中央日報》還能維持住其純正的新聞傳播的地位與使命。

《中央日報》有其特殊地位，許多困擾，也因為「地位不明」而來。這也是我加入《中央日報》發生的二件事：

民國七十七年五、六月間，一位日童被擄案，由於新聞界的報導曝光，而使警方營救失敗。日本來臺採訪新聞記者以及駐臺的日本機構，表示強烈的不滿。因為《中央日報》亦有所報導，所以臺北《自由時報》就有新聞，「一位曾派駐東京的外交部司長級的官員，為安撫日方對臺北新聞界竟將學童綁架曝光的強烈不滿，外交部官員已將《中央日報》社長道歉之意，向交流協會臺北事務所方面轉達。」

《自由時報》這條《中央日報》社長道歉新聞刊出後，引起社內外的關注。我為瞭解真相，特約集編採有關主管會商。我首先表示：生命交關的時候，不要搶新聞，寧肯保守保留，甚至犧牲。

總編輯不以為然，否認曝光，也不承認刊載過詳。決定兩點：一、向《自由時報》發函更正，二、分向外交部及交流協會查證，有無道歉

之事。

後來經過內部查證，這條新聞，社會組記者原是註明「參考稿」，但負責總編輯方面決定要用，這是事實。

但《中央日報》代表道歉，這也是怪事。後來我查證原由：原來趕來臺灣採訪這條新聞的日籍記者，圍在新聞局副局長鍾振宏辦公室，不知如何解圍是好，想想《中央日報》的權威，足有資格代表臺北刊出這條新聞的新聞界道歉，以平日本之怒！

《中央日報》的「權威」，用在這方面，實在啼笑皆非，國有國格、報有報格，豈有隨便道歉，尤其「代表」道歉，更是茲事體大：誰推派你代表道歉的？只有該道歉才能也必須道歉，這是負責任的態度。

還有一件「怪事」是發生在總統府的人事令上。

我看了幾十年的《中央日報》，平時並不感覺有什麼不對，但坐在位置上，再仔細看每天刊出的新聞時，有關總統府的新聞，就有些怪怪的。

此類新聞，多刊在第一版顯著地位，並以中央社稿為準。

我看這樣新聞，根本不是「新聞」，而是公文令，我希望編輯部能改成新聞體裁刊出，符合體制，以增可讀性。編輯同仁說：不能改，多少年都是如此，否則會招來麻煩。我就拜託政治組記者改成新聞發出。

這一發出果然「靈驗」，當天早晨我就接到來自府裡的電話，有所質詢。為什麼總統令不見了?! 所幸這位長官，是我敬佩的學長，還可以在電話中溝通一番。

「《中央日報》是執政黨報紙，有義務為總統府原文刊登。」官員說。

「不錯，《中央日報》是執政黨所辦的報紙，但不是政府的報紙，也不是總統府的公報，沒有義務刊登『公報』。」

「老兄! 這樣未免大家都不好辦事了吧!」官員說。

「要想照登可以，就是照廣告方式刊出，新聞版面，我們只能刊登新聞。」

這樣重大的事情，不是口舌之爭，就能解決問題的，最後，還是在

官式與新聞取得交集點而落幕。

官麗嘉在《美國新聞》與《世界新聞報導》〈識人篇〉專論中寫道：「他一接事，就把設在五樓編輯室旁的社長第二辦公室撤銷，改裝為同仁休息室。他說：我晚上要和編輯部在一起上班，我會搬張椅子坐在編輯檯旁，有問題當場即可討論解決，何需另設一間辦公室?!」

事實的確如此。傳統的《中央日報》社長，就設有二處辦公室，一是白天的社長室，一是晚間的社長室。其機能各有不同，白天是處理公務與業務，晚上則處理重大新聞與言論稿件外，還有一項特殊的使命，那就是來自官邸的重大新聞與言論垂詢。

那個時代，新聞資訊不普遍更不發達，所以就以總統官邸的權威，新聞來源主要有兩方面：一是中央通訊社，一就是《中央日報》。

老總統時代很重視《中央日報》的言論，因為那常常反映重大決策或是最高當局的觀點，所以有關重大事件或新聞的社論，也有在午夜十二時念給老總統或幕僚聽。如中英斷交社論，就是一項經驗，午夜在電話中報給他聽。老總統在抗戰期間《大公報》以來，就很重視報紙社論的功能，所以有時，也會在電話中要求更改幾個字，都是具有關鍵性。

等到我做社長的時候，時代變了，《中央日報》沒有那樣權威，也就沒有這項負擔，就不會擔心午夜來自官邸的電話了。

那個時候《中央日報》社長，夜間的工作，還有二項：檢閱社論以及言論文字，如阮覺君與韓務本的〈諤諤篇〉短評。頭條新聞通常最後決定。

我因為有《新生報》的經驗，所以夜間社長的機能，並不陌生，但第一個晚上社長的經驗，卻令我完全不能適應。

夜間部設專用工友一人，社長一上班，就獻上一杯保溫熱茶，之後，就坐在外面沙發，等著送上當晚的頭條了。

頭條新聞，是用紅卷宗「呈」上來，我當時甚為興奮，怎這樣幸運，社長第一天上班，就碰上大獨家的機密新聞，打開一看，原來是普通新

聞的頭條。

第二天我就做了決定：一、不要夜間社長辦公室的工友，二、撤銷夜間辦公室。

第二項還容易執行，把房間劃歸編輯部，作為會客室與會議室用。第一項就難了，因為這位「工友」，是專為夜間社長室而設的，他能做什麼呢？原來是軍中退役的軍官，用處更大。那個時候，《中央日報》福利社服務不是很好，同仁有反映，我就建議這位工友，到福利社去幫忙。他出乎一般同仁意料之外，做的很盡責，後來升為經理，我把福利社全權交給他了。他家住在臺中，盡忠職守，忘了回家。我見面就催他回家看看，我說：你雖然已有兒女，但老婆還是不能不管。他說：報告社長，實在離不開。這位黃斌先生，我離開報社多年，每逢春節，他還是很有人情味，到我的辦公室賀年。

這是我加入《中央日報》的第一個插曲。

社長夜間辦公室撤銷後，我就在編輯部找一張桌子坐坐，等到編輯部工作處理一個階段後，就回到七樓辦公室繼續處理公務，還可以做不少事情。頭條新聞就有編輯部工友拿上來，一、二分鐘就解決了，非常方便。

我「擠進」編輯部，還可以多瞭解一些當晚的重要新聞，這在編輯部永遠是最重要的工作，當然，也期待重大新聞發生。這個時候，社長在旁，總編輯就好辦事多了，如調動版面，把原來的廣告版面抽掉，社長就有權作決定了，在這分秒必爭之際，就不必徵求總經理或經理部的同意，真是好處多多。

那個時候的《中央日報》，其地位，雖然遠不如前，但還是具有某種地位。

外界很關心《中央日報》的處境，也有些合作關係。

《中央日報》就與王永慶先生的台塑，有些往來關係。《中央日報》開闢了一個叫〈展望周刊〉的專版，這個版面的闢出，王先生很重視也

有些期望，至少能反映他對當前經濟問題的一些看法與觀察。王先生很客氣定期邀請《中央日報》有關主管到台塑談談，之後晚餐。他很重視財經問題，所以對於《中央日報》具有財經背景的學者專家如陸民仁教授等就很尊敬，他很仔細聽財經教授的意見，先提出問題，最後提出他自己的看法。

多次與王先生會談的經驗，大家均覺得，王先生的性格，如一把烈火，經營台塑是如此，對於國家社會所存在的問題解決，也是如此。他有相當的主見。在王先生眼中沒有不能解決的問題，也沒有不能克服的困難。其決斷與魄力，政府首長相較之下，就遜得多了！這也是為什麼他對當前問題有許多直言提出來。在王先生眼中，一切的問題，如法令規章，都不是問題，都是藉口；一切的困難，如人事預算，都不是困難，問題還是在有沒有決心去做。

但願，王永慶的魄力，有一天能夠代表臺灣的魄力。

從王永慶先生的身上，我們也可以看出一個普通的商人，能夠成為一代企業家之道。

中國，無論山西商人、河北商人、寧波商人、徽州商人、潮汕商人……，他們都有一個性格，那就是深知運用官場與新聞界關係，乃能扶雲梯而上。

早期的王永慶先生，就是從新聞界關係開始的，他也深諳新聞界之道，例如，「塑膠」根本是一項發明，字典中查不到，根本無資料可查，提供有司，有關塑膠種種，還是《新生報》從國外電訊中發掘出來的，他所結識的第一位新聞界首長就是《臺灣新生報》社長謝然之先生。當時，謝先生真是黨政新聞界關鍵人士，也為王先生介紹了政界不少朋友，其中包括蔣彥士先生。王先生一路走來，一開始重視新聞界的力量以及敬重知識界的地位，拜教授為友、奉博士為師，是他事業成功的源泉。

以《中央日報》的性格以及有關人士處理事情的精神，〈展望〉做了一段時期，就無法再合作下去，但〈展望〉的影子，在後來的《自由時

報》看得出來，更在《臺灣日報》明顯地彰顯出來。

王永慶先生的地位以及影響力，在臺灣可以說如日中天，但正如胡適先生之言：「人各有能有不能」，這也許是王先生需要「借重」新聞界的原因吧。

我進《中央日報》不到一個月，就有某位有分量的中常委報人，由於友誼與黨誼，知道《中央日報》正在艱苦奮鬥中，擬按月捐獻《中央日報》每月五百萬元，以資挹注。這位我尊敬的報業大老，雪裡送炭的精神，令人敬佩。

當時五百萬元是一個大數目，《中央日報》營業損益平衡差額，應該就是這些，徵詢我的意見，基於身分以及禮貌，我未便表示可否。但我心裡在想：第一、天下無不勞而獲之事，應留些《中央日報》同仁奮鬥的空間；第二、如今，《中央日報》已不是「三大報」之地位，這樣下來，《中央日報》就淪為等而下之了。這件事情，以後也就沒有下文，這也是最好的收場。

的確，《中央日報》不是一般的報紙，它是政治性很強的報紙，所以一般報紙所未有的困擾與糾葛，往往會落到《中央日報》。這一點，不管外人他人如何定位來看《中央日報》，我把它看成一份報紙，也把它當成一份報紙來辦。

人不自尊，何來他人的尊敬。報紙也是如此，自己不尊敬自己的報紙，何能求得他人的尊敬。許多怪異現象，就會發生在《中央日報》。

第五十五章

四度擦身而過的中央社

民國七十三年元月，當中華民國新聞界訪沙團，參觀正在興建中的駐沙大使館大廈的時候，唐盼盼就心有所感的指著建築物對石永貴說：「這個館是為你準備的，要好好看看。」後來果然應驗了唐盼盼的「新聞鼻」，當時的外交部長連戰，其後，就向李總統登輝先生提出石永貴為駐沙的適當人選，但未成為事實。

中華民國七十七年四月，在我交卸臺視前一段時間，適值當時的中央文化工作會主任戴瑞明先生，假《中央日報》貴賓室邀請新聞界負責人餐聚，《聯合報》社長劉昌平先生就有感而發地說：「石永貴要好好看看這個地方，今天你是客人，明天就是主人了。」

果然，劉社長的玩笑話說了沒有多久，中央方面就徵求我的意見：在《中央日報》社長與中央社社長之間作一選擇。

因為志趣關係（我是政大新聞系畢業的，那個時候的政大新聞系學生第一志願就是《中央日報》），我選擇了《中央日報》。劉先生的話得到驗證，但很遺憾地，多次與中央社失之交臂。如今，最後加入中央社的機會，也從我自己手中溜出。人生之不可測，莫過於此。

粗略算來，自民國六十二年至七十七年，十五年間，我至少有四次機會，加入中央社工作或成為董事會一員，均陰錯陽差，未能成為事實。難到我真的與中央社無緣亦有緣、有緣亦無緣？

民國六十二年十二月十三日，我接獲當時的中央社會計主任丁則怡先生的急函：

今日上午晤及魏（景蒙）社長，據告派駐沙烏地阿拉伯之特派員正

在物色中，現尚無眉目，並告兼諳阿文亦為條件之一，凡之情形已錄入其備忘錄內，後容續陳。

我當時為中央文化工作會第一室總幹事，負責新聞政策與新聞協調連繫事宜。

接到新聞界前輩丁先生的來函，我第一個感應是：魏社長真厲害、真有辦法，沙烏地讓他打進去了。因為沙國一向不准也不得外國新聞機構駐守與活動的，即使以美國為背景的美聯社或合眾國際社，只能約請當地人士作為特約記者。中央社能夠前駐沙國，固然得利於中華民國的國情深得沙國信賴，但更重要的，中央社能夠成為沙國有史以來第一個外國新聞機構常駐，完全是魏社長個人以間接方式新聞外交戰成功。據瞭解，當時他是透過馬來西亞國父東姑拉曼說項成功的。東姑拉曼地位深受沙國當局所敬重，並被聘為總部設在麥加的世界回教聯盟秘書長。當時的作法，是讓中央社特派員先派在東姑身邊，再由東姑送到沙烏地。後來，一順百順，中央社就直接選派出駐沙烏地特派員。

果然，沒有幾天，魏社長就約我見面，徵求我的意願。我向魏社長直言：作為一個學新聞的，能夠到新聞前線，採訪新聞，自然是求之不得的機會。但有兩個前提：一是必須徵得中央文化工作會主任吳俊才先生的同意，一是以中央社現有人才為優先考慮。

我向吳主任報告，他曾有駐印度記者的經驗，就為我分析：沙烏地這個環境與國家，是沒有什麼新聞讓你採訪的，你前程遠大，大好青春，不能浪費在沙漠中。

吳主任這一關沒有通過。中央社於六十三年二月十三日正式作出決定，派出日、英文高手洪健昭先生為首任駐中東特派員。洪先生英日文俱佳，其後，曾擔任中央社駐日、駐美特派員，中央社社長。李登輝總統任內，擔任總統傳譯，英日文左右開弓，主客稱快，外放至義大利，駐節羅馬。

六十四年四月，洪健昭轉戰他地，魏社長希望我能推薦一位阿拉伯語文人才接任，最好與沙國有淵源者。我就推薦一位重量級人物，供魏先生參考。但魏先生後來在一個場合中告訴我：外交部有意見，只好又回到中央社內部，在英語人才中求得。

待六十三年二月，中央社副社長王家械先生退休。魏社長「搶先」提名中央社駐紐約特派員林徵祁先生繼任。當時主管文工會黨營事業的第七室總幹事殷文俊先生直告魏社長：中央吳主任的腹案，副社長人選是由文工會石永貴或《中央日報》副社長潘煥昆中供您選一人。後來林先生順利成功返國接任副社長，並升至社長，其後擔任《香港時報》及《中央日報》董事長等職。

這是第二次落空。

民國六十三年三月間，由於蕭同茲先生病逝，中央社董事出缺，殷文俊先生奉命與馬星野董事長溝通，馬先生的袋中人選為徐佳士先生，殷先生則告訴馬董事長：吳主任希望石永貴補蕭同茲先生董事缺。馬表示贊成，並謂徐佳士取代王民先生，因為王民已不是新生報業公司董事長，等於離開新聞界。

三月二十六日，「黨國大老」谷正綱提名中央社前輩王家械先生為董事。王先生不只是中央社的前輩，也是我在政大時期通訊事業概論的老師，終身以英文奉獻中央社，他是中央社極少幾位能譯並核稿蔣夫人的英譯中的人，據說《荒漠甘泉》譯稿，王先生曾參與。學生哪有與老師爭位之理。

這是第三次落空。

三次有機會變成「中央社人」，未能成為事實；最後成為事實，卻為我自己所割捨，但我心中對於中央社的敬意與嚮往，絲毫未減。

對於一般讀者，中央社也許陌生，但對於新聞人或學新聞的人，中央社是再熟悉沒有的重要新聞來源。尤其在特別艱苦地區或是特別時期如戒嚴時代，往往最重要或最後的政治新聞，總是要等中央社，才能放

心與安心截稿。胡適先生對於中央社就有一句中肯的評語:「有了中央社,才使國內各地報紙改換了新面目,這是中央社最大的成就。」當然,胡先生所指的「國內各地報紙」,是指抗戰時期或是抗戰前時期。事實上,那個時期,沒有中央社供給新聞,絕大地方根本沒有條件出刊報紙。

百年前,二十世紀之初,由於工業革命成功而帶給全世界的西方文明,正是現代事業之源。有先見有遠見世界各地的政治家、教育家、事業家紛紛向西方取經。中國國民黨所主導的中國社會自不例外。一生為病魔所苦,曾為曹聖芬先生所形容,抱著肚子(肺病纏身)力疾從公的陳果夫先生就指出,有三件事必須迎頭趕上外國人:一是通訊社,一是廣播,再就是電影。

中央通訊社就在這樣大風大浪的西潮中誕生。

但中央社於一九二四年在廣州成立的時候,不過是中國國民黨中央宣傳部一個附屬機構而已,直至八年後——一九三二年,蕭同茲被任命為中央通訊社社長的時候,才有脫胎換骨的機會。是蕭先生成就了中央社,而被譽為「中央社先生」。

蕭同茲先生雖未受過一天的現代新聞教育,但卻是新聞事業的前驅者。

受命為中央通訊社社長,蕭同茲於一九三二年四月二十一日面見蔣中正委員長,提出三項要求:

一、獨立經營,成為社會文化機構,中央社社址須遷出中央黨部。

二、以新聞為本位,自設無線電新聞專業電臺,發稿有自由裁決之權,不受干預。

三、用人行政,社長有自由之權,不受干預。

《蕭同茲傳》作者馮志翔先生說:「這是相當大膽的要求,蔣委員長都完全接受了。」(馮志翔,《蕭同茲傳》,臺北市新聞記者公會,頁九)

「獨立經營」、「新聞為本位」、「用人行政決定權」,七十年後的今天,蕭同茲的「大膽」,實在是新聞事業的先知者。這一方面,我們的觀念與

作為，可以說，與蕭先生的想法越來越遠。如今讀之，不只是令人肅然起敬，而是不寒而慄。

蕭同茲先生的「大膽」，尚不止此。源起於民國十八、十九年間，以中央宣傳部秘書身分，陪同吳鐵城赴東北，而使吳鐵城留下歷史名言：「不到東北，不知中國之博大；不到東北，不知中國之危機」，成為抗戰必成之先聲，並使張學良易幟，中國統一，這都是皇皇史冊的事實。

中央社之所以成為中央社，乃是蕭同茲先生以新聞為中心所網羅的人才，形成我國獨一無二的新聞通訊事業，並在亞洲甚至世界占一席之地。

蕭同茲的精神，就是中央社的精神。何謂蕭同茲精神？與他同一個時代，並結伴來臺的另一位出身新聞界，而在政治上影響中國與臺灣半世紀的黃少谷先生，在民國六十三年六月一日，主持蕭同茲銅像典禮致詞時指出蕭同茲異於常人的三種精神：

第一、同茲先生是一位卓越的創業家。他標揭三大方針，就是「工作專業化」、「業務社會化」、「經營企業化」，從二十多位工作同志，成為世界五大通訊社之一。

第二、同茲先生是一位令人心悅誠服的領導者。他的領導作風，可以用十二個字來形容：「以誠相與」、「知人善任」、「提綱挈領」。

第三、同茲先生是我們的畏友與益友。

同茲先生其後七十年的中央社，最大成就還是建立在新聞事業的領導風格與地位，其中與蕭先生有相似之處者，就是馬星野先生與魏景蒙先生。另外一項成就，就是為我國培養出世界級的國際採訪將才，活躍在世界大都的中央社特派員，幾乎前無古人，後無來者，令人可敬與可嘆。

馬星野先生是我國第一位接受現代新聞教育成功者，而將西方新聞教育移植到中國報業。同樣得到成功，特別反映在政大新聞教育與全國《中央日報》及後來臺灣的《中央日報》與《臺灣新生報》，全是政大新

聞教育的成功。政大新聞系與燕大新聞系、復旦新聞系，成為我國鼎足而立的新聞人才培養的源流。

馬先生曾作過中央社社長、主任委員與董事長，他最大的貢獻是在社長七年半任內，把中央社與新聞劃為等號，四面八方經營中央社。最為人津津樂道的是開創了中央社「特約專欄」，這是一項創舉，自然與國際新聞供應社經驗有關，但也是他生活在新聞中的結晶體。起源於在紐約與林語堂一場餐敘，隨後就是馬先生鍥而不捨的追蹤。馬先生自己追憶：「記得我在紐約（五十三年十一月）的某晚上，陳裕清先生夫婦約我吃飯，語堂先生及夫人在座，我提出請林先生為中央社寫稿的要求，後經華盛頓高克毅先生、香港林太乙女士，尤其是陳裕清先生的敦促，語堂先生毅然決然的允可了。」（馬星野，〈無所不談序〉，《馬星野先生紀念集》，臺北：中央日報，頁二六六）

中央社「特約專欄」，是由林語堂所引發，形成全球發稿網，包括：日本李嘉的「我看東京」，香港任畢明的「木屑竹集」與以及臺北徐鍾珮「臺北七日談」。

中央社「特約專欄」，是中國新聞史難有的盛事，把林語堂、徐鍾珮等人放在一起，可以在任何報紙見報；因為題材關係，也可以在報紙任何版面，從第二版到「副刊」，只有馬星野先生有這樣的創意與地位。

「天生記者」魏景蒙先生曾任中央社副社長、社長。他致力於中央社國際化、年輕化與新聞化。

魏先生的活力、風格與對中國文化的涵養，也是前無古人的。他受知遇於現代國際宣傳祖師爺董顯光先生，而在重慶期間，他也被董先生認為是唯一能與洋記者打交道的新聞把關者。國共國際宣傳短兵交戰期間，他於民國三十一年陪同一批駐在重慶的國際新聞記者訪問延安，是一歷史性之旅。

魏景蒙天生就是不拘小節的記者性格，很不能適應官場生活。每逢開會，他總是匆匆忙忙趕來，坐定後就掏出記事本，埋首用英文寫他自

己的東西。會議主題是什麼，誰在發言，他全不放在眼裡，甚至為什麼開會，他也懶得問，等主席請魏先生發言時，他才會猛然抬頭說：「剛剛大家談到哪裡？這件事情我看……。」

魏先生無論用中英文談中國人與中國文化，那是源源不絕的，而且絕對有深度，不要說談個幾天幾夜，就是一輩子也談不完。

中央社駐外特派員，那是中國難得再見的國際採訪將帥之才，如美國的湯德臣、任玲遜、聯合國的林徵祁、日本的李嘉、香港的曾恩波，雖然長江後浪推前浪，但再也難見這樣的絕世鑽石陣容了。像東京的李嘉，是領導全世界駐日記者的「龍頭」，日、英、中，都是第一流的；第二次大戰採訪盟軍重大戰役與典禮，並曾活躍在韓日戰場的曾恩波，也是香港國際新聞同業馬首是瞻，他與來自世界各地的記者，香港政府、僑界與政治關係，都能維持水乳交融，不只是代表中央社，實在是香港各方面的中心，他曾被擁有八百位會員的香港外國記者協會選為兩任會長。

雖然看不見，甚至漸漸被遺忘，無疑的，這些前輩的毅力與心血形成輝煌的中央社時代。他們的努力與成就，改變了一個觀念——將相本無種，他們都是來自中央社也是奉獻中央社。他們可愛與可敬的是心中只有中央社，只有新聞。

第五十六章

變中求勝的時代

《中央日報》，它確確實實不是一份普通的報紙，對於某些讀者而言，它與黨國無論情感上與實際生活，有密不可分的關係。對於這些可愛與可敬的讀者而言，黨國就是天，一旦失去，那還了得；《中央日報》也是他們生活的大事。

我因為服務過《新生報》以及臺視，與臺灣省基層有些情感關係，每年都會為了發行業務，全省「走透透」幾次，所以交了不少地方上的朋友，不少就在黨政系統服務。他們知道我轉來《中央日報》，一方面有厚誼，一方面也知道《中央日報》在報業競爭政治轉型壓力下，辦得很艱苦，很想幫一把。

有一天，我接到一位熱心朋友在陽明山革命實踐研究院參加一項座談會，就迫不急待地打電話告訴我一個喜訊：剛剛通過一項決議，今後凡加入國民黨者，其首要條件，就是先訂一份《中央日報》！

他這樣興奮，我知道這是雪裡送炭的「義舉」，我在電話中只有謝謝，謝謝，否則就有失朋友一番盛情。

其後，這項座談會的紀錄，也確實送到報社，主管同仁自然高興，差點放起鞭炮，這樣《中央日報》就有救了。當端上會議桌，成為討論的議案的時候，我就表達我的看法：「我們辦《中央日報》，是希望對於黨有所幫助，而不是成為黨的絆腳石，不要因為《中央日報》，而影響與阻礙入黨的意願，那我們就成為黨的罪人。」

我的一席話，真是「語驚四座」，《中央日報》主管聽起來，尤其不是味道，會議主持人就反問我：「石社長的想法如何？」

「我希望由於有《中央日報》，而黨員願意入黨。我具體希望，《中

央日報》能夠辦成：只有黨員或準備加入的黨員，才能訂到《中央日報》！那一天來臨之時，《中央日報》成功了，本黨成功了！這才是兩利的舉措。」

這一個案自然不了了之。

但這一「新社長」的逆向作為，卻引起外界的好奇：

國安會邀我演講，就《中央日報》興革作專題報告。

《美國新聞與世界報導》周刊作人物專訪，談我要如何把黨報脫胎換骨。

民國七十七年六月二十二日，我應國家安全會議國家建設研究委員會主任委員陳雪屏先生之邀，作《中央日報》經營之心得演講，我講的題目是：〈變中求勝的時代〉。

我本來無膽無識到這樣嚴肅場合作報告，但雪屏先生是我敬佩的我國教育家，曾在國立北京大學擔任教授兼訓導長，來臺後，長期擔任臺灣省政府教育廳長。陳先生以北大精神辦臺灣中等教育，所以成為臺灣中等教育的黃金時代，造就人才無數，我所先後就讀的建國中學以及師大附中，就是陳先生教育理念下的代表學校。所以我以仰慕陳先生之心，大膽赴會。

陳先生很客氣，事先未指定題目，要我自由發揮，我不能海闊天空，也不能不知道自己，所以所談的範圍，還是在《中央日報》，而選擇「變中求勝的時代」，以小觀大，代替行之多年的安定中求進步，也能照顧到國家建設研究委員會的精神與使命。這個題目，是得自《今日美國》報創辦成功的啟發。紐哈斯可以說置公司安危及自身事業前途為注，竭力創造出一份嶄新的全國性日報。他的遠見改寫了歷史，替甘奈特公司增添了價值，也為千萬讀者帶來愉悅。

當然，我不是紐哈斯，我只能效法紐哈斯的精神，作出一番事業，而能把《中央日報》安危置個人生死之上。

就國家發展方向而言，我提出的結論：過去三十年，臺灣在安定中得到進步，今後必須在變動中求勝利。

　　《中央日報》亦復如此，受到環境的劇烈改變，必須求新求變，才能適應新環境需要的《中央日報》。

　　這是我在國家建設研委會五十分鐘演講中中心主題所在。

　　很難得的，亦很值得安慰的，我所景仰的陳雪屏先生在主持會議中，對於我經歷的《臺灣新生報》、臺視的改革精神與成果，不值得一提的小事，卻如數家珍，在那樣莊嚴的場合，真令我受寵若驚。

　　陳先生於民國八十八年四月二日，以九九高齡辭世。他對於臺灣中等教育的貢獻，是臺灣教育史中最重要也是最輝煌的一章。陳先生以教育首長之尊，平常難見出現在校園中，更不要說訓話了，而是專心一致發掘與培養優秀的校長，從南至北，如我們所熟知的王家驥校長（省立雄中）、辛志平校長（省立竹中）、賀翊新校長（省立建中）、黃澂校長（師大附中）、江學珠校長（省立北一女）、王亞權校長（省立二女中、中山女中）、任培道校長（省立臺北女師）等。此後，雖仍有不少教育行政首長，但以劉真、白如先生對於師範教育與教育行政，用心最專、用力最勤。白如先生主持省立師範學院時代，用盡全力為學生聘請第一流教授，而使當時的師院教授陣容幾乎與臺大相比美。

　　教育正如種樹，其辛勤的成果，經過時日是看得見的。

　　《美國新聞與世界報導》周刊，是與《時代》、《新聞周刊》併列美國、也是世界三大新聞周刊之一，《聯合報》系創辦人王惕吾先生把它移殖到臺北，以信達雅的中文與美國同步出版，並敦請以品味品質見長的張繼高先生主持其事。張先生網羅國內第一流翻譯高手，與美國原版同樣嚴謹作業，開國內雜誌的先河。

　　《美國新聞與世界報導》中文版，幾乎做到百分之百的原版，並無中文材料加入，以忠於「原味」，但是後來加闢一欄：〈識人篇〉，一如原版的〈時人訪談〉。

　　張繼高先生不知從什麼觀點，就請《光華雜誌》前總編輯官麗嘉小姐，試寫一篇「石永貴的專訪」。

　　張先生向以選材與文字嚴謹出名，所以官小姐直到刊出的時候，才相信「這是真的」。

　　官麗嘉的專訪是刊於一九八八年六月六日〈識人篇〉。

　　官麗嘉是女中強人，她在光大《光華》期間，以深入採訪與綜合報導見長，有機會與《天下雜誌》相較分量。事實上，她在這篇採訪中，也花了不少功夫作「深入報導」。

　　一開始，她就向國內外讀者介紹《中央日報》的一則「內幕」：

　　日前執政黨核心有人告訴《中央日報》新任社長石永貴：「你運氣真好，我們會裡有人提議，今後所有新入黨的黨員一律要認訂《中央日報》。如果此事定案，你們推展起社務來豈不輕鬆很多？」

　　石社長並不領情，立刻透過有關管道拒絕此議，他的理由是：「這是什麼時代了？那有硬派黨員訂報的道理？我們不能為了自己做事方便，而令新黨員反感。《中央日報》絕不要成為黨的罪人。」

　　而《中央日報》生存之道在哪裡呢？官麗嘉很生動地報導：石永貴的血性性格：「我們應該自立自強，重創《中央日報》的權威性與影響力，然後吸引黨員主動訂閱，那才有意義。」（官麗嘉，〈石永貴不怕得罪人，要把黨報辦好〉，《美國新聞與世界報導》，一九八八年六月六日，頁八十三）

　　要想做事，要想把事情做好，就難免會得罪人，誰不怕得罪人，但怕得罪人，就無法做好事，我走過的《臺灣新生報》是如此，臺視是如此。如今逢到《中央日報》這個生死存亡的刀口上，也是如此。所以我一開始，就約法三章：只管把《中央日報》辦好，不要怕得罪人；只有《中央日報》派，《中央日報》無派；只問該做什麼、該寫什麼、該登什麼，而不問背景。

　　要想《中央日報》成為有格的報紙，必須要有格的報人、編輯人、評論人、採訪記者，這是我的基本信念。其實，凡是從新聞教室走出來

的學生，都會有此信念，只是我比較幸運罷了，只是此時，我操控一個報社的方向盤罷了。

對此，官麗嘉都作了深入的採訪：

有人又警告他，說《中央日報》內有好些「派系」，要他無論主持會議，或做人事調動獎懲，務要各方兼顧，以免得罪人。石永貴認為此說是過慮了，他宣稱：「今後我們只能有一個派，就是《中央日報》派，希望社內不會有人自外於這一派！」

的確，《中央日報》原是純種的「政校新聞系」，在校時大家尊敬的馬（星野）老師，就是領導大家的馬社長，單純無比，後來就有些複雜。我倒希望把各校出身的優點，都能帶到《中央日報》來，真正做到匯集各方面的優點，成為《中央日報》的優點。

官麗嘉也反映了編輯同仁的「反映」：

某些大老是《中央日報》的忠實讀者，他們對報紙內容常有意見，不得不遷就點。石永貴大大以為不可，他三令五申：「你們千萬不可自我設限，不必顧忌或迎合什麼，凡事按道理做，如果有事，我來擔！」他希望《中央日報》能真正成為黨的喉舌，以建設性的態度善盡言責，而不是歌功頌德或文過飾非，也不是說些不清不楚的話，說了等於白說！

這的確是我心中的信仰：

凡事按道理做，
該怎樣做就怎樣做！

大老當然我們要敬重，但報紙真正的老闆是讀者。讀者所以需要或喜歡這份報紙，是因為它的內容。只有內容才會決定報紙讀者的取捨。

無論作為一社之長或是發行人，都負法律與行政責任，我都要為內容負責！為報紙所有人負責！為法律負責！為讀者負責！

開放後的報業，競爭異常激烈。各方面對於《中央日報》有一分感情，寄予厚望。師長與前輩，無論遠在海外或近在咫尺，就像一股暖流，貫穿在我的身上。

一手把《臺灣新生報》從紛亂中救起，而開啟臺灣報業先河的謝然之先生，以帶病之身，自國外寄來遙遠的祝福：團結內部、加強陣容、嚴明紀律、勇往直前，堅百忍以圖成。箴言也。

新聞教育與新聞事業大家長馬星野先生，藉賀《中央日報》六十年慶良機，寫了一首詩勉勵我衝鋒陷陣，還我河山：

《中央日報》無敵，飄然卓不群，堅貞石永貴，松柏壽千里，早回新街口，同泛秣陵舟。

人一生要有夢，更要有大夢，馬星野先生一輩他們心中的大夢，盡在其中，這是盡忠《中央日報》、盡忠國家者的可愛與可敬之處。

第五十七章

報格與報風

　　配合臺視總經理移交日期，經過簡單的儀式，我就到《中央日報》上班，接下社長的工作。

　　接事後，才有人知道，《中央日報》社長換人了，陸陸續續有前輩長輩到《中央日報》道賀，因為《中央日報》在他們心中占有一定的份量。

　　賓客之中，有一天上午，主管執政黨財政大權的中央財委會主任委員鍾時益先生，由財委會秘書王炳南先生陪同前來《中央日報》指教。

　　鍾先生原任職國防部，由於生活節儉，工作認真，為當時的國防部長蔣經國先生所賞識，離開軍職，出任黨政要職。鍾先生擔任臺灣省政府財政廳長期間，我正在《臺灣新生報》服務，他對於《新生報》的「重生」，有相當的貢獻，對我也有些認識，所以特趕來《中央日報》道賀。同時，知道《中央日報》狀況，也知道我的性格與任務，所以有些「面授機宜」的性質，令我心中至今仍感到溫暖不已。

　　「財神爺」駕到，在《中央日報》貴賓室接待鍾先生的還有其他主管，談話到一個段落時，王炳南先生悄悄地對我說：「主任委員要單獨與石先生談一談。」

　　我就請鍾先生與王秘書一起到我辦公室。

　　鍾先生是直話直說的軍人本色，他說：「希望石先生到《中央日報》後，要改變一下《中央日報》的作風，不要埋首寫社論，文章請人來寫，全力經營《中央日報》，把《中央日報》經營好，才是社長的責任。」

　　鍾先生一片苦心，盡在其中。因此，我下定決心，不寫任何一篇稿子，自然負擔較重的社論，也包括在內，但《中央日報》所刊出的文字，無論社論、短評、新聞、專欄，我都要負起責任。

　　我因為在《新生報》期間，與業務同仁生活在一起，發行與廣告，用了不少心血，也得到相當的收穫，所以到《中央日報》，也打破傳統，用了不少時間在業務方面。

　　青少年時期，就喜歡閱讀書報雜誌，可以說比吃飯都重要，其中印象最深刻的，是一本《良友畫報》，常常以大篇幅大特寫，向國內外報導孫立人將軍在鳳山練新軍的實況。美國維吉尼亞軍校出身的孫將軍親手指導新兵如何臥倒如何擲手榴彈，最獲我心，這也就是後來全省的新兵訓練中心班長教育的延續。

　　我也學習孫將軍的精神，與廣告發行第一線業務人員交談，看看報社能夠提供他們什麼服務。至少讓他們知道，報社在重視業務，在重視第一線業務人員的甘苦。

　　我就從改變風氣與環境著手。

　　因為當時的報業環境，無論拉廣告與搞發行，都有一些「旁門左道」，聽來固然「傳神」之至，但令人不寒而慄。

　　當場，推銷人員就表演幾套「絕技」：

　　報份，城市訂報的廣告效果，遠大於鄉村，但城市的門戶最緊，尤其陌生人根本無法敲開大門，更不要說推銷報紙了。

　　於是推銷人員作緊急按電鈴後，就應聲說：「電報！電報！」

　　一聽說「電報」，屋內人自然就緊張萬分，以為有什麼大事發生，就趕忙出來開門。

　　打開門後才知道是「訂報」。

　　這一行徑，如同金光黨行為，為了一份報紙，讓人嚇個半死，人家還會看這份報紙麼？一見這份報紙，就會心驚肉跳，不到處罵你這份報紙才怪。

　　這是業務推廣人員普遍用的招數。

　　《中央日報》到外地去推廣報紙，到了官府衙門就直接找首長，秘書急忙通報：「中央來的！」於是地方官員急忙放下一切，來迎接「中央

大員」，請坐，請上坐，敬茶，敬好茶之後，始知此中央非彼中央，是「《中央日報》推銷大員」！

我就拜託發行推廣朋友，昨日種種都成為過去，我們要以正當方法去推廣《中央日報》，頂重要的，是推廣《中央日報》的好處。人家對你有好感，《中央日報》對人有幫助，才會花錢訂你的報紙，花時間看你的報紙。

建立良善的社會風氣，就從《中央日報》開始！

我自己也帶頭去推銷報紙。有一次，我就去臺北市普門寺拜訪星雲大師，就報紙推廣事，請其指導與協助。當時的情形，歷歷如昨，星雲大師的聲音，一如甘泉。星雲很爽快，他說：他會告訴信徒們，沒有看《中央日報》的，要訂《中央日報》；已訂別報的，要加訂一份《中央日報》。

這就是星雲大師的「大家歡喜」的生活禪學。

星雲大師初到臺灣，是一無所有的難民。當他第一次領到一筆稿費時，樂不可支，就傾其所有，買一些紙買一些筆，寫個痛快，也許這是星雲能從成千眾僧中，脫穎而出，成為大師的緣由。

那次訪問，星雲還透露一個願望：願找一個安靜的地方，一張椅子，靜靜地看《中央日報》。

也許，這就是星雲大師如今創辦《人間福報》的初衷。

有關《中央日報》發行，有一項消息是來自中國大陸。民國七十七年七月初，《中央日報》以及《中國時報》均刊出新聞：中共大量訂《中央日報》以作為瞭解臺灣的資訊。

這一新聞刊出後，中央有關方面很緊張，問《中央日報》有無因應之道？我說：「這是好消息，中共瞭解臺灣是好消息，瞭解總比誤解好。」

這一年七月七日，執政黨的第十三屆代表大會在臺北揭幕。特別引人注目的有二：

一是開幕典禮，一反傳統，採西方民主政黨嘉年華會方式，在林口

體育場舉行，盛況真是空前，尤其秘書長李煥先生的黨務工作報告，沒有講稿，對黨務如數家珍，並有突破的作法，令人耳目一新，有山河動之勢。

一是中央委員選舉，競爭一如往次的激烈，但產生新的陣容與意義。

得票最高的前五名依次：李煥、孫運璿、宋楚瑜、林洋港、吳伯雄。

蔣氏家族後代亦高票當選：章孝嚴（第六名）、章孝慈（第十一名）、蔣孝勇（第十五名），這是蔣經國先生時代不會出現的現象（蔣先生擔任主席時，蔣孝武、孝勇的名字，親自中央委員候選人名單中刪除）。

由於《中央日報》社內外同仁的愛護，《中央日報》的地位，我以五百六十二票亦當選續任中央委員。

但我仍認為《中央日報》的地位還是在報界，中央委員以平常心視之。開票之日舉行的主管會報，我以四事與同仁互勉：

一、應向苦處與難處去做，不怕苦，不避難，《中央日報》才會成功。

二、宣傳與人情，仍然是《中央日報》最大的發展阻力。

三、一份報紙訂單，勝過一張選票的爭取。

四、君子務本，《中央日報》的根本，還是《中央日報》的開展，把心力用在《中央日報》工作崗位上，才是《中央日報》真正的成功。

十三全大會熱鬧滾滾，無論黨國元老以及海外新秀，對於《中央日報》都有一番期待：

陳立夫先生期望每一位黨員都是《中央日報》的讀者，好的家庭，需要好的報紙，這是《中央日報》的責任。

憑著新聞事業的理念，一手培養出政大新聞系子弟兵而建立《中央日報》地位的馬星野先生，期待《中央日報》建立自己的風格，作為報格與報風。

我在歡迎海外代表參觀茶會中，特別宣示《中央日報》的精神：寧肯做一份好的報紙失敗，也不願辦一份壞的報紙成功。這就是《中央日報》的理想。

　　隨著中央委員選出，中常委的誕生，第十三全大會結束，新的中央委員會使命的開始，中委會的人事布局也必有一番新的考量。

　　民國七十七年七月十九日上午接到秘書長李煥先生公子李慶華先生的電話，有關黨的工作徵詢我的意願。

　　李煥先生出身青年工作，一生襄助蔣經國先生主持青年組織大任，一向不遺餘力提攜青年，這是第二次提供我對黨的工作機會。記得李先生擔任臺灣省黨部主任委員時，我自美國完成學業返國服務，承許鳴曦先生推薦，在臺北市行政院青輔會籌備處約見我，即希望我能到臺中參加省黨部工作，因為工作地點關係，未能如願。

　　慶華先生在電話中轉達「父親」的期盼，徵詢我的意見。我就問：「是哪方面工作？不知能否承擔下來？能否對黨有所貢獻？」因為中四組時代，我擔任編審，因為參加華視籌備工作，離開黨部；文工會時代，我再回到黨部，擔任總幹事，都是文宣崗位。我學的是新聞，加入社會，所從事的工作，始終未離開新聞傳播與文宣範圍。

　　慶華先生在電話中就說：「不知考紀會如何？」

　　考紀會對我來說，雖然並不陌生，但太突然了，同時，考紀會在黨的地位何其崇高。

　　我就在電話中說：「尚需要時間考慮，但無論如何，在這重要時刻，秘書長能想到我，萬分感激，我會在崗位工作，加倍努力。」

　　其後幾天，黨的高層人事緊鑼密鼓在進行，副秘書長宋楚瑜先生亦透露：「錫公曾提到你的名字，不知擺在哪裡？」宋先生亦不約而同地回問我：「考紀會如何？」

　　我與父親商量，他不贊成我離開新聞崗位，我的性格如果到考紀會是優點亦是缺點，不要為長官帶來困擾與負擔。

　　這個時候，與我所敬仰的兩位老長官陳裕清與李白虹先生，多次見面。陳先生自美返國參加第十三全大會，李先生退休赴美與子女團聚。兩位知我亦深，愛我亦深，希望我能繼續發揮所長。

　　衡量自己，衡量工作環境，我以兩點理由婉謝了這個機會：一、考紀會向來是由對黨國有貢獻的元老主持，以自己的才能與修養很難承此艱巨；二、現任考紀會主任委員吳俊才先生，是提攜我的，為我所敬仰的長官。吳先生在我心中的地位，正是仰之彌高的長者，無論哪一方面，我都無法與吳先生比，我亦無條件無資格承接此一崇高的職位。

　　長官的隆情厚意，多少年來，念茲在茲，永懷難忘。

　　我在這個星期的社務會議，以三點與同事共勉：

　　一、做我們該做的事，

　　二、走我們該走的路，

　　三、把一點一滴的力量結合與發揮出來，成為《中央日報》大事業，無愧本黨所託，發揚本黨的精神，成為天下志士仁人的共同事業。

第五十八章

十二年前的「陳」總統

　　戒嚴時期的一些措施，對於新聞傳播媒體管制特別嚴格，如今回憶起來，有些不可思議，但在那個時空之下，也就不以為怪。例如，當時的新加坡總理李光耀，常常飛來臺北度假的。李先生照例都住在圓山大飯店，還有大批我國及新加坡安全隨行人員跟隨，從北到南，實在無法不為人發現的，但是當時新聞管制，就是滴水不漏，不得見報，當然，更不會有評論了。而《新生報》副刊就刊出一篇短文，無意中透露在臺灣訪問的李總理，一時引起各方面的緊張，追查為文的動機。

　　無論電視的播報、廣播的播音以及報紙的文字，越怕錯，也越容易出錯，更不可思議的，錯的往往離譜，使人不得不相信真是有鬼。

　　距今十多年前，《中央日報》就有「靈驗」，陳水扁要當上中華民國總統。事情是這樣的：民國七十七年九月六日《中央日報》第二版刊出一則新聞：「明天是史瓦濟蘭獨立二十四周年紀念日，陳總統登輝先生及行政院院長俞國華今天分別致電史瓦濟蘭王國國王恩史瓦第三世祝賀。」

　　李總統登輝先生變成陳總統登輝先生，「李」總統成為「陳」總統，豈不怪事，莫不是當時的檢字先生就有靈感：十二年後會出現一位陳總統？

　　這個錯得離譜的新聞，尤其是把國家元首的姓都改了，真是非同小可，如果是戒嚴時期非先關幾個人再說。當時，這個新聞刊出後引來不少關注，文工會副主任沈旭步先生以及總統府局長劉垕先生，都先後來電話，並促查明原因。

　　原來是檢排造成錯誤，但問題是：為什麼校對、編輯都未查出來？雖然得到有關方面的瞭解與諒解，但出現這種幼稚難解的錯誤，至今仍

百思不得其解。

事過境遷，戒嚴時期與平常時期，對於類似案件，有截然不同的態度面對：戒嚴時期，小事可以化大；平常時期，大事可以化小。戒嚴時期有其必要性，但平常時期的百姓，士農工商，各安其業，就政治層面而言，是有福氣的，可以過無憂無慮的生活，是值得珍惜的。

李總統真的來到《中央日報》社。

那是民國七十七年九月八日，執政黨的黨政工作座談會，安排在《中央日報》第十一樓會議廳舉行。李總統登輝先生以中國國民黨主席身分前來主持，黨政首長行政院院長俞國華先生、秘書長李煥先生，以及中央各部會首長、中央委員會主管等都來到《中央日報》，真是冠蓋雲集。安排這項集會的副秘書長宋楚瑜先生對《中央日報》主管說：「把這樣一項重要會議，安排在《中央日報》大樓舉行，主要是拉近《中央日報》與中央的關係。」

我卻另有算盤，如何增加《中央日報》的財務收益，才是當務之急。

那個時候的《中央日報》新廈，已經落成與使用一段時期，還有不少空著樓層閒置未用，實在可惜，請示中央有關部門，也得不到肯定的答覆。當時我們希望：基於政策需要，第十一樓規劃的國際會議廳代替三軍軍官俱樂部，裝潢費以及租金，由中央負擔，供中央長期使用。其他閒置樓層，同意《中央日報》出租，以增加硬體設備的使用價值。

我就利用接待李主席的機會，在電梯中幾分鐘的時間，向他報告目前使用的情形。李主席主動地說：「應該儘量出租。」

有主席這一句話，就好辦事了，何況中央委員會首長也都在電梯中，迎接李主席，也都聽到了。

我們《中央日報》就根據主席這句話，把現有的設備，變成充分發揮經營的機能執行案，全力與全面推動。

這個時候出現一段感人插曲，《中央日報》常駐監察人許大路先生，是一位難得的好好先生，曾擔任中央社工會主任及秘書處主任等要職，

在擔任常駐監察人期間，亦按時來社上班，關心社務發展，參加重要會議，並常常思考如何來幫助報社，打開困境。就在討論大樓出租的會議中，許先生就表示：「《中央日報》財務這樣困難，業務拓展不易，我還占據這樣大的地方（其實只有六坪斗室），實在於心不忍，何不把我的房間也規劃出租，也可以為報社每月增加一點收益，我的常駐監察人辦公桌隨便安置在哪裡都可以了。」

許先生的一席話，真令人感動，也真是長者的苦心與風範，贏得《中央日報》上下同仁的尊敬。民國七十八年，李煥先生組閣，出任行政院長。李院長就職首日，許先生就奉命馳往報到，擔任行政院院長辦公室主任，主持院長辦公室公文機要事宜，中央日報社同仁依依不捨地為許先生舉行歡送茶會。如今許先生雖已年過八十，但身體與精神俱佳，家庭和樂，廣東鄉親遍及海內外，女兒端華、令華姊妹，事親至孝，將許先生大作以「日中人語」整理，編印二本書出版，一本是《長河沙影》，一本是《遠野絃聲》，始悉許先生真是深藏功夫不露，文筆與詩詞，均是廟堂之作，也透露出黨國若干重要歷史文獻，出自許先生之筆，益增尊敬之心。

除了自用之外，《中央日報》能租都出租了，不能出租的，也租出去了，那就是走道空地，這都歸之於主管同仁愛護報社的苦心。

除了樓層出租外，我們也想到印報機的加速輪轉，除了有限時間，印《中央日報》自己的報紙，還有足夠的設備與餘力，也可以作代印的生意。

當時報禁開放，報紙的出現，真是雨後春筍。其中，今天頗為風行的《大成報》的林鴻明、鴻道兄弟，就參觀過《中央日報》印刷廠，洽商代印事宜。由於《大成報》的印刷另有規劃，自己購置更精密印刷機，未能談成。但是《大成報》的第一任總編輯王端正先生（慈濟證嚴法師弟弟），就是情商由《中央日報》主筆室轉任的。

環顧主客觀環境的變化，《中央日報》必須自立自強，也必須外求拜

師，以尋求新知，改變氣質，乃分別舉行自強月會與經營講座，前者是針對全體同仁的，後者則是主管。像統一事業創辦人高清愿先生以及台塑高級主管，都邀請與同仁見面，講述企業經營的道理，以引領《中央日報》邁向現代化企業之大道。

物料採購與管理，是影響事業成本一大課題。我們就曾在自強月會中，邀請台塑採購部楊經理來主講，傳授與介紹台塑的採購制度。楊先生就把王永慶先生的經營理念及採購方法介紹出來。其要在追求公平合理，作自由競爭，秘密與公開兼而有之。其根本之道，在追根究底，精打細算，以求合理化經營。

毫無諱言的，《中央日報》的權威與地位，建立在黨或國家領導人的信任與支持。

就歷史層面而言，《中央日報》歷經執政黨三位領導人：蔣總裁中正先生、蔣主席經國先生以及李主席登輝先生，各有不同的性格與環境。

蔣總裁與《中央日報》的關係，是絕對的。《中央日報》無論新聞內容或言論，都反映蔣總裁的思想與作為。蔣總裁早晨有讀報的習慣，就是以《中央日報》為藍本。也因此，《中央日報》負責人多由總裁官邸新聞秘書擔任，因為長期耳濡目染，自然能抓住總裁的思維。蔣總裁對於《中央日報》要求是絕對的，但支持亦是絕對的。所以那個時代，《中央日報》的地位與權威，就是對於國家元首負責的報紙。

蔣主席經國先生的時代，與《中央日報》的關係，就有一些「代溝」，就政治敏感度與事件之反應，《中央日報》就比較老化。長期以來，《中央日報》屬於官邸的報紙，所以蔣經國先生直至掌政為止，很少去碰《中央日報》。總政戰部主任或國防部長任內，頂多約《中央日報》軍事記者結伴赴前線，作一些關係與軍事新聞配合而已。蔣經國先生主持行政院後，開始關注《中央日報》，並有一些主張，看得也很仔細。一條政治性出版廣告出現在《中央日報》，就導致社長下臺。一篇清新的政治性文章在《中央日報》刊出，會在執政黨中常會介紹內容並散發，這都是在當

時而言，其他報紙所沒有的機會，作者就有躍登龍門的機會。

以蔣經國先生改革的精神與步伐，《中央日報》就顯得老了，無法跟得上他的想法。因此一度蔣先生有意把他一手創辦的《青年戰士報》經驗，引進到《中央日報》，並透過軍方系統安排人事，而為《中央日報》元老派與中央黨部少壯派所勸阻，此議未能成為事實。否則《中央日報》的嫡系，就由政校的新聞系轉到幹校新聞系手中。

「這樣，《中央日報》就不成為《中央日報》了！」一位在經國先生面前很有分量的大老，向蔣先生分析此一改變的後果。

就實際使用的經驗，李登輝主席較兩位蔣主席更熟悉報章雜誌的運作與重要。在他未從政前，亦常在報紙雜誌發表文章。我主持《新生報》時，受到當時省府謝主席東閔先生的全力支持與鼓勵，在全體同仁努力下，銳意革新，為當時的行政院政務委員李登輝先生所注意，並說：「這份報紙面貌與內容，煥然一新，希望常常有機會閱讀這份報紙。」

李主席對於《中央日報》有很高的期待，時時不忘鼓勵與協助，無論在中常會或重要集會的機會，不忘獎勵《中央日報》並適時介紹《中央日報》的社論。就是與工商企業界人士見面時，亦不忘提醒他們多多訂《中央日報》或把廣告在《中央日報》刊登。

記得有一次國泰人壽董事長蔡萬霖先生往總統府拜謁總統，談及報業時，李總統就趁機介紹《中央日報》，並建議蔡先生，保險公司需要大量贈品回饋保險客戶，何不選擇《中央日報》作為贈品，所費不多，價值無限，因為好的家庭，需要好的報紙！

《中央日報》確實是一份純淨的報紙，很多企業家都有同感，包括「臺灣船王」張榮發先生在內。但讀者在買或訂閱報紙的時候，卻有另種心情與選擇。此正如，打打殺殺的社會，並不乏好人，但好人卻是寂寞的，甚至在功利掛帥之下，好人成為無用的代名詞。不能有「秀」的本領，不要說上電視，就是報紙亦難見到好人的事蹟，好人的寂寞與悲哀也正在此。現代新聞「市場價格」，所付出社會成本太大，惡之源，還

是美國「黃色新聞」氾濫，千年萬世遭殃，新聞價值云云，只能在新聞教室中談談，離現實新聞社會相去太遠。

記得蔣經國先生當行政院長時，他全省走透透，不作錦上添花，更不會訪問大老闆，而是發掘地方上無名卻默默奉獻的善士或埋頭苦幹無人知，無論賣豆漿的、開牛肉麵店、經營茶葉的，各行各業都有出頭天。以蔣院長的地位，又善於作新聞推銷，於是十步芳草，比比皆是，形成一個樸實向上的社會，如南投的凍頂茶葉，就是蔣院長一再光臨，用心推銷，而天下知。各行各敬其業，各人各盡其責，真是「里仁為美」的孔子的理想。

外行人往往看報紙的問題，是在財務，但報紙的根本問題，是在業務，也就是發行與廣告問題，而發行與廣告不可分，發行與內容不可分。而當時《中央日報》的上級主管，據我自己的經驗，一方面不用積極方法支持與健全《中央日報》的財務；一方面又要求在內容方面配合文宣，這也許是《中央日報》無法在新報業社會中競爭的重要原因。

第五十九章

臺灣，我們來看妳了！

　　人生各有所夢，而兩岸中國人共同的夢想，經過四十年隔絕，終於在民國七十七年十二月二十日實現了！

　　五位中國大陸留美學生徐邦泰、錢穎一、許成鋼、裴敏欣及吳弁人自美國經過日本抵達臺灣訪問，這是四十年來的第一次。當他們抵達機場舉行記者會與國人同胞見面的時候，臺北一家報紙以「臺灣，我們來看妳了！」斗大的標題，是多麼親切與期待，心中所表達的不只是五位留學生的心聲，而是更多中國人的願望。

　　當然，這是另一個時代的啟始，所以與往昔的「反共義士」完全不同，所以時空不同，主客觀環境也全變了。

　　五位來自新大陸的客人，他們內心充滿好奇，是難以想像的，臺灣新聞界以及競爭新聞拚得你死我活的新聞同業，更是展開二十四小時的追逐採訪，除了完全追蹤你有我也有之外，還要想盡辦法挖到獨家，所以夜晚十一時半、清晨之時，就有女記者電話要求專訪的聲音。

　　作為政治背景很強與知識分子為服務對象的《中央日報》，自亦不例外。因為《中央日報》除了臺澎金馬地區讀者們，還有為數眾多的大陸讀者，以及國際版海外知識分子的讀者。在他們訪問臺灣期間，動員所有版面，社論、短評以及星期天周刊，全都上場了，因為我們認為，這不單單是新聞競爭問題，而是時代的使命與歷史的見證。

　　他們抵達臺灣土地之日，《中央日報》就在社論〈君自大陸來，當知中國前途在那裡？〉中特別指出：

　　諸君自大陸來，最關心中國的未來。諸位在旅途中，我們從報紙及

電視訪問中，也聽到與看到諸位此行的目的：在以自身的經驗，來比較一下兩岸的制度、兩岸的生活，以決定中國的未來。

諸君此行，實在太重大也太重要了。

我們願諸位為全國人帶去希望與信心。

這五位中國留學生，實在是未來中國大陸發展的種子，未來中國的自由民主開花結果，也就落在他們的肩上：

徐邦泰：美國加州大學柏克萊分校東亞研究所博士研究生。

許成鋼：美國哈佛大學經濟學博士候選人。

錢穎一：美國哈佛大學經濟學博士研究生。

裴敏欣：美國哈佛大學政治學博士候選人。

吳弁人：美國紐約市立大學哲學研究所博士候選人。

他們能夠成為兩岸關係解凍後首批訪臺的大陸留學生，雖然不像往昔「義士」的千辛萬苦，但也是經過一番奮鬥周折，才峰迴路轉，柳暗花明，走出兩岸往來關係的第一步。

催生者是曾擔任中國國民黨中央委員會秘書長馬樹禮先生。馬先生卸下執政黨秘書長，曾擔任中國電視公司董事長，被選為三民主義統一中國大同盟主任委員之後，就穿梭中國大陸留美學生、學人間，尤其透過會議、座談會，個別接觸，廣泛交往，親切交談，特別瞭解他們的困難與需要，所以馬樹禮先生被中國大陸留學生奉為「留學生之父」，因為時時關心他們的生活，處處為他們著想。

這些中國大陸留學生與馬先生交談過程中，有一共同交集是：希望有朝一日，他們能到臺灣看看，實際印證他們對於臺灣的印象；馬先生風塵僕僕，每當至美國訪問開會期間，利用早餐、晚餐乃至深夜電話，亦主動邀請大陸留美學生來臺訪問，獲得一致性的熱烈迴響。

但是，這個時候，政府與兩岸關係雖有鬆綁政策與作為，但中共留學生來臺訪問，真是史無前例，亦無法令規章可資依循。於是馬樹禮先

生積極奔走黨政間，展開協調與溝通工作，執政黨中央大陸工作指導小組乃在會議中，原則上決定了「大陸旅外學人及留學生來臺處理辦法」；凡在海外有學術地位，對大陸有影響力的大陸學人、留學生，備有來回機票，返回來自國家或回大陸機票，皆可向我駐外單位申請來臺作七至十天的訪問。

　　因為他們身分敏感，不只是臺北方面注意，連北京也不斷施放出關注的動作，中共駐美單位人員就三番兩次地訪問應邀人，不得接受中國大陸救災總會、三民主義統一中國大同盟的邀請與安排，以防範成為「反共義士」的宣傳。事實上多慮了，是由中華民國團結自強協會出面邀請與安排訪問參觀全程。當時的自強協會秘書長吳水雲先生就以「自然、親切、誠懇、周到」作為接待原則，讓五位大陸留學生在無拘無束的氣氛中，親身體驗臺灣各方面真實的面貌，他們願意看什麼就看什麼，他們願意到哪裡就到哪裡，願意見什麼人就見什麼人，因為他們所學背景不同，所以也不一定硬性五人同行，就他們的需求與興趣，三兩位甚至單獨行動，都可以，真是自由自在。

　　除了抵達以及結束訪問，八天的訪問參觀，真是多元化，也真是紮紮實實，主要還是在文教新聞傳播、經貿建設、臺灣農村生活，甚至連吃永和豆漿，都列入行程中，可見多麼細密與好奇。後來兩岸開放後，「永和豆漿」登上大陸，隨處可見，生意興隆，連鎖店隨處可見，是有跡象可循的。

　　兩位哈佛經驗背景的博士候選人錢穎一與許成鋼，訪問臺灣經營之神王永慶先生，並探求臺灣經濟發展之奧秘。王永慶就直截了當告訴兩位大陸留學生說，唯有在自由競爭的環境下，企業才會有壓迫感，為求生存發展，企業的潛力才能徹底發揮。

　　台塑除了是國內數一數二的大企業外，在美國也有十四個廠，所以兩位留學生就問王永慶，國內、國外的管理有什麼不同？王永慶告訴他們，經營的道理只有一個，那就是「合理化」，沒有什麼日本式管理、美

國式管理、中國式管理，企業成功的途徑，只是追根究柢，不斷追求「合理化」而已。

他們的訪問行程中，也安排新聞傳播媒體，其中報業方面為：《中央日報》、《聯合報》及《中國時報》。

他們到了美國後，有更多機會瞭解《中央日報》，因為他們在閱讀《中央日報》國際版。我們在接待過程中只告訴他們兩點：一、《中央日報》沒有《人民日報》的「權威」，二、《中央日報》與一般報紙的機能沒有兩樣。希望他們以賓至如歸的精神，輕鬆下來，看《中央日報》，讀《中央日報》。我們在這裡，不只是沒有政治顧忌，可以說，百無禁忌，我們都是專業人以專業精神來處理《中央日報》的新聞與言論。

這一次《中央日報》訪問，許成鋼因為旅途勞累，身體不支，回到旅館休息。其他四位在《中央日報》停留了一個半小時，座談會發言，過程熱烈，欲罷不能，超出原訂的一小時。

八天的訪問行程，很快就結束，天下真是沒有不散的筵席，無論客人來看我們，或是我們看他們，都是四十年來第一次，真是充滿好奇與刺激。他們共同的聲音與心得：「臺灣記者真厲害！」

媒體自然要盡全力去採訪，新聞競爭真是空前激烈。作為政治與知識雙重性格的《中央日報》，自然不只不能缺席，而且更要使勁全力、全面動員，豈能放棄四十年來的第一次大新聞，甚至好新聞。

也許衝過了頭，中央方面出來講話了。

十二月二十三日中午，我接到執政黨文宣負責人電話。開門見山地就說：「今天《中央日報》處理中共留學生新聞的作法，有些過火，上面很不滿。」並進一步指出：「二版為要聞，何需動用全版用在這類新聞？」同時，還附加一句：「某黨國大老新聞何以未受重視？」

我就一一加以解說：

一、中國大陸留美學生訪臺，是執政黨決定的重要措施，以本報與本黨關係，自然要重視。

　　二、中國大陸留美學生，全是一流的知識分子，是決定中國未來的重要力量，四十年來的第一次，自然是重要新聞，不只是今天的重要新聞，也必定是影響中國歷史的重要新聞。請問：今天的報紙，比較比較各報，還有比這個事件更重要嗎？《中央日報》豈能落人之後？

　　三、某在朝的大老，確有地位，但就新聞而言，只能就新聞論新聞，也只能這樣處理。常識而言，我們雖然很尊重大老的地位，但大老的地位與新聞大小無關。

　　我不解釋還好，越解釋原來是好朋友的某公火氣就上來了，搬出了「尚方寶劍」：「府裡很不滿意。」

　　「府裡」自然是指總統府。我進一步就問：「府裡上自總統下至工友，倒底是何公哪位仁兄不滿意，為何不滿意，請告訴我：我可以直接陳明溝通。」

　　人一動氣，就沒有好聽的話。他就說：「那你就不要問！」

　　「那你就不要管了！」我說。大家幾乎同時把電話掛斷。

　　其實，這一新聞，不只是為《中央日報》造勢，也為中國國民黨造勢，因為他們間接是國民黨的客人。

　　《中央日報》雖然是執政黨所有的報紙，但卻是百分之百的報紙。它必須靠新聞言論取得發行實力，再憑發行實力取得廣告，這是報紙經營的 ABC，只要是報紙，全世界都是用這種方法來經營。如果中央委員會撥預算，那中央要登什麼就登什麼了，沒有什麼好說的。莫斯科的《真理報》是如此，北京的《人民日報》也是如此。所以代表蘇俄的兩大報紙：《真理報》與《消息報》，成為絕佳的諷刺。《真理報》不講真理；《消息報》沒有消息。都不是新聞也是「真理」。

　　中國國民黨有別於西方的民主政黨，而以革命政權自豪，事實上，它是推翻滿清、建立中華民國政府的革命力量。但是《中央日報》卻是馬星野先生自西方帶來新聞事業觀念而在南京創辦成功在臺北發揚光大。所謂二大報——《新生報》、《中央日報》或後來的三大報——《中央

日報》、《聯合報》、《中國時報》，都經歷過激烈的新聞競爭，無論記者對記者、採訪主任對採訪主任，或是報紙與報紙之間，大家對於新聞的競爭，毫不放鬆，也毫不留情，這都是新聞經營的正常手段與方法，乃有今天的報業。

但中國國民黨的新聞宣傳主管，中央第四組或後來的文化工作會，與《中央日報》之間總是存有某些不愉快甚至矛盾關係。其原因也很簡單，前者是要宣傳，後者是要新聞。宣傳是革命政黨的武器，而新聞是報紙的命脈。

宣傳與新聞兩者之間，也有重合的空間，但很少很少，且需要極大的智慧與極高的藝術，尤其需要主持文宣者極大的雅量與修養。

否則兩者的矛盾乃至衝突，極難避免，因為所扮演的角色不同，機能自然也就不同。

第六十章

亞銀北京年會暗潮洶湧

　　亞洲開發銀行第二十二屆年會，於民國七十八年五月四日在北京舉行。我國政府，在國內外關注下，派出一支由部長級率領的十二位代表團與會，這是臺海兩岸隔絕四十年之後，破天荒有政務官級官員赴北京開會。所以輿論界就指出：「儘管此行是參加國際組織召開的年會，依然是一項政策上的重大突破。」

　　行政院是在四月六日所舉行的院會中通過外交部的一項臨時提案，核定代表團人選：理事：郭婉容（財政部長）、副理事：薛毓麒（總統府國策顧問）、臨時副理事：謝森中（交通銀行董事長）、顧問：崔祖侃（經建會副主委）、吳子丹（外交部國際組織司長）、林金莖（亞東關係協會東京辦事處副代表）、辜濂松（行政院顧問）、薛維忠（中央銀行國庫局局長）、賴英照（財政部關政司長）、秘書：董國猷（外交部國際組織司科長）、湯紀美（財政部秘書）、白敬仁（外交部秘書）。

　　這一代表團，堪稱堂堂陣容。從成員組成中，就可以看出，其代表性，已超出亞銀的範圍，也非外交部甚至財政部的範圍，而具有多方與多面的意義與功能。設想之周到與周密可以想見，也說明政府不只是形式上參加年會，而能發生實質的出擊意義。實在是石破天驚之舉。

　　這是政府政策一個重大的改變，也是一個很重大的新聞，將要在北京發生。《中央日報》也基於政策的需要，採取了若干新聞與言論的措施：

　　院會通過的第二天，我們以頭版頭題處理，並以「北京，我們要來了！」作為頭題，等於向北京方面送出訊息。我們也先後發表了幾篇社論，其中包括：穩健而又積極的推動大陸政策以及郭婉容率團赴北京出席亞銀年會的時代意義，除了支持政府的政策外，並有積極性的建議，希望

藉此能打開更暢通的兩岸關係。我們特別指出：這是一個好的開始，重要的開始！

隨後，執政黨當局就黨營新聞事業應否派員赴大陸採訪，進行研商。我在會中陳明：「作為新聞媒體，哪裡有新聞，就要到哪裡。何況現在是開創的時代，我們必須以開創眼光與作法，才能打開新局。」

隨後《中央日報》決定派出由樊祥麟、周慶祥與牟文敏組成的亞銀年會特派採訪團，赴北京現場採訪。同時，孟蓉華隨體操隊前往北京採訪。

我知道《中央日報》是具有高度政治色彩的報紙，連帶也使記者身分敏感，為使他們能順利完成無阻礙的任務，行前，我特別提出幾點，請採訪朋友參考：

一、此次赴北京採訪，只有一種身分，那就是記者，也只有一個目的，那就是採訪新聞。

二、這是史無前例的新聞。新聞就是新聞，放開手寫，放開心發，不要僵化，更不要八股。

三、《中央日報》不但是一份報紙，而且是有報格與地位的報紙。

浩浩蕩蕩的中華民國亞銀代表團，依照原來的行程，四月三十日臺北出發，五月一日經東京，於三時四十分抵達北京。驚喜的，不只是代表團的成員，而是大陸同胞，郭部長的丰采與表現，為大陸同胞帶來很大的驚喜。《紐約時報》就發自北京的報導：中國大陸羨慕臺灣。

郭部長抵達北京的時日起，幾乎每分每秒都陷在新聞壓力中。更遺憾的，這種壓力，不是來自北京，也不是來自國際新聞採訪，而是來自國內採訪同業。

現場一位資深新聞同業就說出心中的感想：簡直把北京當成臺北了。

不過，會議期間，郭部長的表現，真是可圈可點。她以平常心與信心，面對所有的困擾與壓力。

開宗明義，她抵達北京那一刻起，就對中外新聞記者宣布，此行只

是出席國際性組織的會議，不參加與亞銀年會無關的任何活動。

這對於進退，定下主軸，可以說明了一切，凡是亞銀的活動，都不會迴避，都會參加，但新聞記者還是窮追不捨地問以下的問題：

會參加開幕典禮嗎？

中共主席蒞會致詞，會離席嗎？

中共國歌奏起，會迴避嗎？

會與中共官員握手嗎？

中華民國代表團會有各種抗議動作嗎？

代表團的舉措，很令有心炒作新聞的若干臺北新聞同業失望，造成代表團，特別是郭婉容團長極大的困擾與紛擾，可以以雞犬不寧來形容當時的處境。

我國代表團的出擊，也許事先有「劇本」，一切照劇本進行就好，但由於新聞採訪的因素，不會相安無事，且主角也許胸有成竹，但其他團員由於背景不同，是否瞭解全局，雖然不要配合演出，但也要有十分的默契，才會得到整體的成功。

出發前乃至整個行程中，郭團長是有主軸的，無論預發或突發的事件，均本主軸行事。這一主軸就是：為出席亞銀年會而來，配合年會行程行事，也唯有這樣，才會進退自如。

首先，年會在五月四日上午十時在北京「人民大會堂」舉行，我國代表團，以堂堂陣容，「泱泱風度」，非但未在「抗議下」出席，而且是較早抵達會場的代表團。

十時零二分，中共國家主席楊尚崑在亞銀總裁藤岡等人的陪同下，抵達會場，這是第一個高潮。對於我國代表團來說，也是一連串高潮的開始，與會人員基於國際禮儀，都起立鼓掌以表示對地主國首長的敬意。我國代表團，是焦點所集，全體團員，意外地，起立，但沒有掌聲，保持沉默態度。

　　第二個高潮，是隨即發生的演奏義勇軍進行曲的中共「國歌」，我國全體代表團隨著團長的動作，也禮貌地起立。

　　第三個高潮，是楊尚崑致詞完畢，在全體出席代表起立鼓掌歡送，我國代表團則既無起立更無鼓掌，坐在原位。

　　這像紀錄性的電影，更像戲劇性的電影，在眾目關注下，一幕一幕地在進行。

　　演的應該說是恰到好處，符合國際禮儀也符合亞銀的要求。但看在記者眼裡，也許若干記者自以為代表權威，或有來自權威的來源，就在會場，向郭團長提出責難；這樣做是出自自動自發，或是有所本。

　　郭團長不假辭色地嚴正答覆：「我不需要向任何人報告。」言外之意，既未請示行政院院長俞國華，也未得到李登輝總統面授機宜。

　　郭婉容對於代表團的動作，並作進一步解釋：這些都是亞銀當局所安排，作為會員國要遵守它的安排，這也是國際會議的慣例。

　　這只是幕前的景象，幕後更為激烈。

　　亞銀年會這一舞臺，我國代表團均中規中矩走完臺步，但，美中不足的，專程前往採訪的臺北新聞記者們，卻陷於新聞惡鬥中，嚴重違反亞銀當局的規定。

　　亞銀籌備當局，在年會開始前，就與採訪亞銀年會的各國記者們約法三章：第一、採訪任何會員國代表，必須事先與亞銀年會新聞中心取得聯繫，由該中心安排妥當後，再進行有關採訪工作；第二、採訪記者萬勿在會議期間，打電話或直接叩敲會員國代表們的房門，以免造成代表們起居的不便與困擾；第三、會議期間，為服務各國新聞採訪記者，舉行說明會，向記者簡報籌備情形以及會議進行實況。

　　來自臺北的新聞採訪同業，也許對於其他國家代表們，會遵守大會的種種規定，但民營報間的惡鬥，卻令我們代表團，非但夜不安眠，往往會在惡夢中驚醒。

　　某一位以驚爆著稱的女記者，竟有本領在團長與代表之間，閒話傳

來傳去，越傳也就越緊張，也就壓不住氣。會議期間的某個深夜，竟發生一位資深外交大使，在深夜中被叫醒，硬逼著與團長對質，實在是匪夷所思。

這位資深大使事後談起午夜驚魂的一幕，引為一生中之憾事。他在聯合國身經百戰，就是退出聯合國那一仗，也沒有這個場面心酸。

郭部長所率領的代表團，在北京活動是成功的，郭部長每日的記者會，面對中外記者，態度從容而有內容的答問，都令採訪大會的記者們留下深刻的印象。但在籌備組團的過程中，卻忽略最重要亦是最艱難的新聞界聯繫溝通關係，尤其應對難纏的臺北新聞界。代表團中缺少新聞局官員就是明顯的事實。

但就國家整體而言，新聞界也應是「出征」的團隊一分子。美國新聞界夠自由了吧，但以我知道的經驗，他們派到國外的記者，第一件事就是與當地的美國機構連絡，他們互動關係至為密切，美國派駐外交機構為他們作簡報，並給予必要的協助與支援。例如，新加坡前總理李光耀，就在八〇年代期間，先後與美英的《時代周刊》、《華爾街日報》、《亞洲新聞》、《遠東經濟評論》、《經濟學人》、《泰晤士報》發生糾葛，美國國務院發言人就曾經公開質疑新加坡政府所採取的限制發行量措施表示遺憾（李光耀，《李光耀回憶錄 1965-2000》，臺北：世界書局，頁二二二）。

郭婉容這一歷史性的亞銀年會之旅，她所展示的精神，如果說成財政部長，還不如歸之於經濟學者與態度婉約的女性。

郭團長對於北京當局以及所有大陸同胞留下一項贈言：「自由經濟」。沒有臺灣經濟經驗，更無反共八股，在中外記者會就宣稱：「自由經濟」是她所能提供給中國大陸經濟發展進步的最好建議。

中共當局也許不願用「自由經濟」，但他們種種措施，都漸漸走上「自由經濟」這條路。

這一年，從五四到六四，北京幾乎從不平靜中危及政權存亡。

第六十一章

向新聞界拜師

《中央日報》有輝煌的歷史，但，毫無疑問的，在臺灣有很長的一段時間，它是在封閉社會下的權威媒體。為了適應急速開放社會的需要，《中央日報》無論在組織與編採作為，都必須作一些改變，才能「適者生存」。具體而言，它必須保守而不僵化，權威而不八股。

民國七十八年，我們在社內為了改變與調整《中央日報》的體質，有以下兩大措施：

第一、基於政策的需要，成立改革委員會，這是在中央關切與愛護下設立。參加的，除了黨務系統有關主管外，並聘請社會與學術界專家學者，如企管學者司徒達賢教授、資深會計師朱慶堂先生等。這一改革委員會是向中央委員會秘書長李煥先生負責，經過無數次會議，向秘書長提出一份「體檢」報告，找出《中央日報》生存發展之路，應興應革之道。中央有關部門著重在「財務」，所以這份報告會計界前輩朱慶堂先生著墨較多。朱老先生已作古，他在中央政策與《中央日報》處境之間，費神很多，長者風範，令人懷念不已。

另外，一份報紙的靈魂還是在編採與言論，《中央日報》不能一成不變，必須向外求學習，廣容並包，找出《中央日報》社的編採之路。所以，就在民國七十八年六、七月間，分別舉辦採訪研討會與編輯研討會，邀請臺北新聞界具有經驗與創意資深前輩，蒞臨報社指教，透過演講、座談方式，取得共識。研討會採密集方式，每天下午連續進行，以求加深效果。

為達成研討會的取經目的，打破平時的報界界限，無論友報與敵報，凡是有助於《中央日報》改變編採現狀者，都在求教之列。這是《中央

《日報》有史以來難見的「拜師」會，也就是實現蔣主席經國先生的「開大門」。我們必須把《中央日報》窗戶大開，新鮮與活潑的空氣才會進來。

這二種研討會，至今令我難忘。每次我都在場，並勤作筆記。如今，仍然記憶的：

新聞採訪研討會有：歐陽醇、楊志弘、黃肇珩、殷允芃女士與張作錦先生等。

編輯研討會有：荊溪人、方能訓、王篤學與薛心鎔先生等。

歐陽醇先生是我國新聞界的奇人。新聞、學生與咖啡，就是他一天、也是他一生生活的全部。如果說歐陽先生視新聞如命，應不為過。

歐陽醇先生在臺灣的新聞經歷，幾乎包括臺灣臺北市報紙以及外埠報紙，只是《中央日報》與《聯合報》例外。

事實上，遠在民國三十四年至三十八年間，歐陽先生就擔任《中央日報》駐重慶特派員，並兼任《申報》駐重慶特派員。那段期間，重慶發生不吃不喝可以延壽的「楊妹」奇聞，轟動全國，歐陽先生就如醉如狂的採訪這條新聞而聞名，當然，後來證實是烏龍一件，楊妹不是不吃只是偷吃而已，但歐陽先生死迫這條新聞的精神，令新聞界印象深刻。

他的與眾不同、傳奇的一生，盡寫在他與續伯雄將近三十年無間斷書信的《臺灣媒體變遷見證》（上、下）兩巨冊中（續伯雄輯註，時英出版社出版）。

一提到新聞，歐陽醇就精神百倍，所以，他在二個小時的新聞採訪與寫作中，就像洗三溫暖一樣，渾身是勁，講得滿頭是汗。他恨不得一口氣，把他一生的心血，全部傾吐出來，真是新聞界難得的良師。

新聞的天地中，歐陽醇講什麼都是那樣傳神與有力，從新聞線索到核稿，就像名畫家著墨一樣：一筆都不馬虎。

他尤其擅長採訪人物的培養，當重大新聞突來時，歐陽先生就會立刻從口袋中「請出」適當的人選來寫。

例如：新疆籍立法委員廣祿，就是他一生的朋友，他總是保持電話

或走動的交往，因為他深信，一旦邊疆有重大新聞發生了，廣祿就是新聞來源的權威人士。

例如，有一年突然在電訊中報出：美國派出一位海軍上將，名叫柯克者，出任駐華大使。當時，在外交資料中幾乎找不出柯克任何線索，於是他臨時找到海軍朋友何毓衡，請到報社來，不到一小時，就完成柯克的特稿。

陳懷生 U2 失蹤事件，也是如此。歐陽先生就在新聞發布後最短時間內找到熟悉空軍朋友，把陳懷生以及這個事件背景，寫個痛快。

歐陽先生給人的印象：新聞不只是分秒的事情，也是一生的事情。新聞是如此美好，又是如此的神奇。

經過這一講座：新聞採訪陣線上的朋友們，才知道什麼是新聞，以及如何採訪新聞。

楊志弘先生，是由新聞採訪崗位轉到新聞學府，兩者他都很成功，轉接也很成功。楊先生所講的重點，是新聞線索的尋找與策劃，有深度、有理論、也有系統，因為他從記者崗位來講，更能接近記者身分與感受。

黃肇珩小姐有多方面的經驗與成就。但她在中央社記者及新聞部主任任內，所建立的新聞與特寫風格，是從徐鍾珮女士後，頗為成功的女記者，尤其以採訪胡適、林語堂、吳大猷、錢穆等當代名人而著稱，她觀察入微、筆法清新而細膩，是具有創作精神的新聞寫作（請見黃肇珩，《記者》，臺北：立緒文化事業公司）。

殷允芃小姐，具有國際媒體如《華爾街日報》、《紐約時報》等採訪實務經驗，新聞與寫作，具有與眾不同的綜合手法。她當天所講的是新聞深度。她在新聞採訪以及寫作的成功，給大家留下很深刻的印象，那就是：用心與用力。她在一條新聞價值方面，所強調的是：Why 以及 How。也就是一個事件，為什麼會發生以及如何發生，這也是深度報導的價值所在。

張作錦先生，是由一位默默無聞的地方記者開始，當時，做到《聯

合報》總編輯，總會也應該有異於常人之處，才能得到非常的成功，是當時在場的《中央日報》年輕採訪朋友們非常好奇與關心的。張先生也知道大家心中所想，所以一開始就舉出楊森的故事。說是有一天在一個有楊森在場的聚會中，客人中就好奇地問楊森先生：「聽說有一種楊森酒，喝下去不只是可以延年益壽，而且可以達成一般男人所夢求的超人異稟，可否請楊先生開啟一、二？」楊先生就笑著說：「如果世上真有這種酒，我還在找呢！」

張先生的意思，新聞採訪也好，新聞寫作也好，沒有什麼竅門，只要勤快、肯跑、肯寫，就會在這個天地中出人頭地。

編輯研討會，由荊溪人先生開場。

荊溪人先生可謂臺灣報界的「名編」，由編輯起家而做到總編輯，足可與生花妙筆的《民族晚報》與《聯合報》王潛石相映輝。荊溪人先生當時所講的是「編採合一」，那是他在《新生報》時，所主持的我國報紙實驗編採制度。因為我國報界一向編採分制，就是廚師與採買不同體系，與美國的「編採合一」不同。分制與合一，各有優缺點，但「合一」最大的好處，是密切配合，減少人員摩擦與採訪損失。達成：記者所採訪的，就是編輯所要的。編輯脫離「編輯匠」，而更能提早、主動與積極參與新聞流程。荊溪人先生特別提出他自己的體驗：新聞事業是一迷人挑戰的事業。一日為新聞人，終生難忘。

第二場是方能訓先生講。方先生出自中央社英文部，是中央社英文將才之一。因為方先生曾遠赴香港，擔任《讀者文摘》編輯顧問。我們請方先生講解《讀者文摘》的風格，因為《讀者文摘》以內容及編輯流程謹嚴而聞名。方先生為人很風趣，編輯本身談的很少，《讀者文摘》倒講了不少，有的是聞所未聞的內幕。這一場，基於對好奇的方先生與《讀者文摘》的嚮往，所以參加的人，份外踴躍。當天，他一口氣談了八點《讀者文摘》：

一、創辦人戴維特・華萊士先生 (Dewitt Wallace)，因為不好好念書，

而被家人趕出來，乃躲在一車房辦起雜誌。因為無錢，自無力付稿費，於是他異想天開，就利用已出版的報紙、雜誌刊登文章，加以刪減，將有價值而精彩的摘錄發表。想不到，卻大發利市，因為沒有一個人能讀這樣多的報紙、雜誌。同樣的手法，作書摘，也受到歡迎。

　　二、華萊士很重視人才，千方百計，一定選到最好的人才。

　　三、編輯原則：反共、保守。嚴禁香煙廣告。

　　四、中文版最受歡迎的部分，是英漢對照、書摘、極短與極長，均為讀者所喜愛。

　　五、《讀者文摘》雖以無錯誤為標榜（包括校對在內），雖仍有錯誤，但讀者在成千上萬的信函中，並無發現真正的錯誤。

　　六、《讀者文摘》全世界有十三種文字、三十二種的版本，包括美國版在內，在全球各地發行，當時以在香港出版的中文版最賺錢。

　　七、《讀者文摘》是保守的代表，用字遣詞，非常保守，不用新潮字。

　　八、很重視誹謗罪，每篇文章事先均送律師過目，才能安心刊出。

　　《讀者文摘》的經驗，受惠的不止是「中央副刊」編輯，新聞內容的處理，也有莫大的幫助，因為《中央日報》就是保守的報紙。只不過《讀者文摘》是基督教背景，而《中央日報》的背景是儒家。

　　編輯研討會的第三場是王篤學先生，當時王先生是《中國時報》社長。他是時報第三版（賣座的社會新聞版）主編起家，而作編輯，最後坐上社長，這在報界來說，也是異數。他認為編輯工作沒有道理可講，不把它當成一門學問，是報界少有的才子型人物。

　　面對編輯檯，與王篤學編輯工作恰恰相反的，是薛心鎔。薛先生是《中央日報》的「老總」，在場的都是他的後進。薛先生無論編報或主持編務，就和他人一樣，認真與嚴肅。他就是《中央日報》的化身。報界有名記者卻無名編輯，但是薛先生可以稱得上臺北報界認真的總編輯，在他的領軍之下，誰也不敢絲毫馬虎。薛先生以他自己親身的體驗，編輯有無比的重要，就如同行政院長一樣。

民國七十八年，這一年，有二條關於我的新聞，先後出現在《國語日報》以及《聯合報》。

七月一日《國語日報》「文化圈」有這樣一個標題：「石永貴一介不取。」內容是：「《中央日報》社長石永貴發展整頓報社業務，不眠不休，尤致力於開源節流。最近他個人應得的廣告佣金總數達一百二十多萬元，全部捐給報社。一介不取，令人欽佩。」

《國語日報》雖為少年兒童而辦的報紙，但「文化圈」頗為文化傳播界所關心，尤以人事移動頗為權威，擁有不少有分量的固定讀者，馬星野先生就是其中之一。幕後操刀此一專欄的，正是《國語日報》社長、《聯合報》出身，在臺北新聞界頗為活躍的羊汝德先生。我就打電話問羊先生這一「新聞」，何人寫的。羊先生說：「你不要問什麼人寫的，只問是否確實！」我只知為報紙拉訂戶、找廣告，從未想到佣金，社長豈有拿佣金之理？所以這一百二十多萬元，如何「累積」下來，我根本不知道。可能出自報社同仁一番好意。

民國七十八年十月八日，青年學者丁守中先生，突破執政黨提名制度，以報備方式競選立法委員，這一天，他宣布在臺北市天母成立服務處，類似競選總部。丁先生清新而有活力，同時兼任《中央日報》主筆，又在星期日成立，到的客人不會太多，基於這些因素，當天下午我就往他的辦事處簽個名、打打招呼，如此而已。想不到第二天的《聯合報》，在第二版及另外一版，刊出《中央日報》社長「往賀」的新聞與照片。

新聞刊出後早晨，總理紀念週在臺北市實踐堂舉行，一位坐在第一排的「高官」，突然站起來對我說：「石社長，丁守中那種地方，你怎能去？」我就直覺地反應：「怎麼，丁守中開除黨籍了嗎？還不到全黨共棄的地步吧？」

《中央日報》想成為堂堂正正的一份報紙，真不容易。丁守中先生在那次立法委員選舉中，真是轟轟烈烈，把他的岳父聯勤總司令也賠上了，《中央日報》社長差點作陪榜。

第六十二章

向國際進軍

中國人生活在異土異鄉，不可或缺的有三樣東西：一是說中國話，一是吃中國菜，一是看中國報。

華報或僑報，在海外真是雨後春筍，隨處都有。

國內三大報紙：《中央日報》、《聯合報》、《中國時報》以及晚近的《自由時報》和《臺灣日報》，都辦有海外版。

其中《中央日報》起步最早，也最為海外學人與留學生所依賴。

《聯合報》與《中國時報》也先後發行海外版，乃至後來形成海外新報業，《世界日報》可謂奇蹟，亦起源於「海外版」。

無論馬星野先生主持南京的《中央日報》以及在臺灣的「三大報」，《中央日報》有其興盛時期，但無論興衰，「中央副刊」（中副）以及《中央日報》國際版，在國內外讀者心中，始終屬於不可缺少的地步與吸引力。

以我就讀的美國明尼蘇達大學為例，新聞傳播學院圖書館墨斐室擁有一份長期《中央日報》海外版，成為中國同學相聚的地方，並因為在那裡看《中央日報》海外版的關係，而締結良緣。

當時，真是家書抵萬金，閱讀《中央日報》海外版成為一天最重要的事。因為美國郵局並不正常，有時一連數天無報，一下子又送來一大堆，為了看《中央日報》只有發揮勤跑的精神，連美國教授也為之感動。因為在上課之間，甚至考試期間，中國同學照跑墨斐室不誤，甚至與美國教授比賽，因為美國教授為搶先拿到最新出版的雜誌，他們必須勤跑圖書館，才能捷足先登，他們以為中國同學一樣勤快好讀，豈不知是為了搶先閱讀《中央日報》海外版的關係。

這是當年在海外讀書的人都有的經驗。有辦法的同學,透過臺北家長的關係,弄到一份《中央日報》海外版,就成為同學們的交誼中心。

昔日當權的立法委員們,尤其是教育委員會,他們在立法院支持《中央日報》海外版預算(編列在教育部內),別無所求,只希望能為他們在國外的子弟,求得一份贈報。他們潔身自愛的精神,令人懷念不已。

《中央日報》海外版的歷史,至今已半世紀。民國四十五年,當時的蔣總統中正先生、中國國民黨蔣總裁,就察覺海外華僑宣傳的重要,乃命執政黨中央研究進行,於是在民國四十五年十一月十二日,國父誕辰日,《中央日報》正式對海外發行(任熙壅,〈有中國人的地方,就有中央日報〉,《六十年來的中央日報》,臺北:中央日報,頁一八○)。

但那個時候海外版,只是雛型,也只有《中央日報》濃縮的一大張,寄送對象是國外的外交使領館、僑團以及文藝團體。

後來在政府有關部門配合下,才擴大發行基礎,特別是教育部的措施,真是嘉惠無數海外學子,凡出國留學生,教育部備送一份大禮:《中央日報》海外版乙份。

這份贈送名單,實在是各方爭取的瑰寶,尤其是後來發行的《聯合報》與《中國時報》,用盡各種關係與方法,想弄到一份名單,以便照送,但因為教育部保密到家,效果不彰。甚至中共的《人民日報》發行海外版時,為發揮「統戰」效果,也多方蒐羅臺灣留學生名單,以便按址寄送。

《中央日報》海外版,擴大發行,易名為國際版,是在民國七十五年元旦實施。

這項措施,不只是《中央日報》一項大事,也是中國國民黨一項重大對海外文宣政策,是奉蔣主席經國先生之命,而由中央文工會主任宋楚瑜先生負責推動。執行者為《中央日報》駐日特派員黃天才先生。黃先生不只是我國資深的國外特派員,而且是當時中央委員會秘書長馬樹禮先生,駐節日本期間重要得力助手。黃先生以副社長地位,負責籌劃

「國際版」創刊事宜。

《中央日報》的國際版，在當時對內氣勢恢宏，對外迎擊中共《人民日報》在海外統戰，都有不尋常的意義。黃天才先生在〈東京採訪二十四年〉一文中指出三點意義：

第一是國內外大局情勢的變遷，引起世界各地華僑社會的變動，海外讀者對《中央日報》的要求也與以往不相同了。

第二是近年來出國深造的留學生一年比一年增多，美、歐各國的華僑專家學者也愈來愈多，這些高級知識分子對國內情況關心愈來愈廣愈來愈深。

第三是「當仁不讓」迎擊中共於七十四年春天擴大發行《人民日報》「海外版」，向海外華人社會發動強烈統戰攻勢（黃天才，〈東京採訪二十四年〉，《六十年來的中央日報》，臺北：中央日報，頁七十八至七十九）。

《中央日報》「國際版」，在改版的過程中，真是轟動社內外，它不只是使《中央日報》「海外版」脫胎換骨，而且要成為全新的報紙，甚至一度為彰顯執政文宣當局的企圖心，還考慮把「國際版」移出《中央日報》大樓，脫離母體，更能突出獨立自主的性格與報紙。

一反《中央日報》的傳統，連報頭也由直排變成中間橫排，可見旺盛的企圖心。

連同報頭橫排的出版計畫，提報中央工作會議，順利通過實施。當時提出簡報者，真是捏了一把汗，事後連連說：連主持文宣的大老秦孝儀先生也點頭稱是。可見中國國民黨求新求變的精神，亦在決策中央形成。

改版後的《中央日報》國際版，無論組織、人事、內容、張數、運報方式等，儼然成為獨立運作的報紙。在遞送方面，雖然在臺北印報、運報，仍希望讀者能與臺北同步，看到《中央日報》。

不能說洛陽紙貴，但海外人士以擁有一份《中央日報》國際版為榮，各方面在臺北有辦法的家長，也運用各種管道，希望為他們在海外的子

弟，弄到一份《中央日報》國際版。

教育部為服務海外學人與留學生，也編有預算專款，用以訂《中央日報》國際版，贈送海外學人與留學生。但粥少僧多，教育部只能提供留學生第一年報紙為限。

雖然有教育部一筆預算，但仍無法應付《中央日報》出報的經費，執政黨中央亦作適當的補助配合。

《中央日報》國際版在海外受到歡迎，就難免受到來自政治與報業方面的困擾與壓力。於是一年一度的教育部專款預算，不斷遞減，但在歷任部長如毛高文、郭為藩等先生大力支持，立法院亦為執政黨所掌控，如政策會梁棟委員，就強力維護此項預算。若干同業，則視此項預算，為可爭食的大餅，要求招標方式決定取捨。有關主管同仁為維護一年一度的國際版預算，真是艱辛倍嘗。

我於民國七十七年加入《中央日報》，由於前人種樹，團隊精神的發揮，經過二年的努力，《中央日報》國際版，無論在國外以及國內，真是做到有口皆碑。我的任務，是如何能求更進一步發展，以達成政策的願望。

我努力的目標，是使得《中央日報》國際版，不只是《中央日報》的國際版，而且成為臺北報紙的國際版。

我所參考的報紙與雜誌，有二個基本版本：

報紙方面：《國際前鋒論壇報》。

雜誌方面：《讀者文摘》。

《國際前鋒論壇報》當時是《紐約時報》與《華盛頓郵報》合作出版，向全世界知識分子發行的國際版。

《讀者文摘》是改變雜誌編撰方式，一本雜誌可以讀到幾十種雜誌的精粹內容。

編寫的方式，是綜合處理。

剛巧，國際版總編輯另有高就，我就請胡有瑞小姐出任總編輯。

　　胡小姐是文教採訪出身的臺北著名記者，以才華著稱，曾主編「中副」，因為《中央日報》高層人事更迭，胡小姐空坐董事會，只能在《中央日報》走廊行走，真是英雄無用武之地。

　　我與胡總編輯研商《中央日報》國際版內容的時候，心中有一幅圖畫：無論一條新聞、一個新聞事件，國際版容納各報的報導、重要事件各報社論的濃縮、所有雜誌內容的精華。那個時期，版權還未落實，所以可以發揮空間很大，當然，也有困擾，包括自己報社駐外記者，也不能接受改寫的作法，種種困擾，由胡總編輯靈活的手法，都能作妥善的處理。

　　《中央日報》國際版在海外雖然很風光，但是在國內還是遭遇很大的困難，特別是財務。

　　由於政治環境急速改變，教育部編《中央日報》國際版預算，特別是立法院審查，幾乎到了寸步難行的地步。但《中央日報》有關主管與同仁，基於榮譽與責任感，仍奮鬥不懈。

　　執政黨方面，現實的財務作風，亦不情願作政策貼補。

　　我珍惜《中央日報》國際版經營成果，仍作多方面的努力。其中包括：

　　逐漸增加自費訂報數量，減少對政府的負擔，最後主動謝絕政府預算編列，以建立真正民營報紙的風格，做到獨立自主經營，才有機會真正成為世界性華文精華報紙。

　　建立世界性的分區發行網：具體規劃為三個地區版。北美版：設在紐約，發行地區為美國與加拿大；歐洲版：設在倫敦，發行地區為英、法、德及歐洲其他國家；亞洲版：設在香港，發行地區為東南亞國家以及東北亞日本、韓國，進而時機成熟，發行至中國大陸。

　　當時是一個遙不可及的理想藍圖，但後來衛星迅速發展，衛星傳版，則成為輕而易舉之事。

第六十三章
同學們，我們來晚了！

現代社會的基礎，是在事業。

事業興衰起伏，全在人，全在人才。

不一定說，有人才就一定有事業，但沒有人才，一定不會有事業。

就以《紐約時報》而言，它的成功，成為美國乃至世界報業的標竿，全在人才。

事業因人而興，人也因事業而旺。《紐約時報》的雷斯頓就是一例。雷斯頓是長期代表《紐約時報》派駐華府擔任與負責新聞採訪工作與撰寫專欄。雷斯頓所經歷的美國總統，不是他能採訪到美國總統，而是美國總統常常願意或期待他的採訪。

批評和妒忌雷斯頓的人，常以雷斯頓的成名和他的影響力，應歸功於《紐約時報》。這種說法並非沒有道理。《紐約時報》的記者到任何機關採訪，無往不利，別人得不到的，都能拿得到。（李子堅，《紐約時報的風格》，臺北：聯經出版事業公司，頁二四五）

這就是人與事業互為依存的關係。

我有幸先後主持四家不同性質的新聞媒體，我要感謝的往日長官與同事很多，每看到或想到服務過的媒體，他們的身影就不知不覺地呈現在眼前。

其中值得我懷念的是梅新先生。

梅新先生的本名是章益新，他也常用魚川作為筆名發表作品。梅新少年隨他的外祖母自大陸來臺，離開自己的父母，寄人籬下，可以說他青少年時代的艱困生活，全寫在臉上。也許受到環境的影響，他不安於

命運，乃發憤讀書求學，曾任小學教師。由於考上文化學院新聞系，而有機緣加入新聞界；由於豪情壯志，他有一段時期，是報界的輕騎兵，拔刀相助，為外埠報紙編副刊摘稿。他一生引以為傲的二件事：出自《聯合報》系，主編「中央副刊」。

是報業開放後，各報都面對史無前例的變動之局面，以保守為性格、安定為環境的《中央日報》，更不例外。擴張改版，就不能不對外大張旗鼓、招兵買馬，這個時候，基於上級的政策，從其他兩報——《聯合報》與《中國時報》，展開借將，以便取他人之長，補自己之短，達到《中央日報》換血的目的，以迎接報業新的競爭時代。

也許由於水土不服的關係，這些來自友報的朋友，陸續離去他就，梅新則始終熱情不減。也許他少年嘗遍人生艱苦，不只是安於《中央日報》的工作環境，且幾乎二十四小時的工作精神，主持「中副」，投入「中副」，不幸英年早逝，應是積勞所致。

「中央副刊」這塊沃土，培養出不少報人、名主編、名作家與小說家。耿修業（茹茵）、孫如陵與梅新，就是值得紀念與懷念的三位。

「副刊」是有生命的，更是有性格的。主編的性格，形成「副刊」的風格與性格。

梅新早我一些時日加入《中央日報》入主「中副」。我常說：他是《中央日報》的先進。就正如帶兵打仗的名將，他揮軍作戰，是有章法的。他主編「中副」，不只是與過去不同，也與其他報紙不同，才能彰顯新的「中副」作者與讀者感受到的。新的「中副」有以下的重大變革，奔放在版面上：

第一、新聞性。以題材與人物把副刊動起來，而擺脫文學或文藝。如一年一度的諾貝爾文學獎，他一定動員國內外關係，「中副」換版，全版配合，與當日新聞同步，甚至相較之下，比新聞版面還要權威與精彩。這是因為他喜愛新聞與文學的緣故。

第二、計畫性。也就是把編採部門的策劃採訪，用在副刊內容的安

排。他常常廢寢忘食，帶領副刊同仁，在國內外作專題採訪。

第三、美化性。重視美編的功能，使「中副」呈現出來，不只是內容好，外觀亦求美。

第四、活動性。梅新主編期間，是「中副」活力最充沛的時期，除了繼續舉辦的文學獎、春節作者聯歡外，並召開座談會，邀請大陸以及海外作家共聚一堂。當時，有人就會問：《中央日報》哪來這樣多的錢？都是梅新到處奔走作揖求來的。梅新的筆、口與腿都很勤：總統府、新聞局以及文建會等單位，梅新是常客，都是為「中副」而來。當時的文建會主任委員郭為藩先生、新聞局長邵玉銘先生，都很支持「中副」。新聞局有一位「作家顧問」丘秀芷女士，扮演各報副刊、作家與新聞局之間重要橋梁角色。我尊重「中副」的傳統，副刊完全由主編當家作主，而且我們之間有一「默契」：認稿不認人。關係再好、來頭再大，都沒有用，完全就稿論稿，真正做到園地公開。

梅新與我雖然在「文化」有師生緣，但在校期間，他年齡較大，獨來獨往，印象並不深刻。他加入新聞界後，慢慢知道他的苦學與苦行的精神，來往較密切。《中央日報》相逢，那更是一種緣分。

幾乎每晚我處理編輯部工作告一段落，回到辦公室，梅新就從他的副刊室放下筆，準備回家，順道至我的辦公室，轉一轉，聊一聊。因為報社正在逆流而上，在工作崗位上的同仁都很努力，但亦很吃力，所以除了相互勉勵外，就是談報紙之事，特別是新聞與內容。

有一天晚上，我們就談到臺灣發展，臺灣從無到有，從艱困到繁榮，創造了「臺灣奇蹟」，各行各業，都有典範人物，值得寫，把他們的精神，提供出來，我們先連載，再出書，他也認為有價值。當時，我就想出來一個題目：「我們走過的路」，他也認為是很有價值的採訪題目。我記得接受訪問的有錢復、孫震等數十位，也結集出版，很受到各方面的肯定。

《中央日報》是一份政治性很強的報紙。但「中副」也有一個傳統，很少談政治，更不作政治宣傳。這一點也是我與梅新間的默契。

讀者信任與支持「中副」，原因也在此。所以才會把有價值的稿件，投給「中副」。如轟動一時、影響朝野很大的孤影的〈小市民的心聲〉就是一例。

我服務《中央日報》期間，正值北京發生「六四事件」，也有一篇很有價值的書稿，經海外美國、日本等地同仁與友人的輾轉，進入「中副」。

那就是江之楓著《王牌出盡的中南海橋局》。

原稿是以日記方式寫成。是寫一九八九年四月十五日至六月九日在北京所發生的驚天動地，幾乎改變歷史的「六四事件」。

事隔十二載，發生《中國六四真相》一書真偽爭論，但當時江之楓所寫的《王牌出盡的中南海橋局》的內容，真實而精彩，具有情報價值，刊出後，當時的安全單位就希望瞭解江之楓的背景，旅居美國的大陸知名人士劉賓雁肯定其可信度極高。中央銀行總裁謝森中先生，深為其中情節所吸引，每天大量影印，推介給員工閱讀。

江之楓是誰？當時是謎，事隔十二年仍是謎。在接洽過程中，江之楓都是透過第三者轉稿轉話。但可以肯定的，他是「六四」過程中，瞭若指掌，居於關鍵地位間的承轉者，他自承「黨齡超過年齡一半」的共產黨員。

至於政治色彩，顯然是站在胡耀邦的一邊。他形容：「胡耀邦真有民主思想。」他的政治路線是屬於改革派的，他的政治情感也是屬於胡耀邦的。他寫道：

中共改革派受挫，我生活其中，感受深深。

胡耀邦追悼會後，我在長安街頭，看民情澎湃，淚如雨下，但亦無聲。

這一稿件，一進入《中央日報》，我們就知道是一件珍貴的奇寶，固然有待爭取，更有待開發。因為梅新幾乎每晚都到我的辦公室轉轉，我知道這項訊息後，即決定積極爭取，但《中央日報》財務狀況不是很好，

但對於這樣身分的人，也不能太寒酸。因為我們知道，《中央日報》並不是惟一的選擇，但作者很希望在《中央日報》發表，因為它有政治地位，它更可以在海外看得見。在眾多友人，包括當時中央社駐東京記者賴勝權先生協助下，終於完成發表出版約定。非但如此，此後十餘年，「中副」在中南海這一題材，就占了機先，如京夫子的作品，部部精彩，句句扣人心弦，如連載的周恩來與毛澤東的〈血色京畿〉就是一例。「京夫子」成謎，閱讀這一個專欄的人，都在談，都在問：「京夫子是誰？」

書名也是問題。原來的名字，已無印象，是屬於六四屠城日記之類。在發表之前，副刊室也擬定幾個名字，我請編輯部有關同仁也想出一大堆名字，提供參考。我提出若干方向，供大家動腦思考，頂重要的，不能有宣傳意味，「中南海」以及中南海的主人，就是本書的靈魂所在，鄧小平的橋牌以及他的牌搭子，就是主宰「六四」的命脈，甚至中國命運所在。腦筋幾個轉彎之後，就出現《王牌出盡的中南海橋局》，也就點出事件核心所在，出兵鎮壓──中共王牌，不成，不能說中共危亡，但中南海必然換了另一批人當家作主。正如作者在日記所預言：

這次民運，是劃時代的，她開啟了共產黨退出中國歷史舞臺，或必將徹底改革的啟端。

中南海決定用武力解決學運，是經過一番掙扎的。最後還是採用「一位著名的研究日本的教授的分析材料。」

這一材料分析結果是：

只要中國繼續開放，繼續接近西方，西方社會容忍中國幹他自己的內政。開始罵幾句，過後，還要回來吃中國這塊肥肉。所以，對學運，該怎麼幹就怎麼幹。我們幹得越堅決，越徹底，在國際上，就越有發言權。他們罵得越凶，越證明我們強大，不可忽視（江之楓，《王牌出盡的中南海橋局》，中央日報，頁三四六）。

這一日本材料，還真是「神算」。與兩岸關係密切的新加坡開國元勳李光耀，在他的回憶錄中就寫道：「一九八九年天安門事件發生後，西方投資者對中國退避三舍，港澳臺三地的華商，卻在這個時候進軍內地，三年內業務發展大好。」（李光耀，《李光耀回憶錄 1965—2000》，臺北：世界書局，頁六四○）

「六四」至今已十餘年。

「六四」真相，至今仍不明朗。

到底死亡多少人？

國務院和戒嚴指揮部發言人袁木對外說一人未死，成為國際間流傳很久的笑話。作者說：其實，袁木也不知道真實數字。他只知部隊死亡人數，不知民運人士和老百姓死亡人數。

作者寫了一句洩自己的「底」話：

天安門廣場事件死亡人數，被列為國家最高機密。連我們也不知道（《王牌出盡的中南海橋局》，頁三八七）。

看樣子，這一真相，只有靠歷史學家，以及何方主導所寫的歷史。

江之楓筆下最為傳神的一幕，是寫趙紫陽以總理之尊，探訪天安門的學生們，那是一九八九年五月十九日深夜，戒嚴前夕：

晨四時二十分。紫陽出現在廣場。開始招來幾句罵聲。後來很贏得同情和理解。學生們真是西方化了，竟爭先要紫陽簽名留念。其時其刻之簽字，以後無疑是寶貴文物。或是很值錢。或是那些人的傳家寶。

「同學們，我們來晚了……」

一句話出，立刻傳及世界（《王牌出盡的中南海橋局》，頁二十五）。

儘管趙紫陽這句話傳遍世界，但此後在這人間再也聽不到趙紫陽的聲音了。

趙紫陽安在？這是全世界政治人士都關心與好奇的一個問號。

李光耀指出：「天安門事件發生幾年後，有一回遇見趙紫陽的兒子，對趙紫陽和他家人在他丟官後的生活情況總算有了一點瞭解。」他寫道：「除了一個女兒仍在北京一家酒店工作之外，趙紫陽的其他子女都在國外。他的生活條件還算舒適，家人可以探訪他。」（《李光耀回憶錄 1965－2000》，頁七二九至七三○）

學運何以會失敗？

作者引用袁木的話說：此次學生運動，是有組織、有陰謀的，有後臺，有一個反黨反社會主義的核心。

言外之意，不是單純的學生運動，更不是什麼愛國運動。作者說：「其實，這正是此次學運失敗之因。」他指出：

此次學運，缺乏廣泛的同盟軍，孤軍奮戰，特別是缺乏與中央領導層改革派的密切合作，拒趙紫陽合作之手於門外，失卻歷史良機。

所以如此，是因為學運沒有形成一個堅強有效的領導核心。（同上，頁三十八）

一九八九年六月九日，江之楓以這樣寥寥幾行字，結束本書，也結束「六四」：

剛記下今日日記，有電話來。

我問：「你是誰？」

對方無回答。我靜聽一會兒。對方說：

「危險了。」

電話掛斷。

物未換，星未移，本來可以成為新中國舞臺的主角，各奔東西，踏上逃亡路，江之楓就是其中之一。

第六十四章

事實與瞭解

國史大師錢穆先生曾言：歷史以人物為重心。

觀察一九四九年後的兩岸關係，的確驗證了賓四先生的證言。

兩岸由對抗走上和解，真是世局如棋，是二人對弈五十年的棋賽，只是棋手都分別換了手。

第一組是蔣中正與毛澤東。

第二組是蔣經國與鄧小平。

第三組是李登輝與江澤民。

棋賽並未結束，還在進行中，此方已換了手，彼方新手也將登場。

歷史各有重心，棋者也各有籌碼，也有成為時代與環境的重心。

蔣先生與毛先生之戰，是近百年中國的內力較勁。雙方各有勝負，但命運之神卻在一九四九年作了一個「適可而止」的技術處理，而成為今天兩岸之局。

此岸蔣先生在臺灣，彼岸毛先生在大陸，所使用的主力武器是軍事。一邊以「光復大陸」為叫陣戰牌，另一邊以「解放臺灣」為誓師號召。

第二回合，是政治戰，蔣經國先生登場，改採「三民主義統一中國」，鄧小平先生則創造出對等名詞：和平統一。

現在則是第三階段結束，第四階段開始，主要是經濟較力戰。

兩岸下棋人功力如何不得而知，但默契十足，特別是蔣經國在有生之年政策大轉變，開放探親；大陸鄧小平則在南巡之後，高唱改革開放。臺胞臺商，兩岸往來如梭，這都是拜蔣鄧兩位腦筋急轉彎幾句話的結果。

就此岸而言，影響臺灣乃至中國很大的就是蔣經國帶領一些工程師所創造的臺灣經濟奇蹟。

　　好的就要學，學歐美不如就近學，中國所走的領導人的道路，正是臺灣的經驗，自江澤民、朱鎔基以降，不是交大就是清華，包括胡錦濤等，都有理工的背景。

　　這是觀察未來中國的走向，最值得重視與注意的軌道。

　　兩岸之關係，幾乎已走到從變亂到變動，從鬥爭到競賽的時代，但算盤各有不同，而有所轉折或停滯。

　　所謂兩岸的變動或競賽，基本的籌碼是什麼？用以確定彼此的兩岸路線？

　　一是經貿開發路線。

　　一是自由民主發展路線。

　　因而形成兩岸良性的競賽。

　　在這樣大環境形成的大時代中，我們新聞傳播該做些什麼，能做些什麼？

　　我們不是吹鼓手也不是啦啦隊，而是及時反映環境，使有利兩岸人民生活發酵的環境。

　　《中央日報》作為新聞傳播媒體的一員，儘管我們有政治背景，儘管別人以特殊色彩眼光來看我們，但，我們知道我們自己。

　　我適逢其盛，正是兩岸開放，報業結束凍結，有幸加入《中央日報》，與《中央日報》全體同仁盡《中央日報》的報業責任。

　　對於兩岸關係，我們的立場非常簡單，責任非常清楚：報導事實，增進瞭解。

　　無論新聞與評論，事實與瞭解，太重要了，這是創造有利有益的新環境，最需要的養分。

　　凡有利於兩岸的，我們要看在前面，走在前面，這也正是新聞傳播事業的特質，否則就無「新聞事業」可言。

　　的確，環境不同，潮流不同了，我們要生存，就必須有適應與創造環境的能力。

往昔戒嚴時代，一本雜誌由於刊出錦繡山河的照片，判為影響民心士氣，而遭受停刊的命運。

《中央日報》為往來大陸的臺胞旅遊的需要，曾在一九九三年，透過香港方面的安排，以廣告方式，專題專版介紹大陸的「錦繡河山」，這是開風氣之先，也是臺灣報業史中從未有的紀錄。開始時，是一次四版，由沿海福建帶頭，文章與廣告同時出現。

我們的目的，非常單純，就是使臺灣同胞瞭解大陸實況。但刊出後引起黨政有關方面的強烈關切，認為有失《中央日報》的「立場」，好在當時黨政方面分別查證，來電瞭解，但並無「會商」動作，否則老虎皮就要顯形了。

這項特刊的規劃，事先我們也有約法三章：不得刊出任何大陸官方機構或來自官方宣傳。但各方反應過於強烈，連「有關方面」也擋不住，只好由每週四版縮成一版。最後轉移至其他報紙如《自立晚報》。但很怪的，對方認定《中央日報》，只有《中央日報》才有刊出刊登的價值，因為《中央日報》代表「官方」，這是《中央日報》有利與不利的地方。

其實，現在回想起來，當時所刊登的材料，並未超過電視的《大陸尋奇》，更與凌峰的亦評論亦詼諧的《八千里路雲和月》相去甚遠。但刊在報紙上，尤其是《中央日報》，就非比尋常了。

我們所作的促進兩岸瞭解的努力，尚不止此。

就在一九九三年冬季，《中央日報》業務部門負責人前往北京，會見有關臺灣事務方面的負責人。就大膽提出一個構想，由《中央日報》派出記者來一個鄧小平專訪，內容刊在《中央日報》。對方反應很好，並認為是「向前看」很好的設想。但有實際的困難，並告訴鄧小平生活現況：已步入八、九十高齡，這幾年主要是自己活動，自己到處走走。至少在四、五年以前起，就不接受新聞界的採訪了。

我們總希望能聽到影響中國人民生活、特別關係兩岸安危負責人心裡的話。我這一勇氣，是受到美國第一電視新聞主播瓦特·克朗凱特精

神的感召。他自一九六二年以來擔任哥倫比亞電視新聞晚間主播，長達十九年，不只是被譽為美國人民最信賴的人，亦影響國際，曾在一九七七年居中安排埃及總統沙達特訪問以色列，消除世仇，完成不可能的任務。

我在臺視期間，曾將主播制度移植國內電視新聞，創造了一位臺灣的克朗凱特——盛竹如，成為臺灣電視新聞史中無人打破的紀錄，使臺視成為「新聞王國」。只不過克朗凱特退休已久，頤養天年，竹如仍活躍我國電視螢光幕。橫跨新聞與節目，這是臺灣電視史中少有的紀錄。

同樣的心情與理念，一九九六年中共在臺灣海峽舉行導彈演習期間，我服務中視，亦曾計畫派出專人，往訪北京。此一採訪任務，以中視主播沈春華最為適當，計畫專程前往，作江澤民專訪。因為我讀到江澤民接受美國《新聞周刊》訪問，覺得很有內容，既然江先生可以接受國際媒體採訪，我們也可以嘗試。專訪題我自己擬定，曾多次專人往洽，惜未成功，因為訪問固是難關，以當時臺北政治環境，播出更是難關。無論新聞突破或政治意義，實在可惜，因為兩岸關係，瞭解，相互瞭解，重於一切。

以《中央日報》的經驗，一九九三年，兩岸關係，的確是很關鍵的一年。雙方似乎都有善意改善關係，有助於兩岸間良性發展。至少《中央日報》的經驗是如此。

首先，是江澤民有意到臺灣走走，其後，李登輝以及陳水扁，也都有善意的回應，表示要到中國大陸看看。

但都立下了「前提」，無形中未開步走，先綁住了，增加相互瞭解與認識的機會，實在可惜，而讓朝鮮半島搶了機先。這一方面，對於亞洲情勢有深切瞭解的新加坡前總理李光耀感觸最深刻，他在回憶錄中指出：

朝鮮和韓國領導人終於在二〇〇〇年六月十六日在平壤舉行高峰會。韓國人在觀看電視現場轉播時，大感驚訝。被形容為惡棍的朝鮮領

袖金正日，顯得熱情、幽默和友善。韓國人都為此而興高采烈。

　　奇妙轉變的內幕，還不止於此。李光耀接著透露：「就在峰會當天下午，我在北京會見了江澤民主席。他當時興致很高，愉快地向我描述了他在電視上見到兩位領袖握手的畫面。江澤民有理由感到滿意，因為金正日在峰會之前兩星期，曾罕有地訪問北京，同他討論這件事。」（李光耀，《李光耀回憶錄 1965—2000》，臺北：世界書局，頁六十三）

　　可見追求和平，幾乎是大勢所趨，這個潮流是無法阻擋的。

　　「兩金」歷史性的會談，卻委屈了移樽就教的金大中，但金大中所獲得的補償，卻是二十一世紀為亞洲人摘下第一個諾貝爾和平獎。金正日心中難免不是味道，但是，如果金正日不猶疑更不做作，稍隔時日，立刻飛到漢城回訪，禮尚往來，人之常情，則諾貝爾和平獎，則屬於全韓人民的，最高榮譽落在「兩金」身上，金正日失之交臂，實在可惜。

　　現代中國，就是中國國民黨與中國共產黨纏鬥的歷史。從早期混雜不清，如中國國民黨第一次代表大會所選出的中央執行委員二十四人，其中就有三人為具有中共黨籍；其後容共聯俄剿共到國共合作，中共以「槍桿子出政權」，而在北京建都，中國國民黨所代表的中華民國政府退守臺灣，建立以臺北為中心的政府，從此兩岸對陣，一面是中華人民共和國，另一面是中華民國。雖然中共認為一九四九年後中華民國已不存在，但中華民國仍然代表全中國，如包括外蒙古，疆域比中華人民共和國還大。

　　中共不只是以黨領政，可以說，黨政不分的。中國國民黨，自從民國六十一年蔣經國主持行政院以來，雖然不是西方的政黨政治，但有些區隔了。換言之，中國國民黨是中國國民黨，中華民國是中華民國，但整個的中共，還是以中國國民黨為對手，無論歷史面與現實面，都是如此。

　　民國八十二年八月十六日中國國民黨舉行第十四屆黨員代表大會，

這一屆，主席選舉，首先以票選代替起立鼓掌，雖然開出不少廢票，李登輝先生還是高票當選黨主席。

這是中共當局所預料的。

中共方面很注意這次全會，也很想有所表示，這應是善意與好的方向發展。

開會前一個月——七月二日，我們《中央日報》業務部門接到香港傳來的「密件」，這是一個簡單但卻影響深遠的廣告企劃案。

首先，香港方面在文件中指出，國民黨中央即將召開十四全，李登輝先生眾望所歸，將會當選國民黨中央主席。並提出具體作法：

一、是時，由江澤民先生以中共中央總書記名義，在《中央日報》刊登一整版祝賀李登輝先生當選國民黨中央主席的廣告。刊登鄧小平先生照片一張。

二、在《人民日報》上，用一整版或二版的版面，刊登介紹臺灣經濟建設、文化藝術、風土人情為主的專版廣告。專版廣告裡必須刊出一張李登輝先生或蔣經國先生（由臺灣方面決定）的照片。照片尺寸大小和《中央日報》刊登鄧小平先生的照片一樣。

三、廣告費《中央日報》照《中央日報》價目，《人民日報》照《人民日報》的廣告價目表支付。

這一極高政治性的「慶賀」廣告，如果真的刊出，成功了，就是兩岸關係的突破，可能就沒有以後的紛紛擾擾了。也許出自與兩岸有關的廣告人的設計，但彼岸當家作主，如何執行不得而知，但在《人民日報》刊登廣告，就不是我們《中央日報》的業務範圍。

無論如何，這就是中國共產黨與中國國民黨，《人民日報》與《中央日報》的「對口」經驗。

事隔多年，兩岸關係變化，何止千萬，但如何對雙方人民有利有益才是雙方領導人最重要的考量。

第六十五章

《中央日報》的地位與價值

　　走過五十年的臺灣，早期有兩種東西是日常生活不可或缺的，那就是屬於物質方面：蓬萊米、香蕉與鳳梨；屬於精神方面：《臺灣新生報》、《中央日報》與中廣。

　　對於《中央日報》，就一位學新聞、從事新聞工作者來說，不只是熟悉，而且景仰之忱，常在心中。

　　不過，我加入《中央日報》行列，我從頭學習，以負起承先啟後的經營使命，我先埋頭研讀三方面資料：一是中國國民黨黨史，特別是孫中山先生的宣傳觀念與作為，一是《中央日報》歷史，一是《紐約時報》的歷史。

　　我為什麼讀《紐約時報》歷史呢？那是為了「取法乎上」，同時，就經營歷程而言，《中央日報》所面對的環境，與《紐約時報》「中興」有相似之處。

　　孫中山先生的宣傳觀念，簡而要，只有八個字：喚起民眾，鼓動風潮。

　　《紐約時報》的成功，歷久不衰，在於堅持品質，提供與眾不同的內容。

　　一部成功的中國國民黨黨史，就在於捨我其誰的黃花崗七十二烈士犧牲奉獻精神。

　　《中央日報》皇皇歷史中，也有可歌可泣的新聞、專欄與言論。我最嚮往的，是《中央日報》社長以人頭作為一篇社論的代價。

　　那是民國二十五年十二月十二日的雙十二事變，那個時期，大家都知道《大公報》出盡風頭，一連多篇社論空投西安，營救了蔣委員長。

就在蔣委員長平安返京之時,《中央日報》以〈張學良應就地正法〉,作為迎接蔣委員長脫險返京的賀禮。已過百歲的人瑞「張少帥」未正法,《中央日報》社長險遭「就地正法」。當時的《中央日報》社長程滄波這樣回憶往事:

> 蔣委員長回京不久,張學良由宋子文陪同,由西安經洛陽飛南京,當日《中央日報》的社論標題是〈張學良應就地正法〉,這篇文章的大意原是中央宣傳小組所決定,題目當然是我裝上去。當天下午,我也到明宮飛機場看看熱鬧。在機場遇戴雨農(名笠,係戰時國家安全情報最高負責人),他見到我,就說起當天《中央日報》的社論,他說:「不得了,你們怎寫這麼一篇文章,你知道西安城內我們還有多少將領在內……。」我說:「國法與真理,這種人還不應該就地正法?」兩人吵得面紅耳赤,我看見旁邊站著首都衛戍司令谷正倫,我笑謂戴:「那麼你請谷司令把我程滄波就地正法吧。」(《六十年來中央日報》,臺北:中央日報,頁三十二)

作為中國國民黨黨員,我很嚮往當年七十二烈士的精神,可惜今天缺少那樣壯舉的機會;作為《中央日報》一分子,我又敬佩程滄波先生那樣大義凜然的勇氣,很幸運的,今天的政治環境,不需要付出那樣高的代價,就可以挽救《中央日報》的生機。甚至不必「置個人死生於度外」,只需將個人名利置於度外。

這是我進入新聞界,特別是踏入《中央日報》的認知與決心。所以,在《中央日報》服務五年中,先後放棄一些名利與地位,其中包括:

一、婉謝列席中常會。
二、放棄對於中央委員連任的競選。
三、婉謝不分區國代提名。
四、婉謝海基會董事。
五、婉謝臺視董事。

中常會是中國國民黨核心象徵與代表，因為中國國民黨是創建民國的黨，也是長期執政的黨。中國國民黨的組織體系，是代表大會，中央委員會以及最高層的中央常委會。中常會就是黨政權力代表。《中央日報》例有主管列席，或董事長或社長。我在《中央日報》社長期間，多次有長官催促與詢問：「石社長何不列席中常會？」我予以婉謝，我說有董事長列席更有代表性與分量。事實上，一個新聞機構負責人列席這樣權力機構，就民主潮流來講，是不合時宜的。且一個新聞記者的背景與性質，列席會議，有話不能講，有新聞不能發，豈不痛苦？事實上，過去民營報老闆當上中常委，就拿走不少「獨家新聞」，這是公開的秘密。因此，我若列席，只會造成決策機構的困擾。

我自《新生報》到臺視到《中央日報》，《新生報》期間當選候補中央委員，臺視當選中央委員。至十四全大會，雖然因為《中央日報》關係，我仍續獲提名，但我婉謝，並公開宣示，不再競選中央委員，以保留專業地位，進而能使《中央日報》成為專業報紙，在新社會中，與其他報紙，在平等基礎上，一爭取長短，而不是所謂「黨報」。

不分區國代，我亦曾被徵求同意代表執政黨參加。當時的代表性越多，提名可能率越高。據告：我至少是有三方面代表性：地域、專業與宗教。當時主持這方面提名的中央社工會主任鍾榮吉先生，盛情可感，從辦公室的電話，說到車中的「大哥大」，不斷說服我，希望我這個「學長」，能夠考慮。為了維護新聞專業地位，我始終不為所動，辜負愛護者盛情美意。因為天下事有得必有失，當得到一些的時候，同時，必須失去一些，才算公平。

為因應兩岸關係，海基會也在這個時期成立。海基會的基金，有來自政府，也有來自民間工商企業所捐，董監事也根據捐款，作適當的安排與分配。當時的電視的三臺、中廣以及《聯合》、《中時》，都做了捐款。《中央日報》因為財務困難，無力承擔，媒體代表當然由捐款機構出任董事。這時，行政院副院長施啟揚先生以及海基會秘書長陳長文先生，

先後來電，希望我能代表《中央日報》，也擔任一名董事。我加以婉謝，其理由：一、出任董監事，都是基金會基金原始捐助人，《中央日報》因為財務困難，無貢獻之能力；二、《中央日報》是極具政治色彩的報紙，將來對於海基會兩岸關係的運作，未必有利。他們也就不再勉強了。惟在陳長文先生秘書長任內，八十年三月，仍擔任無足輕重的顧問，以報陳秘書長的盛情。待我《中央日報》社長卸任，出任中視總經理，因為中視總經理已是海基會董事，經多次協商，吳董事長俊才先生以長官與長輩身分，命我接替，以免增加海基會董事會運作的困擾，我還是在中視期間，擔任海基會董事。待離開中視總經理崗位，即交出海基會董事職位。

《中央日報》分別投資臺視與中視，所以很長的一段時期，《中央日報》在臺視具有常董的席位，中視占有董事的名額。臺視常董是曹聖芬先生代表，事實上，以臺視所持有的股份，無法具有常董的身分，那是曹聖芬先生的地位，受到決策方面與民股的支持而具有的榮譽地位，多年以來，曹常董在臺視董事會享有崇高地位與頗受重視的發言權。

民國八十年，曹先生為享有充分個人的生活，陸續在各種崗位退休，也就向有關當局提出不再擔任臺視常董，但希望能由我接替，一方面延續《中央日報》與臺視關係，一方面也是報答我對於臺視經營的辛勞，一方面也可以提供我經營臺視的經驗。

我在臺視期間，曹先生是鞭策與鼓勵我最多的長者。民國七十七年三月，臺視董事會通過我的辭職案後，曹先生即席發言：「剛才主席扼要的報告了石總經理在任期間之各項功績，本席還記憶猶新，石總經理接任臺視總經理職務時，本公司的業務狀況陷落到幾乎赤字的邊緣，這些年來扭轉劣勢重整臺視到今天的輝煌成果，完全是石總經理的奉獻精神及領導有方所致。」

曹先生正式向當局提出退讓，就被反問：「尊意欲此職位還給《中央日報》？」曹先生似有條件，就說：「天公地道，此位應由石社長繼任。」

並勉勵我當仁不讓，為了《中央日報》、為了臺視，應積極進取。後來「臺視常董」的發展，分成二方面，常董席次，由中央決策收回，歸還原制，由省府有關主管出任，《中央日報》仍保留董事。誰代表《中央日報》出任臺視董事？董事長或社長？我以社長身分，主動約集《中央日報》有關主管研商，並作成結論：由《中央日報》董事長對外代表投資者，參與臺視董事會，並正式函告臺視，也算是為《中央日報》建立制度。臺視也就根據《中央日報》來函處理，以免增加他們左右為難的困擾。

如何找回《中央日報》地位？這是我日夜所思考的，並全力以赴的，當然，是報業地位，而非政治地位。

所使用的方法，還是企業診斷，多向高明醫師請益。

義美企業總廠長高志明先生，透過廣告代理商的安排，與《中央日報》有關主管餐敘。待廣告廠商合作計畫敲定後，高先生對於《中央日報》的經營，有備而來，提出許多寶貴的建議。記憶所及，其中包括：

一、建立《中央日報》服務體系。服務由下而上，雙向服務。經過《中央日報》的報導或其他方式，黨員及民眾困難，能下情上達，得到解決。

二、走《讀者文摘》的清純路線。

三、讀者對象層：

1. 國民黨黨員。

2. 民進黨人士。

3. 不願家庭受污染的家長。

4. 對增進子弟學生國語文有幫助者。

國內企管大師，曾擔任國立政治大學企管研究所長多年的司徒達賢教授，在我服務《中央日報》期間，都是有形與無形的指導顧問。民國八十年七月間，司徒教授在一次座談會中，提出他對於《中央日報》的經營哲理：《中央日報》的問題，不在銷路，而是在其地位與價值。他具體地描述：無論一條新聞、一個事件，或整體的發展，《中央日報》在新

聞言論方面，要經營出一種氣氛，一種領導的趨向，而讓讀者，甚至社會，跟著《中央日報》感覺走，《中央日報》就成功了。

如今思之，司徒「大俠」之言，那不就是《臥虎藏龍》所創造的境界麼？

十大建設中引以為傲的是「中鋼」，從臺灣沒有煉鋼廠到擠入世界鋼鐵前茅的大鋼廠，是數十年前，趙耀東先生秉承蔣經國院長之命，無中生有建立起來。趙耀東出身紡織，所以在建廠過程中，接待到工地參觀的人士就說：「我是幹紡織的，吃軟飯的，如今，卻碰上這樣硬的行業。」

趙耀東以良好的制度，為中鋼建立百年基業。王鍾渝董事長易人事件，報紙不斷出現「黃埔一期」這個現代人陌生的名詞。王鍾渝從基層工程師做起，曾任業務處長、副總經理、總經理、董事長，是趙耀東眼中的「肯做、負責，有幹才」。而「黃埔一期」如何形成呢？是中鋼在《中央日報》的招才廣告，才把人才從臺大、成大、工專等地，湧入中鋼，成為中鋼基層工程師。負責這項業務的馬仁傑先生在一項公開演講中就指出：如果沒有趕上《中央日報》這則中鋼求才廣告，就不容易有今天的中鋼。

當年這些有志投入十大建設的優秀青年，不只是看到《中央日報》的廣告，而且相信《中央日報》的廣告，才投入大鋼廠的人才熔爐。

還有就是今天在世界科技市場引以為傲的「半導體」，是孫運璿先生擔任經濟部長時，所組成的十九人赴美取經之旅，而打造成功之路。這些開路前鋒，如今成為我國科技重量級人士，當年有的還是在美國看到《中央日報》報導回國請纓加入的，楊丁元就是其中之一。《天下雜誌》在專題報導中指出：「雖然是臨時成軍，成員的士氣卻很高昂。像二十九歲就擔任總領隊楊丁元，早在二年前，人還在普林斯頓大學攻讀博士時，就從《中央日報》看到臺灣準備發展積體電路的新聞。計畫一確定，他不僅辭掉在美國年薪一萬八千美元的半導體工程師工作，回臺灣報到，還寫信通知同在美國，也是半導體工程師的大學同學史欽泰。」（李明軒，

〈造就半導體泰斗的取經之旅〉,《天下雜誌》,二〇〇一年五月一日,頁一二三至一二四)

　　《中央日報》在臺灣科技建設成軍的里程中,其貢獻是看不見的,但卻不易為其他同業與媒體所能取代的。

第六十六章

「副總統五條件」說

美國哥倫比亞大學 Ａ・倪文斯與 Ｈ・甘邁格，在《美國通史》一書中，一開始就寫道：「美國在民族的融渾、信仰的寬容、社會的平等、經濟的公勻，及政治的民主上，作了空前最大膽的實驗」（Ａ・倪文斯、Ｈ・甘邁格合著，林牧野譯，臺北：今日世界社，原序）。

其後，對於美國憲法的巧奪天工，有多處的描述，如「美國憲法制定人的智慧與創造天才，真令我們驚嘆」（《美國通史》，頁一二〇）。

美國不只是以美國憲法而自豪，而且視為行之天下而皆準的寶典，致天下之太平。上一世紀最後的一位總統柯林頓，就以自由民主與開放市場，作為二十一世紀美國式自由與經濟世界大融合的獻禮。

美國的自由民主制度，真的行之四海皆準麼？

不只是世界許多政治人士，就是美國人也會懷疑。美國式民主，不是一天造就出來的，就正如羅馬不是一天造成的。

美國式民主，到了世界其他國家，就走了樣，不只是學也學不會，而且會變了形。

因為，那不只是制度，而是傳統與修養。

「副總統」之位，就是一個典型的例子。

美國政治學以及美國史，對於副總統著墨不多，倒是常常成為秀場的笑談材料：

有兄弟二位一家，哥哥好幾年未見了，引起鄰人的好奇，就問：你老哥怎麼多年未見照面？得意何方？

「做副總統去了。」弟弟有氣無聲地回應。

這就是無啥可幹的美國副總統。

他不只是不是一人之下，萬人之上，他除了替總統到國會兩院議員跑跑腿之外，無啥可幹。事實上，也不可能做任何事，這就是安於位的美國副總統——備位而已。一覺醒來，天地變色，也許會登上大位，但不能往那個地方想，否則更是度日如年了。

美國副總統，在美國歷史中，一直是無事可做的「閒差使」，就我們印象所及，直至第二次世界大戰期間，幹得轟轟烈烈的羅斯福總統，突然去世，使得只幹了八十三天的副總統，匆匆就任美國第三十三任總統。當時，不只是美國，也為世界民主國家捏了一把汗，因為領導世界大戰的美國，正進入最後的決戰時刻，何能放心讓這個看似平常、且無壯志的人物，繼承總統大位，領導美國，領導世界？

結果讓美國人、讓世人看走眼了。這位蹲在副總統位置上，平常不只是不動聲色，且有些可憐狀，但一旦掌握大權，「卻是個有主張、富自信、具有決心的人物。」（《美國通史》，頁四九七）

他，杜魯門不只是帶領美國、帶領世界，贏得第二次世界大戰，而且真有兩把決策刷子。如：決心投下史無前例的原子彈，以早日結束太平洋戰爭，使敵我雙方傷亡降至最低；如改造日本，由侵略世界的軍武國家，變成行銷世界市場的電晶體打入世界市場。如戰後一九四九年在舊金山舉行聯合國會議，以彰顯人類追求和平人權精神，而補了國聯的破網；如「馬歇爾計畫」經援西歐，不只是使此一歐洲心臟地帶，免於戰後的饑餓，更重要的，免淪入共產主義之手；如提倡「公平政治」，以發揚羅斯福總統的「新政精神」；如領導自由世界對抗蘇俄赤色世界；只是遺憾的，國共調停失敗，中國局勢逆轉。

杜魯門所學不多，只是中學程度而已，而早期所作的多是打雜售貨員之類工作，他甚至被定位為只能做做副總統而已。但杜魯門不鳴則已，一鳴驚人，而改變了自己，改變了美國，也改變了世界。八年總統下來，魄力非比尋常，幹掉了一位功業彪炳的現代美國「凱撒大帝」五星元帥麥克阿瑟。

是杜魯門改變了自己，歷史學家也改寫了杜魯門的歷史：「他頭腦清楚且果斷；生平博覽群書，精研美國歷史，所受教育較許多總統為優。」（《美國通史》，頁四九八）

美國副總統中，躍上總統寶座可說不乏其人，才智也許比杜魯門高，但卻沒有杜魯門幸運。詹森與尼克森，就是兩個典型例子。

詹森是在甘迺迪被暗殺後，於一九六三年當上美國第三十六任總統。詹森出身美國德州農場，具有西方牛仔粗線條作風。當甘迺迪被刺那一刻，舉世為之震驚，美國民眾哀傷逾恆，他在登上大位時刻，得意忘形，還不忘對左右「說笑」，語言輕佻，恨不得接收「第一美眷」。與他的前任甘迺迪英雄瀟灑，詹森是一位多災多難的總統，越戰把他拖下來，一九六八年決定不再出馬競選，對美國人印象而言，他所揭露的肚皮疤痕，遠較任何政績為深。

最沒有總統命的是尼克森副總統。尼氏曾在一九六○年及一九六二年，分別在總統大選及加州州長失敗，宣告退出政壇，蝸居紐約做律師。蜀中無大將，尼克森還是在一九六九年登上美國第三十七任總統寶座，但陰溝裡翻船，垮於一九七四年七月水門事件，被迫辭職。

尼克森任內，副總統先丟掉，再丟掉總統，最後不得不根據美國憲法規定，由眾院議長出任總統，那就是福特總統。

尼克森在政治上幾乎在走投無路下，還是當上美國總統，其心情不平衡可以想像。《華盛頓郵報》發行人凱瑟琳‧葛蘭姆夫人就說：「尼克森這夥人還是一團謎，沒有人知道他或他們到底打些什麼主意。顯然絕對不是他們選前說的那一套就是了。」（凱瑟琳‧葛蘭姆著，尹萍譯，《個人歷史》（下），天下遠見出版股份有限公司，頁一六五）

至於那彪形大漢的副總統安格紐，成為尼克森對付新聞界的打手，由於在馬里蘭州長任內逃漏所得稅，吃上刑事官司，只好半途辭職了事。

再回憶一下，我們實行的民主憲政。

民國三十四年，對日抗戰勝利，政府一方面積極復原，一方面籌劃

民主憲法，還政於民，三十六年完成憲法制定，三十七年根據中華民國憲法選出第一任總統。問題就出在美式民主的適應性。美式民主，嚴格而言，只有總統選舉，而無副總統競選，更無副總統爭取。副總統出自總統的口袋中。當時的問題，就出在不是總統候選人期望的副總統，擺明非當副總統不可！而更糟的，總統候選人又不敢明說：這不是我要的副總統！所以當時主持國民黨組織，操控選務的陳立夫，緊要關頭就遞了一個條子給蔣中正先生：「照美國的慣例，副總統由總統提名，是不是就乘這個機會把鈞座心中想要的人選提出來？也是很合適的。」（《陳立夫回憶錄──成敗之鑑》，臺北：正中書局，頁三六一）

蔣中正先生心中的理想副總統人選是孫科先生，但李宗仁挾著豐沛的人脈，在多方簇擁之下，非選副總統不可。這是一盤關鍵棋。所以陳立夫回憶說：「中央不希望李宗仁被選出來，大家偏要把他選出來。這一下意氣用事就出了毛病，我們大陸的丟失，這件事具有直接間接的影響。」（《陳立夫回憶錄──成敗之鑑》，頁三五九至三六○）

作為推行憲政核心的總統、副總統，竟有一段時間出現「空窗期」，那是總統蔣中正引退，代總統李宗仁以治病與求美援離國飛美。

直至民國三十九年三月一日蔣中正總統在臺北復行視事，大局才安定下來。尤其其後的二任副總統陳誠先生及嚴家淦先生，可謂搭配得恰到好處。

陳誠副總統協助蔣總統，使臺灣由安全趨於安定。

嚴家淦副總統，更是一盤絕妙之棋。他協助蔣總統完成臺灣由軍政邁向經濟貿易之路。尤其蔣總統向執政黨提名嚴家淦為副總統時指出：嚴先生的條件，是他所缺少的。更是中國政治自唐堯以來的佳話，因而「蔣嚴」成為「政治絕配」。更絕妙的，民國六十四年蔣中正總統逝世，嚴家淦副總統依法擔任總統，卻在六十七年以謙讓仁德之風，讓給蔣經國先生出來競選，任第六任總統。

無論副總統或總統，嚴家淦先生均畫下完美的句點。

　　風平浪靜的副總統職位，在臺灣相安無事數十年，直至民國七十九年又出現副總統爭奪戰。

　　由於蔣經國總統逝世，副總統李登輝於七十七年一月十三日依法就任總統。

　　民國七十九年，李登輝受執政黨提名，出任總統候選人，副總統是誰？檯面上展開猜謎戰，檯面下又有爭奪戰，作為政治意味濃厚的執政黨報紙《中央日報》，一方面不能不小心應付，以免為人所利用；一方面又要採訪這樣重大新聞，非但不能落人後，更不能等正式提名發布，讀者才知道，那就不叫新聞了，《中央日報》就沒有地位可言。

　　執政黨正式提名總統、副總統候選人，是在民國七十九年二月十一日，國民黨臨中全會推舉李登輝、李元簇為總統、副總統提名人。

　　遠在正式產生前，總統候選人就浮出檯面，政治人物要爭的，讀者要知道的，是誰是李登輝的競選搭配，副總統候選人？

　　那段期間，因為我也是中央委員，常有機會陪同總統府秘書長李元簇先生及中央委員會副秘書長吳俊才先生，出席黨內中央委員們的餐會，我除了「陪客」之外，還在一邊觀察，副總統究竟是何方神聖？能不能在兩位推薦談話中，找出一些蛛絲馬跡，以作為政治記者寫分析稿的參考。

　　直至「開獎」前十天，二月一日晚上，中央主持文宣方面，有要事與我商談，對照之下，「副總統五條件」說，就成竹在胸。二月二日《中央日報》第二版就出現〈副總統所需條件漸趨成熟〉獨家專稿：

　　一、應對黨國有相當貢獻者，實至名歸，以便有足夠的聲望可獲得執政黨內及多數國大代表的支持。

　　二、具有足夠的黨政資歷，並可全心全力輔弼總統，為總統分擔國是重任者。

　　三、在省籍因素考量上，固然不必刻意去強調，但以外省籍人士為優先考慮對策，以適應現況及未來國家發展之需要。

四、副總統候選人應以專心擔任副總統職位為職志，而沒有競選第九任總統的意願。

五、副總統雖無設定職權與固定業務，但仍應有謀國之成熟智慧，並能與總統互有默契，相互配合，輔助總統推動國家大政。

「副總統五條件說」，經過《中央日報》刊布後，立即引起三方面的重視：第一、就新聞競爭來說，臺北若干日晚報，即以「黨報」條件說，大作文章，一時成為新聞熱門話題；第二、黨政高層，尤其志在副總統職位者，受到學術條件說，就難免有些失望；第三、學術教育界，在教授休息室中，大家相互調侃，以自己條件與「五條件」相印證，像臺大校長孫震，一度就出現在報紙新聞副總統人選名單中。

最奇妙的，為「總統」投票暖身的李元簇與吳俊才先生，周旋於國大代表間，均不露出任何風聲，只是不斷地在副總統條件重複與加溫。

有一次，我就好奇地問吳先生：「副總統是不是您呀？」

「五條件」並不是太難的事情，但完全合乎五條件亦不容易。

後來經過證實：「五條件」完全是為「沒有聲音」與法律基礎深厚的李元簇先生量身打造的。

《李登輝執政告白實錄》一書中就透露：李登輝打從一開始，就沒有在國民黨權力漩渦中找人的念頭，報紙當時的揣測極多，各路逐鹿施放消息，李登輝皆不為所動（鄒景雯，《李登輝執政告白實錄》，臺北：印刻出版有限公司，頁七十二）。

當時，李登輝何以不在熱門人選中挑選競選搭配者，而獨選一位黑馬？這是因為「李登輝希望總統六年能夠擺脫掣肘，貫徹意志，將改革的阻力降至最低，好有所作為。試問他如何能夠接受一個不能同心，成天唱反調的副手？」（《李登輝執政告白實錄》，頁七十二）

脫離「兩位蔣總統」時代的政治思維，李登輝很快親自挑選李元簇為總統府秘書長。那是民國七十九年十月，李元簇已退出政壇，從政大教室中，如戲劇般地，被請到權力核心。當時李登輝一時還想不出來李

元簇的名字，就叫幕僚詢問：「以前當過法務部長，後來到政大當校長的那位先生叫什麼名字？」

《李登輝執政告白實錄》中指出：「經過相當時間的相處與互動，李登輝確認此人謹守分際，不多話，是個做事的人；更重要的是，李元簇在法學上的專業素養，對於臺灣在政治轉型過程中憲政與法制奠基上給予襄助，應是遊刃有餘。」

果然，由於李登輝起用「沒有聲音」的幕僚長去當副總統，引起當時的政治風暴。

當暴風雨過去，還有人對副總統的「聲音」，喋喋不休的時候，李登輝就揮著手：現在是做事的時候，不是講話的時候。

也許？這就是李登輝的性格。

第六十七章
報業批評與電視把脈

民國七十七年，政府政治全面開放，尤其在兩岸關係政黨以及新聞傳播事業，展現一個前所未有的新時代。

為因應大眾傳播新環境的改變，黨政高層相關方面，在報業與電視方面，分別採取兩項措施，以促進新聞傳播事業的良性發展：

民國七十七年十月二十五日，一本以導正新聞事業往良性發展的《新聞鏡周刊》創刊。

民國八十一年七月，同樣的性質與使命，電視文化研究委員會成立。

無論《新聞鏡周刊》或電視文化研究委員會，都是由當時的李登輝總統與行政院郝柏村院長，基於相同的理念與默契，結合黨政有關資源而成立的。

《新聞鏡周刊》是由新聞界與新聞事業雙重資深教授與報人歐陽醇出任發行人與社長，而總編輯則是由自《自由時報》以來，一直與歐陽先生有高度默契的湯宜莊先生出任。

據歐陽先生在他的《臺灣媒體變遷見證》一書中透露：有關方面已經籌資二千萬元，創刊的宗旨，「是使報業走上積極健康的道路，擴大報業正面的作用，並指出負面的不適合處，提醒報業媒體注意改善。」

以國內新聞傳播教育的發達以及新聞事業蓬勃，如雨後春筍，正需要這樣的專業刊物。一如美國的《哥倫比亞評論》，是評論園地與批評論壇，不只是縮短新聞教育與新聞事業關係，更使得新聞教育者有園地與機會，來監督新聞事業的進行，同時，資深以及現職新聞工作者，亦有地方提供他們的實際經驗。

主持人選，更是恰當，且得到當局上下二代的充分支持與授權（如

執政黨宋楚瑜秘書長、總統府蘇志誠主任、國防部總政治部楊亭雲主任以及賴國洲先生，都全力支持，甚至歐陽醇先生的「出山」，是經賴國洲與蘇志誠共同推薦的）。歐陽醇先生不只是新聞界人脈充沛，而他的學生更是廣布國內外的新聞崗位，即時的稿件，真是源源不絕。湯宜莊是一位歐陽先生得力的「賢內助」，負責處理編務與版面。因之，創刊不久，就受到新聞事業與新聞教育的重視，連載的特別企劃，如李子堅先生的有關《紐約時報》的風格以及編輯實務的介紹，更提高國內新聞界的眼界與專業精神。

民國七十七年我自電視崗位，回到報界，加入《中央日報》行列，就職不久，就到總統府拜見李總統登輝先生，他在談話中就提到《新聞鏡》的功能，希望我能多多協助。

電視文化研究委員會，是隸屬於中華文化總會項下成立。當時的文化總會會長是李登輝先生，秘書長是黃石城先生。

電研會是民國八十一年七月三十日正式成立發布，九位委員中，因為我曾服務臺視，現在在報界工作，所以被推舉為主任委員，企業家何壽川夫人也是社會教育家信誼基金會董事長張杏如為副主任委員。

電研會宣布正式成立及委員名單，新聞經中央通訊社發布，當晚中央社記者就以電話問我一些問題，其中包括一個「不禮貌的」問題：「聽說原來規劃的主任委員是賴國洲，是由石社長出面代打的？」

我說：「我不知道這個「規劃」，也不知道委員及主任委員產生的過程，我只知道我被徵詢是由於臺視經營經驗而出任斯職，是一項義工性質。」

這樣的「傳說」，以前發生過一次，以後也發生過一次，共有三次。我好像是棒球隊中的代打者。

第一次是民國七十年我在激烈競爭中出任臺視總經理，當時以我微弱的人脈關係，被視為跌破眼鏡。當時就有一種說法，原來簽報的總經理人選是蔣孝武，他不方便出來，也不能擔任這個敏感的職務，就由當

局指定由我來代打。

這是不確實的，因為臺視總經理產生過程中，在當時的政治環境及類似臺視高層人事產生方式，根本就沒有事先簽報這個程序。

當時的委員，不只是一時之選，也代表各方面的背景，籌劃當局可謂用盡苦心，除主任委員、副主任委員，其他七位委員如下：

吳俊才：總統府顧問。

林敏生：名律師。

陳澄雄：名音樂家、臺灣交響樂團指揮。

黃榮村：臺大教授。

潘家慶：政大傳播學院院長。

賴東明：聯廣公司董事長。

賴國洲：政大副教授、中華民國新聞評議會秘書長。

籌備工作，確實由賴國洲負責，正式運作後，委員只是出席定期委員會議，會務由賴國洲以執行秘書身分負企劃與推動之責。

委員的產生，也不是想像中的順利。像吳俊才先生為李登輝先生所敬重的黨國大老，我陪賴國洲，以晚輩身分，二度往吳先生住所請命，吳先生以不深入這方面的事情謙辭。最後，還是勞動李總統出面，在總統府親自請吳先生幫忙，多多費心，才接下聘書。

林敏生與黃榮村，當時比較傾向在野黨的立場與身分，但是大家在委員會中相處卻非常愉快，因為我們只求對於電視環境有所幫助，可以說我們是沒有立場的。林律師主持一個頗具社會地位的事務所，又有重病在身，所以能來開會，我們就非常感謝。我們非常敬重林先生的精神以及法律專業地位，無法出席時，多由黃榮村教授代為轉達。林律師不幸因病過世。黃榮村教授曾擔任澄社社長，為人溫文爾雅，他在面對議案的時候，非常重視文字的穩妥性，字字推敲不只是求精確，還要典雅。與會委員印象都非常深刻。

陳水扁新政府成立，黃榮村是教育部長的熱門人選，各方較勁下，

曾志朗出線，但黃榮村仍應邀入閣，擔任政務委員，並主持「九二一」專案小組，最終，如願得償，接任教育部長。

八十一年十月八日，正是雙十節前夕，李總統以中華文化復興總會總會長的身分，蒞臨電視文化研究委員會，除與全體委員見面外，並邀請當時的三家電視臺董事長、總經理與公共電視籌備處負責人共聚一堂。

李總統來訪的目的，一方面對於剛剛成立一個多月的電研會委員有所任務交待與方向指引，更重要的，對於電視業者有所期許。不過藉著電視文化研究委員會開會的場合而已。

這裡有二個意外的插曲。

一個是遲到大王，「臺灣蓋仙」的臺視董事長陳重光先生，一如往例，遲到了一個多小時才見蹤影。

一個是當總統進入會場前的幾秒鐘，侍衛長曹文生將軍臨時告訴我說：「總統交代，總統今天不想先講話，要先聽聽大家的意見，請石先生費心安排。」

這真是出乎意料與議程之外，因為無論電研會委員以及應邀參加的電視媒體負責人都知道，也有所準備來聽總統講話，突然交下這項任務，不是不能改變，因為根本沒有時間改變。這緊急時刻，沒有一分一秒商量時間，也無人可商量，只有「處變不驚」來應對。

待總統進入會場坐定後，我就代表全體委員歡迎總統蒞臨指導，並歡迎電視界負責人一起來參與電研會的工作。緊跟著，我就執行曹侍衛長囑託的議程，先就電研會籌備經過、成立目的以及未來的作法，作一個簡要的簡報。緊跟著，花較長時間的，是一一介紹委員經歷，特別是所代表的背景。因為經過一次委員會議，又有一個多月的相處，我對於每位委員，都有一些瞭解，所以較敢用非正式與輕鬆方式介紹，一方面達成侍衛長交付的任務，一方面加深總統與其他與會者對於委員們的印象。

就這樣完成總統講話的「前奏曲」，當然，在總統講話前，基於會議

禮貌，無論委員們或電視臺負責人，也不會搶先講話。

那一天，總統真是語重心長，基於對電視長期的瞭解以及多方的準備，他講了很長的話，不是一般的官話或客套話，而是「重話」，正如中央社所發出的新聞原稿，所用的標題:「李總統期許電視事業本著良心追求善利。」

首先，他以文化總會會長的身分，指出電研會的使命:委員會主要的工作就是扮演一個對電視事業改革的重任，希望能和電視業者同心協力，集思廣益，為電視事業賦予新的生命，開始一個新的時代。

李總統提到電視在臺灣的重要性以及對於臺灣社會的普遍影響性:電視是目前我們社會中影響最大的傳播工具，應是現代文化的一部分，同時也是形成未來新文化的重要力量。如果要使我們的社會朝向一個理想的目標前進，我們就絕不能忽視電視所能發揮的影響力。

有關電視所積存的弊病，他也毫無保留的指出:根據各界的反映與他長期以來對於電視節目製作與內容的觀察，發覺「我們的電視有許多令人詬病，亟需改進的地方」，他並具體地以八點檔所謂「黃金時段」為例表示，往往只顧到收視率，就忽略了對兒童的不良影響了。其實電視臺求收視率並沒有什麼不好，因為這表示節目有人看，有影響力。可是收視率與好節目應該並不衝突的，只要用心，只要有負責的心，老少咸宜的好節目，照樣可以有收視率。但是如果根本不肯用腦筋，也沒有負責的心，那自然就以低俗打鬧取勝了。

電視這個東西，真是怪物，越看會越生氣，但儘管生氣，還是要看。當時的李總統也反映了電視觀眾的感受:「不只是本人，我想凡是有心的人，都會覺得，電視事業是個良心事業。雖然現代是工商社會，一切講求利潤，但求利益沒有什麼不好，因此計利當計天下之利，要本著良心賺錢，求的要是善利才好。」

如同一位醫生，診斷病情之後，就要開處方單。李總統為電視把脈，也為電視開出處方單:至於如何才能憑著自己的良心來賺錢呢?恐怕第

一個要作到的，就是把觀眾當成自己的家人來看待。製作人在製作節目時，心裡就應該想，「這節目是播給我自己的父母子女看的」，再深一層想，「他們看了以後會怎麼樣？感受如何？」假如只一昧想賺錢，向觀眾播放連製作人都不敢讓自己子女看的節目，「請問這和販賣毒品有什麼區別？」

李總統對坐在他跟前的電視老闆們說：「你們賺錢事小，卻害苦了我們的下一代。」

李總統講話，不只是一篇對電視的宣言，也是對電視的宣戰，不能不說嚴重。實在電視太重要了。過去蔣總統經國先生也有利用早餐會報的機會，有類似的指責。美國甘迺迪總統時代，聯邦傳播委員會主席，也對昧於良心的商業電視，發動討伐之聲。

李總統講話，真是語重心長，本來還想聽聽在場的電視界負責人意見，但都噤若寒蟬，只有回去看著辦了。

電視管理機構，還是行政院新聞局，那是依法辦事。電研會在賴國洲執行秘書領著一群年輕朋友，還是做了不少事情，特別是與學術界合作，無論個案或專案，都有不錯的成績。另外就是透過中小學幼稚園教師乃至家長，推行媒體教育，透過家長與教師，帶動學生與孩子，如何選擇有益的電視節目觀賞，不只是不要遠離電視，而是與電視一起成長，電視成為吸收新知的泉源，做人做事道理的精神食糧。我們如果能生活在這樣電視環境中，其效果與影響，不會下於教育，至少與正規教育制度與家庭教育三管齊下，我們受惠受益於電視，就無法估計了。

這是電視文化研究委員會的社會運動的理想與宗旨，可惜，後來政府管理機構在立法院立法委員壓力下，電視這一關卡，放的太快太大，一瀉千里，電視受災戶又何止千萬？

第六十八章

叮嚀與祝福

民國七十年代之始，中國國民黨中央鑑於海內外以及大陸情勢，確認《中央日報》為唯一代表中國國民黨及中華民國之報紙，隨後形勢之發展，可謂「地位愈形重要，任務愈益艱鉅」；那個時候，在評估《中央日報》形勢時，還未料到六年後的黨政以及報業全面開放，更難以接受的是中國國民黨主席、中華民國總統蔣經國先生逝世。

民國七十一年，中國國民黨決策高層，為解決《中央日報》現存問題以及提升地位，中央常會特別成立專案小組，推定由五位中常委及財務業務主管所組成，包括常務委員黃少谷、常務委員俞國華、常務委員曹聖芬、中央財務委員會主任委員鍾時益，以及中央文化工作會主任周應龍。決策小組的任務，是為解決《中央日報》「遷址建廠、增加設備問題」。

這個由中常會（第四十五次會議）推定之小組，組成之時，還是單純面對《中央日報》臺北市忠孝西路社址過於狹小，設在臺北市撫順街小巷內形同違章建築之印刷廠，分開二地；忠孝西路報社大樓稱「忠樓」，撫順街印刷廠稱「辛廠」，設備無法擴充，還未急迫面臨忠孝西路舊址必須拆除，以配合捷運基地及施工需求之迫切問題。

增添設備，當時設計比較簡單，所謂專為擴大《中央日報》國際版在海外發行，增購一臺印刷機，為國際版專用，以及加添照相、製版等新式設備。

有關遷址購地建樓一事，經中央專案小組決定後，《中央日報》方面有關主管同仁，分別在臺北市找尋適當建地，考量的因素很多，主要的，除了方便工作人員上班外，最重要的是方便運報，能在報紙印出後，最

短時間內，搶上機場、火車站與發報攤，經奔走半年，幾乎要放棄，最後在臺北市八德路二段現址找到了。這塊建築用地總共三千零八十七餘坪。

這三千餘坪的建築用地，中央專案小組大員如召集人黃少谷先生，是報業老手，如當時的《中央日報》董事長曹聖芬先生，更是一言九鼎，在當局極具發言地位，為了《中央日報》可大可久，規劃的時候，就設計成兩幢，但困於《中央日報》籌措建築經費之困難，因此，決策方面決定，先集中可籌措可運用之資金，先行建造自用之一幢，這就是命名為華夏大樓的十二層《中央日報》大樓，而幾乎同樣坪數的「西幢」建築用地，徵得合建，專案小組並作成決議，由《中央日報》接洽處理，以籌集建築資金。

《中央日報》華夏大樓完成後，西鄰空地，有一段很長時期作為停車地，其分隔措施，就有二個階段：第一階段，空地與大樓，沒有任何分界物，因為都是《中央日報》的；第二階段，就用磚牆加以區隔了。換言之，華夏大樓是《中央日報》的，空地是空地，與原來設計與規劃的「雙子大樓」理想，越來越遠了。

那個時期，也正是房地產熱門的時候。《中央日報》有這樣一塊土地在身，一如待嫁之公主，各方探聽身價者絡繹不絕。

其中較著名而有特殊政商關係且有具體行動者，記憶所及，就有捷和建設、達欣工程以及東帝士等等。

捷和建設是屬於今天的和信系統，具體提出合建計畫，並經辜振甫先生證實與保證，信用絕對可靠。

王人達的達欣建設，在臺北市的幾座具有地標功能的建築物如 IBM 大廈、遠企大廈，均出自王人達的大手筆。

東帝士董事長陳由豪先生透過建臺水泥公司高級主管王軍先生，有一天打電話給我：「陳總經理希望定一個時間，到《中央日報》拜訪石社長。」我知道又是那一塊地的問題。我就告訴王軍先生：「聽說陳先生健

康狀況還在復原中，還是由我拜訪陳總經理。」

經王軍先生的安排，我去陳由豪先生辦公室看他。俗語說：腰纏萬金，當時陳先生經營事業得法，日入就不只萬萬金了。未進他的辦公室，就聽到古典音樂聲遠遠傳來，與他見面，陳先生就說：「音樂是我生活唯一的嗜好與享受。」

開門見山，我就告訴陳先生：《中央日報》手上確有一塊地，而且正在積極規劃興建，但，不只是《中央日報》社長做不了主，《中央日報》也做不了主。

我對陳由豪先生這樣答覆，對王人達先生答覆是如此，事實確實如此，後來的演變也是如此。

蓋大樓，買機器，《中央日報》大張旗鼓，好像在迎接一場報業大戰的來臨，雖然不是事先有周密計畫，但剛好碰上。

在這報業緊要關頭，我又偏偏湊巧，加入這場史無前例的大戰，而且充當領軍的角色。

這真是巧合，也是幸運。因為那個時代，念新聞，就夢想能一朝沖上天當記者，做無冕王，作為政大新聞系畢業生，能進入《中央日報》服務，那是報業的金榜，今生今世，都要感謝母校新聞系。

巧合的，遠在民國五十七年八月，就有機會進入夢想中的《中央日報》，那時候，恰值《中央日報》國際新聞版編輯出缺，我的老師徐佳士教授就向當時的社長曹聖芬先生推薦。曹先生一口答應：「歡迎。」總編輯趙廷俊先生就約我一談。我當時對於編輯實務與技巧較不熟悉，亦無太大把握，而希望能在文字撰寫方面有所增進，所以希望有個「編撰」或行政職位之類以代替編輯。趙先生很親切地回我一函，表示僅有「編輯名義」，「來日有適當名義之缺額時再敦聘」。趙廷俊先生的信是這樣寫的：

永貴先生惠鑒：

昨得有幸識荊，深以為慰。

曹社長對先生才識甚為推崇。經請人事室查明，目前本報確無副主任等銜缺，先生如願屈就，目前僅有編輯名義，如有其他考慮，則俟來日有適當名義之缺額時再敦聘。敬祈便中示知為感。弟趙廷俊拜上

　　　　　　　　　　　　　　　　　　　　　　　八、十五

當時引起我服務事業機構主管之誤會，以為我見異思遷，在外面活動名位；事實上，非但這一「編輯」缺未主動謀求，很幸運地，自學校畢業以來，都是師長或長官要我到哪裡工作，所以無所謂得失。也真是得之不足喜，失之亦不足惜，這一點可以告慰教導我的師長以及提攜我的長官。

想不到十年後的七十七年四月，出任《中央日報》發行人兼社長。

這個時候，報業開放，原有報紙不斷地在增張，並分別成立中南部獨立編輯部，新報紙如雨後春筍般此起彼落，辦報人的夢想得以實現，但又是一番衝殺天地。

我加入《中央日報》，如同會戰的戰場，很快地就陷於槍林彈雨中。

報業，不同於其他事業，沒有一天休止，更沒有一天休戰，幾乎無時無刻都在戰鬥中。有一位報業前輩就說：報紙新聞，只有一天的生命。

《中央日報》同列於大報之林，輸人不能輸陣，於是又跟進增張的惡鬥中。

增張，不只是要加紙，也要有內容，更要有廣告，無論編校採訪檢排，都需要作比例增加人，這固然合乎算術法則，但並不是簡單算術問題。

《中央日報》員工，幾乎在一夜之間暴增至一二三○人，真是未見其利，先受其害，形成相當大的財務與管理的壓力。

任何事業的得失損益，不外：開源重於節流，為上策；開源節流並重，為中策；節流重於開源，下策。但開源無著，只有節流力行人事精

簡一途。所以自民國七十七年我就任社長至八十三年離任，六年間員工總數由原一二三〇人降至六五九人，幾近一半，而且每年遞減。七十八年由一二三〇人降至一〇三一人，七十九年降至九六七人，八十年降至八八七人，八十一年降至八六五人，八十二年減至七〇三人，八十三年降至六五九人。

《中央日報》忠孝西路舊址，如今已夷為平地，成為捷運站系統，又是一番面貌。《中央日報》遵照政府規定，為捷運工程順利進行，配合搬遷，期間為了趕工，特別商請《中央日報》，提前淨空，以便堆積材料，便於施工，《中央日報》均配合辦理。

臺北市忠孝西路因為捷運工程而遭拆除的樓房，按規定，臺北市政府或予以現金補助，或予以新生面積補償，《中央日報》亦不例外。這一列為臺北車站特定區開發案，行政院已於八十八年六月二十九日通過。負責執行的臺北市政府將在三年內完成細部規劃後著手執行，全案總投資金額高達新臺幣兩千一百億元。

整個開發案分為三區，其中「車站區」以國際商業為發展主軸，將興建商業大樓、金融大樓、飯店等。如《中央日報》所持分之部分約為四百六十七餘坪，這或許是《中央日報》反敗為勝，重新登上第一大報的唯一本錢。很遺憾的，事過境遷，後來的演變，希望變成幻想。

《中央日報》的讀者以及關心《中央日報》現況及發展者，都很注意在民國八十八年六月十二日刊登在臺北一家主要報紙，有關《中央日報》最後一筆「祖產」的重要新聞：《中央日報》大樓正式簽約出售。

這不禁使我想起民國六十九年五月十二日，當姚朋先生就任社長時，從前任社長所得到叮嚀與祝福的話。姚朋說：「記得在我就職的那一天，儀式之後送潘社長（煥昆）走出大門。潘先生握著我的手說：『彭歌，希望在你任內，把我們的新廈完成。』」

時過境遷，又是一位新董事長與社長就任，在太平洋彼岸舊金山，姚朋手握著筆，在電話中向新董事長祝福：「希望在您任內，讓《中央日

報》大樓重回《中央日報》。」

多少人的辛酸，多少人的淚水，多少人的祝福，都在期盼中。

第六十九章
尋尋覓覓的「高層人才庫」

　　中外古今都是一樣，人事真是變化莫測，其奇妙與奧妙，尤較風雲變色，更為不可測。

　　民國八十一年，由於執政黨選舉方面遭受挫敗，連帶引起行政院、執政黨中央以及臺灣省政府的人事巨幅變動。當然，立法院變動更大。由於黨營文化事業居於龍頭地位——中視與中廣的董事長，也當選立法委員，進入國會，執政黨中央採取一項人事措施：立法委員為專心問政，不再兼任黨營事業董事長。

　　於是，在黨內令人羨慕的位高責輕、待遇優厚的中視董事長職位，展開激烈的競爭，其中，剛從情治機構退休的負責人，由於與當局的特殊關係，也勢在必得，且視為理所當然的「禮遇」與酬庸，格外令決策者傷神。

　　就在這樣特殊微妙的狀態之下，八十二年八月，深受當局敬重的吳俊才先生，因為具有中視常董身分，而打敗群雄，登上中視董事長的至尊寶座。

　　外界不免意外，但以吳先生與當局的關係乃是意料中事。

　　況且，人事，特別是重大的人事，如同玩牌者手上的牌，善戰者總是有幾張牌，握在手中，以備重要時刻出牌！

　　吳俊才先生就是一張牌。在未出任中視董事長之前，就幾乎打出來，只是未為人所注意，一般人只關注檯面上所謂的熱門人物。

　　八十一年底選舉，執政黨遭受空前挫折，可謂氣壓極低，一方面內部攻擊者四面八方而來，另一方面人事極為紊亂，卡位者更是原形畢露，保官職，求官職，形成現代官場現形記的拉鋸戰。

　　民國八十二年元旦至二月十二日，在四十二天內，我曾奉命二度奉陪往臺大醫院探視正在養病中的吳俊才先生，因為當局有關重要人事徵求他的意見。

　　八十二年元旦除夕，我正在與過去臺視老同事在家中閒談迎新送舊，忽然接到總統官邸電話，是賴國洲先生打來的。他說：正在客廳陪總統聊天，話家常，總統想念正在臺大醫院住院的吳先生，希望我能陪國洲到醫院看看吳先生。

　　第二天上午九時十分我們就相約到臺大醫院十五Ｃ病房，探望吳先生，當時，臺大醫院戴東原院長也在場。

　　醫院辭出後，歸途中，國洲透露：昨晚「老闆」和他談了很久，有關吳先生的事，如果健康許可，在這次黨政人事改組中，吳先生可能會有一個「位置」。國洲並說：吳先生健康狀況，較上次到他府上拜訪時，看起來，好的很多，說不一定最近會有吳先生的新聞。

　　第二次陪賴國洲到醫院探訪吳先生，是二月十一日。李總統關心吳先生的健康，的確異於平常。

　　當然，有關吳先生的健康狀況，臺大醫院方面應會直接提供並作評估。據事後瞭解與查證：當時，黨政高層人事改組，中央委員會秘書長雖內定由亞東關係協會駐日代表許水德先生出任，但在李先生人事形成的習慣，並未作最後的定案，仍在反覆思考，尋尋覓覓，希望能找到更適當的人選，這是學科學的人思考方法。就在那個人事「鋪牌」的過程中，一度很認真考慮由吳先生復出，擔任幕僚長，但由於健康以及大環境的因素，未能實現，由此可見，吳先生在李總統心中的分量。

　　由於吳先生長期主持國際關係研究所及革命實踐研究院，所以手中有大量的「人才」，此後在有限的最後幾天中，打破省籍與年齡，再「找找看」，曾出現錢復、蕭萬長與黃昆輝，最後還是回到原點：在海外待命的許水德出線。

　　許水德的新聞，直至二月二十一日由《中央日報》在第一版顯著地

位，首先在國內正式見報，下午有二家晚報跟進。當時，是發「二德」
的新聞：許水德接掌中委會秘書長，徐立德內定政院秘書長。

人事真是千變萬化，後來連戰正式組閣，徐立德由「內定」的秘書
長，變成行政院副院長。這是因為另外預定入閣二位人士，一婉謝一加
入，而形成的變化。原先規劃的行政院副院長是中央銀行總裁謝森中先
生。謝總裁也是不二人選，他具有幾項優異的條件：第一、無黨籍人士，
適合政治與立法院環境，第二、財經背景，美國明尼蘇達大學農業博士、
亞洲銀行資深專家，在立法院以客家國語，四兩撥千斤，笑談用兵，脾
氣再大的立法委員，見到謝總裁，只有拿他的「國語」笑笑，鬧不起來，
也吵不起來，更無法逼問出國家金融機密，影響外匯股票市場，立法委
員們一見到謝總裁，只有向「老大」稱臣。因為謝總裁與李總統是農復
會時代的同事，兩人又一起發表國際學術論文，關係非比尋常，所以謝
總裁就以中央銀行有任期未滿，改革任務未完成，談笑之間，就謝謝當
局的好意。

另一方面，省府改組，由宋楚瑜先生接任省主席，原屬連戰先生班
底的財政廳長李原高，並無作適當的安排。理所當然，就到行政院追隨
老長官，連院長就安排李原高出任行政院秘書長，原內定秘書長徐立德
則升任行政院副院長。如此一來，謝得以脫身（另一種說法，是連先生
未就接任副院長，徵求謝先生意願），李、徐兩位，旋踵之間，更上一層
樓，皆大歡喜，而徐立德深受連戰信任與授權，除了蔣經國先生擔任行
政院副院長之外，被認為是最有權的行政院副院長。

官場的奇妙也就在此。有人要你的位子，被拉下來；有人不要你的
位子，卻被推上了。謝、徐、李的關係，就是如此。

歷史也會重回現場。扁政府時代，彭淮南擔任中央銀行總裁時，也
由於強勢的財經背景，一度硬想拉下來送上行政院副院長的位置。彭總
裁也搬出相同前輩長官與學長（明尼蘇達）的答案：任期未滿，而輕易
婉謝。

　　政府人事大變動中，新聞界總是承擔微妙的角色，有的時候會「見光死」，有的時候會推波助瀾。曾經一位出任要職呼聲很高的人士，隨時準備出來舉行記者招待會，但突然一天早晨，發現滿布門口街頭的記者撤守不見了，更靈的，連電話也不響了，他知道：事情過去了，不到幾個小時，就接到通知，證明他的判斷的確如此。西方民主政治，喜歡放汽球，先把預定安排的人事，透過新聞界放出去，以試試輿論的反應，這也是新聞功能或政治遊戲的一種。

　　就在那個時期，連戰組閣成功在望，新聞界則對內閣名單大猜謎。一位學術界並且與新聞界有良好關係人士，有一天深夜就透露一個內閣名單，其中包括：蕭萬長經建會主委、江丙坤經濟部長、陳庚金人事行政局長，這雖是部分名單，可謂不中亦不遠矣，但《中央日報》未敢用，一方面不是自己記者跑出來的，又未經我能信任的管道確認，這也許就是《中央日報》的保守作風。《中央日報》如果有九十九條新聞是正確的，視為當然；如果有一條新聞出錯，則會弄得天下大亂，交相指責。很值得驕傲也是不可思議的一句「官話」：「《中央日報》怎能出錯！」有一次被訓得太難聽，我就說：「《中央日報》不是神仙，怎能不出錯！」

　　《中央日報》外邊看起來如深宮——深不可測，其實，是政治邊緣而已。

　　不管黨政人事如何變化，我們盡報紙的責任，新聞求真實，言論求公正，副刊求活潑。不講官話，不唱高調，更不想官場。所以在這個時期，我與《中央日報》共勉的：做我們《中央日報》該做的事，仰不愧於天，俯不怍於地。就和我在其他事業機構做事一樣：每晚下班前，總要檢查自己的公事包，有無一枝公家筆帶回家？檢查自己的錢包，有無欠公家一元錢？明天如果不能上班，今晚就能做好乾乾淨淨的移交。

　　為了使《中央日報》能繼續往前想、往前做、往前走，這個時期，《中央日報》成立經營顧問委員會，並在八十二年二月二十六日正式成立並舉行第一次委員會議。委員包括：司徒達賢（國立政治大學企管研

究所所長）、石銳（飛利浦公司人事處長）、李聖潔（IBM，亞洲區人事訓練處處長）、梁金城（國立政治大學會計學教授）、周康美（華夏公司總經理）、殷文俊（國立政治大學財稅系教授）、郭進財（震旦機器公司總經理）、李成家（美吾髮公司總經理）、周君銓（企管專家）、陳再來（臺北市中小企業銀行總經理）、邊裕淵（國立臺灣大學商學系教授），並推舉司徒達賢為主任委員。

我代表《中央日報》，在學者專家面前，宣誓《中央日報》改革的決心：

一、寧願辦一份好的報紙失敗，也不願辦一份壞報紙成功。

二、以一種傳教士精神辦報。

三、向命運挑戰，先改造自己，才能改造報紙。

為了《中央日報》的使命，也為了《中央日報》在報業占一席之地，我除了以「科際整合」方法，拜國內學者專家為師外，並向古人拜師，那就是曾國藩文正公。

曾國藩以一介書生，湘鄉一隅，辦理團練，而能平定占據半壁江山、定都南京，歷時十四載的太平天國，延續滿清之生命，史稱「咸同中興」。一個朝代能中興，一個事業又何不能中興？這是我潛研曾國藩的私念。

我又發現，曾國藩不只是平庸，而是笨拙，崇拙而忌巧，乃能成大功。曾國藩的成功，根據史學家錢穆在《國史大綱》所指出的，約有下列諸端：

一、堅守計畫，按步推進。

二、兩面作戰，穩紮穩打。

三、知人善任，薦賢滿天下。

而「紮硬寨、打死仗」；勝相讓，敗相救，可謂曾國藩獨門治軍精神，乃能成為中國的湘軍傳統。一字一言，都是救《中央日報》的無敵良方。

我在中學時代，靠曾國藩家書心得寫作，參加校內以及校際比賽，贏得不少獎狀、獎杯、派克筆。如今，深入《曾國藩全集》，乃有入寶山之樂。那個時期，除了工作睡眠之外，就是研讀曾國藩，乃能完成一本心得之書：《影響現代中國第一人——曾國藩的思想與言行》（臺北：東大圖書股份有限公司，民國八十六年）。我這本書最大的意義，就是曾國藩的事功，來自他的思想與言行。而且對於民國以後的人物：蔣中正、毛澤東，都有絕對的影響。他們的功過，真是成也蕭何，敗也蕭何。蔣先生終身以曾文正公為師，也用曾師之精神與方法，贏得了中華民族最光輝的一頁——領導全民抗戰，擊敗日本，中國成為世界四強之一；一九四九年退到臺灣，重新拾起曾師的教法與戰法，而創造了舉世聞名的「臺灣奇蹟」，至於中間——一九四五年至一九四九年，不到四年之間，積抗戰之軍事經驗以及海外作戰之精銳現代化美式裝備百萬雄師，付諸東流，退守臺灣，那正是滿清政府與太平天國的化身。毛的以少勝多，以無戰有，而席捲中國大陸，也是貫徹了「鄉賢」曾國藩的打死仗，以讀書人帶領農工大眾的鬥法；而文化大革命的「造神運動」，《毛語錄》變成《聖經》，不管主席或元帥，鬥的鬥，死的死，鬥臭為止，鬥死為止，這不也是太平天國的翻版嗎？

　　一朝的起衰，也許不易在當朝看得清楚，但從前朝的興亡，就會一清二楚。歷史真是一面鏡子。

第七十章

未能實現的夢

　　由於商業利潤的誘惑，二十世紀的美國，在人類歷史中，創造與發明不少奇蹟，使許多幻想變成事實，使不可能變成可能。

　　這些創造世界的美國人物，並使美國的疆域無限的延伸，也使得美國在這個地球上無所不在。其中為我們所熟知的人物，如：泰德‧透納與CNN，吉拉德‧列文與HBO，比爾‧蓋茲與微軟，麥當勞與麥當勞，柯達與柯達彩色，都是我們所熟知，也影響我們的生活，甚至《新聞周刊》就在一次分析專稿中指出：現代人類社會的三大指標：CNN、大麥克牛肉餅與 TOYOTA 豐田汽車。可見美國的產品影響世人每個人的物質與精神生活，這是人類歷史中難有的紀錄。

　　本來，美國在新聞傳播的領導品牌，已經美不勝收，且再生品牌又勝過原始產品，如財經專業報的《華爾街日報》勝過綜合報紙；三大新聞雜誌：《時代》、《新聞周刊》與《美國新聞與世界報導》的三大，其影響力又勝過美國的一般雜誌；財經領域，也出現三大王牌雜誌：《商業周刊》、《財星》與《富比士》，而掌握美國耳目的三大電視網：ABC、CBS與NBC，曾有很長的一段時期，是無法扳倒的王牌。

　　但偏偏有人不信邪。

　　當時，一九八〇年，「三大時代」，全美有三分之二認為電視新聞是大部分甚至全部新聞和資源的來源，鈔票源源湧入，鈔票也如流水湧出，「三大」駐在華盛頓的採訪網就有二千名職工，即使最低的攝影小組出差，也一律坐頭等艙，明星新聞主播年薪更在數百萬美金。只為了每晚提供二十二分鐘的黃金時段新聞，每家晚間新聞年度製作費，分別高達一億五千萬美元。

有一位瘋狂小子跳出來，不只是公開叫陣並公開宣布：他即將開播二十四小時的全天候即時新聞。

這不只是電視新聞挑戰，也是新聞的革命。從此新聞再也沒有時空的距離，所有的新聞，都是及時發生的事情，就像你在現場看到一樣的真實與權威。

這個改變新聞定義與歷史的人物就是：泰德·透納 (Robert Edward Turner III)。

有這樣想法的人，透納不是唯一的人，也不是第一人。像 HBO 的列文，像史貴普恩—霍華公司與葛萊翰夫人的《華盛頓郵報》，都有類似的思考與籌劃。

但讓透納先宣布計畫與實現夢想。

透納在開播前一年，搶先在美國廣播電視年會中宣布開播，當時連 CNN 的影子都沒有，不要說組織架構與辦公室了。但透納這一次是玩真的，說做就做，準在一九八〇年六月一日開播。

主要班底組成，是由熊費德、芮哈德與卡維拿，他們不是來自豪華花大錢的三大電視網，而是獨立電視臺。這樣 CNN 就可以憑著樸實勤勞的作風，開創新時代的電視新聞網。

不要大牌主播，十組主播，每兩小時一班輪番上陣，撙節開支，不需剪接，就是有線電視新聞網異於三大電視網之處。

它的註冊標示，就是：「新聞頻道，就是 CNN」。

如果沒有沙漠風暴戰爭，如果沒有北京六四事件，CNN 還會生存發展下去，但不會這樣快速席捲美國以及世界電視觀眾。

如果沒有有線電視新聞網，世人就不可能隨時隨地知道天下事了。

如果沒有有線電視新聞網，美國總統候選人就不會出現「第三黨」。

有為者當如是。

世界電視新聞人，不是羨慕透納多彩多姿的生活以及集榮耀於一身，如當選《時代》風雲人物，而是 CNN 的夢想實現。

麥克魯漢的「地球村」，竟讓對於新聞毫無所知的門外漢實現了。

透納所以創建 CNN 成功，乃是基於二個前提：一是三大電視網的腐化浪費，一是三大電視網無法做到的事情。

對於科技的傳遞，我們還無法走到時代的前端，但，這一代的中國人，幸運的，不會再落後數百年，也有急起直追，甚至迎頭趕上的能力與機會。

於是，民國八十二年，基於對於電視新聞的熱忱與理想，我們也想在臺北建立起中國人的 CNN。

三個臭皮匠成為一個諸葛亮，四個中國人湊在一起，就可以湊成一桌麻將。三月間，我們四個人，湊在一起，已超出一個諸葛亮人數，又不想圍成一桌麻將，正如一位長輩常常就說：「我看你們中山裝可以換換，難道穿這一輩子，空等白頭領退休俸，趁頭腦與身體還能動的時候，還不創造屬於自己的事業?」

四人中，我年紀較長，走的新聞路也長，經過崎嶇不平的路，吃了不少苦。這位長輩就說：「我看你帶個頭吧，不要浪得虛名，用你的聲譽，來證明一下自己的實力。」

除了透納之外，要做我們就做別人未做的事業，就從那裡開始，我們心手相連在一起，築起中國 CNN 的大夢。

這個時期，有線電視或衛星電視，是全世界的風潮。就華人生活區來說：于品海在香港的中天與大地，如火如荼地進行；在臺灣，從立法院政治人物到鄉鎮黑字號人物，都在夢想一夜之間，取代三臺的地位，成為權勢與金錢的象徵。

有線電視或衛星電視也好，都是從地下臺、第四臺冒上來的，不過，由於政治勢力與財團的介入，使得如雨後春筍般出現，幾乎在一夜之間，就成為政治與媒體的新興勢力。

我們這一組，還是脫離不了「秀才」的習氣，一方面加緊進行，一方面期待政府有關法令的出現早日完成，才好依法行事。

　　我們的開創陣容，都是來自臺視。一方面我們在臺視朝夕相處建立起感情，一方面臺視有新聞王國這張招牌，不只對於我們自己有信心，對於集資募股，也是品牌的保證：

　　石永貴，就是新聞的化身。除了印刷媒體外，曾參與華視籌備工作，不只擔任八年臺視總經理，而且創造了重大新聞必看臺視的口碑。

　　李聖文，是臺視開臺鎮臺型人物。由臺視記者開始，主持三臺聯播的《大時代的故事》，真是家喻戶曉，並擔任臺視節目部副理、經理與副總經理，資歷可謂完整。

　　李光輝，是臺視業務部業務員起家，而業務組長、副理，是電視界業務的「金頭腦」。

　　鍾田明，臺視從基層做起。橫跨臺視新聞部、節目部與行政部，可謂電視界的全才。

　　我們又請王韻儀小姐加入，她是臺視上下被認為人緣最好的女士，真是協調高手。並經甄試，網羅了剛從政大廣電系畢業的沈璐平小姐作

圖 70-1　未完成的二十一世紀有線電視新聞網核心成員：鍾田明（右起）、王韻儀、李聖文、石永貴（筆者）、李光輝及沈璐萍

唯一的全職的工作伙伴。

我們就在臺北市敦化南路一棟大廈內一角，展開籌備工作。

首先是建臺的藍圖，包括軟體與硬體的。

我們所根據的二本書：一是波特·畢博所著的《CNN 泰德·透納傳奇》、一是艾文·托佛勒著的《大未來》。

托佛勒在《大未來》一書中二句話，二十年間，在美國在臺灣，都一一實現了：

未來十年，全世界究竟要看什麼樣的電視？

從前，美國也有三大電視網，今天還有誰記得他們是誰？

載於我們「憲章」中的一句話：「同樣的，我們可以預測：若干年後，誰還記得三臺在哪裡？」

無論美國或臺灣，戲劇與綜藝的變化，沒有人關心，而變化最大的是電視新聞。因為，電視新聞不只是與我們生活息息相關，也影響政治的品質。

在美國，全天候的電視新聞網，除了「始祖」CNN 外，還有福斯電視新聞網以及 MNBC，尤其福斯經過柯林頓醜聞案等美國幾件重大新聞案件，來勢洶洶，有後來居上之勢。

我們國內呢？更是二十四小時衛星有線電視新聞網的天下，可能是世界上密度最高的地區。有：TVBSN、東森、中天、民視、SETN 等。競爭激烈，就新聞表現而言，各方面都有不錯的水準。

經過多次會議，辯論，我們的新聞網定名為：二十一世紀有線電視新聞網。

當然，CNN 是二十世紀的產物，為了迎接中華世紀的到來，我們把它定名定位為「二十一世紀」，以迎接與開創未來。

我們的精神堡壘有三個，分別排在辦公室或擺在辦公桌前，以示惕勵與嘉勉：

　　一是「不可能的夢」，一是「青春賦」，一是「龍騰虎躍」。

　　「不可能的夢」，是我提出來的，這是我在一次家庭宗教聚會中，聽到的一支歌，令人興奮與感動。王韻儀也說：這是她桌前擺設的歌詞：

　　去夢；那不能實現的夢，去擊敗那不能擊敗的敵人。去忍耐；那不能忍耐的挫折，要邁向那勇敢的人都不能去的地方。去修正；那不能修正的錯誤，去愛那遙不可及的純真。去盡力；雖然你已經是太疲累，去觸及那遙不可及的星星。這是我們的尋求，要跟隨那星星，不論有多絕望，不管有多遙遠。因為有人雖然受盡創傷；仍然拼盡最後一分勇氣，要觸及那遙不可摸的星星。

　　「去觸及那遙不可及的星星」，這條歌，好像為我們而寫的。

　　「青春賦」是出自麥克阿瑟之手筆，是國華廣告公司許炳棠先生書寫加以鏡框送給我的。我們，尤其聖文與我，過了中年創業，難免會有力不從心之感。就從麥克阿瑟處得到啟發：「只要能夠從天地、人間、神之間感受到人生的美、喜悅、勇氣、崇敬和力量，那麼，這個人就是年輕的。」

　　「龍騰虎躍」是太平洋集團創辦人、也是書法大家孫法民先生寫的。那一天，我到他辦公室去談「二十一世紀有線電視新聞網」的構想，並請他加入。孫先生二話不說就說：「如果政府法律通過，我們入股。」他在寫大字，也正在寫「龍騰虎躍」的時候，我就說：這四個字，正是我們「二十一世紀」的精神，孫先生說：「那就送給你吧!」作為我們精神堡壘。

　　「21世紀有線電視新聞網經營計畫書」出爐的時候，我們每個人像抱新娘或新郎一樣的喜悅。計畫書的美術設計，是由吳鴻富先生完成的。封套是李光輝特別遠自舊金山選購的。金黃色的封套，富麗堂皇。

　　我們預定股本是三億元，後來募集順利再加上衛星費用的考慮，改為五億元。在未出發開始募集前，我們就約法三章：

一、我們以身獻業。絕不像一般慣例，創辦者享有若干乾股，以視酬勞。我們不拿一分一毫乾股。

二、我們全身投入。電視臺正式啟動時，我們不計個人得失報酬，從現有工作崗位退休或退職，以示決心。

三、我們不收取預付股款。在未完成股東會、董監事會，開播時間難定，不向股東預收任何股金，以取信股東。至於開辦費用，由創辦者自行負擔。

四、我們沒有大老闆。所以投資額限制在十分之一以內，亦即全部資本為五億元，單一投資者不得超過五千萬元。

股東之組成，依章程，「不公開向不特定人募股」。所以我們創始人手持經營計畫書，分別向友好誠信企業家招股。

我們「募股之旅」，證明了高清愿先生的一句話：口碑是企業無比之寶。

就我自己的經驗，我要感謝對我們的支持與信任的，有：星辰表楊鴻偉、《大陸尋奇》的周志敏、吉隆傳播的林宜娟、講義堂的林獻章、育達教育事業機構王廣亞、富邦的蔡明忠、陳藹玲夫婦，以及信義房屋周俊吉夫婦、文經社吳榮斌、趙元美夫婦等。賴國洲先生也以個人身分參加，藉表支持。王韻儀小姐在我們創業伙伴中，首先寫下認股意願書。張雅琴遠在海外，託她的親人在臺北認股。

其中最令我感動的，是三民書局劉振強先生與統一的高清愿先生。

三民的王小姐在電話中轉達劉先生的支持，先三千萬元後改為五千萬元。王小姐並說：其中有的是劉先生的親戚，是劉先生可以作主的。

我八十二年二月二十四日在三連大樓拜訪高清愿先生的時候，高先生翻了一下經營計畫書，就說：「能不能賺錢？」我說：「能賺錢。我們內部估計如一切順利，約在三個月至六個月可以收支平衡，進入佳境。」但我告訴高先生有些保留：需要三至五年時間（透納以區區三千五百萬美元創業，十六個月就見收支平衡的曙光）。

　　就在民國八十二年四月八日，我接到楊明井先生自臺南統一總部打來的電話：「二十一」投資案董事會通過，高老闆交待全力支持石先生。投資增至五千萬元，並問董監事席位如何分配，統一能否分到二席？

　　我們推展目標，與後來的香港中天不同，是由小而大，由近至遠，分成四個階段：

　　一、創臺初期，以大臺北地區為密集服務網。二、依據業務發展需要，在全省各地設立分公司。三、藉衛星的傳達，推展至亞洲各國，特別是華人密集地區。四、最終發展目標，為全球華人有線電視新聞網，與 CNN 並駕齊驅。五、透過「語言轉換器」，成為全世界都可以收看的有線電視新聞網。

　　我們對於未來的新聞熱，抱持高度的樂觀。就臺灣而言，就有省長選舉以及總統大選；就中國大陸而言，就有鄧小平去世後的政治變局以及未來兩岸統一的全中國大選。

　　有人說，二十四小時播新聞，哪有那樣多的新聞？哪有那樣多的人看？我的看法恰恰相反：新聞正如空氣與水，是無人無時不能缺少，而且是取之不盡，用之不竭的。

　　所以我對有線電視新聞，有二點基本看法與處理方式：

　　第一、新聞一如自來水，源源不絕，但必須清潔而且必需，無匱乏之憂。很巧合的，《透納傳奇》一書中也有類似的話：「一如透納所作的承諾，新聞的水龍頭就此打開，不停歇地播出，直到世界末日。」（就算世界末日來臨，我們也要投入山崩地裂海嘯的實地採訪報導，為「重生」人類留下紀錄）

　　第二、新聞與新聞之間，幾無接縫之點，沒有傳統的「下面請看○○新聞」，而是如同珍珠一樣串聯在一起。珍珠固然重要，串線也很重要。巧奪天工，就是瑰寶。

　　二十一世紀有線電視新聞網緊鑼密鼓進行，不到一年，就大體完成，也選了幾處臺址大廈，根據周俊吉、楊篤輝專家建議：無論房屋以及設

備，以租賃為宜，更降低我們開辦資金的壓力。

我們火熱的時刻，卻進入「冬季」。我們創始股東人事發生了變化：

李光輝在臺視復出，受命擔任臺視節目部經理。光輝自己的意願：很珍惜這個機會也很在乎這個職位。

緊跟著，十二月五日，我又奉召，由《中央日報》社長崗位，重回電視，出任中國電視公司總經理，老長官之命，盛情難卻。

消息傳至臺南：統一總經理林蒼生先生就說了一句話：「石先生的創業與就業，如何選擇，很難看出得失。」

面對一手提拔的長官深深地期待，實在不忍也不能有所選擇。

四隻腳的桌子，缺少兩隻，我們連夜會商，只有忍痛暫時放下「二十一世紀」的推動，無法在一起，只有各自奮鬥。經多次會商，決定將開播時間延緩三年後。我們將此一決定，分別告知認股的股東與關心的好友，他們諒解與支持。統一高清愿先生說：「二十一世紀」延後三年，他同意，他也主張不要取消。

如果我們的新聞網創立，我們四人中只能產生一位總經理。但分散後卻創造了五個總經理，那就是：我就任中視總經理、李聖文風雲際會升任臺視總經理、李光輝先後出任民視總經理及衛視總經理，鍾田明在兩岸創業成功，自兼新紀元電視製作公司總經理。唯一令我們不安與放心不下的是沈璐平小姐，所幸，不久她就考上中廣記者，學以致用。後轉至東森電視，駐節中部。

自我們民國八十二年籌備有線電視新聞網至今十年。十年間，有線電視的發展，自臺北、鄉下、香港、國外，像潮水般湧入臺灣。究竟我們趕上潮流，或是災難之源，這是未來歷史家的題目。選擇總是好的，但好的選擇，優於過多的提供。

電視新聞臺，是新聞的專賣店。它二十四小時提供的唯一產品，就是新聞。新聞隨時隨地都會發生，就要看你如何提供。就正如幾乎所有的餐館菜肉來源，都是一樣，但不同的廚師與服務生，開出不同的餐館。

有線電視臺成功與否，全在制度與人才。

十年間，有線電視變化太大、太快，值得我們檢討的：

一、衛星之發展，出乎意料之外神速，但相對的，SNG 卻極度浪費使用。我們籌備「二十一」時期，無法控制的成本就是衛星費用。衛星控制在中華電信手裡，且受管制。當我們考慮引進衛星時，曾拜訪電子界龍頭許勝雄先生，因為他從美國請進一位專家，擁有蘇俄衛星。

二、系統與頻道關係的混亂：原先有線電視法的研訂，是進步的也是公平的，並防止財團壟斷，亦即系統規劃並負責傳送播出，頻道擁有電臺並提供節目。如今演變下來，電臺不只是為系統者所併購，且如果無法滿足系統者的要求，根本無法進入系統播出，成為綁樁。系統成為三大財團化。這不只是造成社會之不公，且為有線電視紛爭的根源。

三、挖角成風，缺乏基礎訓練。有線向無線挖角，或有線間跳來跳去。挖角不只是增加成本，也許有一時的「新聞效果」，但無長期的人才價值。螢光幕前的工作人員，很顯然的，主播、主持人，程度較高，而文字記者無論採訪技巧與文字寫作，尚有一段專業水準距離，否則就不會像重大新聞事件如黃顯洲、璩美鳳事件，難出現有分量的發問與出色新聞寫作。這與美國電視記者不同，早期的電視記者如瓦特‧克朗凱特等，他們多出身報紙或通訊社，不只是寫作經驗豐富，甚至身經百戰如第二次大戰戰地採訪。

四、受到地域與政治力介入，戲劇水準日漸低落，題材範圍窄小，就品質方面不如日本，製作氣勢不如中國大陸，男女演員亮麗與敬業，不如韓國，致形成電視的「韓流風」。綜藝則一味抄襲日本，一片泡湯、「奧依希」貪吃鬼聲。從電視來看，臺灣已淪為次殖民地。

五、電視干預者或政府主管機構，還是以「三臺」時代來管三臺，亂開藥方，完全違反自由社會的精神與制度，蠻幹的作風，倒像韓國全斗煥軍人當政時代。電視臺不是一聲令下或一個暗示或藉新聞鬧場，就可以併掉的。其實，三臺已被擠到牆角，在觀眾選擇中，他們不過上百

頻道之一之二之三而已。不出三、五年，如無徹底與有效提高收入降低
支出之策，「電視恐龍」很難生存下去。

　　電視主管者，上策，是根據專業或相關法律，優勝劣敗；下策，如
同裁判，監視犯規者，予以有效處罰。

　　這樣多的頻道，就算景氣好時代，餅就是這樣大，很難維持這樣多
的電視臺，減少或合併是必然的，但是，我們希望優勝劣敗，自然淘汰。
大家一起為電視塑造一個清淨而健康的環境。

《第五篇》
中視時期

「非勤而且廉，至誠惻怛，則不
能使之親；非勸善懲惡，一秉至
公，則不能使之信。」

——曾國藩

第七十一章

吳俊才復出與《易經》潛研

　　由於年齡的限制，而自工作崗位退休（役）復出者，實不多見。有此際遇者，常被稱為「老來紅」。政治方面，李元簇卸下法務部長公職轉往政大任教職，復出為總統府秘書長；軍事方面，劉和謙上將復出為參謀總長；黨務方面，就是吳俊才於民國八十一年二月再次自考紀會引退，於八十二年八月復出為中國電視公司董事長。

　　吳先生離開黨部工作崗位後，即規劃自己的生活。事實上，由於舊誼，李登輝先生也很關心吳先生的健康以及精神生活。並不斷交待吳先生的門生故舊，多多照顧吳先生。

　　吳先生自己也有他晚年的生活規劃，那就是潛研《易經》，他樂在其中，並在臺北市通化街找到一個鬧中取靜的處所，作為《易經》專研之地，他並廣泛自海內外大陸搜集有關《易經》之著作，潛研比較之餘，希望有他自己的獨創與著作。吳先生的性格與修養，也最適合《易經》之學，有客人來訪，他就可以自個人、社會、國家乃至宇宙的現象，用《易經》來解釋，自是聞所未聞的另番境界。

　　李先生仍然對於吳先生十分倚重，除了一月一次例行到總統府會面外，遇有重大事項，包括人事決策，如執政黨秘書長，還不時請教吳先生，就是住在醫院也不例外。李先生對於吳先生，真是信賴有加。

　　這樣悠閒退休歲月並不維持太久，一年半以後，民國八十二年七月五日，臺北《中國時報》第三版，以獨家新聞方式，不尋常的刊載一條新聞：中視董事長將由吳俊才出任。新聞中對於吳先生過去的工作多所肯定，並謂，決策方面，此項人事安排，具有正面意義。

　　中視董事長原由前臺灣省議會議長高育仁擔任，由於立法院改選，

高育仁與中廣董事長均當選立法委員。執政黨基於政策考量，立法委員不再擔任黨營事業主管。中視就由吳俊才出任，中廣則由另位黨內大老宋時選出任。

無論中視或中廣，都是執政黨具有分量的黨營文化事業，具有極高的政治指標意義，待遇與社會地位，均令人羨慕。

中視董事長將易人新聞傳出後，各方競爭至為激烈，且均握有勢在必得的實力，其中，還包括剛剛退休的情治首長，更引起新聞界的好奇，有人並引以為憂。

各方競爭激烈，當局無法取捨，就想到心懸的吳先生，多年尚保有中視常務董事的職位，如果由常務董事被推選為董事長，那是順理成章之事，一方面還補考紀會退職之遺憾，一方面又可以輕易地使競爭對手退卻。

好事真是多磨。幾乎三臺都是一樣，無論董事長或總經理更易，都會大費周章，無論內定或正式發表，都會經過一番周折，最後才能塵埃落定。中視董事長易人事件也不例外。董事長換人，或出自決策方面一個電話，或出自會商，決定後，即由控股公司執行，但控股公司只能書面通知，依公司法仍需公司董事會或股東會通過，才算完成法定程序。但董事會延遲召開或不召開，就無法完成易人的手續。吳俊才接任中視董事長，就有這種狀況出現。

也許，外界將中視董事長看成「酬庸」，當成坐領高薪，但吳俊才先生是做事的人，這一次，李先生把他請出來，就希望他能在中視崗位上發揮電視的積極功能，進而影響三臺，產生一些社會教化作用，所以，對他而言，使命是重大的，肩膀是沉重的。

他帶來一些理念與措施，必須實踐，這就涉及到執行的問題，也就是面臨公司環境的適應，是董事長適應公司，還是公司適應董事長，最直接的，就是高級主管默契。

就在民國八十二年十二月，世界中文報業協會第二十六屆年會在新

加坡舉行，我國具有副主席的身分，必須代表《中央日報》參加，歸後就出現隨著吳先生復出，我的職務將有所變動。

這一次年會，實在是一次有意義的報業之旅，感覺中文報業的天空實在壯闊無比，南洋就有三大巨埠：新加坡、吉隆坡與檳城，為華文報業重鎮。尤其難能可貴的，具有現代與悠久歷史且深有中華文化的古風。如檳城的《光華日報》，是在民國前二年創刊，為孫中山先生所創立，與舊金山《少年中國晨報》同屬海外革命的報紙。

自然以新加坡與吉隆坡為華文報紙的二大巨埠，尤其新加坡經過李光耀大力整合後，成為現代新聞集團。那是一九八三年，《南洋商報》與《星洲日報》合併，出版《聯合早報》及《聯合晚報》，另有英文的《海峽時報》，控股公司為新加坡報業控股公司，並對市場公開發行，成為股票上市公司。董事長林金山是與吳慶瑞等，同屬李光耀新加坡建國的伙伴，而《聯合早報》的負責人是李光耀年輕得力幹部陳國強。這次中文報協年會得以在新加坡召開，乃得力於陳國強的積極作為。

新加坡報業控股公司旗下，出版了一本特別刊物，那就是《星期五週報》，這不是一般性的週末娛樂消遣雜誌，而是針對青少年學習華語用的，以中小學生為主要發行對象。這是李光耀先生的苦心，因為新加坡官方語言，是英語，而華人家中多講方言；因之，占新加坡人口最多的華人，少年既不會講華語又不會寫華文，這是多元社會華人的教育危機，於是李光耀仿照臺北《國語日報》模式創辦《星期五週報》。

所以這次年會負責的主辦單位就是新加坡報業控股華文集團旗下所屬四份華文刊物：《聯合早報》、《聯合晚報》、《新明日報》以及《星期五週報》。

到過新加坡旅遊的人，都會為新加坡機場人員的效率與禮貌，新加坡的清潔街道留下深刻印象，但就是太小了，走來走去，還是走不出烏節路，但新加坡報業控股公司的範圍與設備，卻留給我們來自全世界華文報人深刻的印象。

　　東西馬來西亞的古晉以及東馬沙巴、沙勞越州，不只是不是華文報業的沙漠，而是一片沃土，尤其沙勞越州詩巫市的《詩華日報》，令人有詩情畫意之嚮往。事實上，《詩華日報》在沙勞越也是一個別開生面的華文報業集團，詩華實業公司擁有三份報紙：《詩華日報》、《新華晚報》、《英文婆羅洲郵報》。並有自己經營的新聞紙廠，足可自給自足。

　　這一地帶華文報，漸受讀者減少與技術缺乏的威脅，但由於電腦科技的簡便以及華文受到重視，成為轉型的及時雨。但缺乏的，是分類廣告，而整版整版的婚喪或會館改選廣告，是人情，也是傳統僑報的特色。有關分類廣告如何開闢如何招攬，我曾建議南洋報人們多派業務部門人們，到臺北觀摩學習，或有意想不到的效果。我特別告訴他們，如今成為臺北報紙財源滾滾的分類廣告，當年也是空白一片。只要用心開墾，無論人求才，或才求人，假以時日，就會綠樹成蔭，茂盛無比。也確實派過年輕業務人員來臺北取經，效果如何，就不得而知。

　　新加坡年會期間，我們有機會與新加坡政府高層官員多面接觸，多方交談，而有真是百聞不如一見的收穫。

　　會議期間，與我們交往較多的是一位政府教育方面政務次長。他在閒談中就說：「新加坡的歷史真是多災多難，也是多彩多姿，我們曾經唱過英國吾皇、日本天皇、三民主義、大馬來西亞的國歌，如今才有我們自己的新加坡國歌，傷痕斑斑，彌足珍貴。」

　　如果李光耀是新加坡人的驕傲，那麼，李顯龍就是李光耀的驕傲。如無意外，李顯龍將是繼李光耀之後，隔代相傳，又一位李姓總理。

　　李顯龍可謂風度翩翩，謙謙君子。他在二天會議期間，除了作開幕貴賓講話外，還和我們餐聚，言行之間，無論對於他本人以及新加坡政府，有了實地瞭解的機會。

　　他給我們上的第一課，就是作為政府公務人員，特別是高級主管，公私如何分明。因為他抵達會場，是坐一個小型的公務車。事後在交談中，他就說：「我是從辦公室出來，到這裡來，與大家見面，代表新加坡

政府參加年會，純屬公務性質，所以乘坐政府配給我的公務車；如果我私人來這裡飲茶，或會朋友，那就要坐私家車子。這就是公私分明。」

大家好奇問：如何來判斷以及何人來判斷，是公或是私呢？

李顯龍就說：作為政府高級官員，自己應有智慧與能力來判斷。公私分明，也許就是廉明政府的重要分水嶺。公私不分甚至假公濟私，那就政風混沌了，是落後國家的普遍現象。

新加坡政府，在政治作為上，是理智的，是大公無私的，政府自上至下，公務員辦事，只有一個原則，那就是：該怎麼辦，就怎麼辦，甚至任何人辦，都是一樣，就毋須事事請示，乃能採取窗口制度，行政效率自然提高。而新加坡政府官員私下生活卻是情感的。我們在餐會中，李顯龍周旋於新加坡人之間，不是李光耀的兒子，也不是新加坡政府的高級官員，而是新加坡華人大家族的晚輩，他很自然地叫阿伯阿叔，人群中，又有長輩，叫他阿龍的，分外親切與自然。這是海外華人社會的特色，而各種會所的存在，宗祠宗族組織的普遍，都在彰顯海外華人的精神。新加坡多種族的和諧，華族政治的成功，也源於此。

李顯龍一如他的父親李光耀，對於世界，特別對於區域，資訊特別豐富，感應度也特別高，令人有一種心在新加坡，兩隻眼睛卻遠眺亞洲其他地區的發展與變化。與會者，來自世界各地，雖然不全是報人，但新聞人應當之無愧。李顯龍就透露出一個訊息：香港一家印刷媒體，約有二百五十位具有編譯背景的新聞人，正在組合起來，華人社會的CNN有線電視新聞網，也許會在香港出現。

這就是我們所熟知的中天有線電視新聞網。我不知道當時在場的其他新聞同業如何？也許印刷媒體者對於電子媒體不會太敏感，但我是第一次從新加坡聽到這項訊息。

一如李顯龍的透露，中天有線電視新聞網與大地頻道，雙雙在香港誕生，這是華人視訊社會的大事，我們終究有我們自己的CNN，作為新聞人，應引以為傲的。因為，在創新科技方面，我們再不會像從前，落

後歐美數十年甚至上百年了。

中天的開播，確實轟轟烈烈，新聞處理不只是中規中矩，品質應屬上乘，是出自專業者精心之作。可惜企圖心太強，戰線拉得太廣，後勁不足，有足夠觀眾收看，但無起碼的補給回饋與維持，最後香港中天，變成臺北中天，一變再變，成為 Power 中天。「斷訊」新聞，不斷出現，實在是「合資」難為，總算安定下來。

世界中文報業協會第二十六屆年會，一九九三年十二月三日圓滿閉會，來自全世界報人們，在珍重再見聲中，返回工作地，十二月五日我返回臺北。回到家中，就聽到吳俊才先生在電話中留言：命我即刻回電，有要事相商。

第七十二章

曲曲折折的人事案

　　三臺無論董事長或總經理更迭，都有一番轉折，且時間拖得很長，但因為決策方面的決心，最後還是完成。如中視董事長易人，吳俊才先生接長的消息自民國八十二年七月五日見報後，延宕四十天，中間經過董事會遲不召開，董事會流會、股東會延期之提議等技術阻擾，直至八月十三日才完成法定程序。我接任中視總經理，路途更為曲折，從民國八十二年十二月四日內定至八十三年五月五日就任，中間幾乎長達半年之久。中間混雜太多的政治因素，致人事更動變成加重的複雜。

　　民國八十二年十二月五日我自新加坡參加中文報協年會歸來，就接到中視董事長吳俊才先生的電話錄音留言，要我立刻與他連繫。電話接通後，他就命我見面，隨後抵達他的府上。當時任臺影總經理後來接任中視副總經理饒曉明已經在座。

　　坐定後，吳先生就宣示二點：

　　一、中視總經理易人，他已先報李主席同意，隨即徵求蔣彥士秘書長、戴瑞明副秘書長以及許水德秘書長意見。

　　二、李主席同意我來接。在提我之前，吳先生提賴國洲，李主席搖了二次手，再提我。李主席隨即問：「石社長會去嗎？新聞界會不會再杯葛他？」吳先生答稱：「主席要他做，他會的。至於文工會主任少數報紙攻擊事件，那是沒有道理的。他整頓《臺灣新生報》、振興臺視的績效，是有目共睹，同時，他對金錢、女色，更是純淨的。」

　　至於現任總經理的出路，當時的說法，是轉往省府政務方面發展，後來中間經過《中華日報》董事長，而接任《中央日報》董事長。

　　人生這一急轉變，我無從選擇，也無言以對，只有接受命運的安排。

　　吳俊才先生每到一個地方，都有強盛的企圖心，出任中視董事長也不例外。他的雄心壯志，不只是把中視做好，進而影響三臺，有利社會風氣正面發展。事實上，在吳先生任職中視期間，決策方面也交付重大文化與政治使命，透過電視來完成。任務之一，消除省籍隔閡，增進族群和諧。吳先生也常常以中視大小事來考問，甚至包括機器技術在內。問我：「你在臺視怎樣處理這件事。」就在約我見面的二十多天前——十一月十二日，在總統府參加國父誕辰紀念會，會場出來，他需要休息一下，我就陪他在總統府走道椅子坐下來談談。他就談到中視，力不從心，有負主席的付託，也談到人事改革。吳先生就說：「你最瞭解中視，最知道電視，有一天，要把你綁到中視來。」我就提到幾個更適合的人選，包括賴國洲在內。吳先生說：「主席不會同意的。」我就說：「如果真有需要，在您辦公室外面，放一個小桌子，就夠了，有事替您跑跑腿。」

　　這就是為什麼後來我接任中視總經理新聞出現的時候，中視內部就傳出：石永貴是為賴國洲鋪路的，下一步就是賴國洲來當董事長。

　　總統府出來的時候，巧遇省府宋楚瑜主席，他希望我拜託吳先生：中視新聞給省府多一些報導。

　　三臺董事長、總經理例由最高當局核定，李總統時代權力下放，各歸所屬首長選定，如臺視交省府主席決定（莊正彥以省府副秘書長出任臺視總經理，就是基於此一人事政策），中視由中委會秘書長簽報，華視則由總政部主任簽報參謀總長核定。

　　這個時候，中視的總經理，由於執政黨秘書長易人，由許水德繼任宋楚瑜出任。而現任總經理是前任秘書長提名任命的，而現任秘書長口袋中早已備好新總經理人選，其關係幾可一齊上任，就傳統而言，也有例可循，那就是中影公司總經理江奉琪。同屬黨營文化事業，當年中視總經理梅長齡先生，在任內頗有佳績，頌聲不斷，也是由中影總經理任內調往的。我突然插隊由《中央日報》社長轉往，且已做過臺視總經理，有關者的心情，可想而知。所以費時尤較往例為多，自民國八十二年十

二月五日商定，拖延了半年之久，八十三年五月五日就任。

在這段期間，我堅守一個原則：未邁入中視大門前，絕口不談中視事。

自民國八十三年三月開始，黨務以及黨營文化事業主管陸續移動，其中包括：文工會主任祝基瀅升任副秘書長，文工會主任由臺北市黨部主任委員簡漢生出任，《中央日報》董事長莊懷義出任革命實踐研究院主任。

四月一日我坐在觀禮席，參加文工會新舊主任交接的時候，中影董事長鍾湖濱以及臺灣土地開發公司總經理朱正宗，就悄悄地對我說：上面那個接的位置，應該是你的。

三、四月間，《大成報》、《民生報》、《臺灣新生報》以及《聯合報》都先後報導我再入電視，出掌中視。

很奇妙的，中間還發生主席批定公文「失蹤」好幾天的事。

四月十二日吳俊才先生宣告：中視人事敲定。

四月十四日許水德秘書長在革命實踐研究院主持他的老同學莊懷義就任主任的時候，典禮完成，他把我拉到一角說：「你到中視，案定了。你在臺視表現，我們都很放心，但到中視把腳步放慢些。」

四月二十日正式批定。

四月二十三日宋楚瑜主席在陽明山主持臨時中全會分組審查會時，結束前，他要我留下來。他就對我說：「你去中視，障礙都排出，是總統要你去的，原安排你去文工會，因為新聞界起鬨，未接成，所以總統給你換個位置，你要替主席守住這個位置。」

四月三十日中視召開臨時董事會，討論我的任命案。為防範節外生枝，安全上壘，吳董事長特別囑託我，會前要一一拜訪董監事請教。

照過去職務移動的行例，我首先拜謁謝前副總統東閔先生。他與我素昧平生，卻是一眼看中我又一手提拔我的長官，大力力爭保舉我破例出任《臺灣新生報》社長，負中興之責，他雖然眼睛不太好，但還是喜

歡看電視，關心電視的社教功能。謝先生就提出二點：電視節目要雪裡送炭，不要錦上添花；綜藝節目不要胡鬧與下流。

謝先生知道無論先前的文工會主任以及未來的中視總經理，都是總統的安排，他很高興，因為證明他看的人沒有看錯。謝先生也勸我不要把文工會的事放在心上，因為今天不管誰做文工會，都很難做，李主席的主導性格很強，真要去做，就要有隨時離開的準備，「否則以你的性格，會做得很痛苦。」謝先生真是慈祥的長官，他以塞翁失馬來安慰我。

四月二十九日《中國時報》影視版出現一篇：石永貴重掌兵符的特稿。並以實例多方採訪，比較未來的總經理與現在的總經理異同之處。舉出很多連我自己都不知道在臺視的往事，員工津津樂道。很顯然，《中時》放出修好的善意。從此以後，《中時》負責人也常到中視大樓走動，如歡迎白嘉莉返國的歡迎午宴就是一例。過去那段不愉快的往事，彼此的賬就沖銷了。

四月三十日董事會，吳董事長對於我，講的話較少，倒是對於卸任總經理的新職——《中央日報》董事長有所稱賀，因為那是黨國元老或新聞界有成就人士最高的職位。

席間，倒是我所敬佩的中國國民黨的先進常務董事徐晴嵐先生以及新聞界前輩常駐監察人耿修業先生講了一些話，來向民股代表董監事介紹我的事蹟。

徐先生稱讚我是中國國民黨的優秀文宣人才，通過臺視的經營考驗，也是社會上有成就的經營人才。

事先，耿先生知道中視不同於臺視，民股董監事相當厲害，發言不留餘地。據說，有一位常董為了業績表現與節目觀點，動了氣，竟要總經理從窗子跳下去。真是欺人太甚，所以耿先生事先就提醒我：到了中視，尤其在董監事會議中，千萬不能提不賺錢的事。所以我在中視二年期間，拜《阿信》之賜，為中視賺進三十六億，創下電視史上從無打破的紀錄，作為政大新聞系的老大哥，耿先生最高興。因為在他們那個時

代，立志拿筆桿的人，還能賺錢，畢竟不多。要賺錢，誰還會念新聞系？
那一天，耿先生讚許我盡瘁於新聞事業。有官不去做，有財不動心，在
耿先生那個時代，就是新聞記者的骨氣。

四月三十日中視董事會通過我的任命，但正式交接典禮是五月五日。
《中央日報》方面，五月三日召開臨時董事會，通過我的辭職，由中央
社社長唐盼盼接任。

中間，中視通過任命到上任，有四天的空窗期，還有一天是勞動節
假日，《中央日報》通過辭職到交接，只有五月四日一天。

中視方面，頻頻電話催報，並說：「朱宗軻總經理已經交待，董事會
通過，責任就了，不再過問公司的事。副總經理王世正引經據典，依法
依令，通過就算生效，尤其勞動節，容易出狀況，請石總經理來公司坐
鎮，開始上班。」

我則堅持，非到正式交接完畢，接下印信，才能就任。我拜託朱總
經理勉乎其難，再忍耐幾天。

我就對來人說：我做過總經理，哪有這樣急。

這個時候，吳董事長也很客氣，交待公共關係室同仁，要我過目臨
時董事會發布的新聞稿。我予以婉謝，因我尚未正式就職，不能算是中
視的一員。

五月五日就任前，就有新聞界、中視朋友以及過去我在電視界的朋
友，紛紛打電話探問中視節目策略，特別是八點檔的選擇。這個時候，
我的態度是：關心中視，但不談中視事。

五月五日中視總經理交接典禮上午十一時舉行，中央文化工作會主
任簡漢生在交接典禮以監交人身分致詞說：「在我們三個電視臺中，還沒
有一個人做過二臺總經理，石總經理可說空前。」

我以中視節目名稱作簡短致詞，強調我應吳董事長之命來中視服務，
本著「大家一起來」與「好幫手」精神，與全體同仁共同努力，製作出
有益社會人心的好節目。

　　無法免俗，收到不少花籃，意外地收到二件貴重賀禮，前者請公關室轉送老人院慈善機構，後者則面囑專員室原璧奉還。

　　臺內及新聞界最關心的，不是新總經理就任，而是來了一位新總經理，如何在差異很大的待上檔的八點檔連續劇二者選其一。

　　五月五日前，對於八點檔事我本「三不原則」：

　　一、未到中視就職，不談論八點檔事。

　　二、未看兩部劇之前，不作任何表示。

　　三、未與節目業務有關主管同仁交換意見前，不會作任何決定。

　　這也是我一向處理事情的精神，根據原則定取捨。

第七十三章

《阿信》風靡臺灣（上）

　　中華民國八十三年五月五日上午十一時，舉行中視新舊任總經理交接典禮，二個小時後——下午一時，新上任總經理便當還未來得及吃，就面對一項嚴峻的選擇題的考驗。必須就即將上檔的八點檔連續劇——《青梅竹馬》與日劇《阿信》作一選擇。

　　《阿信》是名揚全球的日本 NHK 代表作。《青梅竹馬》是中視一位當紅女演員，演優則製，自演自製的連續劇。因為她個人因素，劇作完未及上演，就失去連絡，未見蹤影，放在倉庫冰凍多年，其品質與劇力，可以想見。

　　如今，箭在弦上，面臨上檔的壓力，必須在《阿信》與《青梅竹馬》間作一選擇。

　　在這期間，中視八點檔的壓力，已鬧得滿城風雨，報紙影視版，幾乎天天都有頭條，各方都在較勁，真是要新總經理好看。我也從側面得知：業務部比較傾向上《阿信》，反映廣告商的態度，節目部分成二派，一派支持《阿信》，屬少數；另外一派則選擇《青梅竹馬》。

　　我約節目業務有關主管，一起看完《青梅竹馬》第一集以及《阿信》第一集。之後，舉行座談，一一徵求意見。

　　當時的氣氛很緊張，二者看下來，並未有足夠理由，可以作一選擇，如果有第三者，我想第三者出線的機會也許會大些。

　　但是，這個時候，必須下決斷的時刻。我就作二點結論：

　　第一、先上檔《青梅竹馬》。

　　第二、積極另安排適當時段讓《阿信》上檔。

　　等於二者都作了選擇與安排。當時考慮：

　　《青梅竹馬》就是這樣，在倉庫已經冰了很久，越冰放映價值越低，甚至無法放映，所以越早「清倉」越好。

　　《阿信》已經與 NHK 臺北代理商簽訂臺灣版權合約，有一百多集。如果不安排播出，公司遭受巨大的損失；如果安排八點檔，收視失利，中途無法腰斬，那損失也很大。同時，就中視而言，八點檔連續劇的安排，也有政策的考量。

　　所謂「政策的考量」，那才是總經理的職責。說得明白一點，不能也不得不顧慮「反日」的情結。這一點無論在《阿信》上檔爭辯過程中以及《阿信》轟動後的社會，都有所觸及。

　　如中視資深製作人翟瑞靂就指出：「有人從歷史情節與民族自尊立場屬聲斥責；有人從文化護衛與工作機會的角度亟表關切；有人甚至視為洪水猛獸，指為『叛國漢奸』，認為罪不可恕。」

　　香港《亞洲周刊》在一九九四年八月十日出版的一期「大眾媒介」專文分析中，亦有類似的分析：《阿信》決定在晚間九點半時段，而不是八點推出的考慮，是島內反日情緒。

　　《阿信》由每週一次星期五晚九時半播出改為八點星期一至星期五每晚見面之前，至今為人所遺忘的代打英雄《超人》影集，功不可沒。

　　《青梅竹馬》勉強上陣，落寂下檔，都是意料中事。但《青梅竹馬》之後接檔的連續劇是什麼？節目部找不出答案。這時，進入暑期，八時觀眾群由婦女轉入未參加升學考試的青少年學生，於是我就問節目部，有無適合暑期青少年的節目？中視節目部影片組的經營，向來在三臺具有績效，我在臺外，早已有所聞。所以我就點名影片組如何？胡德順組長反應很快，就說：有《超人》，就可以調回。

　　大概胡組長在試試新總經理的膽量，因為八點向來是連續劇的地盤，誰也不敢搬動，否則廣告安排以及觀眾習慣，都是嚴峻的考驗，況且又是外國影集。

　　我們看了《超人》之後，就立刻決定：準備上八點檔。

　　飛牆走壁，直追雲霄的《超人》，每晚八時在每家客廳中飛來飛去，當然，合乎青少年的胃口。《超人》代打成功，收視業績與口碑，均有不錯的成績。

　　教育學術界向來對於三家商業電視臺沒有好感的，通常電視新聞看過就關機，《超人》卻引來教授們伸頭看一看。一看之下，確與平常的打殺胡鬧有很大的不同，可謂耳目一新，傳播哲理大師徐佳士教授破例在《自立早報》發表一篇文章，對於《超人》影集，有所肯定與讚揚，並謂自古成功在嘗試。電視觀眾的八點檔，不能硬塞吃了幾十年連續劇。

　　《超人》緊急上檔救援，卻想不到得到意外的成功。這時，我剛好到中視五十天，所以報紙影視版就戲稱：五十天造就一個《超人》。

　　這個調侃，也是有背景的。因為我經營臺視，除了新聞稱冠外，《巴黎機場》連續劇一舉成功，所以圈內人就在看：石永貴除了《巴黎機場》外還能變出什麼？

　　鬧了一陣子，中視八點檔新聞落幕。《青梅竹馬》上檔，無法期待奇蹟出現。只是我對於《阿信》仍未死心，繼續與節目部與業務部主管研商，很快地就發現二項重要結論：第一、《阿信》有調整節目資源之功能，第二、《阿信》有增加廣告業績之潛力雙重功能。於是我敦促節目部趕快找適當時段推出。

　　《阿信》我們就決定找一個時段試一下，一方面試試觀眾的胃口，一方面試試政策反應。

　　我們就選擇星期五晚上九時半。當決定移動節目時段之時，還引起一陣風波，原來這一時段為一位有教育背景的立法委員所支持的社教時段，引起強烈的反彈，並揚言：立法院見。公司決策方面引以為懼：還是不動為好。我有電視公司的經驗，經常碰到疑難雜症，我負責溝通。所幸這位委員非常明理，經我拜訪說明後，就同意移開時段播出。

　　《阿信》每週五晚上與觀眾見面一次，好是好，只是太少了。尤其在暑假時期，正是青少年最好的教材。各方面的反應，真是如雪片飛來，

還直達「第一家庭」。

除了白天的電話與信件外，最令我感動的，是在播出時間，我在公司值班。

這也是中視改變值班制度的意外收穫。

中視夜間值班，例由職員輪流，行之多年，相安無事。但突然出現「值班」問題，謂：基層抱怨連連，他們不是逃避值班，但地位所限，無法解決在值班中所發生的問題，尤其是突發事件。經人事有關單位多次商討均無結論。經提報主管會報研商，苦無良策。於是我只得下結論：值班改為組長級以上擔任，並由總經理開始。這樣的目的，是建立「幹部負責制度」，同時，也真正落實值班制度，遇事就可以代拆代行。

當時，「總經理值班」也成為新聞，也唯有這樣才能落實幹部值班制度，多月來紛擾不堪的值班問題，得以解套，基層同仁皆大歡喜。

「總經理值班之夜」，確實是人生難得的經驗。幾乎接了二個小時的電話，因為正值《阿信》在上映，不少父母為孩子們「請命」，務必讓他們兒女，每晚都能看到《阿信》。

這是民國八十三年七月一日夜。

這個時候的中視八點檔《超人》有相當的戰力，坐二望一，而且成本很低，只是供片不繼，常有新片未到，舊片重演，觀眾不免抱怨，因為這個影集，在美國是每週播一次的。有一股排山倒海的力量，從輿論界、家庭觀眾、商界乃至政界，要求每晚八時都能看到《阿信》。

《阿信》真是成為全國各界人士的「偶像」，痛愛與學習的榜樣。此正如播出後的香港《亞洲周刊》在臺北街頭巷尾的採訪：

「兒女不乖，媽媽就說多學學阿信；媳婦鬧彆扭，婆婆會說多學學阿信；員工不滿，老闆也以相同的說法告誡，阿信似乎成為供人學習的典範。」

臺北曾因為「梁兄哥」而成為瘋人城，如今滿島卻為「阿信」所迷。像擋不住的排山倒海的力量，《阿信》必須每晚與觀眾見面。

民國八十三年七月十八日晚八時《阿信》出現了。

《阿信》是由三位角色演三個年代。童年時期由小林綾子飾演，青年時期由田中裕子飾演，老年時期是乙羽信子飾演。老年的成功，是真正故事的源頭，少年的坎坷，令人不忍目睹，而青年的阿信，田中裕子演來楚楚動人，得到各階層人士，無分男女老幼的憐愛、惜愛。從週五搬到每晚八時，剛好是田中裕子上場的時刻，適合八點全家老小、全公司老闆員工一起欣賞。如果一開始就在八點播出，未必能為黃金檔觀眾接受。

長庚醫院前眼科主任、德照眼科中心創辦人陳德照醫師就在收視時期中代表中心員工來了一封信，寫道：

敝院員工及家人皆是連續劇《阿信》的忠實觀眾，在此代表員工表示我的敬意和道賀。

《阿信》此齣連續劇在中視上演，對時下年輕人的教育有潛移默化之功用，並對社會風氣的改善有很大的影響及幫助。

八時一出現，就造成全臺的「阿信」旋風。

預先我們估計的收視率可以到達二十五，結果卻破了三十大關。次日各報影視版都做了大幅度的新聞及專題報導：

《中央日報》記者魏永齡在專題報導中就指出：日本連續劇《阿信》首度登上三臺八點檔黃金時段，果然是匹黑馬，一路領先，成為昨晚的大贏家。根據收視率調查，三臺八點檔連續劇昨晚的平均收視率分別為：中視《阿信》三十點五八，華視《七俠五義》十九點二八，臺視《俠義見青天》十五點七三。

其他兩臺都是武俠劇，所以報紙就說：南俠展昭還抵擋不了微弱的「阿信」。

《民生報》的記者鄭士榮也作了一篇分析稿，編輯就用了二行標題點出了《阿信》贏得人心所在：

故事感人，拍攝精緻，演技生動，刻苦自勵的阿信是觀眾的最愛。

八點檔上日劇，在當時的政治環境，是犯大忌之事，何況又是席捲觀眾，難免招人忌。有的報導，包括香港在內：「此劇播出成功，風光的不是『阿信』，而是總經理石永貴。」香港《亞洲周刊》說：「中視名利雙收，是大贏家，其中又屬今年五月才接任總經理的石永貴最為風光。」我在風風雨雨中進入中視大門，《阿信》一推出，見出真功夫。所以臺北一家報紙說：「《阿信》播出成功，不只是奠定石永貴在中視的地位，更肯定他在電視的地位。」

這個時候，不能得意忘形，否則就有黑函與炸彈侍候。所以我在播出當週的主管會報中就深深地三鞠躬向勞苦主管同仁致敬，並向觀眾致謝。因為《阿信》播出的成功，不只是「播出」而已，而是節目部的加工，包括剪輯、配音以及主題曲的重選。製作過程中節目部經理是宋裕民，播出的時候，連錦源接任節目部經理，電影組的辛勞，功不可沒。

我兩眼在看《阿信》，心中卻惦念中視會不會吃炸彈？

有一天晚上，《阿信》正在上映時刻，炸彈「真的」要來了。

第七十四章

《阿信》風靡臺灣（下）

有一天晚上，《阿信》播映時刻，我正在臺北市中山北路一家餐廳參加一場喜宴，忽然接到公司專員室打來緊急電話：有人要放炸彈！

我告訴這位同仁，要鎮靜，應該沒有事。

負責安全同仁就問我：總經理有情報嗎？

「沒有情報，不過，依常識判斷，真要放炸彈，還會事先通知你嗎？」

我又問，除了放炸彈之外，電話中還說什麼？

「除非立刻停播日劇！」電話中警告。

屬於恐嚇與惡作劇性質，不過，為防萬一，一方面請同仁立刻向管區報案，我一方面立刻趕往公司，又要加值一夜的班了！

事實證明：是空包彈，虛驚一場。

是《阿信》太紅惹的禍！

電視資深導播，也是電視評論家黃海星先生，在《大成報》撰文指出：《阿信》成功的因素共有四點，其中包括：「適合觀眾胃口變化」與「女主角的個人魅力十足」。

主題曲的詮釋成功，不只是詮釋人生，更增加人生奮鬥的決心與毅力。〈感恩的心〉是由陳樂融作詞、陳志遠作曲，旅日歌唱家歐陽菲菲主唱：

我來自偶然，像一顆塵土，有誰看出我的脆弱；我來自何方，我情歸何處，誰在下一刻呼喚我；天地雖寬，這條路卻難走，我看遍這人間坎坷辛苦；我還有多少愛，我還有多少淚，要蒼天知道，我不認輸；感恩的心，感謝有你，伴我一生，讓我有勇氣作我自己；感恩的心，感謝

命運，花開花落，我一樣會珍惜。

陳樂融把「阿信」寫活了。從家庭生日宴，到公司的尾牙，到總統大選，都能聽到〈感恩的心〉，尤其是聽到「天地雖寬，這條路卻難走，我看遍這人間坎坷辛苦；我還有多少愛，我還有多少淚，要蒼天知道我不認輸」，實在是現代版的《孤星淚》。這一條〈感恩的心〉並不是原版歌曲，而是我們在臺灣加工時加上的。陳樂融創作並不多，他在從事歌唱藝術的推展工作。

雖然國內電視新聞同業眼紅的是中視的進賬，如香港《亞洲周刊》就報導：《阿信》的每集播出費不到新臺幣二十萬元，就有六百萬元廣告進賬；《中華日報》報導《超人》、《阿信》叫好叫座，中視七月業績創二十五年來新高。但有限的金錢數字，不如一支無限精神的〈感恩的心〉。我認為《阿信》雖然是日本製的連續劇，但〈感恩的心〉卻是臺灣發展史中重要的一條代表性而深入人心的歌曲。

《阿信》是日本 NHK 每日清晨製播的連續短劇，是八百伴百貨公司創始人的真實故事。無數上班族，都在看完《阿信》後才能安心上班。如果一旦漏看《阿信》，只能低頭進入辦公室，因為無法與同事交換《阿信》的心得。

《阿信》曾在全世界二十六個國家播映，成為普遍的文化語言。

為了擴大影響，日本 NHK 曾舉辦「阿信國際研討會」，得到意外的回響，為國民外交創下新的一章。好萊塢電影出身，美國前總統雷根就很認同「阿信」的精神。他說：「我每天像『阿信』一樣地努力工作。」

為了答謝與感念國內觀眾對《阿信》的愛護，中視在播出期間，也曾舉辦多項活動。其中包括：

百萬徵求十個「阿信」的真實故事。

邀請《阿信》女主角來臺。

為了激勵國人不畏艱難力爭上游，不怨天不尤人，重振中國固有的

吃苦耐勞，能吃人中苦，方為人上人的精神，中視文化公司在國內三家「義」字號企業文化——講義堂、義美食品及信義房屋贊助與支持下，舉辦《阿信》連續劇百萬徵文活動和阿信講座。我們企盼「借東風」，在臺灣土地上重新拾回阿信精神，而不只是苦難的回味而已。中視文化所邀請的評審委員都是具有代表性人物：司馬中原、朱秀娟，是小說家，林良是兒童作家，梅新是報紙副刊主編、詩人，翟瑞靈是名電視製作人，也是代表中視節目部，對於《阿信》播出的幕前幕後瞭解最多，感受亦深。

苦難社會的童養媳以及養女，裡面就含有無數「阿信」的身影。其遭遇其情景，可能只有〈感恩的心〉所描述的一半：不是「還有多少愛」，而是「還有多少淚」，不是「要蒼天知道，我不認輸」，而是無語問蒼天。

名作家吳淡如小姐就有她祖母的故事，在「阿信講座」中娓娓而談：「《阿信》十年前在日本播映時我就看過，因為我祖母受日本教育，她今年八十歲，看過《阿信》後她說：『臺灣只是不拍而已，否則我以前所過的日子哪有比這個不精采？』她說：她生在有一群姐妹的家庭裡，女生一多就得分出去當童養媳，所以只要長得像人口販子的人一來，她們就躲在棉被裡不敢出聲，怕被挑到。她大姐為了不被挑去竟在棉被中偷捏她一把，使她大叫出聲，痛得跳出去，而當了童養媳。她說，在十九歲她就嫁給得肺病的丈夫，從此挑起家裡所有經濟擔子。到現在晚上我睡在她身邊，得高血壓的她半夜仍會不自覺坐起，口口喃喃說：『完蛋了，我的雞都沒有餵會死掉。』」吳淡如說：「八十歲了，儘管她現在生活得非常好，腦中仍揮不去過去沒有飯吃的情景。」

難童出身，如今是大老闆，統一企業集團總裁高清愿，觀看《阿信》，因為自己從囝仔工幹起，對「阿信」的遭遇，心有戚戚焉。

《阿信》播出期間，高清愿因為身患骨刺，就花了八、九萬元買了一套健身器材，每晚高先生忙裡偷閒，就藉著治療的時間，觀看《阿信》。

據《自由時報》符和文報導：高清愿的成長背景與阿信相似。家境

不好，幼年喪父，勉強唸完國小，就和母親從家鄉臺南學甲，搬到做工比較容易的地方臺南市，開始他的學徒生活。

高母望子心切，所以對高先生管教極為嚴厲。高母處罰兒子的方式，是把房門反鎖，以竹片抽打，還不准兒子大號叫出聲。

高清愿的成長與成功，奮鬥歷程，更與「阿信」神似。所以當劇中「阿信」受到折磨時，高先生心有戚戚焉。晚年的「阿信」，創業成功，當上連鎖店的老闆，而高清愿的「統一超商」，更是臺灣寶島的代名詞，大街小巷，成為家家戶戶的好幫手。

所以只要有心上進，受盡折磨，就是苦盡甘來之時。

在我們一連串的「阿信」活動中，最能滿足觀眾的，莫過於螢光幕中阿信的真、阿信的苦以及阿信的溫柔，如能走出螢光幕，與觀眾談談她的感受，她的真實人生，必更能滿足千千萬萬人的心。

《阿信》直跨三個年代，戰前、第二次大戰以及戰後，三位不同主角，由童年演至老年，其中最令觀眾心儀的是青年時期的田中裕子。所以我們就以田中裕子為目標，進行邀約，我們特地由深諳日文的中視副總經理潘以平，由臺北親到日本洽商，並積極請出與我私誼良好的我國亞東關係協會駐日代表林金莖先生大力從邊協助，還有 NHK 以及代理商的關係，但久等苦無佳音確訊。田中裕子因為《阿信》而紅，片約電視檔期不斷，固有關係，在我們緊追不捨之下，才從側面得知確實原因：田中裕子固因《阿信》而紅，但受盛名之累，《阿信》成了她的負擔，甚至定名在「阿信」，連戲路都受到限制，所以就想擺脫「阿信」的負荷。

這樣的心情，這樣的負擔，不是「阿信」是無法感受的。人生真是多面，人求盛名，往往又受盛名之累。

所以，很遺憾的，寶島觀眾無緣見到人見人愛的少女時代的「阿信」。

我們只有邀令人惜憐的小阿信，童星小林綾子。小「阿信」是公開徵選，在一百多位人選中，小學四年級的小林綾子幸運入選。

小林綾子，當我們邀請階段，剛好空檔，她也心嚮臺灣，就很爽快

地答應我們的邀請，來臺訪問。那時，她已是二十二歲的日本立命館大學英文系的學生。

小「阿信」訪臺時間是八十三年八月六日，當時學校正在放暑假，雖然小阿信不如少女阿信那樣令不分性別年齡層的風靡，但小林綾子卻受到中小學生甚至孩童的喜歡。當中視安排活動時，公共關係室及我的辦公室，就接到不少家長的請求，千託萬託，一定要讓她的女兒與阿信見一面。我記得報社一位副刊主編也匆忙地帶著她的女兒來看「阿信」，剛好被阻在大門口，遇見我，就助她一下，讓她的女兒達成心願。多少年後，遇見這位主編母親，她還連謝不止。

真是天下父母心。

小阿信與「信迷」座談會中娓娓而談她在演出期間的奇事：認真看戲的觀眾，從日本外地，真的把一袋一袋的米寄至 NHK 電臺，務請 NHK 轉給小阿信及其家人。小林綾子說：觀眾的真誠，讓她日後在做人處事上都深受影響，凡是認真、努力、忍耐，總有一天可以達到自己的目標。

小林綾子訪臺期間，剛好遇到道格颱風來襲，風雨交加，八月八日上午原定安排拜謁前副總統謝東閔先生。大颱風拜訪，再加上考慮客人的安全，行止很費一番躊躇。想想，謝先生是很守時的人，來自颱風國的小林綾子也很勇敢，所以準時十一時到外雙溪謝公館拜訪。果然，謝先生老早就在亭廊等候。這位日本通本省大老，尤醉心文化教育，稱讚眼前婷婷玉立的小林綾子，比小「阿信」時代更漂亮。並好奇地垂詢演出小阿信這個角色的過程。

小阿信母女，真不虛此行。小林綾子稱讚謝先生真是一位博學慈祥親切的長者。

儘管外面風雨交加，崇尚自然的謝先生，還興致濃濃地引導參觀他所飼養的錦鯉和金魚。

透過大眾藝術，特別是電影與電視，教化人心，是謝先生念茲在茲的。所以臨辭別的時候，謝先生特別叮嚀小「阿信」，在從事演藝工作的

時候，一定要選擇好的劇本與好的角色。

這位以教育文化為職志的本省元老，謝先生平素重視教育而反對說教，而戲劇就有潛移默化的效果。他對於《阿信》是如此，對於林福地製作的《星星知我心》也是如此。自然就是他的風格，所以謝先生對於自然的風貌山水或人文表現，他都發出出自內心的熱愛。

小林綾子可謂收獲豐富，又有第二次臺灣行；田中裕子失之交臂，實在可惜，否則，她如有臺灣之行，可能卸下她對「阿信」的沉重負荷。也許她也會唱出：「感恩的心，感謝有你。」

第七十五章
三臺一場「鴻門宴」

欣逢其時，一連主持幾個新聞傳播事業機構，主要受到長輩與長官的特別提攜與厚愛，但也與我自己的經營經驗有關。如民國七十年我由《臺灣新生報》社長進入臺灣電視公司總經理，受惠於《新生報》全體同仁的起死回生的實戰經驗，待我民國八十三年又回到電視，擔任中國電視公司總經理的時候，就希望我能「借重」臺視經驗，而在中視有一番新作為。

多年來曾為學術界奉為「國民黨才子」的蔣廉儒先生，就在我加入中視第一次董監事會議中，就給我很多鼓勵。蔣先生說：「我們現在等於有二個電視，石永貴把臺視也帶到中視來。」

力挺把我拉到中視的吳俊才董事長就說：「石總經理經營的臺視，不只是臺視本身新聞節目、業務做得好，成為三臺第一，連臺視文化公司也有一番作為與成就。」

記得我加入臺視第二年──民國七十一年適逢臺視二十週年大慶，「臺視文化」在梁光明副總經理企劃下，為到場來賓們獻出一本《吾家薪傳記事》，是由臺靜農教授題字，不只是設計得盡善盡美，而且上至三代下至三代，可作為傳家之寶。吳先生就愛不釋手，家國大事，盡在其中。逢人就以此為例。

臺視的「三冠王」──節目、新聞、業務長久領先到了什麼地步？很希望三臺併成一臺，以降低節目與業務的競爭。

三臺制度，民國九十一年一直成為新政府的熱門課題，從國會到學術界、從政府到政黨，都提出解決「三臺」的問題，諸如公共化、策略聯盟、黨政軍退出等，不一而足。

其實，有了三臺，就有不斷解決三臺的方案，其中，包括：一個董事會、三個電視網、一個公共臺、二臺商業臺，三臺董事長、總經理定期人事交流等等。其要，就在避免業務競爭，致使節目惡化，社會風氣受到傷害……。

無論執政者或是觀眾，對於三臺又愛又氣，但始終端不出可行藥方，以致吵鬧半世紀，電視網已星雲密布臺灣天空，三臺的問題，還是爭個不休。

三臺也試圖自行解決紛爭。就在「臺視三冠王」時代，三臺董事長、總經理與副總經理例行性聚餐，目的在增進感情，降低三臺間的「惡性」競爭，這也是出自當局的苦心。通常，只是餐聚而已，很少談重要大事，更避免觸及三臺間問題，以免傷感情，這是屬於「談笑用兵」的聚會。有一晚，輪在華視聚會，吃到差不多的時候，一反常規，突然有一個嚴肅的題目，端出檯面：三臺廣告統收統付，以避免三臺無休止競爭下去，傷了感情，而讓上面大老闆心煩，好在我們都是薪水階級，哪一臺多賺，哪一臺少賺，也與我們個人收入影響不大。

這個案提出，並非事出偶然，而是有默契的——二臺都舉手支持，代表臺視的是董事長許金德先生，他是做事業高手，豈能不知道其中「奧妙」；他出身議會，也是協調能手，自然不便獨排眾議，同時，他事業太多，臺視不是他的專業，就此案無從發言。我眼見二臺支持，一臺無意見下通過。我就要求講話：這是一個用盡苦心的案，但用在三臺，既不合理，又行不通，會造成三個和尚沒有水的局面。因為三臺的廣告，不是自然從天上降下的，而是節目投資的反映，如只是研究三臺如何廣告均分，而不談節目投資部分，那誰還用錢用心做節目？因為做好節目，成果為他人分享，同樣的道理，省下製作費，也照樣可以分到廣告業績，這樣的三臺還會有榮景麼？豈不成為大陸的「人民公社」？我見事態嚴重，後果不堪設想，我就表明二點：一、站在臺視立場，無法接受；二、站在臺視總經理立場，先請董事長免掉總經理，以免到時候礙難執行。

現場氣氛凝重，就只有從長計議。

這是搬到檯面的「鴻門宴」。

想不到「如意算盤」，卻招來如風暴式的反彈。並不是當時的臺視「如日中天」，而是思考模式不同。如果做電視臺的高官，這不失為一個好主意。但電視臺是節目的競技場，新聞來源的地方，運作模式，有異於四平八穩的官場文化。

如今，風水輪流轉，我竟由當年反對乙丙臺舉措的甲臺，來到乙臺。這真是命運。套一句〈感恩的心〉的話：「讓我有勇氣作我自己。」

無論公司內外，關心三臺，而瞭解新聞的人，都把希望寄託在我身上，我到中視，再造一個「電視新聞王國」。

三年不到的時間，當我離開中視大門的時候，新聞界問我有沒有遺憾？我說：「有。那就是中視新聞還未達成大家的期待，遺憾與失望。」

一位新聞界大老就很關心我，在見面的時候，問我是什麼意義？我說：「還未達成收視率的目標。」

他才鬆了一口氣，其實，這就是專業經理人自我衡量的標尺。

非戰之罪，環境使然。

當時新聞部同仁，都很努力，素質也不錯，就團隊而言，有足夠能力製作出一流的電視新聞，只是環境限制了它。

電視新聞需要什麼樣環境？

需要一切為新聞的精神，就像戰士上戰場一樣，目標只有一個：勝利。

失去這個目標，再努力都是勞而無功。

我拓展中視新聞領域，分成二方面：

一是每天的四節新聞。

一是新聞節目的開創。

四節新聞，自然以晚間新聞為一天的重要時段，加上八點的戲劇線，是無線電視的「黃金長城」，如能經營得力，就鞏固了電視基地。

　　中視新聞的播報、製作品質，就在那個時期，均屬上乘，很遺憾地，重要關頭，無法以新聞價值來決定新聞的排列次序、長短、輕重。講學問與技巧，電視新聞的功力，進入「廚房階段」，就在此。

　　我清楚記得民國八十三年七月九日，是星期六，一個突然而重大的國際新聞發生了：北韓共黨頭目金日成，突然因心臟病逝世。

　　無論就共黨世界以及朝鮮半島危機，這是一個重大突發的國際新聞。因為半世紀以來，共產世界的五大統治者：史達林、毛澤東、卡斯楚、胡志明、金日成。毛、胡、金，影響亞洲安全甚巨，金日成亦是我們國內觀眾所熟知的人物。而且那段期間，北韓與美國關係緊張，他的死亡，具有朝鮮半島的安全指標意義，況且又是突發，又是東北亞的地緣，新聞價值更大。

　　但當晚的「中視新聞」排在第四條，亦無較多的配合新聞資料，而把它當成一條共黨國家普通新聞處理。實在，我為這條新聞叫屈，因為在從事新聞的人，難得的機會，碰到這樣有價值的新聞。一個有分量的電視臺，起碼要把這條新聞做成十分鐘，才能彰顯它的影響性。可惜，由於政策的理由，當做一條普通新聞處理，我為之難過不已，更不忍有所指責與抱怨。因為決定這條新聞的政策，不在我手裡。

　　為了充分發揮新聞部的人力與物力，並培養新聞部內外勤同仁製作節目的能力，我在八十三年七月一日，也就是就職不到二個月內，協助新聞部開創四個新聞性節目：《風雲人物》、《中國大陸內幕》、《縱橫天下》與《社會秘密檔案》。

　　這四個節目，有我主持臺視時代新聞節目的影子，如《縱橫天下》（中視）與《從臺北看天下》（臺視），但我絕不走抄襲路線，可以模仿但必須創新並落實本土觀眾，這是我設計電視節目與新聞節目的中心思考。

　　這四個節目，散會後傳至新聞部辦公室，成為「大地震」，現在才領教到這樣不講理的總經理：說做就做，一點不能商量，也不能打折扣。

　　我從基層出身，我當然知道他們的難處：一個蘿蔔一個坑，哪有多餘的人來做？問題是：現有崗位上的工作量與質足麼？人才有更大的活用空間。

　　我就建議新聞主管：「你把製作人與主持人選出來，我們一起來討論如何來做，如何來主持？」

　　陣容一排出來，相談之下，我嚇了一跳：他們真的太棒，很快就進入情況。

　　我只告訴他們三點：一、每個節目都有節目的落點，由落點向深度與廣度去開發，二、忘記過去，重新思考與企劃節目，三、節目不只是代表公司、代表新聞部也代表你們自己。

　　其中具有開花結果與影響較大，並延伸到有線電視二個節目：《中國大陸內幕》以及《社會秘密檔案》。

　　很顯然的，解嚴以及兩岸開放，居住在臺灣的居民，他們對於過去所生活的社會，對於敵對的空間，必須有新的認識與憧憬，這是電視工作者千載一時的機會，必須在電視鏡頭帶領下引導進入新的視野，新的境界。

　　要緊的，要放下公務人員的心態：不求有功，但求無過；四平八穩，不求突出。

　　在臺灣社會，在中國大陸，中視新聞部的動力開啟了，一如超速火車時代的來臨。

　　《社會秘密檔案》的鏡頭，觸及臺灣社會為人所不易見，為父母家長所關心的角落。在節目中，我們也承擔社會警察的角色，隨時提醒青少年觀眾：夜深了，回家的路，最安全。

　　《中國大陸內幕》製作人方可人，不只是大陸關係良好，從中南海到長春的「新京」，都可以拿到第一手資料，採訪到要採訪的人，更難得的，她能寫出極順暢又有深度的節目播出稿，實在是難見的「才女」。

　　這四個節目，可說各有天地，但是經過一番競爭，長短互見。我的

心得：肯思考又肯拼命的人，才是人才。

這樣大開大放的節目，無論播出前，播出後，也會遭遇「政策」的困擾。

例如：宋慶齡是兩岸的敏感人物，不能碰，續集幾乎無法播出，《中國大陸內幕》幾乎遭致開天窗的命運。

例如：陳立夫的《成敗之鑑》一書，各方評價不一，這是《風雲人物》的困擾。

例如：尹清楓命案，屬於軍中範圍，事關敏感，《社會秘密檔案》保持距離。

節目名稱，具有定位的功能，所以在企劃過程中，我用功至深，且甚為堅持，尤其對於關鍵字，如《中國大陸內幕》的「內幕」，就是關鍵，節目價值取向所在；如《社會秘密檔案》的「秘密檔案」，是我所堅持的，沒有「秘密檔案」就無可追尋的價值了，也就無可看的價值。

在這方面，我相當堅持，好在事實證明，我並不頑固，如在臺視的《強棒出擊》、《我愛紅娘》，就是如此。

這四個節目，最大的收穫，是為中視新聞部甚至中視，培養出傑出的新聞節目主持與製作人才。例如：

鄭大智：當時他擔任新聞部導播，剪輯手法明快，是節目成功靈魂人物，無名英雄。後來升為中視新聞部副理。

方可人：受命出任《中國大陸內幕》製作人，以豐富的大陸人脈，流暢而脫俗的文筆，使《中國大陸內幕》脫穎而出。當時，可與另一位女強人周志敏女士的《大陸尋奇》相比美，但風格不同，觀眾亦異。方可人是電視方面少有的健筆。中視大手筆的節目文稿，多出自方可人之筆。清秀之外，亦有剛勁之氣。

王育誠：為捕捉新聞的新聞人，一度成為新聞人物。他以鏗鏘有力的聲音，把《社會秘密檔案》做成中視甚至電視的招牌節目。育誠主持這樣具有挑戰性，甚至揭發社會黑暗面的節目，除了智慧，更需要勇氣。

離開中視，也離開《社會秘密檔案》，他往有線電視發展，身兼東森《社會追緝令》與《戰警急先鋒》。吃重自不在話下，但長久下來，身心負荷會很重。《社會追緝令》是源自《社會秘密檔案》，而《戰警急先鋒》則是有濃厚的「港製」的味道，不一定適合臺灣觀眾的胃口。

電視節目是人製作出來的，但電視節目更培養出人才，也只有電視節目的親身製作，才能培養出真才實料的人才。王育誠就是其中之一。

第七十六章

信心讓人有更好的表現

今日臺灣社會無所不在的電視，其根源在「三臺」，而三臺的背景，是「黨政軍」。的確，是「黨政軍」成就了三臺，成為今天電視之源。

由於社會的背景，以及電視的競爭，電視的長河，與早先的「黨政軍」緣由，大異其趣，如脫韁之馬，無法收拾，亦無法控制，可謂成也蕭何，敗亦蕭何。

若以政治理想，三臺都不是今天的三臺，既非商業化亦非公共化，而是公共電視臺。尤其是第一臺，四十年前的催生者是蔣故總統中正先生，他能聽從日本方面的建議，在臺灣建立現代化的電視臺，完全是執行三民主義育樂兩篇的「理想國」；而他的公子蔣故總統經國先生點頭創立第三臺——中華電視臺，全是基於教育部的空中教學的需要與國防部的軍中莒光教育的配合，其機能止於空中電視教學而已，僅公共電視的部分功能。只有第二臺——中國電視公司，循美國與日本廣電發展模式，由廣播延伸至電視（中廣之延長）。而現實商業發展，演變成今日的三家商業電視臺。固然，商業環境成為三臺發展的溫床，但三臺也加速了臺灣經濟的發展。臺灣很多產品，如果沒有電視廣告的家喻戶曉的力量，可能還是路邊攤的無名物。

有心之政治人士，把三臺綑在一起，是方便鞭打，其實，三臺並不完全相同。

以電視看三臺，當然，臺視最具有獨立電視臺的模樣，因為有一個獨立的董事會，總經理只向董事會負責，其要求任務亦較單純。

華視因為有國防軍事背景，所以集中與機動性較強。

而就組織機能而言，中視較複雜。

因為我走過三臺，這是我的親身體驗。

任何事業的成敗興衰，基於二個因素：一是組織，一是人才，如此而已。

因為在三臺之前，並無電視組織的經驗，臺視為「始祖」，三臺的組織與運作模式，大同小異。

但人才與人力，就有很大的差異。

累積下來，中視人事較沉重，幾乎成為當年執政黨眷區的「後花園」。我加入中視，我才知道黨工操控權力之大（因為我曾經先後任職中四組及文工會兩個階段）。難怪有一次文工會主任簡漢生先生就很嚴肅地對我說：「學長，秘書長對於自己的親人，都無法到自己的電視公司工作有所抱怨。」

這就是有特殊經營背景事業的經理人的特別壓力，管理就出在這裡。正如現代經營管理大師彼得·杜拉克所指的：管理是差異化的唯一競爭利器。

經理人，也正如杜拉克所講的：比擬成管弦樂團的指揮，因為他的努力、願景和領導力，使個別樂器結合成完整的音樂演奏。不過，指揮者要按作曲者的總譜來指揮，他只是一位樂曲詮釋者；而經理人卻同時是作曲者與指揮者（〈管理——差異化的唯一競爭利器〉，《天下雜誌》，二○○二年二月一日，頁二○一）。

的確，組織的五花八門，人員的四面八方，機能的無奇不有的商業電視臺的經理人，確確如杜拉克所形容的是指揮者，亦是作曲者。

杜拉克確確是心細而體貼的經營大師，他又說：這項任務需要經理人使他的所有的資源發揮長處——其中最重要的是人力資源，並消除所有資源的弱點。唯有如此，他才能創造出真正的整體。

就憑這一句話，杜拉克的有關管理著作（包括《管理的使命》、《管理的實務》以及《管理的責任》），可稱之為管理者的聖經。

就我自己的體驗，管理者一如一條大海中航行的輪船船長，他至少

需要三種「力」：第一力是前行力，第二力是穩定力，第三力是抗壓力，這艘船，才能達到預定的目標。

一種特殊權力較力的事業機構，尤其需要抗壓力，這真正是隨時都在考驗船長的「腕力」。

抗什麼壓呢？除了財的誘惑、色的奉迎、名的吸引之外，就是人情的壓力。

就電視臺而言，幾乎二十四小時都陷於人情的壓力中，在在考驗你的抗壓力。諸如節目製作的壓力、新聞取捨的壓力，更重要的，人事的壓力，包括千方百計地擠進來，升遷考績的壓力，均在其中。

如果說，我還能創造一點績效，泰半來自抗壓的力量。為了事業的使命，真是異於常人。這種抗壓的信念，有的來自家庭，有的來自專業教育，有的來自宗教信仰，最主要的，來自一個人的良知。

不近人情的要求，有的會使你透不過氣來，有的會使你哭笑不得。有一次我實在被「纏」得發瘋，我就回家請示家父。父親說：

一、根據你既定原則與精神去做。

二、做任何事情，不要違背自己良知，就會心安理得。

在重重壓力下，漸漸地就會產生信心。真的，信心可以讓人有更好的表現。儘管有人把你當成傻子，但還是會贏得有心人的肯定。

被譽為生在中國，卻有英國紳士品味的張繼高先生，就在一九九四年臺灣電視研討會中引言論文中提到三臺高層人事的背景與變革。這篇論文，分三次發表於一九九四年六月二十五、二十六、二十七日的《中國時報》「人間」：

為了革命，必須抓在自己手裡。因此從一九七三年到八八年蔣經國去世前這十五年他全面掌權的時代，三臺歷經九位總經理，如非親信即屬政戰高官。其中只有一位例外即石永貴。石有國內外新聞系背景，他在未解嚴前入主臺視，以專業知識整頓新聞部。他第一個認知CNN並開

辦風格較新的《臺視新聞與世界報導》，曾公然不理會文工會的命令，毅然播出謝長廷和趙少康的辯論（當時是很嚴重的）。單憑這一點點不同其他八位專業背景，就能使臺視迥然有所不同，新聞至今領先同業。可見領導人水準之重要。可惜記者人才之盛，今天已不似當年了。

張繼高就是吳心柳。他是新聞評論家，也是知名音樂家。張先生早期高雄《臺灣新聞報》起家，一度渡海至香港新聞界工作。他有資格成為當今唯一的平民貴族，樣樣都講求品味。他的一生，幫人的工作較多，能用他的老闆卻很少，《音樂與音響》是他唯一的事業，也是他的招牌。

張先生受王惕吾先生禮遇，主持《民生報》言論工作，並創辦《美國新聞與世界報導》中文版，網羅全臺翻譯名手於一家，這是張先生的一貫精神，要做就要做最好的。可惜受到市場的限制，「美新」的發行，未如理想，張先生的雄心壯志未得酬。

繼高先生的為人處事，總是獨樹一幟，不入俗而能脫俗，如在《民生報》主持「民生論壇」大計，他不要辦公室也不要辦公桌，他的敦化南路雙子星大廈寓所，就是他的旗艦。他坐擁書房指揮，看完早報，聽了中午的廣播，瞭解天下大事，就從容布局，安排當晚的「民生論壇」。「民生論壇」分成二部分，一部分是「社論」，一部分是學者專家署名的短稿。學者專家部分的題目與人選，都是張先生慧眼獨具，親選親搖電話拜託。我曾多次點名上場，可在十分鐘內交稿；他在收稿 OK 確認後，半小時內豐富的稿費現金就先送到你的辦公室。我常講：張先生不是文人，文人哪有這樣高的效率？

張先生不是做老闆的料子，也不是做伙計的命，他最願意最想幹的事，是在尊重之下，做客卿，這是張先生瀟灑處。

以客卿地位，張先生幹了他最想幹的事：受當時行政院新聞局局長宋楚瑜先生之託，籌劃公共電視臺，那是孫運璿先生主持行政院時提出的主張。

　　有規模與成就的公共電視臺，世界上只有兩個：一個在西方的英國BBC，一個在東方的 NHK。張先生醉心英倫，自然以 BBC 為藍本。受命之後，很長的一段時期，他全神貫注於公共電視臺，無論硬體的一草一木，軟體的一個節目，他都要求最好的。當然，他更要選出最好的人才。可惜政治環境的變遷，張先生的理想不只打了折扣，甚至無理想可言，因為它走了美國的公視路線，因為它誕生太遲。我國公視最好的播出時機一錯再錯，一在四十年前第一臺開播時，一在三臺時代。因為它變成族群節目的分配，政治以及省籍限制了它的發展，實在可惜。其實，公共電視的機能與節目，真是海闊天空，更沒有要命的收視率壓力。可以製作具有品質最好的節目，可以向外購買或交換有益於公民國際觀與有利於國民視野的節目。《人間四月天》的成功，不只是為公視建立信心，也為其他臺商業建立榜樣。

　　張繼高先生是一位天生的新聞記者，但他有別於一般記者。一般記者什麼都懂，但什麼都鬆；張先生是什麼都懂，什麼都精，他對於音樂事業的經營與評論，就是最好的例子。

　　張先生生前所關心的公共電視臺問題，如今不是在預算財務問題，而是在品質與視野。代表大英帝國的 BBC 於二〇〇一年收視率調查數據顯示，已近五十年來第一次擊敗主要商業對手獨立電視臺，就是最好的例證，商業電視不是不可挑戰的神話；更具有啟示作用的，英女王伊麗莎白登基半個世紀，BBC 計畫作批判式的報導，引起白金漢宮的不安。事實上，英國王室人士的接二連三的婚姻狀況，就值得批評與檢討，否則就會有人要求檢討英國王室的存廢問題。

　　張先生苦心培植而成的公共電視臺，在當前的電視社會的亂象中，應「取法乎上」用以撥亂，我國電視才有多彩多姿的明天。

　　至於張先生在電視研討會所提出的論文，內中提到有關謝長廷與趙少康辯論臺視新聞作轉播，張先生據以對我作了不少美言與肯定，我為之汗顏。其實，都是「為所當為」的事情。記得當時的謝、趙之戰，確

實是開政治風氣之先，是由《聯合報》、《聯合月刊》所主辦。他們兩位都是少壯派的代表。謝先生屬「黨外」，趙先生屬國民黨。臺視之轉播，也確實引起國民黨中央的關切，那也是常有的壓力中較大的壓力。但我自己參加當年執政黨中央工作以及後來主持傳播事業的經驗，長期執政的中國國民黨還是很講理的，也很有人情味的，就以謝、趙辯論為例，在臺視與執政黨文工會溝通過程期間，我只講了一句話：「請對我們的趙先生有信心。」事實也確如此。以趙少康的丰采與辯才，還怕在電視上代表國民黨辯倒麼？

趙少康先生確實是電視寵兒，臺北市議員期間，初啼新聲，也就常常出現在臺視新聞中，偶然不出現，當事人倒覺得怪怪的。我記得葉明勳先生有一次對我說：「永貴兄，你知道不知道臺視新聞在杯葛趙少康議員？」

我說：「我不知道，但我知道臺視新聞不會捧任何一個人，也不會杯葛任何一個人，我們只以新聞定取捨，請明公轉告趙先生，請他放心。」

盧修一先生有一次在立法院舉辦有關新聞方面的聽證會，我主持《中央日報》，他就來電話問我：「石先生願否以《中央日報》社長身分參加？」我瞭解題目與內容，很有意義，就答應準時參加，參與這場聽證會的，還有其他立場的新聞界人士，其中包括如今仍活躍新聞媒體界的楊憲宏先生。

新聞的範圍既廣又大，發生時又突然，無論新聞主持人或新聞工作者，心中都要有一把尺，才能準確與穩定處理隨時發生的新聞。唯有如此，新聞媒體事業，才能有益於社會，成為可信可靠的社會耳目。

沒有新聞不能處理，只看你如何處理，這是我從事與主持新聞事業的經驗。

第七十七章

人生不是一條直路

每個人，在現代健康醫療環境下，一出生下來，幾乎可以確定的是，你可以擁有一份保單：給你一生。

人生是什麼？每個人都有人生，如何走完這一生？

《三陽雙月刊》主編張慧荷小姐，知道我有一個曲折傳奇的經歷，民國八十三年九月間來訪，主題是：如何從挫折中再創新機？

我的答案：「人生的路很長，但不是很直。」沒有一帆風順的道理，但本著既定目標，一直走下去，總會有些收穫。

人生追求的是希望與成功。

但如何會成功？這是令人嚮往與迷思的問題。

除了真才實學之外，當然，與際遇有關。

我自己就是際遇最大的受益人。

民國八十三年六月二十三日，我接奉一位來自美國的前輩的一封信。他對於臺灣省交通建設有相當大貢獻，曾任臺灣鐵路局長、交通處長與交通部次長等職，他就是陳樹曦先生。陳先生任職臺灣省政府交通處長期間，與當時主席謝東閔先生朝夕相處，知道一些人事秘辛。陳先生就在信中附了一封信：「求公提拔人才，不遺在野，回憶當時《新生報》社長出缺，中央原屬意由沈岳（後來亦出任社長）繼任，求公堅持由石永貴接任。」

求公就是當時臺灣省政府主席謝東閔先生。

陳先生這封信，分別寄給謝求公，許水德等黨政首長，把副本寄給我。

陳先生有所不知，我進入《新生報》擔任總編輯的時候，當時我的

長官吳俊才主任，非要副社長兼任不可，否則不放人。其後謝先生得以「副社長」在簽呈上作文章，終能把我推上社長位置。我有幸為新聞傳播界做了一連串的事情，得此雙重「際遇」，是關鍵。人生的際遇，是可遇不可求的。

我們生活的臺灣，有不少事業起來了，也有不少事業不見了，看似平常，但絕非偶然，它是有因果關係的。

就以國語電影為例，一九五〇年的臺灣國語電影事業，可謂沙漠，但後來起來了，成為港臺電影事業。其中以民間影業而言（香港無官方），臺灣有聯邦，香港有電懋，不只是製作不少在市場上賣座的影片，而且品質良好，培養不少電影人員。

聯邦創辦人沙榮峰先生，已退休多年，定居加州。民國六十三年六月間，自美返國，我服務中視，影視不分，乃有較多時間請教機會。沙先生根據他自己的經驗與觀察，舉出一個演員的條件、人才的條件以及領導人的條件。

一個演員的條件，沙先生舉出三點：一為眼神，二為面貌輪角，三為機智反應。沙先生所舉出電影明星的條件，小螢幕更是如此。我也曾屢試不爽，如馬景濤的平步青雲就是一例。

聯邦的時代，無論老闆間或製作群間，也以合作默契而為業界所敬佩。沙先生舉電懋的成功，說明人才的重要以及領導人的條件。

沙先生分析：電懋的所以能成為全盛時期，就是有鍾啟文、宋淇以及孫晉三。宋淇北平燕京大學西語系畢業，以林以亮筆名，在香港發表過不少文章。電懋成立擔任製作部主任。孫晉三北平清華大學畢業。電懋計畫拍攝的劇本，從寫故事大綱開始，就要送孫晉三審閱，他會提出詳細意見，每一條都很中肯。

沙榮峰也指出：事業之起，由於領導人；事業之衰，也由於領導人。沙先生說：電懋自鍾啟文之後，無領導人才：這人才必須要有膽識、學養，目光銳利，頭腦敏捷，還要能吃苦耐勞，有衝勁，有使命感。

　　香港電懋的三位創業，而以鍾啟文為中心；巧合的，臺灣的聯邦，也是三人創業，那是：沙榮峰、夏維堂與張九蔭，而以政通人和的沙榮峰馬首是瞻。真是，三人同心，無往而不利，創業興國俱在其中。

　　我歷經這樣多的事業，又是極其複雜的新聞傳播事業，心得最多，也是較有心得的，還是在用人。

　　曾經在《臺灣新生報》、《中央日報》及臺視文化，有三度同事之誼的賴明佶先生，曾在《動腦月刊》口述一篇：〈最感謝的一個人〉。賴先生就說：

　　他用人的原則，必須是用功讀書，腳踏實地做事，不貪非分之財的人。他就像牛津、劍橋的教授一樣，不會替學生畫一個圈圈讓他去走，而是把一個好像很困難的機會給他，讓他自己去思考，去動腦筋，實地去做。

　　我自己確實受過這樣的訓練與磨練。例如，當我在中央委員會第四組追隨陳裕清主任的時候，常常受命撰寫一篇文件，他並不告訴你內容，而是要你發揮，不過當他一杯咖啡喝完的時候，你正在撰寫的文件，還未達成他所期待的進度，他就換手，由他自己親自上陣來寫。這是我的幸運，能有機會追隨這樣訓練嚴格，而充分給你機會發揮的長官。

　　一個新入社會的畢業生，你遇見第一位上司、第一位老闆、第一位長官最重要。我曾承育達創辦人王慶亞先生的厚愛，多次應邀向畢業生講話。我只講三點：把別人的事業，當成自己的事業；把別人的事情，當成自己的事情；把別人的錢，當成自己的錢珍惜。假以時日，你就會成功，你就有成功的機會。

　　凡事要想有作為，不能劃地自限，人才更是如此。中國官場很重視與講究「親信」，不知埋沒了多少人才。我更深知中視的環境，某些方面，沾有官場與黨部的僚氣，這一點也是蔣故主席經國先生所深惡痛絕，所以他就任主席沒有多久，就召集中央委員會全體幹部講話，公開呼籲：

開大門，走大路，就是打破小圈圈，而把「黨」成為大家的「黨」，成為擁抱各方也為各方所擁抱的「黨」。

我又向曾文正公處討了一副藥帖，那就是：

非勤且廉，至誠惻怛，則不能使之親；
非勸善懲惡，一秉至公，則不能使之信。

這正是「親信」的解讀。曾文正公乃能一本至誠，薦賢滿天下，人才輩出，而成為「曾左胡李」的赫赫之功。

我利用到中視三個月的機會，舉行動員月會，這個時候，節目固然開花結果，新聞亦有佳績，《民生報》作了專訪，肯定三個月成就，特別在新聞方面。

我作了將近一個半小時的讀書心得與工作報告，即以曾國藩的「親信」作為結語。並開誠布公，視每位員工都是親信，都是得力幹部，只要站在工作崗位上，為公司效力。

進一步，根據我自己經營電視的心得，電視對於社會有一份責任：有良好的電視環境，才有良好的社會環境，所以我有責任，創造一個純淨與清新的中視環境。我就在七月十三日主管會報中，提出：不得亂搞男女關係，不得有不正常的金錢行為，不得利用職權營私舞弊。就是基於有純淨的電視，才有純淨的社會。採訪中視的記者朋友們，把它稱為「三不政策」。

在作這項宣布的時候，我並請求主管轉告所有員工，不要在公司內作人情關係，也不要把人情關係弄到公司來。中視歡迎並期待：人才、節目、廣告與新聞。其中若摻雜人情就不純了，慢慢就會腐化一個事業。所以任何一個製作人，無論識與不識，與我見面的時候，我就開誠布公告訴他：要憑實力在中視做節目，節目做好，源源不絕；若走門路，憑關係，只有再見！

中視，要知道自我的定位，以及與我們有關的事業體的關係。當時

與中視有關係的國內外事業，有三個：一個是中視文化、一個是博新有線、一個是國際視聽。我在主管會報中，清楚說明三個企業體與中視的關係：中視文化是中視的事業，博新是國民黨投資的事業，國際視聽是三臺對外開展的國際事業。

有這樣清楚的關係，大家就好做事。以中視文化而言，當時在中視各部門主管全力支持，裘恩偉總經理、曹湘梅副總經理全力奔走，而打開國際與大陸的中視代理業務，發揮「人少好辦事」的力量，曾創造三十三個月有餘的年終獎金，超過當時的「號子」與後來的「電子」。

曾經走過臺視，如今在中視，看到我就任前的風風雨雨，遍體鱗傷，就任後卻能有一番作為，節目、新聞提升，員工士氣大振，《民生報》資深記者姜玉景小姐，就在我就任中視三個月記者會後留給我一封信，表達採訪中視影視記者朋友心聲：「您對電視臺所作的努力，有目共睹，您不只是一位好主管，也是一位真正關心員工，關心公司的大家長。」其實，這都是一位經理人該做的事情。但能夠得到肯定，可見公道自在人心。

中視在南港，雖離臺北較遠，但具有獨立性的社區，對於與鄰居關係的增強，平日就在做，而不是選舉時，為了選票，臨時抱佛腳。我們曾舉辦多次「里仁為美」座談會，邀請市民、里長、里民參加，非常溫馨，因為電視公司的關係，使參加者不虛此行，而有收穫。《民生報》就出現以里長的心聲作為標題：「里長都說：『中視真好。』」我自己看到這樣的標題，內心就有一種「沒有白來中視一次」的溫暖。

這一串串事情連起來，好像有成功的滋味，但離成功的道路，還很遙遠，況且，絆腳石最多的地方，就是在通往成功的道路上。

回到題目，也回到開始，成功有秘訣麼？成功的關鍵在哪裡？

美國一本《成功雜誌》，專門推廣成功的思想與介紹古今成功人物。有一期，它根據卡內基訓練，提出成功奧秘十五則。您不妨逐一檢查一下，您具備多少成功要項。不管是十七歲或是八十歲，現在還來得及：

明確領導優勢風格。

建立相互信任關係。

爭取應得尊重地位。

消除對峙立場心態。

完成目標建立信心。

保持強性勇於冒險。

運用創意解決問題。

相互激勵彼此鼓舞。

有效傾聽從中學習。

重視團體強化組織。

增進公私人際關係。

清晰思考明確溝通。

改變既有錯誤習性。

均衡調適工作休閒。

克服憂慮活出生命。

　　請不要誤會，不是具備所有的要素，才會成功，古今中外，造物者根本沒有造就這樣的完人。相反的，往往給你多少優點，就配你多少缺點，這是造物者的公平，問題是如何發揮你的優點，何時何地如何發揮。如處在不景氣的經濟低氣壓中，所要具備的成功條件：「克服憂慮，活出生命」，才能活在當下，邁向明天新生命。

　　問題，如何面對問題。幾乎每人、每家、每個公司、政府每個部門，都會有問題，如何解決？有人一想到解決問題，就想到非錢莫辦，其實，金錢不是萬能的，況且，有了錢就沒有問題麼？而是：運用創意，解決問題。創意才是無價之寶。

第七十八章

人事更易與工程招標

　　蔣故總統經國先生主持行政院與入主中國國民黨的時代，為了增進政府活力，創新黨的品牌，曾起用大量年輕人才，「青年才俊」風起雲湧，成為蔣經國時代的招牌。其中，具有代表性的有三位：錢復、宋楚瑜、馬英九。

　　馬英九年少英俊，有曠世之才，是一條潛龍。蔣經國先生經過多日的思考，下了一個決斷：把馬英九放在中央黨部，位高副秘書長，成為主席、秘書長之下的第三號人物。馬先生還同時擔任總統英文秘書。

　　馬英九坐上副秘書長的位子很不習慣，一方面天性使然，有幾分害羞；一方面他的父親鶴凌先生又任黨職，先後擔任臺北市委員會副主任委員及中央考核紀律委員會副主任委員，在黨部老朋友不少，英九出入中央黨部，逢人就伯伯叔叔。副秘書長常常主持協調會議，相爭不下，作為主席的馬先生很為難，就說：諸位都是伯伯叔叔，要我怎樣講呢？

　　往往一句官話就有了轉圜餘地：請中央決定。

　　馬先生不懂官話，就說：誰是中央，我坐在這裡，真的不知道誰是中央，中央在哪裡！誰能代表中央！

　　中央的問題與權威，還不止於此！

　　中央有關部會主管，每年例由各級單位組團至事業機構視察，也聽取各類的簡報。據告：有一年中央大員浩浩蕩蕩來到中視視察業務，當簡報主持人（例由總經理）報告績效如何如何，完畢後，考察團領隊長官致詞，這位長官在眾多主管面前，竟糾正簡報主持人的用語與態度：「你們忘了中央政策領導正確所致！」

　　我於民國六十八年主持《中央日報》，吃了不少苦頭；八十三年擔任

中視總經理，二個專案的執行，也深受其苦。

一個是副總經理的人事案，一個是中視第二大樓興建案。前者是一個副總經理的更易，高層人物在較量；後者則屬獨斷獨行，非依法令行事而以命令為之。

一位副總經理的更動，可以拖到半年之久，實在嚴重違背效率原則。

據吳董事長面告：當民國八十二年十二月初往見李總統的時候，中視的更易副總經理人選是同時決定的。但直至民國八十三年七月中才完成協調，走馬上任。

其間有不少長官與機構，包括：總統府、中央委員會秘書長、中央文工會主任以及臺灣省政府主席等。各方態度不一，說法不一，全靠協調功夫以及董事長的毅力而完成。吳董事長為這一人事案，面見總統拜訪秘書長，我亦數度拜訪臺灣省政府主席以及中央文工會主任。其中複雜關鍵：現任副總經理去路如何安排，單純的人事變動，幾乎變成政治問題。

協調過程中，有關總統府方面的態度，有一次在我與蘇志誠主任通電話時，他明確表示：對於副總經理更動，當時所以採取保留態度，是基於副總經理更易是總經理的職權。

銜命往見文工會主任時，簡先生對此一人事案的複雜性充分瞭解，並作坦誠表達：「這件事我作不了主，秘書長因為身兼華夏投資公司董事長，所以黨營文化事業不要說副總經理，就是經理級人事他都要過問。」言下之意，中視副總經理人事案，他是管定了。

二次拜訪簡主任的經過，我都面報董事長。吳先生在人事方面，表現一貫的堅定。並說：此一狀況正如在沙漠中行走，必須堅定目標，始能達到。他並對我有所慰勉：「自從你來公司，內外反應良好，已經達成目標百分之八十，饒曉明能來，可達成百分之百。」先前，吳先生並明確指出未來新副總經理的職掌分工：負責節目、公關與內部協調。

直至民國八十三年六月八日，始敲定原任副總經理辭職，秘書長核

定，饒曉明接任。這一任命底定前後，董事長請見總統與拜訪秘書長，新任副總經理拜見秘書長及文工會主任，始完成禮數。

為了中視更替一位副總經理事，我曾於八十三年七月八日及八月二十六日兩度拜訪臺灣省主席宋楚瑜。因為未來的副總經理是臺影文化公司總經理，而現任副總經理是宋主席在黨部任內從臺視新聞部經理借將而來，當時非屬尋常的「轉臺」，又是升任，希望借重臺視的經驗，有助中視新聞的提升。所以我二度奉命拜訪宋主席，他的立場非常明確：一、對於中視新任副總經理的人事，他沒有意見，二、對現任者要好好安排。

人事案底定。七月八日往霧峰臺影文化城參加臺影員工的歡送會，場面確實溫馨而感人，員工幾乎以淚相送，可見饒曉明做人確有不尋常的一面。他在臺影也下了不少功夫，與省議員關係良好，在那裡也見到老友，電影界好人陳耀圻導演。

之後，偕同饒曉明往中興新村主席公館拜訪宋主席，面致謝忱。閒談中，宋主席透露一項重大政治訊息：二週前，總統已面授他參選未來的省長，但宋先生說：「萬水並不贊成。」

中生代政壇人物爭鋒，以及後來的演變，誠屬不幸，但從當時的政治人物言談中已露出蛛絲馬跡。先前，許水德秘書長就有所透露：總統曾二度要他接任省主席，一是連戰接任時，一是宋楚瑜接任時。許先生還分析：未來省長之戰，如宋楚瑜參選，吳伯雄會堅持到底，他出來，吳可能會緩和些。其後的發展，許先生可謂料對一半，宋先生出來了，吳先生經過一番表態，還是奉老父之命，退一步想。

這個時期的黨部秘書長，因可以擺在前面的有成為閣揆的良機，但選舉成敗的壓力還是很大。黨部從早期的發號施令，到解決不了的問題都推到黨部來，許秘書長的心情可想而知。有一次應是民國八十二年六月間，事業有成，人脈遍及日本及國內的旅日居橫濱僑領李海天先生，返國公幹，許先生就在來來安東廳設宴敘舊。許先生見到老友，就難免吐了一些心中話。言下之意，要不不幹，要幹就要大幹一番，最好把中

常會以及中央委員都通通廢掉。也對，因為這樣才是西方的民主政黨，日本政黨國會制度嚴密，但也沒有這些。駐日前輩，在日本政壇有「馬派」之譽的馬樹禮先生，在旁就勸許先生：還是要慎重。

有權、有錢、有人事，就會有爭執。

當主管宣傳的文工會與主管事業的投管會，還是有些意見，並浮出檯面，鬧些新聞。吳董事長對我未去成文工會還是不甘心，事過境遷，民國八十三年十二月八日，這一天吳董事長心情很好，我在中視工作進展，較預期順利，問我當前政情，就問我：「你現在去文工會還有沒有興趣？」我說：「報告董事長：可以赴難，但必須有意義。」

經過一番「協調」，真所謂形勢比人強，黨營事業管理，不只是一條鞭，而是一人之下萬人之上，成為「奉天承運」，百官只有「嗯」，「嗯」聲。不是「主席交辦」，就是「給總統說好了！」誰還敢說一聲不字。

中視就在中視第二大樓招標承建的過程中，上上下下吃了不少苦頭，最後還是屈就！

為了容積率可能調整，中視南港大樓右側一塊停車場空地，就積極醞釀興建一座新的大廈。

這個時候，正是國內有線電視蓄勢待發，國外 CNN 如日中天，所以這座大廈，必須內應國內的全面電視競爭，外迎國際化的挑戰。所以就在八十三年七月十四日，與建築師舉行的專案會議中，開宗明義我就指出為什麼蓋這座大廈，做什麼用處：

一、建造一座電視智慧大廈，不是一座大廈，也不是一座智慧大廈，而是一座電視智慧大廈。

二、應取法乎上，集東西方之精華。新聞製作播放中心，應以美國 CNN 為準；節目製作應以日本 NHK 或 TBS 為準。

三、建議建築師會同本公司有關主管，赴美日作實地考察，回來據以提出規劃書。

這是建築規劃。

招商興建，卻頻頻出現狀況。

依黨營事業營建修繕辦法之規定，必須先公開招標，未成，始能議價；董事長亦堅持依法行事，以保證工程品質與價格。

但上級卻必須依令行事，交待指定廠商議價，冠以「策略聯盟」，議價不成，再公開招商，完全反其道而行。

令董事長最不能忍受的，是公開招標啟事，送到報社的公告，未經過公司同意，上級控股公司竟然連夜強行至報社抽稿，不得刊出。令董事長湖南脾氣發了，非要辦人不可，一定要對主辦人員處分。實在辦事人員既無經驗，又無一點膽識與行政責任，抽稿可以，但須經公司同意才行，不能越級辦事，這是起碼的常識。就正如在戰場上，排長聽連長的，不能逕聽師長指揮。結果這倒楣的工作人員，還是受了處分，其實，在這樣環境下，是無可奈何之事。

這個時候各種花招與壓力都會出現。有的主管就好心勸我：還是算了吧，這樣有什麼不好，免得公開招標，黑道上身惹禍。

我也不客氣頂回去：中視還怕黑道！總經理也很想見見老大，見識一番。既然做了總經理就不怕負責任，也應負責任。

公司內，除了行政體系，還包括董監事會在內，成立不少臨時組織，諸如行政部門的執行小組，董監事層的指導委員會，以因應第二大樓公開招標事宜，大大小小的會，也開了不少，也有不少結論，但無結果。

董事長堅持依法辦事，我也堅持公開招標，以昭公信，而給予社會營造界公平機會，這是建造公平社會的起碼權利。為防止特權方面低價搶標，我也有經驗，就是興建臺視中央大廈，以合理標，統統封殺了圍標與搶標者，使品質得以保證，價錢合理，雙方都受其惠。

最後還是上級把營繕辦法修正了，從原公開招標不成才議價，來個大轉彎，變成議價不成再公開招標，奈何？

經過指導委員會、董事會，在別無選擇，有這樣「修正」辦法在前，就不能違法抗命，最後只能希望價格與品質，能把守得住。

事後我有一個心得：無錢的家難當，有錢的家也不好當。

中視遭受一些經營外的困擾，就是因為有錢。

記得有一次有關方面為了配合「利多」市場氣氛，要中視隨時準備下場，並訂定額度的下限。我認為中視因為有新聞採訪責任，代表社會公正，不能在道方面「下場」，經財務部門作專案分析報告，思想嚴密，並精通《易經》的董事長，作了兩全之計，按上級指定的額度一億元，不收利息，提前提交上級單位操作，視為暫借款，在來年盈餘分配中扣除。

經過嚴格的把關，也經過日本大地震，中視第二大廈總算議價完成。

中視第二大樓將近完工之時，我已經離開中視工作崗位，承包營造公司董事長見面，就要我去參觀，我說：不在其位，不謀其政，敬謝了。這個大廈就是慈濟事業以押租方式使用的大愛電視臺。

中視第二大廈，從營造的紛擾不堪到外租使用，都不是原來的「藍圖」。否則以中視現任者的強烈企圖心，與中視新聞並駕齊驅，不只是造就國內無線有線的全盛時代，也有機會成為亞洲的 CNN。

第七十九章
「包青天」落難

天地間自有可變與不可變的道理。而天地能運轉不息，乃靠不可變的原則。

中國孔孟相傳，西洋希臘相傳，有三種原則，乃屬人類至高無上的道德，視為神聖不可侵犯，那就是：

正義的原則、貞操的原則以及正直的原則。

以今日人數生活的行為，這些原則，可望而不可及，真令人感嘆。

人類從無依無靠，脫離百獸的生活，乃從家庭為聚集基點基地開始。家庭是社會之子，又是社會之母。是人類文明之源。

人類許多教誨，來自家庭，中外皆有不少庭訓相傳，影響就不止於一個家庭，而是無法評估的價值。

我出身平凡，能得天獨厚，服務社會，全憑長輩長官與師長的諄諄教導，而有所為與有所不為。家母識字不多，但為人處事的道理，源自天成，渾然自成一格。她殷殷善導者有五：一、不准喝酒、二、不准賭博、三、不准向人借錢、四、不准占人便宜、五、不准與友好合夥做生意。

我自認尚能「守身如玉」，入污泥而不染，任何環境扳不倒我，得利於母親的「五不」。

人生的大河，都是教練場。日本戰敗復興，不是靠東大的貴族招牌，而是實幹苦幹的工作場，因而形成「學歷無用論」。這對於我經營新聞傳播事業，有所啟發。

中視是中國國民黨經營的電視事業，難免有背景因素參雜其間，影響人才的素質，久之，自然會降低事業的競爭力。我主持中視，就在主

管會報中開誠布公宣示：背景無用論，用以建立中視的精神長城，無價之寶。每個人都有自己的地位，而自己的地位，是靠自己在公司的工作表現打造而成。當你在工作的時候，不需要左顧右盼，更不需要東想西想，你能不能有成就，全靠自己。我在臺視、《中央日報》老同事鍾田明就對《中國時報》記者說：「你只要腳踏實地，實實在在的，他就會信任你，授權給你。」中視所需要的員工，是清清白白、誠誠懇懇、實實在在、簡簡單單，如此而已，累積而成，就是「中視文化」。這樣的文化事業，自然會近悅遠來，也自然會對社會人群有所貢獻。

我有自知之明，沒有特殊的天分，更沒有特殊的背景，所依所靠的是實幹苦幹而已。我不是耍花樣的料子，所以凡事總是循規蹈矩，以身作則，全力做下去。凡事一旦決定，就勇往直前，帶頭衝上去。

事業場，就是戰場，沒有取巧的道理，更沒有避險的訣門，全靠血肉之軀，奮勇向前。

因為憑道理做事，一心為公，也一心想把一件事情做好，所以往往無妥協之餘地，其硬如石，乃有「石頭」之名，這都是《臺灣新生報》、臺視工作伙伴熟悉的稱呼。

加入中視，以《阿信》一戰成名，第二年春天，製作人舉行新春聯歡的時候，一位王牌製作人在致詞的時候就說：石總經理就像一團烈火，到哪裡，火就燒到哪裡，都有熱烈的表現與戰績。

這可能是我事業的性格，燒發起來，就是一團事業的火。

人生的際遇，正如四季循環。曾文正公以朱子勉弟子，最具啟發：

悔字如春，萬物蘊蓄待發，
吉字如夏，萬物茂盛已極，
吝字如秋，萬物如落，
凶字如冬，萬物初凋。

春夏秋冬，悔吉吝凶，這是自然現象，人生又何嘗不如此？

　　人生一如萬物，總是受惠多於施惠。

　　春風化雨，一如大地的甘霖，總是在不知不覺之間。

　　我入新聞傳播事業經營行列，並非自卑，但總覺並無異於常人之處，但無意中受到言詞之鼓勵，卻能產生千軍萬馬之功。

　　《臺灣新生報》之經營，初具成效，使員工脫離苦海，面有喜色，成為政治或報業間談話之題目。在一次民營報冠蓋雲集的典禮酒會中，東北大老王鐵漢先生就說：「石永貴，那是我們東北好樣的，是他把那個報紙救起。」

　　臺視經營，初入臺視之門，真是「侯門深似海」，不知從何下手之苦。葉明勳先生有一天就帶我到中山北路臺泥大樓，去拜見臺視第一任董事長林柏壽先生，只是例行行後輩拜前輩之禮而已。林老先生是我敬仰之本省大老，當時他與我講話都不多，匆匆而去，匆匆而回。過了兩天，葉先生傳話回來：林柏壽對臺視有信心，這位總經理眼睛有神采，臺視會有辦法的！

　　我在中視的時候，民國八十四年六月十日晚上，受到吳尊賢先生的寵邀，參加他們家族的晚宴，當晚的主客也是臺南籍子弟黃大洲先生伉儷。吳先生是我敬重的「臺南幫」靈魂人物，他竟在筵會席上當眾介紹「石先生」的優點：第一、敬業精神。第二、能一面工作，一面寫作。這都是石先生的智慧與過人之處。當時，我非常不好意思，好像推薦我要競選什麼似的。我就說：「我哪有這些優點，只是盡心盡力而已。一個沒有背景的人，不努力怎行？隨時隨地寫點東西記點東西，都是雕蟲小技，正如商人撥算盤一樣。」

　　這些都是美言，卻能造就一個人。

　　臺新銀行曾作了一個長期的形象廣告：認真的女人最美！這句廣告詞，不知鼓舞多少在工作場上的女士們。

　　人生最美的事情，也是最不花本錢的事情，就是說好話。這彷彿是星雲的勸善祝福語，吳尊賢先生是大德之人，當之無愧矣。

人生道路上，並不是直路，處處有險路，處處有轉彎，可以成事，也可以敗事，就看你怎樣想與怎樣做。

一句好話，可以救一個人；一句壞話，也可以毀了一個人。這就是人心與人性。一個社會與一個事業興衰也就在此。

英業達創辦人林百里先生，深諳此理。崇尚中國哲理的林百里，領導風格重無形甚於有形。林百里看人重人性，「人性不好，高竿也沒用」，林百里說。

成事在人。

民國八十四年九月，中視自新加坡引進一齣電視名叫《鍾馗》的連續劇，男主角正是以演《包青天》而揚名海內外的金超群。

金超群演完《包青天》，與製播臺鬧得不愉快，與范鴻軒攜手走天涯，雲遊四海，走紅海外，因為有《包青天》的金字招牌，戲約不斷。

都是戲造成的恩怨。

另外一方面，金超群在未出國前的一段時間，熱衷政治，挾《包青天》的餘威，參加選舉，而加入的政黨活動，正是從當時執政黨出走的新組政黨。

有關高層方面，看到「包青天」打道回府的新聞，我就接到電話：聽說中視要播《天師鍾馗》，主角在上一次選舉中，曾對執政黨有很大的困擾，總經理要注意這件事！

電視臺最怕的就是這種事：箭在弦上，不能不發。無論面對製作單位合約、當事人以及輿論界，都不能採取斷然措施。

我們立刻召開緊急會議密商。主管節目的副總經理與各方面關係良好，其中包括關鍵人物：金超群夫人陳琪小姐。請陳小姐做二件事：一件事安撫金超群，稍安勿躁，如有任何刺激性新聞出現，不要動氣，更不要有所反應，一件事有關進一步的安排措施，請金先生予以配合。陳琪是一位善解人意的女孩，立刻上路搭機趕往香港，並感謝公司的苦心，應該不辱使命。

不久情勢急轉直下，「包青天」偕同范鴻軒自香港從天外而降，重返曠別多年的臺北。

執政黨中央對於金超群在海外的表現予以肯定與讚揚，並在九月九日假中央委員會舉行簡單而隆重的頒獎典禮，由當時的中央文化工作會主任簡漢生主持。金超群在典禮致辭中，感動為之涕淚，並說：「以為《包青天》演完，從此淪落異邦，想不到有此意外的驚喜，報國之門大開，當赴湯蹈火，蔚為國用。」

真是拜《鍾馗》之賜，鍾馗真是神靈無比，為「包青天」解套。最高興的，還是他的夫人陳琪，從此免臺灣與海外兩地為夫趕送補給品之苦。

人與人間相遇相識，全是一種緣分。從陌生人變成具有感情的關係，那都是很奇妙的事情。

由於《鍾馗》電視劇的緣分，結識「包青天」金超群。有的卻是失之交臂。

民國八十四年十二月間，忽接中視上級投資公司長官的電話：推薦由陸小芬主演，梅長錕製作的《看海的日子》電影，有無可能搬上八點製作成連續劇。

電影與電視，雖然是隔不開的兄弟，但電影與電視還是有很大的關係。雖然同為商品，但仍有相當大的區隔。電影是可以慢慢製作慢慢欣賞的藝術成品，但電視卻是麥當勞的速成產品，許多電影從業人員跳到電視成功了，有的卻難適應，其原因就在此。

《看海的日子》劇情簡單，故事濃度不夠，是無法滿足八點檔的電視觀眾。但我還是想與梅長錕先生見見面，交換彼此間心得，看看有無可能改編成單元劇，或能適合電視婦女觀眾。

梅長錕是電影界熟悉的製作人，因為與梅長齡先生「看起來」有兄弟關係。梅長齡先生又是我敬佩的前輩，他是與龍芳先生同為軍中走入社會，極為成功的電影甘草人物，兩者的性格與作風，有些像蔣經國先

生。龍先生擔任臺灣電影製片廠廠長，梅先生先後主持中國電影製片廠與中央電影公司，兩者不只是把這三個電影機構弄活了，而且成為港臺合作的黃金年代，他們真正把軍中如兄如弟的熱情，帶到電影界與社會來，成為業界活絡的力量，可惜英年早逝。

不只是我，很多人都會誤以為梅長齡與梅長錕有兄弟間關係，其實，除了電影外，什麼關係也沒有。

我沒有機會認識梅長錕甚至深談，引為憾事。他的蒙太奇電影公司地址是在臺北市昆明街，但多次往訪，均無人回應。有一次在無意間看到梅先生，那是多年之後，總統大選揭曉之夜，一些群眾包圍中國國民黨中央黨部，往馬英九市長臉上丟雞蛋的那位先生，就是梅長錕。

真想不到在這樣場合出現，而有這樣的動作。

梅長錕先生是在我心中存在很久的名字，一位電影導演，自己也不會想到導出這樣的一個場景，人生的不可思議，也許在此。我望著電視中這個「場景」，真是百感交集，心中的滋味，不是失落，而是失之交臂。

人生真是如戲。

第八十章

星雲老母慨送愛子

八卦資訊當道，無論傳聞或是真實，都能滿足人性的心理。

權力與性，正是八卦新聞的主要原料。

因為職務的關係，常常有機會接近政治人物，更有機會接觸一些秘聞，只是難過的，只能緊緊地壓在心裡，如今事過境遷，也可以攤在陽光下見見太陽。

八十四年元旦甫過，我在圓山飯店一場酒會中，碰見一位在政壇少壯重量級人物。他透露一個訊息：省市長選舉後，李登輝主席很消極，很想退出總統選舉，由連戰提前上陣坐上總統位置，並擬訂一份名單：徐立德黨秘書長、吳伯雄行政院副院長、許水德總統府秘書長。由於蔣彥士堅不同意，因而作罷。

如果是這樣提早布局，政治的發展，就完全不同。國民黨的政治以及國民黨主導的政局，可以持續下去。

謝東閔先生是臺灣百年來政治的「特產」，他以求生精神，不只是在中國大陸處處碰到恩人相助，更得到蔣介石委員長慧眼識人，成就了他在臺灣無求而得到「臺灣第一位」的政治地位。

東閔先生素直樸實，一反官場的排場與形式，而求真求實。

他在擔任臺灣省政府主席的時候，就提倡走動管理，視批公事為沉重的負擔，幾乎全交付秘書長代批代行。有一次他到盲校參觀，看到牆上到處都貼的政治標語，他就好奇地問校長：「這些標語給誰看？」

這就是標語政治。你要我貼標語，我就照貼，而不問對象與效果。

有一次在中視餐廳為謝先生舉行壽宴，參加者都是他過去省府時代的廳處長以及採訪中興新村的新聞界朋友。見到當年的老友，他特別開

心，三杯老酒下肚，「有色」的笑話就出來了。他點閱客人，少了一位，就是省府委員張甘妹，求公就問：「怎麼甘妹沒有到？」負責連絡的樓文淵就答道：「今天晚上不適合女士在場。」求公哈哈開懷大笑一番，隨後出了一個題目，要大家想想「含飴弄孫」的典故，出自何處？固不失為童子之心，事實上，求公語重心長，因為在座幾乎都退出政壇，該「含飴弄孫」了。

蔣中正先生，由一個鄉村頑皮的孩子到日本軍校生，而能影響現代中國近百年興衰靈魂人物，絕非偶然，而有異於常人，天生與苦學，點滴而成。從政人物與侍奉左右娓娓道來，蔣先生確有常人所不及之處，乃能成非常之業，尤其轉危為安之功力，非常人所能體會。

蔣先生所領導與創造的時代，主要有二個：一個以重慶為司令臺，西南為腹地，成就了中國抗戰與第二次大戰之勝利；一個以臺北為根據地，死而重生，創造了中華民族所罕見的「臺灣奇蹟」。

也許視為先見之明，因為蔣先生在大陸變色之前，就在臺灣埋下二塊王牌：大力推動清明政治的陳誠，一手操練新軍的孫立人。

如果照抗戰經驗，蔣先生應該「靠山」，再回到西南去。有關這方面，最後的時日，與蔣先生朝夕相處的沈昌煥先生與夏公權先生，曾有述及：

沈先生曾在臺北市國聯飯店請我吃午餐，在座的還有我《中央日報》同事劉本炎以及他的公子沈大川。那天沈先生心情特別好，一反平常的嚴肅：「石先生任何問題都可以提出。」

我就提出一個埋在我心中已久的問題：「為什麼蔣公會選擇東南的臺灣？」

沈先生說：「大陸局勢變化太大，太快，原先的布局打亂了。蔣先生確有臨危不亂之功，當少數人追隨他到溪口的時候，隔宿之糧都無著落，真是坐困斗室。蔣先生一個人坐在內屋苦思，並把相關幕僚單獨叫進去。外邊的人，自然很緊張，就傾聽蔣先生在指示什麼？」

「蔣先生知道外面有人聽，也知道幕僚們六神無主，蔣先生在裡面

談話特別提高嗓門，內容不外如何有辦法，其意在安定外面幕僚心理。」

沈先生說：「蔣先生確有他的神奇領導統御術，他可以在山窮水盡，打出一條血路。」

大陸沉淪最後時刻，是夏公權先生駕駛飛機，帶著蔣先生飛越生死線。

我就問夏先生：「何以選擇臺灣降落？」

夏先生的答案與沈先生一樣：「大陸軍事變化太快，真是慘。」他駕著飛機，在東南沿海一帶盤旋，真是如喪家之犬。

經過金門上空的時候，夏公權就指著下面，向老先生報告：「這個地方可以死守。」夏公權就順勢報告：「可否開往臺灣發展。」

一般人都認為陳誠與蔣經國有政治心結，但依照夏先生當時的說法，有更高一層的矛盾關係。老先生說：「辭修有政治顧慮。」

夏公權的岳父黃少谷先生，後來為老總統倚重，擔任總統府秘書長，夏先生說：「老總統與辭修有矛盾，鬧意氣，全靠家岳從中穿梭，增進瞭解，消除誤解。」

蔣先生用人與對於知識分子之敬重，完全師法「先師」曾文正公。中國抗戰期間，知識分子支持政府抗戰，投入抗日戰爭，全受蔣先生精神感召與對知識分子性格的包容。

曾為蔣廷黻先生機要秘書曹志源先生就有所追述：「他自認所以能在政壇上自成一格，全靠蔣介石的知遇提攜。他說：如非蔣公介石的知遇厚愛，我的個性，並不適合於中國官場的。」

蔣先生瞭解問題，抓住問題，很快作出決斷，這也是他的過人處。我國駐日大使館宋越倫先生就回憶當年政府遷臺，中日關係陷於絕境，邀日本重量級人物緒方竹虎訪臺，居間協調折衝秘辛。他先拜見張群先生再晉見蔣公。宋先生回憶：「岳軍先生對緒方身世及政治背景詢問至為瑣屑，並謂緒方為黑龍會幹部，言下對其來臺訪問，頗不以為然。」

「晉見蔣介石先生，就緒方訪臺事加以報告，總統注意傾聽，未數

分鐘即充分瞭解，並加指示：『此事極為重要，你可全權處理，並立即返日，告知緒方：我歡迎其來訪，並願就中日間根本問題，與之詳談，只要我有時間，一次、二次、甚至三次，緒方來時，你可與之同來。』」

宋先生並加以結語：「以日本問題最高權威的張岳軍先生，雖有歷時一小時以上之詳細說明，仍難領悟！而蔣介石總統在數分鐘之內，即對緒方訪臺之重要性，瞭如指掌。」

這就是幕僚長與首長之相異處。首長之性格有其目標性、積極性，而產生決斷力。能用與不能用，就緒方之例而言，不在過去背景與未來變化，而是現在。主管、首長或領袖，其基本性格，就在決斷力。

王正誼先生與老總統關係，有各種傳說，但王先生為老總統的貼身秘書，確為事實。王先生因受老總統倚重，出任行政院人事行政局長，而蔣經國先生為配合退除役官兵就業，另有人選，那就是宋達（映潭）先生（宋楚瑜先生父親），而不為經國先生所諒。王正誼就稱讚「老總統的記憶，過目不忘」。這是雄才大略的偉人性格。

一本有價值的書，一個人的特殊成就，一個人的出國考察，老總統往往都會接見，並傾聽心得，作為吸收新知的泉源。身邊有秘書全程紀錄，有更重要價值者，並請補充書面，據以採納實行。這都是蔣介石先生的過人處。國際具有成就學人如劉大中先生等，就深受感召，而下定為國奉獻的決心。

謝森中先生是獨具風格的政壇人物。他選擇的工作，是自己喜歡的工作，且能以愉快的心情面對工作。因此，當當局有意請他出任行政院副院長的時候，他敬謝不就。

選擇他的條件：無黨籍與立委應對良好。他有自知之明，確是他的缺點，實在不能做。一因是無黨籍，與黨部淵源不夠，二因無法與立法院打交道。

謝先生說：他擔任中央銀行總裁五年，雖然困難困擾很多，但以愉快的心情面對工作，自己喜歡的工作、自己熟悉的工作，乃能得心應手。

　　謝森中可謂有自知之明。

　　包括民間所崇拜的媽祖在內，佛教繼早期基督教之後，成為在臺灣發展的沃土，而如今佛教大師級人物，除了證嚴之外，都是來自中國大陸。他們有別於傳統的佛教人物，幾乎都有一段不尋常的傳奇歷程，可以說神乎其神。就以星雲法師為例，確有特殊的經營佛教的才能。第一、走入民間，而非閉門佛堂。第二、遊走民間，不但不擺出佛經或《大藏經》為你傳教，甚至絕口不談佛教與佛理，而是談生活與人生，讓你產生信仰。如星雲常談的是禪。禪不是佛，但有相當大的關連性。禪就是取材自日常生活，及身邊的瑣事，並以美景詩句來歌誦真理，更由於禪書、禪語不易瞭解，而採用了不少民間的土話俚語。第三、善於運用現代傳播工具，像星雲從早期的投稿、上電視，到擁有雜誌、電視報紙等等。第四、懂得經營與培育人才，如星雲、證嚴在國內外培養各種專家人才，門下博士如雲，進而創辦醫學院、大學等蔚為奇觀，不使歐西傳教士來華設醫院辦大學專美於前。第五、具有寬廣國際觀，佛教事業與組織遍天下。如證嚴的機構與弟子，海外無所不在，凡有急難立刻就近出動救援，其效率與精神，遠勝於正式組織的外交與僑務機構。第六、雖未積極參政，但與朝野政治人物有密切往來關係，惟這方面證嚴較不顯著，而全心全力奔走民間，急民所急，苦民所苦。

　　這些佛教大師的成就，既是天生又是百苦萬難磨練出來的，星雲頗有胎教之功。

　　星雲的老母親，兩岸開放後，接到臺灣住一些時日。這位九十四歲的老太太，有一次在面對佛光山二萬人的信眾，說了一句感人的話：「大家對我這麼好，我老太婆沒有東西送給你們，我只有把我的兒子送給大家。」

　　人世間，對於母親來說，還有比兒子更寶貝的麼？星雲老太太竟說沒有別的東西，只有奉上兒子，這樣的修養，真是如神如仙的境界，只有在宗教經典或神話中才有的醒世故事。

　　捨得，人是很難「捨得」的事，人所以矛盾與痛苦，往往也就在此。
人捨得把自己喜歡的東西，送給別人麼？就是一條心愛的領帶，也是如
此。捨不得，不捨得。

第八十一章
陳松勇總統官邸「開講」

不知從什麼時候開始，有「黑白兩道」這個名詞，我想是社會新聞編輯的靈感，在處理有關新聞時，把它們連起來，鎖在一起。黑也好，白也好，從西方到東方，從進步到落後，每個社會都有，但以進步與繁榮社會最為突顯，而把它們綁在一起，應是臺灣社會的奇特現象，這是臺灣社會的不幸。

黑道人物，代表者俗稱「大哥」，有真大哥，也有假大哥。真大哥，是真正的黑道人物，假大哥，是電影電視扮演「大哥」的演員。維妙維肖的「假大哥」，其粗線條的作風，尤較真大哥為之傳神。

我們看過的電影與電視的大哥演員，有兩位成為典型：一位是柯俊雄，一位是陳松勇。我只在電影中看過「日本浪人」柯俊雄，後來轉型，變成抗日民族英雄，而有幸與陳松勇有多次領教的機會，可謂受益匪淺。最重要的一次見面，是在李總統官邸，陳松勇為席上的貴賓。

那是民國八十三年九月十三日晚上，李總統特別在官邸設宴，請陳松勇先生，目的在為影視界負責人及黨政文化首長「上課」，有關當前文化電視電影的興革意見。參加晚宴的，除三臺總經理外，還有當時的執政黨秘書長許水德、文復會秘書長黃石城、行政院文建會副主任委員陳其南以及行政院新聞局長胡志強，還有一位是陳松勇帶來的客人，電影編劇吳念真。

那是一個不太平靜的夜晚，總統府前有遊行請願群眾四竄，總統府以及總統官邸都採取嚴密的交通及安全管制措施，所以客人陸續抵達，有的甚至較預定晚宴時間遲一、二小時。

陳松勇真是性格，在總統面前侃侃而談，滿面春風，令人想到，做

一個演員，真是威風，要不就是做總統，如雷根；要不就是做總統的朋友，如陳松勇。

「阿勇」一口氣講完閩南語電視劇的積弊後，總統作了二點結論：

一、提高閩南語電視劇製作費。

二、有計畫發掘、培育演藝人才。最好以盈餘百分之十作為培養人才的基金。

陳松勇使出渾身勁道，為閩南語演員兄弟姊妹請命，所講的都是實情。閩南語劇、歌仔戲以及布袋戲，曾是電視臺的「三寶」，是廣告的保證。但閩南語連續劇所占時段差，製作費更低，如今雖登上了八點黃金檔，但製作水準未見提高，卻被韓劇超前，實在是「臺灣指標」一大憾事。其實，據我自己的經驗，閩南語演員朋友，很敬業，也很有團隊精神。他們在製作戲劇過程中，不只是按規定在排演場認真排演，而且絕少遲到，所以臺灣電視人才，不管是幕後製作或幕前演員，很多出自當年的閩南語，人才不會被埋沒的，這是他們的可敬與可愛處。

李總統把陳松勇請到官邸之前，就在總統府與他見面，並聽他的建言，確有道理，乃約有關方面負責人士當面說清楚，產生溝通的效果。電影老闆重視的是票房，而政治人物所看重的，是選票。陳松勇是有選票魅力的。

我直接與陳松勇接觸，就感受到「老大」有豪情的一面。中視八點檔改演非本臺製作的連續劇，涉及本土演員演出機會，生計問題，惹出很大的風波，報紙影劇版再興風作浪，電視臺成為挨打弱勢地位，苦不堪言。演員方面有演員公會，我也出面溝通，並親自拜訪，剛好新當選理事中，有幾位是臺視時代的演員朋友，有深厚的交誼，從中緩頰。但問題還是要解決。而陳松勇因為與當局的關係，更有舉足輕重的地位，所以關鍵時刻，文復會秘書長黃石城先生就打了一個電話給我：不妨與陳松勇溝通溝通。

由公司節目部同仁陪同，我就去「陳府」拜訪，他是住在信義路震

旦大樓附近。坐定後，先泡上老人茶，對談一番，痛快人自有痛快處，三言兩語就搞定了。阿勇說：「一句話，就聽你大哥的。至於演員公會方面，你們就不用擔心。」他拍胸脯說：「包在小弟身上。」

這就是陳松勇的性格。

他為中視、為我解圍，我感念不已。這個事件後，我又去了阿勇家拜訪幾次，變成好朋友。

中華民國八十四年十二月九日，金馬獎頒獎典禮晚會在臺北市國父紀念館舉行，輪由中視作現場實況轉播，所以我偕內人出席觀禮。擔任大會主席是一位非常特殊人物：楊登魁先生。我們到得比較早，以便瞭解環境，同時慰勞轉播同人，如有轉播現場問題，可以商量解決。正坐定的時候，主席楊登魁來到我跟前，並親切叫了一聲：「石大哥。」

內人看在眼裡，楊登魁離開後，就問我：「他怎會叫你大哥?」言下之意，看不出來，還真吃得開，五湖四海一把罩。

這是我和楊主席第二次見面。第一次是民國八十三年十月十七日中午，朱友龍兄介紹與安排，楊登魁在臺北市力霸大飯店請我吃臺塑牛排。那個時期，有線電視如雨後春筍般冒出，楊登魁結合各方，也要插足有線電視，就是後來的「八大」。楊先生與我見面，主要目的，在詢問一些有線電視新聞網的問題，有無創辦價值，因為這方面我有臺視新聞經驗，所以友龍大力推薦。午餐非常愉快與輕鬆，我將美國的 CNN 推薦給楊先生，並告訴他：有線電視新聞網是進步社會的標竿，足以提高電視網的經營價值與政治及社會地位。我對於他的公子楊宗憲較有印象，有一股清新活潑之氣，除了參加港臺電影演出並出現電視綜藝節目中。我建議楊先生鼓勵他的公子向電視新聞方面發展，以脫離影視是非圈。楊宗憲與當時逐漸走紅的香港電影玉女楊采妮是一對難得的金童玉女，事實上，他們也在一起合作電影演出。

楊登魁名氣很大，見面有幾分和氣，留下很不錯的印象。這也是為什麼他叫我石大哥的原因。

　　黑也好，白也好，作為新聞事業或電視事業主持人，就有機緣結識國內外重量級人物。

　　從軍方進入國安系統，在擔任國安局長期間，被視為最有權力的情治機構首長之一的宋心濂將軍。我認識宋先生是在前線他擔任金門防衛司令官期間，就發覺他是具有政治細胞的軍人，他是少數前線軍事最高司令官能對服役的預備軍官侃侃而談的軍人，當時就有軍事政治家之架勢。

　　擔任國安局長期間，或在臺北市圓山飯店咖啡座或在總統府前的國慶閱兵觀禮臺旁以及星期日的電話，我們都有不拘形式的交談，宋先生有心在結交各方面的人士，是一位很用心的情治首長。

　　退休後他的計畫之一，是寫一本回憶錄，在一次小規模的餐聚中，他就透露：有太多東西可以寫，特別是危機重重的總統大選的政爭。他被視為「二宋一蘇」關鍵人士。

　　宋心濂退休後，中國國民黨中央安排出任黨營事業投資管理委員會最高顧問，是一項榮譽職，有無待遇就不得而知。

　　宋心濂可謂一員儒將，能言善道，健康狀況外界瞭解不多，但突於民國八十三年七月十五日偕家人在陽明山中國大飯店泡溫泉而猝逝，引起外界種種揣測，真是意外。

　　雖然經過大風大浪，也登上國安局長寶座，但宋的晚年，也有「壯志未酬」之憾，他也認為可以做更多的事，負更多的責。他就透露：蔣經國先生為中國國民黨主席時，對於當時的執政黨的牛步官僚化的作風，就很不滿意，有意讓他出來整頓，以振黨魂，再振黨風，產生革命的力量。退休後很想弄一個位高權重的黨營事業負責人做做，但可惜均未能如願。這也是國民黨不該背的包袱。當時的國民黨中央，黨政不分，便宜行事，政府不方便無法安插的酬庸大員，就塞到黨投會去。

　　軍情憲警，就安全體系而言，也是一體的。歷任警政署長與府院黨，至少一方有密切關係，才能坐上署長的寶座。

　　莊亨岱就是其中之一。

　　莊亨岱出任署長，全是府裡力挺的結果。

　　莊高頭大馬，為人四海，正是黑道的剋星。他有一絕，就是會變魔術，其技術巧妙高超，足可與職業魔術師一爭長短，只是不輕易露，只是在重要聚會場合或新聞界朋友在場，他才秀出絕活。

　　莊亨岱因為職務與辦案的關係，與地方角頭人物或企業界有相當大的影響力。所以他從警政署長退休，就安排轉入黨營事業，出任博新有線電視董事長。一方面酬庸，更重要的，鎮住地方有線電視黑道人物，並為博新股本籌募補足缺口。的確發生了一些實際的功能，但外行辦內行事，還是救不了博新。七轉八轉，博新就被五鬼搬運的慣常手法，乘總統大選巧妙時機，發生天蠶變，從有線電視頻道中消失。

　　我因為在新聞界的關係，有機會結識各方面人士，真是往來無白丁，不只是國內，國際也是如此。在臺視服務的時候，因為有日本四大商社投資的關係，往來都是日本重量級企業家，他們大多是當年日本「皇軍」的化身，言談之間，還有「威武」的身影和職業習慣。戰敗投入企業界很多，他們也本著正如黎智英在專欄中所指出的：「做生意是打真軍」，乃能在戰敗廢墟中開出一片繁榮的沃土，家電的產品，正如快速子彈一樣，橫穿全世界市場，「日本產品」，真是無孔不入。在臺北在東京，我深深體會出拼命三郎的精神，胃藥幾乎成為每位上班族的必備品，正如美國大兵的口香糖一樣。可惜，富不過三代，戰後第一代所打拼出的成果，如今消耗殆盡，更糟糕的，日本苦幹勤勞服從的精神，付諸東流。新一代青少年，不知愁苦為何物，好似天生下來，信用卡氾濫，穿戴名牌，這是日本人的悲哀。經濟衰退、銀行呆賬如山，其原因在此。日本經營之神松下幸之助素直精神，成為絕響。

　　中視與日本電視為姊妹臺，所以日本電視臺社長常有臺北行，我們基於姊妹臺的立場，都予以接待或在節目製作上予以協助。有一次中曾根眾議員也跟氏家社長一起來了，中曾根是日本政治世家，他的父親就

是中曾根總理。氏家述及中曾根總理生活儉樸，到他家拜訪，還沒有地方坐，這是日本財閥政治的異數。

吉田茂以降，日本政治家多與中國或臺灣有關係，記得中曾根組閣的時候，就露了一手毛筆字，成為傳誦一時的新聞。新一代的日本人，看到能秀中國字的前輩，就有點甘拜下風的崇拜。事實上，日本自明治維新以來，就改弦更張，一切向西洋學習，而大唐風華不再。西洋可學的東西很多，所謂西洋文明甲天下，但中國的文化與文明，往往也是重實用的西洋物質文明所缺少的。就以書法為例，早就為打字機及電腦所代替，而缺乏書法藝術。

不要說獨霸一方，能成為一方的人物，就不簡單。政治人物也好，江湖人物也好，戲劇人物也好，能夠成為人物，多與性格有關，邱吉爾是謂典型。

第八十二章

人生得意事　重獲自由時

　　為因應中美斷交後的中華民國與美國關係，雙方各成立對口機構，美方稱為美國在臺協會。代替在華府國務院機能的，有理事主席；代替在臺北大使職務的，就有處長之設立，這是中國人智慧與文字技巧的代表作，世界少有先例。理事主席的辦公處所，雖遠在美國華盛頓，但往來臺北，為國人所熟知，更與政治、外交與新聞界保有密切關係。

　　有一個濃濃的中國味名字白樂崎，就為國人所熟，更容易為國人所敬重。

　　想不到美國官場與我們並無二致，甚至更缺乏人情味。由於政治背景不同，白樂崎就在一聲令下，一夜之間，捲鋪蓋走路，讓給新朝紅人，消息傳到臺北，白樂崎的處境，格外令人關注與同情。這就是政治。

　　民國八十五年元月間，白樂崎「回」到臺北，他的友好各方，包括新聞界在內，同情他的遭遇，予以熱烈的歡迎。

　　因為中視派駐華府記者與白樂崎關係良好，所以白氏在臺北期間，特別安排來中視參觀，並受到中視有關主管熱烈歡迎。

　　我代表公司，送給白樂崎一個別緻的禮物：麥克阿瑟元帥的「青春賦」，祝他常春不老，尤其心情更能保持愉快。

　　交談期間，白樂崎對於能在華府看到香港中天電視臺全天候新聞為一大快事。他並用很長時間，與我交換電視衛星新聞的現狀與發展，畢竟外交與新聞是不可分的。

　　白樂崎就好奇地問我：在華府可以看到二十四小時的中天衛星新聞，但沒有什麼廣告。

　　我就對白樂崎分析：中天有二十四小時全球華人觀眾，但沒有全球

華人廣告市場。

白樂崎認為很有道理。

這是民國八十五年元月十五日中午，就在晚上我在兄弟飯店，請另外一位友好餐敘，為他壓驚，為他所受委屈抱不平，他就是臺泥莊惠鼎先生。莊先生為人正直幹練負責，先後擔任張寶樹、邱創煥與辜振甫先生高級幕僚。公職擺脫後，就投入辜振甫事業，為他掌門。想不到因為花蓮臺泥廠案，樹大招風，臺泥為招牌所累，全臺風雨，莊惠鼎勇於負責，忠於主人，而被收押，嚐了拘留所生活五十七天，終獲保釋。他重見天日的心得：人生得意事，重獲自由時。我與聯廣董事長賴東明為他叫屈。的確，人的福分在於平安健康。

這個時期，我續讀二本書。一本是奧瑞利阿斯的《沉思錄》，一部是《曾國藩全集》。

曾文正公的兩句話深入我心：

除得人外，無一事可持。

潤帥（胡林翼）整飾吏治，破除情面。

整飾吏治，為政治風氣良否關鍵，而其要就在一個「破除情面」。曾國藩之成功，不只是在練兵，尤重視政治興革，以挽救垂危之大清王朝。這是要害，而曾文正公用了胡林翼，而抓住要害。

我有幸主持新聞傳播事業，都是一人之下的地位，因為上面還有董事長。不過，臺視與中視都各創辦文化公司：臺視文化公司與中視文化公司，而例由母公司總經理擔任董事長。我擔任這二家公司董事長，可謂輕鬆愉快，我只負責選擇一位總經理，予以授權，全力支持，都創造令人刮目相看的績效。

作為臺籍第一位臺灣省政府主席，第一位副總統的謝東閔先生，以他崇尚自然，勤儉樸實，謙沖為懷，教育文化出版為本，當之無愧。東閔先生喜歡熱鬧，但不喜官場，所以我在中視服務期間，每當他華誕（農

曆十二月二十二日），都在中視擺二桌，邀請他在省府時代首長以及跑中
興新村新聞界朋友聚聚。

見到老友，無拘無束，開懷暢談，就難免出了範圍，說出不該講的
「笑話」，這是他自然的表露。

求公照例不唱「生日快樂」，而是「天天快樂」，照例暢談健康長壽
之道：忘記年齡，青菜豆腐，適當運動。

民國八十五年，中華民國憲政史中的大事，是舉行全民普選總統。

電視發表會在當時的三臺輪流舉行，是由選委會主辦，而選委會是
屬於內政部，當時的內政部長黃昆輝，謹慎而熱情，所以合作非常愉快。

經抽籤結果，第一場在中視攝影棚舉行，作現場實況轉播。

中視有關作業同仁非常負責與認真。我們完全配合選委會的要求，
依約行事。我特別要求同事做到二點：一是安全，一是公平。尤其是公
平，對於每位總統候選人，不問黨派背景一視同仁，都是總統候選人，
連臨時在攝影棚搭起的候選人休息房間，大小陳設都一樣。

總統候選人政見發表會的時間是民國八十五年二月二十五日（星期
日）下午二時舉行。

當天上午李總統侍衛長王詣典將軍，自官邸打電話來，說是要來公
司現場看看，總統很關心講臺的高度，王侍衛長到現場實地察看後，確
實發現講臺矮了一些，尤其對於人高的李總統，更為明顯，但這是選委
會的統一規定，我們不能擅自更改。王侍衛長為慎重起見，就到我的辦
公室與官邸總統通了電話，說明現場情形，總統聽了報告後，也就算了。
待王侍衛長走後，我們美工組長邱則明與美術設計研究，發現可以在講
檯上加一塊壓克力講板，高度就加了一些，經請示王侍衛長後，認為這
個辦法可行，但等到選委會副秘書長蒞場檢查時，發現與原先規格有點
出入，還是取下，後來經協調，並徵得各候選人同意，一律使用，方圓
滿解決，稍稍解除李總統低頭看稿的心理壓力。

經抽籤結果，政見會發表次序：彭明敏、陳履安、林洋港、李登輝。

　　這四位候選人，各有政治背景與參選理念，其後的發展，當時代表立場兩極的國民黨李登輝與民進黨彭明敏，成了莫逆之交，而李登輝與其他兩位候選人卻漸行漸遠。

　　電視公司人來人往，尤其是新聞部、節目部、業務部，就像繁忙交通的十字路上。坐在位子上的人，往往一句話，就會對於身邊的人造成重大的影響，也許說者無意，聽者卻有意。

　　民國八十五年三月十三日《中央日報》副刊，一篇與李四端對話，有這樣一句話：「石先生的話提醒我不要對自己要求太高，也不要太追求成就感。」

　　李四端可謂才氣縱橫，中英文俱佳，在我任內，考入臺視新聞部擔任記者，後與陳藹玲搭檔主播臺視新聞與世界新聞，而成為繼盛竹如後權威電視新聞主播。我所以作這項建議，是由於四端個性強，求勝心切，要求過高，一旦遭遇挫折，就會難以承受。況且，成就感，是自然形成，所謂水到渠成。

　　同樣的，我在中視新聞部也遇見不少位才氣很高，急於出頭的優秀記者，因為晚間檔新聞主播固定，一時難以易位，他們只有望位興嘆，難免心急。

　　這個時候，或是主動或是被動，與他們個別談話，總是勸他們，就怕自己沒有條件，有條件，機會一旦來臨，幸福之神，就會降臨到你頭上。我甚至說：天下事，急也急不得，急也沒有用。

　　他們心急如焚，我是感受到的。

　　就在這種壓力下，也有不少位優秀的主播同仁，陸續離開中視新聞部，另謀發展。

　　我總是用盡一切方法，為了他自己也為公司，想盡一切辦法，把人才留住。但是，一旦決心要走，用什麼方法也留不住，這是我難以釋懷的經驗。

　　黃晴雯就是其中之一。黃小姐聰明俐伶，勤奮上進，是一位絕對優

異的新聞人才，甚至假以時日，必能成為將才。但，正如我對李四端的建議：「不要對自己要求太高。」原因很簡單：你自己已經拚命努力了。

由於家庭壓力，黃小姐結婚後，就積極謀求更大的發展，甚至希望公司配合她的生涯規劃，能夠派她常駐國外採訪。這都是人之常情，但公司在處理她個別需求時，必須同時考慮到其他因素，才能合乎公平原則，同事的反應等等，這都是在作人事決策時，必須注意到的因素。

我還是勸黃小姐，給公司一些時間，作自然的處理。同時，不要給自己太大的壓力，因為她的企圖心，已給她自己太多的壓力了。

黃小姐正如麥克阿瑟所指出的，保有「兒童般的好奇心」，以自己親身體驗，來嘗試與創造人生的機會。

也許安定的環境，留不住非常的人才。

民國八十五年春季，中視、電視文化研究委員會、全國社區發展學會等社團，舉辦一次具有創舉的全國電視社區博覽會，亦即透過電視展示各社區生活的特色，是社區表現的驗收，展覽會場是臺北市松山機場，規模可謂盛大，內容更是美不勝收，各地方的生活特色，盡入眼底，可收見賢思齊之效。就在這一次博覽會中，我們得有機會認識各地的風土人情與人物。

風景與美酒揚聲海內外的南投埔里，也展示了不少社區產品，我們也結交了不少朋友。埔里朋友就為我們介紹徐賓諾夫婦，他們來自國外，一到臺灣，就投身埔里，在那裡創辦基督教醫院，他們一生，把四十年寶貴生命，獻給臺灣，真是仁心仁術的典型。就在四月十七日傍晚，徐賓諾夫婦在埔里社區代表朋友們陪同下，來到臺北市南港中視，他們的心情，是鄉下人進城。他們一到臺灣，就投入埔里，幾乎與世界隔絕，四十年如一日，令人既敬佩又慚愧。當時的中華民國紅十字會會長徐亨先生亦趕來中視，會見這一對為臺灣而獻身的傳奇人物，並將他所經營的富都酒店總統套房讓出來，以國賓之禮，接待徐賓諾夫婦。徐亨先生之熱情，令人感動。

　　從徐賓諾夫婦身上，像是驗證了德瑞莎修女的愛與服務所散發出的
力量：

　　　沉默的果實是祈禱，

　　　祈禱的果實是信仰，

　　　信仰的果實是愛，

　　　愛的果實是服務，

　　　服務的果實是和平。

第八十三章

臺海導彈演習人事惹浪潮

「三大電視臺」是朝野矚目的地方，三臺的董事長與總經理，更為政治角力的目標所寄。就以中視董事長為例，常為執政黨秘書長下臺的酬庸理想地。

民國八十四年冬天，我擔任中視總經理只是一年多的時間，就有傳聞不斷「中視總經理」位子不保了，就連命相家也插上一嘴。

十二月二十七日《民生報》就有專版刊出〈九六影視大預言〉。就「中視總經理」部分，就有二位「金口預言」：

他的長相精明幹練，在人事競爭上也是一流好手，而且運程很好，如果能將身體保養好，就是不倒翁。明年最好不要介入別人的相爭會比較穩（鄭國金）。

他的長相看起來官運不錯，但明年能否很平安則是個問題，今年他要特別注重身體（林秋河）。

刊出後，基於好奇心的驅使，我曾打電話問《民生報》總編輯宋晶宜小姐，瞭解這二位「高士」的背景，以及他們的根據。

宋小姐倒很坦誠，說：三臺總經理都有論相，完全是根據照片及平時言行所寫，並沒有什麼根據，是應景之言，希望我不要認真，更不要放在心上。

我只是好奇，因為宗教信仰關係，從不迷信，更不會戀位。因為我認為，「位子」是一種負擔，而非特權。所以早在民國八十四年，我就對吳董事長俊才先生表達共進退心意。

民國八十五年開春以來，報章雜誌就有不斷內幕報導：某某人要入

主中視，石某人位子不保之說。其中包括《自由時報》、《大成報》以及《獨家報導》等等。

這些報導或專欄都有「背景」：

某一位女士挾其犀利之筆，想統吃媒體，千方百計要到中視做節目，又是三臺聯播的「公視」時段。此類節目，權不在中視，但大官不願得罪人，就推到電視臺去。

還有一、兩位，憑藉政治關係，想當中視總經理，而多方活動，報紙放放新聞，是常用的手法，不足為奇。

還有我接中視，內部人事派系作怪，所謂內神通外鬼，散布一些「新聞」，為內部某些人士提提神。

到了四、五月間，傳聞加劇，「上升」到董事長身上，如四月九日《大成報》透露：文工會主任簡漢生接掌中視董事長呼聲高。如現任董事長吳俊才另有高就，向當局保一位現任副秘書長接替云云，看得真是令人眼花撩亂。

但根據以往的經驗，很能感覺到，也能測試到動的感應，就正如一位懷胎母親知道嬰兒的位置，何時是假痛，何時是真痛。

二件事，出現在眼前，知道動的時機，為期不遠了：

一九九六年，北京方面軍方在三月九日宣布十二日到二十日間，針對臺灣，舉行臺海導彈軍事演習。這是針對臺灣總統大選而來。

臺灣雖然由於這一事件有一些影響，如某地發生搶購美鈔新聞，但是個別的，頂多是局部的，並未真正受到影響。一方面有美國力量作後盾，一方面既然是演習，就不會輕易成為另一個「七七」。全島從南到北，從西到東，還是彌漫在總統大選紙彈的熱潮中。

很顯然，北京演習的目標，不是要臺灣怎樣，而是要把李登輝的票拉下來，甚至落選，政治目標大於軍事目標。

就在選戰激烈時刻，陪執政黨候選人李登輝在南臺灣進行拜票衝刺的許水德秘書長，突於三月十八日夜遄返臺北，並在他的辦公室接見我，

轉達李主席緊急指示：對中共導彈演習新聞，中視新聞不要配合中共演習資料畫面，以免影響人心。

李主席顧慮甚是，許秘書長轉達也有必要。事實上，在這段期間，總統府不斷有電話連繫，轉託大家少用中共提供的演習畫面，在進入「準戰時」的傳播媒體，自然要考慮國家安全，但電視新聞需要畫面，尤其動畫配合才是「電視新聞」，況且電視新聞作業，是導播制度，不同時段，有不同導播，除非把演習資料鎖在新聞部經理保險櫃，否則管制就很難澈底。

當時的情況可能是：李主席看到中視新聞，又在播中共演習資料帶，難免心急，甚至不悅，乃有許秘書長北上緊急約見。但令人不解的，許秘書長與我見面的時候，在場作陪的，不是文工會主任，而是秘書處主任江奉琪，江與許的特殊關係，黨內皆知。

這是極不尋常的會面。過後，剛好有事與李總統身邊人士連繫。這位人士就問我：「有沒有什麼事？」我就把許秘書長約我見面之事向他提及。這位人士也很詫異：「他怎會在場？」並要求我有後續的發展，要隨時讓他知道。

五月十五日，吳董事長俊才仍信心滿滿，謂：總統親自打電話給他，並說：一切均照他的意思去做。吳先生說：總統大選後，還要為總統做更多的事。他並透露：將來可能總統府資政兼中視董事長。

吳先生興致很好，並問我：「文工會與新聞局，你如何選擇？」我說：「文工會我能發揮的時期，早已過去，現在無絲毫意願；至於新聞局與我的新聞記者志願不符，且走入官場非家父母所願。」

由於好萊塢哥倫比亞等電視製片系統，舉行年度性的電視影集發表會，這一方面影響公司經營成本、有關節目調節、業務銷售，是難得的現場觀摩，於是我奉核准，五月二十三日至三十日偕同業務主管同仁，接受邀請赴美參加發表會。

事先，我已得到訊息，中視董事長將易人，由一位女性閣員出任，

但尚未達成一致性共識。

就在發表會期間，突接公司緊急電告：因為公司籌開臨時董事會，希立即返國準備事宜。我提前結束公出五月三十日返國。

回到公司得知：公司為增設副董事長，必須修改章程，所以召開臨時董事會，現已暫緩進行。

三臺高層人事更迭，就正如宮廷政變，表面看似平靜，事實上，有股力量在操作，已在加緊進行，當時的中視就是如此。

吳董事長直接簽報總統的公文，包括新董事會董監事、常務董事名單等重大案件，總統均照簽字，事實上，不是被上面扣壓就是後來根本不兌現。事實上，此時總統或主席的權已旁落，為三、二人所把持與操縱。

中視中廣董事長的更動，又是老戲重演：國策顧問不得再兼任黨營事業董事長。中視董事長吳俊才與中廣董事長宋時選雙雙被聘為有薪職國策顧問。

中視董事長、總經理人事更動，核定在黨主席手中，事實是三人在操作，而且各有目標，各取所需，互不衝突。蘇志誠與劉泰英在推董事長，許水德臨去秋波，把他的愛將，幾乎花了一任秘書長與華夏董事長的心思，送到中視總經理位置上。

中視董事長易人明朗化，我就向吳董事長正式表明：共進退心願，請求成全。吳先生面示三點：一、對總統要有信心，二、未來不管擺在哪裡，都是過渡性的，三、中影、博新或回到《中央日報》董事長如何？

我向吳先生報告：謝謝他的關心與安排，《中央日報》回去當董事長是升任，因為二年前我離開《中央日報》的時候，是社長，但我不會回到《中央日報》，因為我不走回頭路。

掌握人事決策權的人，在密謀過程中，也知道總經理的頭難剃，因為其硬如石。其實，他們錯了，我重視原則，堅持立場，但不會為己謀，所以他們拿到談判桌的籌碼，是正中書局董事長，還價的籌碼是《中央

日報》董事長。

　　我面告許水德秘書長，不會回去當《中央日報》董事長。

　　最後談來談去，我希望的第一志願，他們不願放，留給高級黨工當出路，他們給我的是第二志願，我不接受，而我自己接受，是第三志願正中書局董事長。

　　其實，我正考慮自公職退休，並得到全家全票支持，如果生活無法維持：賣牛肉麵，因為內人能做出臺北市第一家多種材料，不同口味的牛肉麵。六月七日《中國時報》影視版就刊出一篇報導；路是無限寬廣，必要時賣牛肉麵也是不錯的。

　　這是受到陳由豪的影響。五月十五日《聯合報》副刊刊出一篇陳由豪奮鬥歷程。指出：在創業前，陳由豪還曾經到過臺北市迪化街賣布，並受到他父親的鼓勵。臨行前陳老先生告訴他：「會賣布，什麼生意都可以做好。」

　　六月五日《自立晚報》刊出一則內閣改組與中視高層異動新聞：文建會主委鄭淑敏將調任中視董事長，韋端可望升任主計長，石永貴動向備受矚目。是一條政治人事分析稿，是記者陳惠瑜臺北報導，共分三段，其中第一段及第三段原文如下：

　　在新一波的內閣人事案中，據瞭解文建會主委鄭淑敏將被調任為中視董事長，原中視董事長吳俊才已被聘為總統府資政(係國策顧問之誤)，國民黨高層表示，這乃是基於內部人事通盤考量，隨著鄭淑敏的調任新職，很快地將會影響到整個中視人事的改組。

　　而原中視總經理石永貴的職務因董事長吳俊才的轉任也傳將有所異動。石永貴在中視任職期間，曾創下三十五億盈餘的紀錄，尤其當年石永貴突破傳統，大膽播放日劇《阿信》乙劇，給中視帶來五億元的盈利，令人注目。再加上歷任《臺灣新生報》社長、臺視總經理、《中央日報》社長，都為服務機關帶來嶄新的佳績，並且由於他的處事態度正直，提

拔新人不遺餘力，故他未來的動向，特別引人矚目。

雖然六月七日《中央日報》及《自由時報》報導我內定中國廣播公司董事長。我的直覺告訴我：至少，在現在的人事決策環境，這個職位還輪不到我。

《聯合報》影視版記者耿暄有電話採訪，略說我的心路歷程，我說：完成《影響現代中國第一人——曾國藩的思想與言行》這本書，是我最大驕傲。

值得我驕傲的還有很多。我在國外工作的女兒與兒子，知道我的職務將有所變動，給我最大的支持：

父親要留給我們的，一向不是安逸懶散的環境，而是至高無上的德性及為人處事之道。

爸爸一向只從事自己喜愛的事業，我們也很佩服您處事做人的風範，相信精神財富是比物質財富長久得多（玲兒）。

老爸已經為我們辛苦了大半輩子，是差不多該享福了，剩下該做的事就由我來吧……。

圖83-1　筆者夫婦與女兒嘉玲、兒子嘉國合影

不論老爸做了什麼決定，我和老姊都一定支持您的（國兒）。

是我自己選擇了「正中」。

第八十四章

回到清靜的春天

　　就規模與熱鬧，「正中」自不能與中視相比，但亦非想像中的沙漠，而是另有天地。這一天地的特色，就是「清靜」，不能說與世無爭，至少，減少與降低與人爭的機會。可以給自己多一些時間反省與讀書。

　　我到正中接事，第一個給我的「祝賀」電話，是一路提拔我的謝前副總統東閔先生。這位以教育與出版為職志的省籍耆宿，少年時代就期盼的一件事，就是跟隨他的父親到臺北，到今天的東方出版社（當時叫新高堂，在臺北市火車站對面）買書，回去看個夠，剛好東方出版社就是正中的對面。謝求公親自打電話慰問我，知道我在這次人事變動中受了一些委屈，謝先生說：對你來說，到哪裡工作都是一樣。

　　翻開正中的歷史，並非無名之輩，歷任董事長，不是黨國大老就是學術教育界重量級人物，如：陳立夫、陳雪屏、程天放、劉季洪、胡軌、胡建中、朱建民、蕭繼宗等等，我何德何能，能上了皇皇正中董事長榜？

　　黨營文化傳播事業，有若干位首長如中視董事長、中廣董事長、正中董事長等，屬於決策方面高層人事轉接的重要籌碼。

　　就以正中董事長為例，據瞭解：曾為李總統康奈爾時代的老師費景漢，擔任中華經濟研究院董事長與院長于宗先相處不睦，總統至為神傷，就拜託當時的臺大校長孫震從中化解，而解決之道，透過執政黨投管會安排于先生出任正中董事長，但山東個性的于博士，堅不退讓而作罷。

　　人生就有這樣玄妙的事情，二件「巧合」，又靈驗在我身上：

　　我不輕易離開工作崗位，更少出國，但一出國，就有「新聞」發生。這次去洛杉磯參加影集發表會，就出了狀況，回來總經理就易位。同仁戲稱：以後還是不出國為妙，代價太大。

　　交接又發生問題。我接華夏調至正中書局董事長公文，是在六月十三日，並訂於六月十七日舉行交接典禮。我先後接到正中及《中央日報》朋友來電關切，並說情況有變，現任正中董事長發了脾氣，事先未知會，就要交出董事長，太不受尊重，經過協調，改在六月二十七日舉行交接典禮。這樣也好，我可以在家享受幾天假期。

　　交接典禮，監交人鬧了「雙胞」。中央指定監交人為副秘書長鍾榮吉，而蔣彥士先生突然光臨「致賀」，鍾榮吉趕忙把監交人職位讓給「彥公」，二位相互禮讓，最後兩人同時監交，皆大歡喜。鍾榮吉在致詞中透露：「大家為了不分區國代擠破頭，但石先生堅持婉拒出任不分區代表。」那個時候，鍾副秘書長擔任社工會主任，堅決要把我的名字納入，情誼可感，他見我態度堅決，只有放我了。所以鍾先生知道我的性格，也就不認為我是「下放正中」。

　　「正中」成了定局的時候，父親勉我以安定為重。

　　各方先進友好熱情可感：

　　三民書局創辦人劉振強先生，正在美國度假，二度來電話，建議我：文化人，可以做做文化事業。

　　臺視昔日節目製作伙伴，亦有所安排：

　　《強棒出擊》製作人李南生，深受臺視董事長、寶島銀行董事長、養樂多董事長陳重光所倚重，要規劃一個電視網，分成三個頻道：養樂多、日本劇及新聞。

　　他們的熱情以及對我的信心，深為感動。

　　透過我的事業工作伙伴賴明佶兄的傳話，北京當局希望我能利用空檔期間，到北京訪問，或許能增加臺北與北京間的瞭解。

　　教育事業家王廣亞先生，知道我來正中，特別交代臺北及中壢育達，學生所用的教科書及參考書，一律用正中版本。

　　林榮三先生所創辦的《自由時報》，特別派出一組人員，來我家作專訪，他們見識到堂堂電視公司總經理的家，真正的「寒舍」，以〈生活大

師〉為題，在七月八日《自由時報》全版篇幅刊出。

具有七十年歷史的正中書局，走過抗戰與臺灣經驗，可以說與教科書劃成等號。但我到正中的時候，我深深體會出「環境在變」的寒意，面對嚴峻的環境，正中不能不變，不得不變，否則在新環境中就難有生存的餘地，貢獻更是奢談。

我跨入正中大門，我告訴自己的，堅守董事長的崗位，支持總經理，與全體同仁站在一起。要在艱困環境中走出一條路。

我藉與主管綜合座談的機會，提出「出版界小巨人」的構想；我在擴大主管會報中，與同仁共勉，「走出正中自己的天空」，這就是我參與正中，瞭解「正中」提出的理念。

我思考「正中」未來的發展，源於「企業改造」與「正中」面對的環境改變。

我更思考統一超市後的市場以及誠品書店的另類經營思考。不能走相同的路，更不能跟著其他同業後面走。

不要從昨天的我看「正中」，而要從源頭處找到「正中」的創造精神，成為「正中」今天的力量，明天的希望。

形成「正中」新的時代，新的「正中」，有幾項重要指標意義：

——無店面經營方式。

——二十四小時的無落日營業，全天不打烊。

——無限寬廣的市場，任何地方都是我們的市場，任何時間都有我們的顧客。

——無書不賣，只要你能叫出書的名字，上窮碧落下黃泉，我們都能為你找到。

——無現金的交易時代。

「正中」要成為出版界的小巨人，必須向下（鄉鎮）、向外（全球有華人的地方）發展。誰能掌握中華文化，誰代表中國精神，未來就是中國的代表。

　　強化組織，以適應今日的生存以及明日發展的需要。

　　精簡人員、吸收人才。精簡人員，是為了今天生存的需要；吸收人才，是為了明天發展的需要。

　　人類的智慧與資源在哪裡？就在日月。當年兩位服役軍中的青年，月光下散步，而想出創辦一本新聞知識雜誌的構想，那就是《時代雜誌》產生的背景。

　　我們要吸收日月光華，為成長動力，走出「正中」自己的天空。

　　經營事業要掌握時機，時機在那裡？時機正如風與雨，隨時都會降臨。

　　從個人到國家，成就的成分，只有兩種東西：智慧與辛勞。

　　臺灣生存發展命脈，有軌跡可循的，至少我們發現三條路：

　　由香蕉為出口大宗轉為 IC 半導體；

　　由勞力苦工轉為腦力智慧；

　　由高雄加工區到新竹科學園區；

　　這就是活躍世界的臺灣科技島。

　　世人會好奇問：臺灣如何變成科技島的？

　　我們可以出版的，不只是一本科技島的書，而是無數本的書，至少是一系列的書。

　　「正中」是在七十多年前創立。那個時候，「正中」是面對全國求知的新時代；如今環境方面，「正中」所面對的，是更大更廣更多的求知環境，那就是華人華文華語的世界到來。

　　無論質與量，中國人與當年華工勞工時代，是天壤之別。

　　第一次世界大戰就有十萬華工投入法國戰場，他們為了生活離鄉背井，最大的悲哀，是沒有知識，連寫封報平安的家信，都難如上青天，於是請了一些留學生為他們寫家書，晏陽初先生便是其中之一。

　　晏陽初先生從美國前往，在歐洲戰地，與華工在一起，有珍貴的發現：中國誠樸農民智慧高能力強，只可惜缺乏讀書求知的機會。晏陽初

認為教他們識字讀書比寫信更為重要，並矢志窮一生之力，追求如何解除苦力的痛苦，開發苦力的潛力，進而為全球鄉村改造奮鬥六十年，成為中國平民教育之父。

如今全球的華人，他們有經驗有知識有金錢，有時間也享有前人所未有的高壽，有生之年，他們最需要的，就是良書伴其有餘的一生。

這都是我們「正中」無限天地中的無限讀者。

書局編輯們最需要的一種手法是「提煉」。我讀到一本書叫做《繁榮的秘密》。這本書是《時代周刊》根據它過去五十年對亞洲地區的報導，整理出來的一本書，甚至連「讀者投書」都派上用場：

貴刊論及陳立夫一文，令人激賞，可喜可賀。對於這麼一位重要人物，有這麼明澈的探討，這還是首次。（紐約‧林語堂，1946年）

短短幾行字，卻與「正中」有密不可分的關係。陳立夫先生是「正中」的創辦人與捐獻人，林語堂先生是「正中」《漢英大辭典》編者。

這本書，值得我們學習的，材料不只是現成的，而且都是用過的，但是經過分類剪裁編排，產生新的意義，新的生命。

我特別欣賞它的「提煉」功夫與手法，這是我們從事編輯工作要學習的。我們要從五千年文化出版中提煉適合現代人需要的內容，我們也要從倉庫積壓中的存書，予以創新，產生新的生命，使它們以一種新的容貌、新的精神，再與現代人見面，也許這就是創新的手法。

當我從大媒體的現場回到「小店面」正中的時候，一位新聞界朋友為雜誌作專訪的時候，就問我的心得。我說：「我所以選擇正中，是喜歡它的『清靜』，這是我過去所未有的工作環境，因為身陷肉搏的電視競爭，暗無天日，只有夏天的酷熱與冬天的嚴寒，而缺乏的是春天的清靜與陽光，在這裡，我找到了，我得到了。」

《第六篇》
人物篇

第八十五章

現代臺灣第一人　謝東閔

中華民國九十年四月九日，臺北《聯合報》在第三版以顯著的地位與巨大的篇幅，刊出一則獨家新聞：「第一位臺籍副總統、現任總統府資政謝東閔昨晚因病狀持續轉惡，由家屬向榮總辦理自動出院，隨即將謝東閔送回家中。昨天深夜十一時四十分，謝東閔在家屬隨侍與誦經聲中安祥往生，享年九十五歲。」

對於謝先生萬千親友故舊來說，這一條新聞來得並不突然，因為心裡早有準備，雖然大家都怕這一刻的來臨。但對於朝野各界以及千萬同胞來說，卻奔走相告，從總統府、從中國國民黨中央黨部、從大溪山莊、從全省各地，湧向外雙溪謝府，向謝先生作最後的敬禮。四月二十二日謝先生「歸返」二水故里之日，行政院通令全國機關降半旗，以表示對這位仁心慈厚，對臺灣省有超乎常人、超越地位的實踐家的無上崇敬。

謝先生幾乎與二十世紀相始終。他足以是二十世紀代表臺灣的典範人物。

謝先生雖然離開人世，走向另一個世界，不只是他的音容、他的思想與言行，仍留在臺灣天空，仍留在臺灣人們心中，非但久久不會散去，而且影響將會深遠。

謝先生的傳家格言，高懸在他府上的客廳：「傳家有道惟存厚，處世無奇但率真。」

這就是謝先生的寫照，這就是他一生將近百年中的舉止行為的標竿。

電視有一則流行廣告語：再靠近我一點。

對於謝先生來說，無論遠距離或者近侍左右，他是遠近如一，平易近人、率真親切。

他是理想很高的人，他更重視實踐。

他討厭形式化、八股化與官場化，而喜歡活潑的思想與實際的作為。

他喜歡動腦，他更提倡身動。

他是凡事從自我做起，從小處做起，從利他做起的力行實踐家。

謝先生少年時代，一九二五年四月，就離開二水家鄉，經日本到上海再到廣州、桂林、福建，經過二十年求學做事，歷經半個中國，而於一九四五年十月二十三日，載譽返回他思念的家鄉——臺灣。

二十年的大陸時代歲月，由於他勤勞樸實、肯學肯做，處處都有恩人相助提攜，而為服務臺灣五十年的傲人紀錄，奠下堅實的基礎。

他離開臺灣的時候，是名叫謝進喜的少年，抵達上海異地自勵求學，他自己把名字改為求生，而到廣州中山大學念書的時候，他的恩師賜他另外一個名字，就是為臺灣經驗嚮導者、人人所熟知與尊敬的謝東閔。

當年中山大學同窗好友，來臺後數十年一直追隨謝先生左右的吳文曉先生對於「東閔」的命名，有以下的解說：

（中山大學）法學院何院長聞先生生活困苦，且知道他懂日文，請他到院長室，拿一本日人所著《中國經濟地理》，請他翻譯，他同意翻譯。於是先生利用課餘，幾個月時間譯畢，出版，院長為這本書的封面寫上「謝東閔譯」四個字。然後說明為他取名「東閔」的道理：「臺灣位於大陸東方，你從臺灣投入祖國懷抱，『東』字代表東方，『閔』字代表春秋時代孔子的學生『閔子騫』，性孝友，你為抗日而返回祖國，具有為民族盡大孝之心，希望你做個『來自東方的閔子騫。』」

院長的關懷，先生很感動，就把上海自取的「謝求生」學名逐漸改用「謝東閔」。

吳先生回憶說：「該書出版，他領到稿費三百元，可是他只保留一百五十元，其餘半數濟助同學。」（吳文曉，〈來自東方的閔子騫〉，黃玉峰整理，《媒體筆下的謝東閔先生》，頁三三三至三三四）

　　謝東閔先生雖然風雲際會，由省議會啟始進入政治最頂層，嘉惠臺灣半世紀人民生活，但他真正的志趣，是在文化出版與教育。

　　一九四五年他從大陸返回故鄉臺灣，首先要做的是創辦一所出版社，提供臺灣同胞所需要的新知。他特別重視少年、婦女與老年的健康成長有用有益的讀物，這是因為他深受爸爸影響。孩童時代如果有機會跟著做生意的爸爸到臺北市，他就請爸爸帶他到火車站對面一家臺灣最大的書店「新高堂」，親自挑選、購買。每次都抱一堆書回家（嶺月，《有骨氣的臺灣囝仔──阿喜》，臺北：健行文化，頁八十六）。

　　阿喜時代的謝東閔，最喜歡讀的書是偉人傳記，尤其崇拜林肯。《林肯傳》「幾乎被他翻爛，他把林肯當自己的偶像，崇拜他，也學習他。」（《有骨氣的臺灣囝仔──阿喜》，頁八十七）

　　他能以冒險犯難的精神，遠離家鄉，前往不可知的中國大陸，就是出自林肯那種打抱不平的勇氣所產生的力量。

　　謝先生在臺灣的成就，在於他擔任臺灣省政府主席六年期間，他的政治理念則是〈禮運大同篇〉，他把〈禮運大同篇〉的理想社會，完全用在省政施政方針上，真是無往而不利。這一方面，新加坡的李光耀規模，學者指出：就顯得遜色了。謝先生的教育理想，則在創辦的實踐家政專科學校的教育理念與作為。

　　他在主持省政期間，一開始，就發揮了他的動腦精神，把〈禮運大同篇〉的理想，成為施政方針，從小康走向大同社會。謝先生最醉心短短一○七字的〈禮運大同篇〉。當時所提出的主張，如：客廳即工場，用以創造財富；小康計畫，用以消滅貧窮。

　　當時，這些石破天驚的作法，也產生一些疑慮與誤解。如客廳即工場，「工場」誤解為「工廠」，那不就是家家都是「地下工廠」嗎？事實上，謝先生的想法，是把客廳擴大用途，產生多功能效果，不只是成為接待客人的地方，也是工作場所，用以增加家庭財富。小康計畫，當時在戒嚴時期，情治機構一聽說「消滅貧窮」，容易造成對岸的心戰題材，

傳到謝先生耳裡，一點也不意外，經過他的動腦，就改成「小康計畫」，不但更有積極功能，且能接近〈禮運大同篇〉的意旨。

謝先生所提倡的公墓公園化，與媽媽教室以及消滅犯罪，都從他自己以及他的家鄉二水開始，以作為推廣的示範。

二水示範公墓，他的基地跟別人一樣只有二坪，很多人不信，跑去「觀光」，親眼看了才知道是真的。如今，謝先生的靈骨，也「歸返」故土，與他自廣東娶回的老伴相守。

謝先生身體健康允許的時候，每年大年初二都會回到二水故鄉，祭祖，並與親友話家常。他很關心故鄉的建設，更希望故鄉二水能成為「夜不閉戶」的好地方，以作為全省的榜樣。他深諳民心，訓話不如鼓勵，所以舉辦「無犯罪運動的獎金」。這項運動是他擔任副總統以及離開公職後，與鄉親研究討論而推動的，獎金出自他自己的錢包。二水無犯罪運動的獎金，以村為單位舉行競賽，第一名獎金十萬元，第二名八萬元，第三名五萬元，趁謝先生春節返鄉時親自頒發。有人說：讓全村居民全年不犯罪，簡直是天方夜譚；還有人說，如果同時有數村獲獎，對收入不豐、儲蓄不多的謝資政是不少的開支。但無犯罪，二水確實做到了，至於獎金，謝先生卻表示：「只要鄉村不犯罪，我傾家蕩產也甘願！」

謝先生主持省政期間，最為人所稱道的，還是他平民作風以及實事求是的作為。

就政府而言，他應是走動管理的先驅者。謝主席常常輕車簡從，就來到省民前，閒話家常，噓寒問暖，以求驗證施政的效果。等他離開後，往往鄉民才恍然大悟，如同作夢般，他的眼前，就是大人物省主席。

他不喜歡排排坐的官式訓話。每有典禮會議的場合，他也不讓預先為他準備演講稿的幕僚或有關單位失望，他官式講稿，總是備而不用，他要講的是他心中的話，他要講的是有用的話，是經過動腦思考後的話。採訪省政記者的朋友們都知道，謝主席從不講官話，更不會講言而無味的話，這就是為什麼謝主席能與新聞界建立良好長期友誼的原因。

謝主席在擔任省府主席期間，所以能做出非凡的成績，一方面由於他做事的性格，另一方面，是他深得當時的行政院蔣經國院長的信任，乃能得心應手。他對於行政院重大決策，在下游做得很徹底，十大建設就是最好的成果。

回憶往事，謝主席無限嚮往與甜蜜。他說：「經國先生上任第二天，發表我當臺灣省主席，我非常惶恐，平常我沒有班底，他要我六日（六十一年六月六日）就任，他要來監交。我只有從有行政經驗的縣市長裡找人，南投縣長林洋港當建設廳長，桃園縣長許新枝當民政廳長，彰化縣長陳時英當社會處長。」（方鵬程，〈芋仔冰與野臺歌仔戲〉，《媒體筆下的謝東閔先生》，頁三六四）

回味無窮，謝先生最感興趣的還是與蔣院長結伴「下鄉」，上山下海，最合他的性格，因為他不是坐在辦公室批公事的人；也最合他的興趣，因為臺灣一草一木，對他都很親切，也很熟悉。謝先生常說：臺灣的圳溪，都有來歷，與大陸都有脈絡關係。就臺灣山川文物，他實在是一個好嚮導，因為這方面的歷史地理，他再熟悉沒有了。他談起與蔣院長下鄉的往事，真是回味無窮：

擔任省主席期間，我們來往密切，一起上山下海，我常到機場接他，有時帶他去草湖吃芋仔冰。起先他不懂什麼芋仔冰，我告訴他，是芋頭做的冰。他品嘗了，覺得很好吃，後來常帶大家去吃。

有一次，我帶他去彰化縣田尾鄉看種花的兩個村莊，也帶他去看野臺戲。他樣樣都要瞭解，我們無所不談。

有一次，我們在八卦山看到種洋菇的草房，他問裡面是什麼？我請農民引導參觀。

有一次，我們和國策顧問魏景蒙到北港，已經中午十二時半，某單位為他準備午餐，他說，不去了，寧可去市場隨便吃。後來我們到北港郊外吃素麵、素粽子，他吃得很高興（《媒體筆下的謝東閔先生》，頁三

六四)。

謝先生的夢想，是由小康社會進入大同世界，也就是「文化大國」的實現，因此，他念茲在茲的，還是〈禮運大同篇〉。他很想充當一個角色，那就是為外國人作導遊，介紹〈禮運大同篇〉的政治理想以及臺灣實踐的社會。

新加坡政府一位部長曾告訴我，今天新加坡的建築物、重大設施，很多是當年李光耀總理訪問各國時，照相機照下來的，他還說：包括你們臺北市中華商場。

謝先生早期，特別是省議會議長期間，常有機會到各國訪問，他興趣最大的是，看到值得借鏡的地方，就儲存在他的腦裡。其中，對歐洲挪威奧斯陸的石雕公園以及日本箱根的石雕公園「雕刻之森」，印象都很深刻。

當陽明山規劃成國家公園的階段，謝先生認為機會來了，他常常自己或者帶朋友往那裡跑，希望能把〈禮運大同篇〉用中外文字與圖像做成雕刻公園，供學生們特別是中小學生，參觀旅遊踏青的課程，更提供外國觀光旅客規劃故宮博物院延伸的參觀旅遊路線。他為了這個理想的實現，真是廢寢忘食，雖然行動不很方便，仍常常往陽明山公園跑，我也陪求公去了幾次，我還特別邀請師大藝術系教授羅慧明先生一起作現場勘查。歸途中，謝求公還在士林小館子請一頓清淡的午餐，並交換心得，謝先生如兒童般談笑風生，離去時，除了一再謝謝外，並給了豐富的小費。謝先生雖以在野之身，但當時文建會主委郭為藩先生學者出身，主管的內政部先後任部長許水德與吳伯雄先生，更是謝先生一手提拔的人才，推行起來應該不太困難。可惜的是，這個構想後來見報，有些不識大體的雜音閒語，傳到謝先生耳裡，他就懶得再問了，以後絕口不再提陽明山國家公園這件事。

謝先生交卸副總統前，就交代工作同仁將辦公室清理乾淨，而他自

己住處，也很快在外雙溪現址選定退休後住所，遷出大直副總統官邸。謝先生的新建住所落成，他的近親舊友，就想送點東西，以便使用。他說：「我生活簡單，什麼也不需要。」倒是臺北聞人陳重光先生送他一塊〈禮運大同篇〉大理石，所費不多，意義重大，謝先生就擺在客廳中。

　　謝先生高壽九十五，這些年來多次出入醫院，同時，他把生死看得很開，所以對於「未來」之事，陸續都有所安排，直至去世之前，還不忘向照顧他多年的醫生護士說聲：謝謝，才安心離去。他念念不忘的，還是他一手創辦的實踐大學。遠在八十九年十二月四日，謝先生就請他弟弟、就是現任董事長敏初先生與校長謝孟雄到跟前，面囑完成實踐大學的理想。謝董事長親手記錄的提示為：

　　余一生志願，希望能盡力於中華文化與教育事業之啟發，裨益國家社會，提升國民生活品格，僉認應先對於家庭主婦教育作為基礎，使家庭主婦能背負家庭生活，能革新，在「勤勞是快樂的」理念下，創建一「科學化」、「藝術化」、「倫理化」、「生產化」之家庭，在建立四化的前提下，仍希望每個家庭能做到「整潔」、「有禮貌」、「物歸原處」的習慣。

　　為維持家庭與社會之間和睦相處，必須明徹做人做事，奉公守法的道理。余為實踐這些理念，在四十三年前實踐大學的現址，創辦實踐家政專科學校，實踐上項教育理念。經四十三年，慘澹經營，由專科而學院而至今大學，且在高雄校區，投下巨款，興建可容五千名學生，合乎國際標準的校舍（謝敏初，〈敬告本校同仁同學〉，《今日生活》，第三五九期，頁四）。

　　謝東閔先生能把中國政治文化崇高的理想，力行實踐；能把一般人視為掃地、炒菜之類瑣碎事情，視為治家大學問，實踐力行，實在是一位成功的力行實踐家。

第八十六章

為人所不能為　吳俊才

　　清同治十一年（一八七二年）當一代中興名將曾國藩去世的時候，左宗棠這樣悼念他的「老長官」：

　　謀國之忠，知人之明，自愧不如元輔；
　　同心若金，攻錯若石，相期無負生平。

　　這就是曾國藩一生的寫照，也是曾左關係的縮影。
　　同時，早期，左宗棠與其親人晚輩通信時有下面一段話：「然丈夫大事業非剛莫濟，即需要剛強之氣。所謂剛，並非高傲氣大，而是任人所不能任，為人所不能為，忍人所不能忍。志向一定，全力以赴，不含雜念，不稍游移，必會有所成就。」
　　如果左宗棠再世，我們相信，也會用同樣的語詞悼念吳俊才先生，來形容吳先生「不含雜念，不稍游移」的一生。
　　「臺灣經驗」如今不只是朗朗上口，而且已成為國際語言，我們相信在下一版《大英百科全書》中，會查到這一「名詞」。
　　何謂臺灣經驗？臺灣經驗成功之源，是源於兩位蔣總統所開創、所主導的臺灣時期的人才鼎盛，突破困局，走向繁榮之路。
　　吳俊才先生在臺灣經驗中，其本身不只是歷任三位總統，而且深受倚重；他就是「臺灣經驗」人才代表，同時，他也為「臺灣經驗」培養出無數人才，有助於「臺灣經驗」之創造與延伸。
　　也正如左宗棠所形容之非常人才：任人所不能任，為人所不能為，忍人所不能忍。而吳先生一生之成就，其精神亦有常人所不及之處：魄力過人、記憶過人、精細過人、愛才過人、深謀遠慮過人。

此五者非常之精神，乃使吳先生在臺灣成就非常之業，為國家培養無數人才。

綜觀先生一生，很明顯分成二個階段，前段為人所賞識，成為非常之人才；後段賞識他人，培養出非常之人才。

吳先生一生，特別受知於三人，成為他一生中之奇遇：

第一位是馬星野先生。那是民國三十年夏，抗日戰爭激烈時，吳先生考入中央政治學校新聞專修科，由於成績優異，為馬星野教授所賞識，並以其妹馬均權女士相許，從此由師生關係而為姻兄弟關係，吳先生數十年來，以「馬先生」敬之，馬先生時時不忘「俊才」。

第二位是羅家倫先生。吳先生中央幹校畢業後曾作短暫的新聞採訪工作，以致為政治協商會議及國民參政會之新聞採訪詳實與深入，為羅家倫先生所賞識。至民國三十六年，羅先生為我國首任印度大使，乃力邀吳俊才以《中央日報》特派員名義同往。當時吳先生一身兼三職，為《中央日報》採訪撰稿，為羅大使文宣助手，印度德里大學歷史研究所研究生。其後成為印度史權威學者，來臺後在臺大與師大教授印度史，並有《印度史》、《甘地與現代印度》等著作多種。任教臺大、師大以及其後政大，桃李滿天下。

第三位為卜道明先生。吳先生來臺後，從事學術研究並培養學術人才之路，始於民國四十二年，蔣經國主持總統府資料組創建國際關係研究會，吳先生以精於東南亞研究為國際組研究員，深受卜道明所倚重。其後吳先生升任董事長與所長，乃以國際研究所為基地，鋪建中華民國國際以及中國大陸研究之大道，並成為人才薈萃與人才培養之搖籃。此一時期，不只是吳先生之得心應手，亦是中華民國國際學術研究之黃金歲月。

吳先生展示前無古人之大魄力的開創新局，如將國研所遷至木柵，由與時事為背景的《中央日報》結合變成與學術為背景的國立政治大學相結合；定期舉辦中美、中日、中國大陸問題研討會，使中國大陸問題

研究學術化與國際化；創辦東亞研究所，使匪情研究與教學專家化、學術化與公開化。

吳先生因為有其過人魄力、過人記憶、過人精細、過人愛才以及過人深謀，每到一處，都有非凡表現與成就，絕非傳統的墨守成規或蕭規曹隨。

我有幸追隨吳先生是在民國六十一年五月，他出任執政黨中央文化工作會主任，以及民國八十二年八月，出任中國電視公司董事長。

一如無數他的門生一樣，吳先生一生都是我的長官、我的導師，我每到一個地方工作，他都很關心，都很鼓勵，也都玉成，也都從旁關懷與協助。

事實上，吳先生正式認識我，是在民國五十九年十二月十三日至十九日，首次中美中國大陸問題研討會在臺北召開，我奉派擔任新聞組長。那個時候，是有史以來第一次中美大陸學者在一起，尤其是思想與立場與我政府並不一致的自由派美方學者應邀與會，真是歷史的大事，也只有吳先生有這樣的魄力與識膽。

問題來了，由於美方若干學者對我新聞環境的疑慮，研討會險些觸礁，開幕前夕——十二月十二日晚，雙方連絡人員徹談竟日，忙到終夜，仍未得解決，美方若干學者對我國新聞界以及大會新聞採訪有些要求，吳先生極為為難。

吳先生在臺北中泰賓館連絡處打了一個電話給我，問我怎麼辦？

我大膽地向吳先生提出請求：「現在夜已深了，吳先生忙了一天，明天早晨要開幕，承擔重頭戲，現在趕快返家，洗個熱水澡，早點休息，有關美方要求事宜，由我來處理，如果有困難，再向吳先生報告。」

在電話中，吳先生停了一下，並與在旁的工作主管作意見交換，於是接受我的建議。

我放下電話後，即與副組長朱正明兄連繫（他習慣地還在辦公室忙發新聞），並告訴他關鍵問題與處理方式，我們立即分頭與新聞單位及大

會採訪人員電話連絡，取得瞭解與諒解。因為我們知道新聞界的需要，以及平常就有密切與暢通管道，不到半小時差不多就完成了。

這時，吳先生已到家，我在電話中報告協調情形，請他放心與安心，最後剩下一個新聞單位，無法完成，就請求吳先生親自打一電話向該新聞機構負責人請求體諒與支持。

第二天大會順利開幕，一個星期全部議程進行順暢無阻，我國採訪大會新聞界朋友也滿意我們新聞資料的提供，坐鎮在實踐堂的吳先生，很感激新聞組表現，會後美方人員另有南部與外島參觀訪問節目，當時是難得的機會，吳先生特別指定要我們參加以作為獎勵，我們因為原工作單位積壓工作待理，都一一婉謝。

大會閉幕後，吳先生對我念念不忘。如報告會議成就經過，也要我參加並提出報告。其後，有多次約見，真是慰勉有加，邀我至國際關係研究所工作，並試探當時我的長官陳裕清先生意見，陳先生不放人。適值《問題與研究》創刊日文版，張棟才先生在東京主持其事，吳先生希望我能以兼差方式在臺北負編輯連絡之責，因格於人事規定未能如願。但吳先生對「人」的緊迫不捨的精神，令我終身感佩與難忘，對我影響也很大。

我正式追隨吳先生是他於民國六十一年五月出任中央文化工作會主任。蔣經國先生擔任執政黨主席，除舊布新，展開開大門、走大路新政。吳先生對蔣先生極為尊敬，由於主持國際關係研究所以及國際學人之交往，默契十足，改組後的文工會，就非學人出身的吳俊才先生莫屬了。

這個時候，我已離開文工會前身中四組，前往華視參與籌備與開播工作。吳先生主持的文工會，從第一室到第七室，各有職責，各有發揮空間，其中第一室掌新聞連繫，第七室為黨營文化事業。

適家父因為國研所舊誼關係，往訪文工會吳先生。他就託家父對我提出一個「願望」：「華視籌備及開播任務已完成，可否重返黨部，幫我負責第一室。」也許研討會期間的「肝膽相照」期間太深刻了，我生活簡

單，除了辦公室就是家，在那個沒有「大哥大」時代，最適合分秒必爭的新聞連繫工作。殷文俊以政大教授身分主持文工會第七室，黨營文化現代化經營，就從此啟始，人事更新為特色。賢者辜振甫擔任中影董事長、能者梅長齡出任總經理，就是絕配。

吳先生主持文化工作會，真是結合內外，全心全力致力於文化紮根與學術結合工作，如創辦學報、設立國家文藝基金、開設中國大陸研究所以及設置中國現代史課程等等，都有劃時代的貢獻。

我第二度追隨吳先生是民國八十二年，他受當局之重託出任中國電視公司董事長。

當時，我早已離開文工會，在《臺灣新生報》、臺視以及《中央日報》轉了一個大圈子。他接掌中視後，就苦思如何使電視事業有利於國家、有益於社會，這是傳播事業的文化使命。電視事業積習很深，久病不以為病，見怪不怪，種種現象也勞當局關注與費神，就以準時播出來說，現在分秒不差，得自吳先生全力貫注所致。其實，準時是現代社會起碼與必要條件，作為大眾傳播事業之電視，豈能例外。因為我有主持臺視經驗，吳先生印象深刻，也引以為傲，常用有關中視問題「考」我，我不以為意，據實以答。

一天吳先生突然說：「有一天我會把你拉到中視，綁也要綁來。」

我就說：「老長官有所吩咐，隨傳隨到，放個椅子就行了。」

真想不到，於民國八十三年五月我加入中視，負責直接執行老長官命令之責。

對我來說，是責任也是緣分。

也許天生，也許用心用力過度，吳先生的體質與身體，自從我認識他那天開始，就覺得很弱，他又責任心重，看在眼裡，痛在心裡，此情此景，現在想起來還有些心酸。

不過先生享壽七十五，用心之苦，用力之勤，一天抵幾十天用，其貢獻更是一個時代的。

第八十七章

圍棋結緣　應昌期

　　蔣公中正先生曾很羨慕新聞工作者，有一次在與全國新聞界負責人談話時，曾讚揚新聞工作者，是先知先覺的工作，因為世界所發生的大事，新聞工作者都是最先知道。

　　我在從事新聞工作歷程中，很幸運的，能廣結各方賢達，有見賢思齊的機會。

　　我也深深體會出忘年之交的意義與心境。這些賢達之士中，有三位，最令我懷念，他們雖已作古，但他們留下的言行，如今事事如在眼前。他們是：

　　應昌期先生，

　　吳尊賢先生，

　　孫法民先生。

　　這三位在臺灣工商發展中，都具有不朽的貢獻，也是典型的人物。他們都有共同的特點：

　　都是苦行出身，而能成為大事業家。

　　雖全身全心投入事業，但事業之外，另有嗜好，與他們事業不可分。

　　應昌期先生是典型的寧波商人，出身申江錢莊，打算盤起家。而他一生的大部分時間，無數的時間，都投入下圍棋與提倡圍棋。

　　吳尊賢先生是臺南幫代表人物，他的起家是早起晚睡的布行學徒。早歲身體並不好，醫生甚為悲觀，但靠打高爾夫球，戰勝了糖尿病，享有高壽。他沉醉於人生格言的發掘與挑選，晚年他與工作同仁，做吳尊賢文教公益基金會的義工，在海海人生中，尋找為人處事治家真言，以求有益於世道人心。

　　孫法民先生是追隨表哥在內蒙開店的河北少年，在臺灣成為電線工業之父，建立了包括百貨、房地產、旅館、大哥大等的太平洋集團。那些都是賺錢的事情，當 SOGO 百貨開張，人潮滾滾，他才發現世界上鈔票真的像水一樣滾滾而來。這些他都不動心，他真正著迷的，還是：寫字。只要一攤開紙，一筆在握，就縱橫天下，上下古今，全在他的筆下。我真正看到了筆下生風的威力。

　　應昌期先生創辦了不少事業，發了不少財，有人問他如何賺那樣多的錢？他掛在嘴邊的口頭語：糊裡糊塗發了財。

　　其實，一點也不糊塗。他當年選擇了臺灣，就證明他聰明絕頂。

　　應昌期的一生，幾乎就是天時地利人和的靈驗。

　　應昌期並無學歷，他原在上海一家錢莊作一名小職員。有一天他在報紙上看到一則啟事，福建省銀行要在上海招考三名高級行員，但其中的條件，是大學畢業或同等學歷。應先生認為這是「闖」的機會來了，於是他去報名。

　　報名這一關就通不過，因為他缺乏大學學歷。不服輸的應昌期，就使出不服氣的本領，拿出招考啟事：你們不是有同等學力的條件嗎？我雖然沒有大學文憑，但我具備「同等學力」的資格。

　　招考辦事人員無詞以對，就「糊裡糊塗」地讓他過關報了名。

　　連闖三關，就在一百位報名、八十四位應考的激烈競爭中，他考上福建省銀行高級行員，那是一九三七年的事。

　　就在福州福建省銀行工作期間，他遇見人生第一個也可能影響他一生的貴人──嚴家淦先生。

　　當時的嚴家淦是福建省政府建設廳長，並在財政廳長任內，創立「田賦征實制」，推行全國，對於抗戰中的糧食供應作了重大貢獻（李建樹，《應昌期傳》，新竹：理藝出版社，頁三十九）。

　　就在應昌期派到省貿易公司擔任稽核期間，有一天貿易公司負責人找這位上海來的青年聊天，就問：

「你在省銀行擔任重任，他們一月付你多少薪水呢?」

「八十來元吧。」應昌期回答。

「不高，這樣吧，出你每月一五〇元，你乾脆到敝公司來主理財務，如何?」(《應昌期傳》，頁四十)

這位挖角的大老闆就是嚴家淦先生。

應昌期高興儘管高興，但他回去報告銀行上司後，惹來銀行總經理一頓跳腳:「這算什麼話，好不容易將你從上海招來，用一年不到，你就要走啦?」

經過總經理這一「震怒」，嚴家淦挖角沒有挖成，但應昌期在省銀行薪水平添一倍。

應昌期與嚴家淦的緣分，經過這一次挖角未成，非但未盡，而且延續成了一生緣。

那是抗戰勝利後之事。

一九四六年，應昌期正在家中過春節，忽接重慶方面的電報，要征調他去東北瀋陽，參與銀行的接收工作。

應昌期回憶說:說來也巧，就在上海這短短的幾天裡，應昌期又與嚴家淦不期而遇。

嚴家淦就問應昌期近況。

口直心快的應昌期就說:「別無選擇，正準備由此中轉去東北瀋陽。」

「去東北做什麼?」嚴先生問。

「喏，說是去接收瀋陽銀行。」

基於上次的經驗，嚴先生這次先下手為強，就說:

「別去了。我正在到處找你知不知道? 隨我去臺灣吧，一起去接收臺灣銀行，如何?」

這真是命運，所以《應昌期傳》作者李建樹說:當應昌期決定隨嚴家淦去臺灣時，事實上也決定了他後半生的命運。

真的，「人的一生常常有多種選擇，但決定命運的選擇往往只有一

種。」（《應昌期傳》，頁六十五）

嚴家淦先生與應昌期先生攜手併肩來到臺灣，時髦的名詞是「一起打拚」，是嚴先生幫了應先生，或是應先生幫了嚴先生，這在表面上看來，很易認定，但事實上，互為表裡，各有天地。

嚴先生是創造「臺灣經驗」有功之士，是屬於「政治財」；應先生所走的是事業家的道路，尤其圍棋推廣，是屬於「社會財」。

兩人同占地利，來到臺灣後，不只是都住在臺北市重慶南路（應府是重慶南路二段六巷一號），而且毗鄰而居，嚴應兩家，隔著一道圍牆，就以上海話閒話家常。嚴先生的政治道路，越走越高，直到極位——中華民國總統，雖屬過渡性質，但它的歷史地位，也只有嚴先生才能扮演得恰到好處；應先生的事業，也如日中天，尤其以人脈見長，凡是辦不下、辦不好、難辦或者需要調和鼎鼐的事業，非應先生莫屬。很奇怪的，應先生一出來，不只是迎刃而解，而且事業鼎盛，所以他靠人脈，在臺灣創辦了不少事業。至於事業之外的圍棋，那更是他日夜所愛的，他下圍棋、推廣圍棋的結果，臺灣圍棋幾乎與應昌期劃下等號了，只有應昌期的魄力與性格，才能為臺灣圍棋創造無限領空，為臺灣圍棋界發掘與培養無數的重量級人才。

應昌期隨著嚴家淦先生一到臺灣，就鑽進臺灣銀行裡。中央銀行未恢復前，臺灣銀行就是國庫，曾是金飯碗中的金飯碗，臺灣銀行上有董事長、總經理，但應昌期卻是中流砥柱，真是忙得要命，最忙的時候，同時身兼臺灣銀行五要職：臺灣銀行副總經理、代總經理，兼國外部經理、營業部經理、業務部經理。

嚴先生自福建一路盯住應昌期不放，他是看對人了。

但應先生還是在一九六三年離開臺灣銀行。其原因，說法很多。當然與他的剛正個性有關，與省府主席關係淵源有關，與派一個與他理念不對頭的總經理有關。有一次，他自己說：「我看每天出出入入大商人，他們的智慧不會比我高、本領不會比我強，而他們能賺大錢發大財，我

何不能?」

於是他興起脫離公職走入企業行列的念頭與決心。

應昌期除了與圍棋結緣外,一生的奇歷很多。

應先生並無正式學歷,但當時的國立臺灣大學校長傅斯年先生慕其名,禮聘他為臺大法學院教授,講授銀行實務,那正是他的拿手絕活。

另外,應昌期三言兩語的忠言,就在香港創造了一位世界級船王,為包玉剛指引了明燈,成就香港船王。

包玉剛也是銀行出身,原是上海市銀行副行長。一九四九年離開上海往外求發展。他停留在香港的時日,曾有意來臺灣發展,就飛來臺北住宿圓山大飯店,那是有生以來包先生第一次到臺灣也是唯一的一次。

應昌期與包玉剛是寧波同鄉,包先生就請教這位臺灣兼同鄉的前輩。兩人有這樣關鍵與歷史性的對話:

「昌期兄,我們相交甚深,你知道我的長處、缺點,也知道我的背景,你看我是不是適合來臺灣做事?」

「根據我在臺灣金融界、銀行界的瞭解,你包玉剛固然是很有能力的人,但我認為臺灣這個環境你並不適合,按你目前的狀況以及你個人志趣能耐,已有了香港的基礎,你還是在香港發展好,我想你不必到臺灣來。」(《應昌期傳》,頁五十九)

「包玉剛聽了這句話,第二天就飛回香港。」(《應昌期傳》,頁五九)

應昌期的圍棋大夢,成為一個圍棋的世界,其中有幾個重要實踐的措施:

第一、應氏計點制圍棋規則的推廣。

第二、圍棋成為教育的一環,棋盤成為教室不可缺少的教學工具。

第三、透過大眾傳媒,報紙與電視的轉播與推廣,使圍棋進入每個家庭。

應昌期的一生,何以能把他的圍棋夢想一一實現,又何以能把他的事業理想一一克服,終能成功? 得自他的奮鬥不懈的性格、樂此不疲的

興趣與勇往直前的勇氣。

綜其一生，《應昌期傳》作者李建樹就指出：

「應昌期辦什麼事都不喜因循守舊，空嘆艱難。」

「應昌期不論做什麼，依據他的實事求是理念和精神，他都能做得很好。」（《應昌期傳》，頁八十）

應昌期先生有一種把爛泥變基金的本領。他的公子應明皓就說：「父親自六十年代離開臺銀，投身工商，所辦之實業，都是在別人辦不下去或急於尋人主持籌建的情況下，因敬仰父親的為人和卓越的才幹而誠聘他出任董事長，然後積極開拓取得成功。」（《應昌期傳》，頁二六六至二六七）

應昌期的一生，圍棋美夢成真也好，事業偉大成功也好，應昌期自己另有一番解釋：看來一個人偉大不偉大，要看他私心重不重，他想的什麼，做的又是什麼，這是硬碰硬的事情。

這應是應先生最恰當的自我畫像。

第八十八章

廣耕心田　吳尊賢

論天時地利人和，臺南縣的「臺南幫」，從新和興布行起家到統一事業，無往而不利，是謂典型。

東西南北的臺南縣，就地利而言，就有它的傳奇性，曾經同時出現二位總統候選人，一位總統當選人。

無論在臺灣，或是未來兩岸的中國，「臺南幫」將會有它舉足輕重的影響性。

「臺南幫」從「精神領袖」吳之連先生之始，個個都是溫文爾雅的英雄人物，其中吳尊賢先生尤具代表。

吳尊賢生來就異於常人。《吳尊賢回憶錄》一啟始就這樣寫道：

> 我擁有兩對祖父母，
>
> 兩對外祖父母，
>
> 和兩對父母親，
>
> 與一般人比較起來，
>
> 受了更多的照顧，
>
> 真是一大幸事。（吳尊賢著，《吳尊賢回憶錄》，臺北：遠流出版事業股份有限公司，頁二）

這一「更多的照顧」，造就吳尊賢輝煌的一生。

吳尊賢自己說：「我從民國十九年十五歲到臺南的布行開始當學徒至今，這六十多年來，其實也嘗遍了人生的酸甜苦辣。」

從一個小學徒開始，吳先生的一生，創辦了無數的事業，尤其以一億元的捐獻，創立吳尊賢文教公益基金會，更為社會留下無形的資產。

　　吳尊賢一生事業的源頭，來自他的父親，新和興布行，形成他自己
為人處事的座右銘。

　　吳尊賢的父親做人的原則：「勤可補拙，儉可養廉」，「勤有功，戲無
益」，就是臺南幫事業的源頭。

　　新和興行設立於民國二十三年，到民國三十九年就由尊賢先生負責
經營。

　　無論「臺南幫」以及其他事業，來自臺南的很多公司的總經理與董
事長，都是來自新和興，因此，當時的新和興享有「董事長和總經理的
養成所之雅譽」。這是因為新和興有一種其他行業所沒有也很難做到的精
神：「工作不嫌多，薪水不嫌少，大家的心裡只有為公司的發展而努力，
別無他念。」（《吳尊賢回憶錄》，頁九十三）

　　這樣的家庭，這樣的事業，歷練出吳尊賢這樣幹練穩健的事業家。
他的一生所秉持的信念，只有八個字：「勤儉誠信，穩健踏實」。所以他
自己的一生，無論做自己的事情或協同其他事業，則求著多看、多做，
不計較的精神，誠心誠意把一件事情做好。

　　吳尊賢少年時代就有做老師的夢想，他也期盼他的子女們也能做老
師。也許受到良師的影響，他對老師有無限的嚮往，甚至臺南幫事業在
招考人才的時候，也很注意教師的背景。

　　當吳尊賢在他家鄉中洲公學校畢業前，他的恩師末永猛校長就勸他
投考臺南師範學校，但未能如願，而進入學甲公學校高等科就讀。吳尊
賢先生在晚年他還引以為憾，他回憶說：「我常自己想，如我能進入南師，
自己一定能做一個相當盡職的老師。」

　　吳尊賢一生事業的啟蒙，是自學徒開始。

　　當他十五歲的時候，學甲學校高等科畢業前幾個月，吳尊賢接到胞
兄修齊先生由臺南來信通知：「新德發布行需要一個學徒，是否要去？」
父親告訴我說：「你既然沒有考師範學校，而念公學校的高等科，就是在
等待職業。雖說只要再念幾個月就可畢業，現在輟學有點可惜，但布行

不能等你，等到你畢業時是否能找到這樣的工作，也難預料，是不是不要再念下去，就到臺南去學生意?」(《吳尊賢回憶錄》，頁六十六)

聽話的兒子，沒有多表示什麼，只希望能讓他去跟中洲公學校末永猛校長商量一下。

校長自然惋惜，但還是支持他去。並且送了他一雙鞋子與幾句話：「你要到臺南去，我這雙新鞋送給你，雖然大一點，大概還可以。希望你到了臺南，第一要認真工作，第二要正直（誠信），第三要注意健康。」

吳尊賢含淚辭別了恩師。此一情景，正如日本「經營之神」松下幸之助離家外出學徒拜別母親一樣，不免令人鼻酸。

能吃苦中苦，方為人上人，吳尊賢先生可謂榜樣。

現代青少年很少有機會體驗學徒的日夜生活。吳尊賢到了晚年功成名就還記憶猶新：「我們下級人員並無臥房，是晚上十一時把店門關起來以後，將櫃臺作為臥鋪用。每天早晨六時起床後，要先收好鋪蓋，開店門，打掃地面、灑水、通水煙筒、揩油燈的煤煙、倒痰壺、倒尿壺、整理布疋、去醬料店買早餐用的醬菜，吃完早餐後就開始做生意。」(《吳尊賢回憶錄》，頁六十九)

這就是學徒一天的生活，日以繼夜，磨練出來，遇有機會，再有人提攜，就會出人頭地。

事業成功的道路，是從苦中走出來的，吳尊賢就是如此。

尊賢先生的健康情況並不好，他在〈八十自述〉中就說：「我四十歲就患了糖尿病，健康很差，自忖可能活不到五十歲，自己感到無比的幸運。」

他從「活不到五十歲」到享受長壽之樂，全靠他的毅力與決心。尊賢先生遵醫囑，按時服藥，並作健身運動，乃養成終生打高爾夫球的習慣。

中國人人生成功的道路，乃有「修身齊家治國平天下」，這是帝王之業，一般人哪有治國平天下的機緣。但現代人，可定位在修身齊家興業

的三階段，把事業經營成功，這是人人都有的機會。

吳尊賢先生以「修身齊家興業」之標準，可謂現代完人。

「齊家」的基石，是建立在良好夫妻結合上，也就是美滿姻緣。這，就現代醫學觀點而言，無論就積極的優生標準或消極的遺傳疾病，都值得省察，尤其時下多由速成情侶至伴侶，就很難祈求情定終身了。

尊賢先生形容他的老伴生活，「一起打球、一起散步、一起旅遊，實在是無限滿足。」也實在是一對令人羨慕的現代「神雕俠侶」。

吳先生的佳侶乃至他的幸福家族，得自他的擇偶條件：一、品德好。二、健康好。三、容貌端正。四、年齡不可比我大。五、身高不要比我高。六、學歷不要比我高。七、不能太富有，最好比我家差一點（恐嬌生慣養難伺候）（《吳尊賢回憶錄》，頁三十二）。

這就是理想的吳尊賢夫人。

吳先生十五歲就離家出外做學徒，根本沒有機會接受正式學校教育，但他不只是勤做的人，也是肯學的人。吳先生就以工作場所當教室，效法古今完人。

當代人物中，他很佩服嚴家淦靜波先生的學識與修養。對他為人處事影響也很大。他尤其奉嚴先生的「退一步想，易地而處」，奉為座右銘。他常常將他抄錄靜波先生的話傳誦：

> 當某一件事發生爭執時，心裡應該記得八個字，就是「退一步想，易地而處」，因為不能希望每一個人的性情、思想意見完全相同，每一個人都有個性，我們毋寧要發展其個性，以達成多方面特殊的成就。但因為一個人意見不同，相處在一起時，難免發生爭執，如果人人能「退一步想，易地而處」，那無論什麼事都可以化干戈為玉帛，化戾氣為祥和。（《吳尊賢回憶錄》，頁二六一至二六二）

尊賢先生進一步分析：對於治事，靜波先生希望大家最好能「公而忘私」或是「先公後私」；凡是能遵守「先公後私」、「易地而處」這兩句

話的人，一定是愉快的人，也一定能做愉快的事，對個人、對國家一定有所貢獻。

吳先生之修養，可謂今之古人。而古人中，他最欣賞的是唐朝韓退之的《勸世文》，他覺得意境無窮，自己抄下來，自珍而勸人：

> 大丈夫成家容易，士君子立志不難。
> 退一步自然幽雅，讓三分何等清閒。
> 忍幾句無憂自在，耐一時快樂神仙。
> 喫菜根淡中有味，守王法夢裡無驚。
> 有人問我塵世事，擺手搖頭說不知。
> 寧可採深山之藥，莫去飲花街之酒。
> 須能正有道之人，早謝無卻情之友。
> 貧莫愁來富莫誇，那有貧長富久家。（《吳尊賢回憶錄》，頁二六二）

韓退之的《勸世文》，正是吳尊賢先生的化身。吳先生的智慧與修行，全在其中。

古人畢竟離我們太遠，還是要向今人「取經」，所以民國七十年成立，由他自己捐出一億作為基金，創立的吳尊賢文教公益基金會，許多活動中，其中一項就是舉行「勸世文句大家讀」的徵選，此項活動，除委請各方學者專家撰寫，並公開徵求，共蒐集了三千一百七十七句，大量印冊分發，並透過廣播、電視、報紙、雜誌長期刊播，以期有益於社會善良風氣之建立。

這項活動，是不是受到韓退之的《勸世文》啟發不得而知，但是吳先生不只是深信「一句話有時可以改變一個人的一生」，而且在徵選過程中陶醉其中，就像沙裡淘金的狂熱。他在閱讀徵文中，如發現「寶句」的出現，就像哥倫布發現新大陸一樣的興奮，也像小學生得了一百分的喜悅。

勸世文句大家讀，實在就是韓退之的《勸世文》的現代版。共為：

修身勵志、慎言、勤儉、親情、交通安全、反毒戒賭、環境及附錄八篇，是洋洋大觀，尤較唐之韓退之《勸世文》與清之張英《聰訓齋語》完備與實用，是現代的金玉良言。例如：

你客氣，我客氣，大家都和氣。

你說早，我說早，氣氛就會好。

你讓步，我讓步，條條是大路。

拒絕要委婉，答應要乾脆。

處事公道，是人生最大的投資。

將心比心，大家會更親。

為人要有正氣，做事要有朝氣，交友要有義氣。

早三分鐘出門，輕輕鬆鬆；晚三分鐘出門，急急匆匆。

人生如過客，應知進，知退，知止。

堂堂正正做人，不要在乎閒言閒語。

存好心，說好話，行好事。

做人做事要實實在在，金錢往來要清清楚楚。

有志氣、有勇氣、有決心，還要有行動才會成功。

許多人想改造世界，卻少有人能先改造自己。

人生在世，少比面子，多比裡子。

成功不屬於腳步特別快的人，而屬於腳步持續不斷的人。

人生的關鍵，只有幾步，一步走錯，一生遺憾！

隨手拈來，這都屬於尊賢先生用心經營的心田，雖不屬於吳氏勸世文，但卻是他千挑萬選的心血之作，用心可謂良苦。

第八十九章

陶醉在書法天地　孫法民

　　以布行起家，四兄弟：吳修齊、尊賢、俊傑、俊陞同心，而成為臺灣代表性事業，「臺南幫」成為美談，光耀兩岸，也成為世界性的大事業。無獨有偶，來自中國大陸河北，也從小買賣起家，孫法民先生帶領一班人，在臺灣形成太平洋事業，班底有：李玉田、李鴻文、章民強、焦廷標等人，成為「河北幫」。

　　河北幫與臺南幫的組成，最大不同的地方，是臺南幫屬於兄弟班，而河北幫則是多數來自河北，工作中建立起情感，而成為薪火相傳、生命相連的伙伴。他們的事業，以電線電纜起家，擴及房地產、百貨、旅館、銀行等等，地域版圖更成為全球性事業，包括美國、東南亞、香港以及中國大陸等地。

　　以龍頭也就是老大哥孫法民馬首是瞻，有事情大家一起來合計；有困難大家一起來商量；有事業大家一起來開拓。這些年來，孫法民就像揮軍百萬，點石成金，無往而不利。

　　孫法民所領導的太平洋事業，雖屬河北幫，但占盡天時地利人和，成為臺灣精神重要的一環。

　　孫法民的發跡，與臺南幫類似之處，他也是從學徒起家。

　　孫法民雖常自嘆早年所學不多，受正式學校教育的時間只有短短三年半，十七歲就遠離家鄉到布店當學徒，但他一生的事業，就奠基於學徒生活（廖慶洲編著，《孫法民》，卓越文化，頁六）。

　　說法民先生是「現代陶朱」也好，說他是「中國電線工業之父」也好，孫先生的細胞中，有別於常人者有二：

　　一是嗜好寫字，視字如命，只要能寫字，什麼吃飯、睡覺，全都忘

了。這是他的興趣所在，也是他的志業所繫。

　　一是充滿好奇心，自小到老，看到什麼都好玩，都想嘗試一番，而以「頑石老人」自賞。從收藏小玩藝到造飛機，他都充滿好奇心，這是他開創事業的精神源泉。

　　若說孫法民的一生，陶醉於事業，不如說陶醉於書法中。他的書法也獨成「孫家」，逢人就送「墨寶」，近者如故宮博物院，遠者如鄧小平的見面禮，就是他的「墨寶」。

　　很奇怪，他從學徒開始，就和書法有不解之緣，為此，他還出過「洋相」，但孫先生就是樂此不疲。他曾在他的表哥王開鑫綏遠五原縣開的鴻業號百貨店當學徒。店裡事情忙完了，孫先生就埋首練毛筆字。有一次剛好碰上一位客戶來信，他興之所至，大筆一揮，就代店主即時回了客戶的信。哪知他龍飛鳳舞的信，客戶收到後，來信連稱看不懂。店裡的大掌櫃查明原因後，把孫法民叫到跟前，刮了一頓（《孫法民》，頁九）。

　　受此教訓，孫法民並非等閒之輩，非但不洩氣，反而更加倍練習。他下定決心，不只是要讓那位客戶看得懂，也讓天下人欣賞。回顧這段往事，功成名就的孫法民，得意地說：現今，他的書法自認還寫得順手，就是受到這個教訓，勤加練習，因而培養出濃厚的興趣（《孫法民》，頁九）。

　　平常寫字成癖，飯可以不吃，覺可以不睡，字一定要寫。家裡寫，辦公室也寫。所以在孫先生的家裡以及辦公室，就像應昌期的棋室一樣，都闢有寬大的寫字間。

　　每逢春節來臨，他比兒童還快樂，因為他又可以大筆一揮，為他的近親好友寫春聯了。年夜飯吃過，熱鬧一陣子，大約午夜鞭炮齊鳴始，孫先生的筆興大發，就開始揮起大筆，人圍的越多，他的興趣越濃，一卷厚厚的棉紙，不消半小時，就大功告成。孫法民夫人就說：「只有這項樂趣最令他陶醉！」

　　就像愛迪生一樣，對人生新奇事物，法民先生最有興趣。他喜愛旅

行，所到之處，喜歡逛百貨公司，看到見所未見的新奇玩藝，他一定買下來，或者送給親友，或者擺在辦公室自我欣賞，所以他的辦公室到處都是一些稀奇古怪的玩藝。凡是新發明新創見的事物，他一定想辦法弄來玩玩、研究研究，如電子錶、電子計算機、電腦等等。有客人來訪，他就「獻寶」一番，把他新買的「心情表」拿來給客人測試，發現不對，就說：「你是不是又和女朋友吵架了？也許不準，你帶回去了，帶在身邊，常常量量，準保你心情大開、心花怒放。」

孫先生一股好奇心，凡事都想一試，越難的事情，他越有興趣，他就是不信邪，越是別人說做不到的事情，他越要一試。

他費了一年的時間，暗中摸索，拉出第一條電線，那是民國二十三年的事。風雲際會，就憑這一條電線的信心，孫先生在臺灣建立太平洋電線電纜的事業。

中國人不要說很多人沒有坐過飛機，連飛機也未見過，但孫先生腦中卻興起一股航空事業念頭，非為中國建造起自己的飛機不可。

他就是這樣不信邪！

孫法民發揮他的「老頑童」精神，真的搞起飛機來。民國六十五年，他在臺中成立龍翔航空器材公司，夜以繼日，二年之後，六十七年完成自行設計的三架螺旋槳飛機，試行結果不錯，飛行高度可達二千呎，飛行速度每小時一百哩，可持續飛行一小時三十分鐘（《孫法民》，頁二十二）。

可以造飛機，終於實現孫法民的夢想，但還無法成為航空工業。印證後來的發展，孫先生亦是造飛機的先驅，因為政府結合民間企業的力量所組成的臺翔航太工業股份有限公司，他的公子孫道存先生曾被推為主持其事，擔任董事長。臺翔與龍翔的「翔」字也算是一種巧合，道存承擔推動航太工業之責，孫先生則成為名副其實的「航空工業之父」了。

孫先生的一生，為人是很隨和的，但他的性格，還是有他堅持的一面。他自封「頑石老人」，就可見一斑。他認為「石頭的特性跟我的性情

很近似，頑石不點頭，有些事我是很堅持的」。

一個人的一生，能形成一個事業，自有其堅持與堅信的一面，孫法民先生也是典型。

孫先生的一生，創辦不少新興事業，也喜歡冒險，但他的做人做事的精神，還是中國幾千年的大道理：孔孟而已。

他有所謂八字真言：做人誠懇，做事認真。

孫先生的一生，都是自苦開始，所以他認為，成功沒有什麼秘訣，也沒有捷徑，不必能人所不能，卻要肯為人所不為。只要肯腳踏實地去做，不怕吃苦，不畏困難，做什麼都會成功（《孫法民》，頁一三三）。

依照孫法民所領導的「河北幫」的經驗，其成功秘訣，全在孫先生訓子道存的十四字中：「父子協力，山成玉；兄弟同心，土變金。」

不管做小學徒，或做老闆，孫先生所表現的是一貫的勤與誠的精神與熱忱。

中國早期做學徒的，一如今天日本所能見到的「百年寶號」，手握算盤，打個不停，眼觀四方，有客人上門，一呼百應；做老闆的，黎明即起，無論電話、FAX 或是 E-MAIL，交往不停，等大家開始上班的時候，他已經把一天準備工作做好，甚至辦完了，不止「一日之計在於晨」。

孫先生就是如此。他早晨起來，只辦一件事：打電話，只做一件事：寫字。我有幸與孫先生結緣，就是服務《中央日報》期間，受惠於法民先生。

記得民國七十七年，雲南發生大地震，法民先生可說一夜難眠，一個清晨就撥電話給我，出了一個題目：我們該做什麼？

等我趕到他的辦公室的時候，孫先生鋪好了紙，筆準備好了，就大筆一揮：壹千萬元，緊跟著顯出大家長的作為，三筆五筆，就把他旗下的事業，依著事業狀況，幾分鐘間就分配妥當。

我深深感到大事業家的愛心與魄力，莫過於此。所謂千金萬金，都不夠看了。

放下筆，孫先生就說了一句話：

「怎麼做，老弟，就看你的了！」

出了這樣大的題目，他是出大錢，我是出小力。

這太平洋事業旗下的一千萬元賑災捐款，就風風光光地由中央委員會秘書長李煥先生代表接受轉送，我坐在臺下，是孫先生唯一指定觀禮人。

孫先生賜我電話最多的，還是有關寫字的事。

孫先生所寫的字，都是古聖先賢做人做事的道理，他寫完了就打電話給我：「老弟，詞用盡了，有沒有好的，提供一些！」

除了古聖先賢的嘉言，孫先生根據他自己一生的經驗，也體會出做人做事的道理，常常出現在他的筆下，如：

做事準則：認真、負責、樂觀、堅定。

凡事要有主見，不可堅持成見。

要有生氣，不要生氣。

眼界要闊，遍歷名山大川。度量要宏，熟讀五經諸史。

有信心，就有希望；有目標，就會努力；有意志，就能堅持。

世上沒有教不好的人，人間沒有做不好的事，惟愛心與耐心而已。

士人的財富，在學問；農人的財富，在勤勞；工人的財富，在技術；商人的財富，在信用。

相好不如命好，命好一定運好，最好還是心好，頂好大家都好。

讀未見書，如逢良友；讀已讀書，如逢故人。

由於書法，《中央日報》與孫先生結緣，嘉惠社會，尤其貧苦兒童。有一天，孫先生心血來潮，就透過《中央日報》〈星期天周刊〉，舉辦孫法民書法義賣，這就是今天嘉惠學子的孫法民文教基金會的起源。為此，孫先生特別自己親寫「感謝與說明」：

　　《中央日報》〈星期天〉，與我義賣墨筆字，由八十年八月十一日起，至今八月已二年。在此期間，承石永貴先生大力督導，〈星期天特刊〉同仁，大費苦心，把我的字照相排版，到一百號。並明義賣目的，為「貧苦兒童助學基金」，每副一千至一萬元，隨意給，截止今年八月，已集售約三百萬元（連友好獎助義賣等），我又拿出二百萬元，湊足五百萬元。交由亞洲信託存儲，並承其願付優厚存息，每年四十三萬元。遂即辦理登記，不料原定名「孫法民貧童助學基金」，政府因與法令不合，遂與改名為「財團法人孫法民文教基金會」，但目的仍寫明「此款每年存息，均為貧苦兒童助學之用」。

　　孫先生練字寫字，真是用心良苦，無非嘉惠社會，尤其弱勢族群，如今成為政府之政策，亦是先生先見之明也。

第九十章

寶島怪傑　陳重光

　　現代新聞傳播媒體，源自西方商業社會與商業競爭。其生存與發展的基本原理，是產品多寡取得榮辱，也就是以量取勝。印刷媒體報紙雜誌的發行量、廣播的收聽率與電視的收視率，就是如此。

　　因之，新聞傳播媒體不只是與商業脫離不了關係，甚至依靠商業環境而生存，也就是，無論如何善釣者，如果水中無魚，還是英雄無用武之地。

　　所以，魚固然靠水而生存，而水也要靠魚，才能成為魚池。

　　因之，新聞媒體之經營，往往就要面對商業社會往來關係。媒體內的工作者，所依所靠的，技術操作層面，固然是廣告，但更重要的，是經營政策與原則。

　　世界上少有新聞工作者，有《紐約時報》的幸運：從未為了顧慮到廣告業務收益，而放棄正當新聞報導或評論。

　　這也許《紐約時報》就是《紐約時報》的原因，但羅馬不是一天造成的，《紐約時報》的金字招牌，也不是一天鑄造而成。

　　新聞媒體與商業關係，不是敵對的，也非完全絕緣，而是有著相互依存的關係，甚至危難與共，尤其是企業遭遇危難與困難的時候。

　　就臺灣電視所走過的路，我們相信，如果沒有電視的出現，許多家喻戶曉的商品，就不一定能出現；反之，如果沒有廣告客戶的支持，臺灣電視不會這樣發達，乃演變成有線與衛星時代。

　　就我經營過的臺視，很幸運的，總能與廣告客戶與廣告代理商維持水乳交融的關係，甚至他們的困難與危機，就是臺視的困難與危難。以投入救災的精神，關心與搶救文化的危難，這也許是企業危難與新聞處

理的重要的體認。

先說說兩件電視廣告案例。

著名電影與電視新聞時代的國際著名攝影記者秦凱先生主持美商格蘭廣告公司，有一年春節前，秦先生為了代理他的客戶福特汽車廣告來看我。那個時代，電視廣告還是電影膠片拍攝供應，電視片廣告放映設備也是如此，因為放映次數頻繁，所以播出效果較差，差到像下雨一樣，我相信這是早期電視觀眾都會有的經驗。但福特是世界汽車先進，也是汽車廣告的先進。它在全世界先行採用了以電視錄影帶製作廣告，效果不只良好，而且在先進國家已經開始施行。我國則未實施，仍用電影膠片拍攝的廣告。因為是春節，更因為春節期間格蘭掌握了大量廣告在手，於是秦先生就希望三臺能夠採用「電視廣告」，在春節期間亮相。業務部門當然願意接單，因為是春節的「迎財神」；工程部門受到播出器材限制無法配合，講的很客氣：也許明年春節有辦法。

我就約請包括工程部門負責人在內主管同仁與秦凱先生一起到播映現場研究突破之道，仍然想不出辦法，待我走了播映室一圈後，我發現瞭解決之道。我就對秦先生說：「臺視接下來，我們會準時播出，有多少接多少。」不只是秦先生半信半疑，連我們工程人員也不知所措，傻了眼，就這樣大家就散了。秦先生回去部署一切，最重要的，電報調片子進來，還要經過進關檢查手續，相當繁複。

秦先生走後我就請工程主管至我的辦公室，我就請問一句話：「我們的節目播映帶是如何播出去的?」

這才恍然大悟，原來把新的廣告帶暫移至節目播映帶機器放出去就好了。

就這樣簡單。

倒不是總經理聰明，而是必須動腦，腦筋動一下，就解決了前所未有的大問題。

從這一年春節起，臺視的電視廣告，就進入錄影帶時代了。

我們那個時代，廣告學術還在萌芽，不要說博士，就是廣告碩士也寥如晨星，當時只有華商廣告劉會梁先生以及後來的華視明健華先生。

廣告博士不要說臺灣，就是全亞洲，也找不出幾位，楊朝陽博士就是其中之一。

楊博士臺灣出生，先後在日本及美國受教育，所以在講話時，亦日亦美，非不得已，臺語才能湊合。

楊博士可謂臺灣廣告事業開拓者，他曾自創顧問以及投入廣告公司多種身分，貢獻臺灣廣告界。聯廣公司為了迎戰廣告外商「入侵」，也開設了一家與外資合作的公司，作本土廣告保衛戰，並吸納國際廣告，楊朝陽為主持人。

有一天，楊朝陽博士在聯廣董事長徐達光先生陪同下來訪，所談的主題是現金發稿。

電視廣告採取代理商遠期支票制度，行之多年，可謂廣告客戶、代理商與媒體三利制度。

楊博士就說，他們的客戶背景是外商，外商現金充沛，可否改成現金發稿？

當然求之不得的事情。但這是商業談判，是談判技巧之運用，緊跟著提出來的，是現金優惠！這才是重點。

天下的商人，沒有一盞是省油的燈！

其實，在商言商，我們媒體，何嘗不需要現金，尤其當時的臺視。

原則確定之後，我就請楊博士與業務、財務作進一步洽商，以確定辦法，特別是優惠條件，由副總經理邀集。

細節確定後，又回到「政策面」。徐、楊兩位先生又來了，除了確定臺視與「聯中」個案外，我並作進一步延伸：

一、本案辦法亦可延至其他與本公司簽約的廣告公司。

二、本案亦可照會其他友臺，如有需要，參照辦理。

現金發稿優惠辦法成為通用無限的臺灣電視廣告新制度。

這個制度，卻收到意想不到的效果。

沒有幾年，政府通過法令，支票免除刑責，電視臺卻意外地是損失較小的行業，就是得利於現金發稿制度的貫徹。

我在臺視八年期間，企業界發生重大危機事件，我基於社會與新聞雙重責任，都挺身而出，走到最前線，與新聞部門一起處理，並作為新聞採訪同仁的後盾。

記憶所及，有三個事件，印象深刻，而且多和消基會有關，這也是消費時代抬頭而使整個社會受到監督與保護：

第一件是養樂多成分事件。

第二件是喜美汽車泡水事件。

第三件是統一麵包事件。

這三件事，以「養樂多」最具戲劇性，「喜美」最具影響性，「統一」最具伸展性。

養樂多所以最具戲劇性，因為有一位傳奇性的董事長陳重光先生。陳先生是朝野皆知，當道巨商往來如梭，白丁市井皆座上客，享有「臺灣歐吉桑」美譽。葉明勳先生為重光先生蓋棺論定：「他是寶島一怪傑」，的確十分傳神。早年他曾經縱橫京滬平津旅大長春瀋陽等地（重老是第一位將臺灣茶葉遠銷至東北，時在民國二十八年），所以稱他為「臺灣的杜月笙」，他奔走朝野、見重黑白兩道，亦當之無愧。

養樂多成分事件成為新聞後，臺視新聞首當其衝，報的最快，也最詳盡。

作為董事長的陳重光，自然鬍子翹得高高地，跑到臺視找董事長許金德先生興師問罪。

下午許董事長不進臺視辦公室，陳先生就衝到總經理房間。

我只有面對。

陳重老一連開了連珠重砲：

「為什麼其他兩臺都不報，臺視拚命報，是不是與養樂多過不去？」

「為什麼其他兩臺都報了養樂多發布更正新聞稿，臺視不動，是不是與我老頭子過不去?」

「你知道不知道我與你們許金德什麼關係?」

「你知道不知道，外面叫我什麼?」

……。

等他講完了，罵完了，我才一一答覆:

「其他兩臺如何處理，臺視無權過問;臺視如何處理，是臺視新聞部的事，觀眾為什麼看與相信臺視新聞;」

「許董事長很尊敬您，新聞處理是新聞部經理職責，董事長與總經理都無權過問;許董事長在公司亦會尊重新聞部同仁職責。」

重老大名鼎鼎，人稱地下臺北市長。

他見我說完了，就問我:現在怎麼辦?

「既然食品管理機構有新發布稿，我們新聞部會作公平處理，如果處理不好，我會處分;我處理不好，許董事長會處分我。」

他火氣漸消，陳重老就說:「我就等你一句話，現在怎麼辦?」

「重老太辛苦了，現在回府等看臺視新聞。」我這樣應對，以降溫。

這樣才結束一場「陳重光大鬧臺視」的新聞。

老人家自有老人家可愛與可敬之處，自從「養樂多事件」後，陳重老竟成我的「老朋友」，我成了他的「小朋友」，人前人後很能維護我。

風水輪流轉，當他坐上臺視董事長寶座的時候(民國八十至八十四年)，我又回到電視，擔任中視總經理;他很高興，遇到三臺共同利害的時候，他以「大家長」身分交代臺視有關出席主管:「你們都不要開口，聽中視石總經理的，他最懂電視，他替我們臺視賺了很多錢!」

他榮任《自立晚報》董事長(民國八十三至八十七年)的時候，很風光，這是他很在意的董事長，因為他所尊敬的本省大老吳三連先生、許金德先生，都主持過「自立」。董事都是朝野俊彥，包括「黨外」大老黃信介先生，我承老友樓文淵伉儷推愛、陳政忠先生厚愛，忝為常務董

事會之一員。陳董事長在主持首次董事會時，表現其一貫豪情率直草根的性格，見我在座，就一反議程程序：「請石先生發言。」他的真誠，驚動在座的四方豪傑之士，獎美之詞，我有些不知所措，是他真情的流露。

的確，陳重光先生一生行俠仗義，享有不少榮譽與雅號，就以董事長而言，連他自己也不知道擔任幾十家董事長。人找他幫忙出任董事長，他兩句話不講，就問：快說，在哪裡簽名？他做的最長的董事長應是養樂多，他自民國六十八年五月至八十七年擔任達二十年的養樂多公司董事長，可謂「養樂多先生」。他粗中有細的性格，每每在養樂多交談中如數家珍，聞所未聞。日人在第二次大戰吃了原子彈，卻在戰後發明了微小的養樂多，清晨隨著優美的音樂，趕在上班前，小學生上課前，送到家庭餐桌上。

陳重老談養樂多總有些「脫線」性格，一說日人在蒙古發現養樂多酵菌，一說一生物家在羅馬尼亞發現，有助胃腸、健康。

陳重光自是傳奇人物，予人感覺書卷氣不足。事實上，他在十四歲進入臺北成城中學就讀，十七歲遊學日本，從此即生活在人群中，他念的是社會大學，包羅萬象，應是「公關」鼻祖型人物，只要有需要，粗細不計，但亦粗中有細。有一次他請我至他的養樂多總部喝老人茶，就隨便在琳瑯滿目的書畫寶物中找出一幅國父孫中山先生墨寶：「世界一舞台」，據告是他的一位日人好友贈送的。展讀之下，無論字體及意義，均屬不凡，尤其適合世界地球村的精神。重老說：孫先生真是一位先知，那時候有這樣觀念，實在了不起。

人間世，芸芸眾生，都是凡人；亦有與眾不同者，為數極少，陳重光先生的豪邁作為就是其中奇者。

第九十一章

和氣生財　高清愿

　　當年我們在大學新聞系教室選修經濟地理課程時，感到很新穎。同時，教授蔣君章先生滿腹經綸，好像整個世界，特別是中國的地理，都在他的腹中。

　　如今，看起來卻是蔣教授有先見之明，經濟地理越來越重要了。

　　事實上，經濟商業與貿易越來越重要了。每次，美國總統出國訪問，特別是到中國大陸，所率領的代表團成員中，企業家重於內閣部會；而柯林頓總統出訪中國大陸前後，白宮、國務院等有關主管官員背景簡報，都在市場開放與自由貿易主題上打轉。不管到哪裡，這真是經濟貿易世紀。美國倡導的國際化，更與商業化不可分。

　　麥當勞、可口可樂、柯達，其風行世界的程度，均可見美國已經統治世界了。

　　世界是如此，美國是如此，臺灣也是如此。

　　臺灣的變化歷程，由軍事、政治、經濟，而走入商貿。

　　大陸與臺灣的關係，亦奠基於此。

　　臺灣最大的變化，還是在南北工商業重心的改變，由平衡而趨向「統一」。

　　早期的臺灣，並無大規模的工業與商業規模，只是小規模的買賣與工廠而已。較算有規模的，南北各有二家：

　　工業方面，北大同與南唐榮。

　　食品方面，北味全與南統一。

　　如今南北失去平衡的力量，而無巧不成書，各失去一家。

　　唐榮，自從家族中舉辦了一個類似流水席的婚宴後，對於樸實的南

臺灣來說，就成為談論的話題，不幸而言中：唐榮不再是南臺灣工業重鎮，而成為臺灣省政府的負擔，單單利息就是天文數字，成為諷刺的省營事業。

雖然說北味全南統一，但當年，統一豈能與醬油與乳品滿寶島的味全相比。曾幾何時，味全卻被在大陸做生意成功的魏氏兄弟「康師傅」併購，臺商不只是登陸，而且發威，吃下味全。儘管市面上仍有不少味全產品，甚至新產品，但打品牌與做廣告，味全幾乎被掩蓋住了。

市場比人還現實。

現代臺灣商人之起，不管南北，幾乎都是從賣布或開米店起家興業的，臺塑王永慶、三重幫林榮三兄弟是如此，臺南幫的吳修齊、吳尊賢也是如此。

吳氏兄弟的興業基地是新和興布行，日治時代以及光復初期，臺灣不只是沒有工業，連工廠也沒有。所需要買賣的布疋，就是要到日本或中國上海，整批買來，再零售出去。

新和興布行以及後來發展出的不少事業，更培養出不少人才，其中之一，就是高清愿先生。

高清愿先生因為少年就失去父親，所以十四歲畢業後，就從故鄉到臺南市當布行學徒，做到臺南紡織公司業務經理，是高先生後來發展自己事業的關鍵地位。

高先生覺得衣服雖然人人都需要，所謂食衣住行，但還是受到社會以及家庭個人環境的影響而有所伸縮，並無迫切性。一件衣服有人穿一天就束之高閣，但有人受到財力限制，也可以穿上幾年。但是食品就不一樣，每人每天，非吃三次不可，所以他下決心離開紡織事業而投入食品業──就是大家所熟知的統一企業公司。

高清愿的「統一」，真是青出於藍，而勝於藍，不只是成為「臺南幫」的代表事業，也是臺灣的代表事業，更可能是「統一中國」的事業。

這話無關政治而是生活。如果假以時日，大陸城鄉的大街小巷，一

如臺灣鋪滿 7-Eleven，這代表什麼樣的生活？這和臺灣是不是一樣？這也是什麼意義與境界？

「統一」的成功，一方面吸取吳府師傅的功力：人才第一，善任為先；工作積極，克盡職責；奉公守法，規矩做事；一方面創造出自己的功力：以德為先的取才原則，誠實苦幹，創新求進步，並徹底發揮「三好一公道」的立業精神。

氣候最難防的是晴天霹靂，事業也是一樣。我在臺視服務期間，就碰上「統一麵包新聞事件」，真是風聲鶴唳。

這個時期，由於樹大招風，受到日本「千面人」的影響以及傳播媒體的傳布，躲在暗處的歹徒或是惡作劇者，就要看業主如何應對。如果手慌腳亂或者予取予求，那正中歹徒下懷；這個時候，業主除了「處變不驚」、臨危不亂外，更重要的，能採取有效措施，警報才能解除。

美國靠「誠實是最好的武器」，贏得了第二次世界大戰。「誠實以對」，應該是用之四海皆準的態度。因為「誠實是最好的武器」，正是美國引以為傲的立國精神：「誠實是最好的政策」的推廣。

民國七十五年五月五日，臺中市發生臺中國小六年級的六百多位師生，因為吃了統一蘋果麵包，發生了集體中毒事件，引起教育界、食品界和消費團體的嚴重關切。

當時統一麵包中壢廠送至臺中國小的蘋果麵包有五百五十份，學校師生共吃了五百四十份，其中真正有症狀的約五、六十人，另有一、二百人可能因心理作用，亦覺得不舒服。

事後查證，統一受了池魚之殃，因為這批麵包是該公司委託臺北縣樹林鎮永欣麵包代為製造的。

這件「統一麵包中毒事件」發生後，統一即以危機事件來面對，並分別在臺中、臺南及臺北作迅速處理，以明真相而釋群疑。

臺中營業所課長楊明發就指出：該公司在獲悉此一意外事件後，立即指示派員前往醫院慰問病童，並要求醫院全力救治，同時將負擔所有

病童的醫療費用。

統一企劃部襄理楊明并在臺南總部聲明：臺中國小集體中毒，所食用的「蘋果麵包」，係該公司委託加工的，除已查封未出售者外，全省各地尚有部分未出售的亦已全部退回，送交有關單位化驗中。

統一企業公司副總經理顏博明，代表總公司奔走臺北與中壢現場，向新聞界發表兩項措施：

一、只要衛生單位檢驗證實，確係因該公司供應的蘋果麵包引起，統一公司將負起一切責任。

二、事件發生後，統一已緊急通知各地營業單位退回二千多包尚未售出的蘋果麵包，並接受民眾退貨，以深入檢驗其品質。

統一麵包事件新聞發生後，臺視新聞的政策，是報導真相；臺視的政策，是與廣大消費者、被害廠商站在一條陣線上，共同面對危難與善後。

這不只因統一是我們的「麵包」（廣告客戶），更重要的，是社會的責任、患難與共。有這種精神，社會有再大的危難，都會克服。

處理這次危難事件，負責人是統一副總經理顏博明。

統一的員工，多半出身鄉下，不少曾是小學教員，才能吃苦耐勞，也才能接受「工作不嫌多，薪水不嫌少」的考驗，顏博明就是其中之一。

顏博明在臺北市來來大飯店舉行事件說明會，他態度誠懇、口齒清楚，我也坐在現場一角落，看著事件的真相與發展。我恨不得臺視作現場轉播，因為顏先生的態度很誠懇。這是我第一次正式與統一員工見面。

這個時候現場說明會急著結束，因為老闆高清愿自香港趕回來，他們一方面要去機場接老闆，更重要的是要向老闆報告最新的發展。

我就上前問：「高先生回來要做什麼？」

他們告訴我：「趕回臺南主持善後事宜。」

這時我就代新聞部作主，並作了一個善意的謊言：臺視新聞攝影棚開放，隨時要為高老闆作現場訪問。

也許臺視新聞太強了，或受我精神感召，高先生從機場出來便直奔臺視，進入攝影場，接受現場訪問。

高先生真是誠實商人的典型，他一亮相就代表誠意與善意，「統一麵包事件」很快就落幕。觀眾知道也相信，統一是無妄之災，也是轉包商造成的「意外」，統一麵包還是可以安心吃了。

顏博明因為處理得宜，受到公司的器重。「臺南幫」精神領袖吳三連先生一手創辦的南聯貿易公司，是政府效法日本商社，鼓勵成立大貿易商的代表，但出師不利，經營不善；其實，那個時候，社會還沒有大貿易商的條件。顏博明就被調往救火，負起大貿易商回生的使命。

楊明井也成為統一對外大將，尤其是統一與廣告代理商的「窗口」，楊先生人如電腦，透過廣告，統一與廣大消費大眾接觸。

高清愿先生從吳三連、吳修齊、吳尊賢之後，不只是後起之秀，而且成為「臺南幫」靈魂人物。

我常想上蒼造人，自古至今，千千萬萬人，就有千千萬萬的面貌，就算是雙胞胎，沒有兩個人是完全一樣的，這是造物者不可思議的奧秘，但還是有幾種基本模式，所以眾生之中，就會看到似曾相識之人。

高清愿先生屬於彌勒佛型，天生就是和氣生財的生意人，乃能貿易通四海，無往而不利。人來人往中，不經意就會發現神似高清愿的出現，不只是在臺灣，在外國亦會有同樣的發現。

高先生事業遍天下，以 7-Eleven 為例，密度又是如此之高，他的忙碌可以想像。他難得坐下來讀書，小時又因家庭變故，無力上學，走上學徒之路，其遭遇與成就，一如日本「經營之神」松下幸之助。所以事業之養成，不是靠天生的，也不是靠教室中的教科書，而是做出來的，隨時隨地就珍惜時間思考與讀書。

記得有一次高先生應邀到《中央日報》與主管同仁見面，並作企業經營演講，以作為《中央日報》突破經營瓶頸之借鏡。在休息室，高先生看到陳立夫先生一幅墨寶：

珍惜過去的光榮，創造未來的光明，發揮現在的光輝。

高先生對這幅字很感興趣，從文法的結構到文字的意義，中國文字確實深奧，短短二十一個字，可以囊括從《中央日報》創刊到無限的時間。

意氣風發的高先生，正在創造未來的統一光輝，而陷於思考中。

一個事業家，不是哲學家也不是文學家，他不是欣賞文字之美，而是如何把它實現。

過了幾個星期，我前往天母陳府，請立夫先生寫了同樣一幅，題款，裱好，專程送給高先生。

高先生如獲至寶，並立即高懸在會客室中，作為朝惕夕勵。他並不好意思的問我：潤費如何處理？

我告訴高先生：陳先生以字會友，以文濟世，並不收費用。如非表達不可，則立公創辦的中國醫藥學院設有專戶，專為善心用。

民國八十八年為陳立夫先生百年大壽，政大校友會在總幹事李慶平號召下，海內外校友代表齊集臺北市福華大飯店為仁者壽。會場中，高先生的巨大祝壽花籃，真是光彩耀目，穿梭往來的校友頻頻相詢：高清愿也是我們政大校友嗎？

第九十二章

堅持與實踐理念　殷允芃

　　中華電視臺在籌備及開播階段，用盡一切方法與力量，希望能網羅「天下」英才，成為「天下」之事業。

　　在華視求才歷程中，有一位才氣萬千的小姐，她來自美國留學。她是：

　　一九八一年創辦《天下雜誌》；

　　一九八七年獲選麥格塞塞獎；

　　一九九〇年榮聘為國家統一委員會第一屆也是唯一女性委員。

　　她就是殷允芃小姐。

　　殷小姐一九七〇年自美學成，並且在美國經過嚴格考驗，已有很好的學以致用的新聞採訪工作，為《費城詢問報》聘為記者，卻毅然返國，為自己同胞服務，為自己國家貢獻所學。

　　那個時候，我在華視工作，兼負求才任務。有一天，立法院新聞室主任倪搏九先生來電話，告訴我，他的表妹至親殷允芃小姐，相當優秀，已經自美國返臺，準備投入新聞事業，倪先生特別叮嚀：「永貴兄，你的人面廣，請你為允芃留意留意。」

　　倪先生是我敬重的「政大學長」，詩文絕佳，為人親和，總是笑咪咪迎人，當他任立法院新聞室主任時，真是政通人和，採訪立法院新聞記者朋友，都對他敬重有加，公私水乳交融。他對待記者，一視同仁，不分大小報，沒有大小眼，凡是採訪立法院記者，先辦採訪證，隨即陪同到立法院議場走走，瞭解環境，介紹立法委員。我大學畢業，代表《臺灣新聞報》採訪國會新聞，很幸運的第一位即遇到這樣一位親和的主任，受益良多。倪先生現任專職總統府資政，至今我仍常常向倪先生請益。

　　倪主任有所囑託，我當然放在心上，況且又是一位才女。我即將此一訊息，向華視當局報告，即表竭誠歡迎，並採與我同樣面談模式，由行政部主任曾文偉出面邀請，地點仍是臺北市南京東路玫瑰餐廳，所不同的，這次我變成亦主亦客，都是「陪襯」性質。我居間負責介紹，並履行介紹人的角色，對華視的經營作法，向殷小姐介紹，並把殷小姐的條件，向曾先生推薦，衷心希望玉成。在交談過程中，殷小姐較少講話，只是用心聽。一個晚上的談話中，曾文偉的誠意可感，熱情可佩，他還是推銷華視的「升火起竈」之革命理論，歡迎殷小姐參加華視大家庭。互留空間，當場並未決定可否。

　　曾文偉與我商量，並徵得華視方面的同意，邀請殷小姐負責華視出版方面，也就是《華視周刊》總編輯，這是腹案。

　　未幾，殷小姐那方面傳話過來，幾經考慮，婉謝華視方面的誠意邀約。

　　不久，殷小姐就加入她大學時代所熟悉的工作與人事，接受美國新聞處工作，為《學生英文雜誌》和《今日世界》撰稿，同時，並擔任美方與臺北新聞界聯絡工作。

　　當然，以殷小姐的才學、個性與返國初衷，這也是過渡之橋，不久她成為美國新聞媒體及國際通訊社競相爭取的對象。她先後擔任合眾國際社駐臺記者、亞洲《華爾街日報》駐臺特派員、《紐約時報》兼職記者。

　　這些權威而具有挑戰性工作，是夠令人羨慕，但是對於殷小姐來說，與她返國的志趣，還是有一段距離，甚至有失落感，因為與服務自己同胞還是很遙遠，充其量，讓外國人、國際社會多瞭解一些我們而已。

　　但是在亞洲《華爾街日報》的五年經驗，她學到了財經新聞對於一個社會、一個國家的重要性。於是她毅然放棄手上所有的一切，投入一本高水準，前所未有的經濟專業雜誌的創辦。

　　《華爾街日報》雖然是財經專業報紙，卻也是美國銷數最大的日報，她從這份財經專業報紙得到的啟發：「《華爾街日報》的報導內容主要是

經濟問題，而且讀到津津有味。因此，我常想為什麼國內沒有人這麼做？
我們的社會確實需要一本好的經濟雜誌啊！」（曾永莉，〈積極、前瞻、放
眼天下——殷允芃〉，《中央日報》，七十八年二月二日，「中央副刊」）

　　這就是促使殷允芃與高希均、王力行有志一同，攜手於民國七十年
六月一日創辦《天下雜誌》的動力。經過十八年後，殷允芃於一九九八
年九月一日又創刊《康健雜誌》，而編輯委員兼主筆李瑟小姐，又是我主
持《臺灣新生報》時的採訪記者。

　　《天下雜誌》的成功，在於它的精神與方法。我認為，殷允芃完全
師法美國新聞性周刊解釋與綜合處理新聞事件的手法。任何一件報導，
都經過記者採訪，甚至多線多面採訪，編輯改寫、主編綜合手法而完成，
是一個團隊寫作的方式，過程尤為嚴格與嚴密。

　　殷允芃苦其所苦，精益求精的精神，在每期的《天下》內容得以實
現，也就是新聞理論透過現實的考驗，嚴格予以實踐。事實上，殷允芃
自己就執教政大新聞系，而且以嚴師著稱。早期她所帶領的編採人員，
多是她自己長期精挑嚴選的子弟兵。她曾說：「我對《天下》編輯的期許，
不過只是新聞系老師對學生的要求；我要他們把學校裡學得的新聞從業
人員信條——客觀、正確、公平，對所採訪的範疇有相當瞭解和關懷——
確切運用在實際工作上。」（曾永莉，〈積極、前瞻、放眼天下〉）

　　殷允芃的成功，就是堅持理想的成功，堅信理念不移。《天下雜誌》，
不只是與美國三大財經雜誌——《財星》、《商業周刊》與《富比士》毫
無遜色，且在精美方面尤超過歐美先進同類刊物；同時更異於歐美者，
乃是殷允芃特別重視人文關懷，這也是東方價值異於西方價值之處。在
亞洲方面，更是獨樹一幟，還不容易找到第二本，包括日本在內，難怪
殷允芃由於「對於臺灣工商界活力有持續性的貢獻」，而當選一九八七年
麥格塞塞獎：新聞、文學及傳播類得主。這項榮譽是屬於全亞洲的。

　　殷允芃的獨具慧眼，早在美國念書時代就已展露才華，是她把美國
華人社會的視線，從唐人街提升到華爾街以及其他高層領域。是她的筆，

結束了「中國佬」(Chinaman) 的時代。殷允芃曾吃了不少苦頭，訪問在美有成就的華人，包括：活躍在華爾街的蔡至勇、建築大師貝聿銘等，我第一次接觸到王安這個名字，也是從殷允芃的報導中。這些新移民華人採訪，曾收錄在殷允芃的《中國人的光輝及其他》一書中。殷允芃雖然名滿「天下」，但著作並不多，可能效法孔子述而不作，這本書是她的代表作。

殷允芃的成就，中國婦女少有前例。以精神與毅力，則可與吳舜文相比；其一貫專注精神成就事業，則可與「諾貝爾獎」之母吳健雄相似。

殷允芃未能進入華視，自是華視的遺憾，如果進入華視，則《華視周刊》(格局不夠寬廣，已停刊) 命運以及華視文化事業，定可改觀。說不定真可辦成一本臺灣版的電視指南。殷允芃未選擇華視，受益者則是全體國人。

當殷允芃、高希均、王力行創辦《天下雜誌》的時候，我已從《臺灣新生報》的五年，轉入臺灣電視公司。他們三位都是老友、都是好友(高希均與我，在中學時代就一起辦過雜誌)，我除了應邀到《天下雜誌》，與編採人員座談新聞工作經驗外，並與吳舜文、于宗先、柯文昌一起向財經社會推介《天下雜誌》，看到《天下》與殷允芃的成功，與有榮焉。

殷允芃的成功，除了才之外，就是苦。苦其心、苦其行，並以身作則，堅持理念，堅守崗位，一篇稿子非到修煉成百分之百滿意程度，不讓它登出來。

「堅持」，也許就是殷允芃的化身。

由於殷允芃的堅持，而把《天下雜誌》推向前所未有的成功，足以代表臺灣的驕傲。

「瞭解臺灣」不一定從「天下」開始，但要深度認識臺灣，則必須始於「天下」！

第九十三章

太空人　王贛駿

　　民國四十年代或五十年代的臺灣中學教育，尤其在大學聯招未出現前，真是中學教育的黃金年代。當時，不只是把中學當大學來辦，甚至當北大來辦。因之，自北至南，各大城市均有代表性的「中學」，成為後來中華民國在國內外蔚為人才的搖籃。

　　當時辦學的特色，就是：自由。真是中學的招牌，大學的管理，北大的風氣。

　　臺灣省立師範大學附屬中學，簡稱師大附中，就是其中之一。

　　有一點就可以證明，當時師大附中學術自由風氣之盛，後來《自由中國雜誌》的重要作者，多位是師大附中的教員，學生在課餘，不只是閱讀《自由中國雜誌》，還為《自由中國雜誌》作推銷員呢！

　　那是，諾貝爾獎得主，還是教科書中遙不可及的偶像，後來楊振寧、李政道石破天驚後，旅居在美國實驗室的校友們流行的一句話：如果諾貝爾獎出現中國人的名字，十之八九屬於附中校友。可見他們自信心的堅強。

　　諾貝爾獎落在新竹中學李遠哲博士身上，師大附中雖然開花，還未有結果，但第一位屬於中國的太空人王贛駿博士，一九八五年四月登上太空梭挑戰者號，卻出自活潑健康的附中校園。

　　師大附中的精神，來自它的校訓與校歌，那真是青出於藍而勝於藍，實在是北大、清華、南開，乃至合成體的西南聯大的化身，真是人小志氣大。

　　附中的校訓是：人道、健康、科學、民主與愛國。請問：從個人到大的團體到國家到人類社會，還能超過這五大人類社會的需求與理想麼？

附中校訓，真是可大可久。

附中校歌是由郭成棠、蕭輝楷作詞，史惟亮作曲，當時，他們都是附中的教師：

> 附中　附中　我們的搖籃
> 漫天烽火　創建在臺灣
> 玉山給我們靈秀雄奇　東海使我們闊大開展
> 我們來自四方　融匯了各地的優點
> 我們親愛精誠　師生結成了一片
> 砥礪學行　鍛鍊體魄　我們是新中國的中堅
> 看我們附中培育的英才　肩負起時代的重擔
> 附中青年　決不怕艱難
> 復興中華　相期在明天
> 把附中精神照耀祖國的錦繡河山

這短短十行的「校歌」，字字都是時光的註解，大時代的見證。尤其是「我們來自四方，融匯了各地的優點」，這就是臺灣精神，哪有臺灣人、外省人、客家人之分，這也就是附中精神。所以當時在附中校園裡，令人懷念的，至少有三項：

來自全國各地的語言，都是「母語」，流行不但無阻，而且悅耳其中，較突出的，是四川話以及上海話。因為不少師生來自四川，雖然不是原籍，但參加抗戰洗禮，四川話就是他們的驕傲；三、五同學來自滬江，就以上海話交談，嗅到的盡是鈔票的味道。

整個校園，都是教室，隨處可讀書；圖書館的吸引力勝過教室，愛讀什麼書，就讀什麼書。

教師丟掉教本，東南西北、天下大事，喜擺龍門陣，批評時政，打抱不平，隨處可聞。

這就是太空人王贛駿心中的「附中精神」。王贛駿說：附中是很特別

的，但在其中最特別的一點，就是具有「附中精神」。有人說那是調皮搗蛋，有人說是能 K 能玩；但這些都是表面上的，真正的附中精神，是每個附中人都有股傲氣。

任職臺視期間，當我被推選為附中校友會理事長的時候，就有一個很堅強的「內閣」，包括：美商固得意亞洲區總裁梁治國、史丹福才子黎昌意、南僑陳飛鵬以及新光的吳東賢等。我們發現當時的政府內閣以及大學校長中，幾乎泰半都是附中校友，其中如：交通部長連戰、內政部長吳伯雄、教育部長毛高文、國科會主委陳履安等等。只要附中校友聚會，幾乎就等於內閣開會，或者無法使內閣開會，我們就運用這一優勢，來宣揚附中的優勢，以提高在建中壓力下「附中人」的自信力。

太空人王贛駿，更是附中人一張無人可取代的王牌。

為了國家榮譽、為了附中榮譽、為了在校學弟學妹們的榮譽，我們鼓足了力，要把王贛駿這張太空牌打響。

王贛駿不愧為「附中人」，他在太空方面的研究成就，真是「科學」家典型，當時面對全世界的五位太空人的雄姿，站在中間的王贛駿，真是十足的「健康」寶寶。

王贛駿在登上太空前後，念念不忘兩件事：

一是感謝他的家人支持，

一是感念母校師大附中的栽培。

所以他發下弘願，如果太空任務成功，他一定返回他心愛的臺灣，他心念的附中校園。

天從人願，一九八五年五月六日登上月球，一九八五年六月二十五日，只有短短的一個月又十九天，王贛駿就飛到臺灣，履行他的弘願。

邀請單位是「校友」陳履安主持的國科會，因為業務相關。

居中連繫最勤的是附中一位江克成老師。在王贛駿登上月球前一段時間，江老師就說，王贛駿是我們附中校友，月球登陸成功，他一定會回到母校。江克成是王贛駿附中後期的學弟。

　　六月二十五日回來，六月二十八日返美，只有短短的四天，真是旋風式訪問。事前，在安排接待行程的時候，他別無所求，只希望保留一點點私人時間，讓他祭拜他的父親，有一點和他父親「在一起相會」的時間，可見他的孝順與通達人情。

　　兩位女性，對於王贛駿的影響都很大。母親俞潔虹女士是參加中國抗戰的時代新女性，出身蔣經國幹校的子弟兵，所以當蔣總統經國先生接見他的時候，王贛駿就向總統報告：「我的母親是您的學生。」太太馮雲平，出身臺北靜修女中，依偎在高大而俏皮的王贛駿身旁，就像小鳥依人一般。

　　王贛駿返國，師大附中校友會承擔大部分的接待工作，但真正的邀請機構是行政院國家科學發展委員會，所以當六月二十一日返抵國門的時候，國科會副主委王紀五博士就代表國科會及政府在機場歡迎。

　　王贛駿是很乾脆的人，他對於榮返祖國，只有一個要求：希望抵臺之時，給他一點私人時間，以便前往陽明山第一公墓祭掃父親王章先生的墓。王贛駿短短在臺四天中，二度上陽明山祭拜他的父親。王贛駿一到父親墳前即忍不住激動的心情，他默默地流下了眼淚。他第二次在弟弟陪同下，在他父親墳前下跪行禮，再盡人子之孝。

　　事實上，是把他幾十年壓在內心的宿願，獻上對父親的祭禮。因為贛駿事親至孝，當他父親在臺灣去世的時候，是在十七年前，那個時候他正在洛杉磯求學。他回憶說：「我母親怕耽誤我的學業，當年沒有將父親去世的惡耗告訴我。我曾立志，有一天當我稍有成就時，就要回臺灣，告慰父親在天之靈。」

　　王贛駿的父親王章先生，是一位古道熱腸的人士，原任復興航業公司首席副總經理。他的急公精神，為同鄉們津津樂道。當時江蘇鹽城同鄉的貧病救濟，都由朱如淦和他負責。有一天他說：「我的收入比如淦兄多，以後同鄉會的費用，不要找如淦兄，由我來負擔。」

　　王贛駿博士在臺四天的旋風式的安排，除了返回母校——師大附中，

接受同鄉會歡宴外，就是與大專學生，特別是理工科學生以及科學界見面，因為王贛駿的成就，不只是一般人所嚮往的太空人，而是太空科學家，他自己就說：太空梭和太空實驗室的發展，是高科技的結晶，許多技術要經過多年經驗的累積，才能達成研究的目標，因此必須持之以恆。像我這次「挑戰者號」太空梭的飛行實驗，前兩天半遭到很大的阻礙。我所設計的「液滴動力測定儀」因為發射升空時劇烈震動力的影響，造成電子系統短路的故障。他在地面科學家協助下，以不眠不休的精神完成修復。

王贛駿在太空梭上的任務，是進行液滴動力學的實驗。他說：每天工作十五到十六小時，全力追趕延誤了兩天進度的實驗。

六月二十七日上午，他返回師大附中的母校。第二天臺北各報，都有英雄式歡迎的報導。《中央日報》的標題：王贛駿旋風席捲師大附中校園，五千歡迎人潮場面熾熱，學生拍紅了手、喊啞了嗓，恩師舊友重聚，一草一木情深。還有一個報導：王贛駿說榮耀歸於嚴師。

從太空歸來的王贛駿，是中國人開天闢地的第一人，尤其打破了二項「神話」：

一是嫦娥奔月之謎，得到答案。從此八月十五日中秋夜，月亮再圓，也看不見嫦娥了。千古神話，得到破解。

一是從小學到大學教科書，充斥著西洋科學進步，日新月異，一日千里，好像中國人，尤其是中國青年，永遠只有望洋興嘆，如今，中國人竟並肩與洋人，借火箭之力，登上遙不可及的太空。證明了：外國人能，中國人也能。至少中國人在科學的智慧，絕不低於外國人。

王贛駿成功了，王贛駿成名了。凱旋返國之時，小學同學老師到中學玩伴老師，都一一出現，大家都在談王贛駿當年種種。

王贛駿的小學時代，是在高雄市西子灣旁度過的，中學北上念師大附中。這兩所學校，都是培養「頑皮」學生而著名。他的小學老師陸武林就說：求學時的王贛駿，是「問題」學生，成績雖中等，但鑽研質疑

的精神印象深刻，能升上太空絕非偶然。

師大附中同樣留下「頑皮」的記錄。他說：自己是調皮搗蛋鬼，因為母親也有開朗的個性，以前附中常寄通知到家裡，但是母親就藏起來，不讓父親看到。他被定為三大罪狀：一、對師長不敬。二、事後不知悔改。三、誹謗校譽。

言外之意，他是老師心中不是讀死書的學生，而能活用頭腦。

以他自己的體驗，王贛駿認為，國內教育制度能使學生學到很多，但似乎升學壓力太大了些，他認為應該給孩子一些時間，娛樂或思考，自由發揮。「諾貝爾之父」吳大猷博士，當時作了同樣的見證：中國學生念書別有目的，乃至慢慢失去了對學問的景仰與欣賞，也是科學研究不能生根的原因。在二十年前，學生求學風氣很盛，大家對於做學問都有崇高的理想。

但願王贛駿的願望，十餘年後的今天，聯考全面廢除後，能夠實現。

作為江蘇的鄉長，嚴前總統家淦先生在江蘇同鄉會歡迎茶會中致詞特別讚揚王贛駿所表現的孝道精神及和藹的態度，正是幾千年來華夏文化的本質。

王贛駿真是「英雄本色」。他攜帶了王氏宗譜及王氏「三槐堂」的錦旗上太空。

王贛駿的智慧，表現在幽默的言談，乃能處處引來笑聲。他就對當年為他父母證婚的孫廣濤鄉長說：「當年沒有您做這一件事，現在就沒有我。」

世界頂尖的科學家，正如王安一樣，對於中國固有價值，留有深刻的印象。王贛駿就說出自己親身的體驗：中國的傳統教育、觀念，使孩子心中經常有「要爭一口氣」的想法。

我國名數學家陳省身博士就預言：新世紀時，中國頂尖的數學家多得不得了。

事實上，中國旅美人士，已由傳統的洗衣店、餐館轉至電腦、房地

產者與工程師、科學家。當年，王贛駿就說：他所服務的美國加州噴射
推進實驗室中有五十五位同事，其中有十位就是中國人。

　　王贛駿度過人類所罕有的七天太空之旅的經驗。他的感受是：「我經
歷了人生最緊張而且最沮喪的低潮，同時也經歷了最興奮而最驕傲的高
潮。這次太空飛行滿載而歸，真是我畢生難忘的經驗。」

石永貴先生是我國少有的新聞理論家及新聞事業經營家,他主管的事業,都能產生奇異的效果,為新聞事業的「神農」。他治理事業的名言是:天下有艱苦的事業,但卻沒有艱深的道理。他以簡而易行的道理、腳踏實地的精神、果敢的行動,扭轉乾坤。

影響現代中國第一人——曾國藩的思想與言行

影響現代中國者均出自曾國藩,他的一生,無論看自己、看天下萬物,均具有「先知」的察覺,無不驗證我們經歷的時代及生活的社會。本書是作者窮五年之力,廢寢忘食,一字一句細讀《曾國藩全集》,分成敦品勵志等十五篇,六百一十六條細目,便於讀者根據自己的需要,找到適合自己的處世良方。

(精)定價670元

(平)定價600元

■ 本書收錄於東大圖書・滄海叢刊

大眾傳播的挑戰

這是一部具有學術研究價值,又充滿現實生動歷練的著作,說理深入獨到,敘事充滿感情,是有志大眾傳播研究與工作者最佳讀物。本書由傳播理論的探討出發,檢視世界各國大眾傳播媒介發展的最新趨勢,並印證我國傳播事業經營的特色,加以比較、歸納和分析,為我國傳播事業未來努力的方向,描繪出一條明確的坦途。

(精)定價344元

(平)定價278元

■ 本書收錄於東大圖書・滄海叢刊

勇往直前
——傳播經營札記

定價200元

石永貴,大眾傳播界一個響亮的名字,在他任內,使《新生報》轉虧為盈,發行量增加了一倍;也是在他任內,使臺視業績成長了四十四倍,並使臺視新聞確立了不移的口碑。本書收集了石永貴先生自述其心路歷程的文字,從書中,我們可以看到他怎樣期待部屬,如何要求自己;這些經驗和理念,不僅可讓傳播人獲益匪淺,一般人讀了,也可獲知成功的理念何在。

■ 本書收錄於三民書局・三民叢刊

榮獲2002年新聞局金鼎獎優良圖書出版推薦、曾虛白先生新聞紀念獎

⊏ 人情趣味新聞料理 ⊐

徐慰真／著　定價190元

推薦評語：本書以作者多年的採訪經驗與新聞實例為主，並隨機融入人生的體悟，可讀性很高。在作者殞世後閱讀，不但是在品嚐新聞料理，也是肯定作者嘔心瀝血的絕響。

　　這本顛覆新聞教科書傳統寫法的有趣著作，是一本實務歷練與專業研究交融的書籍，也是中文第一本「人情趣味新聞」專著。以妙句雋語對人情趣味新聞作深入詮釋，範例精到，評解通徹。除提示採訪技巧、專業省思等原則見解，時將作者個人實際經驗適切地嵌入其中，以相佐證，隨機融入的作者人生體悟，更使本書生色。

■ 本書由三民書局出版

⊏ 資訊爆炸的落塵 ── 今日傳播與文化問題探討 ⊐

徐佳士／著　定價180元

　　本書討論資訊時代來到之際，人類社會所面臨的傳播與文化問題。作者將今日資訊生產與傳散在份量上與速度上的驚人現象，喻之為核子彈一般的爆炸，可能產生出人意表的「落塵」，足以發人深省。

■ 本書收錄於三民書局・三民叢刊

⊏ 新聞與教育生涯 ── 謝然之教授九秩華誕祝壽文集 ⊐

（精）定價290元

（平）定價220元

　　謝然之先生曾擔任新生報業董事長、國民黨中央黨部副秘書長、駐薩爾瓦多大使，更是我國少數在新聞教育權威美國密蘇里新聞學院受專業薰陶的先進。臺灣現今新聞人才幾受其教導提攜，而民意調查學術的倡導、編採合一制度的嘗試、專欄的革新充實，更在在說明他對開展新聞事業的努力。

■ 本書收錄於東大圖書・滄海叢刊

中央社的故事（上）周培敬／著　定價222元
中央社的故事（下）周培敬／著　定價222元

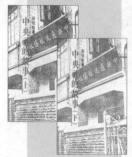

中國新聞事業的蓬勃發展，中央通訊社實在是主要的推動力量。用拓荒者的精神，從民國二十一年開始自設專用電台，以無線電廣播新聞，促使大眾傳播事業逐年增加。歷經對日抗戰、大陸淪陷及來臺後的重建，帶動了臺灣新聞界的繁榮。本書以「寫故事」的筆法，描述中央社從篳路襤褸到成為現代化世界性通訊社的經過，值得一讀。

■本書收錄於三民書局‧三民叢刊

我們在玩蹺蹺板——電視兒童節目實務與理論
李秀美／著　定價240元

你知道嗎？現在的孩子和電視相處的時間比父母還多！

電視問世後，迅速成為家庭中主要的娛樂媒介，其對兒童身心發展的影響也引起廣泛討論。電視兒童節目的創作，融合了兒童發展需求與影像媒體的藝術表現，是一門有趣又任重道遠的領域。本書將實務與理論比喻為蹺蹺板的兩端，探討兒童節目呈現的相關議題，並深入介紹與剖析國內外知名兒童節目，適合實務界人士、傳播與教育相關科系學生，以及關心兒童教育的一般讀者閱讀。

■本書由三民書局出版

標題飆題
馬西屏／著　定價130元

標題是報紙的門面、版面的化粧師。報禁開放後，一場「飆題」的巨大革命，在各報編輯檯上競逐，形成後現代的一種另類文學形式。本書以幽默的筆觸、奇趣的示例和資料，梳理出「飆題」的流變脈絡，也為近代報業發展變化作了見證。這是國內第一本專論標題的著作，不僅為新聞實務界和學界必讀，也適合一般人閱讀。

■本書收錄於三民書局‧三民叢刊